ACSM运动营养学

ACSM's Nutrition for Exercise Science

〔美〕D. 贝纳多　著

高炳宏　主译

科学出版社

北京

图字：01-2019-0985号

内 容 简 介

本书基于科学的理论知识和具体情况提供运动营养相关的建议，以运动营养的术语和关于营养摄入的标准引入，内容包括能量底物（碳水化合物、蛋白质和脂肪）、维生素和矿物质、水合作用的关键问题，并从年龄、性别、身体组成、运动项目、环境改变的角度解释运动员不同的营养需求。特别的是，每章都以一个案例引入运动员现实中可能面临的问题，并提供理论支撑和解决方案。为解决运动员健康相关的营养问题，本书利用膳食评估策略提供不同运动项目、不同休息时间、不同训练时间的饮食习惯等实用内容。

本书适用于体育学本科生和研究生、体育科研工作者、教练员和运动员，以及关注运动营养的人群，并对运动营养学的理论依据和实践应用具有重要的参考价值。

图书在版编目（CIP）数据

ACSM运动营养学 /（美）D. 贝纳多（Dan Benardot）著；高炳宏主译. —北京：科学出版社，2021.9

书名原文：ACSM's Nutrition for Exercise Science

ISBN 978-7-03-069466-9

Ⅰ. ①A… Ⅱ. ①D… ②高… Ⅲ. ①体育卫生－营养学 Ⅳ. ①G804.32

中国版本图书馆CIP数据核字（2021）第166126号

责任编辑：张佳仪 / 责任校对：谭宏宇

责任印制：黄晓鸣 / 封面设计：殷 靓

科学出版社 出版

北京东黄城根北街16号

邮政编码：100717

http: // www. sciencep. com

南京展望文化发展有限公司排版

河北虎彩印刷有限公司印刷

科学出版社发行 各地新华书店经销

*

2021年 9 月第 一 版 开本：889 × 1194 1/16

2026年 1 月第十九次印刷 印张：26

字数：703 000

定价：220.00元

（如有印装质量问题，我社负责调换）

《ACSM运动营养学》
译 者 名 单

主 译

高炳宏（上海体育学院）

译 者

（以姓氏笔画为序）

马　涛（上海体育学院）
左　群（上海体育学院）
李灵杰（上海体育学院）
罗　纯（上海师范大学）
胡梦恬（上海师范大学）
龚　敏（上海体育学院）
章　媛（上海体育学院）
熊亚亚（上海体育学院）
邓晓雪（上海师范大学）
刘　猛（上海体育学院、重庆市体育科学研究所）
杨圣韬（上海体育学院、上海体育科学研究所）
赵　璨（上海体育学院）
徐　畅（上海体育学院）
章　政（上海体育学院）
寇广宁（郑州大学）

原 著 序

1993年，我和我的家人已经在密西西比州的哈蒂斯堡生活。我职业生涯的前6年是在芝加哥的瑞典圣约医院（Swedish Covenant Hospital）从事医院管理工作，之后我在南密西西比大学（University of Southern Mississippi）待了9年。我到亚特兰大的佐治亚州立大学参加过几次美国运动医学学会的研讨会，所以我很了解这所大学——至少我是这么认为的。

1993年秋，我接到了运动机能与健康学系系主任打来的电话，他正在招聘一位跨学科研究中心主任。中心将设有两个学院，配有两个导师，两个学院院长。这种要同时向两个院长汇报的工作一点也不吸引人，更可以说是一场灾难了。我不情愿地被要求参加这个我觉得不会成功的工作面试。我去了亚特兰大，与美国运动医学学会委员会的联合主席、运动机能与健康学系主席、营养学系的代表丹·贝纳多（Dan Benardot）会面。

贝纳多博士坐在牛排馆里，大概是在谈论中心主任的这个职位，他自我介绍时没有像我所知道的那样，把自己介绍为世界知名的运动营养师，而是介绍自己是两个好孩子的慈爱父亲。在第一次见面时，我们发现我们最大的两个孩子——杰克和杰西卡，出生的日期、月份和年份完全相同。我们还发现，我们的第二个孩子——利亚和亚伦也同龄。现在二十多年过去了，我们一起工作过、哭过、笑过。他不仅是最知名、最受尊敬、国际公认的专家之一，也是我的朋友。不用说，我一点也不后悔二十多年前接受了这份工作。

美国运动医学学会的《ACSM运动营养学》是一本将在全世界学校和健康俱乐部产生巨大影响的书。这是这类书籍中第一本由营养学家专为运动科学专业学生写的书。同时，对于在公司健康项目、医疗健身中心、社区组织和商业俱乐部工作的健身专业人员来说，在他们给客户和会员做咨询时将会发现这本书是一个很好的资源。

这本书以独一无二的方式介绍开头。贝纳多博士一直是许多运动员的营养师，其中包括奥运会金牌得主和马拉松比赛的冠军，因此，第1章提供了与运动员合作时的营养指导原则，为本书的其余部分打下基础。第2章到第6章包括具体的主题：对碳水化合物、蛋白质、脂类、维生素和矿物质的讨论。第7章到第14章包括具体的主题：水合作用、体重管理和身体成分、肌肉酸痛、运动后的肌肉恢复、年龄和性别、旅行、膳食补充剂和促进功能的辅助、运动员健康、疾病和受伤。最后一章提供了最佳的饮食计划，这部分内容在以往的营养学书籍中很少见。

美国运动医学学会很荣幸邀请贝纳多博士编撰该书。他是世界上运动营养方面的权威，在过去的二十多年里，我也非常幸运地和他成为朋友。

沃尔特·汤普森（Walt Thompson）

博士，美国运动医学学会会员

美国运动医学学会第61届主席

（2017～2018年）

原 著 前 言

直到最近，才有了帮助运动员达到最佳竞技水平的通用指导方针。可以预见，这些建议是很不明确的，只有少数专家会同意这个建议。然而，当今运动营养领域的科学知识正在迅速扩展，并提供了越来越多的、基于科学的、针对具体情况的建议。现在可获得的信息明确到运动、年龄、性别、能力和运动员有限的能力。例如，在过去，我们可能会建议运动员多喝水或普通的运动饮料来帮助他们达到或维持理想的补水状态。目前的建议详细到包括体积、温度、电解质浓度和成分，以及运动过程中不同方面的能量底物浓度和成分，包括训练时和比赛前、中、后的建议。

运动营养学也在改变人们长期以来的观念，即运动员应该如何利用饮食来发挥其最大潜能。以前人们坚信在运动时，如果任何一种少量的营养物质能对人体有利，那么服用的量越大越好。科学信息表明，过犹不及，最近的证据显示，即使是水溶性维生素，服用高剂量可能是有益的，但过量摄入也可能增加患急性和慢性疾病的风险。大量摄入蛋白质长期以来被认为是任何运动员饮食中的“神奇”部分，现在得到了正确的认识，这既限定了蛋白质摄入的量，也限定了最佳的摄入方式。重要的是，过量摄入蛋白质必然会导致低碳水化合物的摄入，而碳水化合物也是运动表现的关键成分，但许多人因为担心它会产生脂肪而摄入不足。

旧的“热量输入-热量输出”模式已经被完善，因为我们现在有充分的证据表明，实时的能量可用性是至关重要的，而随机满足能量需求是远远不够的。我们已经知道了，即使一个运动员在24 h内满足了能量需求，但如果能量消耗的时机导致了能量平衡严重不足，那么他仍有可能面临激素和身体成分失调的风险。能量摄入的模式已经转变为鼓励运动员以实时动态满足能量消耗的方式进食，而不是传统的每天三次进食。内分泌系统确实在实时工作，就如胰腺不可能一直等到一天结束后，才开始评估一天中摄入了什么和多少食物，以此来确定它应该产生多少胰岛素。但传统的热量摄入-热量输出策略恰恰假定了这一点。因此，本书的一个重点是突破我们对运动员和经常运动的人应该如何饮食以优化运动表现的旧概念，通过提供一种新的营养科学的解释，使它可以应用于运动科学。运动营养学方面的大量科学文献中有许多最近的发表物为这一突破提供了关键信息，包括美国运动医学学会、美国营养与饮食学会和加拿大营养师学会关于营养和运动表现的联合立场声明；最近公布的国际奥委会关于膳食补充剂与高性能运动员的共识；国际奥委会关于运动中相对能量不足问题的共识，以及一些关于男性和女性运动员一天内能量不足的影响的出版物。

最终，本书是为了让运动科学专业的本科生和研究生，以及其他与运动员或经常运动的人一起工作的人能够理解和应用这门学科。营养对多个领域都有影响，包括损伤预防和恢复、肌肉和骨骼发育、运动恢复、心理幸福感、全身健康和抗病能力。在理想的情况下，运动医学团队的所有成员，包括运动营养学家、运动生理学家、运动医学医生、运动心理学家和教练，都应了解营养会如何影响他们的专业领域。因此，本书的重点是帮助运动科学的学生了解运动营养的科学，它也可以帮助其他运动医学团队的人了解影响运动员健康和表现的重要营养问题的科学基础。这样的话，这本书将有助于运动医学团队的凝聚力和功能，并使运动员终身受益。这本书也可能吸引到其他对运动员健康和成功感兴趣的读者，包括他们的父母和教练。

本书的一个重要目标是使科学的内容更易于理解、适用，能让任何一个即使没有预备知识的学院或大学的读者能够阅读和理解书的内容。本书适用于本科生和(或)研究生初级水平的课程，包括诸如体育运动营养学、运动科学营养学、运动营养学等相关的课程。假设学生属于任何与应用科学和公共卫生相关的领域，用这本书学习应该不需要前期的预备课程。

本书的组成及特点

本书的一个重要目标是使它成为与运动有关的营养信息的一个全面的来源。所有章都以一个案例研究开始，该案例研究提供了一个运动员现实中可能面临的潜在问题的例子，然后是案例研究讨论的问题。随后的每一章中都会加强逻辑和实际的解决方案。在整本书中，每章都强调了科学知识，但也同时让科学更易于理解和适用。如下所示，每一章都是如此。

■ 第1章提供了关于关键问题、术语、常见谬见的一个概述，有关营养的介绍和关于营养摄入充足标准的信息。在第一章中讨论的每个主题在后面的章节中会更详细地讨论。

■ 第2章、第3章和第4章涵盖了能量底物(碳水化合物、蛋白质和脂肪)，通过提供科学的方式，演示如何向运动员提出正确的建议，以发挥他们的最高潜力，以此来打破谬见。

■ 第5章和第6章回顾了关于维生素和矿物质的许多误区，同时提供了确保摄入量充足和避免摄入量缺乏或产生毒性的策略。

■ 第7章解决了水合作用的关键问题，也解决了因摄入量不适当的液体量导致不能很好地满足营养需求的问题。

■ 第8章侧重于评估身体组成的重要性，而不是体重(质量)，以更好地理解帮助运动员获得与提高成绩相关的体质的能量和营养需求。

■ 第9章提供了关于调整营养摄入如何改变运动肌的氧气运输和利用的信息，以及如何用一些正确的营养方法来帮助改善肌肉恢复和减少肌肉酸痛。

■ 第10章强调了不同年龄和性别的运动员可能有不同的营养需求。如果不了解这些差异，可能会损害运动员的最佳表现潜力，并可能使运动员容易出现可能损害健康的营养并发症。

■ 第11章详细分析了不同运动项目(如力量、耐力和团队项目)的运动员如何很好地面对不同的营养需求，这些营养需求若得不到满足，可能会对运动员的表现产生影响。

■ 第12章介绍了旅行和环境条件的改变如何影响营养需求，并提出了有助于降低营养风险的策略。

■ 第13章对第5章和第6章进行了扩展，回顾了更多关于旨在提高表现的膳食补充和辅助的信息。这一章揭露了许多谬见，这使本书成为任何与运动员共事的人的必读之书。在理想的情况下，特别是在遵循正确的营养战略的情况下，参与体育运动应该有助于增进健康。

■ 第14章讨论了与运动员健康相关的营养问题，以便那些与运动员一起工作的人有一个更好的长期视角，明白目前所遵循的策略对未来运动员健康的影响。

■ 第15章集中在与饮食计划相关的实际问题上，通过引入书中前面提供的信息来回答这个问题：现在我有了科学知识，我应该怎样吃才能达到我的目标？这一章充满了实用信息，包括膳食评估策略和关于如何满足不同运动中有不同的休息时间(如中场休息、终场休息等)的需要，不同的训练时间(马拉松运动和短跑运动需要不同的营养策略)，以及训练前、中、后的饮食习惯等这些实用的内容。

全书有几个出现频繁的特点，方便读者的学习：

- 术语框放置在术语的第一个粗体字附近，便于参考；
- 要考虑的重要因素列出了所选的要点，是为了让读者牢记于心；
- 举例是用来帮助学生学习具体的应用情况；
- 丰富的表格和图表用来补充内容，并说明复杂的概念。

每一章都以以下内容结束：

- 实际应用活动为读者提供一个在每章中学到的知识应用到实际情况的机会；
- 为学生复习提供的本章问题及其答案；
- 以要点的形式总结每章节的重点；
- 来自最新的循证科学的参考文献（扫描二维码）。

内容丰富的附录提供了关键参考资料（膳食营养参考摄入量、高危营养素的营养成分等）和健康史问卷样本。附录也为不同年龄和不同运动项目的男女运动员提供了一个在线资源入口，其中包括膳食样品分析和营养问题解决策略。

一个全面的资源

这本书是为读者提供全面的资源，以帮助指导给予运动员营养建议并了解当运动员的情况需要转诊时，何时适合转诊给有资格的健康专业人员（如注册营养师、医生、注册运动教练）。

你会发现这本书在你的职业和体育活动中是很有用的。

丹·贝纳多（Dan Benardot）

佐治亚州立大学名誉营养学教授

致　谢

有太多人给予我足够的力量并指导我来编写这本书，并且有几个人总是在我需要建议、反馈和编辑的时候提供帮助，我想在这里提出他们的名字。这些人自己的工作十分忙碌，但他们似乎总是在我需要的时候为我提供帮助。当我需要初步的建议来判断我的做法是否正确时，没有人比我的妻子罗宾（Robin）营养师更好了，她总是愿意并诚实地以尽可能好的方式提供反馈。我的老朋友和同事，运动机能与健康学教授、营养学教授沃尔特・汤普森（Walt Thompson）博士，总是抽出时间来讨论我想写的东西，他也是我初稿的一名出色的编辑。最近退休的生物学教授锡德・克劳（Sid Crow）博士，也是我亲密的同事，他对细胞及其工作原理非常了解。最终，营养中的一切都涉及细胞反应，锡德在这方面帮助了我很多。我过去的两个研究生，马利亚・贝利西莫（Moriah Bellissimo）和阿什利・德尔特利卡塔（Ashley Delk Licata），现在都在著名的大学攻读博士学位，他们在如何更好地向本科生传达想法方面提供了新鲜的观点，并提供了非常棒的意见。美国运动医学学会指派安吉拉・查斯坦（Angela Chastain）作为策划编辑与我一起提交章节和编辑章节，在这个过程中她非常出色。威科集团指派罗宾・莱文里奇曼（Robin Levin Richman）担任策划编辑，她也是一个非常出色的合作伙伴。所有这些人，以及佐治亚州立大学的其他人员和出版商，包括艾米・米赫伦（Amy Millholen），帮助了这本书的出版。我非常感谢他们对本书做出的重要贡献，并向他们所有人表示诚挚的感谢。

目　录

第1章

运动员营养指导原则

本章目标

- 介绍可以并且应该考虑到的能提高运动员健康和成绩的基本营养规则。
- 比较营养和体力活动相互作用的重要方式，表明只关注其中一种而不关注另一种可能会导致运动员无法达到最佳状态。
- 讨论与运动员营养不良有关的可能因素，其各类相关问题包括：运动传统、营养误区、与为达到理想体重有关的过度饮食限制、食物过敏、不耐受和敏感等情况。
- 介绍包括水、维生素、矿物质、蛋白质、脂肪和碳水化合物在内的各类营养素，以及它们对健康和运动的重要性。
- 证明实现各类营养素之间平衡的重要性，因为过分强调单一营养素会导致健康状况和运动成绩不佳。
- 评估必需和非必需营养素间的差异，证明所有的营养素都是必需的，而不是证明倘若人体摄入足够数量的必需营养素，就有能力生成非必需营养素。
- 确定可行的饮食指南和膳食营养参考摄入量，以及大运动量人群使用它们的正确方法。
- 研究不同年龄段人群的体育活动指南及其目的。
- 确定如何阅读和解释食品标签的信息及理解食品标签上常用术语的含义。
- 回顾由美国运动医学学会（American College of Sports Medicine, ACSM）、营养与营养学学会和加拿大营养师等专业团体联合发表的关于营养和运动表现的立场声明。
- 确定由ACSM公布的与运动有关的立场，包括骨骼健康、心血管健康和女性运动员三联征的立场。
- 评判常见的营养谬见，以及这些谬见是如何影响健康状态和运动成绩的。
- 介绍通常用于获取营养信息的研究类型，展现不同研究类型的相对优势和劣势。
- 探索有关实践范围的信息，提供关于哪些类型的营养信息可以合法地提供给个人的基本信息。

案例研究

大学新生约翰在他高中时是一位运动员，现主修运动人体科学，想成为一名合格的体育教练。他和其他许多同学一样，也有许多营养理念。例如，他认为，摄入太少的维生素和矿物质是件非常可怕的事，因为这会严重损害人体的健康状况。他还认为，他在高中期间服用的维生素补充剂有助于他运动成绩的提高。这些补充剂的摄入量，根据营养成分的不同，是每日推荐摄入量的200%～800%，但这没有问题，因为维生素和矿物质的摄入量比组织需求量更大时，并不会有什么坏处，真正的问题往往是平时补充的量太少。

在教练的建议下，他在高中期间大量节食，以求运动时更轻、更快。他现在有点胖，所以他打算再次节食，以达到理想的体重。他最喜欢的节食方法之一就是不吃早餐，因为这很容易，而且他不必考虑当天晚些时候减少自己的饭量。他还确保19:00以后不吃任何东西，因为每个人都知道晚上吃东西会发胖。在大多数日子里，约翰仍尽力坚持锻炼90 min左右，包括跑步机跑步和举重，并确保摄入充足的水分。

后来约翰上了一堂关于营养和体力活动的课，他意识到自己之前对营养的所有理念都是错误的。正确的是：经常摄入过量营养物质可能会造成问题；晚上不吃东西可能会导致负能量平衡，从而降低非脂质含量，增加脂肪含量；节食可能会使人发胖；摄入饮用水，而不是含有碳水化合物和电解质的液体，可能会导致运动表现不佳。约翰已经认识到营养是一门科学，人们对营养的普遍看法可能并不是完全正确的。

案例研究（问题探讨）

（1）你认为约翰在控制体重方面犯了什么错误？

（2）约翰服用这些补充剂对他有利吗？如果没有，你会做什么改变？

（3）体重是衡量一个人运动是否良好和饮食是否健康的好方法吗？

（4）如果你是一名教练，你希望有人能达到理想的健身效果，那你会告诉这个人在营养方面要做些什么？

（5）你如何知道他们是否成功实现了各自的健身目标？

一、运动营养学的介绍

营养学是一门应用科学。多年来，科学的证据表明，遵循营养学的指导原则可抵抗疾病、增强损伤的恢复能力、改善运动表现和提升幸福感。然而，一方面来自媒体、朋友和工作环境的巨大压力让我们无法遵循这些指导原则，另一方面我们还要经受住其他言论的诱惑，即：有更好、更快、更轻松有效的方法可以改善健康状况，提升运动表现。事实上，没有什么灵丹妙药可以完美克服不良的营养习惯，如果相信有灵丹妙药，就会产生一种妄想的心态，这种心态只会让人更难达到理想的表现效果。重要的是，以科学为基础的营养指导原则对于提高健康水平和表现相对简单，如果坚持下去，很可能会起到自我激励的效果。也就是说，遵循这些原则将明显使人感觉更好，并激励人们继续保持正确的营养习惯。本章概述了适用于所有运动员的营养指导原则（方框1.1）。

营养学

营养学是一门应用科学，主要研究所消耗的营养物质，以及这些营养物质是如何参与个体的发育、组织代谢、修复和健康的。营养这个词经常被误用为："约翰的营养很好。"更恰当的句子应是："约翰的营养摄入是好的。"或"约翰的**营养物质状况**是好的。"

营养物质状况

个体目前的**营养状况**，常用于指特定营养素。例如，简的铁营养素很好。

营养状况

人体组织对营养物质需求的程度。例如，营养状况不佳的人由于营养素摄入不足，未能充分满足一种或多种营养素的需求。

方框 1.1 基础营养指导原则

1. 过量不比适量好
   - 如果需要少量的营养素来确保最佳健康状态，那么超过这一定量并不一定更好，还可能造成问题。例如，如果你需要“X”量的蛋白质，那么摄入过多的蛋白质不但不会更好，反而会减少其他所需营养素的摄入，这将产生问题。
2. 为确保摄入所需营养素，需广泛饮食
   - 没有一种完美的食物能含有细胞所需的所有营养成分。为了确保摄入最佳的营养物，必须食用各种各样的食物。
3. 足够的食物来满足实时的能量和营养的需求
   - 能量和营养的需求与消耗应存在动态关系。就像油箱不要加得过满，也不要把油箱里的油燃尽。就算把车的油箱全部加满，也不可能从纽约开到旧金山。人体也是一样。

食物是维生素、矿物质、体液和能量的载体，为了确保人们获得持续消耗所需的所有**营养物**，需正确饮食，它的基本营养原则是要求人们广泛饮食，让细胞得到它们所需要的一切。每一个细胞都对特定量的特定营养素有特殊的需求。提供过多的单一营养素可能会限制细胞摄入其他所需的营养素，而提供过少的任一营养素可能会导致另一种过量的营养素进入细胞。这两种情况都可能导致细胞紊乱，从而影响健康状况和运动成绩。

营养物

一种提供维持生命所需化学物质的物质，包括维生素、矿物质、碳水化合物、蛋白质、脂肪和水。

没有一种食物含有所有必需的营养素，所以广泛饮食是保持营养良好的必要组成部分。重复食用几种相同的食物的饮食（例如，相同的早餐，或两到三种不同的午餐和晚餐）往往会使细胞中的某些营养素过度增加，而其他营养素则摄入不足，其结果会导致**营养不良**。对运动员而言，会出现营养匮乏，这可能会影响他们发挥自身的运动潜能。有些人可能已经意识到，光吃食物并不能最好地满足自身对营养的需求，所以他们试图摄入营养补充剂来满足营养需求，但营养补充剂本身也会带来一系列问题。然而，很明显，许多教练和运动员不知道营养素是如何发挥作用的，以及人体是如何处理营养错误的。本章将回顾营养素的基本元素、功能，及其作用机制。

营养不良

由于以下原因导致的健康状况不佳：

- 一种或多种营养素摄入不足、过量或不平衡；
- 摄入的营养素吸收不良；
- 摄入和吸收的营养物代谢异常。

二、营养与体力活动的相互作用

需要考虑的重要因素

- **体力活动**增加了单位时间内人体对能量的需求。人体需要摄入其他营养素才能使细胞获得和使用所需的能量。由于食物是能量和营养素的载体，所以任何进行身体活动的人都应该制定饮食计划，这个计划可以帮助他们获得所需的能量和相关的营养素。

- 代谢更多的能量是产生热量的过程，而人类消散多余热量的主要方式是出汗。出汗的液体来自有多种功能的人体血液。如果血容量下降，就很难维持出汗率和维护其他功能（即供氧），所以运动的人都必须有一个良好的液体摄入策略，以保持血容量正常。

运动营养领域主要涉及有关身体活动和营养之间的相互作用的内容，这两个领域之间的相互作用可以从许多方面看到（图1.1）。众所周知，身体活动的变化会导致多种营养需求的平行变化，包括能量［即**卡路里**（calorie，cal）］利用率。例如，当你坐着读这句话时，你坐着的每分钟，能量利用率都相对较低。但是，如果你站起来到室外跑步，那么与坐着相比，你每分钟跑步的能量利用率将明显增高。简单地说，更高的活动强度意味着更高的能量需求。

体力活动

任何带动身体运动，并比休息时需要更多能量（即cal）的活动都被认为是体力活动。单位时间的能量需求越大，体力活动就越激烈。

卡路里

在营养学中与**千卡路里**同义的术语。注意，大写字母C与小写字母c在“cal”单词中的区别。

千卡路里

营养学中常用的术语，指食物中的热量。例如，这个百吉饼有400 cal，实际上意味着有400 kcal。这表示将1 kg水的温度升高1℃所需的热能，比**1卡路里单位**大1 000倍。

1卡路里单位

使1 g水在海平面温度升高1℃所需的热能。在营养学中，标准术语cal、大卡或kcal是这个量的1 000倍。

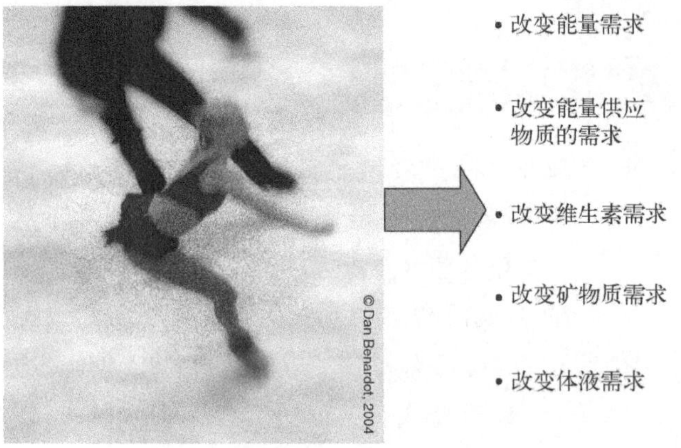

图1.1　营养与体力活动的相互作用

然而，这仅仅是身体活动和营养之间相互作用的起点。随着活动强度的增加，用于满足能量需求的营养物质类型也会发生变化。已经证实，活动强度越高，作为能量的碳水化合物利用率就越高。由于人类的碳水化合物储存量相对较低，所以从事相对高强度活动的人应该有一个能确保碳水化合物储存“罐”用之不竭的营养策略。

我们也知道能量底物（即为细胞提供碳为能量的营养素：碳水化合物、蛋白质和脂肪）不能被细胞代谢（使用）来满足它们的能量需求，因为这些底物存在于细胞中。特定的维生素，主要是维生素B，是需要利用能量底物的，这样细胞才能产生它们运作所需的能量。在更长时间，更高强度的运动中需要更多的能量底物和更多的特定维生素来满足能量需求。维生素不提供能量，但能帮助我们从含有能量底物的食物中获得能量。

我们从食物中获得的一些能量是在有氧的情况下产生的（有氧代谢），而其他获得的能量也可以在无氧的情况下产生（无氧代谢）。脂肪只能通过有氧代谢获得能量，而碳水化合物是一种灵活的燃料，可以在有氧和无氧条件下进行代谢。然而，即使是最瘦的人也有足够的作为能量储备的身体脂肪，但人类的碳水化合物储存量则有限。因此，燃烧脂肪的能力对耐力至关重要。铁是一种矿物质，在有氧代谢中有多种作用，因此，它是脂肪代谢产生能量的关键营养素。缺乏铁的运动员向细胞输送氧气的能力较差，因此，他的氧化代谢低于最佳水平，从而导致自身成绩低于平均水平。

运动也会改变人体对液体的需求，因为人体燃烧燃料产生肌肉运动的效率只有20%～40%。因此，每燃烧100 cal，其中的60～80 cal就会产生热量。这种热量是不能保留的（也就是说，体温不会因为能量代谢产生的热量而升高），所以我们通过出汗来消散热量。汗液的蒸发带走了多余的热量，降低了体温。活动强度越大，新陈代谢的能量就越多，产生的热量也就越大，这些热量必须通过汗水散去。

运动

运动是指为改善肌肉、心脏和肺部健康而进行的体力活动。体力活动通常被称为运动（即需要体力劳动的活动），当它以计划、结构化和重复的方式进行时，其目的是改善健康和增强体能。

总之，体力活动会改变总能量需求、所需的能量类型、代谢能量所需的维生素和矿物质，以及驱散与更高能量代谢相关的热量所需的液体（方框1.2）。这些相互作用是非常重要的，如果只讨论运动而不讨论有助于推动运动的营养因素，那将是一个不完整的讨论。简单地说，这些因素就是运动营养的基础：能量消耗率的增加导致体液流失率的增加。虽然是看似相对简单的概念，但涉及大量的科学研究，这些科学研究包括：在不同的活动中，什么样的能量基质最适合食用；什么时候食用这些基质；可以在不同的时间饮食，以帮助肌肉恢复和减少肌肉酸痛；在不同的环境条件下，最适用于不同活动的液体成分；维持最佳水合状态的策略；采用最佳饮食方式，确保细胞充分吸收运动员所需的所有营养物质，以达到运动员的条件能力。

方框 1.2　运动中的两大问题

不管是什么运动（力量型运动、团队合作型运动、耐力型运动），重大问题都涉及两个主要因素：

- 以最佳方式满足能量需求在数量、类型和时间方面的摄入；
- 以最佳方式满足液体需求在数量、类型和时间方面的摄入。

三、为什么许多运动员营养不良？

需要考虑的重要因素

影响运动员营养状况的因素很多，但包括两个主要因素：

- 这项运动的传统，以及监督和管控这项运动的组织机构的传统，可能会影响参与这项运动的运动员的饮食习惯，但往往效果不佳。
- 在注重体重（如摔跤）和体态（如花样游泳、体操、跳水）的运动中，运动员可能面临营养风险，因为很少有运动员或教练知道如何最好地实现这些目标。

（一）体育组织和补充剂使用

运动员未能充分满足营养需求的原因有很多。许多运动赛事的组织者会寻求赞助商来帮助支付赛事费用，这些赞助商提供其营养产品并禁止使用其他产品。这些产品可能适合也可能不适合每个参赛运动员，但是可以肯定地说，在每场赞助活动中，并不是所有产品都包含了每个运动员所理想的营养成分（能量基质、电解质浓度等）。无法充分利用现有产品来满足自身的营养需求，这会使运动员处于营养不良状态，从而可能导致他们无法发挥其应有的能力（表1.1）。[19]

美国国家体育管理机构为每项运动提供组织架构（即美国国家田径管理机构、体操管理机构、曲棍球管理机构，这取决于不同的运动项目），由于监督有限，可能会使不良的营养行为长期存在。这可能导致运动员长期营养困难。例如，某些运动项目的运动员通常会因为外表“瘦削”而受到奖励，这种

表1.1　造成运动员营养不良的因素

因素	具体内容
组织机构	■ 赛事赞助：提供的可能不是最适合运动员的产品 ■ 无合格的营养师/饮食专家：在训练/比赛中，通常没有资历认证或获得证书的营养专家 ■ 国家管理机构：长期营养问题及不良营养行为仍然存在 ■ 补充剂：供应商用令人信服的广告推销补充剂 ■ 不当规定：训练场馆禁止提供适当的食物/饮料
知识	■ 不恰当的模范：模仿备受敬仰的运动员 ■ 理念与科学：将与营养相关的神话传说作为一种理念系统，而非科学 ■ 认知原因导致的错误归因：由于相信某些原因，食用某些食品/饮料可能无济于事 ■ 好的和坏的食物：过于简单化会造成问题 ■ 灵丹妙药：寻找简单的解决方案
传统	■ 运动传统：教练/运动引起的营养问题持续存在 ■ 关注体重：过度关注体重，重点应集中在身体组成上，以及力量：重量值 ■ 蛋白质解决一切：高蛋白摄入将成功解决所有潜在营养的问题 ■ 依赖补充剂：降低食物摄入量，并产生涉及世界反兴奋剂机构的问题
食物限制	■ 过敏：避免食用可能引发过敏反应，甚至危及生命的食物 ■ 不耐受：避免食用引起不适的食物，通常与消化酶不足有关，如乳糖不耐症 ■ 敏感：不适、腹胀和其他由各种食物引起的症状，通常不能很好地识别，从而导致胃肠道炎症

外表瘦削的状态是评委们所期望的。然而，为了达到这种瘦身的目的，可能会导致运动员一辈子饮食不健康，这种饮食行为可能会对健康产生负面影响，并可能缩短运动员的竞技寿命。理想状态而言，美国国家体育管理机构应该制定出鼓励身体健康的体育规定，这样最终可以改善特定运动项目的表现。

许多运动员过度依赖补充剂，这可能是由于多种因素引起的，其中包括令人信服的广告，这些广告经常请体育名人做代言人；认识到饮食行为不尽人意，因此将补充剂用作营养的“安全毯”；在这项运动的官方杂志上刊登补充剂广告，使补充剂拥有不合理的可信性；相信营养补充剂会改善运动表现。实际上，在没有证据表明存在副作用的情况下服用补充剂可能会引起更多无法解决的问题，而且，如本章稍后所述，补充剂中还可能含有标签上未列出的禁用物质。

一些培训场所可能制订了错误的规定，阻碍了人们轻松获得合适的食物和饮料。例如，可能有一条规则是禁止在训练室里喝运动饮料。这些规则可能会导致多种结果而使运动员难以从训练中获得最佳效益，这些结果包括脱水风险增加，工作肌肉的能量底物利用率受到限制，以及允许出现低血糖状态，从而使压力激素（皮质醇）产生，最终导致瘦肉和骨质分解。这当然不是培训计划的理想结果。

许多体育组织的问题都可以由有资历的饮食学家/营养师解决。这种空缺留给了那些营养学背景不足的人，无法为运动员提供营养信息。通常，此建议不是基于科学的，而是旨在“推销”科学基础薄弱的产品。

（二）有关营养的知识

造成很多运动员营养不良的一个重要原因是他们缺乏营养策略的知识，而营养策略可以帮助他们达到理想的运动目标。由于缺乏对营养的了解，这些运动员很容易受广告的影响，也可能导致他们不恰当地模仿其他备受敬仰的运动员的做法。这些备受敬仰的运动员不仅有世界上最好的教练，还可以用一流的体育训练设施，相比运动员食用的所谓能提高成绩的补充剂，以上提到的两点更有可能促使他们成功。然而，那些崇拜他们的人会认为单靠补充剂就有帮助，而去服用能提高成绩的补充剂。与此相关的问题是，许多运动员认为营养是一种理念系统，而不是一门科学。运动员常遵循某些不恰当的营养策略，因为他们相信这些策略会帮助他们。事实上，营养学很可能可以更好地指导最适用的营养策略。

一些运动员错误地认为，自己从所吃的食物中获得好处。例如，人们普遍认为，高水平的蛋白质摄入是影响人类运动成绩的关键因素，因此许多运动员从食物和补充剂中摄入了极高水平的蛋白质。如果再加上适当的运动，可能会养成更高的肌肉质量，但运动能力的提高可能不是来自蛋白质本身，而来自更高水平的能量供应，从而来支持更大的运动而提高运动能力。蛋白质固然重要，但用蛋白质作为热量来源并不可取，因为产生的含氮废物可能导致脱水和骨密度降低。这表明除了过度摄入蛋白质外，还有更好的方法来满足能量需求。

还有一个好的食物与坏的食物的理念系统，可能会给运动员带来营养问题。一些运动员可能认为某种食物是“好食物”，所以他们大量频繁地食用。尽管所讨论的食物可能确实是一种好食物，但没有任何一种食物能提供所有所需的营养素。因此，由于这种食物的“好食物”标签而过度依赖它，可能会让自身产生一系列营养问题，同样，因被认为是“坏食物”而避免去食用它，可能会使运动员无法获得该食物中的关键营养素。重要的是要记住，没有什么灵丹妙药或完美的食物可以帮助运动员跑得更快、跳得更高、移动得更快。所有的营养需求都必须以平衡的方式来满足，才能提高运动成绩，而这只能通过广泛饮食来实现。

运动员们常说的话是：“我吃这个是因为我知道它对我有好处。”运动员另一个常说的话是：“我不吃那个是因为它对我有坏处。”尽管这些陈述可能是正确的，但他们也具有不良的思维定式，因为他们没有考虑语境。好坏处之分与短期和长期食用某一食物有关。如果一个运动员认为松软干酪是一种完美的食物，就每天都把它当午餐，并且大多数时间把它当晚餐，那么该运动员极可能营养不良。对非素食者来说，可能最好的食物是偶尔当午餐吃的汉堡包。准确地说，母乳是新生婴儿的理想食物，但是6个月后，即使是婴儿，也需要尝试吃其他食物，否则他们会贫血（母乳中铁含量有限）。事实上，没有完美的食物，而运动员饮食单调是因为他们坚信，有限的食物才是首先越过终点线的门票，但这是在自欺欺人。

（三）运动传统

运动传统也可能是运动员营养不良的原因之一。一些教练运用他们自己当运动员时学到的营养策略的情况并不少见，因为这是运动的传统。这项运动的传统可能是让运动员在练习时不摄入液体，这是从来没有人做过的（传统），因为人们错误地认为在脱水状态下练习会使运动员在比赛中更耐脱水。我们知道这一传统是明显错误的，因为公认的是，没有适应脱水的这种说法，但许多体育运动仍保留这一传统。

在许多运动中，要求运动员达到理想的体重也是很常见的。例如，在足球中，足球前锋常被鼓励变得更强壮（即增加体重），但从表现的角度来看，注重体重可能是不合适的。相反，应该重点关注构成体重的成分（即身体成分），因为表现更与之相关。例如，想象一下一个足球前锋，他在教练和训练人员的建议下，体重从250磅（lb; 1 lb=0.45 kg）增加到275 lb，但在这样做的过程中，体重增加几乎完全是由于脂肪量增加。现在，这位前锋必须用增重前的肌肉移动自己更重的身体，以使肌肉更加努力地进行相同的运动强度，结果可能是肌肉疲劳得更快，从而导致性能下降。另外，想象一个运动员参加一项形体运动，如果运动员看起来小一些，教练会觉得她的比赛成绩会更好，因此要求她通过热量有限的饮食来减肥。但是，由于热量限制，肌肉质量可能比脂肪质量降低得更多，因此，这位运动员会因体重减轻变得虚弱[4]。相对于肌肉恢复而言，低热量饮食后脂肪恢复的速度更快，还可能增加健康风险，包括降低骨密度和饮食失调[4]。如果重点是在增加肌肉的同时仅仅减少脂肪，那么这位运动员可以保持当前的体重，并且看起来更小，这是因为肌肉密度比脂肪高，而且她的成绩将会提高，因为她会有更多的肌肉移动更少的非肌肉质量。在以上两个示例中，体重都是错误的度量标准，但在许多运动项目中，仍以体重作为度量标准。因此，体重指数（body mass index，BMI），即体重与身高的指数（kg/m^2）并不能很好地衡量运动员的身体素质。BMI是作为确定超重和肥胖症患病率的人口指数而开发的，其类别包括体重过轻（16～18.5 kg/m^2）、正常体重（18.5～25 kg/m^2）、超重（25～30 kg/m^2）和肥胖（≥30 kg/m^2）。肥胖意味着体内脂肪过多。现在，BMI通常被用作个体的肥胖衡量指标，但不应该如此，因为它无法评估脂肪对体重的占比。通常来说，运动员肌肉发达，如果他们身高不高，则会被误认为肥胖（即BMI＞30 kg/m^2），而某些"瘦"的人肌肉质量相对较低，但脂肪量较高，他们可以通过BMI表征为正常体重，但是由于脂肪对体重的占比很大，应表征为肥胖。

人类利用蛋白质合成代谢来构建和修复组织、制造酶和激素等的最大能力是每千克体重约消耗1.7 g蛋白质。但是，为了获得最佳的合成代谢（组织构建）效益而消耗蛋白质，要比一天中简单地消耗蛋白质复杂得多。人体系统在一餐中只能消化30～40 g（120 cal）的蛋白质，这取决于肌肉组织，为了确保这种蛋白质能被合成代谢，其必须在能量平衡良好的状态下食用[17]。运动员食用含有80 g或更多蛋白质的大量蛋白质餐并不罕见，但由于其中只有30～40 g可用于合成代谢，运动员们自欺欺人地认为，一餐中这种高蛋白含量有助于提高总蛋白质的需求，但实际上利用率低，达不到总蛋白质的需求[28]。剩下的40～50 g要么作为热量来源，要么作为脂肪储存。通过优化一天中组织利用的数量来分配一天所需的蛋白质将更有效。

运动员面临营养不良风险的另一个可能的原因是过度依赖营养补充剂。人们普遍认为"如果吃一点点都对我有好处，那么多吃会更有好处。"这违背了营养的一个关键规则：过量不如适量好。这是基于拉丁文的说法"Sola dosis facit venenum"，是巴拉塞尔氏（Paracelsus，人名）的杰作，意思是"用量决定毒性"。美国国家科学院发表的每日膳食营养参考摄入量（dietary reference intake，DRI）通常被错误地视为最低要求，而不是DRI表达的意思，这是保持健康的平均要求加上高于这个水平的两个标准差[14]。尽管如此，运动员还是成了广告的目标，广告试图让他们消费含有很多倍DRI值的产品，通常是推荐DRI值的300%～400%，或更多，却没有任何证据表明这种摄入量会增强健康和（或）提高运动表现。相反，越来越多的证据表明，摄入过量的补充剂会导致问题[8]。还有证据表明，当作为补充剂服用时，某些营养素可能会产生与预期效果完全相反的结果。在夏威夷科纳举行的铁人三项世界锦标赛之前，一项评估维生素E补充剂（每天800 IU，持续2个月）的研究发现，维生素E在运动过程中会导致脂质过氧化和炎症，这一发现强烈表示，没有维生素E的补充，铁人三项运动会更好[25]。对膳食补充剂的研究也发现了一些被国际奥委会（International Olympic Committee，IOC）和世界反兴奋剂机构禁用的物质，尽管这些物质没有包括在产品标签上[18]。显然，不知情的运动员食用这些补充剂会遭遇风险。

（四）过敏、不耐受和敏感引起的食物限制

由于与**食物过敏**，食物不耐受和食物敏感有关的问题，运动员可能容易出现营养不良的状况。食物过敏的症状是由特定抗原的摄入引起的，这些抗原引起**免疫球蛋白E**（immunoglobulin E，IgE）介导的过敏反应，该反应在摄入后数分钟至2 h发生。症状涉及胃肠道、呼吸系统、眼睛和皮肤，还可能危及生命。最常见的食物过敏与食用花生、坚果、鸡蛋、牛奶、小麦、大豆、鱼、甲壳类和贝类有关，通常过敏物质是一种特定的食物蛋白质。

食物过敏

食物过敏代表对特定食物或食物中的某种成分产生的免疫反应。当人体的免疫系统通过IgE与食物结合而对食物产生反应时，人体就会发生过敏反应（皮疹、舌头肿胀、呕吐、腹泻等），从而释放出包括组胺在内的炎性化学物质。常见的易导致食物过敏的食物包括牛奶、鸡蛋、贝类、花生、小麦、大米和水果。

免疫球蛋白E

免疫球蛋白E是由免疫系统产生的抗体，与过敏反应有关。任何过敏者的免疫系统对过敏原的反应过度时，就会释放IgE。IgE会扩散到引起过敏反应（如肿胀、皮疹）的细胞。

食物敏感是非IgE介导的免疫系统反应。这些是由于粒细胞和T细胞释放介质引起的，粒细胞和T细胞释放的介质包括前列腺素、组胺、细胞因子和血清素，这些介质通过组织炎症、平滑肌收缩、黏液分泌和痛觉受体激活对肠道功能产生不利影响。如果没有食物敏感度测试和个性化的排除饮食法，会引起人体产生症状的食物来源可能仍然难以捉摸。

食物不耐受的原因包括消化酶或胆盐等消化物质的不足或缺失，导致胃肠道不适症状迅速出现。例如，大约10%的人会出现乳糖不耐症的症状，当乳糖酶的产生量不足以充分分解乳制品的乳糖时，就会出现这种症状。

食物敏感

食物敏感会导致胃肠道中非IgE介导的局部炎症反应。胃肠道发炎可能使某些物质进入血液，若其无法进入血液，就会导致包括肠易激综合征（irritable bowel syndrome，IBS）、偏头痛、代谢综合征、关节炎在内的炎症。食物敏感比食物过敏或食物不耐受症更为普遍，但由于对有害食物/食物物质的反应可能需要数天，因此常常无法诊断。

食物不耐受

食物不耐受不会影响人体的免疫系统，通常是个体因消化酶不足或缺失而无法消化食物成分，因运输蛋白质缺失而无法吸收营养素，或因细胞缺失而即使吸收了，也无法正常代谢消化。例如一种常见的食物不耐受是乳糖不耐症（影响大约10%的成年人），其原因是乳糖酶（消化乳糖的酶）生产不足。

所有这些与食物有关的问题（过敏、不耐受和敏感）对急性和慢性疾病都有影响，但如果完全不摄入这类引起疾病的食物，就会引起自身营养素摄入不足而导致的问题。患有这类疾病的人要特别注意饮食，以确保他们的营养均衡。某些运动员可能因为道听途说一些营养素对他们“不好”，或他们认为自己患有尚未被诊断出来的疾病，而不必要地限制食物。例如，尽管自身没有谷蛋白有关的问题，但运动员可能不必要地限制或避免食用含麸质的食物；一些运动员可能不必要地限制乳制品，因为他们认为自己可能有乳糖不耐症。这些不必要的限制可能会束缚他们吃想吃的食物，因此，会使他们更难摄入所需的营养素。

四、营养素

需要考虑的重要因素

- 人们通常认为某些营养素比其他营养素更重要。这是一种危险的想法，因为这可能导致他们过度摄入这些营养素，而不服用其他的营养素。营养素共同作用才能产生理想的效果，且所有的营养素处于适当的平衡状态才是获得良好营养的关键。
- 没有一种食物包含所有营养素。因此，经常食用同一种食物无法使组织接触到各种营养物质，容易使人营养不良。食用多种食物是保证良好营养状态的关键。

公认的六大营养素包括水、维生素、矿物质、蛋白质、脂肪和碳水化合物。另一类准营养素被称为植物营养素，它不是典型的营养素，但具有类似营养素的功能。植物营养素是当前大量研究的焦点，其研究结果为细胞功能和修复提供了有用的信息（表1.2）。我们从含有碳水化合物、蛋白质和脂肪的食物中获取能量（燃料）。我们也可以从乙醇中获取能量，但经常饮用乙醇可能会干扰正常的能量代谢过程，同时增加脱水的可能性。

很多人把提供能量的特性归因于维生素和矿物质，但维生素和矿物质并不是能量的来源。然而，人体需要维生素和矿物质从摄入的碳水化合物、蛋白质和脂肪中获取能量。运动员减少食物摄入量，是因为他们相信能量消耗的减少不会造成任何问题，因为他们摄入的维生素过多，但这样的想法是错的。如果能量有限，维生素的作用就很小。在第7章中

表1.2 营养素

营养素	子分类	功能
碳水化合物	糖 淀粉 纤维	获取能量的肌肉燃料（来自淀粉、糖和糖原） 胆固醇/脂肪控制（来自膳食纤维） 助消化（来自膳食纤维） 营养/水分吸收（来自糖）
脂类（脂肪和油）	必需脂肪酸 非必需脂肪酸 单不饱和脂肪酸 多不饱和脂肪酸 饱和脂肪酸	输送脂溶性维生素（维生素A、维生素D、维生素E和维生素K） 输送必需脂肪酸（人体需要但不能生成的脂肪酸） 能量/肌肉燃料（用于低强度活动） 控制饱腹感（帮助你在吃东西时感到满足） 许多激素中的物质
蛋白质	必需氨基酸 非必需氨基酸	能量来源（如果碳水化合物耗尽） 输送必需氨基酸（人体需要但不能生成的氨基酸） 对新组织的发育至关重要（在生长和损伤修复过程中很重要） 对维持现有组织至关重要（有助于控制正常磨损） 生成酶、抗体和激素的基本物质 流体平衡（有助于控制细胞内外的水位） 血液中物质的载体（运输维生素、矿物质和脂肪进出细胞）
维生素	水溶性维生素 脂溶性维生素	组织功能和健康（如维生素A有助于维护眼睛的正常功能） 免疫功能（如维生素A和维生素C有该功能） 能量代谢控制（如特别是维生素B帮助细胞燃烧产生能量） 营养吸收（如维生素D可以帮助您将饮食中的钙和磷吸收到血液中） 神经系统维持（如叶酸和维生素B_1对神经系统的发育和功能发挥十分重要） 抗氧化剂（如帮助保护细胞免受氧化损伤）
矿物质	常量矿物质 微量矿物质 超微量矿物质	骨骼强度（如钙、磷和镁是强健骨骼的关键；氟化物通过保护牙齿免受细菌酸的侵害而使牙齿保持坚固） 神经功能（如镁和钙均参与神经吻合） 控制人体的pH（酸度水平） 氧气运输（如将氧气带入细胞并从细胞中去除二氧化碳时，铁发挥了至关重要的作用） 控制人体的水分平衡（钠和钾在血容量中起重要作用）
水		身体的冷却液（通过出汗来维持体温） 细胞营养物质的载体 细胞代谢废物清除剂 肌肉的重要组成部分 涉及许多身体反应（包括食物的消化和细胞内发生的过程）
植物营养素*	酚类 萜烯类 多酚类物质 甾醇	细胞保护剂 细胞修复剂 细胞长寿因子

* 人们并没有把植物营养素正式视为一大营养素，但已对其进行了大量研究关注，发现它们具有与维生素相似的功能。它们是植物中天然存在的化学物质，目前还没有推荐的摄入量。植物产生植物营养素，以保护自身免受病毒、细菌、真菌、昆虫和环境的侵害，人们相信它们也为人体提供保护。

讨论的水是一种营养物质，在人体总重量中占很高的比例，而且真正联系了所有组织。血液的主要成分是水，它将维生素、矿物质、脂肪、蛋白质和碳水化合物输送到组织中，并清除组织利用过程中的代谢废物。血液中的水对维持体温必不可少，例如运动中产生汗液就是其方式之一。

（一）营养素平衡

每种营养素都具有独特的重要性，因为每种营养素都有特定的功能。运动员不可能从他们所吃的食物中排除任何种类的营养素，并且希望在运动中表现出色（更不用说保持身体健康了）。了解营养素的关键是理解无论是在营养物质内部还是在营养物质之间协同作用的概念。例如，在没有碳水化合物的情况下，燃烧脂肪以获取能量变得更加困难，因为脂肪需要与碳水化合物一同被燃烧而获取能量。就如红细胞若只有足够的铁摄入，而维生素 B_{12} 和叶酸摄入不足时，是不可能健康的。有足够的总能量摄入（碳水化合物、蛋白质和脂肪）是优化运动表现的一个极好的策略。然而，在液体摄入不足的情况下会阻碍运动员代谢这些能量化合物的能力，因为液体摄入不足会限制能量向细胞的输送，限制细胞代谢副产物的清除，以及限制能量化合物代谢时产生的热量的冷却能力。

另外，任何一种营养素若摄入过多，可能会损害其他营养素正常吸收和代谢。例如，服用钙补充剂通常有助于骨骼坚固且健康，能够抵抗应力性骨折（运动中常见的损伤），降低骨质疏松症的风险。然而，在摄入铁、镁和锌的同时摄入过多的钙可能会抑制这些营养素的吸收，铁、镁、锌对保持健康和运动成绩同样重要。这些都是营养平衡的问题。只摄入一种营养素而不摄入另一种营养素是行不通的，而且一种营养素摄入过多可能会导致其他营养素出现问题。因此，当你回顾表 1.2 中营养素及其各种功能的汇总时，推断单一营养素本身就能促进实现这一功能是不正确的。想想看营养素的平衡吧。

（二）必需营养素与非必需营养素

营养素可以分为必需营养素和非必需营养素，但应注意不要误解这些术语。必需营养素是人体细胞不能从其他营养素中生成的营养素，所以我们必须从食物中摄取这类营养素。正如，我们自己无法生成必需氨基酸，所以必须从食物中摄入这些氨基酸。脂肪酸也是如此，人们认为大多数脂肪酸是非必需的，因为我们完全有能力从其他营养素中生成脂肪酸。然而，仍然有少量的脂肪酸是必需的，因为我们无法生成它们。

请不要认为非必需营养素不如必需营养素重要。我们需要它们全部（包括必需和非必需营养素）正常运行，且必须有目的地消耗必需营养素，才能确保细胞发挥正常功能。一般来说，涵盖各种食物的均衡饮食可输送所有必需营养素，同时提供非必需营养素。与必需营养素有关的问题几乎总是与饮食限制相关，即特殊饮食、食物过敏、食物不耐受和（或）食物敏感。例如，人们可能会选择一种极低脂肪的饮食法，其剔除了所有含有亚油酸脂肪酸的食物，如玉米油、葵花籽油、大豆油、坚果和种子，这些食物是亚油酸脂肪酸（一种必需脂肪酸）的主要来源。随着时间的推移，这可能导致亚油酸缺乏，出现生长不良、脂肪肝、皮肤损伤和生殖功能衰竭的症状[3]。第2章～第4章分别介绍了碳水化合物、蛋白质、脂类，并将对特定营养素和它们的食物来源，以及维持健康所需的营养素量进行更全面的讨论。这些章节还阐述了体力活动对特定营养需求的影响，以及运动员为其使用的策略，这种策略是运动员确保自身能够获得健康和表现所需的所有必需和非必需营养素的方法。

五、运动员与非运动员的营养指南

需要考虑的重要因素

- 《美国人饮食指南》是保障健康生活的一般性建议。这些指南通常适用于运动量大的人群，不过做了一些改进：① 含糖运动饮料适合在间歇性的体力活动中饮用；② 由于出汗造成的钠损失可能超过当前的建议摄入量，应对其予以补充。
- 根据DRI，若每日食物摄入量达到所列营养素标准，98%的人群将达到良好营养状态。但是，重要的是要考虑到DRI值比平均需求量高出两个标准差的情况，这就表明膳食营养素的消耗量实际上高于大多数人维持良好营养状况所需的水平。

美国卫生与公共服务部和美国农业部每5年联合发布《美国人饮食指南》(以下简称《饮食指南》)[32]，每个版本的《饮食指南》都涵盖了营养科学的内容。最新的《饮食指南》于2015年发布，《饮食指南》为2岁及以上的美国人提供了有证可循的饮食建议。这些建议旨在：

- 促进健康；
- 预防慢性疾病；
- 帮助人们达到和维持健康体重。

公共卫生机构、医疗服务人员和教育机构都听从《饮食指南》的建议和策略。《饮食指南》还对美国的营养产生了重大影响，因为它们：

- 构成了联邦营养政策和大纲的基础；
- 有助于指导地方、州和国家的健康促进和疾病预防计划；
- 影响着不同的组织机构和产业(例如，由饮食产业开发和推销的产品)。

《饮食指南》的目的是将我们对单个营养素和食物成分的了解总结为一套相互关联的健康饮食建议，以供公众采用。总体而言，《饮食指南》包含两个至关重要的概念：① 热量能随着时间的推移保持平衡，从而达到并维持健康的体重；② 重点食用营养密集型食品和饮料[32]。

(一) 保持热量平衡

第一个概念是热量能随着时间的推移仍能保持平衡，从而达到并维持健康的体重。通过持续关注仅从饮食中摄入足够的能量满足他们的需求，并通过体育锻炼消耗能量，热量平衡达到了。为了遏制肥胖症的流行并改善自身健康，许多美国人必须通过体育锻炼来平衡他们摄入的热量，甚至通过体育锻炼增加能量消耗达到负平衡来减肥。在建议的这一部分，重点应放在增加体育锻炼和减少久坐活动的时间上，这样能够降低患肥胖症的风险，或在目前超重或肥胖的情况下达到更好的体重。增加体育锻炼的目标之一是达到热量平衡的状态(即所摄入的热量等于消耗的热量)，这可预防肥胖或实现负能量平衡(即所摄入的热量小于消耗的热量)以减轻体重(有关体重和身体成分的更多信息，请参阅第8章)。

(二) 摄入营养密集型食品和饮料

第二个概念是重点食用营养密集型食品和饮料。美国人目前从添加糖、固体脂肪和精制谷物中摄入过多的钠和热量。人们认为添加糖是一种高热量的甜味剂，可在加工、制备或单独食用时添加到食品中；固体脂肪是饱和和(或)反式脂肪酸含量高的脂肪，通常在室温下是固体；精制谷物是缺少麸皮、胚芽和(或)胚乳的谷物食品，即非全谷物食品。这些食品都替代了营养密集型食品和饮料，使人们很难在控制热量和摄入钠的同时达到**推荐的营养摄入量**。健康的饮食模式限制了钠、固体脂肪、添加糖和精制谷物的摄入，并着重营养密集型食品和饮料的摄入——蔬菜、水果、全谷类、无脂或低脂乳制品、海鲜、瘦肉和禽肉、鸡蛋、豆类和豌豆、坚果和种子。但是，应注意不要将限制摄入误解为避免摄入。例如，低钠和高钠摄入都与较高的死亡率有关，所以关键是要找到一个适当的摄入平衡：不要太多也不要太少[11]。

推荐的营养摄入量

不同的政府机构(如美国国立卫生研究院)和非政府组织(如世界卫生组织)制定了适用于不同年龄和性别的营养素摄入指南。DRI(当前的推荐营养摄入量由美国制定)提供了每种营养素的摄入量标准，从统计学上讲，摄入这些营养素将让98%的人群保持良好的营养状况。

营养密集型食品是指，对于所传递的热量而言，具有高浓度营养素的食物。低营养密度食品的一个例子是糖，它是能量的来源，但不含其他营养素。寻求高营养密度是合乎逻辑的，因为人们发现严重肥胖者的饮食是不平衡的，热量摄入相对较高，而维生素和矿物质摄入不足[13]。还有一个重点是，饮酒要适度。在法定饮酒年龄的前提下，女性每天饮酒不得超过一杯，男性每天饮酒不得超过两杯。乙醇是一种能量来源（7 cal/g），但会干扰许多营养物质的代谢，从而增加患病风险。此外，还有针对特定人群的营养建议，包括鼓励育龄妇女摄入足够的铁元素和叶酸，以减少妊娠和胎儿并发症；鼓励孕妇减少食用某些含汞量高的鱼类，以维持铁元素的良好状态；鼓励50岁以上的人不减少维生素B_{12}的摄入。

需要考虑的重要因素

肥胖与超重有不同的含义：
- **肥胖**是指身体脂肪过多
- **超重**是指身高体重比超标

体重可能源于：
- 瘦体重（lean body mass，LBM）（越多越好）
- 骨量（越多越好）
- 脂肪量（越少越好）
- 身体水分（越多越好）

肥胖

是一种状态，其特征是身体脂肪过多，与体重无关。身体脂肪百分比（脂肪的质量百分比）超过25%（男性）或32%（女性）的人被视为肥胖。运动员的体脂百分比水平通常明显低于这些数值。

超重

超重是指就一个人的身高、年龄和性别而言，超过了理想体重。因为单位身高内肌肉水平较高的运动员可被归类为超重运动员，所以很难解释清楚"超重"一词，但上述情况下的超重并非不利。超重和肥胖这两个词经常被混淆，肥胖无关体重，是指体脂过多，而超重无关体脂，是指体重身高比超标。

六、DRI

DRI由美国医学研究所（Institute of Medicine，IOM）开发和发布，代表了健康人群营养需求的最新科学知识（图1.2）。它由以下五个部分组成[6]。

- 平均需要量（estimated average requirement，EAR）：指的是每日营养素摄入量，其在特定的生命阶段和性别群体中，预计能满足一半健康个体的需求。
- 膳食营养素推荐供给量（recommended dietary allowance，RDA）：指的是每日平均膳食营养素摄入量，其在特定的生命阶段和性别群体中，足以满足几乎所有健康个体（约98%）的营养需求。此量相当于比平均需求量高出两个标准差。
- 适宜摄入量（adequate intake，AI）：指的是在无法确定RDA时，建议的平均每日营养素摄入量，其依据是对一组或多组明显健康的人所进行的观察或实验所得到的营养摄入量的近似值或估计值，而这些人的营养摄入量原本默认为是充足的。
- 可耐受最高摄入量（tolerable upper intake level，UL）：指的是平均每日营养素最高摄入量，其对一般人群的几乎所有人来说，可能不会对健康造成不利影响。但摄入量超过UL时，可能会增加潜在的不良反应风险。
- 估计能量需要量（estimated energy requirement，EER）：它代表了一个健康成年人（其体力活动量与身体健康相一致）的平均膳食能量摄入量，此摄入量将维持该成年人在年龄、性别、体重和身高间的能量平衡。对儿童、孕妇和哺乳期妇女而言，EER涵盖与生长发育、妊娠或哺乳有关的较高能量需求。

从图1.2可以看出，人们不应将DRI看作是确保健康状态的最低营养摄入量。大多数健康人的营养需求量远远低于RDA（即接近平均需求量，而不是超出需求量的两个标准差），而一小部分人的营养需求量高于RDA。如图1.2所示，任何营养素摄入过多会增加不良反应的风险（即量高于UL），而营养素过少也会增加不良健康影响的风险（即量低于EAR）。因此，DRI被认为是大多数人应该努力争取的营养素摄入量的安全范围。鉴于营养补充剂摄入量的普遍性，特别是在运动员中，有理由担心许多人

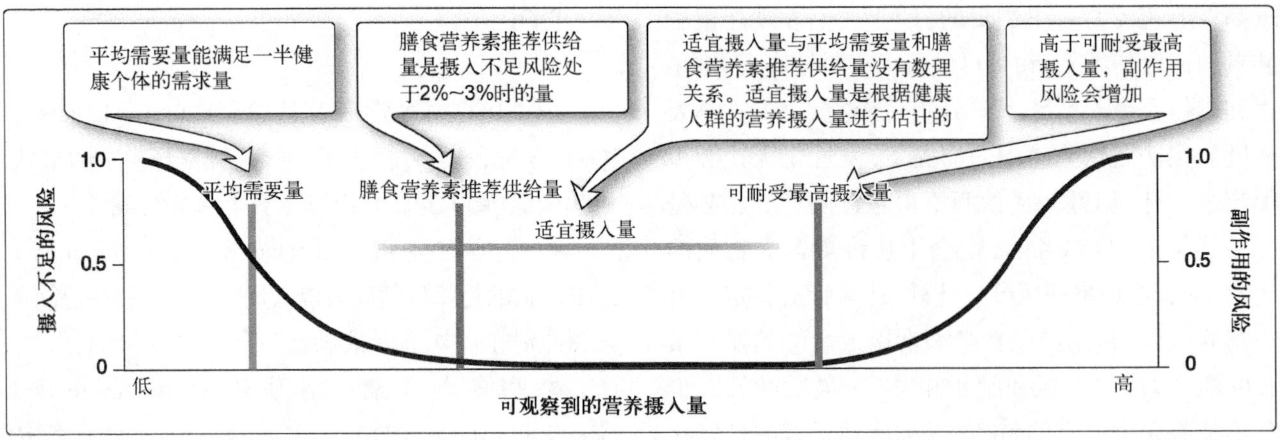

图1.2 DRI

AI,适宜摄入量；EAR,平均需要量；RDA,膳食营养素推荐供应量；UL,可耐受最高摄入量

资料来源：Ferrier D. Lippincott Illustrated Reviews: Biochemistry. 7th ed. Philadelphia (PA): LWW (PE); 2017.

超过UL的风险比低于RDA的风险更大。

对于经常锻炼的人来说，RDA是确定营养是否充足的一个极佳出发点。因为和一般的不运动的人相比，经常锻炼的人需要消耗更多能量，所以能量需求可能比RDA中指明的要高。由于消耗更多的能量也需要更多的营养素（尤其是维生素B），而且运动表现与几种矿物质（尤其是铁和锌）密切相关，因此按照RDA摄入定量营养素值得尝试。自律的运动员应该定期进行抽血检测，以确定营养摄入是否充足，以及摄入RDA的量是否合适。尤其要指出的是，通过评估血红蛋白、血细胞比容和铁蛋白来检查铁的摄入状况非常重要，同时可以作为衡量其他营养素摄入是否充足的指标。关于EAR、RDA、AI和UL的DRI表格可以在本书的内封面上找到，以供参考。

参照DRI拟定计划

参照DRI表，可以很好地拟定计划和评估个体及团体营养摄入的不足（图1.3）。对个体而言，可参照以下准则：

■ EAR不应成为个体营养摄入量的目标；

■ RDA是适用于个体的适当值，通常摄入量等于或略高于RDA会使营养不足的风险降低；

■ AI是适用于个体的摄入量，通常摄入量等于或略高于AI会使营养不足的风险降低；

■ 个体不适合参照UL拟定计划，因为可能会因摄入过多而带来不利影响的风险。

对于团体而言，可参照以下准则：

■ EAR适用于团体内，可接受的营养素摄入量不足的低风险情况；

■ 团体不应参照RDA拟定计划摄入量，因为RDA代表高于平均需求的两个标准偏差；

■ AI适用于团体，因为平均摄入量通常意味着营养摄入不足的情况较少；

■ UL可用于拟定计划，以最大限度地降低一部分人群可能摄入过多营养素的风险。

七、体力活动指南

美国卫生与公共服务部疾病预防和健康促进办公室也颁布了《美国人体力活动指南》，近一次发布是在2015年[31]。这些指南旨在概述与促进健康和降低慢性病风险相关的体力活动的运动量和类型。健康方面的重大研究成果是《美国人体力活动指南》的基础，包括以下方面：

■ 定期运动可降低许多不良健康后果的风险；

■ 进行一些体力活动总比没有好；

■ 对于大多数健康结果而言，额外的益处会随着运动量的增加而产生，这是通过更高强度、更频繁和（或）持续时间更长来实现的；

■ 每周至少进行150 min的中等强度体力活动最有利于身体健康，如快步行走，更多的体力活动会带来额外的好处；

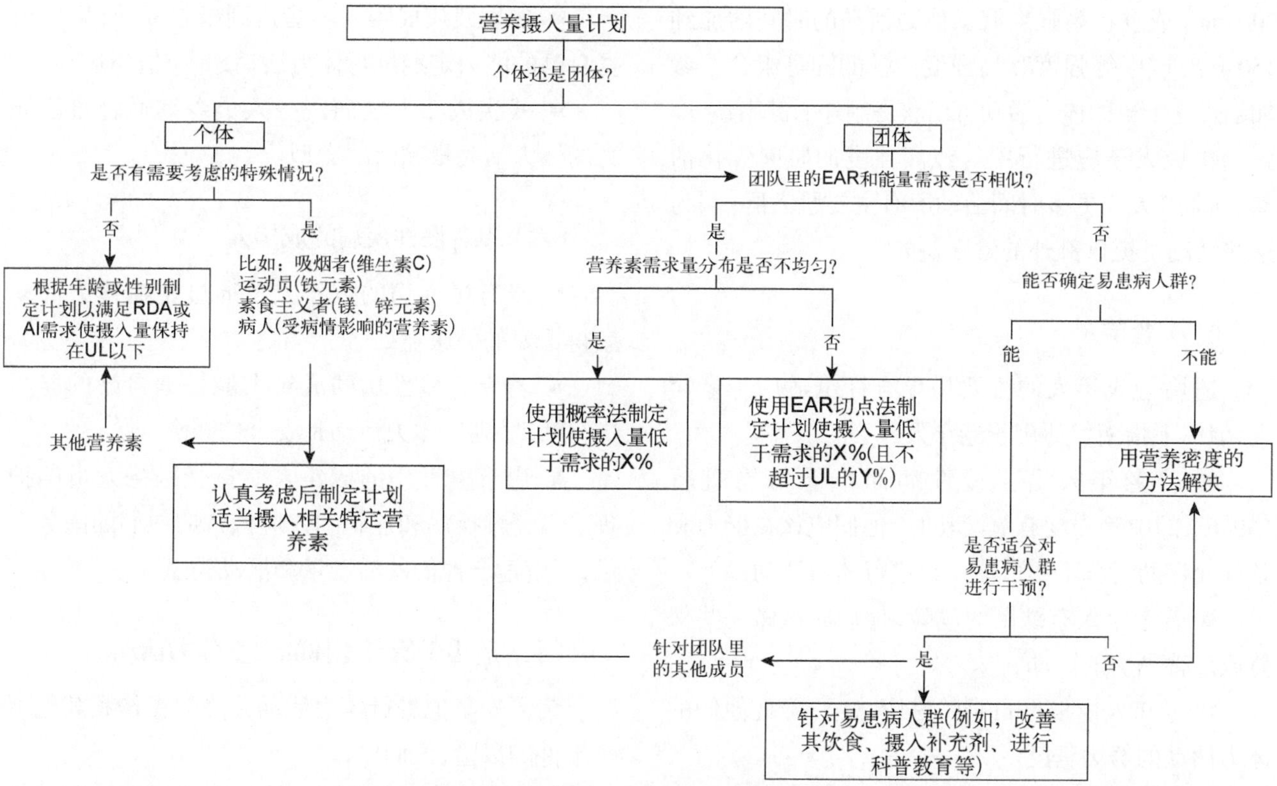

图 1.3　参照 DRI 制订针对个体和团体的计划

AI：适宜摄入量；DRI：膳食营养素参考摄入量；EAR：平均需要量；RDA：膳食营养素推荐供给量；UL：可耐受最高摄入量

资料来源：Institute of Medicine Subcommittee on Interpretation and Uses of Dietary Reference Intakes; Institute of Medicine Standing Committee on the Scientific Evaluation of Dietary Reference Intakes. Using Dietary Reference Intakes in Planning Diets for Individuals. In: Dietary Reference Intakes: Applications in Dietary Planning. Washington (DC)：National Academies Press; 2003. Available from: https://www.ncbi.nlm.nih.gov/books/NBK221374.

■ 有氧（耐力）和肌肉强化（抵抗）的体力活动都是有益的；

■ 对儿童、青少年、青年人、中年人、老年人及每一个研究种族和民族群体都有健康益处；

■ 体力活动对残疾人的健康有益；

■ 体力活动的好处远远大于不良后果的可能性。

针对不同人群的特定关键体力活动的指南如下：

（一）儿童与青少年

■ 儿童和青少年每天应进行60 min或更长时间的体力活动。

● 有氧运动：每天应进行60 min或更长时间的中等强度或高强度有氧运动，每周至少进行3天高强度体力活动。

● 肌肉强化：是每天60 min或更长时间体力活动的一部分，儿童和青少年应每周至少进行3天肌肉强化体力活动。

● 骨骼强化：是每天60 min或更长时间体力活动的一部分，儿童和青少年应每周至少进行3天骨骼强化体力活动。

■ 鼓励年轻人参加适合他们年龄、令人愉快且多样化的体力活动，十分重要。

（二）成年人

■ 所有成年人都应运动。做一些体力活动总比没有好，参加任何体力活动的成年人都能获得一些健康的益处。

■ 为了获得大量的健康益处，成人每周应至少进行150 min的中等强度运动，或每周75 min的高强度有氧运动，或中等强度和高强度有氧运动的同等组合。每次有氧运动应至少进行10 min，最好贯穿整周。

■ 为了获得更多且更广泛的健康益处，成人应将进行中等强度的有氧体力活动时间增加到每周

300 min，或进行高强度有氧体力活动的时间增加到150 min，或中等强度和高强度活动的同等组合。参加超过这个量的体力活动可以获得额外的健康益处。

■ 成人还应进行中等或高强度的肌肉强化活动，每周2天或更多时间活动所有主要肌肉群，因为这些活动可提供额外的健康益处。

（三）老年人

适用于成年人的主要指导方针也适用于老年人，但以下指南仅适用于老年人：

■ 若老年人由于慢性病而不能每周进行150 min的中等强度有氧活动时，他们应该在能力和条件允许的情况下尽可能多地进行体力活动；

■ 若老年人有跌倒的危险，他们应该做一些保持或改善平衡的运动；

■ 老年人应根据自身的健康状况，确定他们的体力活动的努力程度。

患有慢性病的老年人，应该了解其病情是否影响，以及如何影响他们定期进行体力活动的能力。

（四）孕妇和产后妇女

■ 健康的妇女若尚未定期进行高强度运动，在妊娠期间和产后，每周应至少进行150 min的中强度有氧活动，且最好贯穿整周。

■ 习惯进行高强度有氧运动或高度活跃的孕妇可以在妊娠期间和产后继续进行体力活动，不过前提是她们必须保持健康状态，并与医务人员讨论如何以及何时调整活动。

（五）残疾成年人

■ 有能力运动的残疾成年人，每周应该进行至少150 min的中等强度运动，或每周进行75 min的高强度有氧运动或中等强度和高强度有氧运动相结合的等效组合。每次有氧运动应进行至少10 min，最好是贯穿整周。

■ 有能力运动的残疾成年人，也应该每周进行2天或更多的中等强度或高强度的肌肉强化活动，其可活动所有主要的肌肉群，因为这些活动可带来更多的健康益处。

■ 如果残疾成年人不能达到指导标准，则应根据自己的能力定期进行体力活动，并应适当运动。

■ 残疾成年人应向医务人员咨询适合自己能力的体力活动量和活动类型。

（六）患有慢性疾病的成年人

■ 患有慢性病的成年人可通过定期体力活动获得重要的健康益处。

■ 若患有慢性病的成年人能根据自己的能力进行活动，则其体力活动是安全的。

■ 患有慢性病的成年人应接受医务人员的护理。有慢性疾病和症状的人应该咨询他们的医务人员，了解适合他们的活动量和活动类型。

（七）适用于所有团体的安全体力活动

为了安全地进行体力活动并降低受伤和其他不良事件的风险，人们应该：

■ 了解风险，但要相信体力活动对几乎所有人都是安全的；

■ 选择适合他们当前健康状况和健康目标的体力活动，因为有些活动比其他活动更安全；

■ 可随着时间的推移，逐渐增加体力活动，以满足指导方针或健康目标，不运动人群初期应该进行低量、低速的活动，后期逐步增加活动的次数和时长；

■ 可通过以下方式保护自己：使用适当的装备和运动设备，寻找安全的环境，遵循规则和政策，以及做出何时、何地和如何活动的明智选择。

虽然在饮食和体力活动指南中没有具体说明，但就其本质而言，营养和能量摄入与能量和营养素利用之间应存在动态关系，这非常重要。因此，增加体力活动的人应该小心，不要出现相对能量不足的情况，因为这可能会造成困难。例如，与体力活动相关的更高的能量消耗应与更高的能量摄入密切匹配，以避免瘦体重和骨量的损失，这两种情况都会对健康产生短期和长期的负面影响。简单地，在不改变饮食的情况下增加体力活动可能会抑制体力活动产生的潜在积极影响。同样重要的是，要考虑到DRI对单个营养素的关注可能会削弱对营养素摄入平衡的关注，还要考虑到摄入所需的不同营养素。例如，膳食纤维对胃肠健康很重要，可以降低患某些癌症的风险。这一信息可能会促使人们摄入更多的纯分离膳食纤维，如麸皮。然而，一项研究指出，作为膳食纤维的良好来源，食用全谷类食品可能比单独摄入纤维对健康更重要，因为其他营养素和植物营养素存在于全谷物中，但不存在于纤维中[15]。重点应放在提供混合的均衡营养，以改善健康和降低疾病风险。更多关于动态匹配能量摄入和消耗的策略将在第8章中介绍。

八、食物标签

需要考虑的重要因素

- 食品标签对于研究和了解食品中所含营养素的含量非常重要。然而，也要考虑到，许多最好的食物，包括新鲜水果和蔬菜，没有食品标签。因此，利用其他来源了解这些食物的含量是很重要的。
- 食品标签上使用的一些术语可能具有误导性。例如，标签中的“低热量”一词可能意味着食物中脂肪的热量不足50%，但糖分和（或）热量的含量仍可能相对较高。例如，“低热量薯片”也许只意味着它们的脂肪含量比普通薯片低1/3，但仍不能被认为是低热量食品。

学习阅读食品标签可很好地了解包装食品的营养成分、热量含量和能量分布（图1.4）。食品标签包括以下的一些标准[33]。

■ 每个食品标签必须注明食品/产品的通用或常用名称；制造商、包装商或经销商的名称和地址；包装的净含量（按重量、尺寸和计数）及成分（按重量降序排列）。

■ 若添加了营养素或发表了营养相关的声明，食品标签必须提供更多的信息（例如，“这种食物会降低你的胆固醇”或“这种食物会降低你患癌症的

旧版食品标签

营养成分表
每份含量：2/3杯(55 g)
每箱约8份

每份总量	
230 cal	72%的热量来源于脂肪
	每日建议摄取量*
脂肪总量8 g	12%
饱和脂肪	5%
反式脂肪0 g	
胆固醇0 mg	0%
钠160 mg	7%
总碳水化合物37 g	12%
膳食纤维4 g	16%
糖1 g	
蛋白质3 g	
维生素A	10%
维生素C	8%
钙	20%
铁	45%

*“每日建议摄取量”基于2 000 cal的饮食。您的每日建议摄取量可能会更高或更低，具体取决于您的卡路里需求。

	卡路里：	2 000	2 500
总脂肪	小于	65 mg	80 mg
胆固醇	少于	300 mg	300 mg
钠	少于	2 400 mg	2 400 mg
总碳水化合物		300 mg	375 mg
膳食纤维25克		30 mg	

新版食品标签

营养成分表
每箱约8份

每份含量		2/3杯(55 g)
每份总量		
230 cal		
		每日建议摄取量*
脂肪总量8 g		10%
饱和脂肪1 g		5%
反式脂肪0 g		0%
胆固醇0 mg		7%
钠160 mg		
总碳水化合物37 g		3%
膳食纤维4 g		14%
糖的总量12 g		
包括10 g添加的糖		20%
蛋白质3 g		
维生素D	2 mg	10%
钙	260 mg	20%
铁	8 mg	45%
钾	235 mg	6%

每日建议摄取量(DV)告诉您每份食品中的营养素占日常饮食营养素需求量的百分比，一般营养摄入以每天2 000 cal为基准。

标签改进

*“每份含量”字体更大，且加粗处理，突出了实际食用量。

*卡路里的字体放大，反映了实际每份含量。

←限制这些营养素（饱和脂肪酸，反式脂肪，胆固醇，钠）

*每日建议摄取量更新，现在包括总糖之外的“添加糖”

*新版必需营养素清单，并注明了实际含量。

*新脚注

图1.4　阅读营养成分食品标签

资料来源：U.S. Food and Drug Administration. Changes to the Nutrition Facts Label [Internet]. 2017. Available from: https://www.fda.gov/food/guidanceregulation/guidancedocumentsregulatoryinformation/labelingnutrition/ucm385663. htm#images.

风险”)。健康信息必须是真实的,不具有误导性,必须与既定的医疗和营养原则相一致,并且标签上必须有允许消费者查看食品和药品管理局的参考资料,即获批准的健康声明摘要。

■ 食品标签必须包含以下信息。

● 每份总量或分量大小:分量是指食物的多少。包装中可能包含多份食物,因此,如果食用的分量超过所列的分量,则必须调整营养物质/热量的摄入量。

● 每份总量或每份包装的分量:表示包装中的分量(基于所列的分量)。

● 每份食物的能量:每份食物中所含的热量(cal)。

● 每份食物中的蛋白质(以g计):是食物中提供能量的成分之一(即能量基质)。每克蛋白质的热量是4 kcal。

● 每份食物中的碳水化合物(以g计):是食物中提供能量的成分之一(即能量基质)。每克碳水化合物的热量是4 kcal。

● 每份食物中的脂肪(以g计):是食物中提供能量的成分之一(即能量基质)。每克脂肪的热量是9 kcal。

● 每份食物中的钠(以mg计):钠是盐(氯化钠)的组成成分。大部分人群每日应至少摄入1 500 mg的钠,相当于半茶匙的盐。

● 蛋白质、维生素和矿物质占美国RDA的百分比:通过食用标准分量食物,可以了解每日需求量的大致比例。

● 每日价值(DV):旨在帮助人们了解单份食物满足一般营养需求的程度。

◆ 对每天消耗2 000 cal的人来说,DV是平均营养量。因此,对他们而言,含有10%膳食纤维DV的食品可以满足其纤维需求量的10%。

◆ 每天摄入超过或少于2 000 cal的人群应针对所消耗的热量调整DV,以更好地了解各个食物有助于满足每日预计营养需求量的方式。

◆ 解释DV的一种方法是假设5%或更少的食物份量含有低浓度的特定营养素,而20%或更多的食物分量则意味着食物含有高浓度的特定营养素。一般来说,食用以下食物有利于身体健康,包括饱和脂肪酸、反式脂肪、胆固醇和钠含量低的食物,以及维生素、矿物质和纤维含量高的食物。

对消费者来说,充分了解食品标签上的信息含义是很重要的,因为这些信息可能会误导消费者,而且通常仅旨在营销。例如,若橄榄油标签上没有列出胆固醇,消费者应该知道橄榄油不可能含有胆固醇,因为胆固醇只能来自动物的相关产品。

九、专业机构的立场声明

需要考虑的重要因素

■ 专业机构的立场声明代表了极其重要的基于科学的指南,其汇集了有关具体健康和营养相关主题的最新信息。

■ 由多家专业机构联合发布的2009年和2016年关于“营养和运动表现”的立场声明,对如何最好地达到健康状态和实现最佳运动表现进行了重要的科学总结。

ACSM、美国营养与饮食学会(Academp of Nutrition and Dietetics, AND)、加拿大营养师学会(Dietitians of Canada, DOC)继续发布与营养和体力活动有关的立场声明。这些立场声明提供了该领域最新研究的科学总结,并提供了各种运动营养相关领域信息的良好概述。ACSM、AND、DOC联合发布的2009年和2016年关于“营养和运动表现”的立场得出了以下结论[29,30]。

■ 运动员在高强度和(或)长时间训练期间需要消耗足够的能量,以保持体重和健康,以及最大限度地提高训练效果。低能量摄入会导致肌肉质量下降、月经失调、骨密度丧失或无法获得、疲劳、受伤和疾病的风险增加及恢复过程延长。

■ 体重和身体构成成分不应作为参加体育运动的唯一标准;不鼓励每天进行体重测量。最佳体脂水平取决于运动员的性别、年龄和遗传,也可能取决于特定运动项目。体脂评估技术有其固有的可变性和局限性。减肥最好应在休赛期进行,或在比赛季节前开始,并有合格的体育营养师监督。

■ 运动员的碳水化合物每日建议摄入量为每千克体重6～12 g，这取决于运动强度[30]。在运动期间保持血糖和肌肉糖原量。所需量取决于运动员的每日总能量消耗、运动类型、性别和环境条件。

■ 对于进行耐力和力量训练的运动员而言，蛋白质每日建议摄入量为每千克体重1.2～2.0 g，但在强化训练期间或运动员减少总能量消耗时，短时间内会摄入更多的蛋白质量[30]。这些推荐的蛋白质摄入量通常可以通过饮食来满足，而不需要摄入蛋白质或氨基酸补充剂。摄取足够的能量以维持体重是蛋白质发挥最佳效用和表现的必要条件。

■ 脂肪摄入量应在总能量摄入的20%～35%。从脂肪中消耗≤20%的能量不利于提升运动表现。脂肪是能量、脂溶性维生素和必需脂肪酸的来源，在运动员的饮食中很重要。不推荐运动员高脂肪饮食。

■ 运动员若限制能量摄入或采用严格的减肥方法、从饮食中排除一个或多个食物组分，或食用低微量营养素密度的高或低碳水化合物饮食，那么他们缺乏微量营养素的风险最大。运动员应食用至少能为所有微量营养素提供RDA的饮食。

■ 脱水（缺水量超过2%～3%的体重）会影响运动表现；因此，在运动前、运动中和运动后摄入充足的液体对保持健康和发挥最佳表现非常重要。喝水的目的是防止在运动过程中发生脱水，个人喝水量不应超过出汗率。运动后，体重每下降0.5 kg，应摄入16～24盎司（oz）（473～709 mL，1 oz=29.57 mL）的水。

■ 运动前，食用的一餐或零食应满足以下条件：提供足够的液体以保持水分；脂肪和纤维含量相对较低，有助于胃排空，减少胃肠道疾病；碳水化合物含量较高，能最大限度地维持血糖；蛋白质含量适中；由熟悉的食物组成；运动员能很好地耐受。

■ 运动期间，摄入营养素的主要目标是补充体液流失，并提供碳水化合物（30～60 g/h）以维持血糖水平。若运动员在运动前没有摄入足够的食物或液体，或运动员在极端环境（炎热、寒冷或高海拔）中运动，这些营养指南将有助于他们完成持续1 h以上的耐力项目。

■ 运动后的饮食是为了提供足够的液体、电解质、能量和碳水化合物来补充肌糖原，并确保快速恢复。前4 h需要摄入1.0～1.2 g/(kg · h)的碳水化合物，然后恢复每日燃料需求[30]。可提供10 g必需氨基酸（或0.25～0.3 g/kg）的蛋白质应在恢复期早期（运动后0～2 h）摄入，以帮助肌肉恢复和肌肉蛋白质合成[30]。

■ 一般来说，如果运动员从各种食物中摄入足够的能量来保持体重，就不需要补充维生素和矿物质。人们应遵循与运动无关的补充建议，如准备怀孕的妇女可补充叶酸。如果运动员正在节食，习惯性地不吃食物或食物组分，生病或在受伤恢复期，或缺乏特定的微量营养素，则可适当补充多种维生素/矿物质。单一营养补充剂可能适合于特定的医学或营养原因（例如，补铁以纠正缺铁性贫血）。

■ 应该建议运动员适当使用增进功能的辅助工具（即宣传为性能增强剂的产品）。此类产品应在仔细评估安全性、有效性、效力和合法性后使用。

■ 素食主义运动员可能存在能量、蛋白质、脂肪以及铁、钙、维生素D、核黄素、锌和维生素B_{12}等关键微量营养素摄入不足的风险。

建议咨询运动营养师，以避免这些营养问题。此外，ACSM还发布了其他一些具有重要营养意义的立场。其中包括对以下主题的立场，本书稍后将更深入地讨论这些主题：

■ 运动与心血管健康[7]；
■ 体力活动与骨骼健康[16]；
■ 预防长跑中与天气冷热相关的疾病[1]；
■ 女性运动员三联征[24]；
■ 摔跤手的减肥[27]。

国际奥委会和国际管理机构（例如，国际体操联合会，是体操运动的国际管理机构）也发布了营养相关的科学指导方针。每一个运动类别，如游泳、田径、足球都有一个国际性的管理机构。国际奥委会发表了一份重要的共识声明，概述了在运动中相对能量不足的运动员所面临的问题。这一共识声明也陈述了相对能量不足的人会出现的许多问题（即当一个人没有摄入足够的热量来支撑其活动时）。这些问题涉及面广，既包括与表现相关的问题（图1.5），也包括与健康相关的问题（图1.6）。这一共识声明是一个重要的科学声明，其认为运动和营养是达到最佳健康状态和发挥最佳表现的共同关键因素[21]。

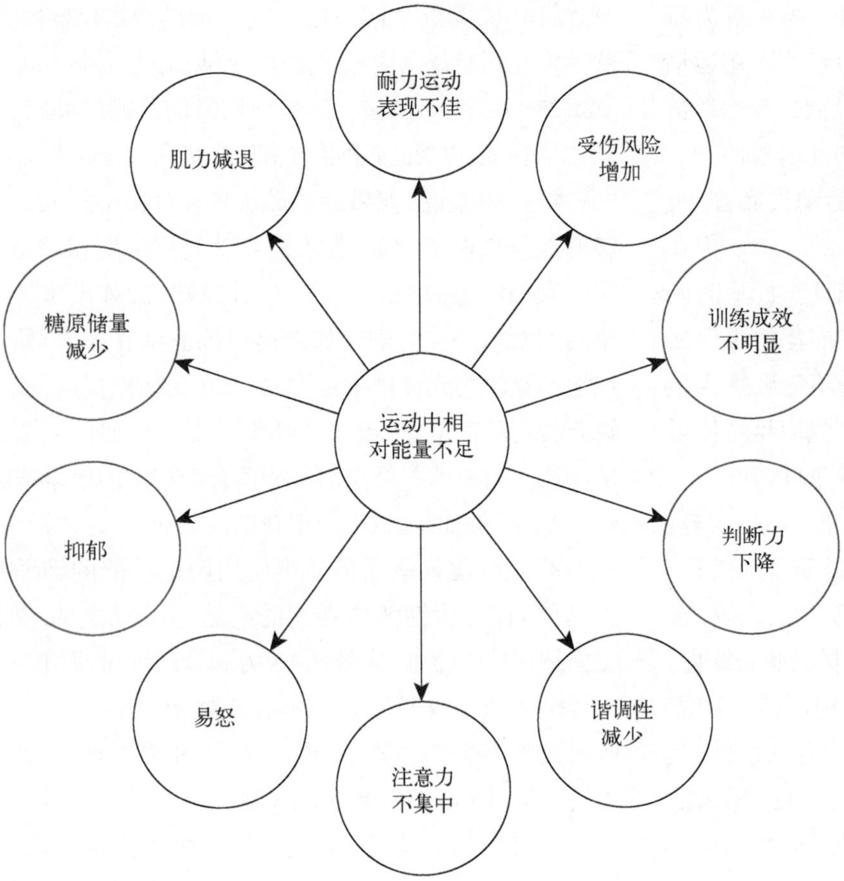

图1.5 运动中相对能量不足的潜在表现影响

资料来源：Mountjoy M, Sundgot-Borgen J, Burke L, et al. The IOC consensus statement: beyond the Female Athlete Triad-Relative Energy Deficiency in Sport (RED-S). Br J Sports Med. 2014; 48: 491−7.

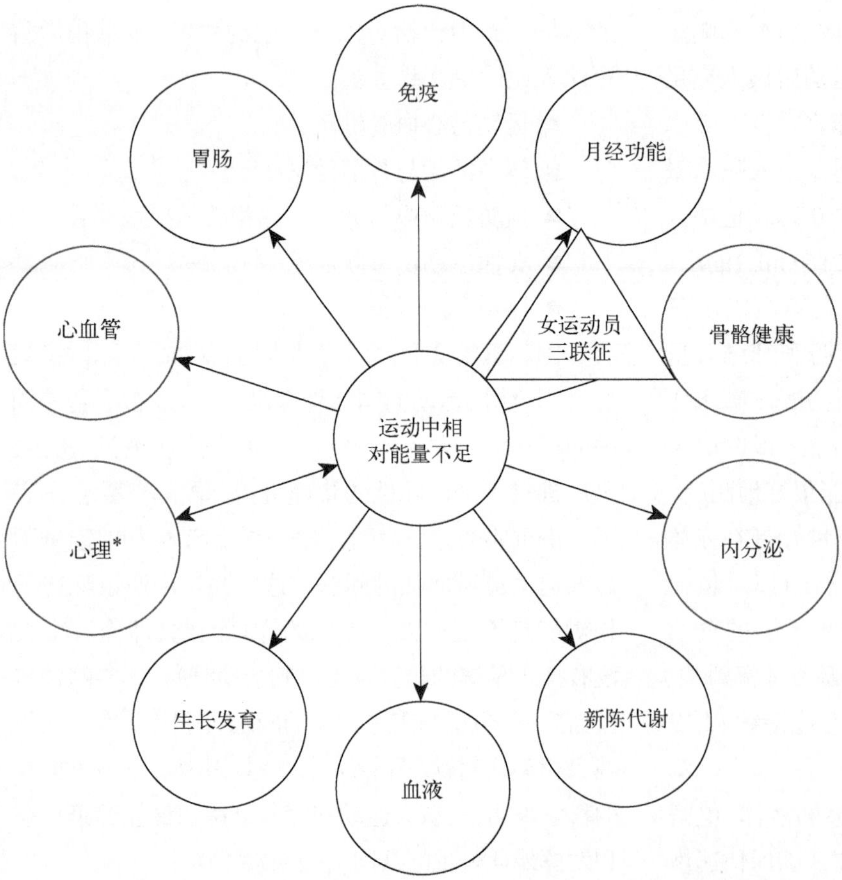

图1.6 运动中相对能量不足的潜在健康后果

*心理方面的疾病可能先于运动中相对能量不足出现，也可能是运动中相对能量不足的结果

资料来源：Mountjoy M, Sundgot-Borgen J, Burke L, et al. The IOC consensus statement: beyond the Female Athlete Triad-Relative Energy Deficiency in Sport (RED-S). Br J Sports Med. 2014; 48: 491−7.

十、关于营养的错误看法和误解

需要考虑的重要因素

- 许多人通常对营养有着错误的看法，并常常把错误看法作为实现理想的营养目标的标准。所以，若要通过基于科学，而不是基于错误见解的策略来帮助人们实现预期目标变得异常困难。例如，希望减肥的运动员将遵循标准的限制热量的减肥法饮食，尽管有科学证据表明，这些饮食对达到最佳运动成绩适得其反。
- 在运动环境中，有许多与蛋白质有关的错误看法，其不能产生更多肌肉和更少脂肪的理想效果。以科学为基础的策略，不仅很有效地达到了如何最好地摄入蛋白质的这些目标，而且提供了一个很好的方法，让运动员相信科学而不是错误观念。

正是由于与营养有关的错误观念颇多，所以人们更难达成良好的营养状况。其中的一些错误观念已经深深地植根于我们的文化中，人们毫无疑问地将它们视为事实。例如，人们普遍认为19:00以后吃任何东西都会增加肥胖的风险。然而，一些饮食文化习惯于深夜进食，而这些深夜进食的人群比深夜不进食的人群肥胖率要低，其生理原因很明显：血糖以3 h为周期波动。也就是说，血糖在进食后1 h左右达到峰值，2 h后又回到餐前水平。因此，如果晚餐在晚上7:00结束，而就寝时间是晚上11:00，那么很可能在就寝前出现低血糖症状，并刺激应激激素（皮质醇）的产生，从而降低瘦体重和骨量[5]。因此，虽然体重可能会暂时下降，但脂肪的比例有可能上升。以下是一些与营养和体力活动有关的常见错误观念，将在随后的章节中进行更全面的阐述。

■ 严格限制热量摄入可以减肥。事实上，相比于脂肪量，限制热量摄入可能会失去更多的代谢量，从而增加身体的相对肥胖度和肥胖风险[4,20,26]。

■ 3 500 cal等于1 lb体重。通常用此关系证明，如果你每天限制摄入500 cal的能量，那么到周末你将累积缺乏3 500 cal，并且将减掉1 lb体重。没有研究表明这种能量摄入和能量消耗之间的关系对人类是有效的[12]。理想的情况是，运动员应该考虑在一天中动态匹配能量摄入和能量消耗的重要性，而不是简单地计算24 h内的“能量输入与能量消耗”，就好像内分泌系统不能对能量平衡波动实时反应一样。

■ 深夜进食会发胖。脂肪的减少和脂肪的增加是复杂的代谢问题，但是很明显，如果不能维持正常的血糖，可能会增加应激激素的产生，这可能会导致瘦组织的损失，使你相对更胖。所以为了避免过度饥饿，可以在晚上摄入少量食物，这有助于降低体脂堆积的风险。

■ 多吃蛋白质可以增强肌肉。但增强肌肉的过程是复杂的，为达到目的，需要摄入足够的能量、蛋白质、营养素和刺激肌肉（即运动）。仅仅摄入更多的蛋白质并不能增强肌肉。

■ 不含胆固醇的食物有益心脏健康。心脏病可能由多种因素引起，包括遗传易感性、体脂水平高低，以及脂肪和糖类的摄入。一些含胆固醇的食物（如鸡蛋），脂肪含量相对较低，且如果不额外食用含脂食物，对心脏病没有显著影响。一般来说，高脂肪饮食，即使不含胆固醇，也会引发心脏病。

■ 运动员不会出现骨密度低的情况。大多数运动项目往往会引起骨密度高，其中一个主要因素是对骨骼施加了额外的压力。然而，未能摄入足够能量的运动员，钙摄入量也会不足，维生素D状况同样较差，或闭经的女运动员（通常是由能量摄入不足导致）可能出现骨密度降低，增加骨折的风险。

■ 渴求食物是一个很好的迹象，表明你渴望的食物将提供你所需要的营养。但没有证据表明食物渴求是为满足营养需求。大多数食物渴求是多种因素的结果，包括环境刺激、应对策略、过去的饮食习惯或限制性饮食行为等因素，这些因素可能引起人们对某种受限食物的渴望。

■ 草药产品是天然的，因此它们是安全的。草药产品安全与否取决于标签上所列的内容是否真的是补充剂的成分。草药补充剂应包含一个二级标签，表明所含成分已经过独立实验室的测试，以增加运动员对其安全性的信心。此外，由于医疗条件，药物与草药的相互作用，以及其他医学相关的问题，在随机或无监督的状况下使用草药产品可能并不安全，因此需要让运动员谨慎对待。

■ 水是完美的补水饮料。当一个人锻炼时，他们会失去水分和电解质，而且由于大脑和肌肉组织的需求量更高，血糖可能会迅速下降。因此，理想的补水饮料应该含有流失/所需的物质（水、电解质、碳水化合物），尤其是针对持续1 h以上的运动/活动而言。

■ 所有的脂肪都是有害的。有些脂肪含有必需的脂肪酸，因此是维持健康的必需物质，且有些脂肪具有理想的抗炎作用。所以，不是所有的脂肪都是有害的。然而，过度摄入饱和脂肪或反式脂肪会增加引发肥胖和心脏病的风险，因此为了保持健康和提升运动表现，应重点考虑摄入量的多少。

■ 碳水化合物会使人发胖。并非所有的碳水化合物都是一样的。新鲜蔬菜、水果和全麦谷类食品都是碳水化合物，有可能降低肥胖风险，且含有对控制血糖和肠道健康至关重要的膳食纤维。高度精练的碳水化合物（糖和精制谷物）如果摄入过量，可能会生成过量的胰岛素，从而刺激脂肪的产生。

■ 定期禁食有助于清除体内毒素。假如人体系统的水合作用和营养状况良好，因此并不需要定期禁食，就能持续有效地排毒。

十一、营养学

营养学是一门从不同类型的研究中获得多种信息来源的科学。**营养学研究**利用流行病学研究、实验研究和临床试验研究的证据来制定有益于健康和运动表现的最佳饮食方案。

以下是营养学研究的3种类型。

■ 流行病学研究：对确定的人群进行研究，评估疾病的模式、诱因，以及这些疾病对健康和其他疾病的影响。

■ 实验研究：引入干预措施（治疗、计划、程序等），探索其对研究人群的影响。对照组经常用来观察干预组与对照组的区别。

■ 临床试验研究：在数量相对较大的人群中进行的试验，目的是测试治疗（如食物或膳食补充剂）的效果。

> **营养学研究**
>
> 营养学研究是一种系统化和结构化的调查，目的是确认现存疾病出现的原因，发现相关疾病的新的事实，或得出有关某种疾病的新的结论。顾名思义，这是对真理的反复探索。不同类型的营养学研究可能得出对研究问题不同程度的理解，因此必须注意不要得出不必要的结论。例如，有些研究发现某些因素之间存在联系，但这些联系并不是因果关系。举个例子，有些患有心血管疾病的人摄入大量脱咖啡因咖啡，但不应就此认为饮用脱咖啡因咖啡会引发心脏病。在这个例子中，这种联系更可能是因为心血管疾病患者被要求喝脱咖啡因的咖啡而不是普通的咖啡。

营养学研究一般评估摄入食物或营养素所带来的影响，并提出问题：摄入这种食物或营养素是否可以帮助人群降低胆固醇、改善铁元素状况、提高耐力或运动后更快恢复？营养领域对人体进行研究很困难，因为研究对象通常是自由活动的，因此很难控制可能影响研究结果的生活的各个方面。此外，从研究对象那里得到的信息往往是其自我报告的，所以无法保证信息的准确性。例如，通过回忆过去24 h的饮食来了解一个人的营养和热量摄入情况是很常见的方法，但研究对象可能会忘记他们吃的所有食物，食物的烹饪方式及每种食物的摄入量，所有的这些都可能导致结果不准确。为了解决这一问题，研究人员会设法从尽可能多的研究对象那里获取信息，以便获得的平均数更加真实。例如，偏高数据带来的误差会和偏低数据带来的误差相抵消。此外，部分营养素需要获取多日摄入量信息才能确定最具代表性的摄入量信息，因为人们并不是每天都吃同样的食物。例如，典型的热量摄入量可以通过2～3 d的食物摄入量进行估算，而维生素C的摄入量则可能需要20～30 d的摄入量才能获得真正的平均摄入模式（图1.7）[22]。让营养学研究更加困难的

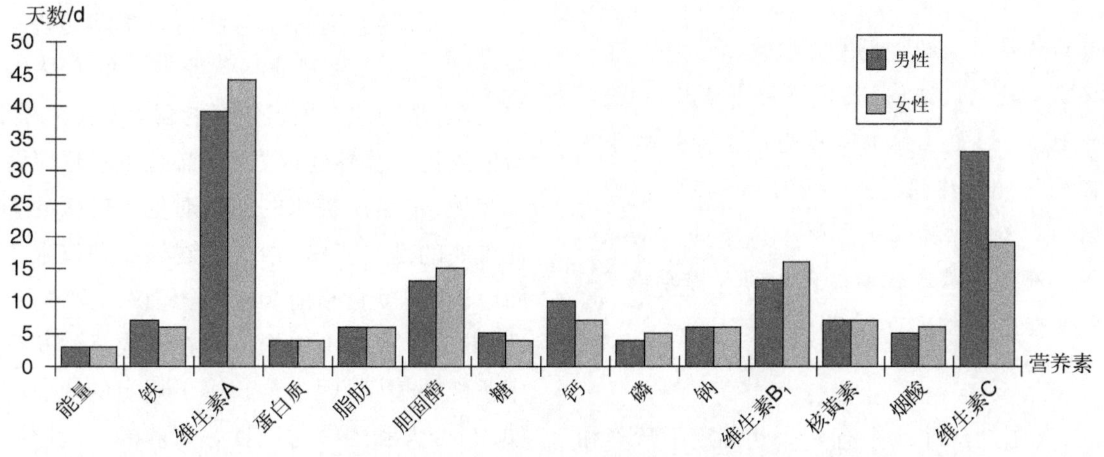

图1.7 估计平均营养素摄入量所需的天数

资料来源：Basiotis PP, Welsh SO, Cronin FJ, Kelsay JL, Mertz W. Number of days of food intake records required to estimate individual and group nutrient intakes with defined confidence. J Nutr. 1987; 117: 1638–41, by permission of Oxford University Press.

一点是，大部分研究仅仅局限于对饮食所摄入营养素的量的探索。然而，所摄入的营养素是被实际吸收和利用，还是被排出体外了呢？这一点同样非常重要。

影响营养状况的情况

■ 摄入不足：种种原因，人们可能吃不饱，包括收入不足、由于药物作用或心理问题而没有食欲、身体功能丧失难以进食、食物过敏限制所有种类食物的摄入，或由于服用药物不能食用某些食物。

■ 吸收不足：有些人可能有胃肠道问题，如肠易激综合征或腹腔疾病，影响其吸收所摄入的某些营养素的能力。某些药物治疗也可能产生副作用，抑制特定营养素的吸收。其他可能影响营养吸收的问题包括胃肠道中的寄生虫和接受了切除部分小肠的手术。

■ 利用缺陷：营养素被消耗和吸收，但代谢障碍导致无法正常利用营养素时，就会出现这种情况。出现这种情况的原因有很多，包括以下几种。

● 先天性代谢缺陷，如苯丙酮尿症导致无法利用苯丙氨酸；

● 药物对营养素的干扰（例如，药物苯妥英钠干扰维生素C的利用）；

● 饮酒导致的肝脏问题（在大量饮酒的情况下可能使肝脏无法正常分泌B族维生素辅酶）。

■ 排泄增加：呕吐和腹泻会导致人体失去原本可能被吸收和利用的营养素（引流性脓肿是营养流失的常见形式）；

■ 需求增加：许多情况可能会增加对能量或营养素的需求，这必须考虑到摄入的量是否适当，如体力活动的增加、感染、妊娠、发育期、烧伤、压力和甲状腺功能亢进都会增加对能量和营养的需求。

应注意，不要认为摄入不足可通过摄入补充剂得到完美解决，因为摄入补充剂可能会导致意想不到的问题。例如，一项研究发现，与空白对照剂相比，在铁人三项比赛之前服用维生素E补充剂，会促进铁三运动期间的脂质过氧化和炎症反应[25]。另一项研究发现，没有充分的证据表明，增强免疫力的补充剂，包括高剂量的抗氧化维生素和锌，可以预防运动诱发的免疫损伤[10]。一项研究（艾奥瓦妇女健康研究）评估老年妇女膳食补充剂和死亡率之间的联系，发现除了钙补充剂外，所有其他维生素和矿物质补充剂都与死亡率的提升有关联[22]。第5章和第6章将详细讨论具体的维生素和矿物质需求，以及如何最好地解决营养素缺乏和毒性反应问题。

十二、执业范围

需要考虑的重要因素

■ 许多人自称是营养学家，并向个人提供有益于健康和运动表现的指南信息。然而，大多数州的法律都根据营养师的个人证书，对其提供的营养指南的类型进行限制。

- 没有国家授权认证(通常是饮食许可证)的健身专业人士,如果他们给出通过营养手段解决临床状况的建议,通常被认为不在其执业范围内。例如,没有正当州级执照的人向被诊断患有心脏病或代谢综合征的人推荐补充剂或饮食是不合适的。

目前,美国的50个州中有47个州制定了营养和营养学实践的相关法律,并制定了指导方针,明确了哪些内容可以与客户讨论,哪些不能。由于上升到法律层面,营养学领域相关执业人员如果超出法律界限,就会遭到起诉。重要的一点是,与客户讨论营养相关问题的所有卫生专业人员,都有相关指导方针。这些指导原则至关重要,因为许多健身专业人士所接受的营养培训不足,没有认证或不具备国家许可证,但却往往超出他们的执业范围,对旨在解决临床状况的特殊饮食或旨在治疗疾病的膳食补充剂提出不正确的建议。如果营养补充剂的营养成分超过建议的DRI量,健身专业人士也不宜推荐这些营养补充剂来提高运动成绩。不宜提出建议的原因有很多,包括不了解建议对象的健康史,因为可能会增加健康风险。讨论执业范围时常用的术语见方框1.3。

然而,还是有许多方法可以帮助那些不是注册营养师或注册营养师与营养专家的人从事这方面的工作,帮助他人做出更好的营养选择。重要的是,给他人提出营养建议之前,必须了解建议背后的科学知识,清楚所提出的建议对他人健康的影响。同样重要的是要明白,给出的建议必须仅限于本章前面讨论的《饮食指南》的营养建议。无证书、无许可证、非注册人员不应提出旨在解决已诊断疾病的临床条件的建议,因为这超出了规定的执业范围。例如,与个人和团体讨论良好营养的一般原则是可以接受的。但是,如果团体中有人提出问题:"我刚被诊断出患有高血压,那是不可接受的。你能告诉我在营养方面应该做些什么吗?"或者"我刚刚诊断出患有心脏病,营养方面我应该怎么做?"这时,一个无证书、无许可证、非注册人员来回答这类问题,是不妥当的。这些都是相当复杂的问题,需要全面了解患者的医疗背景、健康史、饮食习惯和服用的处方药。任何人在不知情的情况下,没有合格的执照或证书,就这些问题发表任何声明或给出任何建议都是不合适的。简单地说,无证书、无许可证、非注册人员可以谈论与保持良好营养健康状态相关的一般营养指南,但如果在讨论对象患病的前提下讨论营养,则超出了实践范围。

根据美国运动理事会的立场声明,在不超出执

方框1.3 执业范围相关常用术语

注册营养师(registered dietitian, RD)或注册营养师与营养专家(registered dietitian nutritionist, RDN):完成特定学习课程和实践时期的个人有资格参加国家注册考试,通过考试后,他们可以获得注册营养师或注册营养师与营养专家头衔。获得此证书的人在营养和饮食执业领域拥有最大的执业范围。

许可证:大多数州都有饮食或营养许可证,在这种情况下,超出其既定执业范围的人可以被起诉。通常,只有具有注册营养师或注册营养师与营养专家认证的个人才能获得许可证。

证书:有些州规定,注册营养师或注册营养师与营养专家证书和州级证书具有同等效力。在这些州,未经认证的人不允许称自己为营养学家,但他们营养学执业范围比在有许可证的州要大。

注册:加利福尼亚州的注册政策使得注册营养师和注册营养师与营养专家能够在营养和营养学领域执业,这也宣告未注册的个人称自己为"营养师"或"营养专家"属违法行为。然而加州没有注册考试,注册规则的执行力度也是最小的。

业范围的情况下，有许多适当的途径让无许可证的专业人士讨论营养健康[23]。其中包括：

■ 开设烹饪课程，教授健康的烹饪技巧；

■ 为高营养密度膳食建立配方交换；

■ 制作有创意的讲义和信息册，鼓励人们做出适当的营养改变；

■ 针对《饮食指南》中的关键点为群体提供营养课程；

■ 安排单独会议，讨论改善营养和热量摄入的方法。

重要的是，设立执业范围的目的是改善客户的营养健康状况。最佳的营养状况基于科学事实，包括营养学研究、国家指导方针和政策、专业组织共识声明、临床经验的系统分析、质量优化数据，以及给出建议和提供服务人员的专业教育背景、基础知识和专业技能[9]。

十三、总结

■ 营养学是一门科学，有几个既定的规则，这些规则是通过多年累积的科学证据逐渐形成的。这些基本规则包括。

● 摄入超过身体所需的任何营养素不会使你更健康，也不会提高运动成绩。例如，维生素C的建议每日摄入量约为60 mg，但没有证据表明摄入500 mg或1 000 mg维生素C会不可思议般地使你更健康或表现更好。事实上，一些营养素的摄入量若大于需求量，会使身体状况更差。

● 食用多种食物可确保身体各组织摄入所需的所有能量基质、维生素、矿物质和植物营养素。若单一认为一种食物是“完美的”，就应该经常食用的这种想法，限制了人们去食用其他必需的食物。事实上，没有一种食物是“完美的”。

● 理想情况下，能量消耗应与能量需求实现动态匹配，以避免长时间处于能量平衡过高或过低的状态。

■ 体力活动提高了能量利用率（rate of energy utilization），其须与能量可用性（energy availability）相匹配。例如，仅仅摄入更多的维生素并不能满足对能量的需求，且仅仅摄入更多的蛋白质既不能提供代谢蛋白质所需的维生素，也不能满足组织和血液中碳水化合物的需求。提高能源利用率需要食用更多的食物，这些食物含有多种能源、维生素和矿物质，可满足需求。

■ 体力活动增加了能量代谢，即产生了热量。由于运动的热量无法保留，所以若身体试图驱散运动产生的热量，运动时就会增加汗液分泌。如果不能摄入适当种类且足量的液体来维持血容量，必然会降低运动员的运动成绩，由此导致的脱水会使运动员更容易患热射病。

■ 体力活动强度越高，就越依赖作为燃料的碳水化合物。

■ 运动传统常常妨碍运动员采取适当的营养策略，以在训练中最佳受益，并可能使运动员面临身患营养相关疾病的风险。

■ 人们现在认为，通过限制热量来“减肥”是适得其反的，因为不能满足能量需求会导致适应性产热（即过度降低能量代谢速率的代谢适应），并且很可能降低更多的瘦体重而不是脂肪量。

■ 蛋白质摄入量通常远超出需求量，因为运动员常认为蛋白质的摄入会帮助构建和维持肌肉组织。实际上，推荐运动员摄入的蛋白质量（1.2～2.0 g/kg）很容易从食物中获得，而无须补充额外的蛋白质。

■ 蛋白质的摄入方式，通常是少次大量的摄入，并不是确保蛋白质可用于构建和修复组织的最佳方式。理想情况下，蛋白质的摄入量应该相对较少（约30 g/餐），并辅以相当的进食频率来满足需求。

■ 人们认为有些营养素是必需的，而另一些是非必需的，但这可能会造成误导，因为所有的营养素都是维持健康所必需的。必需的营养素是我们的身体组织不能从身体其他化学物质中生成的营养素，所以我们必须摄入它。非必需的营养素是我们的身体组织可以从身体其他化学物质中生成的营养素，所以我们不需要摄入它。例如必需氨基酸和非必需氨基酸。如果我们摄入必需的氨基酸，我们就可以生成非必需的氨基酸。

■ 设立DRI是为了帮助人们了解每天适宜摄入多少营养素（RDA）和摄入多少营养素是过量的（安全UL）。重要的是要明白，这些都是指导方针，身体组织是可以储存营养的，允许在不损害健康的情况下每日营养摄入有一定波动。

■ 通过鼓励人们保持能量平衡和注重食用营养密集的食物，《饮食指南》也提供了饮食指导。遵循《饮食指南》将避免人们患常见的慢性疾病，包括心血管疾病和糖尿病。

■ 定期进行体力活动可保持身体健康。为儿童、成人、孕妇、残疾人和老年人制定了体力活动频率、时间和类型的指南。

■ 应仔细查看食品标签，因为它们提供了有关食品营养成分和能量密度的重要信息。由于食品标签中包含了既定的术语（即饮食或饮食状况），所以充分理解这些术语的含义是很重要的。

■ 包括ACSM在内的专业组织在营养和运动表现方面都发布了各种基于科学的立场论文（有关该主题的最新论文发表于2016年）。这些立场论文包括有关最佳营养方案的重要信息，若遵循这些方案，可在保持健康的同时发挥最佳表现。

■ 影响营养状况的条件包括营养素/能量摄入不足、对食用食物的吸收不足、吸收的营养素利用不佳、营养素排泄增加以及需要更多营养素的情况。

■ 在提供营养信息之前，执业范围是一个重要的考虑因素，因为大多数州对提供临床营养信息的人都有营养相关许可证要求（即持照营养师）。政府会对那些没有适当营养证书的人所提供的营养信息种类加以限制。

实际应用

你可能会发现，你所食用的食物和饮料中的营养与能量并不是你想象的那样。但是通过分析，开始发现你饮食中的缺陷。可使用美国国家营养数据库作为标准参考，分析所选营养素的标准日摄入量，并将你的摄入量与年龄和性别对应的RDA进行比较，具体如下：

（1）创建一个按如下方式制成的电子表格（表1.3）（选择需要列出的营养素及因含有RDA而使人感兴趣的其他营养素）：

表1.3 营养素记录表

食物（根据消耗量调整）	蛋白质（g）	钙（mg）	铁（mg）	锌（mg）	维生素C（mg）	维生素E（mg）	胆固醇（mg）
食物1							
食物2							
其他食物							
每种营养素的总量							
RDA（根据年龄和性别调整）							
摄入量与RDA之间的差异							

（2）当你参照前面的链接登录到美国国家营养数据库时，请选择“Food Search”选项，输入你要分析的食物的名称（如玉米棒子、煮熟的花椰菜），然后点击Go。

A. 与你所输条目匹配的食物列表将在数据库中出现，然后选择最接近你吃的食物，与你所选食物相关的营养素就会出现，并配有不同的用量选择。

B. 寻求一个可根据你的摄入量进行调整的量度单位（杯子、包装等）。例如，如果以“杯”作为标准度量单位，而你有1.5杯，那么可把你的摄入量用你选择的度量单位来表示。

C. 选择少于"一杯"的营养素(或你调整过的任何其他测量单位)添加至你的电子表格。

D. 重复上述步骤,直到分析完所有食用的食物。

(3)回顾上述分析,关注低于RDA的维生素和矿物质。

(4)通过减少食用营养成分不足的食物和(或)多食用那些能提供你更多所需营养的食物,来调整你的食物摄入量。

(5)需要不断调整食物,才能在电子表格中看到吃什么食物可使你的身体组织摄入所需的营养素。

本章问题

1. 执业范围是指以学术培训、知识和经验为基础的合法工作范围。以下哪种职业能够在其执业范围内提供饮食信息,帮助运动员改善营养状况?
   a. 营养学家
   b. ACSM认证健康/健身教练
   c. ACSM注册的临床运动生理学家
   d. 注册营养师
   e. b、c和d
2. 相关性是指
   a. 同一变量在两个不同群体之间的因果关系
   b. 不同变量之间的非因果关系
   c. 两组人在任何既定因素(变量)上程度相同
   d. 一种暗示方向的关系(即一组体重增加,而另一组体重下降)
3. 根据《膳食补充剂健康和教育法》可知,膳食补充剂一词的定义是"维生素、矿物质、草药、植物性药材、氨基酸、代谢物、构成要素、提取物或任何这些成分的组合"。
   a. 真的　　b. 假的
4. 宏观营养素一词通常是指
   a. 任何能提供能量的营养素
   b. 保持健康所需的八种关键营养素
   c. 碳水化合物、蛋白质和脂肪
   d. 维生素和矿物质
5. 以下哪一项最能描述DRI一词?
   a. 个人每天所需营养的最低量
   b. 每天不应超过的最大营养量
   c. 适用于个人的现行营养标准
   d. 保持健康所需的八种关键营养素
6. 如果一种食物含有350 cal,那它含有多少kcal?
   a. 148　　b. 350
   c. 1 480　　d. 3 250
7. 以下所有因素都可能对营养状况产生负面影响,除了:
   a. 摄入不足　　b. 高吸收
   c. 利用不佳　　d. 排泄增加
   e. 需求增加
8. 减肥的一个有效方法是少食用高热量的食物。
   a. 真的　　b. 假的
9. 运动后,若在其前30 min内,以及在其4～6 h,每2 h摄入一次碳水化合物,就足以补充________糖原储备。
   a. 0.5～0.8 g/kg　　b. 1.0～1.5 g/kg
   c. 2.0～3.0 g/kg　　d. 6.0～7.0 g/kg
10. 食品标签上,无胆固醇一词意味着食物中没有胆固醇。
    a. 真的　　b. 假的

本章问题答案

1. d; 2. b; 3. a; 4. c; 5. c; 6. b; 7. b; 8. b; 9. b; 10. b

(邓晓雪　译)

参考文献二维码

第 2 章

碳水化合物

本章目标

- 了解不同类型膳食碳水化合物的结构，以及每类膳食碳水化合物的最佳食物来源。
- 回顾膳食碳水化合物的主要功能。
- 了解如何计算由于食物消耗碳水化合物所产生的能量，以及碳水化合物的摄入是否能满足新陈代谢的需要。
- 确定碳水化合物特有的不同消化酶以及这些酶的来源。
- 了解产生能量的碳水化合物的代谢途径。
- 了解胰岛素、肾上腺素和胰高血糖素的功能，以及它们与血糖之间的关系。
- 了解血糖指数与血糖负荷的区别，以及食物的血糖效应如何影响碳水化合物代谢。
- 确定人体碳水化合物储存系统、典型的最大储存量以及饮食和活动如何影响每个储存库的储存量。
- 回顾不同的血糖代谢通路，以及不同血糖水平下可能的血糖途径。
- 根据食物中糖、淀粉和膳食纤维的含量，解释在不同情况下首选何种碳水化合物来源的原因（如赛前、活动中、活动后和活动前很长一段时间）。
- 讨论运动饮料中首选的碳水化合物成分及浓度。
- 回顾从非碳水化合物中制备碳水化合物的可能来源（糖异生）。

案例研究

莎莉正在努力成为一名世界级长跑运动员，目标是在3年内成为下一届奥运会的马拉松运动员。她跟着一位颇受尊敬的教练训练，和他一起制订了一项计划，其中包括每日或每周里程的严格训练方案，还选定了一些比赛，以确保训练如期进行。莎莉和她的教练都对体重很敏感，尽量确保莎莉吃的东西刚好能支撑她的体重，但又不会太多，否则她的体重会增加。这样做是有一定道理的，因为成功的奥运会马拉松运动员体重有越来越轻的趋势（奥运会上优秀的男性运动员体重通常低于115 lb，优秀的女性运动员体重低于110 lb）。然而，对体重过高的恐惧总是与对热量的恐惧，尤其是对碳水化合物的恐惧联系在一起，这种想法导致我们不能恰当满足对能量的需求，尤其是在更长、更困难、更快速的训练项目当中。一年后，莎莉停经了，并开始失眠（过度训练的一般后果）。她跑步的速度正在下降，还感到更加虚弱。因此，她开始吃少量碳水化合物和更多蛋白质，试图维持肌肉质量。6个月后，她的右胫骨出现应力性骨折，停止训练了12周。幸运的是，给莎莉诊断出应力性骨折的整形外科医生有一个注册营养师同事，这个同事自己也是一名田径运动员，她非常清楚精英长跑运动员的训练需求。她和莎莉交谈了很久，清楚地了解了莎莉经历了什么。能量摄入不足与多种问题有关，包括低雌激素分泌导致停经，而雌激素是破骨细胞（一种损害骨头的细胞）的抑制剂。同时，碳水化合物摄入不足导致的低血糖，这与高**皮质醇**（应激激素）的产生有关，即使摄入了额外的蛋白质，高皮质醇也会损害肌肉和骨骼质量。莎莉摄入的额外蛋白质都用来满足能量的需求了（也就是说，蛋白质被用作能量来源，而不是用来维持或改善肌肉质量）。更糟糕的是，吃得不够通常会导致食物消耗时产生更多**胰岛素**，从而产生更多脂肪，这可能会导致运动员更不想吃东西。因此，营养师向莎莉展示了如何通过合理饮食（合理饮食包括大量碳水化合物、一些脂肪和蛋白质）动态地匹配能量摄入与消耗。当人们合理规划饮食与营养时，结果就会如你所期望的那样，而莎莉也继续走上了加入奥运会的道路。

案例研究（问题探讨）

（1）如果你和一位长跑运动员一起工作，为确保能量摄入满足需要，同时降低能量消耗过少的风险，你会怎么做？

（2）皮质醇为什么会升高？你会怎么做来降低皮质醇至正常（非应激）水平？

（3）男性长跑运动员会因能量消耗不足而经历同样的负面后果吗？

（4）你何时消耗一些碳水化合物来确保血糖正常？

a. 每当日常活动时

b. 每当睡着时

c. 每当身体功能活跃时

皮质醇

一种肾上腺在应激和低血糖时产生的类固醇皮质激素。它的功能是通过分解组织转化成葡萄糖，从而提高糖异生。需要注意的是，皮质醇会破坏肌肉、骨骼和脂肪组织。

胰岛素

一种由胰腺β细胞产生的激素，它能通过让细胞摄取血糖（葡萄糖）来避免高血糖。摄入大量糖或高糖的食物会使得血糖快速升高，进而导致高胰岛素反应，这种反应让糖进入到组织中。然而，这可能会超过组织对糖的需求，致使组织将糖转化为脂肪，从而导致身体脂肪含量增加。慢性高胰岛素反应可能会降低组织对胰岛素的敏感度，增加患2型糖尿病的风险。

一、引言

需要考虑的重要因素

- 人体可以从碳水化合物、蛋白质和脂肪中获取能量，这些物质都被认为是能量基质。其中，碳水化合物被看作是一种“柔性”燃料，因为它是唯一一种既可以在有氧环境中（有氧代谢），也可以在无氧情况下（无氧代谢）进行代谢的能量基质。
- 人体储存碳水化合物的能力有限，只有约300 cal的肝糖原（维持血糖）及约1 500 cal的肌糖原。相比之下，即使是一个较瘦的人也能储存超62 000 cal的脂肪。碳水化合物储存有限，就需要频繁摄入碳水化合物，以确保血糖和肌糖原得以维持。

几代人以前，在文化方面，我们有合适的方法（早已被遗忘）来确保基本生理需求得到满足。然而，随着工业革命的爆发，我们忘记了自己为什么这样做，从那时起我们就遇到了困难。为了说明这一点，我们以血糖波动为例。血糖是大脑的主要能量来源，在进行日常活动时，它约每3 h波动一次（表2.1）。也就是说，血糖在饭后1 h左右达到峰值，饭后2 h又回到饭前的水平[4]。

表2.1 空腹和餐后*状态下组织葡萄糖的利用

	空腹（主要与胰岛素无关）	餐后（主要依赖胰岛素）
组织/器官	占总数的百分比（%）	占总数的百分比（%）
大脑	40～45	＜30
肌肉	15～20	30～35
肝	10～15	25～30
胃肠道	5～10	10～15
肾	5～10	10～15
其他（如皮肤和血细胞）	5～10	5～10

*用餐时或用餐后不久。
资料来源：Modified from Gerich JE. Role of the kidney in normal glucose homeostasis and in the hyperglycaemia of diabetes mellitus: therapeutic implications. Diabet Med. 2010; 27(2): 136-42.

在这个时候，如果没有摄入可以稳定血糖的能量，就会导致一系列的激素活动，这会让人感觉更糟，还会造成目前困扰着许多西方国家的肥胖症的蔓延。由于对热量的恐惧，现在人们转向了含咖啡因的减肥产品，咖啡因会刺激大脑，掩盖正在经历的十分真实的生理饥饿。在过去的几代人里，我们有一种更有效的方法，称为“早茶”和“下午茶”，以确保多数人血糖稳定。如果饥饿得不到解决，就要付出代价，而且随着同样的错误日复一日地出现，代价也会越来越大。

体力活动提高了能量（即热量）消耗的速度，可能进一步增加无法充分满足能量需求的风险。令人不安的是，一项对积极锻炼的人的调查表明，他们经常无法满足自己的能量需求[7]。因此，可能需要采取特定的方法来确保积极运动的人获得他们所需的额外能量。

本章讨论了能量基质之一的碳水化合物，以及能量输送和内分泌系统之间的相互关系，以便在能量传递和细胞生存所需之间建立一种平衡（方框2.1）。了解这一关系可以帮助积极运动的人采取一种优化的饮食方式，并使得运动表现、体重、身材结构和幸福感都达到最佳状态。对于蛋白质和脂肪还有一些常见的误解，许多人建议要摄入大量的蛋白质或脂肪来满足能量需求、提高运动成绩。本章将讨论与能量基质相关的运动表现问题（方框2.2）。

方框2.1 能量基质的能量输送

- 碳水化合物：4 kcal/g
- 蛋白质：4 kcal/g
- 脂肪：9 kcal/g

方框2.2 有关碳水化合物和体力活动的常见问题

- 运动前、运动时和运动后应摄入多少碳水化合物以达到最佳运动效果？
- 对于耐力运动员、力量运动员和团队运动员，他们碳水化合物的摄入量应该有区别吗？
- 如果在体育活动时饮用运动饮料，碳水化合物的最佳浓度是多少？
- 运动饮料中含不同类型的碳水化合物有什么好处或坏处？
- 经常运动的人是否应该担心摄入碳水化合物会提高体脂增加的风险？
- 运动前、运动时和运动后应避免哪些类型的碳水化合物？

碳水化合物是一种能量基质，也就是说，它是食物的一个组成部分，我们可以从中获取支持身体功能所需的能量。第3章和第4章中讨论的其他能量基质是蛋白质和脂类。所有碳水化合物都来源于植物的光合作用，植物中最基本的碳水化合物形式是**单糖**和**双糖**，也称为糖（方框2.3）。植物通过将单糖合成为**多糖**（也称为淀粉和纤维）来制造形

方框2.3 光合作用产生的碳水化合物

- 太阳能+大气中的二氧化碳+地面的水产生碳水化合物
- 太阳能+二氧化碳+水=葡萄糖
- 二氧化碳+水=碳水化合物

式更复杂的碳水化合物。植物越老，所含多糖的比例就越大，导致它们尝起来不那么甜，口感也不那么柔软。然而，由植物长成的水果最初多糖含量很高，但随着植物的生长，多糖被分解为单糖和双糖，所以水果变得更甜了。因此，所食用的植物或水果的年龄和成熟度会影响所摄入的碳水化合物类型。

碳水化合物

一种由碳、氢、氧组成的常量营养素，是谷物、蔬菜、水果和豆类等食物提供细胞能量的主要来源。

单糖

通常被称为"糖"，饮食中主要的单糖有六碳葡萄糖、半乳糖、果糖、戊糖(5-碳)核糖和木糖。

双糖

蔗糖是由一分子单糖葡萄糖和一分子果糖组成的双糖。饮食中其他的双糖有：由一分子单糖葡萄糖和一分子半乳糖组成的乳糖以及由两分子单糖葡萄糖组成的麦芽糖。

多糖

碳水化合物可消化(如淀粉和糖原)或不可消化(如纤维素、半纤维素、树胶和果胶)取决于将糖分子连接在一起的化学键。人体有能破坏可消化多糖中的α-1,4和α-1,6键的消化酶，但没有能破坏难消化多糖中的β-1,4键的酶。它们是由许多(数万个)单糖结合而成的复杂分子。

碳水化合物的需求量及食物中碳水化合物的来源见方框2.4。

方框2.4 碳水化合物需求和食物来源

- 每天摄入50～100 g碳水化合物以预防酮症(美国人平均每日摄入量为200～300 g)。
- 每天摄入14 g或1 000 cal膳食纤维(美国人平均每日摄入量为10～15 g，或约为推荐摄入量的一半)。
- 碳水化合物应提供45%～65%的总热量，主要来自复杂的碳水化合物来源：
  - 谷物；
  - 豆类；
  - 种子；
  - 水果；
  - 蔬菜。

二、碳水化合物的类型

需要考虑的重要因素

剂量决定毒性

- 帕拉塞尔萨斯(Paracelsus)(1493～1541)医生说过："一切物质都是有毒物质：不存在哪一种物质没有毒性。正确的剂量可以区分出毒药和治疗药物。"
- 糖显然是这些物质中的一种，是组织所需的能量来源，也是产生其他物质的基本构成材料。然而，如果摄入过量的糖，则会导致组织损伤和疾病[20]。

(一) 单糖

单糖(monosaccharides)(mono指单个的；saccharides指糖)是碳水化合物最基本的形式，不需要额外消化就能被吸收到血液中。饮食中常见的单糖有六碳葡萄糖、半乳糖和果糖(方框2.5)。

方框2.5 单糖

- 己糖（六碳）
  - 葡萄糖
  - 果糖
  - 半乳糖
- 戊糖（五碳）
  - 核糖
  - 木糖

葡萄糖是细胞的主要能量来源，是一种主要从水果和蔬菜中提取的中等甜度的糖。由于其在细胞能量代谢中的重要作用，维持血糖水平成了保持运动成绩的重要方法。山梨醇是葡萄糖的糖醇，在加工食品中通常用作保湿剂[3]。

半乳糖是双糖乳糖的一部分，它由一分子葡萄糖和一分子半乳糖组成。半乳糖是几种称为糖脂（碳水化合物+脂肪）和糖蛋白（碳水化合物+蛋白质）的化合物的一部分，哺乳动物可以从葡萄糖中生成半乳糖，从而形成乳糖。

果糖是蜂蜜和水果中的一种成分，是所有单糖和双糖中味道最甜的。果糖水平过高可能导致肠胃不适及腹泻[54]。当高水平的果糖被血液吸收时，肝脏将果糖转化为葡萄糖的能力可能会提高，一部分果糖会转化为甘油三酯（脂肪）[1]。一些过量的果糖也可能转化为尿酸，从而导致痛风症状和关节疼痛[40]。

核糖是一种五碳糖，是遗传化合物核糖核酸（ribonucleic acid，RNA）和脱氧核糖核酸（deoxyribonucleic acid，DNA）的一部分。它也可以被细胞转化，为氨基酸色氨酸与组氨酸合成提供所需的碳链。

木糖是一种五碳糖，是半纤维素的主要成分，半纤维素是一种不可消化的膳食纤维成分，存在于许多植物或树木中。由于通常食用的木糖在很大程度上难以消化，因此其能量浓度仅为2.4 cal/g[68]。木糖的乙醇发酵产物木糖醇，口感香甜，但与其他糖类不同，口腔细菌无法将其识别为“食物”。由于木糖醇不被这些细菌代谢，因此它是非致龋性的（即它不会导致蛀牙的形成）（表2.2）[51]。

表2.2 摄入各种碳水化合物后的口腔产酸率

糖	相对产酸率
蔗 糖	100
葡萄糖	100
转化糖	100[a]
果 糖	80～100
乳 糖	40～60
山梨醇	10～30
木糖醇	0

注：细菌（变形链球菌）代谢碳水化合物时，会产生可能腐蚀牙釉质并产生蛀牙的酸。

a：转化糖是蔗糖分解产生的葡萄糖和果糖的等比例混合物。天然存在于蜂蜜和水果中。

（二）双糖

双糖蔗糖、乳糖和麦芽糖是食品中的常见成分，双糖（disaccharides）由两分子单糖以一种键连接在一起，这种键可被双糖所特有的酶破坏（方框2.6）。

蔗糖由一分子葡萄糖和一分子果糖组成，是一种天然的植物双糖。蔗糖在甘蔗和甜菜中含量特别高，人们从甘蔗和甜菜中提取蔗糖食用，也被称为“食用糖”。人体小肠中的消化酶蔗糖酶可以将蔗糖分解为其组分单糖，然后这些单糖可以通过肠壁被吸收到血液中。

乳糖由一分子葡萄糖和一分子半乳糖组成，是哺乳动物乳汁的天然成分。母乳中乳糖的浓度（63～70 g/L）高于牛乳中的浓度（44～56 g/L）[16]。人体小肠中的消化酶乳糖酶可以将乳糖分解为其组分单糖，然后这些单糖可以通过肠壁被吸收到

方框2.6 双糖

- 蔗糖（葡萄糖+果糖）
- 乳糖（葡萄糖+半乳糖）
- 麦芽糖（葡萄糖+葡萄糖）

血液中。乳糖酶活性在出生时和整个婴儿期较高，但在断奶后到进食固体食物时会下降。由于许多人体内乳糖酶的形成逐渐减少，因此经常出现对牛奶不耐受的情况（乳糖不耐受）[74]。然后，未消化的乳糖成为肠道细菌现成的"食物"，导致腹胀、排气、腹泻和胃肠疼痛。然而，大多数成年人能够生成足够的乳糖酶来消化一天中分散的少量乳糖，因此没有必要完全避免食用乳制品。一些人一生都能保持高乳糖酶的生成，这表明在理想饮食模式下，不同人群体内乳糖酶含量的差异较大。牛奶是钙、蛋白质和核黄素的极佳来源，因此没有理由不喝牛奶，除非有不耐受或过敏的情况。一些乳制品经过发酵（如酸奶和奶酪），乳糖含量降低，提高了乳糖不耐受者的耐受性。也有一些产品含有等量的乳糖酶，可预先消化乳制品中的乳糖，并提高耐受性[25]。

麦芽糖由两分子葡萄糖组成，这两个葡萄糖分子由α-1,4糖苷键结合在一起，它是一种与谷物和种子有关的糖。麦芽糖由麦芽糖酶消化，麦芽糖酶存在于人体的小肠中，十二指肠中酶含量最高。由于麦芽糖被消化为两分子葡萄糖，能够轻松进入血液，而且消化酶出现在消化道的前段，因此麦芽糖含量高的食物会迅速提高血糖（即葡萄糖），并可能因此产生过量的胰岛素反应，从而从血液中去除过多的糖并将过量的糖提供给细胞。细胞无法利用这些多余的糖，因此将它们转化成脂肪（请阅读本章后面的血糖指数和血糖负荷。）

海藻糖是由两分子葡萄糖通过α-1,1糖苷键连接而成的双糖，是一种天然存在的非还原糖，存在于许多微生物、植物和动物中。20多年来，人们已经知道海藻糖具有稳定蛋白质的能力[17,63]。除了可以稳定蛋白质外，冻干过程中的海藻糖还可以增强活细胞的稳定性。近年来，海藻糖对渗透休克[8]、干燥[79]、耐温[31]等多种细胞过程的积极作用已得到证实[83]。

大多数双糖在消化道前段被分解为单糖（多数双糖酶在十二指肠近端），从而在消耗大量糖时将单糖快速输注到血浆中。然而，海藻糖酶存在于整个小肠内，但数量相对较少，这导致血糖效应相对较低，但随着海藻糖的消耗，血糖持续时间延长。这一特征可能是未来与积极运动人群的康复治疗或维持血糖策略相关研究的基础。

自然界中，海藻糖存在于真菌和昆虫的外壳中，包括龙虾和河蟹等水下昆虫，海藻糖可直接食用。在所有天然来源中，海藻糖都不会累积。此外，对于所有其他形式的天然海藻糖，必须通过提取植物或有机体才能获得，进而将海藻糖提纯至食品级，这一过程使得海藻糖非常昂贵且只能季节性供应。昆虫是蛋白质和海藻糖的来源，许多地方常以昆虫为食。市面上目前也有适合人类食用的海藻糖出售。不同碳水化合物的相对甜度见表2.3。

表2.3 不同碳水化合物的相对甜度，从最甜到最淡

糖	相对甜度值（%）
蔗糖（食用糖，用来与所有其他糖进行比较的标准）	100
高果糖玉米糖浆	120～180
果糖（冷却后更甜）	110
木糖醇（由木糖生成的糖醇）	80～110
葡萄糖	60～70
甘露醇（由果糖生成的糖醇）	60～70
山梨醇（由葡萄糖生成的糖醇）	60
麦芽糖	50
海藻糖	40～50
半乳糖	35
乳糖	20～30
膳食纤维	0
淀粉	0

资料来源：Data from references Dansukker.com. Nordic Sugar. Available from: https://www.dansukker.co.uk/uk/about-sugar/types-of-sugar .aspx. Accessed February 19, 2018; Gwak M-J, Chung S-J, Kim YJ, Lim CS. Relative sweetness and sensory characteristics of bulk and intense sweeteners. Food Sci Biotechnol. 2012; 21(3): 889-894; Joesten MD, Hogg JL, Castellion ME. The World of Chemistry: Essentials. 4th ed. Belmont (CA): Thomson Brooks/Cole; 2007. p. 359 [Sweetness Relative to Sucrose, Table 15.1]; Noelting J, DiBaise JK. Mechanisms of fructose absorption. Clin Transl Gastroenterol. 2015; 6(11): e120. doi:10.1038/ctg.2015.50.

（三）多糖

多糖（polysaccharides）（方框2.7）是由至少10种单糖以键结合而成的大分子，包括可被人体分解的多糖（即可消化多糖）和不可分解的多糖（即难消化的多糖）。饮食中可消化的多糖通常被称为淀粉，它是植物中碳水化合物的一种储存形式。人体内可消化多糖的储存形式是糖原。淀粉和糖原都将许多葡萄糖分子结合在一起，但糖原可以迅速被分解为其组分葡萄糖分子，成为人体重要的能量来源[21]。

生淀粉很难消化，因为碳水化合物储存在消化酶难以穿透的薄壁细胞中。然而，烹饪会使细胞壁内的液体膨胀，进而导致淀粉膨胀和爆裂，使其成为一种易消化的碳水化合物来源。想象一下吃生米或生玉米的情景，两者都不容易消化。然而，加热后的大米或爆米花会释放出其中的淀粉，让淀粉容易消化和吸收。糊精是一种由淀粉或糖原分解而成的碳水化合物，一些形式的糊精，如麦芽糊精，用作食品添加剂可以使溶液变得更稠或呈乳状。糊精包括麦芽糊精，很容易消化，可以迅速为血液提供许多葡萄糖分子。

不可消化的多糖通常被称为纤维或**膳食纤维**，虽然它们不能被消化以提供能量，但对维持胃肠道的健康非常重要。不同类型的膳食纤维，包括可溶性和不溶性纤维，有不同的生理作用。含有可溶性纤维（树胶、植物黏液和果胶）的食物包括水果、燕麦、豆类和大麦，这些食物具有缩短胃排空时间（即减少食物在胃中的停留时间）的作用，也会降低小肠吸收葡萄糖的速度。这对良好的健康非常重要，因为降低葡萄糖吸收速度会降低胰岛素反应，这将有助于更长时间地维持正常血糖，还可能降低细胞生成脂肪的速度[46]。含有不溶性纤维（纤维素和半纤维素）的食物有小麦、蔬菜和种子等，这些食物在水中能吸收其自身重量许多倍的物质。这会增加粪便量，从而改善蠕动（摄入的食物通过肠道的运动）。如果与水一起食用，不溶性纤维可降低便秘风

方框2.7　多糖

- 可消化多糖（α-1，5糖苷键和α-1，6糖苷键）。这些是人体能够消化并从中获取能量的多糖：
  - 淀粉；
  - 糊精；
  - 糖原。
- 难消化多糖（β-1，4糖苷键和其他键）。这些是人体无法消化，因此也无法从中获取能量的多糖，通常被称为“纤维”：
  - 纤维素；
  - 半纤维素；
  - 果胶；
  - 树胶；
  - 植物黏液。

注意：膳食纤维包括不可消化的多糖和木质素，它们不能被人体的消化酶消化，但可以被结肠中的细菌部分消化。

膳食纤维

膳食纤维也称粗粮，是一个用于描述难消化多糖的术语，包括可溶性膳食纤维和不溶性膳食纤维，两者都对健康有好处，可以降低患癌症的风险，更好地控制血糖，并降低患心脏病的风险。

- 可溶性膳食纤维存在于燕麦、大麦、豆类、水果和蔬菜中。它可以附着在胆固醇上，减少胆固醇的吸收，降低患心脏病的风险。它还能减少血糖快速升高，降低2型糖尿病的风险。它对水具有高度亲和力，可增加粪便量，从而有助于保持肠道排便规律。这种类型的纤维还能改善肠道中的有益细菌（即肠道微生物群），从而降低患病风险。
- 不溶性膳食纤维存在于麦麸、种子、蔬菜茎和果皮中。由于其对水的高亲和力，可增加粪便量，降低便秘和患相关疾病（如痔疮和憩室炎）的风险。

险。然而，不溶性纤维会增加胃排空时间（即食物在胃中停留的时间更长），如果您希望运动时胃中没有食物，那么在锻炼或比赛前食用是不可取的。因此，运动前食用高纤维食物可能会加剧经常运动人群的胃肠不适[24]。

值得注意的是，水果和蔬菜都是可溶性纤维（树胶和果胶）的优质来源，也是草酸的良好来源，草酸对某些矿物质（尤其是铁、锌、钙和镁）具有很高的亲和力。如果这些矿物质与草酸结合，它们就不再能被吸收了[7]。谷物麸皮中常见的不溶性纤维（纤维素和半纤维素）也是植酸的良好来源。如果相同的这些矿物质（铁、锌、钙和镁）与植酸结合，它们也会变得无法吸收[77]。去除蔬菜中草酸的一个简单方法是在沸水中快速焯一下，然后根据需要准备蔬菜。由于草酸有苦味，儿童对苦味特别敏感，因此用这一方法有两个好处，一方面可以提高矿物质的吸收，另一方面也可以使蔬菜更适合儿童食用。降低植酸与矿物质结合可能性的一般方法是，通过用全谷物替代（用全谷物代谢纯麸谷物来降解低麸皮摄入），来限制植酸含量极高食物（如麸皮）的摄入。

三、碳水化合物的功能

需要考虑的重要因素

- 碳水化合物有许多功能，是良好健康和运动表现的必要组成部分。摄入更多蛋白质或脂肪并不能替代碳水化合物，这些能量基质也不能充分发挥碳水化合物的作用。
- 低碳水化合物的摄入会导致蛋白质在肝脏中被分解，以产生所需的碳水化合物（糖异生），但由于人类没有储存蛋白质的能力，这一过程会导致蛋白质的来源——肌肉质量的损失。因此，碳水化合物的蛋白质节约效应是解释为什么需要碳水化合物的一个重要部分。

碳水化合物有多种功能，对人体健康和运动表现都至关重要。其基本功能包括：① 为细胞功能提供能量来源；② 以糖原的形式储存能量；③ 蛋白质节约效应；④ 分解脂肪以获取能量；⑤ 正常的胃肠道功能；⑥ 成为其他化合物的一部分；⑦ 将碳水化合物转化为脂肪。重要的是，血液中的碳水化合物（血糖）是大脑能量的主要来源（方框2.8）。

方框2.8 碳水化合物的功能

- 有氧和无氧均可使用的能量来源（4 cal/g）
- 蛋白质保留作用
- 实现脂肪完全氧化
- 瞬时能量来源
- 身体其他化合物的一部分
- 可以转化为脂肪并储存起来，最终作为能量使用
- 保持胃肠道健康

（一）细胞功能和能量储存的能量来源

每克碳水化合物能提供4 cal能量，它在能量基质（碳水化合物、蛋白质和脂肪）中是独一无二的，因为碳水化合物既能在有氧条件下，也能在无氧条件下给细胞提供能量。细胞的主要能量来源是葡萄糖，它是一种碳水化合物，有些细胞在除葡萄糖以外的其他物质中获取能量的能力有限（图2.1）。大脑和中枢神经系统的主要能量来源是血糖，因此大脑对血糖异常波动敏感，这种波动可能是由于饮食不规律（导致血糖过低）或过量摄入精制或**简单碳水化合物**（即单糖和双糖）而引起的，这会导致血糖突然升高，进而导致胰岛素反应过度使血糖过低[5]。人体可以在肝脏中储存有限数量（150 lb体重的人约储存306 cal）的葡萄糖作为糖原，也可以在肌肉中储存有限数量（150 lb体重的人约储存1 530 cal）的葡萄糖作为糖原[45]。

简单碳水化合物

糖的另一个术语，指容易且快速消化或吸收的双糖（蔗糖、麦芽糖和乳糖）及单糖（葡萄糖、半乳糖、果糖、核糖和木糖）。

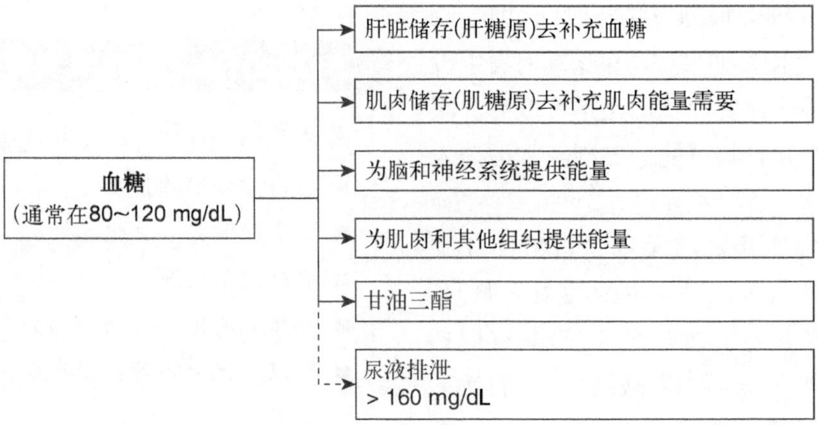

图2.1 血糖发生了什么

（二）蛋白质节约效应

如果不能满足组织对葡萄糖的需求，就会触发**糖异生**，也就是从非葡萄糖物质中生成新的葡萄糖这一过程。蛋白质是一种主要的糖异生物质，因为我们有成熟的途径将某些氨基酸（蛋白质的组成部分）转化为葡萄糖。这些氨基酸被恰当地称为糖原氨基酸。然而，我们没有储存额外的蛋白质或氨基酸来达到这个目的，所以为了获得这些氨基酸来合成葡萄糖，人体分解体内的蛋白质（如肌肉），并把这些蛋白质中的氨基酸输送到肝脏，在那里氨基酸又被转化为葡萄糖。因此，摄入足够的碳水化合物可以避免蛋白质被分解成葡萄糖。这对运动员来说非常重要，因为葡萄糖在运动时会被快速消耗。如果不能在血液和肌肉中保持足够的碳水化合物以供消耗，就会破坏锻炼者试图通过运动建立起来的组织。

糖异生

指由非碳水化合物生成葡萄糖的过程。例如，甘油，一种含有三个脂肪酸分子以生成甘油三酯（脂肪的常见储存形式）的3碳物质，它可以通过肝脏转化为葡萄糖。糖原氨基酸，如丙氨酸和谷氨酰胺，也可以通过肝脏转化为葡萄糖。乳酸同样也可以。所有这些摄入非碳水化合物物质并将其转化为葡萄糖的过程均被视为糖异生。

（三）实现脂肪完全氧化以获取能量

当脂肪作为能量来源被分解代谢时，需要少量葡萄糖来实现脂肪的完全氧化。碳水化合物可以合成草酰乙酸，草酰乙酸是脂肪代谢所必需的。碳水化合物供应不足会导致草酰乙酸生成不足，进而脂肪代谢不完全，导致酮的生成。因此，酮是脂肪代谢不完全的酸性副产物，酮水平升高的情况被称为酮酸中毒[30]。丙酮是一种常见的酮，它有一种独特的气味，可以在酮酸中毒的人呼吸中闻到（丙酮闻起来像洗甲水）。禁食时由于可用葡萄糖被耗尽，导致脂肪不完全氧化，通常会产生丙酮。用生酮饮食法（即高蛋白、低碳水化合物的饮食）来减肥的情况很普遍[57]。生酮饮食法迫使脂肪和蛋白质进行代谢以获取能量，但由于碳水化合物摄入不足，这些食物会因脂肪的不完全氧化而形成酮[39]。

（四）维持正常的胃肠道功能

从新鲜水果、蔬菜、豆类和全谷物中提取的膳食纤维对维持正常的胃肠道功能非常重要。纤维摄入不足会导致便秘、痔疮、憩室炎/憩室病及很高的风险会患结肠癌。也有证据表明，经常食用膳食纤维可以降低血脂，包括血液胆固醇，从而降低患心脏病的风险[46]。

（五）身体其他化合物的一部分

一些葡萄糖被转化为核糖和脱氧核糖，它们是我们的遗传结构（RNA和DNA）的分子组成部分。葡萄糖也可以被转化为烟酰胺腺嘌呤二核苷酸磷酸（nicotinamide adenine dinucleotide phosphate，NADP），这是合成脂肪和胆固醇所必需的。NADP还能降低细胞氧化损伤的风险。碳水化合物也是其他化合物的一部分，如糖蛋白和糖脂。糖蛋白的一个例子是黏蛋白，它是唾液的一部分，负责使唾液变得更黏稠，比单独的水更润滑。糖脂参与细胞通讯和识别，因为不同类型的细胞有不同的表面糖脂[52]。例如，A型、B型、AB型和O型血因细胞膜上糖脂的种类不同而有所不同[44]。

（六）碳水化合物转化为脂肪

进入细胞的过量碳水化合物可以被加工成脂肪储存，然后作为能量来源加以利用。脂肪以能量的形式储存更有效，每克含9 kcal，而碳水化合物每克只含4 kcal，而且脂肪的储存没有上限。相比之下，在肝脏和肌肉中以糖原形式储存的碳水化合物有储存上限。虽然我们可以将多余的碳水化合物储存为脂肪，但重要的是，我们要考虑到没有反向代谢途径可以将脂肪转化为碳水化合物。由于对碳水化合物持续的需求，碳水化合物的摄入模式应动态匹配需求，以避免过度使用有限的糖原存储（图2.2）。

四、碳水化合物的消化、吸收和代谢

需要考虑的重要因素

- 从口腔中的唾液开始，碳水化合物的消化涉及很多部分，包括口腔、胃和小肠。碳水化合物越复杂，消化和吸收所需的时间就越长，而对于某些碳水化合物（膳食纤维），我们没有可以消化它们，并从中获取能量所需的消化酶。然而，膳食纤维是胃肠道健康的重要组成部分，因此应作为日常饮食的一部分摄入。
- 一次性摄入大量的糖，几乎不需要消化，会导致大量糖分子聚集在胃肠道中等待吸收。这导致液体从血液进入胃肠道以稀释糖分。由此产生的血量下降可能会对排汗率、向运动肌肉输送营养物质及从细胞中清除代谢副产物的能力产生负面影响。为了保持体力活动，最好多次吃少量的糖，而不是一次性摄入大量的糖。

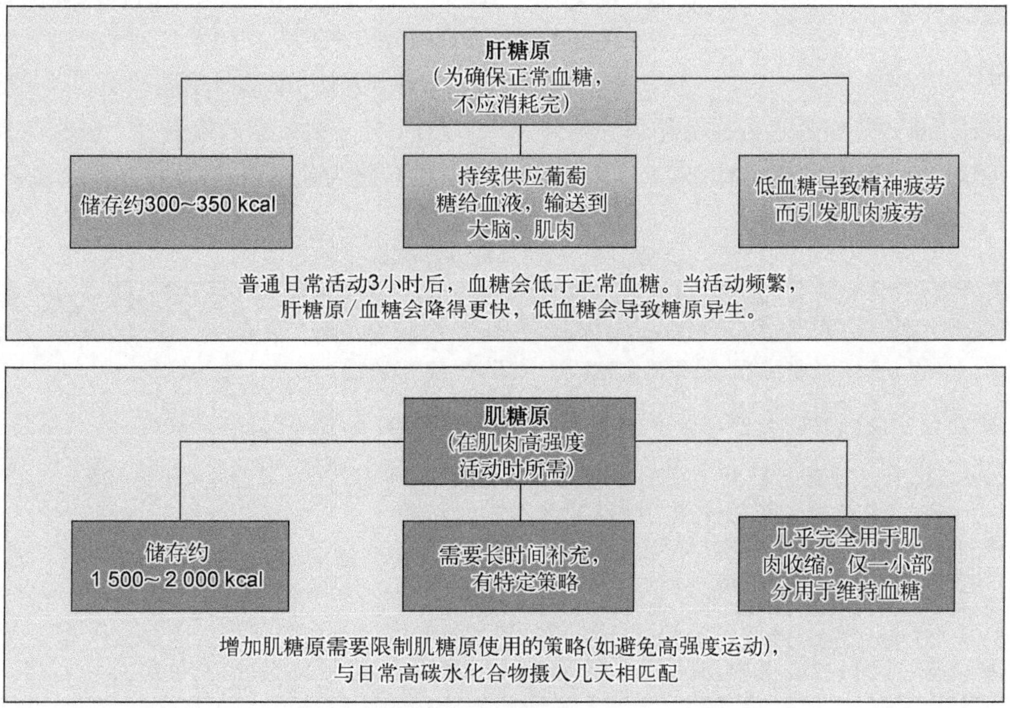

图2.2 要考虑的两种碳水化合物储存系统

（一）消化

消化的目的是将摄入的碳水化合物分解为一种形式，使它们可以通过肠壁转移到血液中，并在血液中分布到细胞中。碳水化合物的消化发生在口腔和小肠中，包括将更**复杂碳水化合物**（淀粉和糖原）转化为较简单的碳水化合物（双糖），然后转化为待吸收的单分子糖（单糖）[70]。少量碳水化合物在口腔中通过唾液淀粉酶（唾液中的一种消化酶）进行消化。为了体验这种消化，可以将少量富含淀粉的碳水化合物（面包、麦片等）放入口中，不要吞咽。过一会儿，你就会感觉到食物变得更甜了，因为更为复杂的淀粉被消化成了糖。胰腺会产生一种主要的碳水化合物消化酶，胰淀粉酶，这种酶通过胰腺和胆囊共享的管道进入小肠前段[41]。胰腺淀粉酶将剩余的多糖转化为双糖，然后由特异性双糖酶进一步消化（表2.4）。单糖随后被吸收。

复杂碳水化合物

可消化多糖（淀粉、糊精和糖原）及难消化多糖（树胶、果胶、纤维素和半纤维素）的另一个术语。难消化的多糖也被称为纤维或膳食纤维。

（二）吸收

单糖被运送到肠壁，然后进入血液循环。葡萄糖和半乳糖通过一种特定的转运体（SGLT1）被吸收，而果糖则通过另一种转运体（GLUT5）进行转运。由于可利用的GLUT5有限，饮食中摄入过多的果糖可能会使转运体不堪重负，将很大一部分果糖留在肠道中而非被吸收[41,58]。这些果糖分子产生高水平的渗透压，导致液体进入肠道，从而可能引起腹胀和腹泻（方框2.7）。正是由于这个原因，与含有天然果糖的食物相比，含有添加的游离果糖的食物，如高果糖玉米糖浆，可能不但没有被很好地吸收，还引起更多胃肠不适[58]。

1. 同渗容摩和同渗重摩

同渗容摩指溶液浓度，表示每升溶液［即每升和每夸脱（qt；1 qt=0.946 L）］的溶质粒子总数。同渗重摩指每单位溶剂（即每千克溶剂或每千克溶液）的渗透浓度。

其实际应用如下：100 cal的蔗糖（一种双糖）的分子数量是100 cal葡萄糖的一半，因此产生的渗透压也是其一半。流体向最高渗透压的方向移动，所以在相同的热量负荷下，游离葡萄糖更有可能将水“拉”向它。运动能量棒旨在提供高热量低渗透压的产品。他们通过多糖能量棒输送碳水化合物来实现这一目标，多糖能量棒中有许多单糖分子聚合在一个多糖分子中。只有单位体积的颗粒数才影响渗透压，因此单个大多糖分子所传递的渗透压远远低于其组分碳水化合物的单个分子。

当所吸收的那部分单糖即葡萄糖被输送到循环系统中，会导致血糖浓度升高。吸收的果糖和半乳糖必须转化为葡萄糖，转化主要发生在肝脏中，并且

表2.4 碳水化合物的消化

器官	在碳水化合物消化中的作用
口腔	■ 唾液淀粉酶开始将淀粉和糖原消化为双糖（麦芽糖、蔗糖、乳糖）
胃	■ 胃里没有特异性碳水化合物消化酶，而胃液和胃酸可能有助于消化
小肠	■ 胰腺产生一种消化酶（胰淀粉酶），胰淀粉酶通过胰腺和胆囊共享的管道进入小肠前段。胰淀粉酶是淀粉和糖原的主要消化酶，能将可消化的多糖充分消化为双糖 ■ 小肠产生双糖酶（将双糖分解为其组分单糖的酶） ● 麦芽糖酶将麦芽糖分解为2分子葡萄糖 ● 蔗糖酶将蔗糖分解为1分子葡萄糖和1分子果糖 ● 乳糖酶将乳糖分解为1分子葡萄糖和1分子半乳糖 ■ 单糖在小肠中被吸收进血液

注：消化酶的单词以ase为词尾，而它所消化的糖的单词以ose为词尾。直链淀粉是可消化多糖或淀粉的别名。

不会立即导致初始血糖升高。血糖的升高取决于吸收速度,而吸收速度又取决于多种因素[10,15],包括:

■ 所消耗碳水化合物的复杂性。越复杂的碳水化合物需要越长时间来消化和调节葡萄糖的吸收利用。

■ 与碳水化合物一起消耗的其他物质。脂肪和蛋白质会延缓胃排空率,从而调节葡萄糖的吸收利用。

■ 所消耗食物中单糖的分布。纯葡萄糖会稍稍延缓胃排空,但一旦进入肠道,如果所消耗的葡萄糖量不超过可利用的转运体(SGLT1),则很容易被吸收。假设热量相同,单糖混合物比任何一种单糖都更容易被吸收,因为这种混合物可以利用转运体和吸收位点的可用性。

胰岛素是胰腺β细胞为应对血糖升高而分泌的。它是人体细胞更新葡萄糖所必需的。然而,血糖快速升高可能会导致高胰岛素反应(即胰岛素分泌过量),这会从血液中带走过多的葡萄糖,并将过多的葡萄糖转入细胞中,超出正常的细胞需求和储存能力。然后,细胞将多余的葡萄糖转化为脂肪并输出,结果身体脂肪量增加。胰岛素的生成也可能受饮食中蛋白质和脂肪含量的影响,较高的蛋白质和脂肪含量会减缓葡萄糖的吸收速度,从而影响胰岛素反应。

2. 未吸收的碳水化合物

难消化的多糖吸收许多倍于自身重量的水,从而增加粪便体积,降低便秘风险。益生元是一种不能被消化酶分解,也不会进入血液循环的碳水化合物(纤维),但它通过成为细菌的能量或营养来源来促进"健康"细菌的生长。由肠道细菌(肠道微生物群)发酵的多糖不会像非发酵多糖那样增加粪便体积,但能够改善肠道微生物群[27,50]。部分可消化多糖,包括豆类中常见的低聚糖,能促进胃肠道中有益菌的生长,如双歧杆菌。这类可消化多糖被称为益生菌,即与人体肠道中有益菌相同的活菌,可作为膳食补充剂(如"活菌"酸奶)来食用。益生菌食品有助于维持肠道中的有益菌。合生元指益生元和益生菌的混合物,可以提供细菌和营养物质(纤维),有助于促进细菌繁殖。存在于胃肠道中的双歧杆菌有助于保护肠道免受病原菌的潜在危害影响[28,65]。

3. 吸收后

单糖、葡萄糖、果糖和半乳糖都被吸收到血液中,但只有葡萄糖能立即被细胞吸收以满足新陈代谢的需要。循环中的果糖和半乳糖必须在肝脏中被转化为葡萄糖,才能供细胞使用。这些单糖一旦被转化为葡萄糖,肝脏就会将其以肝糖原的形式储存起来(用来维持血糖),或直接将葡萄糖释放回血液中。肝脏输出到血液中的葡萄糖量由产生胰岛素和**胰高血糖素**的胰腺和肝脏进行激素控制。血糖过高或过低都会对健康造成负面影响。

胰高血糖素

一种由胰腺α细胞产生的激素,通过使肝糖原缓慢分解,以产生葡萄糖来提高血糖,从而有助于防止患低血糖。

4. 血糖控制

饭后,血糖升高时人体会释放胰岛素,使细胞可利用多余的血糖。血液流经胰腺时,胰腺会监测血糖水平。若检测到血糖升高至正常所需的水平(约120 mg/dL)以上,胰腺就会释放胰岛素,胰岛素会影响允许葡萄糖进入细胞的细胞膜。胰岛素有双重作用:① 降低血糖;② 使细胞获得葡萄糖。随着血糖持续下降并达到其低阈值(约80 mg/dL),胰腺α细胞会释放胰高血糖素(图2.3)。胰高血糖素向肝脏发出信号,要求其分解肝糖原,并将葡萄糖分子释放到血液中。胰高血糖素有双重作用:① 升高血糖;② 降低肝糖原储存。在进食频率和糖原储存受限的情况下,胰岛素和胰高血糖素可将血糖维持在正常范围内,同时为大脑和其他身体细胞提供所需的葡萄糖。

正常的血糖维持时间约为3 h[4],也就是说,饭后1 h血糖达到峰值,约2 h后血糖恢复到餐前水平,这意味着又到了用餐时间。然而,当一个人参与体育活动时,血糖消耗的速度会快得多,这就需要更频繁地摄入碳水化合物来维持血糖(图2.4)。含碳水化合物的运动饮料的主要功能之一是它能在运动过

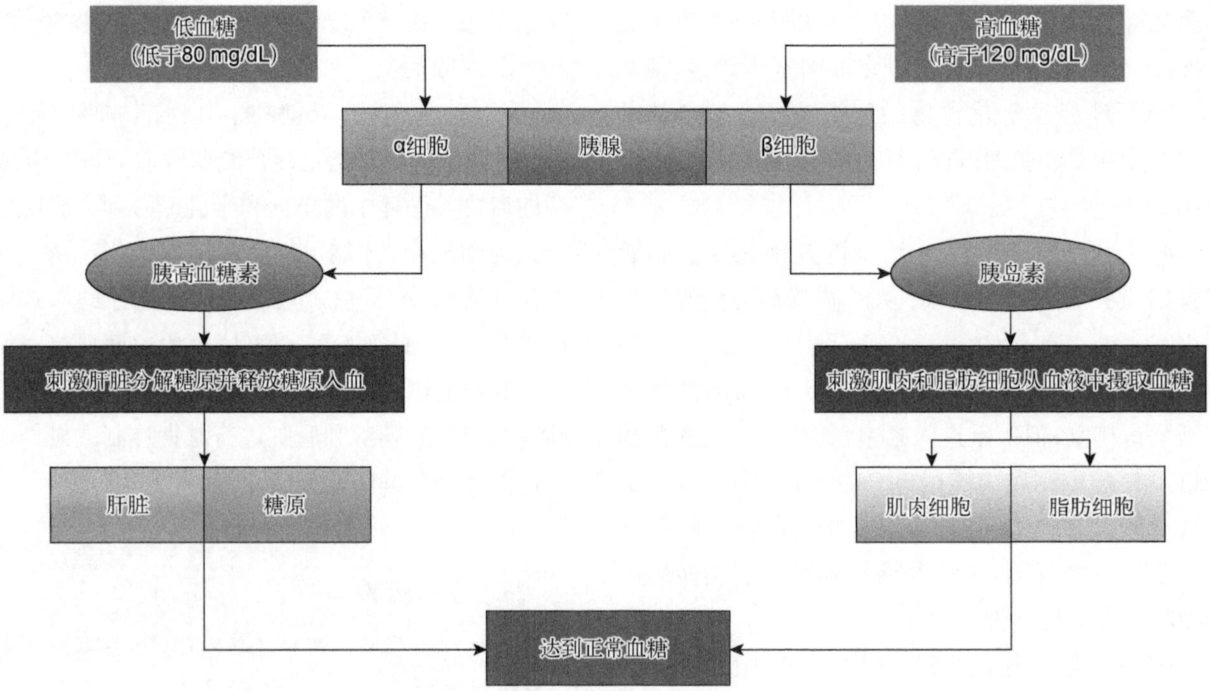

图2.3 胰腺和肝脏如何维持血糖正常

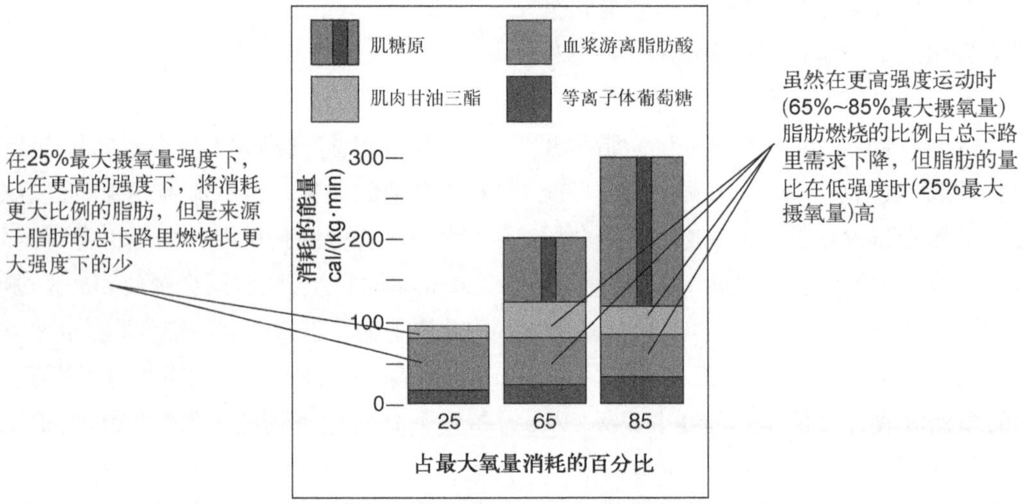

图2.4 不同运动强度下的能量消耗

在高强度的运动中，越来越多地依赖肌糖原来提供所需的能量

资料来源：Romijn JA, Sidossis LS, Gastaldelli A, Horowitz JF, Wolfe RR. Regulation of endogenous fat and carbohydrate metabolism in relation to exercise intensity and duration. Am J Physiol. 1993; 265: E380−91.

程中确保血糖保持在正常范围内。目前，针对锻炼1 h或更长时间的人群的建议饮用运动饮料[11,12,67]。那些运动强度极高的人，即使运动时间少于1 h，可能也需要运动饮料来维持血糖。无法维持正常血糖会导致各种麻烦。**低血糖**会引起神经紧张和眩晕。如果在运动中出现低血糖症状，会引起精神疲劳，而精神疲劳又与肌肉疲劳相关（即使肌肉中充满糖原）。此外，低血糖还可能会导致糖异生，通常会使肌肉质量下降（详见本章下文关于糖异生的内容）。

食用高糖指数食物或糖尿病可能导致**高血糖**，这与脱水有关，如果严重还会导致昏迷。由高体脂水平、摄入过多食物、运动不足或食用高糖食物引起的慢性高血糖会导致慢性高胰岛素血症（胰岛素分泌过多）。这种持续过量的胰岛素分泌会降低细胞对胰岛素的敏感性，并与2型糖尿病有关（胰岛素会分泌，但无法降低血糖，因此血糖升高）。1型糖尿病也与高血糖有关，但它是胰腺β细胞无法分泌胰岛素的结果。1型糖尿病常见于儿童，可能是机体免疫系统破坏机体细胞的结果，也可能是细菌感染靶向并破坏β细胞的结果。2型糖尿病通常被称为成人发病型糖尿病，因为这种糖尿病的发病多见于成人。然而，2型糖尿病目前在肥胖儿童中的患病率越来越高。1型糖尿病和2型糖尿病都与高血糖有关。高于160 mg/dL的血糖水平超过了肾脏阈值，并开始出现在尿液中。尿液中的糖（葡萄糖）是糖尿病未得到控制的标志。

低血糖

一种不正常的低血糖水平，通常是由过量的胰岛素引起的，或是由于食用高血糖食物，或是由于糖尿病患者服用过量胰岛素引起的。正常血糖浓度为80～120 mg/dL，低血糖是指血糖浓度≤70 mg/dL。

高血糖

一种不正常的高血糖水平，是代谢综合征和糖尿病的特征。正常血糖浓度为80～120 mg/dL，高血糖是指空腹血糖浓度（8 h不进食后）＞130 mg/dL。

另一种影响血糖的激素是**肾上腺素**，主要由肾上腺产生。它的作用是迅速增加肝糖原的分解，以极快的速度将大量葡萄糖输入血液[73]。它还能增加肌肉血流量和心脏排血量。有人认为，肾上腺素的主要作用是面临迫在眉睫的危险时，在“逃跑或战斗”反应中生存下来。现成可用的能量（血糖），加上高心输出量和改善的肌肉血流量，有助于个人以极大的力量快速运动。然而，在肾上腺素发挥作用后不久，肝糖原快速耗竭也会导致低血糖和体力衰竭。正是由于这种后期效应，保持冷静和熟悉周围环境（即避免生成肾上腺素）有助于保持运动成绩。肾上腺素也可用作治疗严重过敏反应的药物。过敏人群通常随身携带肾上腺素自动注射器（内装肾上腺素），以快速增强免疫反应，避免严重过敏的潜在危险[47]。

肾上腺素

这种激素会引发肝糖原的快速分解，生成葡萄糖，从而快速提高血糖。它还能增加胰岛素介导的高能量（即高葡萄糖）血液向肌肉流动，从而使肌肉快速运动，这是与肾上腺素相关的战斗或逃跑反应的重要组成部分（注：和肾上腺素相关的肝糖原耗竭与最初由肾上腺素引起的高能状态后的衰竭和低血糖体征有关）。

5. 血糖指数和血糖负荷

血糖指数（图2.5）比较了含相同量碳水化合物的食物提高血糖的潜力。然而，碳水化合物的摄入量也会影响血糖，从而影响胰岛素反应[5]。**血糖负荷**的计算方法是，血糖指数乘以一种食物所提供的碳水化合物量（g），然后用积除以100。每单位血糖负荷代表1克纯葡萄糖的等效血糖升高效应。饮食中的血糖负荷等于饮食中摄入的所有食物的血糖负荷之和，可以用来描述饮食的相对质量。一般来说，食用血糖负荷相对较低的食物是有益的。

血糖指数

相对于葡萄糖100的血糖标准值，血糖指数表示食物对血糖的影响。高血糖指数食物（即血糖值接近100的食物）会迅速提高血糖。低血糖指数食物（即血糖值小于55的食物）会缓慢提高血糖。高血糖指数食物会引发高胰岛素反应，这种反应会将过量的血糖带入细胞，导致细胞将葡萄糖转化为脂肪并储存起来供后续利用。

血糖负荷

与血糖指数相似，血糖负荷等于血糖指数乘以含糖量。大于20为高血糖负荷，而小于10为低血糖负荷。例如，西瓜的血糖指数值较高，为72，但每100克西瓜的血糖指数较低，为3.6。

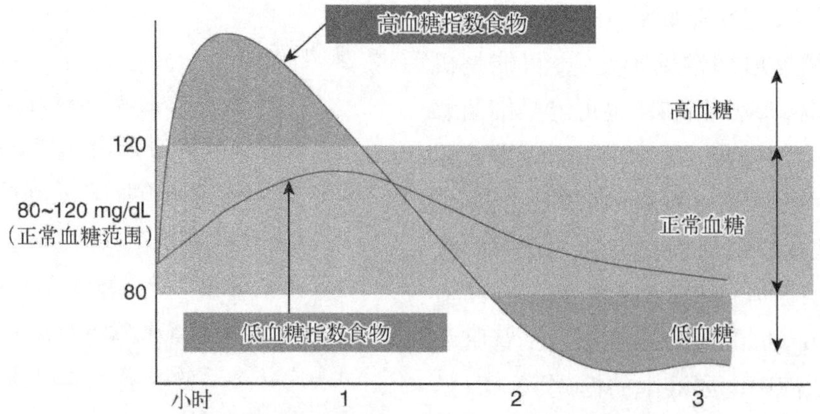

图2.5 血糖指数是衡量食物如何影响血糖的指标

食用高血糖指数食物会导致血糖快速升高，过量胰岛素会对此做出反应。这会从血液中带走过多的葡萄糖，并将过多的葡萄糖输入细胞，超过了细胞的需求。细胞将多余的葡萄糖转化为脂肪（体内脂肪增加）。长期食用高血糖指数食物会导致体脂增高、胰岛素敏感度降低和患2型糖尿病的风险增高

资料来源：Granfeldt Y, Björck I, Hagander B.On the importance of processing conditions, product thickness and egg addition for the glycaemic and hormonal responses to pasta: a comparison with bread made from "pasta ingredients". Eur J Clin Nutr. 1991; 45(10): 489−99.

从表2.5可以看出，尽管糙米提供的碳水化合物更多（33 g vs. 26 g），但一杯糙米的血糖负荷低于玉米片（18 g vs. 21 g）。烤土豆提供的碳水化合物和蔗糖一样多，但蔗糖血糖负荷更高（21 g vs. 23 g）。因此，摄入的碳水化合物类型与预期的内分泌反应有关。例如，食用糖由50%葡萄糖和50%果糖组成。烤土豆由淀粉组成，淀粉主要是葡萄糖的聚合物。果糖不会立即使血糖负荷升高，所以烤土豆的血糖效应更强。低血糖负荷会导致较低的胰岛素反应、更稳定的血糖和较低的脂肪生成率。碳水化合物摄入的一般建议是：

- 经常食用富含纤维的水果、蔬菜和全麦食品；
- 尽量选择少添加或无添加糖或甜味剂的食物和饮料。

（三）代谢

人体对能量有持续的需求，而碳水化合物在能量供应中发挥着重要的作用。最终，能量基质被代谢为三磷酸腺苷（adenosine triphosphate，ATP），ATP是所有细胞工作的能量来源，包括消化、肌肉收缩、

表2.5 某些食物的血糖指数和血糖负荷

食 物	血糖指数（与葡萄糖100的血糖指数相比）	分 量	碳水化合物（g）	血糖负荷（g）
玉米片	81	1杯	26	21
年糕	78	3块	21	17
烤土豆	76	1个中等大小	30	23
白面包	73	1片	14	10
食用糖	68	2茶匙	10	7
白米饭（煮熟）	64	1杯	36	23
糙米（煮熟）	55	1杯	33	18
新鲜橙子	42	1个中等大小	11	5
煮熟的芸豆	28	1杯	25	7
烤花生	14	1 oz	6	1

神经传输、循环、组织合成、组织修复和激素分泌。磷酸键断裂时，能量被释放，ATP形成二磷酸腺苷（adenosine diphosphate，ADP）。人体的ATP能量储备很少，必须不断重新合成以避免耗尽。ATP再合成的部分能量是通过无氧磷酸肌酸（phosphocreatine，PCr）分解为肌酸和磷酸盐提供的，从而释放能量。肌酸和磷酸盐可以再次合并形成磷酸肌酸。碳水化合物是唯一能以无氧方式提供能量以形成ATP的营养素。预先形成的ATP和磷酸肌酸分解释放的能量可维持5～8 s的高强度运动。例如，100米世界纪录的时间大约为9.6 s超过了人体从储存的ATP和磷酸肌酸中提供所需ATP的能力，所以短跑运动员在最后1.5 s减速了，因为最高强度的能量来源已耗尽。

基本的能量代谢系统有4种：磷酸肌酸系统、无氧糖酵解系统（乳酸系统）、有氧糖酵解系统和有氧代谢系统（氧系统）。

■ 磷酸肌酸系统：该系统可从储存的磷酸肌酸中以无氧的方式形成ATP，并可用于持续不超过8 s的极高强度活动（8 s后，磷酸肌酸耗尽，必须重新形成）。

■ 无氧糖酵解系统（乳酸系统）：该系统包括糖原分解无氧生成的ATP，乳酸是该系统的副产物。该系统可用于超过人体消耗足够氧气的能力的高强度运动。无氧糖酵解一般可在2 min内生成ATP。

■ 有氧糖酵解系统：该系统描述了利用氧气由糖原分解产生ATP的过程。该系统用于需要高水平ATP，但仍在运动员能提供足够的氧气进行能量代谢范围内的高强度活动。

■ 有氧代谢系统（氧系统）：该系统（葡萄糖+$6O_2$→$6CO_2$+$6H_2O$+热量）通过碳水化合物和脂肪的组合分解产生ATP，可用于长时间的低强度至中等强度活动。该系统避免了乳酸的产生，乳酸会使能量代谢过程持续很长一段时间。脂肪只能通过这种有氧代谢系统进行代谢。蛋白质可以代谢产生ATP，但只有在与蛋白质分子相关的氮被去除之后。一旦去除，剩余的碳链可转化为碳水化合物，并以有氧或无氧方式代谢，或储存为脂肪以进行有氧代谢。由于人体没有蛋白质储存来提供能量，而用蛋白质作为能量来源又需要分解组织蛋白（即肌肉和器官组织），以提供生成ATP的能量，因此，不应将蛋白质作为首选能量来源。

1分子葡萄糖理论上能产生38个ATP分子（2个来自糖酵解，2个来自三羧酸循环，34个来自电子传递）。然而，由于将丙酮酸（来自糖酵解）、磷酸盐和ADP（ATP合成的底物）转移到线粒体中需要大量的ATP[72]（图2.6），所以通常无法产生这么多的ATP。

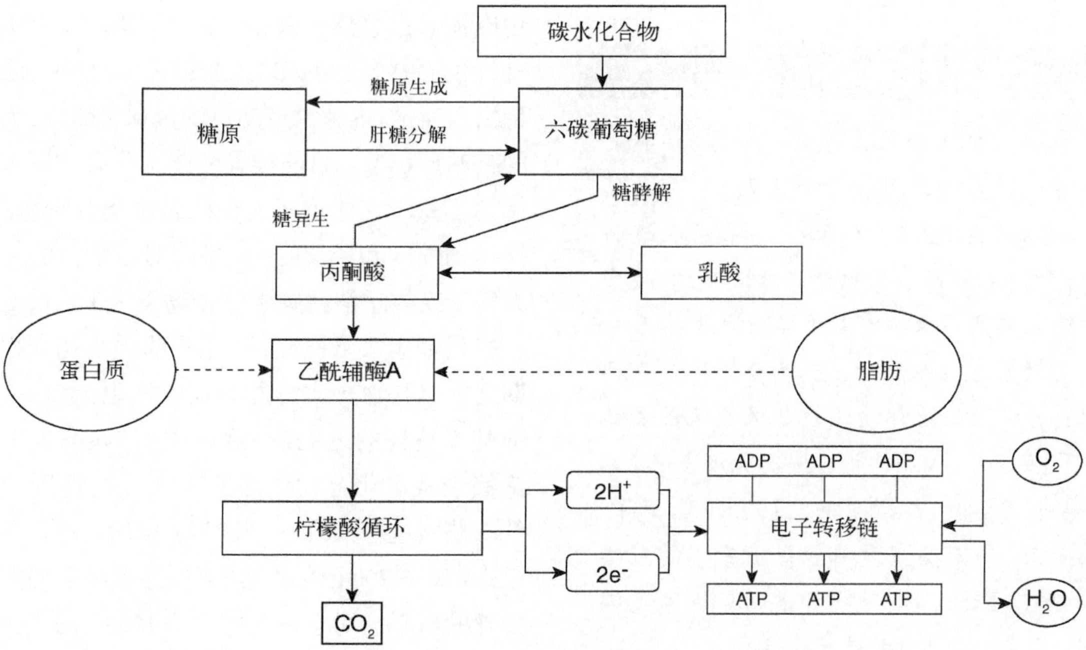

图2.6 碳水化合物代谢

从非碳水化合物来源中制备碳水化合物

如前所述，糖异生是指从非碳水化合物中制备葡萄糖的过程。血糖对中枢神经系统功能至关重要，有助于脂肪代谢，并为运作的细胞提供能量。然而，由于其作为肝糖原的储存容量有限，而肝糖原有助于维持血糖，因此，从非碳水化合物中制备，只能获得最低水平的葡萄糖（图2.2）。

糖异生有以下3个主要系统[26,49,85]。

■ 甘油三酯是人体内脂肪的主要储存形式，由三分子脂肪酸和一分子甘油组成。甘油三酯分解产生游离甘油分子（一种三碳物质），两分子甘油在肝脏中结合产生一分子葡萄糖（一种六碳物质）。肾脏也能用甘油制造葡萄糖。

■ 分解后的肌肉蛋白会产生一系列游离氨基酸，这些氨基酸构成了肌肉的组成部分。其中一种氨基酸——丙氨酸，可以被肝脏转化成葡萄糖。

■ 无氧糖酵解过程中会产生乳酸。这种乳酸或乳酸盐可以转化回丙酮酸，以便有氧生成ATP，或两分子乳酸在肝脏中结合形成葡萄糖。乳酸向葡萄糖的转化被称为乳酸循环（乳酸从肌肉中移除，葡萄糖返回到肌肉中）。如果血糖较低，丙酮酸可以转化为乳酸，并通过乳酸循环产生葡萄糖。

五、碳水化合物摄入建议

需要考虑的重要因素

- 运动员的碳水化合物推荐摄入量为5～10 g/kg。这一摄入量远远高于蛋白质，蛋白质的推荐摄入量为1.2～1.7 g/kg。尽管存在这种差异，但许多运动员仍然错误地认为，将蛋白质作为主要能量来源有助于提高运动成绩。
- 无论运动员主要从事的是体力活动还是耐力活动，碳水化合物都被认为是限制运动成绩的能量基质。也就是说，当碳水化合物（糖原）储备耗尽时，运动员的表现会迅速下降。正因如此，所有运动员都应该有完善的策略来确保在运动前、运动中和运动后摄入足够的碳水化合物，以确保最佳的恢复。

美国医学研究所（2002）建议每天摄入130 g（520 cal）碳水化合物，这是大脑对葡萄糖的平均最低消耗。碳水化合物摄入的理想范围是总热量摄入的45%～65%［也称为可接受的常量营养素分布范围（acceptable macronutrient distribution range，AMDR）］。食品标签上的每日碳水化合物摄入量是基于碳水化合物应占总能量消耗的60%的建议。这些建议通常还会提到，糖的摄入量应不超过碳水化合物摄入量的25%[32,80]。

成年男性的膳食纤维摄入量（来自不易消化和部分可消化的多糖）应为38 g/d，成年女性应为25 g/d。摄入足够的纤维有助于维持正常血糖，降低患心脏病和便秘的风险。两性在推荐纤维摄入量上的差异是基于女性通常总能量消耗较少的预期。

运动员对碳水化合物的需求基于几个因素，包括：

■ 提供能量以满足大部分的热量需求；

■ 优化糖原储备；

■ 使肌肉在运动后能够恢复；

■ 在练习和比赛中提供稳定的能量来源；

■ 在两餐之间提供快速和简单的能量来源以维持血糖。

碳水化合物摄入一直以来都被推荐作为总热量摄入的一部分。针对普通人群的建议是，碳水化合物应提供占总热量50%～55%的热量，成年男性和女性的DRI为130 g/d（520 cal/d）。然而，假设总热量摄入充足，推荐给运动员的量通常略高，为总热量的55%～65%。目前推荐的碳水化合物需求系统考虑到了每千克体重所消耗的碳水化合物量（g）。根据运动强度和持续时间，目前对运动员的建议为每天每千克体重消耗碳水化合物量为3～12 g[76]。这一建议基于大量研究，研究表明碳水化合物在运动期间能维持血糖水平并替代肌糖原，其摄入量的范围基于消耗的总能量、运动类型（如高强度运动更依赖于碳水化合物作为能量来源）、性别和环境条件。按照这些数值，一名70 kg重的运动员预计每天摄入420～700 g碳水化合物，远远高于向普通群众推荐的水平。对于一名体重为136 kg的大体型足球运动员来说，推荐的碳水化合物摄入量则更高，为每天摄入815～1 360 g，或仅碳水化合物一项每天摄入3 260～5 440 cal。然而，估算总碳水化合物需求时应谨慎，因为对于一个体重70 kg的运动员来说，每天摄入500～600 g碳水化合物可能足以支持糖原的储存。而一个消耗了总能量60%的碳水化合物的矮小运动员可能没有足够的碳水化合物来满足糖原存储[60]。因此，在确定最佳碳水化合物摄入量时，考虑运动员的体型和能量消耗十分重要。

（一）碳水化合物和人体表现

在几乎所有类型的体育活动中，碳水化合物的可用性被认为是限制运动表现的能量基质。也就是说，当碳水化合物耗尽时，进行高速度体育活动的能力就会受到限制，表现就会下降。从表2.6中的信息可以明显看出，相对于其他能量基质（脂肪和蛋白质），人体对碳水化合物的储存有限，碳水化合物的可用性实际上更差。运动通常会以比未使用肌肉更快的速度接触到使用肌糖原的特定肌肉，而且这些肌肉能相对快速地消耗肌糖原。然而，肌肉中未使用的糖原并未被使用糖原的肌肉"共享"，因此糖原的利用率实际上低于表2.5中所示。

实际上，人体同时利用碳水化合物和脂肪来获取能量，而且人的身体状况越好，就越能更好地利用脂肪，这样消耗的碳水化合物就会更少，从而延长能量耗尽的时间（即碳水化合物耗尽的时间）。如图2.4所示，运动强度越大，满足能量需求的碳水化合物利用率就越高。

在高强度活动中，脂肪利用率仍然很高，但在最大氧耗量为65%及以上的活动中，额外的能量都来自碳水化合物。因此，高强度活动会导致碳水化合物储备更快耗尽。然而，根据科学的计划，训练达到良好的状态，可以增加对脂肪的依赖而减少对碳水化合物的依赖，从而延长能量耗尽的时间（图2.7）。

（二）使糖原储存最大化

由于储存的糖原有限，因此在比赛或锻炼前最大限度地增加糖原含量，以及考虑优化其储存所需的饮食策略十分重要。这种策略通常被称为糖原负荷，最初由贝里斯特伦提出[6]。这种糖原负荷技术是指通过3天的高强度运动结合低碳水化合物饮食来消耗肌肉中的糖原储存。接下来进行3天的少量

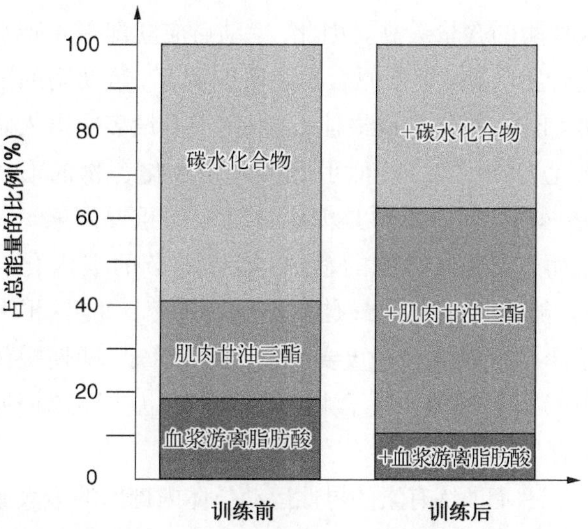

图2.7　获得"健康"会有所不同：耐力训练后对脂肪依赖程度的改变

资料来源：Martin WH Ⅲ, Dalsky GP, Hurley BF, et al. Effect of endurance training on plasma free fatty acid turnover and oxidation during exercise. Am J Physiol. 1993; 265(5): E708–14.

表2.6　碳水化合物在平均体重（154 lb）、偏瘦（10%体脂）男性体内的储存量及运动时长（若仅依赖于特定能量来源）

来　源	体重（kg）	能量（cal）	运动时长（min）
肝糖原	0.08	306	16
肌糖原	0.40	1 530	80
血糖	0.01	38	2
脂肪	7.0	62 141	3 250
蛋白质	13.0	52 581	2 750

资料来源：Maughan RJ, editor. The Encyclopedia of Sports Medicine: Sports Nutrition. West Sussex: Wiley-Blackwell; 2014.

运动或不运动结合高碳水化合物饮食。研究认为，一旦可以利用碳水化合物，糖原耗尽的肌肉就会像海绵一样最大限度地储存糖原。若干年后，谢尔曼等[69]提出了另一种糖原负荷策略。这种策略指在保持高碳水化合物饮食的同时减少锻炼。研究发现，后一种方法在优化糖原储存方面同样是成功的，随后的研究证实了经常运动人群应遵循的两个基本原则[9,18]：

■ 通过逐步减少体育活动来减少糖原的利用，有助于优化糖原的存储；

■ 摄入碳水化合物是使糖原储存最大化的必要条件。

摄入的碳水化合物合成糖原依赖于糖原合酶。运动后的一段时间里，糖原存储水平最低时，这种酶的含量最高。因此，运动后应立即摄入碳水化合物，以促进糖原合成。研究发现，运动后的最初4 h内，糖原合成最佳，这得益于少量多次摄入碳水化合物[33,81,82]。似乎所摄入碳水化合物的形式(液体或固体)不再是糖原再合成的重要因素[38]。然而，低血糖指数的食物(如更复杂的碳水化合物)能有效地确保最佳的糖原存储[9]。能量平衡是糖原合成的一个重要因素，众所周知，即使提供相同数量的碳水化合物，能量限制也会导致糖原储存减少[75]。

一个训练有素的男性运动员体内糖原的最大储存量约为400 g，相当于约1 530 cal。当运动员的血糖下降，糖原储存耗尽时，运动员就会感到疲劳，从而导致运动成绩下降。血糖负责大脑的认知功能，所以当血糖水平下降时，输送给大脑的能量不足。血糖降低会导致精神疲劳，进而导致肌肉疲劳和运动成绩下降[84]。

已有研究表明，耐力运动中的表现很大程度上取决于碳水化合物的可用性。因此，可以认为运动过程中的碳水化合物负荷及摄入会对运动成绩产生积极影响。碳水化合物负荷是指在赛前2～3天摄入大量碳水化合物，一般为10～12 g/kg。另一个建议是在运动时摄入碳水化合物。运动期间摄入碳水化合物可以补充体内糖原储备，防止血糖迅速下降。这样可以避免疲劳和运动表现下降。最新的指南指出，建议每运动1 h就摄入30～60 g的碳水化合物[60]。

研究发现，混合摄入葡萄糖和果糖会使人体利用更多碳水化合物，因此建议在运动中增加碳水化合物的摄入[78]。为什么食用混合碳水化合物比单一碳水化合物更有效，背后的原因尚不清楚。然而，有人认为，当混合碳水化合物被消耗时，单独的转运蛋白可能会增强肠道对碳水化合物的吸收[84]。运动后摄入碳水化合物来补充肌糖原和肝糖原储存也很重要。强烈建议参加多日比赛或在1天内要参加两个项目比赛的运动员在运动后补充碳水化合物[13]。

(三) 高强度运动

有证据表明，在持续30～60 min的高强度运动中摄入碳水化合物可以改善运动表现[36]。还有证据表明，尽管没有吸收碳水化合物，但在持续30～60 min的高强度活动中使用碳水化合物漱口水也可以提高运动表现，这是指含住碳水化合物饮料但不吞咽，5 s后将其吐出[12,61]。应注意不要将这些方法应用于短于30 min或长于60 min的运动，因为持续时间更长的运动显然需要真正地摄入碳水化合物。使用碳水化合物漱口水可以改善表现的原因可能是口腔中碳水化合物的味道对大脑的刺激[14]。

(四) 团队运动

参与间断性团队运动的运动员，在运动过程中摄入含碳水化合物的饮料，成绩会有所提高[53]。由于肌肉所需的一部分能量来自运动时补充的血糖和(或)肌糖原“燃料”，因此这样摄入可能的益处是减少了肌糖原的分解[53]。最近的一些研究表明，间断性运动期间摄入碳水化合物可以提高运动时[22]或运动后的技能表现[2,86]。一项评估足球技能的研究发现，饮用含碳水化合物的饮料可以减少射门时犯一些典型的错误[64]。

(五) 耐力运动

已有证据表示，在持续时间超过2 h的运动中摄入碳水化合物可缩短疲劳时间（即提高耐力）[34]。这种摄入可能会降低肌糖原的利用率，并有助于维持正常的血糖水平，从而避免因精神疲劳而导致表现不佳。对参加环法自行车赛的自行车手的研究表明，他们的碳水化合物消耗极高，每小时超90 g[66]。无论是由葡萄糖还是葡萄糖-果糖组成[56]，碳水化合物聚合物（凝胶）在长耐力运动中都表现出良好的耐受性。

（六）不同运动类型中碳水化合物的消耗

不同的运动持续时间和强度需要不同的碳水化合物摄入策略（图2.8）。建议总碳水化合物摄入量为30～60 g/h[67]，最高90 g/h[35]。摄入量一般很难超过这个最高水平，如果超过则可能导致胃肠道不适。限制碳水化合物摄入的一个因素是吸收能力。研究发现，当摄入多种类型的碳水化合物时，吸收会增强，尤其是在每小时60～90 g的水平下。因此，在运动中，尤其是时长大于2.5 h的运动，建议同时摄入葡萄糖、麦芽糖、麦芽糖糊精和果糖，而不是仅摄入单一的碳水化合物[33,34,78]。

还有证据表明，碳水化合物耐受性存在很大的个体差异，但在运动期间摄入碳水化合物可提高对更大量和更高浓度碳水化合物的耐受性，从而降低胃肠道不适的风险。例如，运动员跑马拉松训练时，通常不喝碳水化合物或电解质饮料，即使比赛中每5 km就有饮料提供。练习时摄入碳水化合物或电解质饮料的运动员在比赛期间可以摄入更多，从而获得更好的比赛成绩[19,71]。

六、总结

■ 经常运动的人应该考虑到只有能量基质（碳水化合物、蛋白质和脂肪）才能提供产生ATP所需的碳链。

■ 维生素和矿物质是从能量基质中获取能量的必要物质，但它们本身并不提供能量。

■ 人体有“能量优先”的系统，这意味着必须提供足够的能量以确保所有正常的身体活动能够进行。如果不能以动态匹配需求的方式提供足够的能量，将影响运动表现。许多运动员“负荷后”再摄入能量，也就是说，他们在经历了一天的消耗后才摄入所需的能量，因此导致不良的后果。

■ 体育运动会提高血糖的利用率，可能导致低

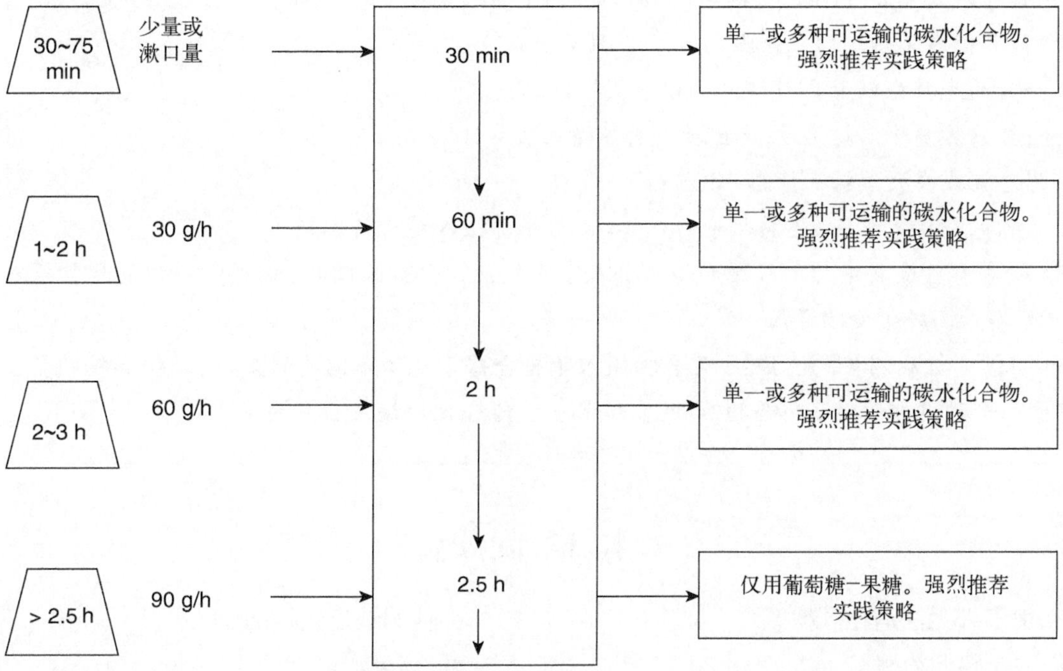

图2.8　在训练有素的运动员中，不同运动时间的建议碳水化合物摄入量

资料来源：Jeukendrup AE. Carbohydrate ingestion during exercise. In: Maughan RJ, editor. Sports Nutrition: The Encyclopedia of Sports Medicine. West Sussex: Wiley-Blackwell; 2014.

血糖，这与过早的精神肌肉疲劳有关。

■ 不同的碳水化合物最好在不同的时间摄入。不运动时（运动前和运动后），淀粉类复合碳水化合物最能确保最佳的糖原储存。在运动期间和紧接着运动后一段时间，组合糖是维持血糖的最佳方式，并向工作的肌肉提供能量及补充糖原储备。

实际应用

碳水化合物的摄入量可以以占总热量摄入的百分比（%）或每千克质量中碳水化合物的克重（g/kg）来分析。首选后一种方法，因为这样可以根据体重调整碳水化合物的摄入量。如果使用前一种方法，某人可能看似摄入了理想的碳水化合物（例如，总热量的55%），但如果摄入的热量不足，碳水化合物的摄入量也将不足。了解难消化碳水化合物的摄入量（纤维），以及糖如何影响碳水化合物的总摄入量也很重要。你可以通过在线访问美国农业部食品成分数据库（https://ndb.nal.USDA.gov/ndb/search/list），按照第1章所述程序，评估在上述所有情况下的食物摄入量。只是这一次，在你寻找食物的时候，关注碳水化合物、纤维和糖。

（1）创建一个新的电子表格分析某一天的摄入量，创建能量、碳水化合物、纤维（总膳食）和糖（总量）栏。

（2）完成后，按以下方式分析你的饮食中这些营养素的摄入量。

1）计算每千克食物中碳水化合物的克数，方法是用碳水化合物除以你的体重，单位为kg。将你的碳水化合物重量与推荐摄入量进行比较。

2）计算碳水化合物占总热量的百分比（%），如下所示：

A. 将碳水化合物的克数乘以4，即可得到从碳水化合物中获得热量。

B. 将摄入的总热量除以碳水化合物的热量，得出碳水化合物占总热量的百分比。

C. 将这个百分比与推荐摄入量进行比较。

（3）将你的膳食纤维总摄入量与推荐摄入量进行比较（女性每天25 g，男性每天38 g）。

（4）计算糖占总热量的百分比（%），如下所示：

A. 将糖的克数乘以4，即可得到从糖中获得的热量。

B. 将糖的热量除以总热量，得出糖占总热量的百分比。

C. 用总糖减去天然糖来计算“添加糖”。

D. 将你的糖摄入总量（占总热量的百分比）与推荐摄入量进行比较。

（5）检查哪些食物对你的纤维和糖的摄入量贡献最大。如果需要，调整一下你的食物摄入，减少高糖食物，增加高纤维食物摄入。

（6）继续分析和调整，直到碳水化合物摄入量符合每千克体重需要的克数、纤维和糖的量，并查看你需要摄入哪种类型的碳水化合物，以及需摄入多少能合理地满足自身的需求。

本章问题

1. 为什么很多人无法消化乳糖？

   a. 他们缺乏胰淀粉酶

   b. 他们缺乏适当的肠道细菌

   c. 他们没有接受母乳喂养

   d. 他们缺乏乳糖酶

2. 什么是糖异生？

   a. 从非碳水化合物来源中生成碳水化合物

   b. 无氧条件下葡萄糖的氧化

c. 能被储存的最大糖原数

d. 大脑利用酮体获得葡萄糖

3. 在耐力运动中，所摄入的碳水化合物似乎通过以下哪种方式延缓疲劳：

a. 稳定提供运动肌肉可以使用的葡萄糖

b. 保留肌糖原

c. 快速重新合成肌糖原

d. 以上所有

4. 肌糖原是一种

a. 单糖　　b. 双糖

c. 多糖　　d. 以上都不是

5. 蔗糖是一种：

a. 单糖　　b. 双糖

c. 多糖　　d. 以上都不是

6. 因食用含碳水化合物的食物而引起的对高血糖的生理反应：

a. 胰腺α细胞的刺激与胰岛素的分泌

b. 胰腺β细胞的刺激与胰岛素的分泌

c. 胰腺α细胞的刺激与胰高血糖素的分泌

d. 胰腺β细胞的刺激与胰高血糖素的分泌

7. 当血糖处于什么水平时会生成皮质醇：

a. 正常水平　　b. 高于正常水平

c. 低于正常水平　　d. 以上都不是

8. 肾上腺素与胰高血糖素之间的一个区别是，胰高血糖素能更快地将肝糖原分解为葡萄糖。

a. 正确　　b. 错误

9. 以下哪个尝起来最不甜？

a. 蔗糖　　b. 麦芽糖

c. 乳糖　　d. 果糖

10. 以下哪项被认为是血糖异常（非预期）的结果：

a. 转化为肝糖原

b. 被用作一种能量来源（生成ATP）

c. 从尿液中排出

d. 中枢神经系统的能量来源

本章问题答案

1. d; 2. a; 3. a; 4. c; 5. b; 6. b; 7. c; 8. b; 9. c; 10. c

（罗　纯　译）

参考文献二维码

第3章

蛋白质

本章目标

- 了解必需氨基酸和非必需氨基酸之间的差异，以及必需氨基酸的主要功能。
- 能够计算出自己和其他人（运动员和非运动员）的日常蛋白质需求，并能计算出蛋白质的最佳分布来优化组织利用率。
- 了解与摄入过多或过少蛋白质有关的健康风险，以及其他能量底物如何帮助"节省"蛋白质，以便让蛋白质用于合成代谢。
- 解释蛋白质的消化和吸收方式，包括主要蛋白质消化酶的定位和来源。
- 了解蛋白质能量代谢途径，以及将蛋白质用作细胞能量来源时产生的副产物。
- 了解氨基酸和其他蛋白质相关物质（例如一水肌酸）的补充如何对健康风险和性能产生影响。
- 了解必需氨基酸的存在和分布如何影响蛋白质质量。
- 认识蛋白质的主要功能，它们与免疫力，组织结构，激素和酶，转运及体液平衡有关。
- 区分高生物价值蛋白质的富含型、中等型及缺乏型食物来源。
- 确定哪些食物，当它们结合在一起时，比单独食用能更好地提高蛋白质质量。
- 确认用于确定蛋白质质量的常用方法。
- 描述与改善肌肉质量和功能有关的因素。

案例研究

蛋白质数量丰富但传递性差会抑制其效用

T.J.是大学橄榄队的大学生防守员，当他6岁时在Pop Warner（流行华纳）联赛踢橄榄球就了解到，需要大量的蛋白质来确保他足球生涯所需的肌肉能够成长和发育。青少年时期，他已经几乎比其他所有运动员都更高更壮了，但他还想变得更壮。因此，他吃很多食物并确保其中很大一部分是蛋白质。牛排和鸡肉是他的最爱，当他妈妈做鱼的时候他也会吃。他对蔬菜不怎么在意，但这对他来说并不重要，因为他"知道"蛋白质会把他带到他想去的地方。

T.J.吃的大量食物确实帮他变得更高大，但是作为大学运动员，橄榄球项目对他肌肉强壮度的要求比以往任何时候都要多。他的教练也希望他能快，并能在橄榄球比赛的第四节像开场的第一节一样优秀。防守教练马上就发现了一个问题：虽然T.J.是个大个子，但他的步伐并没有他应有的快，耐力也很差。教练对他进行了更严格的训练，以增强他的力量、敏捷性和耐力。当然，他也努力增加他的蛋白质摄入量，但这并没有帮助。T.J.不断从他摄取的所有多余食物中获取脂肪，他携带的多余脂肪使他的步伐变慢了，耐力也变得越来越差。因此，教练派他与刚开始和大学团队合作的运动营养师交谈，然后营养师立即发现了问题。T.J.摄取了大量的蛋白质，却以碳水化合物的形式消耗。更糟糕的是，他一天中摄取的食物（包括蛋白质）并没有很好地分布。他主要有两顿大餐：早餐和晚餐，中间几乎没有。这种饮食方式与许多问题相关，这些问题使肌肉难以生长，但脂肪却容易储存。营养学家告诉他，运动员每天的标准需求量是1.2～2.0 g/(kg · d)，这可通过白天和高强度训练后摄取适量的蛋白质来满足需求。他所摄取的蛋白质远远超过了所需的蛋白质，而且他不能在一整天合理地摄入蛋白质，从而身体无法充分有效地利用蛋白质来构建和修复肌肉。因此，营养学家向他讲解了有哪七个进食段（早餐，上午零食，午餐，下午零食，晚餐，晚间零食和就寝时间零食），每次均含约30 g蛋白质，以提供推荐水平的蛋白质摄入并优化蛋白质利用率。很快，T.J.看到了区别。他的体内脂肪在减少，肌肉质量在增加。他了解了营养的秘诀之一：最重要的不仅是吃多少，而是什么时候吃及怎样吃。

案例研究（问题探讨）

（1）计算你饮食中的蛋白质，看是否摄入了满足需要的量，并且你是否正在以一种优化蛋白质利用的方式分配蛋白质。

（2）每天吃标准三餐的运动人群是否有可能以一种能够实现最佳蛋白质利用的方式摄入蛋白质？

（3）摄入过多的蛋白质怎么办？列出可能由此产生的潜在问题。

（4）你将如何建立一个运动员的模型以帮助确保运动员能够以一种最有效率的模式使用食物？

一、引言

需要考虑的重要因素

- 有限的证据表明，增加蛋白质摄入量超过推荐摄入量作为改善肌肉组织的方法是一种有用的策略，但它可能会导致肾脏健康的问题、脱水和骨密度低的问题。此外，高蛋白摄入会干扰其他食物/营养素的均衡摄入。
- 摄入推荐水平的蛋白质，并在满足运动员能量摄入水平的同时摄入充足的碳水化合物和脂肪，这样蛋白质能被组织有效利用。
- 为了达到预期的代谢结果（即更多的肌肉获得）而摄入单一氨基酸可能与干扰预期结果［即肌肉蛋白合成（muscle protein synthesis，MPS），减少肌肉酸痛，改善肌肉修复］的问题相关，并且可能不是一个成功的策略。
- 最好吃含有大量必需氨基酸的食物，以保证足够的能量摄入，并使组织获得代谢所需的氨基酸。获得过多的单一氨基酸，这很可能导致相反的预期效果。例如，已知**支链氨基酸**（branched-chain amino acid，BCAA）亮氨酸是肌肉蛋白合成的刺激剂，研究表明含有20 g亮氨酸的优质蛋白质可最大限度地刺激肌肉蛋白合成。

支链氨基酸

异亮氨酸、缬氨酸和亮氨酸，可在肌肉组织局部代谢，促进肌肉蛋白合成，参与葡萄糖代谢。

蛋白质是能量底物（和碳水化合物和脂肪一样）之一，这意味着我们能够从蛋白质分子中产生ATP（能量），主要是通过将其转化为碳水化合物和脂肪。然而，除了这种产生能量的能力之外，蛋白质还具有许多其他需要考虑的关键功能。许多运动活跃的人们认为蛋白质摄入是运动员成绩取得成功的关键，并且通过粗略浏览针对运动员的杂志和其他文献，可以证明这一点。同时一些广告宣传蛋白质补充剂和添加蛋白质食品可以增加赢得比赛的可能 。通常，从事体育锻炼的人消耗的蛋白质远远超过所需的蛋白质，而蛋白质摄入过多的一个明显问题是，这必然会导致其他同样重要的营养素摄入太少[6]。有证据表明，单餐进食约30 g蛋白质可最大限度地提高年轻和老年受试者的肌肉蛋白合成，这表明较高的蛋白质餐（即那些提供30 g以上的蛋白质）可能无法产生更多的肌肉合成[29,71]。此外，高蛋白质消耗可能会取代碳水化合物，而碳水化合物被公认为所有运动（从耐力运动到短时高强度运动）的最佳燃料[6,56,73]。此外，因为体育活动消耗蛋白质的方式会抑制所摄入蛋白质的利用，所以从事体育活动的人通常消耗的蛋白质要多于人体组织用于满足非能量合成代谢（即肌肉蛋白合成）[52]。蛋白质利用率低将导致至少一部分蛋白质中的氮被去除，并转化为脂肪和碳水化合物，作为燃料使用或储存。虽然很明显，运动员的需求量可能是非运动员需求量的两倍以上［1.2～2.0 g/（kg · d）vs. 0.8 g/（kg · d）］，但蛋白质的消耗方式很重要，同样重要的是寻求均衡的摄入，使运动员接触到他们所需的所有营养素。本章将回顾蛋白质的食物来源，蛋白质功能，蛋白质需求和饮食模式，这些有助于从消耗的蛋白质中获取最大的收益。本章将回答许多问题，包括：

■ 增加蛋白质摄入量超过一定水平是否有助于增加肌肉质量？

■ 补充或高蛋白摄入量是否能产生人为作用（增强性能）？

■ 补充或高蛋白摄入是否能提高力量？

■ 当以每千克体重的蛋白质含量为基础进行标准化时，是否有证据显示运动员会因为过分强调蛋白质而损害其他营养素？

蛋白质

由多个氨基酸组成的分子，由影响蛋白质功能的序列和结构中的肽键连接在一起。

二、蛋白质的结构

蛋白质是由含碳、氧、氢和氮的氨基酸组成的（图3.1）。

在能量底物中，只有蛋白质含有氮。蛋白质中的氮含量是一个重要的考虑因素，因为当蛋白质被分解成能量或用作脂肪存储时，这些氮必须从蛋白质分子中去除，而这种氮废物具有潜在的毒性，必须从人体组织中去除。蛋白质分解产生的含氮废物会产生有毒化合物，必须使用大量稀释的水通过肾脏将其排出（图3.2）。

血尿素氮

血尿素氮（blood urea nitrogen，BUN）是测定血液中尿素氮含量的指标，主要代表蛋白质代谢释放的氮。它来自废产物尿素。当氨基酸被分解代谢，碳链被用来提供能量或储存为脂肪时，尿素就产生了。从氨基酸中去除的氮形成尿素，通过尿液排出体外。

尿液

尿液是肾脏排出代谢副产物的液体。尿液的主要功能是排泄蛋白质分解代谢的副产物含氮废物（尿素）。高蛋白饮食超过组织使用蛋白质合成代谢的能力，导致蛋白质分解代谢和更高的含氮废物，必须通过尿液排出。

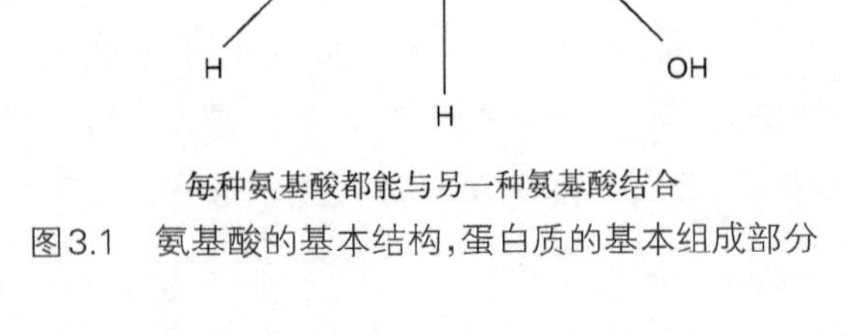

图3.1 氨基酸的基本结构，蛋白质的基本组成部分

图3.2　蛋白质分解和氮排泄
ATP：三磷酸腺苷

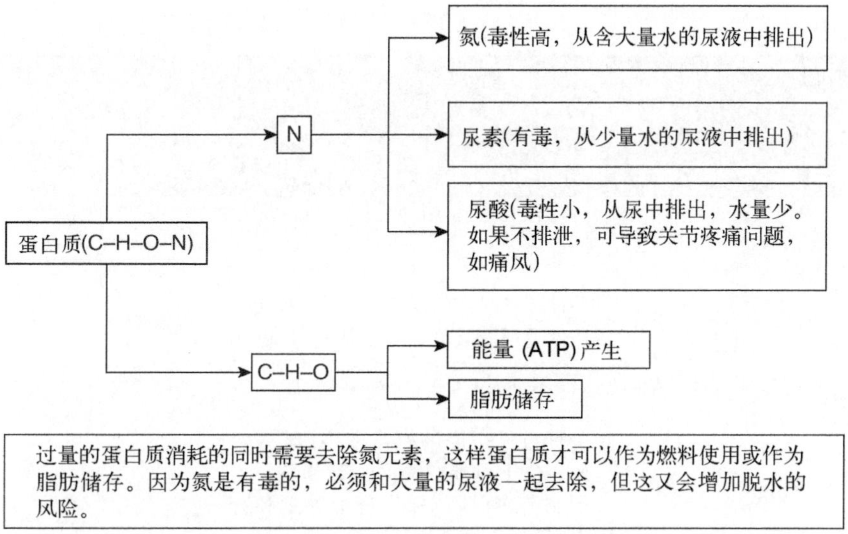

氨基酸是蛋白质的组成部分，几种氨基酸结合在一起形成多肽，几种**多肽**结合在一起形成蛋白质。有20种不同的氨基酸，人类可以利用蛋白质分解产生的氮以及碳水化合物中产生的碳、氢、氧来制造11种氨基酸。我们可以制造的11种氨基酸被称为**非必需氨基酸**或不必要氨基酸，我们不是必须从食物中获取它们，因为它们可以被制造。但是，不要将非必需氨基酸误解为不重要，因为这些非必需氨基酸在代谢上与9种**必需氨基酸**一样重要，我们不能制造这些氨基酸，必须从我们食用的食物中获取它们（表3.1）。

表3.1　必需氨基酸和非必需氨基酸

非必需氨基酸（由人类中的碳水化合物和其他氨基酸片段合成）			必需氨基酸（人体不能合成必需氨基酸，必须从食物中摄取）		
氨基酸	缩写	注释	氨基酸	缩写	注释
丙氨酸	Ala	可以通过丙氨酸-葡萄糖循环在肝脏中转化为葡萄糖（糖异生）（生糖）	组氨酸	His	与其他必需氨基酸不同的是，当从饮食中去除时，不会引起蛋白质缺乏状态（生糖）
精氨酸	Arg	在某些代谢条件下可能成为必需的一种条件必需氨基酸。用于生产一氧化氮（生糖）	异亮氨酸	Ile	可能对运动后肌肉恢复和免疫系统有益的支链氨基酸（糖原性）
天冬酰胺	Asn	是大脑发育和功能所必需的，也在氨合成（生糖）中起作用	亮氨酸	Leu	支链氨基酸，可能对运动后的肌肉恢复和免疫系统有用。刺激肌肉蛋白合成（生酮）
天门冬氨酸	Asp	可在肝脏内转化为葡萄糖（糖异生），也参与神经传递（生糖）	赖氨酸	Lys	乙酰辅酶A是能量代谢的中间产物。也用于帮助形成胶原蛋白，一种结缔组织蛋白（生糖）
半胱氨酸	Cys	一种条件必需氨基酸，在某些代谢条件下可能成为必需氨基酸（生糖）	甲硫氨酸	Met	限制饮食可以降低肥胖风险，延长人类寿命，但也可能降低其他氨基酸的产生（糖原性氨基酸）
谷氨酸	Glu	一种重要的神经递质，也用作风味增强剂（味精）（生糖）的一部分	苯丙氨酸	Phe	对神经递质去甲肾上腺素和肾上腺素的产生很重要（生糖和生酮）
谷氨酰胺	Gle	一种条件必需的氨基酸，在某些代谢条件下可能成为必需氨基酸（生糖）	苏氨酸	The	用于合成蛋白质和甘氨酸（生糖和生酮）

（续表）

非必需氨基酸（由人类中的碳水化合物和其他氨基酸片段合成）			必需氨基酸（人体不能合成必需氨基酸，必须从食物中摄取）		
氨基酸	缩写	注释	氨基酸	缩写	注释
甘氨酸	Gly	蛋白质合成的组成部分，同时也是神经递质（生糖）	色氨酸	Trp	用于合成神经递质5-羟色胺和褪黑素，以及维生素烟酸（生糖和生酮）
脯氨酸	Pro	一种条件必需的氨基酸，在某些代谢条件下可能成为必需氨基酸（生糖）	缬氨酸	Val	可能对运动后肌肉恢复和免疫系统有益的支链氨基酸（生糖）
丝氨酸	Ser	对正常神经功能（生糖）很重要			
酪氨酸	Tyr	一种条件必需的氨基酸，在某些代谢条件下可能成为必需氨基酸。用于制造多巴胺、去甲肾上腺素和肾上腺素（生糖和生酮）			

为了制造蛋白质，氨基酸通过肽键结合在一起，其中一种氨基酸的羧基端与另一种氨基酸的氨基端相连，在此过程中产生水（图3.3）。这些氨基酸的连接顺序决定了蛋白质的功能。所以，尽管蛋白质可能包含相同的氨基酸，但是它们的顺序将决定该蛋白质的作用（例3.1）。

氨基酸

以分子一端的氨基（NH_2）和分子另一端的羧基（COOH）为特征的有机化合物。氨基酸以不同的顺序结合在一起，组成多肽和蛋白质。

多肽

由肽键连接在一起的氨基酸链组成的分子。这种分子太小，不能称之为蛋白质。

必需氨基酸

人类无法从其他氨基酸骨架中合成的氨基酸，因此他们必须从食物中获取。必需氨基酸也被称为不可或缺氨基酸。

非必需氨基酸

非必需氨基酸是指人类能够从其他氨基酸

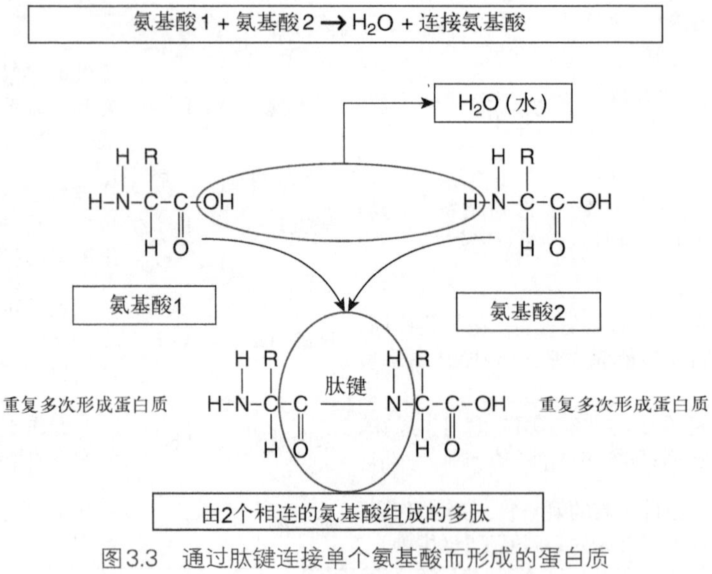

图3.3 通过肽键连接单个氨基酸而形成的蛋白质

骨架中合成的氨基酸，因此它们在食用的食物中是非必需的。非必需氨基酸也被称为不必要氨基酸。

糖原性氨基酸

糖原性氨基酸是可以通过肝脏中糖异生的过程转化为葡萄糖的氨基酸。在人类中，除亮氨酸和赖氨酸外，所有氨基酸都是糖原性的。丙氨酸是一种主要的糖原性氨基酸，可以通过肝脏将丙氨酸转化为葡萄糖。

生酮氨基酸

生酮氨基酸在分解代谢时转化为酮类。异亮氨酸、苯丙氨酸、苏氨酸、色氨酸和酪氨酸都是糖原性和酮原性的，而亮氨酸和赖氨酸则是酮原性的。

例3.1（AA1 + AA3 + AA5 + AA2 + AA1 + AA4）和（AA3 + AA1 + AA2 + AA5 + AA4 + AA1）虽然具有相同的氨基酸，但因为这些氨基酸是以不同的顺序结合在一起的，它们具有不同的功能。

所有必需的氨基酸必须同时存在才能形成蛋白质，而且由于蛋白质合成是由DNA编码的，因此不能进行氨基酸替代。同样重要的是要考虑到蛋白质合成需要能量（cal），并且当某人处于严重能量不足状态时很难完成蛋白质的合成。由于人体系统具有高度的适应性，可以通过不同的动作刺激特定蛋白的合成。例如，假设有足够的能量和氨基酸，一个人进行比他习惯的重量更重的举重将会促进更多的肌肉蛋白的合成，从而使举重更加节能。

蛋白质的4种结构成分如下。

- 初级结构：组成蛋白质的氨基酸序列，因此是蛋白质功能的主要决定因素。
- 二级结构：蛋白质的氢键，与蛋白质的一级结构相连。
- 三级结构：蛋白质的形状。例如，DNA的双螺旋结构是DNA蛋白质三级结构的一部分。
- 四级结构：以侧链形式与蛋白质相连的多肽和蛋白质。

三、蛋白质的功能

我们摄入的蛋白质被消化成单独的氨基酸，这些氨基酸与身体组织产生的氨基酸相互作用，构成了组织可利用的氨基酸总量。组织有多种不同的氨基酸/蛋白质需求，因为它们有不同的功能。例如，神经组织需要神经递质，它是传递神经冲动信息的特殊蛋白质；肌肉需要蛋白质来产生和修复肌肉，等等。蛋白质的主要功能包括：

- 保护性：蛋白质有助于合成抗体，从而攻击包括细菌和病毒在内的外来物质，保护身体免受入侵和感染。免疫球蛋白G（immunoglobulin G，IgG）就是一个重要的抗体。蛋白质还通过皮肤、眼泪（保护眼睛）和黏蛋白（在唾液中，保护胃肠道）提供屏障防御细菌和病毒的入侵。
- 组织结构：结构蛋白提供支持细胞/组织形状构建的结构，包括器官、肌肉、骨骼、皮肤、头发和指甲。结构蛋白的一个例子是胶原蛋白，它为身体组织提供力量和弹性。结构蛋白的产生是组织生长和维持的必要组成部分。
- 信使：一些蛋白质，包括激素，将信息传递给特定的组织，以确定并控制该组织的功能。例如，雌激素为子宫的形成和功能提供信息。
- 转运：特定的蛋白质是对组织功能至关重要的分子的载体。例如，血红蛋白将氧气输送到细胞中，并将二氧化碳从细胞中除去，以进行正常的细胞呼吸。其他的例子包括脂蛋白，它在血液中携带脂类（脂肪）；转铁蛋白和铜蓝蛋白，它们携带和转移铁来制造血红蛋白；蛋白质结合的碘，用来制造甲状腺激素。
- 酶和激素：这些蛋白质控制着每个细胞的化学反应，并在此过程中负责生成新的分子和组织。酶是每个人DNA中遗传信息的作用部分。胰淀粉酶就是酶的一个例子，它能把大的碳水化合物分子分解成可被吸收的小分子。另一个例子是苯丙氨酸羟化酶，它将氨基酸苯丙氨酸转化为另一种氨基酸酪氨酸。以蛋白质为基础的激素包括胰岛素、胰高血糖素和生长激素。氨基酸还能刺激胰岛素、胰高血糖素、生长激素和胰岛素样生长因子-1（insulin-like growth factor-1，IGF-1）的分泌，所有这些都与肌肉质量的维持、恢复和增大有关[79]。

- 体液平衡：血液蛋白质是通过渗透压调控组织内外体液的必要物质。蛋白质缺乏状态与体液从组织中流失和由此引起的水肿有关。
- 酸碱平衡：蛋白质是两性的，因为它们有吸收和释放氢的能力，它们通过这样来帮助控制身体的pH（相对酸碱度）。
- 氮化合物合成：蛋白质参与其他小的含氮化合物的合成，包括肌酸、嘌呤和嘧啶。肌酸参与制造磷酸肌酸，这种化合物用于在极端高强度的活动中产生大量的ATP。

在人类中，一些氨基酸（不是蛋白质）也有重要的生物学作用。这些例子包括：

- 甘氨酸和谷氨酸是神经递质；
- 色氨酸是神经递质血清素的前体；
- 甘氨酸是血红素（血红蛋白的一部分）的前体；
- 精氨酸是一氧化氮（向细胞输送氧气过程的一部分）的前体；
- 肉碱（一类氨基酸）将细胞内的脂质运输到细胞内的线粒体内以获得能量。

四、蛋白质的来源

需要考虑的重要因素

- 事实上，我们吃的每一种食物都含有大量的氨基酸，但并不是所有的食物都有一定比例的必需氨基酸，以使组织有效地利用它们来完成所有的蛋白质功能。因此，运动员应努力在一天中有规律地摄入少量优质蛋白质（25～30 g），以满足组织的总需求［1.2～1.7 g/(kg·d)］。
- 虽然优质蛋白质的最佳来源是肉类，但素食者也可以通过混合食物来改善必需氨基酸的分布，从而获得优质蛋白质。这种创造互补蛋白质以提高蛋白质质量的策略已经在各个国家中实践了很久，包括豆类与玉米混合（中美洲和南美洲）和豆类与大米混合（地中海盆地和亚洲）。

蛋白质和它们的组成氨基酸几乎存在于我们所食用的所有未加工成单一物质/化学物质（如食糖）的食物中。然而，不同的食物有不同的蛋白质和氨基酸浓度，以及不同的氨基酸分布，从而影响蛋白质的摄入量和质量。蛋白质的最高来源（即最大的氨基酸含量最佳分布）来自动物性食品（如肉、鱼、家禽、蛋、奶制品），而从植物性食品获取的蛋白质最少（水果和蔬菜）（表3.2）。

表3.2　根据蛋白质量选择蛋白质食物来源

蛋白质量	食物来源
高来源	■ 肉 • 牛肉 • 羊肉 • 猪肉等 ■ 鱼类、贝类 ■ 家禽 ■ 鸡蛋
中高来源	■ 乳制品 ■ 蔬菜 • 豆类 • 豌豆 • 小扁豆 • 大豆
中度来源	■ 谷物 • 玉米 • 小麦 • 大米 • 大麦 • 燕麦 ■ 坚果 • 腰果 • 花生 • 芝麻
较低来源	■ 水果 • 苹果 • 橘子 • 葡萄 ■ 蔬菜 • 西兰花 • 绿叶蔬菜 • 胡萝卜

五、蛋白质的测定与评价

除了要考虑食物中所含蛋白质的量外，还应考虑食物中氨基酸的分布，以决定所含蛋白质的品质。**蛋白质质量**越高，满足我们对蛋白质的生物学要求所需的蛋白质的体积就越小。动物性食品具有大量高质量的蛋白质，而非动物性食品具有少量低质量的蛋白质。在很大程度上，这可以通过结合特定的植物性食物来改善它们的质量（如必需氨基酸的分布）。一些植物性食品中某种必需氨基酸含量较低，而其他植物性食品中另一种特定的必需氨基酸含量较低。通过结合它们（即同时食用它们），必需氨基酸混合物产生**互补蛋白质**，提高蛋白质质量。例如，豆类的色氨酸和蛋氨酸含量较低，而谷物的赖氨酸、异亮氨酸和苏氨酸含量较低。通过豆类和谷物的结合，改善必需氨基酸的分布，使之成为优质蛋白质。生产优质蛋白质的一种常见策略是食用含有少量色氨酸和蛋氨酸的花生酱，同时食用含有少量赖氨酸、异亮氨酸和苏氨酸的小麦面包。这种组合（花生酱三明治）可以产生更高质量的蛋白质（表3.3）。提高植物蛋白质量的典型策略是食用含有谷物的豆类，或含有坚果和种子的豆类。

表3.3　结合素食食品改善蛋白质量

食　物	低氨基酸（不丢失）	可以提高品质的食品（辅助食品）
豆类（扁豆、豌豆、花生等）	色氨酸 蛋氨酸	谷　物 坚　果 种　子
谷物（小麦、玉米、燕麦、大米、黑麦、大麦）	赖氨酸 亮氨酸 苏氨酸	豆　类 乳制品
坚果和种子（杏仁、葵花籽、腰果等）	赖氨酸 亮氨酸	蔬　菜

一次摄入氨基酸的比例对蛋白质质量有影响（所摄入的氨基酸中有多大比例可以在代谢上有效地作用于前面列出的一种或多种蛋白质功能），蛋白质质量会影响脱氨基酸的比例（将氮去除），这样剩下的碳链就可以储存为脂肪或燃烧释放能量。摄入的蛋白质质量越低，所排出的氮的比例就越大（图3.1）。作为一种可视化的方式，表3.4提供了一个工作表用于估计有多少蛋白质将被保留和作为蛋白质使用，或损失和燃烧为能量或储存为脂肪。该表的目的是帮助读者理解，**完整蛋白质**是由必需氨基酸的存在和比例决定的，二者共同决定蛋白质的质量和保留率。

蛋白质质量

食物中蛋白质摄入的净利用率的量度。测定蛋白质质量的方法有几种，但都与所保留的氮量和所消耗的氮量有关。氮只来源于蛋白质相关产品，较高的氮保持率意味着更好的组织利用率和更高的蛋白质质量。

互补蛋白质

两种或两种以上的食物来源单独不能提供高质量的蛋白质，但当它们结合在一起时，它们可以相互补充，提供更高质量蛋白质的必需氨基酸的更好分布。例如，在一餐中把豆类和谷物食品（如黄豆和玉米饼）结合在一起，比单独吃豆类或谷类食品产生的蛋白质质量要高得多。

完整蛋白质

完整蛋白质指的是含有所有必需氨基酸的蛋白质，如果摄入适量，其浓度/比例能够支持生长，可以预防缺乏症。

决定蛋白质质量的主要因素如下：① 蛋白质的特性及所摄取的食物基质（即从食物中摄取的蛋白质有多少）。② 个体对食物的需求，因为受到年龄和生长阶段的影响（快速生长阶段需要更多的蛋白质），健康状况（疾病往往增加了蛋白质的组织需求），生理状态（活动增加肌肉分解对肌肉的修复需要更多的蛋白质）和能量平衡（低能量平衡限制蛋白质利用率，因为人类是能量优先）。低能量平衡导致蛋白质被用来满足能量需求，而不是被用于只有蛋白质才能满足的多种功能[43]。显然，蛋白质的作用是一个比消耗多少蛋白质复杂得多的问题。

表3.4 蛋白质工作表，衡量保留或丢失的蛋白质含量

	EAA1	EAA2	EAA3	EAA4	EAA5	EAA6	EAA7	EAA8	EAA9
Ideal	20	10	10	20	30	30	40	20	10
Eaten	10	10	10	20	30	30	40	20	10
Used	0	5	5	10	15	15	20	10	5
Lost	0	5	5	10	15	15	20	10	5

如何解释此表：

（1）“Ideal”是九种必需氨基酸(EAA)的理想分布，以达到最佳组织利用。

（2）“Eaten”是指实际食用的蛋白质食物中的氨基酸分布。注意，EAA1是理想的50%，而所有其他EAAs都是理想的数量。

（3）“Used”表示实际可用于蛋白质代谢的EAA量。由于EAA1是理想的50%，为了使EAA的比例保持在理想的比例，只能使用其他EAA的50%。

（4）“Lost”表示不能用于蛋白质代谢的EAA，因此氮被去除，剩余的碳链被储存为脂肪和/或“燃烧”以提供能量。

确定人类蛋白质质量的传统方法包括评估氮保留，蛋白质功效比值(PER)和氨基酸需求及消化它们的能力[蛋白质消化率校正氨基酸评分(protein digestibility-corrected amino acid score，PDCAAS)]。

（一）生物价值

生物价值(biologic value，BV)是一种从食物中吸收的蛋白质的度量，这些蛋白质被整合到身体的全部蛋白质中(皮肤、头发、肌肉、器官、激素等)。被吸收但未被纳入体内蛋白的部分被排出体外。由于只有蛋白质含有氮，氮被用来估计蛋白质的摄入、吸收和排泄。因此，**氮平衡**是一个衡量氮吸收与氮排泄的指标。基本的策略是已知所食用的食物中氮的含量，测量粪便中氮的流失量，即未被吸收的蛋白质质量，测量尿液中氮的流失量，即被吸收但未被纳入身体组织的蛋白质质量。高质量(即较好的必需氨基酸分布)蛋白质在人体组织中的结合率较高，在尿液中的损失率较低。该结果提供一个百分比值，较高的百分比等于较高的生物价值。生物价值还可以与测试蛋白(通常是卵白蛋白，其生物价值为94%)进行比较，通过与已知标准蛋白比较来确定测定蛋白的质量。生物价值的基本公式如下[45]：

生物价值=(氮保留/氮吸收)× 100

保留氮=吸收氮－排出尿中的氮

氮的吸收=氮的摄入－排泄的粪便的氮

氮平衡

氮平衡通过测量摄入的氮量与排出的氮量来衡量蛋白质的充足性(蛋白质是唯一含氮的能量底物，所以测量氮可以间接测量蛋白质)。正氮平衡意味着蛋白质(含氮)进入新的组织/产物，而负氮平衡意味着蛋白质相关组织/产物的净损失。举例来说，儿童成长是正氮平衡的一个主要例子，在一个正在锻炼肌肉的运动员身上也可以观察到。摄入能量不足的人会使组织减重，并代谢蛋白质来帮助满足能量需求，导致负氮平衡。

（二）蛋白质效率比

蛋白质效率比是测试动物(通常是幼大鼠、幼鸡或幼小鼠)增加的体重除以测试期间摄入的总蛋白质的量。对于任何给定量的蛋白质来说，体重增长越多，蛋白质效率比就越高，摄取的蛋白质质量就越好。简单地说，如果你给一只小鸡100 g蛋白质X，它增重20 g，你给另一只小鸡100 g蛋白质Y，它增重10 g，那么蛋白质X是更高质量的蛋白质。蛋白质效率比的基本公式如下[10]：蛋白质效率比=体重增加(g)/蛋白质摄入(g)。

（三）蛋白质消化率校正氨基酸评分

PDCAAS是美国食品药品监督管理局(Food

and Drug Administration, FDA）和联合国粮食及农业组织（Food and Agricultural Organization of the United Nations, FAO）及世界卫生组织（Word Health Organization, WHO）使用的一种方法。它涉及基于氨基酸需求和人体消化能力的蛋白质质量的测定。PDCAAS值“1”是最佳可能值，而“0”是最差可能值。它是基于2～5岁儿童的氨基酸需求（每单位重量中对蛋白质要求最高的年龄组）和根据消化率调整的氨基酸需求。PDCAAS根据特定食物蛋白的氨基酸特征，与最高得分为“1”的标准氨基酸特征进行对比，从而提供蛋白质质量等级。因此消化蛋白质后，它将提供100%或更多所需的必需氨基酸。PDCAAS的基本公式如下[66]。

$$\text{PDCAAS}=\frac{1\text{ g试验蛋白中含有特定氨基酸的g数}}{1\text{ g参考蛋白中含有的相同氨基酸mg数}}\times\text{消化率}$$

PDCAAS值的例子包括：

- 酪蛋白（牛奶蛋白）= 1
- 蛋清（白蛋白）= 1
- 乳清蛋白（乳蛋白）= 1
- 牛肉 = 0.92
- 鹰嘴豆 = 0.78
- 蔬菜 = 0.73
- 其他豆类（豆类、豌豆等）= 0.70
- 花生 = 0.52
- 全麦 = 0.42

（四）可消化性必需氨基酸评分

可消化性必需氨基酸评分（digestible indispensable amino acid score, DIAAS）被FDA认为是PDCAAS的修订评分[15]。这个分数的目的是说明所摄入的氨基酸的不同消化率。这是一种更准确的评估蛋白质质量的方法。DIAAS定义为[39]：DIAAS%=100 × [（每克膳食蛋白质中可消化的膳食必需氨基酸的毫克数）/（每克参考蛋白质中相同的膳食中必需氨基酸的毫克数）]。可消化性必需氨基酸评分的用途如下[15]。

- 用于计算混合饮食中的DIAAS以满足对优质蛋白质的需求，因为人类在混合饮食中食用来自不同蛋白质源的蛋白质；
- 用更高的分数来标记具有额外益处的个别蛋白质来源，来补充营养不足的蛋白质；
- 出于监管目的，对摄入的食品和食品的蛋白质充足性进行分类和监测。

专家小组得出结论，在评估蛋白质和氨基酸质量方面，DIAAS的概念优于PDCAAS的方法，但是在掌握有关常用食品可消化性的良好数据之前，DIAAS的使用将受到限制[34]。

表3.5用生物价值（保留氮的比例）和PDCAAS（摄取的蛋白质与卵白蛋白的比较程度）来显示蛋白质质量[62,72]。

表3.5 氮和蛋白质质量

氮的比例（%）	蛋白质质量与卵白蛋白的比较
■ 乳清蛋白：96	■ 乳清蛋白：1.04
■ 鸡蛋：94	■ 卵白蛋白：1.00
■ 牛奶：90	■ 牛奶：0.91
■ 奶酪：84	■ 牛肉：0.80
■ 大米：83	■ 酪蛋白：0.77
■ 鱼：76	■ 大豆：0.74
■ 牛肉：74.3	■ 小麦蛋白（面筋）：0.64
■ 豆腐：64	
■ 全麦粉：64	
■ 白面粉：41	

高质量的蛋白质提供组织可以有效利用的所有必需氨基酸。动物源性食物（肉、鱼、奶、蛋）提供高质量的蛋白质和良好的必需氨基酸分布。植物源性食物至少含有一种氨基酸，其含量低于人体组织所需的最佳水平。但是，不同的植物源性食物具有不同的必需氨基酸，因此在同一餐中将不同的植物源性食物（即豆类和谷物）中不同的必需氨基酸结合起来可以改善所食用食物的蛋白质质量。低质量的蛋白质会导致更高比例的氨基酸以蛋白质的形式流失，因为氮被去除，剩下的碳链要么作为脂肪储存，要么作为能量来源燃烧。

一次摄入过多的蛋白质也会导致过量氨基酸中

的氮流失，而剩余的部分会以脂肪的形式储存起来，或作为能量的来源被燃烧掉。多余的氮具有潜在的毒性，因此必须排除，主要是通过尿液，同时伴随着身体水分的流失。因此，低质量的蛋白质摄入或过量的蛋白质摄入加上不足的液体摄入会加剧脱水和肾脏损害的风险[75]。

六、蛋白质需求

需要考虑的重要因素

- 蛋白质需求受到许多因素的影响，包括生长阶段（快速生长与更高的需求相关）、性别、妊娠/哺乳、训练强度、持续时间和类型。因此，处于青春期发育高峰期的男性运动员对蛋白质的需求量要比从事同一运动的年轻男性运动员高得多。
- 重要的是摄取足够的碳水化合物和脂肪，满足总能量需求，以确保摄入的蛋白质被合成代谢（即用于组织和制造所需的酶和激素），而不是被用来满足能量需求。人类是“能量优先”的系统，在制造优化健康和性能所需的其他物质之前，必须满足对能量的需求。

影响体育运动和非体育运动人群蛋白质需求的因素很多，包括以下几点[55,72]。

■ 年龄（成长阶段）：一个人在成长（童年、青少年时期等），对蛋白质的需求比成人要高。

■ 性别（肌肉量）：肌肉量存在性别差异，影响蛋白质需求量。女性的肌肉量通常比男性少，因此对蛋白质的需求也更低。

■ 妊娠/哺乳：妊娠/哺乳期的妇女对蛋白质有较高的要求，以使胎儿生长（妊娠），并为哺乳的婴儿提供足够的蛋白质（哺乳）。

■ 数据收集时的训练阶段：在开始新训练方案时，蛋白质需要量更高，因为与已经适应训练的人相比，组织的变化更大。

■ 能量摄入和运动：能量摄入不足/没有足够能量支持的运动可能导致蛋白质组织（肌肉、骨骼和器官）帮助满足能量需求。随后修复这些组织的必要性增加了对蛋白质的需求。

■ 运动类型。一些体育活动会导致蛋白质组织的大量分解，这可能是为了帮助提供能量，也可能是由于活动的性质导致组织损伤。无论哪种情况，都需要更多的蛋白质来修复组织损伤。

骨骼肌和器官是蛋白质的主要功能性沉积物，占人体总蛋白质的至少60%[58]。人体蛋白质也存在于骨骼、血浆和皮肤中。当身体需要时，没有活跃的蛋白质或氨基酸“池”供身体利用，因此不能及时提供足够的能量和足够质量的蛋白质，将导致现有的身体蛋白质被分解以满足需要[36]。这是一个复杂的平衡，必须满足当前的代谢需要，组织恢复的需求以及对于运动员来说，可能还包括肌肉质量扩大的未来目标。很明显，蛋白质摄入不足会导致无法满足代谢需求，并可能危及免疫系统、组织发育和组织修复[55,58]。然而，每天每千克体重摄入超过2 g的蛋白质可能会增加脱水、肾结石的风险，降低骨密度，并增加肾衰竭的风险[3,37,57]。让事情更复杂的是，很明显，每天摄入蛋白质的总量可能会误导人，因为它们不能解决以下重要因素。

■ 每日总蛋白需求量可以根据生长阶段、活动和生理目标来估计[8]。

■ 人类一次只能处理有限数量的蛋白质（20～25 g），这表明每餐提供的蛋白质量是应该考虑的。

■ 最大限度地刺激运动后，肌肉恢复最好是在运动后立即摄入蛋白质，这表明摄入时间是一个重要因素。

■ 当个体处于合成代谢能量平衡状态（即他们燃烧的能量没有摄入的多）时，蛋白质的代谢利用最好，因此满足能量需求是使蛋白质进行合成代谢而不是满足能量需求的一个重要因素。

■ 长期摄入过多的蛋白质和一餐摄入过多的蛋白质会损害骨骼和肾脏，并可能导致脱水。

七、蛋白质的消化、吸收和代谢

（一）消化

蛋白质消化的目的是将复杂的蛋白质分解成

氨基酸。虽然口腔没有蛋白质消化酶，但唾液（主要是水）有助于使摄入的蛋白质变性（分解蛋白质的一些结合结构），蛋白质也在口腔中被“咀嚼”，从而使蛋白质消化酶在消化道的后期更容易与蛋白质结合。一旦进入胃，胃酸（pH达到1～2）有助于蛋白质进一步变性，而蛋白质的主要消化酶胃蛋白酶（也称胃消化酶）开始将蛋白质分解为氨基酸。胃蛋白酶通过攻击将氨基酸结合在一起的肽键来分解摄入的蛋白质。这是一个循序渐进的过程，蛋白质首先被分解成多肽（较小的蛋白质），然后最终被分解成单个氨基酸。

一旦胃内容物，包括部分消化的蛋白质（多肽和一些氨基酸）被释放到小肠中，胰腺就会释放胰液和消化酶（如胰蛋白酶、糜蛋白酶和羧肽酶）到小肠中。胰腺消化酶有时统称为胰腺蛋白酶。胰液呈强碱性，可将胃液的酸性pH中和为中性（pH=7）。pH由强酸性向中性的转变进一步促进蛋白质的变性，使消化酶更有效（表3.6）。

（二）吸收

随着消化过程的完成，氨基酸通过小肠被吸收到血液中。大多数蛋白质吸收发生在空肠和回肠。对一个健康的人来说，蛋白质的消化是非常有效的，所以只有一小部分的膳食蛋白质在粪便中流失。需要注意的是，衰老通常会导致胃酸减少，这使得一些老年人更难有效地消化所有蛋白质。一旦进入血液，大多数氨基酸被肝脏处理，而支链氨基酸可以被肝脏、肌肉和其他组织处理。氨基酸的代谢涉及制造人体功能所需的特定蛋白质。

需要考虑的重要因素

- 认为食用某一特定蛋白质会导致生成更多这种蛋白质是不正确的。一旦蛋白质被消化成单个的氨基酸并被输送到组织中，组织就会根据遗传指令制造出生存和健康所需的蛋白质。
- 举个例子，在你当地的杂货店出售的明胶经常会被宣传它有助于头发和指甲的健康。虽然明胶是一种相对较低质量的蛋白质，是头发和指甲的主要成分，但食用头发和指甲（即明胶）并不意味着你会拥有健康的头发和指甲。

（三）代谢

蛋白质被消化成其组成的氨基酸，这些氨基酸被吸收到血液，然后被输送到组织中合成新的蛋白质或代谢为能量。如果输送到组织中的氨基酸超过目前的需要量，它们就会被脱氨（即氮被去除），剩下的碳链会转化为葡萄糖（糖异生）或储存为脂肪（图3.4）。去除的氮要么在转氨作用的过程中被并入一种新的非必需氨基酸中（氮从一种已去除氮的氨基酸转移到一种新产生的非必需氨基酸中），要么通过肾脏被去除。新产生的非必需氨基酸被用来合成新的蛋白质。

脱氨氨基酸还可以用来产生丙酮酸、乙酰辅酶A（所有能量代谢的中间产物），或者可以直接进入柠檬酸循环，这些都是可以进入电子传递链以产生ATP（能量）的产物。然而，考虑到所有用于产生

表3.6 蛋白特异性消化酶

消化酶	具 体 内 容
胃蛋白酶	胃蛋白酶原由胃的主细胞释放，当胃的pH降低（从7降至1～2）时，胃蛋白酶原由胃壁细胞释放盐酸转化为胃蛋白酶。较低的pH是胃正在消化蛋白质的信号。胃蛋白酶是一种主要的消化酶，通过切断构成蛋白质的氨基酸的肽键，将摄入的蛋白质分解成多肽和氨基酸
胰蛋白酶	胰腺产生的一种消化酶，通过胰总胆管进入小肠。它将蛋白质和多肽分解成更小的多肽和小肠十二指肠内的单个氨基酸
糜蛋白酶	胰腺产生的一种消化酶，通过胰总胆管进入小肠。它的分解速度比胰蛋白酶慢，特别是含有亮氨酸和蛋氨酸的多肽。胰糜蛋白酶继续胃蛋白酶和胰蛋白酶开始的消化过程，将多肽消化成单个氨基酸
羧肽酶	胰腺产生的一种消化酶，通过胰总胆管进入小肠。它专门分解蛋白质和/或多肽分子的羟基端

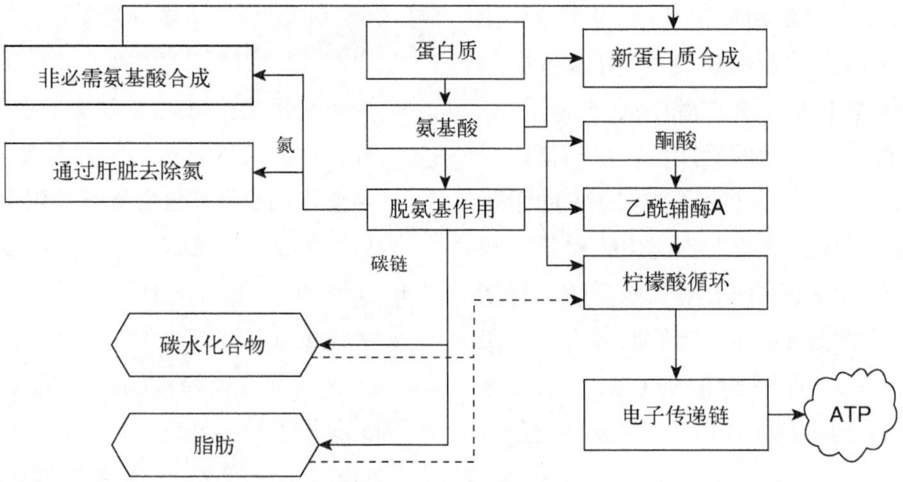

图3.4 蛋白质代谢

ATP：三磷酸腺苷

ATP的蛋白质都必须去除其氮，如果消耗的蛋白质量很大，氮就有可能造成肾脏压力。

八、蛋白质的摄入建议

需要考虑的重要因素

- 蛋白质摄入量的建议基于年龄、性别、妊娠/哺乳期和活动水平。在每种情况下，这些建议都是基于每天每千克体重应摄入的量。然而，重要的是要记住，每日所需的蛋白质不能在一顿饭中摄入，因为这一顿饭含的蛋白质将超过身体正常代谢它的能力。根据体重，每日总蛋白质需求量应以25～30 g的分量平均分配到全天，以优化组织利用率。
- 通常从食用的食物中摄入蛋白质达到规定的要求是比较容易的。蛋白质补充剂通常是不必要的，它可能会阻止运动员摄入能够提供所需能量和其他营养素的食物，这些食物可以确保所摄入的蛋白质被合成代谢利用，而不是帮助满足对能量的需要。

美国普通大众的蛋白质摄入量建议为健康成年人总热量的10%～35%，儿童和青少年的摄入量略低（表3.7）。此范围基于以下情况[27]。

- 成人每天每千克体重摄入0.80 g蛋白质；
- 青少年每天每千克体重摄入0.85 g蛋白质；
- 对于4～13岁的未成年人，每天每千克体重摄入0.95 g蛋白质；
- 1～3岁儿童每天每千克体重摄入1.10 g蛋白质。

这些数值与WHO[81]的建议不同，WHO建议所有男女和所有年龄段的健康成年人每天每千克体重摄入0.83 g的优质蛋白质。对于某些群体，这个值远低于IOM推荐的蛋白质摄入量上限[27]，相当于总热量摄入的8%～10%。北欧人的营养建议均低于IOM的建议，占总能量消耗的10%～20%，膳食计划中蛋白质摄入的热量平均占总热量的15%。对于健康的成年人来说，这相当于每天每千克体重摄入蛋白质1.1～1.3 g，对于65岁以上的人来说稍微多一点（每天每千克体重摄入蛋白质1.2～1.5 g）。

根据活动类型和持续时间、年龄和性别[62,73]，活动人群的蛋白质摄入量建议为每天每千克体重1.2～1.7 g。耐力运动员的蛋白质摄入量建议为每天每千克体重1.2～1.4 g，力量训练运动员的蛋白质摄入量建议为每天每千克体重1.6～1.7 g[21,42]。运动员的更高需求是基于更高的瘦（肌肉）质量、运动造成的更大的尿蛋白损失、更多的蛋白质被“燃烧”作为能量来源，以及更多的蛋白质被需求用于肌肉修复[20,62,72]。如表3.8所示，大多数运动员可以很容易地从食物中提取远高于上述范围的蛋白质。

大多数运动员的能量需求远远高于同等体重的

表3.7　医学研究所蛋白质和氨基酸需求

养分	功能	生命阶段	RDA/AI*g/d[a]	AMDR[b]	精选食物来源	过度消费的不良影响
蛋白质和氨基酸	是体内所有细胞的主要结构成分，起酶、膜、运输载体和某些激素的作用。在消化和吸收过程中，膳食蛋白质被分解成氨基酸，氨基酸成为这些结构和功能化合物的基本组成部分。饮食中必须提供其中的9种氨基酸，这些被称为必需氨基酸。身体可以制造其他氨基酸来合成其他氨基酸的特定结构	婴幼儿			来自动物的蛋白质，如肉、家禽、鱼、蛋、奶、奶酪和酸奶，提供了全部9种必需氨基酸的充足量，因此被认为是“完全蛋白质”。来自植物、豆类、谷物、坚果、种子和蔬菜的蛋白质往往缺乏一种或多种不可或缺的氨基酸，被称为“不完全蛋白质”。纯素食者的饮食可以通过结合食用不同的不完全蛋白质来实现“完全”	虽然没有确定蛋白质的潜在不良反应的摄入量水平，但AMDR的上限是基于对不同年龄组的碳水化合物和脂肪摄入量的补充。AMDR的下端大约设置在RDA
		0～6个月	9.1*	ND[c]		
		7～12个月	**11.0**	ND		
		儿童				
		1～3岁	**13**	**5～20**		
		4～8岁	**19**	**10～30**		
		男性				
		9～13岁	**34**	**10～30**		
		14～18岁	**52**	**10～30**		
		19～30岁	**56**	**10～35**		
		31～50岁	**56**	**10～35**		
		50～70岁	**56**	**10～35**		
		＞70岁	**56**	**10～35**		
		女性	＞			
		9～13岁	**34**	**10～30**		
		14～18岁	**46**	**10～30**		
		19～30岁	**46**	**10～35**		
		31～50岁	**46**	**10～35**		
		50～70岁	**46**	**10～35**		
		＞70岁	**46**	**10～35**		
		孕妇				
		≤18岁	**71**	**10～35**		
		19～30岁	**71**	**10～35**		
		31～50岁	**71**	**10～35**		
		哺乳期				
		≤18岁	**71**	**10～35**		
		19～30岁	**71**	**10～35**		
		31～50岁	**71**	**10～35**		

该表以粗体表示推荐膳食摄取量（recommended dietary allowances，RDAs），以普通类型表示适当摄取量（adequate intakes，AIs），后跟星号（*）。RDAs和AIs都可以作为个人摄入的目标。RDA的设定是为了满足群体中几乎所有人（97%～98%）的需求。对于健康的母乳喂养的婴儿，AI是平均摄入量。其他生命阶段和性别群体的AI被认为可以覆盖该群体中所有个体的需求，但由于缺乏数据，我们无法准确地确定该纳入的个体所占的比例。

a：推荐婴儿摄入1.5 g/（kg・d）的量，1～3岁的幼儿摄入1.1 g/（kg・d）的量，4～13岁儿童摄入0.95 g/（kg・d）的量，成人摄入0.8 g/（kg・d）的量，孕妇（使用孕前体重）和哺乳期妇女摄入1.1 g/（kg・d）的量。

b：可接受的宏量营养素分布范围（Acceptable macronutrient distrubution range，AMDR）是指在提供必需营养素摄入的同时，与降低慢性疾病风险相关的特定能量源的摄入量范围。如果一个人的消费超过了人体宏量营养素可接受范围（AMOR），就有可能增加患慢性疾病的风险和必要营养素摄入不足。

c：ND=无法确定，因为缺乏这个年龄段的不良反应的数据，并考虑到缺乏处理过量药物的能力。摄入的来源应仅从食物，以防止高水平的摄入量。

资料来源：Institute of Medicine. Dietary Reference Intakes for Energy, Carbohydrate. Fiber, Fat, Fatty Acids, Cholesterol, Protein, and Amino Acids (2002/2005). Washington, DC: The National Academies Press; 2005. Available from: www.nap.edu. Accessed April 19, 2018.

表3.8　常用食物的蛋白质含量

用　餐	食　　物	数　　量	卡　路　里(cal)	蛋　白　质(g)
早　餐	橙汁	1杯（8 oz）	112	1.74
	全麦面包	2片	161	7.79
	杏仁奶油	1勺	98	3.35
	煮熟鸡蛋	1个	156	12.58

(续表)

用　餐	食　　物	数　　量	卡　路　里(cal)	蛋　白　质(g)
中午零食	香蕉	1根	109	1.20
	花生	1 oz	166	4.48
午　餐	牛肉三明治			
	■ 牛肉	■ 2 oz	65	10.56
	■ 全麦面包	■ 2片	161	7.97
	■ 芥末	■ 1勺	3	0.19
	■ 生菜	■ 1/3片	2	0.02
	牛奶(含脂肪1%)	8 oz(1杯)	102	8.22
	新鲜草莓	1杯	49	1.02
下午茶	苹果	1个	95	0.47
	运动饮料[a]	16 oz	127	0.00
晚　餐	烤鸡胸肉(去皮)	3 oz	147	26.29
	煮西兰花	1整颗	98	6.66
	烤土豆	1个	145/49	3.06/6.90
	杂粮面包	1片	69	3.47
	冷冻酸奶(香草)	半杯	114	2.88
晚间小吃	芝士(低脂)	一片	49	6.90
	鲜橙	一个	69	0.21
	总卡路里和蛋白质(g)		2 339	126.30

根据每天每千克体重2.0 g蛋白质的最大推荐量，一个体重120 lb(55 kg)的运动员消耗这些食物每天最多需要110 g蛋白质，而这些食物可以提供126.30 g蛋白质。
a：作为体育活动/训练的一部分消耗。

非运动员，如果能量需求得到满足，就更容易获得所需的蛋白质。许多研究发现，运动员的蛋白质摄入量通常在每天每千克体重2～2.5 g蛋白质之间，每天每千克体重高达3 g蛋白质，几乎是理想范围上限的两倍。尽管仅从食物中很容易获得蛋白质，但应仔细评估一些运动员群体的饮食，以确保摄入充足。这些群体包括以下所述[26]。

■ 处于生长期的运动员，由于生长和体育锻炼的综合需求，对能量和蛋白质的需求量很大。这些运动员经常在学校环境中，在那里获得一天足够的食物可能会比较困难。

■ 限制食物摄入以降低体重的运动员。食物限制会影响能量和蛋白质的消耗，使蛋白质功能难以满足。

■ 素食运动员避免食用所有动物产品，动物产品是蛋白质的最高来源。虽然素食运动员有可能获得他们所需的蛋白质，但这样做需要计划。

如第2章所述，碳水化合物具有保护蛋白质的作用。也就是说，如果摄入足够的碳水化合物以满足足够比例的能量(kcal)需求，则摄入的蛋白质不用于能量，可用于只有蛋白质特有的其他功能。因此，只有在摄入了足够总能量的情况下，才能判断蛋白质摄入是否充足。菲利普斯等[57]利用IOM可接受的宏观营养素分布范围预测了耐力和力量运动员的宏观营养素范围(表3.9)。

(一) 蛋白质与运动表现

维持、塑造和修复肌肉

提高体能是运动员的一项明确目标,并且已经进行了许多研究,以评估如何通过饮食调节来更好地实现这一目标。显然,瘦体重可提高运动强度,从而提高强度重量比[60]。研究发现,如果在正确的时间食用正确的量的特定营养化合物,可能会增强运动表现。已知必需氨基酸亮氨酸是蛋白质代谢的调节因子,包括有助于减少肌肉蛋白质分解和刺激肌肉蛋白合成(表3.10～表3.12)。

肌肉蛋白质通过分解现有蛋白质和合成新蛋白质而不断变化[50]。这一过程在一天内变化很大,但现在已经知道,长时间不进食会导致蛋白质合成减少,比正常水平低15%～30%,这个分解代谢期一直持续到能量(cal)和氨基酸被摄入以刺激蛋白质合成过程[50]。骨骼肌对膳食蛋白质和能量的摄入高度敏感,运动会刺激肌肉蛋白质的合成和肌肉蛋白质的分解[32,76,77]。当肌肉蛋白质合成增加或肌肉

表3.9　耐力型和力量型运动员的宏量营养素分布范围

营养素	膳食能量(AMDR)a(%)	耐力运动员的耐久b力(%)	力量运动员的平均训练时间c(%)
碳水化合物	44～65	55～80	30～65
脂　肪	20～35	10～25	15～30
蛋白质	**10～35**	**10～20**	**20～40**

a: IOM的AMDR表示"某一特定能量的摄入量范围,该来源与降低慢性疾病风险有关,同时提供足够的必要营养素摄入。"
b: 基于建议的碳水化合物摄入量优化性能。
c: 根据回顾性氮平衡分析得出的蛋白质需求建议,并从这些预测值向上计算,包括对健康所需的足够营养素,以及这些运动员维持骨骼肌增加所需的较高能量。
资料来源: IOM. Dietary Reference Intakes for Energy, Carbohydrate, Fiber, Fat, Fatty Acids, Cholesterol, Protein and Amino Acids. Food and Nutrition Board. Washington (DC): National Academies Press; 2005; Phillips SM, Moore DR, Tank JE. A critical examination of dietary protein requirements, benefits, and excesses in athletes. Int J Sport Nutr Exerc Metab. 2007; 17: S58-76.

表3.10　亮氨酸摄入或补充物相关的人类研究综述

参考文献	人群	实验设计	结　果
Alvestrand et al.[2]	12名女性	静脉注射亮氨酸	血浆和细胞内AAs水平降低,40%的过量亮氨酸被氧化
Bohé et al.[4]	21人	以高于基础水平24%的水平静脉注射混合AAs	高浓度的肌内EAAs使MPS饱和
Rennie et al.[61]	无特定人群	输注混合AAs或亮氨酸	亮氨酸刺激MPS的程度与完全进食相同
Glynn et al.[22]	14人	消耗EAAs或EAAs增加亮氨酸含量	10 g EAAs中的亮氨酸含量足以最大化MPS
Casperson et al.[9]	老年人	膳食补充2周亮氨酸	对于蛋白质含量较低的食物,亮氨酸可以改善MPS
Churchward-Venne et al.[12]	24名男性	完成抵抗运动和摄入不同剂量的乳清加亮氨酸或不加亮氨酸的EAAs	低剂量乳清补充亮氨酸或EAAs对MPS的刺激程度与大剂量相同
Nelson et al.[49]	12名男性	进行高强度耐力运动,随后补充亮氨酸/蛋白质或进行对照	高剂量的亮氨酸在补充饱和BCAA代谢时,增加了亮氨酸的氧化,并减弱了MPB

AAs: 氨基酸; BCAA: 支链氨基酸; EAAs: 必需氨基酸; MPB: 肌肉蛋白质分解; MPS: 肌肉蛋白质合成

表3.11 关于补充亮氨酸的时间、剂量和长期效果的人类研究综述

参考文献	人 群	实验设计	结 果
Bohé et al.[4]	6人	混合原子吸收剂通过静脉注入	2 h后肌肉蛋白合成率快速下降
Gaine et al.[17]	7人	控制饮食并进行有氧运动4周	随着蛋白质利用率的提高，亮氨酸氧化降低
Moore et al.[44]	6名年轻男性	进行抵抗运动，然后摄入不同数量的蛋白质	当摄入20 g蛋白质后异亮氨酸氧化增加，这时MPS被最大程度刺激
Churchward-Venne et al.[12]	24名男性	完成抵抗运动并摄入不同剂量的乳清加亮氨酸或不加亮氨酸的EAAs	低剂量乳清补充亮氨酸或EAAs对MPS的刺激程度与大剂量相同
Nelson et al.[49]	12名男性	进行高强度耐力运动，随后补充亮氨酸/蛋白质或进行对照	亮氨酸补充剂量饱和BCAA代谢，增加亮氨酸氧化，降低MPB

AAs：氨基酸；BCAA：支链氨基酸；EAAs：必需氨基酸；MPB：肌肉蛋白质分解；MPS：肌肉蛋白质合成

表3.12 补充亮氨酸对肌肉蛋白分解影响的人类研究综述

参考文献	人 群	实验设计	结 果
Schena et al.[67]	16人	在高海拔徒步行走21天，服用BCAA或安慰剂补充剂	补充BCAA可减少慢性低压缺氧期间的肌肉损失
Nair et al.[46]	6名健康男性	亮氨酸或盐水静脉注射	亮氨酸降低了几个肌肉部位的MPB
Koopman et al.[33]	8名年长男性	在交叉设计中，运动后食用对照饮食或补充亮氨酸的饮食	同时摄入亮氨酸并不能降低MPB
Glynn et al.[22]	14人	食用正常或高亮氨酸含量的EAAs	补充亮氨酸后MPB略有下降
Stock et al.[69]	20名参加过训练的人	进行抵抗运动，并在前后饮用亮氨酸补充饮料	补充亮氨酸没有减弱MPB
Kirby et al.[30]	27名男性	进行跳跃性训练，服用安慰剂，亮氨酸，或者什么都不吃	补充亮氨酸没有减弱MPB
Nelson et al.[49]	12名男性	进行高强度耐力运动，随后补充亮氨酸/蛋白质或进行对照	高剂量的亮氨酸在补充饱和BCAA代谢时，增加了亮氨酸的氧化，并减弱了MPB

BCAA：支链氨基酸；EAAs：必需氨基酸；MPB：肌肉蛋白质分解

蛋白分解减少时，肌肉蛋白的获取就会产生，因此，为了使肌肉增大，肌肉蛋白质的合成必须超过肌肉蛋白质的分解[13]。食用提供必需氨基酸的优质蛋白质是刺激运动后肌肉蛋白质合成的关键。肌肉活动和营养物质的可获得性对运动引起的肌肉适应性变化有很强的影响[44,80]，在一次运动后不能很快提供足够的能量和蛋白质会影响肌肉的最佳恢复和维持[1,13]。研究表明，抵抗运动后摄入蛋白质/氨基酸（>15 g）可以有效地增加肌肉蛋白质合成的比例[31]。已经确定的是，抵抗运动引起更多的蛋白质合成，并在运动后持续48 h[54]。因此，希望增加肌肉质量的个体必须在运动后不久摄入蛋白质，以获得积极的蛋白质平衡，并利用增强的肌肉蛋白质接受能力，但也应在抵抗运动后的几天内保持良好的能量平衡和均衡分布的蛋白质消耗[24]。

（二）支链氨基酸

3种支链氨基酸，亮氨酸、缬氨酸和异亮氨酸，刺激蛋白质合成并抑制蛋白质分解，特别是在骨骼肌中，这可能是因为支链氨基酸是在肌肉和其他组织中代谢的唯一必需氨基酸，而不是在肝脏中代谢的[80]。这3种支链氨基酸中，亮氨酸似乎是肌肉蛋白质合成最有力的刺激物[19]。许多研究评估了亮氨酸在肌肉蛋白质合成中的作用，以及在能量消耗不足（即处于分解代谢状态）的情况下，亮氨酸在减少肌肉蛋白质损失方面的作用[18,50]。亮氨酸还可能调节心肌和脂肪组织中的蛋白质合成[70]。

支链氨基酸，特别是亮氨酸在刺激肌肉蛋白质合成中的价值可能会被误解，因为运动员有时会大量摄入亮氨酸含量较高的蛋白质和/或氨基酸。然而，有研究表明，单次摄入超过20～25 g蛋白质和等量氨基酸可能会使代谢途径阈值不堪重负，而摄入大量亮氨酸是没有用的[12]。

运动中疲劳的发生也可能归因于神经递质5-羟色胺、多巴胺和去甲肾上腺素浓度的变化，这些递质依赖于通过血-脑屏障运输的血清氨基酸[59]。参与合成这些神经递质的氨基酸使用与支链氨基酸相同的血-脑屏障转运体，过量的亮氨酸和其他支链氨基酸可能与转运体竞争并抑制神经递质的产生，从而导致过早疲劳[41]。补充摄入个别氨基酸可能会引起问题，必须记住，氨基酸通常是由蛋白质组成的整顿饭的一部分摄入的，所摄入的蛋白质与血糖和胰岛素的协同增加有关，这两种物质都能使亮氨酸发挥作用[19,35]。补充不含碳水化合物的单纯氨基酸的同时需要摄入一定量的碳水化合物来提供葡萄糖，才能引起胰岛素的分泌，促进吸收。确保最佳蛋白代谢的一个好策略是在运动后恢复期间在膳食中添加高亮氨酸食物，包括乳清蛋白、鸡蛋、家禽、鱼和芸豆，通过增加肌肉肥厚、减轻肌肉分解和维持净阳性肌肉蛋白来帮助肌肉蛋白质合成[11]。人们还发现，大剂量地补充亮氨酸并不比均衡健康饮食中通常摄入的剂量更有效。此外，关于大剂量的亮氨酸是否会导致有害的健康影响，结果不一。一些研究发现，大剂量亮氨酸与胰岛素抵抗相关[40,82]，而其他研究发现，增加亮氨酸摄入对胰岛素敏感性有积极影响[35]。尽管关于高剂量亮氨酸摄入对健康的潜在负面影响仍存在一些疑问，但研究发现，不同人群在运动后食用高亮氨酸食品和增强亮氨酸的食品及补充剂（如乳清蛋白食品棒）可增强肌肉蛋白质合成。

如前所述，假设能量平衡是持续的[51,57]，每天膳食中约25 g优质蛋白质的供应似乎足以达到预期的效果。研究已经确定，大剂量的亮氨酸并不比优质食品更有效，而且可能对健康产生负面影响[40,82]。

从实践的角度来看，在进行重抗性训练后，饮用含有约25 g蛋白质的饮料有可能改善肌肉蛋白质合成。将这种蛋白质与等量的碳水化合物的热量负荷相结合也有助于确保更好的能量平衡，从而使碳水化合物的蛋白质节约效应得以体现（因此，这种蛋白质可用于肌肉恢复，而不是能量恢复）。此时提供的碳水化合物也有助于糖原的恢复[83]。研究发现，巧克力牛奶是一种有效的运动后补充饮料[23,74]，因为它含有碳水化合物和含有亮氨酸的优质蛋白质，加上电解质（主要是钠、氯和钾），有助于恢复水合状态。

一天中蛋白质的消耗量主要包括运动后的消耗量与低强度活动时的消耗量（表3.10，表3.11）。摄入必需氨基酸后，年龄的增加与低MPS有关，但是研究同样发现，当全天规律地提供亮氨酸含量较高的蛋白质食物（如乳清蛋白）时，年轻人和老年人的MPS都会增加[9,14,52]（图3.5）。

（三）摄入过多蛋白质的风险

许多身体活跃的人经常吃高蛋白食物，通常是每千克体重摄入量超过2.0 g的蛋白质，或超过蛋白质总热量的25%，主要是为了增强肌肉质量和力量。每天每千克体重摄入超过2.0 g的蛋白质能增强肌肉质量和力量的说法几乎没有科学依据，也没有长期数据表明这种水平的常规蛋白质摄入对健康存在潜在影响[65]。但越来越多的证据表明，长期过量摄入蛋白质，每天每千克体重摄入量超过2.0 g，可能会增加肾脏损害的风险。一项为期2年的人类干预研究评估了一种相对低碳水化合物、相对高蛋白的肉类和乳制品饮食，遵循著名的阿特金斯饮食法（Atkins diet）的基本建议。研究发现，24个月后，出现了一些肾功能丧失的迹象[16,68]。虽然这对健康的人来说可能还有挽回余地，但对那些已经有肾功能障碍的人来说是个大问题[38,75]。诱导这些高蛋白、低碳水化合物摄入的动物研究也有类似的发现[28]。

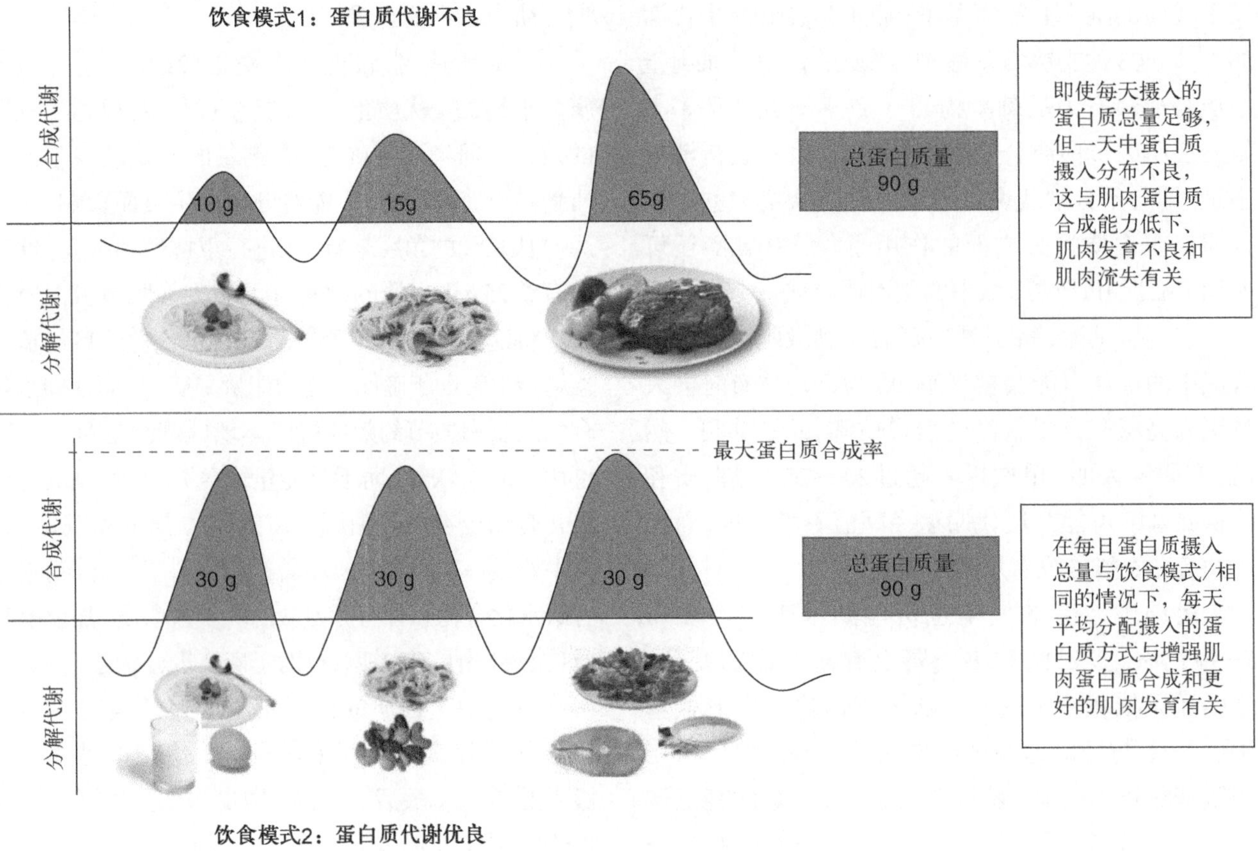

图3.5 蛋白质分布会影响肌肉发育

资料来源：Paddon-Jones D, Sheffield-Moore M, Zhang X-J, et al. Amino acid ingestion improves muscle protein synthesis in the young and elderly. Am J Physiol Endocrinol Metab. 2004; 286(3): E321－8.

所提出的肾脏损伤的机制与强迫氮排泄、肾结石的形成以及与动物蛋白中钠相关的高血压有关。这个观点表明，蛋白质摄入量不建议超过总能量的25%或每天每千克体重摄入量超过2～3 g[37]。由于排出的尿素和尿酸是酸性的，血液中的钙被用来缓冲肾脏中的酸性。血液中钙的增加提高了尿酸钙肾结石的风险[25,63]。由于血液中的钙含量无法改变（它是血液中pH的主要缓冲剂），因此流失到肾脏的钙被来自骨骼的钙所替代，从而导致骨密度降低[3]（图3.6）。

IOM已将蛋白质分布范围设定为消耗的总热量的10%～35%，由于没有明显相关的健康问题，因此蛋白质摄入量没有设定上限[27]。通常摄入高蛋白，每天摄入量高达300 g，而对健康没有明显的负面影响。然而，这种饮食模式的长期影响尚未得到充分的评估[75]。还有人担心，每天每千克体重摄入2.0 g以上的高蛋白会对碳水化合物的消耗产生负面影响，这可能会对运动表现产生影响[75]。

九、总结

■ 一般成年人的推荐蛋白质摄入量（推荐膳食摄入量）为每天每千克体重0.8 g，而活跃人士的推荐摄入量为每天每千克体重1.2～2.0 g。摄入时间和蛋白质质量也是运动员要考虑的重要因素。

■ 如果在运动后2 h内立即摄入足够的能量和蛋白质（最高可达25 g），那么抗阻训练有助于促进肌肉质量的增大。运动后摄入超过一定量的蛋白质不会额外刺激蛋白质合成，只会导致更多的尿素合成和氮素排出[5,55]。

■ 蛋白质推荐量与其他能量底物（碳水化合物和脂肪）推荐量相比，体育锻炼人［蛋白质每天每千克体重1.2～2.0 g，相比于碳水化合物每天每千克体重5.0～12.0 g］的蛋白质推荐量相对较低[73]。理想情况下，蛋白质应在一天中以25 g/餐的量均匀分布，以获得最大的好处。每天平均摄入1.25 g/kg的

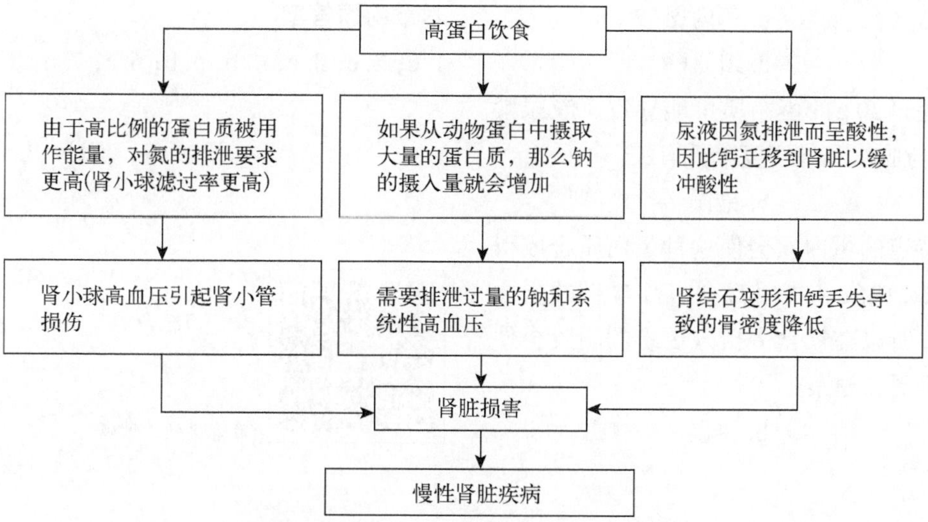

图3.6 高蛋白饮食和增加肾脏疾病的风险

资料来源：Marckemann P, Osther P, Pedersen AN, Jespersen B. Highprotein diets and renal health. J Ren Nutr. 2015; 25(1): 1–5.

蛋白质(假设有足够的总能量消耗)足以弥补长时间抗阻和耐力运动期间肌肉蛋白质的分解[58]。

■ 蛋白质的日常需求应该通过膳食来满足，在一天艰苦的训练之后，要有规律地摄入高质量的蛋白质[73]。

■ 目前的蛋白质推荐摄入量通常以每天运动后适量摄入蛋白质(约每千克体重摄入0.3 g)为标准。优化蛋白质利用需要足够的能量[73]。

■ 特别是含有亮氨酸的高质量蛋白质，在运动后食用时，对肌肉蛋白质合成和维持瘦体重很有用[73]。

■ 有理由担心，尽管一致建议运动员摄入高碳水化合物和相对较低的蛋白质，但运动员摄入的蛋白质似乎远远超过其对蛋白质的需要，未能在白天以最佳方式分配蛋白质，并且摄入的碳水化合物低于其需要[6,7]。

本章问题

1. 蛋白质的化学成分不同于碳水化合物或脂肪，因为存在：

   a. 钠　　b. 碳

   c. 氮　　d. 氢

2. 决定蛋白质质量的因素：

   a. 肠吸收量和速率　　b. 能源基质的利用率

   c. 必需氨基酸的数量、类型和分布

   d. 消化率　　e. a和c

3. 为了达到蛋白质保护的效果，运动员必须摄入足够的：

   a. 非必需氨基酸　　b. 必需氨基酸

   c. 碳水化合物　　d. 液体

4. 蛋白质的合成效率最好是在50～60 g的单一大剂量消耗

   a. 正确　　b. 错误

5. 力量型运动员每日蛋白质摄入量建议为：

   a. 0.8～1.0 g/kg　　b. 1.2～1.7 g/kg

   c. 2.0～3.8 g/kg　　d. ＞3.0 g/kg

6. 长期摄入过量的蛋白质可能会对哪个器官的健康产生负面影响?

   a. 胰腺　　b. 肠

   c. 肾脏　　d. 大脑

7. 因为蛋白质是一种能量基质，所以至少20%的总能量需求应该来自蛋白质。

   a. 正确　　b. 错误

8. 以下哪种氨基酸与刺激肌肉蛋白合成有关?

a. 亮氨酸　　b. 苯丙氨酸
c. 色氨酸　　d. 组氨酸

9. 单餐摄入超过30 g的蛋白质可能导致血液尿素氮增加，这与脱水和骨密度降低有关。
a. 正确　　b. 错误

10. 食用一种特定的蛋白质会使这种蛋白质合成得更好。例如，头发和指甲都含有高含量的蛋白质“明胶”，所以在饮食中摄入更多的明胶会使头发和指甲更加健康。
a. 正确　　b. 错误

本章问题答案

1. c; 2. c; 3. c; 4. b; 5. b; 6. c; 7. b; 8. a; 9. a; 10. b

（刘　猛　寇广宇　译）

参考文献二维码

第4章

脂 类

本章目标

- 了解不同类型的脂肪酸，以及这些脂肪酸的主要食物来源。
- 为运动员及业余运动人群推荐可摄入的脂类，以及获取这些脂类的最佳食谱。
- 辨别主要的脂类消化酶和相关物质，及其在胃肠道中的主要来源。
- 说明主要血脂蛋白及其来源，以及它们是如何代谢的。
- 解释脂类和动脉粥样硬化、心脏疾病之间的联系，以及如何通过运动和饮食降低患动脉粥样硬化和心脏疾病的风险。
- 讨论反式脂肪是如何产生的，有哪些含高反式脂肪的食物，这些食物会造成哪些健康问题？
- 阐述脂肪如何代谢向组织提供ATP能量，以及与加快脂肪代谢相关的饮食、激素和运动因素。
- 认识脂类在维持健康方面的主要作用。
- 理解食用脂类的主要反应。
- 了解人体必需脂肪酸，以及产生非必需脂肪酸的过程。

案例研究

约翰是一名有天赋的运动员，在高中足球队里担任发起进攻的前锋队员。为了增重，他承受了球队教练给的巨大压力。由于教练并没有给他任何指导，所以他一边保持着和以前一样的训练方案，一边开始摄入更多食物。他开始吃更多培根、香肠，以前他每天只吃两个煎鸡蛋，而现在增加到了5个。毫无疑问，约翰的体重开始不断增长。然而，问题却出现了。他增加的体重几乎是全身的脂肪，而他体内相同含量的肌肉则需要移动更多的非肌肉重量，人人都发现他进攻速度变慢了，耐力也不如从前。更糟糕的是，他遭受了很严重的肌肉酸痛，这使得他进攻速度更慢，每一次足球赛后都很难恢复。到每周末的比赛时，他都感觉比赛过程如梦游一般，表现欠佳。于是约翰的教练对他说："你必须减重了！"由于约翰极度想减重，所以他开始按自己制订的近乎绝食的低热量食谱控制饮食。没错，他减重成功了，然而他减掉的几乎全是肌肉，这让他的力量与体重比更不均衡（他的肌肉力量减少了，但是非肌肉重量增加了）。约翰的耐力也变差了，他隐约感觉自己可能不得不放弃踢足球了。最后，约翰的父母约见了一位专门研究运动营养学的注册营养师。营养师告诉约翰能量摄入与消耗的动态平衡过程，以及这些消耗的饱和与反式脂肪是如何加剧他的肌肉酸痛。约翰还与专业的运动教练以及优秀的健身教练进行了交谈，他们和营养师一起帮助约翰制定合理的饮食和运动计划，让约翰通过运动增肌减脂。这种方式对约翰很有用，他学到了许多重要知识。不是所有的脂类都一样。有些脂类会减少肌肉炎症，例如ω-3脂肪酸（来自鱼类和蔬菜），而类似于n-6饱和脂肪酸和反式脂肪（来自肉类和人造牛油）则会加剧肌肉炎症。他还发现过多脂肪会使人容易囤积热量，从而容易变胖。

案例研究（问题探讨）

（1）如果你是约翰的伙伴，你会给他推荐什么样的食谱来帮助他保证人体必需的能量，同时还能满足他增重的需求？

（2）你会如何向约翰解释他想增加的体重对其运动表现来说很重要？你又会如何让约翰思考增加肌肉含量而不单只是体重呢？

一、引言

需要考虑的重要因素

- 膳食脂质（即膳食脂肪）有许多重要作用，但在工业化国家，大部分人摄入了过量脂类，尤其是像高饱和脂肪酸等对人体无益的脂肪，这增加了他们肥胖和患上心脑血管疾病的风险。各类脂肪导致动脉粥样硬化的可能性都不尽相同，但是无论来源，过量摄入脂肪都会带来健康问题。当你在阅读本章内容时，请思考：① 如何增加脂肪消耗？② 如何饮食以降低摄入的脂肪总量？
- 人们通常会有这样一种错误的观念，即摄入高**胆固醇**（一种蜡状的脂类物质，一般存在于人体各部分）的食物很危险，因为这些食物会增加患**心血管疾病**的风险。例如，鸡蛋是一种高胆固醇、低脂肪的食物，但许多人因为害怕胆固醇会增大患心脏疾病的风险就拒绝食用鸡蛋。然而，食用高脂肪含量食物，即使不含胆固醇，也会增加血液中胆固醇的含量，因为乳化这些膳食脂肪的胆汁也含50%胆固醇。因此，降低心血管疾病风险的关键在于摄入优质脂肪（即蔬菜、坚果和种子中含有的单一与多元不饱和脂肪）且降低脂肪摄入总量。仅降低胆固醇摄入并不能实现我们所期望的目标。

胆固醇

甾醇分子来源于有保护细胞膜功能的动物细胞中（非动物来源的食物中不存在）。胆汁含50%胆固醇，是肝脏分泌的一种物质，用于促进膳食脂肪的吸收。因此，摄入大量肉类或脂肪都会产生高血胆固醇，增加患动脉粥样硬化和心血管疾病的风险。

心血管疾病

心血管疾病是指由于动脉粥样硬化导致动脉变窄，流向心脏和其他组织的血流则会减少，这大大增加了心脏病发作（心肌梗死）和脑卒中的概率。高脂肪饮食和缺少运动都会增加患心血管疾病的风险。

脂类属于科学术语，是指不溶于水但溶于有机溶剂（如肥皂水、氯仿、苯等）的有机分子。脂类通常是指脂肪，但就传统意义来说，脂肪一词是指室温下为固体的脂类（如黄油），而油脂一词则是指室温下为液态的脂类（如玉米油）。脂肪和油脂的成分不尽相同，当摄入不同的脂肪或油脂时，则会对人体健康或疾病产生影响。一些脂类，如胆固醇，是健康检查的常见指标，因为血液中胆固醇的含量与心血管疾病紧密相连。还有其他脂类，如人体在消化吸收膳食脂肪时产生的脂质蛋白分子。这些分子在血液中的含量也是衡量心脑血管疾病风险的一种指标，同时还代表着人体储存的脂质用于提供能量的量是否大于所输送的用于储存的脂肪量。事实上，我们所摄入的每种食物都含有脂类，包括水果、蔬菜、谷类、肉类和鱼等。然而，由于不同种类的食物所含脂质的类型与含量不同，因此既可能增加患疾病的风险，也可能与之相反。在本书中，脂质用来泛指所有类型的脂肪，并且会指出一些特定的脂肪或油脂，其不同之处对人体健康、疾病风险或运动表现非常重要。

脂类

脂类分子由脂肪、蜡、固醇、甘油单酸酯、甘油二酸酯、甘油三酸酯、磷脂和溶脂性维生素组成。

对人们而言，脂类有着广泛的作用，对保持身体健康非常重要。包括以下几点。

■ 主要能量来源：脂类是一种有效储存能量的方式，即热量。1 g脂类（脂肪或油脂）能产生9 cal，而1 g碳水化合物或蛋白质只能产生4 cal。考虑热量密度差异的一种方法是，饮食中每少摄入1 g脂肪，你能消耗两倍碳水化合物和蛋白质，同时消耗更少的能量总值。而另一种考虑脂质热量密度的方法：每餐摄入高热量食物（如油炸食品、肥肉等）也很容易获得大量热量。

■ 绝缘环境温度：人体脂肪分布介于皮下脂肪（皮肤下）和内脏脂肪（内脏周围的脂肪）之间。这类脂肪扮演着重要角色，具有双重作用，一方面在人体需要时能为人体各组织提供能量，而另一方面就像“隔热层”，当人处于极端环境下时，它能帮助人们保持身体和内脏的温度[2]。

■ 防震垫：皮下脂肪层能保护下层肌肉在受到击打时避免受伤，而下层肌肉分布着大量血管（有更多血液流过）。各项运动的运动员，尤其是进行高强度对抗运动项目（如拳击、足球等）的运动员，必须要多加注意，以免因太瘦而使得对肌肉的直接“撞击”造成一定伤害，需要更多时间恢复。

■ 延长饱腹感：摄入脂质会延长胃部排空的时间，当食物还停留在胃里时，想要进食的欲望就会推迟。饱腹感，也就是进食过后的满足感，对人们而言这种感受很重要，它有助于避免暴饮暴食。更重要的是，延长胃部排空时间能保证摄入的食物或营养得以更好地吸收，缓慢进入血液。这种循序渐进的吸收有助于提高人体组织对营养的利用率。

■ 改善食物口感和风味：如果一个人在同一餐中吃了炸鸡和水煮鸡肉，那么他很容易就能理解高热量食物是如何改善食物的口感和风味（食物更加美味）。以前，高热量食物大多只在特殊场合可以吃到，而现在高热量食物随处可见，价格实惠。高热量食物以其极佳的口感、优惠的价格、随处可购买的特点吸引着人们，但也增加了人们过度摄入脂质的风险，致使人们患相关健康疾病的概率更大。

■ 含有脂溶性维生素A、维生素D、维生素E、维生素K：某些维生素来自脂质环境，因此必须摄入一些脂质才能保证人体获得这些脂溶性维生素。例如，维生素E通常存在于谷物油（如玉米油），而维生素A则通常来自动物（如鸡蛋、肉类、奶制品、肝脏等）。拒绝食用各类高热量食物则很容易造成人体缺乏一种或多种脂溶性维生素。

■ 提供**必需脂肪酸**：虽然人体可以产生保证健康所需的大部分脂质，但是却无法产生必需的脂肪酸，如亚油酸（linoleic acid, LA）和α-亚油酸（α-linolenic acid, ALA）。因此，我们必须从摄入的食物中获得这些人体必需脂肪酸。含有这些脂肪酸的食物有很多，包括鱼类、贝类、绿叶蔬菜、核桃、亚麻籽等。不摄入含有必需脂肪酸的食物则会导致中枢神经系统和心脏疾病。

必需脂肪酸

LA和ALA之所以被称为必需脂肪酸是因为人体无法生成它们。因此，我们必须从食物中摄取这两类脂肪酸。

■ LA是一种不饱和的ω-6脂肪酸（即双键位于第六个碳原子上），具有一般性神经系统功能，有助于头发和皮肤的生长和稳定，以及维持良好的骨密度。有证据表明，摄入相对较多的亚油酸有助于降低患心血管疾病的风险[12]。含有亚油酸的食物包括植物油，如玉米油、葵花籽油、黄豆油等。某些坚果也含有较多LA，如胡桃、巴西核桃和松子等。人体可以将摄入的LA转化为γ-亚麻酸（γ-linolenic acid，GLA）和花生四烯酸，这两种物质都能发挥重要的生理作用。GLA能有效抑制与类风湿关节炎、糖尿病和过敏相关的人体组织炎症[17]。花生四烯酸不仅有助于大脑和肌肉功能的发挥，还能改善炎症[19]。

■ 亚麻酸是一种不饱和的ω-3脂肪酸（即双键位于第三个碳原子上），由于能帮助降低胆固醇、缓解炎症，因此它对于形成健康的细胞膜，保持良好的心血管系统功能是必不可少的[7]。摄入的亚麻酸包括三种形式：ω-3脂肪酸、α-亚油酸、ω-3脂肪酸二十碳五烯酸（eicosapentaenoic acid，EPA）和ω-3脂肪酸二十二碳六烯酸（docosahexaenoic acid，DHA）。ALA常见的食物来源包括：亚麻籽、大豆、南瓜子、核桃、菜籽油。EPA常见的食物来源为：多脂鱼、鱼肝油以及海产品（如海藻、海草等）。而DHA常见的食物来源有海产品、多脂鱼、和富含DHA的鸡蛋[32,48]。

二、脂质的类型

需要考虑的重要因素

■ 当我们摄入不同种类的脂质时会产生不同的代谢效果。饱和脂质能在血脂和胆固醇中保留更长时间，因而更容易导致动脉粥样硬化。而单一不饱和脂质则具有较好的耐受性，能以相对较快速度从血清中清除。多元不饱和脂质则能迅速从血清中清除，能有效降低血脂和胆固醇。然而，各类脂质摄入过量也可能会导致动脉粥样硬化，因此每餐应摄入相对较低含量的脂质。

■ 饱和脂肪酸通常用于食物加工中，因为它们与环境的相互作用小，不易变质。液态饱和脂肪酸（如棕榈油中的脂肪酸）通常更受食品制造商的欢迎，因为液态脂肪酸更容易与其他食品成分融合。因此，运动员需要注意不要食用太多加工或包装食品，这些食品的脂肪酸含量往往更高。建议：阅读标签。

（一）脂肪酸

大部分**脂肪酸**是由12～28个偶数碳原子组成的碳链，碳原子连接着氢原子，还有一些少见的脂肪酸，是由8～10个碳原子组成。碳链的一端是一种羧酸（因此名为脂肪酸）。当脂肪酸不与其他分子连接时，则称为游离脂肪酸。举个典型的例子，膳食脂肪酸就是以甘油三酯的形式与甘油分子相结合。脂肪酸可分为饱和脂肪酸、单一不饱和脂肪酸和多元不饱和脂肪酸。这些不同类型的脂肪酸将碳原子聚合在一起形成不同的键，从而构成了脂肪酸的结构骨架。

脂肪酸

脂肪酸是一种由碳链组成的脂肪分子，其碳链末端是羧基。在饮食中，它们通常是甘油三酯的一部分。脂肪酸的碳链长度不尽相同，包括短链（碳链上的碳原子数小于6，如丁酸），中链（碳链上的碳原子数为6～12个），以及长链（碳链上碳原子数大于12个）。碳链也可能是饱和的、单一不饱和的或多元不饱和的。

饱和脂肪酸的碳原子是通过单键形式组合，这意味着连接氢原子的碳原子都是饱和的。单键往往更牢固，稳定，与双键相比，其化学反应活跃性更低。**单一不饱和脂肪酸**的碳链上含有一个（即单一）双键，即两个相邻的碳原子之间空缺了一个氢原子。这些碳原子以较弱的结构结合在一起，形成双键。

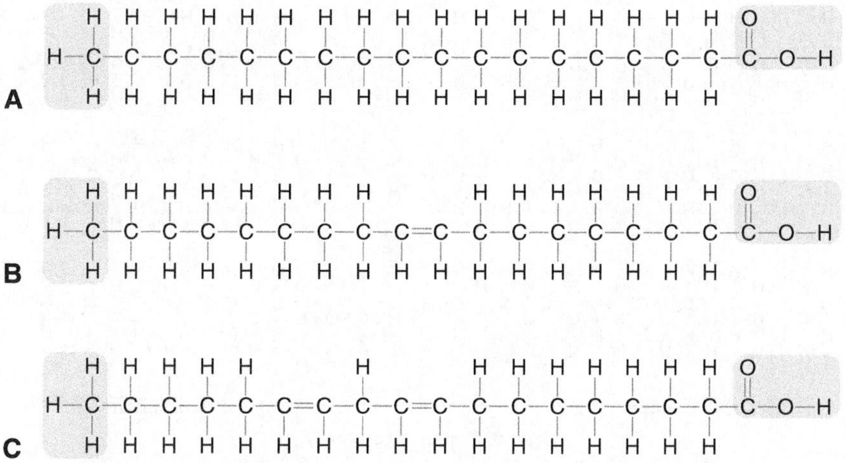

图4.1 A：饱和脂肪酸；B：单一不饱和脂肪酸；C：多元不饱和脂肪酸

资料来源：Kraemer WJ, Fleck SJ, Deschenes MR. Exercise Physiology. 2nd ed. Philadelphia (PA): Lippincott Williams & Wilkins; 2015.

多元不饱和脂肪酸的碳链上包括两个或多个双键。不要对这一术语感到困惑，与单键相比，双键更弱且不稳定。正是如此，双键数量越多，脂肪酸与环境产生化学反应的概率越大。正是这种与脂肪酸发生化学反应的能力，使得消耗多元不饱和脂肪酸时会有所不同。通常而言，饱和脂肪酸大多存在高含量的动物脂肪中，但在其他的膳食脂质中也有较高含量，如棕榈仁油和椰子油（图4.1）。

> **饱和脂肪酸**
>
> 饱和脂肪酸的化学结构中，碳原子之间没有双键。饱和脂肪酸在血液中停留时间更长，这也增加了其造成动脉粥样化可能性。常见的饱和脂肪酸不仅存在于动物性脂肪（如硬脂酸），还存在于棕榈油中（如软脂酸）。
>
> **单一不饱和脂肪酸**
>
> 这类脂肪酸的碳链间含有一个双键，对人体而言，具有良好的耐受性。人们摄入的最常见的单一不饱和脂肪酸为油酸，这类脂肪酸在橄榄油和菜籽油中含量较高。
>
> **多元不饱和脂肪酸**
>
> 这类脂肪酸在碳链上有两个或多个双键，对人体而言易消化，易发生反应，能快速从血液中溶解，减少动脉粥样硬化的风险。尤其是ω-3脂肪酸，这一来自海产食物中的多元不饱和脂肪酸能降低患心脏疾病的风险。

在人类膳食中，无论是脂肪还是油脂，都是以**甘油三酯**的形式存在，这是人类及其他哺乳动物储存脂质的主要形式（即脂肪）。几乎所有（约95%）膳食脂质都是以甘油三酯的形式存在。正如其名称所示，甘油三酯分子是由1分子甘油和3分子脂肪酸缩合形成（图4.2）。甘油三酯对人体储存能量非常有效，提供9 kcal/g，而蛋白质和碳水化合物则只能提供4 kcal/g。甘油三酯需要不到一半的膳食脂肪来输送与碳水化合物和蛋白质相同的能量，所以如果所摄入的食物脂肪比例高，则更容易摄入过量的热量。

> **甘油三酯**
>
> 甘油三酯是由1分子甘油和3分子脂肪酸组成的脂肪分子，是人体摄入的最常见的膳食脂质。甘油三酯也是人体脂质（即体脂）储存的主要形式。

我们摄入的每种食物中的甘油三酯可能包含多元不饱和脂肪酸、单一不饱和脂肪酸、饱和脂肪酸等各类脂肪酸。多元不饱和脂肪酸在葵花籽油、玉米油和红花油中含量较高，能降低血清胆固醇，减少患心血管疾病的风险。单一不饱和脂肪酸在橄榄油、

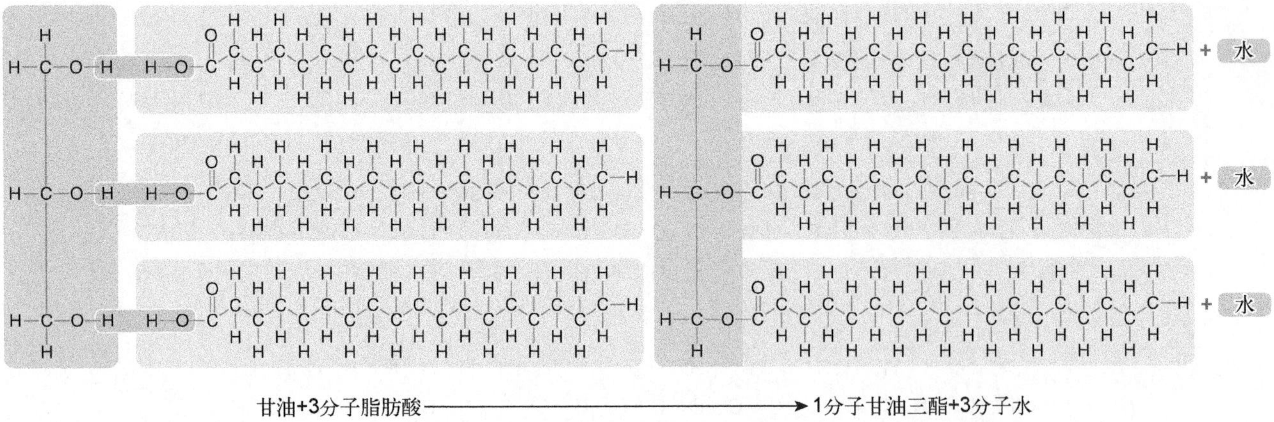

图4.2 甘油三酸酯分子

资料来源：Kraemer WJ, Fleck SJ, Deschenes MR. Exercise Physiology. 2nd ed. Philadelphia (PA): Lippincott Williams & Wilkins; 2015.

菜籽油中含量较高，也能降低血清胆固醇。饱和脂肪酸，不仅在动物脂肪中含量高，在椰子油、棕榈油、可可脂中也含有大量饱和脂肪酸，而这类脂肪酸会升高血清胆固醇，增加患心血管疾病的风险。表4.1显示了膳食脂质中饱和脂肪酸、单一不饱和脂肪酸和多元不饱和脂肪酸的含量。

表4.1 人体经常摄入的动植物来源食物中饱和脂肪酸、单一不饱和脂肪酸、多元不饱和脂肪酸和反式脂肪酸的分布

食物		饱和脂肪酸(%)	单一不饱和脂肪酸(%)	多元不饱和脂肪酸(%)	反式脂肪酸(%)
植物来源脂肪酸	椰子油	85.2	6.6	1.7	0.0
	可可脂	60.0	32.9	3.0	0.0
	棕榈仁油	81.5	11.4	1.6	0.0
	棕榈油	45.3	41.6	8.3	0.0
	棉籽油	25.5	21.3	48.1	0.0
	小麦胚芽油	18.8	15.9	60.7	0.0
	黄豆油	14.5	23.2	56.5	0.0
	橄榄油	14.0	69.7	11.2	0.0
	玉米油	12.7	24.7	57.8	0.0
	葵花籽油	11.9	20.2	63.0	0.0
	红花油	10.2	12.6	72.1	0.0
	麻油	10.0	15.0	75.0	0.0
	菜籽油	5.3	64.3	24.8	0.0
	混合植物油——条状人造黄油	13.6	33.5	20.2	14.8
	混合植物油——罐装人造黄油	16.7	24.7	23.8	3.3
动物来源脂肪酸	黄油	54.0	19.8	2.6	0.04
	鸭脂	33.2	49.3	12.9	0.0
	猪油	40.8	43.8	9.6	0.0

资料来源：Pennington JAT, Douglass JS. Bowes & Church's Food Values of Portions Commonly Used. 18th ed. Baltimore (MD): Lippincott Williams & Wilkins; 2005; United States Department of Agriculture. National nutrient database for standard reference, Release 28 [Internet]. Available from: https://ndb.nal.usda.gov/ndb/search/list. Accessed December 2017.

长链脂肪酸是最常见的膳食脂质，而其他类型的脂质也存在于自然界，或是在食品生产中使用。包括以下几种形式。

- 甘油二酸酯：1分子甘油加2分子脂肪酸；
- 甘油单酸酯：1分子甘油加1分子脂肪酸；
- 短链脂肪酸：含4个或6个碳原子；
- 中链脂肪酸：含8个、10个或12个碳原子；
- 长链脂肪酸：含14个及以上碳原子（这类脂肪酸在食物中最常见）。

如表4.1所示，不是所有的油脂都有高含量的多元不饱和脂肪酸（如椰子油、棕榈油）。这些脂质的特点通常决定了它们的用途。例如，棕榈油因为其高饱和且稳定的特点，通常用于加工食品中。除此之外，棕榈油因其油的特性也更容易与其他配料混合（表4.2）。常见的脂肪酸反应有助于理解脂肪利用的方式及其原因。

（二）常见脂质反应

1. 过氧化

过氧化是指碳链包含一个或多个双键的脂肪酸和胆固醇之间的氧化反应。氧化脂质可能会产生自由基过氧化物，这种物质会使食物变酸（腐坏）。肉类脂肪至少含有一个双键（表4.1），但这与高水平的抗氧化物（维生素E和维生素C）并无联系，因此它们很容易发生氧化酸败反应。例如，想象一下让未加工的培根肉放在厨房几小时，没有盖上盖子，也没有冷藏。培根肉所含的脂肪将会被氧化，产生酸腐的味道。与之相反，植物油如橄榄油、红花油，其单一不饱和与多元不饱和脂肪酸含量很高，但同时也含有高含量的维生素E，维生素E是一种强大的抗氧化物，能捕获氧气，避免脂肪酸被氧化。正因为如此，植物油和谷物油的保质期很长，而且不变质。在人体内，抗氧化维生素能

表4.2 脂质的通用术语

术语	释义
必需脂肪酸	人体自身不能合成，必须通过饮食摄入的脂肪酸。包括： ■ 亚油酸 ■ α-亚麻酸
常见脂肪酸	食物供应中最常见的脂肪酸 ■ 油酸（单一不饱和脂肪酸）
单纯脂类	存在于自然界的脂类，包括： ■ 脂肪酸 ■ 甘油 ■ 甘油三酯 ■ 甘油二酯 ■ 甘油单酯 ■ 固醇类 ■ 蜡
复合脂类	附着在非脂质化合物上的脂类，包括： ■ 磷脂 ■ 糖脂 ■ 脂蛋白
	由简单和/或复合脂类生成的脂类，包括： ■ 中链甘油三酯油
短链脂肪酸	小于6个碳
中链脂肪酸	6～12个碳
长链脂肪酸	大于14个碳

避免脂肪膜被氧化,产生氧化自由基,这种物质能破坏细胞,甚至改变细胞的DNA结构,引发疾病(例4.1)。

例4.1 自由基

自由基极不稳定,由于其试图捕获一个丢失的电子,通常以意料之外的方式发生反应。自由基(如过氧化物)从与之接触的化合物中窃取电子,被窃取电子的化合物本身就会变得不稳定,引起连锁反应。当自由基进入细胞,它们以难以想象的具有破坏性的方式在细胞内移动,最后破坏细胞或细胞核。细胞核包含了细胞的DNA,一旦DNA遭到破坏,该细胞若进行繁殖,则后续产生的细胞会变异,从而引发如癌症等疾病。抗氧化物(如维生素E)可以通过捕获氧气,或避免过氧化物和其他来源于氧化脂肪酸的自由基的产生来发挥其保护细胞的作用。食用新鲜水果和蔬菜有利于人体健康的原因之一就是这些食物含有大量保护性的抗氧化物。

2. 碘化

碘化反应一般在实验室中进行的,用以确定脂质中存在的双键数量(即其相对饱和度/不饱和度)[41,42]。例如,要检验希腊产的橄榄油与意大利产的橄榄油之间饱和度与不饱和度存在的差异,就需要在实验室进行碘化测试。将油滴入含有碘的溶液中,该溶液将会出现明显的暗黑棕色。碘附着在具有双键的碳原子上,油的颜色可以通过检测颜色程度的机器(分光光度计)来检验(表4.3)。颜色越深,碘值越高(附着碘的分子越多),则双键的数量也越多[15]。

表4.3 特殊脂质的碘值

不同类型的脂质	碘 值
玉米油	109～133
葡萄籽油	124～143
橄榄油	80～88
棕榈油	44～51
花生油	84～105
黄豆油	120～136
核桃油	120～140

3. 氢化

氢化反应涉及用氢处理脂质,氢通过双键附着到碳原子上,从而降低了脂质的相对饱和度(即使脂质更加饱和)。这些是将油转化为半固体或固体的常见反应。例如,氢化反应将玉米油转化为人造黄油(玉米油)。由于氢化反应会减少双键数量,脂肪酸会变得比油更饱和,因此会具有更高的疾病风险。此外,一些氢化反应可能导致**反式脂肪酸**的形成,这与增加患心血管疾病的风险密切相关[5]。正是由于这一原因,许多州正在通过实施法律,禁止餐馆和杂货店向顾客提供含反式脂肪的食物。纽约和加利福尼亚州的饭店和公共厨房都禁止将反式脂肪用于生产供人类食用的食品。在欧洲的丹麦和瑞士,反式脂肪被禁止使用。2015年,FDA给食品行业3年期限来将反式脂肪移出食物供应链(图4.3)。

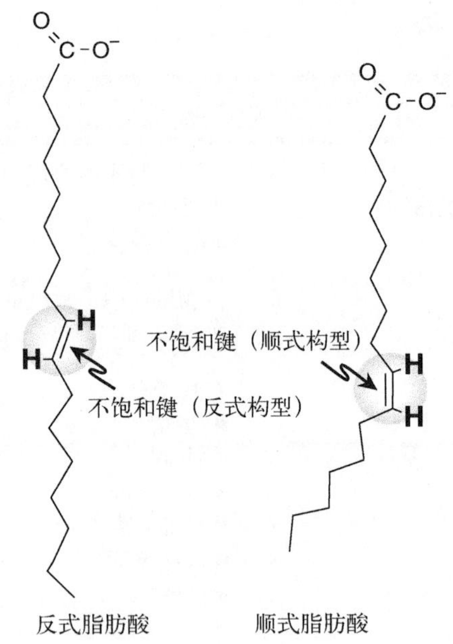

图4.3 顺式和反式脂肪酸

资料来源:Ferrier DR. Biochemistry. 7th ed. Philadelphia (PA): Lippincott Williams & Wilkins; 2017.

反式脂肪酸

不饱和脂肪酸被氢化后变得更稳定[例如,玉米油转化为人造黄油(玉米油)]。在这一过程中,一些氢原子附着在碳原子的同一侧,(即

"反式"形式),而非附着于碳原子的相反一侧(即"顺式"形式)。经证明,这些脂肪具有高度炎症性,会导致心血管疾病和心脏病死亡的风险增加。

三、脂质的消化和吸收

需要考虑的重要因素

- 脂肪能帮助减缓胃排空的速度,延长摄入食物离开胃后进入肠道进行进一步消化和吸收的时间。
- 当食物还留在胃里时进行运动,通常会让运动员感到不适。这不仅会让他们难受,也会延迟胃排空的时间,抑制运动过程中适量液体的消耗。因此,运动前的食谱应降低脂肪含量,并在运动前尽早食用,以保证胃里没有食物残留。

膳食脂质,主要以甘油三酯的形式存在,通常通过物理形式的咀嚼被粉碎成更小的颗粒,而非通过化学消化的形式将脂质分解成更小的分子物质(即脂肪酸和甘油),但其能在胃肠道中被更好地消化。当脂质进入胃部,胃酸和胃液可以使其形成更小的脂滴,也被称为食糜。当食糜进入小肠时,小肠中名为胆囊收缩素的化学物质会沿胆总管/胰管向上移动,并使胆囊释放胆汁到小肠中。同时,胰腺释放其含有的脂质消化酶,即胰脂肪酶,从而将脂质分解为单独的脂肪酸和甘油,单甘酯和甘油二酯。胆汁是一种有效的乳化剂,可将这些较小的脂质分子转化为水溶性微粒,这些水溶性微粒则会被吸收到血液中。一旦进入血液,微粒就附着在蛋白质载体上,形成乳糜微粒,这类颗粒是相对较大的脂质分子,具有相对较小的蛋白质载体。由于没有乳糜微粒的受体帮助脂质离开血液,因此脂蛋白脂肪酶将乳糜微粒转化为低密度脂蛋白(low-density lipoproteins,LDLs),而LDLs相应的受体则会将脂质从血液中清除,供给到各组织(表4.4)。

(一) 脂蛋白

血液中有4种主要的脂质载体。脂蛋白(脂质和蛋白质的化合物)有不同的来源和作用,包括乳糜微粒、极低密度脂蛋白(very low-density

表4.4 脂质的消化与吸收

部位	化学反应	结果
嘴	无	■ 口腔中没有化学分解物,但是咀嚼食物能将食物分解得更小,便于之后在消化道中更有效地消化
食管	无	无其他反应
胃部	酸度	■ 胃酸开始将部分甘油三酯分解为甘油二酯和脂肪酸 ■ 进入小肠的胃内食物称为食糜
小肠	胰脂肪酶(胰腺) 胆汁盐(肝脏)	■ 胰脂肪酶通过胰管进入小肠,有效地将甘油二酯和甘油三酯分解为组分甘油和脂肪酸 ■ 胆汁盐通过胆总管进入小肠,并将甘油和脂肪酸乳化成小的水溶性化合物。乳化剂的一端是脂溶性的,因此可以将其附着在脂质上,而乳化剂的另一端是水溶性的,并且可以将其包裹在脂质周围,使其溶于水 ■ 胆汁是肝脏产生的,含50%胆固醇,因此摄入高脂食物需要更多胆汁,而与胆汁相关的胆固醇与摄入的脂质一同被吸收到血液中。因此,即使没有摄入胆固醇,摄入高脂肪食物也会导致高血胆固醇
肠壁	无	■ 水溶性"微粒"(乳化脂肪)被运输到小肠内壁,在此重组成甘油三酯和脂蛋白"乳糜微粒",而后乳糜微粒进入血液
血液	脂蛋白脂肪酶(lipoprotein lipase,LPL)	■ 乳糜微粒通过LPL转化为低密度脂蛋白(low-density lipoproteins,LDLs),而后低密度脂蛋白离开血液供各组织吸收、利用

lipoproteins，VLDLs），LDLs和高密度脂蛋白（high-density lipoproteins，HDLs）。

1. 乳糜微粒

乳糜微粒是密度最小的脂蛋白，这代表着其附着在蛋白质载体上的脂肪最多。这类分子由于其脂质含量高，且在被LPL转化为LDL之前只能留在血液中，因而具有高动脉粥样硬化潜力（即可能增加动脉粥样硬化的风险，这是导致心脏病的一大因素，也是因脂纹形成而导致动脉硬化的一大诱因）。乳糜微粒是由膳食脂肪在肠壁中形成的，因此人体每餐摄入更大量的膳食脂肪，则乳糜微粒循环的水平则会更高。由于乳糜微粒转化为低密度脂蛋白需要一定的时间，因此比起摄入等量能量却低脂肪的食物，高脂肪膳食能达到持续的高乳糜微粒水平。

2. 动脉粥样硬化

动脉粥样硬化是一种血管疾病，通常表现为动脉壁加厚或变薄，使得动脉适应血压波动的能力降低。动脉变窄还会增加血凝块形成的风险，导致心脏病或脑卒中。由于经常摄入含大量饱和和反式脂肪的食物，导致血脂偏高，则会增加动脉粥样硬化的风险。

3. VLDLs

VLDLs通过肝脏由甘油三酯和胆固醇合成，并由脂蛋白脂肪酶转化为LDLs。降低肝脏合成的VLDLs需要减少甘油三酯的含量，这要求降低体内脂肪含量，减少摄入含糖和果糖的食物（如含有高果糖的玉米甜浆就是个典例）及含乙醇的食物。高水平的VLDLs增加了动脉粥样硬化和心血管疾病的风险。

4. LDLs

高水平的LDLs是已知的会造成心脏病的危险因素，因为LDLs很可能在动脉中形成脂肪条纹，这些脂肪条纹可能会导致动脉阻塞、**心肌梗死**（心脏病）和（或）脑卒中。从血液中清除LDLs并输送至组织还与时间有关，一旦LDLs受体受到限制，它们在血液中保持高水平的时间越长，其引发疾病的可能性就越大。也正是这一原因，LDLs通常被称为“坏”胆固醇。降低LDLs胆固醇需要减少脂肪的摄入（包括总量和每餐的含量）和降低体内脂肪含量（图4.4）。

心肌梗死

心肌梗死从字面上讲是心脏肌肉的死亡，也是心脏病的另一种称呼，它是由于动脉阻塞而导致心脏供血突然中断（即无法提供氧气和营养）。阻塞会导致心脏受伤害，使其不再受到供血，并伴有胸痛或手臂、颈部和下巴的放射痛。心脏病发作通常是由于动脉粥样硬化导致的结果。

5. HDLs

HDLs是脂蛋白颗粒中体积最小，密度最大的脂质，将最小比例的脂质带到蛋白载体上。HDLs由肝脏合成，其具有将脂质和胆固醇从血液和组织中清除的作用。因此，这些分子通常被称为“好”胆固醇。最理想的是有相对较低数量的LDLs和相对较高数量的HDLs。目前已发现适度饮酒（例如，女性在晚餐时喝一杯葡萄酒；男性在晚餐时喝两杯葡萄

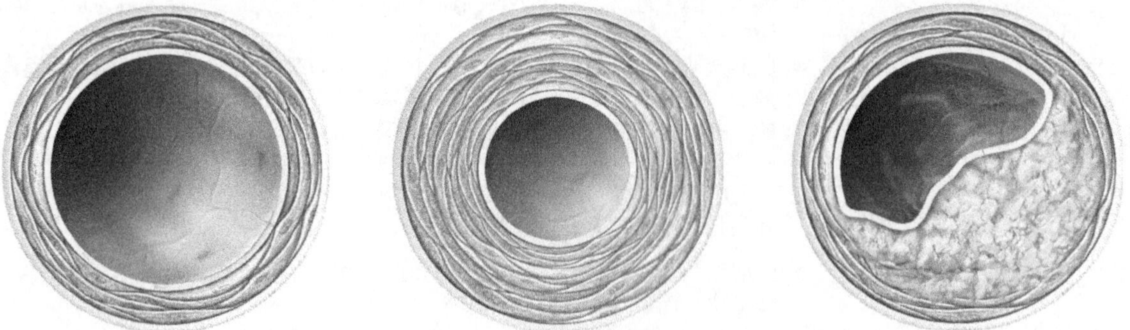

图4.4　粥样硬化动脉图

资料来源：Anatomical Chart Company. Hypertension Anatomical Chart. 2nd ed. Philadelphia (PA): LWW (PE); 2005.

酒)可以提高HDLs胆固醇水平，同时通过适当的运动和健康饮食降低体内脂肪也可有相同效果[35]。

(二) 人类饮食中的不同脂质来源

以下例子都是人类饮食中所出现的脂质类型。

■ 单一不饱和脂肪酸(monounsaturated fatty acids，MUFA)：含一个双键的脂肪酸，通常在室温下呈液态。富含单一不饱和脂肪酸的食物包括植物油(如橄榄油、低芥酸菜籽油、葵花籽油、高油酸红花油)和坚果。单一不饱和脂肪酸通常能降低LDL，同时留住HDL。

■ 多元不饱和脂肪酸(polyunsaturated fatty acids，PUFA)：含两个或多个双键的脂肪酸，通常在室温下呈液态。多元不饱和脂肪酸的主要食物来源是植物油及一些坚果和种子。多元不饱和脂肪酸能提供人体必需脂肪酸，其分别为$n-3$(ALA，第1个双键出现在第3个碳原子上)和$n-6$(LA，第1个双键出现在第6个碳原子上)。

■ $n-3$多元不饱和脂肪酸：包括一种必需脂肪酸(ALA)，这类脂肪酸由18条碳链和3个顺式双键合成，其主要来源包括大豆油、低芥酸菜籽油、核桃和亚麻籽油。其他$n-3$脂肪酸包括二十碳五烯酸和二十二碳六烯酸，它们有较长的碳链，通常存在于鱼类和贝类中。二十碳五烯酸和二十二碳六烯酸也被称为“ω-3”脂肪酸。

■ $n-6$多元不饱和脂肪酸：包括一种必需脂肪酸(LA)，这类脂肪酸有18条碳链和2个顺式双键，其食物来源包括坚果和液态植物油，包括大豆、玉米和红花油。这类脂肪酸也被称为“ω-6”脂肪酸。

■ 饱和脂肪酸：这些脂肪酸不含双键，通常在室温下为固体。饱和脂肪酸的常见食物来源包括肉类和奶制品。一些来自热带地区的油类(室温下为液态)的饱和脂肪酸含量也很高，包括椰子油和棕榈油。

■ 反式脂肪酸：这些脂肪酸来自被部分氢化的植物油，常用于甜品、微波爆米花、冷冻披萨、一些人造黄油和咖啡奶精中。反式脂肪酸虽然不是普遍存在，但反刍动物的脂肪中也存在反式脂肪酸，如牛和羊。反式脂肪酸具有高炎症性，并且与增加心血管疾病和癌症的风险密切相关。

四、脂质代谢

(一) 从脂质中获得能量

甘油三酯分解代谢所产生的ATP能量是蛋白质或碳水化合物所产生的ATP能量的两倍以上，但是脂质只能有氧代谢(含氧)。脂质通过柠檬酸循环(三羧酸循环)分解代谢所产生的副产物是二氧化碳、水和能量。然而，要通过β氧化的代谢途径实现脂肪的完全氧化则需要碳水化合物、维生素B_1、维生素B_2、烟酸和泛酸。之所以称为β氧化，是因为有两个碳原子同时进入代谢序列共同产生能量。

当脂质分解代谢缺少足够的碳水化合物时则可能会产生酮类[10]。当血糖水平较低且糖原储存耗尽时，肝线粒体中通常会形成酮。血糖是大脑/中枢神经系统的主要燃料，而由于血糖不足，脂肪酸会产生酮，以此向中枢神经系统提供酮类来生成能量。脂肪酸一般是通过β氧化作用分解形成乙酰辅酶A，而乙酰辅酶A在柠檬酸循环中又被进一步氧化产生能量。然而，如果由于中间媒介物(如草酰乙酸)不足而导致在β氧化反应中生成的乙酰辅酶A超过柠檬酸循环可承受的量，乙酰辅酶A则会被用来生成酮类(如丙酮)而非ATP(能量)。在柠檬酸循环中，缺少中间媒介物造成碳水化合物利用率不足的可能性更大(图4.5)。

高水平的酮可能会导致酮症酸中毒，这种危险的状态很可能损害包括肾脏在内的人体各大组织。酮症酸中毒可能会发生在以下人群中：没有很好地控制其血糖的糖尿病人、禁食者、摄入高蛋白、高脂肪、低碳水化合物饮食(被称为生酮饮食)的人。人体含高水平酮的人通常会有丙酮味口气(丙酮是一种闻起来像洗甲水一样的酮类)，这表明人体血糖很低。

(二) 产生新的脂质

人体是脂质的有效生产者，并且能从过量的蛋白质、碳水化合物和脂质中合成并储存脂质。合成脂质的能力对于许多关键的细胞转化过程都很重要，包括细胞膜和内部结构，合成基于脂质的激素及储存多余的能量。我们将通过这些过程制造的脂肪酸称为非必需脂肪酸(即因为人体可以制造这类脂

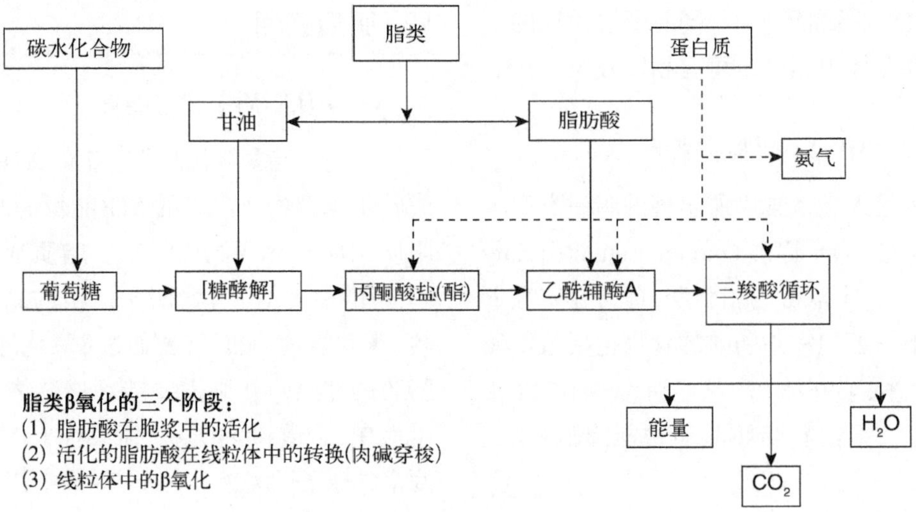

图4.5 脂质氧化提供能量的过程

肪酸，因此我们并不是必须要摄入它们)，它们是通过一种被称为脂肪酸合酶的酶由乙酰辅酶A在人体细胞中合成的。脂肪酸形成后，名为乙酰转移酶的酶将3个脂肪酸分子附着到1个甘油分子上，从而产生甘油三酯。除此之外，胰岛素与维生素生物素、维生素B_2、烟酸和泛酸对这一过程也很重要。胰岛素通过为细胞提供葡萄糖和脂肪酸来帮助合成新的脂肪酸，而任何超出细胞需求的葡萄糖都可以形成甘油三酯并储存(即脂肪量)[22,46]。

五、推荐摄入脂质及食物来源

美国2015～2020年饮食建议的主要原则之一是控制从饱和脂肪中摄入的能量，因为它们会增加血液胆固醇和心血管疾病的风险。从表4.5可以看出，最好的饮食是摄入大量HDLs与少量的LDLs(图4.6)。

目前，大多数人摄入的饱和脂肪都过多，主要来自动物脂肪的摄入[45]。IOM对健康人的建议是脂肪摄入量占总能量摄入量的25%～35%。其中，饱和脂肪应少于10%，摄入量约为每千克体重摄入1.0 g，而基于健身和能量需求也可以适当增加摄入量。例如，耐力运动员每千克体重可能需要高达2.0 g的饱和脂肪来满足能量需求，但耐力运动员通常也有很强的将脂肪代谢为能量的能力[18]。一些能量需求特别高的运动员可能具有更高的脂肪需求，这是满足能量需求的唯一合理手段。

脂质还能提供必需脂肪酸，建议**亚油酸**的摄入范围为7～17 g/d(取决于年龄)，而亚麻酸的摄入范围为0.7～1.6 g/d(表4.5)。

亚油酸

亚油酸是一种人体必需的多元不饱和脂肪酸(即人体必需主动摄入它，因为人体无法自行生成)，其第一个双键位于第6个碳原子上(n−6)。亚油酸存在于细胞膜中，并参与其他脂肪酸和保护性物质的合成。常见的含亚油酸的食物是植物油，尤其在红花油、葵花籽油、玉米油和大豆油中含量极高。

当人体需要能量时，可以将储存在皮下和内脏的甘油三酯分解成脂肪酸和甘油成分，并通过血浆运输到各组织。甘油的代谢方式和碳水化合物一样，并可用于所有组织通过有氧或无氧代谢的方式产生能量。甘油还具有糖异生的潜力，可以将其转化为葡萄糖并以肝糖原的形式存储，或以血糖的形式存在，用于满足中枢神经系统、器官和肌肉的能量需求。脂肪酸被运输到肌肉和器官组织，然后被氧化以产生ATP能量。

六、脂质与健康

(一) 单一不饱和脂肪酸与多元不饱和脂肪酸

经研究发现MUFAs和PUFAs都能通过降低

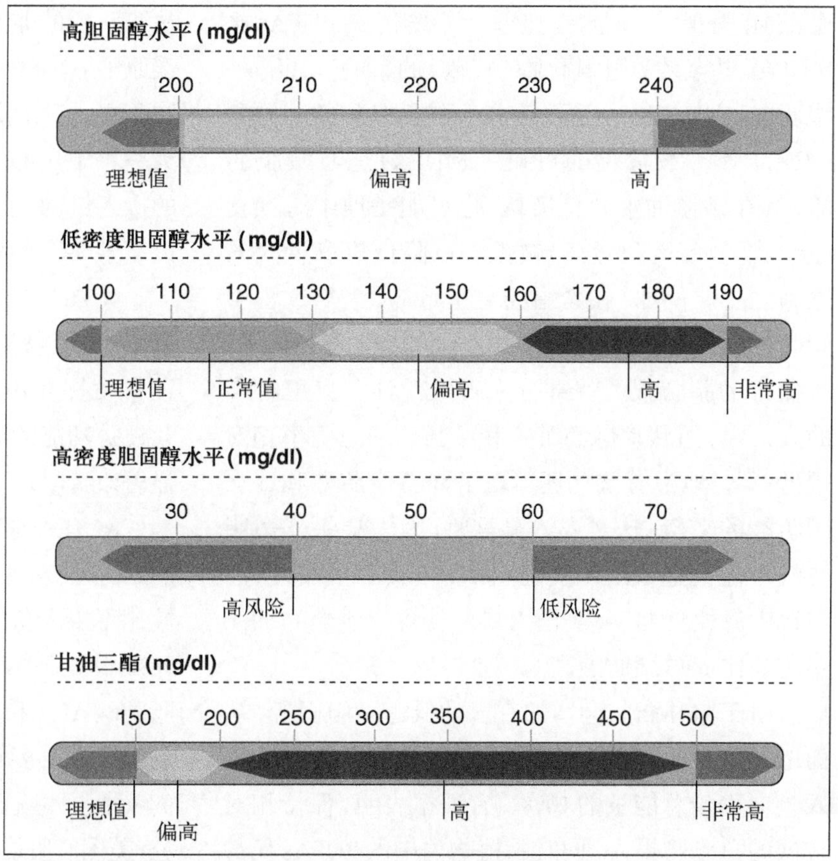

图4.6 血脂的参考范围

资料来源：Reference Ranges for Blood Lipids. Understanding what your cholesterol level means [Internet]. Available from: http://www.cholesterolmenu.com/cholesterol-levels-chart/. Accessed September 2017.

表4.5 不同年龄、性别人群每日营养的饮食摄入量参考值和膳食指南

参考值	来源	1～3岁	F：4～8岁	M：4～8岁	F：9～13岁	M：9～13岁	F：14～18岁	M：14～18岁
脂肪总量（kcal）	AMDR	30～40	25～35	25～35	25～35	25～35	25～35	25～35
饱和脂肪（kcal）	DGA	＜10%	＜10%	＜10%	＜10%	＜10%	＜10%	＜10%
亚油酸（g/d）	AI	7	10	10	10	12	11	16
亚麻酸（g/d）	AI	0.7	0.9	0.9	1	1.2	1.1	1.6

参考值	来源	F：19～30岁	M：19～30岁	F：31～50岁	M：31～50岁	F：51+岁	M：51+岁
脂肪总量（kcal）	AMDR	20～35	20～35	20～35	20～35	20～35	20～35
饱和脂肪（kcal）	DGA	＜10%	＜10%	＜10%	＜10%	＜10%	＜10%
亚油酸（g/d）	AI	12	17	12	17	11	14
亚麻酸（g/d）	AI	1.1	1.6	1.1	1.6	1.1	1.6

AI：适宜摄入量；AMDR：可接受的营养元素分配范围；DGA：美国膳食指南

资料来源：United States Department of Agriculture and United States Department of Health and Human Services. 2015–2020 Dietary Guidelines for Americans. 8th ed. December 2015. Available from:http://health.gov/dietaryguidelines/2015/guidelines/.Accessed April 20, 2018. Institute of Medicine. Dietary Reference Intakes for Energy, Carbohydrate, Fiber, Fat, Fatty Acids, Cholesterol, Protein, and Amino Acids 2005. Washington, DC. The National Academies press: https://doi.org/10.17226/10490.

血液胆固醇来预防心血管疾病，但是PUFAs比MUFAs更容易受过氧化物（酸败）的影响。还有一些证据表明，MUFAs可能有助于维持良好的胆固醇（HDL）[28]。最常见的可摄入MUFAs是油酸脂肪酸，其在橄榄油中含量极高，也可能是地中海饮食（摄入更多鱼类和蔬菜）被推荐以降低疾病风险的原因之一。例如，在希腊的克里特岛，人们饮食中脂肪的摄入量较高，热量达到了总热量的40%，但所摄入的脂肪很大一部分来自橄榄油。克里特岛的人口中，冠状动脉心脏病和结肠癌的患病率相对较低[38]。地中海饮食还实现了ω-3脂肪酸和ω-6脂肪酸的平衡，这对人体很重要，因为某些ω-6脂肪酸可能会造成组织炎症，而ω-3具有抗炎症性。与地中海饮食相反，美国人口的饮食中所含的ω-6脂肪酸比ω-3脂肪酸高14～25倍。

由于饱和脂肪会增加有害的低密度胆固醇，从而增加患心血管疾病的风险，因此饱和脂肪酸的摄入量应少于总能量的10%。有证据表明，保持相对较低的总脂肪摄入，同时用植物油中的PUFAs代替饱和脂肪是降低心脏疾病风险的有效方式。

（二）反式脂肪

尽管大量摄入饱和脂肪酸可能对人体有害，但反式脂肪对人体伤害更大。通常在人造黄油和起酥油中都存在反式脂肪，它们被部分氢化后使得原油凝固。人造黄油和起酥油在商业食品中通常作为煎炸油来炸制薯条，并用于制作糕点（饼干、蛋糕等）。反式脂肪会增加有害的低密度胆固醇，并可能引起组织发炎，两者均与脑卒中、心脏病、糖尿病和癌症有关。一些研究发现，即使极少量的反式脂肪，仅占摄入脂肪的2%，也可能使心脏病风险增加20%以上[5]。

（三）ω-3脂肪酸

有3种不同的ω-3脂肪酸，其均为多元不饱和脂肪酸：

- ALA（亚麻酸）；
- EPA（二十碳五烯酸）；
- DHA（二十二碳六烯酸）。

这类脂肪酸之所以被称为ω-3脂肪酸，是由于从脂肪酸的非酸端开始算其第一个双键位于第3个碳原子上。EPA和DHA多来自鱼类，而ALA（必需脂肪酸之一）则来源于蔬菜、种子和坚果。亚麻种子作为一种常用的非鱼类食品，可用于提高饮食中ALA的摄入量，我们也可以用其来合成其他ω-3脂肪酸。以下多项研究发现这类脂肪酸对健康非常重要。

- DHA多存在于眼睛的视网膜细胞膜中，而经过对动物进行研究可确定DHA对视网膜的发育和正常发挥作用是必不可少的[3]。在几项评估早产儿视觉功能的研究中，将DHA添加到配方奶粉中可显著改善早产儿的视觉功能[25]。
- 有一项研究对1 822名男性进行了长达30年的跟进研究，结果发现平均每天摄入1.2 oz鱼类的男性比不摄入鱼类的男性因冠心病而死亡的概率少了38%，因心脏病而死亡的概率要低67%。鱼类是ω-3脂肪酸ALA和EPA的主要来源[23]。研究发现，从食物中摄入更多ALA的女性比从食物中摄入较少ALA的女性罹患冠心病的风险低54%[47]。基于各项研究，美国心脏协会建议人们无论是通过食物还是其他途径，最好保证每天摄入EPA和DHA共1 g[8]。
- 目前已发现鱼油（EPA和DHA）可显著降低糖尿病患者的血清甘油三酯。高循环甘油三酯是2型糖尿病患者常见的健康风险[9]。
- 增加摄入ω-3脂肪酸12周后，可发现其有效缓解了类风湿性关节炎造成的衰弱性炎症[24]。
- 几项研究发现，增加EPA和DHA的摄入量可减少与溃疡性结肠炎有关的炎症，这是一种大肠炎症疾病[29]。
- 在一些对心理疾病患者（精神分裂症、抑郁症和双相情感障碍）的研究中发现，与服用安慰剂的人相比，摄入EPA和DHA的人们抑郁程度更轻[30]。

然而，近期有研究表明，摄入过多ω-3脂肪酸也可能会产生负面影响，包括增加患前列腺癌的风险，降低免疫力和可能导致脑卒中的心房颤动[13]。综上所述，这些研究表明，通过规律摄入鱼类（约2周）来增加从食物中摄入ω-3脂肪酸的量可有效改善健康状况，而避免由于通过营养补充物而过量摄入脂肪酸所引起的健康问题。简而言之，获得足够的ω-3脂肪酸很重要，但经常过量摄入这类脂肪酸则可能会造成健康问题。

七、脂质与运动

从理论上讲，人体储存的脂质足以满足参加多日超长马拉松比赛运动员的能量需求，即使是健康但瘦削的运动员也无须再次补充能量。当然，其他营养元素的限制可能会导致运动在脂肪耗尽前停止，但这一点也表明脂质并不是运动中的限制性底物。一般的脂质存储量介于5 500～11 100 g，或50 000～100 000 cal。一个约为70 kg（154 lb）且体脂量相对较低（约为15%）的人，其脂肪存储量约为10 311 g或92 800 cal[27]。由于走1.6 km约消耗100 cal，这意味着这个人的能量足够行走800～1 660 km（500～1 000 mile）的路程。除了皮下和内脏储存脂质的可以提供热量外，肌肉组织还存储了2 000～3 000 cal的甘油三酯，在适当的氧化条件下，甘油三酯可迅速为细胞提供燃料。

脂质需要氧气才能产生能量，而低强度的运动则能更容易地为脂肪代谢提供所需氧气。因此，低强度运动与高效的脂肪代谢联系密切，以此来满足人体的能量需求。随着运动强度的增加，人体会代谢更多的碳水化合物来满足能量需求，而脂肪的代谢则会降低（图4.7）。

许多人进行低强度运动（通常称为有氧运动），希望燃烧脂肪来提供能量底物，从而降低体内脂肪水平。然而，不应将代谢的脂肪比例与代谢脂肪的量混淆，因为随着运动强度的增加，每单位时间消耗的能量要比低强度活动所消耗的能量更多（例4.2）。

例4.2 燃烧脂肪以提供能量

以下案例说明了混淆脂肪燃烧比例与脂肪量的可能性。

- 案例1：一个人运动1 h，进行低强度的活动时，每15 min燃烧约100 cal的热量，1 h共能燃烧400 cal的热量。其中，约80%的能量来自脂肪（320 cal来自脂肪），而20%的能量则由碳水化合物（80 cal来自碳水化合物）提供。
- 案例2：一个人运动1 h，进行高强度运动时，每15 min燃烧约150 cal的热量，1 h内共能燃烧600 cal的热量。其中，约60%的能量来自脂肪（360 cal来自脂肪），而40%的能量由碳水化合物（240 cal来自碳水化合物）提供。

低强度运动由脂肪燃烧掉了较高比例的热量（80%；320 cal来自脂肪），而高强度运动通过脂肪燃烧了更多数量的cal，但由消耗脂肪所提供的能量所占比例却较低（60%；360 cal来自脂肪）。在计算能量底物

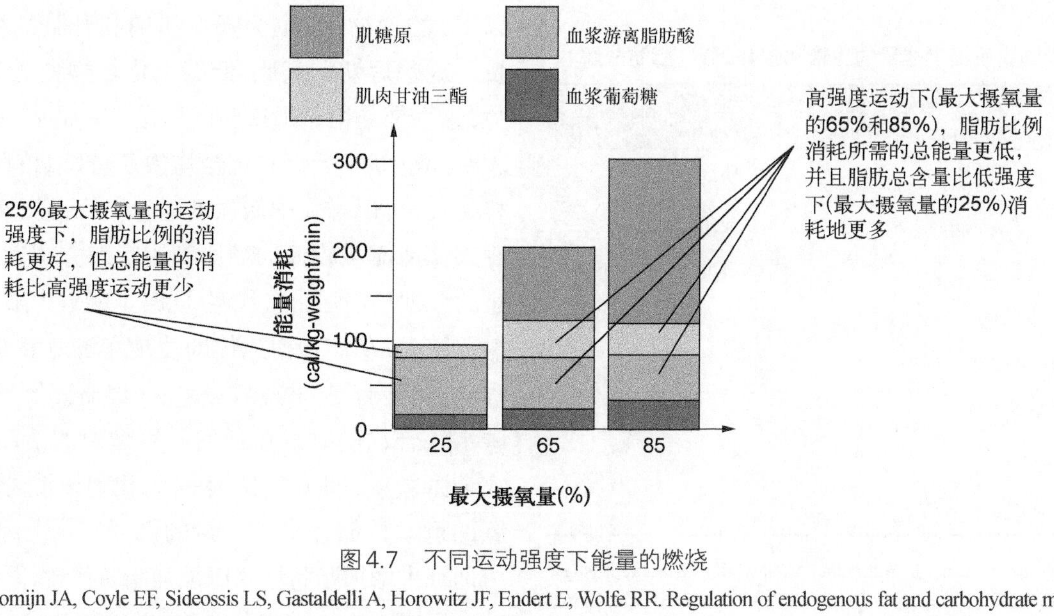

图4.7 不同运动强度下能量的燃烧

资料来源：Romijn JA, Coyle EF, Sideossis LS, Gastaldelli A, Horowitz JF, Endert E, Wolfe RR. Regulation of endogenous fat and carbohydrate metabolism in relation to exercise intensity and duration. Am J Physiol. 1993; 265: E380–91.

代谢所产生的能量时，应同时考虑其比例和数量。

除了运动强度外，还有其他因素对运动中终止脂肪利用也产生了影响。包括以下几个方面。

■ 肌肉中可用的脂肪储备：某些肌纤维细胞比其他细胞具有更强的储存甘油三酯的能力。Ⅰ型慢收缩有氧纤维具有较高的细胞脂质容量，而Ⅱ型快收缩厌氧纤维则与之相反。大多数人的Ⅰ型纤维和Ⅱ型纤维分布均匀，但有些人的Ⅰ型纤维比例更高，这使得他们可以利用更多的脂肪来满足其能量需求。

■ 从脂肪组织调动和运输脂质到运动肌肉的能力：增加与运动相关的交感神经活动能刺激肾上腺素的产生，从而与脂肪组织结合并开始将脂肪运输到肌肉细胞。甘油被运输到肝脏进行糖异生，或直接运输到肌肉细胞进行新陈代谢。脂肪酸与白蛋白结合形成高密度脂蛋白，而高密度脂蛋白再被运输到肌肉细胞中进行新陈代谢。除肾上腺素外，还有几种激素可以刺激或抑制脂肪的利用（表4.6）。

■ 储存糖原的可用性：较高的碳水化合物摄入量与较高的糖原储存量有关，在运动时，较高的碳水化合物可用性增强了脂肪作为能量底物完全代谢的能力。碳水化合物供应不足会抑制β氧化，产生未完全燃烧的脂肪（酮），并损失总能量，降低脂肪消耗。

■ 运动期间消耗的碳水化合物的量：维持正常的血糖水平有助于保持碳水化合物的可用性，并增强有氧运动中的脂肪代谢。

表4.6 影响脂质提供能量的激素和营养因素（脂肪分解）

脂肪分解的刺激物	脂肪分解的抑制物
肾上腺素	胰岛素
去甲肾上腺素	瘦蛋白
多巴胺	烟酸
皮质醇	
生长激素	
促甲状腺激素	
钙	
咖啡因	

资料来源：From Duncan RE, Ahmadian M, Jaworski K, Sarkadi-Nagy E, Sul HS. Regulation of lipolysis in adipocytes. Annu Rev Nutr. 2007; 27: 79-101.

■ 训练对脂肪利用的影响：训练对脂肪利用有多种影响，研究表明，耐力训练和阻力训练都会增加肌间甘油三酯的利用，从而在相同运动强度下降低对糖原的需求。由于糖原的储存受到限制，因此需用更多的脂肪（这一“备用”糖原）来满足能量需求，从而提高耐力。那些定期锻炼，拥有健美身体的人，在高于其最大摄氧量（59%～65%）时则会进行最高脂肪氧化，而不常进行体育锻炼的人的最大摄氧量为（47%～52%）[36,45]（图2.7）。

■ 运动后阶段：运动结束后的阶段，人体优先重新合成肌肉糖原的能力较强，从而限制利用碳水化合物来制造能量。这导致运动过后，人体会持续进行高水平脂肪酸氧化[20]。

人们越来越关注增加脂肪总消耗量并进行体育锻炼，人体是否会适应更高的脂肪利用量，保证增加脂肪消耗量。定期的耐力训练确实会是骨骼肌适应更高的脂肪利用量，这是通过加强对各种能量底物的利用来实现的，包括对脂质利用的提高[4]。这是重要的适应方法，因为利用更多脂质以满足能量需求则会降低糖原的利用，而糖原的储量是有限的，因此消耗糖原的时间会更长，而耐力则会增强。

一些人猜想增加脂肪消耗将大大增强脂质代谢的适应性，进一步提高耐力。然而，即使在少于3天的短时间内摄入高脂肪含量（摄入能量的60%～65%）、较低碳水化合物含量（摄入能量的20%以下）的食物，这也会降低肌肉和肝脏的糖原储存量。这些短期的高脂/低碳水化合物食谱会降低耐力，这可能是由于适应时间不足[6]。的确，一些研究表明，高脂肪/低碳水化合物饮食与长期的耐力运动相结合，可以增强中低强度运动中的脂肪氧化，这表明人体适应了较低的糖原利用状态[40]。然而，最理想的计划是增强脂质代谢，同时也能最大限度地增加糖原储存，从而使得人体即使是在耐力事件/训练过程中，也能有更高强度的爆发。经研究发现，摄入高碳水化合物同时避免任何利用糖原的活动（通常是完全休息），如此只需持续一天，也足以使受过耐力训练的运动员储存最大含量的糖原[39,49]。因此，在耐力训练中增加脂肪摄入以加强脂肪代谢，同时在比赛前一天摄入大量碳水化合物，并得到休息，这可能是提高运动员耐力表现的重要策略[16,26]。然而，需要注意的是这些研究发现的结果仅与耐力运动员有关。对于那些通常要求速度爆发的运动（如团队运动）或进行高强度的运动（如短跑运动员、体操运动员）的人，他们遵循的训练方式则不适合适应性方案，这意味着高脂肪/低脂肪碳水化合物饮食不适合他们。高体脂水平与人们在运动训练上花费的时间成反比。由于高强度运动可能会降低糖原储存，使人们更加依赖脂肪氧化来获得能量，因此可以抵消许多西方国家的人们所摄入的高脂肪含量的食物。然而，无论运动形式如何，那些希望降低体脂的人们都应谨慎食用含高脂肪的食物，因为较高的脂肪能量密度更容易储存更多的脂肪，造成肥胖并带来相关的健康风险[37]。

八、总结

■ 脂质是一种高度浓缩的能量来源，每克脂质（9 cal/g）所提供的热量是碳水化合物或蛋白质（4 cal/g）的2倍以上。

■ 除了提供能量外，脂质还具有许多功能——提供人体必需的脂肪酸，提供脂溶性维生素的载体，改善食物风味和饱腹感，以及充当“保护毯”，帮助人体在极端环境下控制体温。

■ 必需脂肪酸是亚麻酸和亚油酸，由于人体无法合成这些脂肪酸，因此必须从食品中摄入。

■ 脂质种类繁多，其中甘油三酯占人类饮食脂质和人体含有脂质的大部分。甘油三酯的单个分子是由1分子甘油和3分子脂肪酸连接而成。

■ 脂肪酸的类型各不相同。有些脂肪酸是饱和的，有些是单一不饱和的，有些是多元不饱和的。每种类型的脂肪酸都有不同的功能，不同种类的脂肪酸会对人体造成或好或坏的影响。

■ 一般建议成人摄入的脂肪量为其摄入总能量的20%～35%。其中，单一不饱和脂肪酸和多元不饱和脂肪酸所占比例最好高于饱和脂肪，这被视为更健康的饮食。

■ 当摄入脂肪时，它们以乳糜微粒的形式被吸收到血液中，这是一种VLDL，必须通过脂蛋白脂肪酶转化为LDL才能被组织吸收并从血液中清除。

■ 乳糜微粒和LDL被认为是“坏”的脂质/胆固醇，因为它们会增加动脉粥样硬化和心脏病的风险。避免摄入高脂肪含量的大餐有助于减少循环乳糜微粒和LDL。

■ 当脂质从人体储存脂质中被消耗（即从脂肪组织中去除）以代谢产生能量时，则形成了HDL。HDL被认为是“好”的脂质/胆固醇，因为它们代表着脂质正在被代谢以产生能量。

■ 与运动和锻炼相关的体育锻炼/训练增加了人体对能量的需求。由于脂质是一种高度浓缩的能量，因此其能满足运动员的能量需求。从事体力活动的人更容易代谢脂质以获得能量，而这类人通常体脂水平较低。脂质代谢产生能量需要氧气，从事体育运动的人会逐渐产生适应性，以此来增强向肌肉细胞进行氧气输送的能力，以便更有效地燃烧脂肪以获取能量。

实际应用

脂类摄入量可以按所摄入总能量的百分比（脂肪百分比）或每千克体重脂肪质量的克数（g/kg）。最常见的方法是计算来自脂肪的能量所占比例，该比例应为总能量的25%～35%。胆固醇摄入量应少于300 mg/d，以确保低密度胆固醇低于100 mg/dL。您可以使用前面各章中介绍的相同策略来评估摄入食品中的脂肪和胆固醇含量，访问在线USDA食品成分数据库（https://ndb.nal.usda.gov/ndb/search/list），而这次可以创建一个电子表格，其中包含能量（cal）、总脂质（g）、总饱和脂肪酸（g）、总单一不饱和脂肪酸（g）、总反式脂肪（g）和胆固醇（mg）。

（1）输入一整天摄入的食物/饮料，并创建能量和每个脂质成分的总量。

（2）计算来自脂肪的总能量百分比（总脂肪克数 ×9/总能量）。

（3）计算每千克脂肪质量的克数［总脂肪克数/您的体重（kg）］。

(4)确定总脂肪摄入量占总能量的百分比是否在可接受的范围内(占总能量的20%～35%)。如果其数值在35%以上,您将如何调整饮食以降低总脂肪摄入量?

(5)确定您的胆固醇摄入量是否超过《饮食指南》为各种能量水平所建议的100～300 mg/d这一限制。如果高于300 mg/d,您将如何调整饮食以降低饮食中的胆固醇的摄入量?

(6)确定您的饱和脂肪酸摄入量是否低于建议的摄入量限制(少于每日总能量的10%)。如果确是如此,您将如何调整来用更健康的单一不饱和脂肪酸和多元不饱和脂肪酸来替代饱和脂肪酸?

(7)通常建议避免使用反式脂肪,因为其具有极高的炎症性,并且可能显著增加患心脏病的风险。评估您的反式脂肪摄入量,并确定需要如何改变饮食以避免摄入反式脂肪。

本章问题

1. 碳原子之间仅含有一个双键的脂质是:
   a. 饱和脂肪　b. 单一不饱和脂肪
   c. 多元不饱和脂肪　d. 胆固醇
2. 以下食物中,主要含饱和脂肪酸的是:
   a. 脱脂牛奶　b. 玉米油
   c. 人造黄油　d. 黄油
3. 以下食物中,主要含单一不饱和脂肪酸的是:
   a. 橄榄油　b. 玉米油
   c. 汉堡包　d. 黄油
4. 胆固醇存在于哪些食物中?
   a. 水果、蔬菜和谷物　b. 肉类和禽类
   c. 鱼类和贝类　d. 以上都是
   e. 只有b和c
5. 具有炎症性,且具有增加患心血管疾病的最高风险的脂肪类型是:
   a. 单一不饱和脂肪　b. ω-3脂肪酸
   c. ω-6脂肪酸　d. 反式脂肪
6. 当蔬菜和谷物油被氢化后会发生什么?
   a. 碳链会变长
   b. 脂肪酸会变成固体,变得更饱和
   c. 味道变得不那么酸,但会加速变质
   d. 变得更容易消化
7. 随着中等强度,稳定运动的开始,脂肪氧化达到最大速率需要多长时间?
   a. 1.5 min　b. 10～20 min
   c. 30～45 min　d. 最少60 min,平均90 min
8. 含ω-3脂肪酸的健康食物来源包括:
   a. 全麦面包和玉米油
   b. 橄榄油和鱼类
   c. 新鲜蔬菜和水果
   d. 米饭和米油
9. 在什么情况下会产生反式脂肪:
   a. 饱和脂肪酸被氢化
   b. 不饱和脂肪酸被氢化
   c. 在日常烹饪过程中加热人造黄油
   d. 人造黄油和黄油中的固体脂肪酸在烹饪过程中转变为液态油
10. 好的脂蛋白是包括________,坏的脂蛋白包括________。
    a. 乳糜微粒和高密度脂蛋白
    b. 低密度脂蛋白和高密度脂蛋白
    c. 极高密度脂蛋白和高密度脂蛋白
    d. 高密度脂蛋白和低密度脂蛋白

本章问题答案

1. b; 2. d; 3. a; 4. e; 5. d; 6. b; 7. c; 8. b; 9. b; 10. d

(胡梦怡　译)

参考文献二维码

第 5 章

维生素——好的饮食能满足你的需求

本章目标

- 明确现有的维生素每日推荐摄入量的指南，以及如何最好地解释这些指南。
- 掌握每种维生素的常用名称，每种维生素的主要来源，以及每种维生素的主要功能。
- 根据运动项目、常见的训练方案和传统的饮食习惯，分析运动员缺乏相关维生素的可能风险。
- 讨论为什么人们普遍认为摄入高剂量的特定维生素可以提高运动成绩。
- 明确水溶性维生素和脂溶性维生素的分类，以及每种维生素缺乏和毒性的潜在风险。
- 解释与维生素补充剂相关的潜在健康风险和益处。

案例研究

莉娅终于做到了，她收到了参加选拔赛的邀请！因为要参加200 m自由泳的国家队比赛，她去了奥林匹克训练中心，与国家队教练和运动医务人员一起参加了选拔赛前的会议。因为上学前05:00就要开车去泳池，放学后还要训练，总是觉得又饿又渴，但却不知怎么能保持健康，做到这一点绝对不容易。这一切都归功于她父母的辛勤劳动，他们确保她有足够的好食物吃，有足够的休息，避免过度疲劳和生病。但是现在，18岁的她刚刚从高中毕业，开始了大学生的新生活，仅仅6个月后，她就有机会进入国家游泳队。生活精彩而美好，但也比以往任何时候都复杂。

莉娅常常发现自己不知道去哪里吃下一顿饭。虽然她的母亲总是确保她在清晨训练前有东西吃，但她在大学的生活太忙碌了，所以不知道在训练前吃什么。她注意到自己会比以前更早感到疲劳，但是她觉得没有什么问题，可以补充一些维生素和矿物质来保持身体的健康。这是她犯的第一个大错误。与广告不同的是，维生素补充剂不会为你提供能量。一些维生素补充剂可能对低质量饮食或有特定营养缺乏的人有用，但广谱营养补充剂并不能为未在正确时间摄取足够食物的运动员提供更多的能量。莉娅买了各种各样的维生素补充剂，并作为一种简单的膳食替代品，在训练前服用大量的维生素补充剂，以确保她有足够的能量快速游泳。营养补充剂价格不菲，但她并不在意，因为她相信这是一个合乎逻辑的解决方案，可以满足她身体的需要。她错了。

轮到莉娅和国家训练中心的运动医务人员见面了。他们问的第一个问题是关于莉娅的饮食习惯。她表示在家的时候饮食一切都很好，但当她去大学生活的时候，吃饭就变得很困难，不过她发现了这些神奇的补充剂，她觉得都不是问题。运动医务人员脸上的难以置信的表情让莉娅觉得她说错了什么话，然后当运动医务主任说："莉娅，我们不会把精力放在一个会因为饮食问题使自己生病，甚至还可能服用含有违禁物质的补充剂的运动员身上(在大量针对运动员的补充剂中发现含有违禁物质)，所以即使你游泳游得很好，我们也不会在你身上投入精力，除非我们确定你在吃对的食物时"，莉娅意识到她做错了。主任还问了莉娅三个问题：

■ 如果你没有吃足够的食物，这些维生素有什么作用呢？

■ 你是否担心每天的摄入量是建议摄入量的1 000倍会有点多？

■ 如果你被发现食用了违禁物质，你会怎么做？

这些问题她一个也答不上来，很快她就意识到自己在和自己的身体玩了一场糟糕的化学游戏。但是，她并没有打算放弃成为团队一员的机会，所以她问了一个重要的问题："能有人指导我吃什么、什么时候吃来优化我的运动表现吗？"营养师看着莉娅说："好吧，你问对了问题。让我们看看能不能让你为下周的比赛做好准备。你游泳游得太好了，确实值得一试。"

过了一段时间，莉娅恢复了正常状态，饮食也很合理，而且认识到除了吃之外没有别的选择。由于各种因素，正确的饮食是你得到身体所需的最好的方式。它给你维生素、矿物质和能量，让你保持最佳状态。

案例研究(问题探讨)

(1) 看一本以运动员为目标群体的杂志，看看杂志上与营养有关的广告，以及这些广告鼓励运动员服用哪些维生素补充剂。

(2) 列一张推荐补品的清单，然后在美国国立卫生研究院的膳食补充剂办公室的网站上查阅每种补充剂的最新情况，列出每种补充剂的潜在益处或存在的问题(膳食补充说明网站https://ods.od.nih.gov)[102]。

(3) 找出广告中的不足之处。

一、引言

需要考虑的重要因素

- 人们普遍认为，维生素的推荐摄入量是维持健康所需的最低水平，超过这个水平会更好。人们还认为，如果任何一种维生素摄入过多，那么多余的维生素就会毫不费力地被排出体外。
- 事实上，DRI比维持健康所需的平均摄入量高出两个标准差。此外，如果长期摄入过量，即使是水溶性维生素也有潜在毒性。
- 在营养方面，包括维生素在内，应该遵循的简单规则是：过多并不比足够好(图5.1)。

维生素是细胞需要的物质，它能促进细胞内发生特定的化学反应。一些维生素(尤其是B族维生素)参与能量反应，使细胞能够从碳水化合物、蛋白质和脂肪中获得能量。因为运动员比非运动员需要更高水平的能量，这些维生素在这里是特别有用的。其他维生素也参与维持矿物质平衡，对运动员确保足够的铁和钙的水平也很重要。例如，女性运动员缺铁的风险很高。维生素C有一个独特的特性，可以提高蔬菜中铁的生物利用度，从而增强对这些食物中铁的吸收；我们可以从阳光和食物中获取维生素D，它能促进小肠特定部位的细胞允许更多的钙和磷从食物中吸收到血液中，帮助维持和(或)提高骨密度。重要的是，维生素协同作用，更好地摄入食物，提供多种维生素，这是一种比单纯补充维生素更好的健康策略。例如，维生素E和维生素C都具有抗氧化特性，细胞膜中有维生素E，血液中有维生素

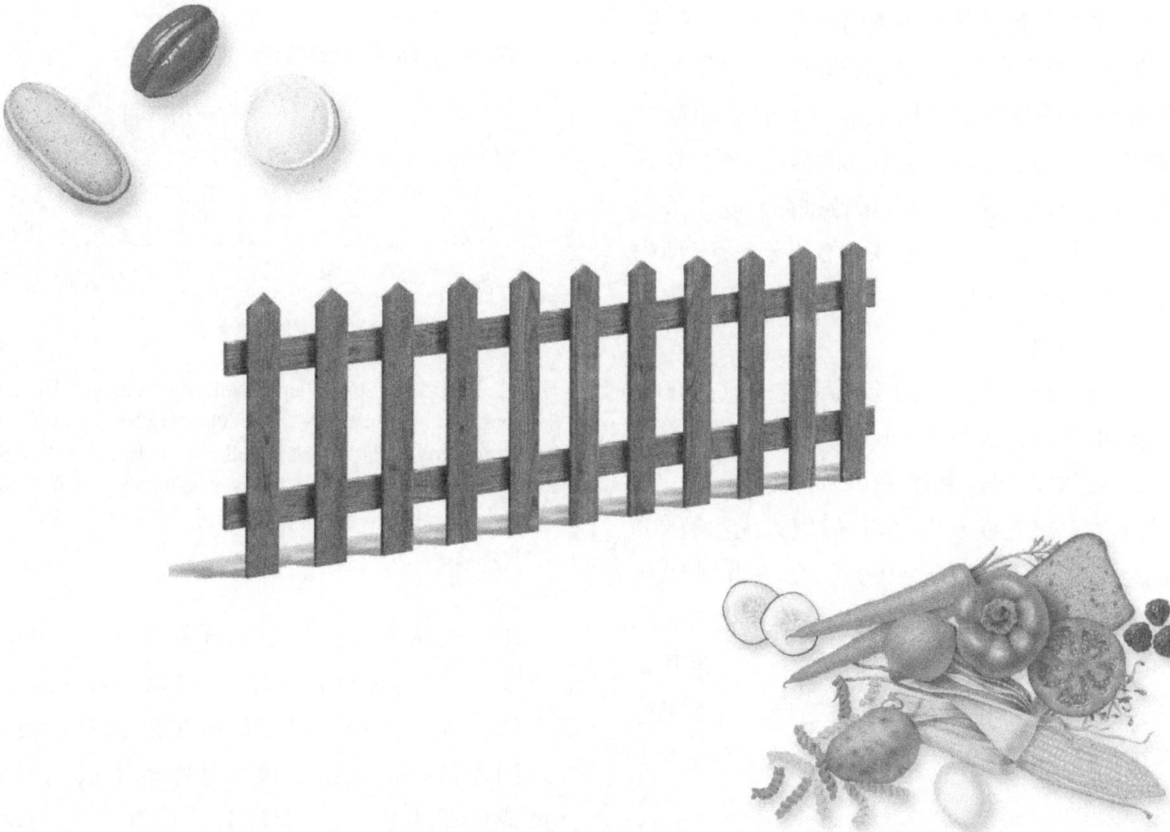

图5.1 基于信仰的营养vs.基于科学的营养。营养补充品通常被视为运动员的终极"后备系统"，但如果没有特殊理由需要服用，使用它可能不仅没有效果，还会让情况变得更糟。真正的食物是获取所需营养的最佳途径

资料来源：Anatomical Chart Company. Keys to Healthy Eating. Philadelphia [PA]: LWW; 2011.

C。当维生素E捕获一种具有潜在破坏性的氧化自由基并保护细胞时，它可以将自由基传递给维生素C，这样维生素E就可以自由地捕获另一种自由基并继续其细胞膜保护功能。

维生素

一种维持人体健康所必需的有机化合物/营养物质，不能由组织合成，必须通过食物摄入。维生素具有多种功能，包括组织生长、组织发育、组织修复、组织保护、红细胞发育、能量代谢、免疫功能和骨骼发育。

维生素分为脂溶性和水溶性两类。**脂溶性维生素**需要一个以脂肪为基础的环境来运输和发挥作用，而**水溶性维生素**则需要一个以水为基础的环境。与人们普遍认为的不同，我们具有存储所有维生素的能力，因此，我们有备用的所有维生素。也就是说，如果两天前我们用餐时摄入了富含维生素C的食物，即使在昨天所摄入的食物中没有维生素C，今天也不会有维生素C缺乏的症状。尽管没有专门的可以贮存大量维生素的场所，对于需要维生素C的

脂溶性维生素

这些是可溶于脂肪的维生素，存在于我们摄入的食物中以脂肪为基础的部分。它们包括维生素A、维生素D、维生素E和维生素K。

水溶性维生素

这些是可溶于水的维生素，存在于我们所食用的食物中以水为基础的部分。它们包括B族维生素和维生素C。

细胞来说，往往有多于其需要量的贮存能力。然而，脂溶性维生素确实有较大的贮存能力，可以供某些维生素的高水平季节性消耗。举一个例子，β胡萝卜素（维生素A_1的前体，维生素A的活性形式）在秋季收获的橙色和黄色蔬菜中含量特别高。吃季节性的南瓜、西葫芦可以获取高水平的β胡萝卜素，体内可以高水平的存储，以预防一年中剩余时段的β胡萝卜素的摄入不足。

做一个数学运算将有助于说明这一点。正常人体一次可以吸收大约1 500 mg的维生素C。健康人对维生素C的典型利用率约为每天15 mg。因此，在维生素C缺乏症发生之前，健康人大约有100天的维生素储备（1 500/15 =100）。在19世纪50年代，人们发现，在长途航行中，食用不含维生素C的食物的英国水手，在海上航行约3个月后，会开始出现坏血病的迹象，即维生素C缺乏症。而如果这些水手在长途航行中定期饮用酸橙汁，就不会发生坏血病。

需要考虑的重要因素

- 在我们生活的环境中有很多健康风险。例如，一个红眼病的人揉揉眼睛，然后碰了碰桌子表面，这样每个碰过桌子表面的人都有感染红眼病的风险，这是一种具有高度传染性的疾病。公众现在很清楚吸烟会增加患癌症的风险。吸烟者并不一定会得癌症，接触过桌子表面的人也不一定会得红眼病，但接触吸烟或接触传染性疾病会增加患病的风险。
- 简单来说，健康风险是指某件事（一个行为、一次暴露、没有运动习惯、不良饮食习惯等）可能对一个人的健康产生负面影响的可能性。健康风险增加20%意味着，如果五个人同样暴露在影响健康的因素中，1/5（20%）的人实际上可能因暴露于该因素而生病。健康风险越高，接触风险的人群中患病的可能性就越大。死亡风险与健康风险相似，只是暴露风险表示为死亡风险（即死亡率）。
- 一般来说，一个人的健康/死亡风险由多种因素组成，包括年龄、性别、近亲病史、活动模式、食物摄入量和遗传易感性。有些因素是在个人控制范围内的（如饮食、运动），而其他健康/死亡风险因素则不在个人控制范围内（如空气污染程度、基因、性别）。

资料来源：United States Department of Health and Human Services, National Institutes of Health. NIH News in Health. Understanding Health Risks. Bethesda (MD): USDHHS; 2016. Available from: https://newsinhealth.nih.gov/2016/10/understanding-health-risks. Accessed April 23, 2018.

许多人认为摄入过量的任何维生素（包括水溶性维生素）都是没有问题的，这是一种误解。许多人错误地认为摄入过多的维生素会简单地、良性地随尿液排出。过量摄入某些维生素，特别是已形成的维生素A（视黄醇），会产生严重的**维生素毒性**，同样，过量摄入水溶性维生素也会引发难题。例如过量摄入维生素B_6（每天500 mg）会造成神经系统（周围神经病变-手指失去感觉）永久性损伤[84]。表5.1清楚地说明了一次摄入过多维生素的问题，特别是高剂量的补充。该研究发现经常食用常见膳食维生素和矿物质补充剂的老年妇女（N=38 772人）有更高的死亡风险。补钙是唯

维生素毒性

也称为维生素过多症，毒性是由于摄入的维生素超过了人体中和或排泄多余的能力。通常情况下，当一个人长期服用高剂量的维生素补充剂时，就会产生维生素毒性。有些维生素比其他的维生素更具有潜在毒性，维生素A在过量摄入时具有很高的潜在毒性。水溶性维生素也有潜在的毒性。例如，维生素B_6如果长期大量摄入，可能会导致永久性的周围神经病变（手指和脚趾的感觉丧失）。仅通过食用食物而产生维生素毒性的可能性是非常小的。

表5.1 老年女性服用膳食补充剂与死亡率的关系

膳食补充剂	老年妇女死亡率
复合维生素	增加2.4%的风险
维生素B_6	增加4.1%的风险
叶酸	增加5.9%的风险
铁	增加3.9%的风险
镁	增加3.6%的风险
锌	增加3.0%的风险
铜	增加18.0%的风险
钙	减少3.8%的风险

资料来源：Mursu J, Robien K, Harnack LJ, Park K, Jacobs DR. Dietary supplements and mortality rate in older women: The Iowa Women's Health Study. Arch Intern Med. 2011; 171(18): 1625-33.

一与降低风险相关的补充剂。有人指出，在1986年，66%的女性服用补充剂；到2004年，这一比例上升到85%[75]。

运动员服用维生素补充剂的比例很高，研究发现81%的受调查运动员经常服用维生素补充剂[50]。运动员服用补充剂的主要原因是他们希望预防可能的营养不足，一些运动员说他们服用补充剂是为了加强运动后的恢复。然而，只有一小部分服用补充剂的运动员咨询了健康专家，也就是说大部分补充剂是自行购买使用的[51]。如前所述，运动员服用补充剂是有风险的，因为许多补充剂被发现含有未列在标签上的违禁物质，长期服用可能会产生毒性风险[33]。运动员当然是补充剂公司的重点营销目标，但很少有证据表明，营养补充剂比经常食用好的食物更能达到预期的效果。为了说明这一点，一项针对竞技铁人三项运动员的研究发现，与服用安慰剂相比，在铁人三项比赛前两个月提供800 IU的维生素E，实际上会在比赛期间促进更多的脂质过氧化和炎症[79]。这与食用抗氧化剂维生素的效果恰恰相反（维生素E）。但如果长期摄入过量，人体组织就会对维生素产生抵抗，从而产生相反的效果。剧烈的体育活动被认为与免疫细胞功能低下有关，这使运动员面临更高的患病风险。对于某些营养物质（包括蛋白质、铁、锌和维生素A、维生素E、维生素B_6和维生素B_{12}）摄入不足的运动员来说，这些营养情况会变得更糟。然而，也有研究发现，通常通过补充摄入这些补充剂，也会损害免疫功能，而且没有证据表明所谓的增强免疫的补充剂真的有效[44]。其他研究也发现，补充复合维生素和矿物质并不会提高运动员的成绩，这表明正常饮食的运动员不需要额外使用补充剂补充维生素和矿物质[107]。显然，获得所需营养（包括维生素）的最佳方式是经常食用满足能量需求的优质食物。

维生素改良与强化

许多维生素和矿物质被添加到食物中，这一过程被称为**食物改良**和**食物强化**。食物改良的过程是将在食品加工过程中丢失的维生素和矿物质恢复到食品中，食物强化的过程是在食品中添加选定的维生素和矿物质，以减少营养和（或）**维生素缺乏**及相关健康问题的风险。

食物改良

这表示对原本存在于食物中，但在食品加工过程中被移除的营养物质的添加。例如，对小麦进行加工，会去除谷物麸皮和胚芽中的许多B族维生素，使这些维生素得以改良，作为恢复谷物原有营养成分的一种手段。

食物强化

食物强化在通常食用的食物中添加关键的维生素和矿物质，以提高食物的营养含量，减少人群中特定营养素缺乏的可能性。为了减少地方性甲状腺肿大的发生风险对食盐加碘（加碘盐），是食物强化的一个经典案例。多年来维生素A和维生素D强化牛奶一直在降低佝偻病的发生风险，以及最近在美国，叶酸已被添加到谷物，以确保妊娠的妇女有一个正常的叶酸水平来减少子女患脊柱裂或无脑畸形的风险。

维生素缺乏

也称为维生素缺乏症，当组织中所需的维生素被消耗殆尽时，就会出现维生素缺乏症。例如，维生素D缺乏可能导致佝偻病或骨质疏松症，维生素C缺乏可能会导致坏血病，维生素B_2（核黄素）缺乏可导致舌炎、畏光和能量代谢不良。这种不足可能是由于不良的饮食，或饮食不能充分满足生活方式相关的需要。例如，吸烟者比不吸烟者需要更多的维生素C。

需要考虑的重要因素

改良

- 在食品加工过程中丢失的营养物质被重新添加回来。例如，将小麦提炼成精面粉，在加工过程中会丢失多种B族维生素和铁。在面粉中重新添加进这些加工过程中丢失的营养物质，称为面粉的改良。
- FDA规定，食品制造商必须遵守，只有食品中丢失的那种特定营养成分的含量比同类型未被强化的食物多10%，才可以标记为改良食物[100]。
- 此外，当食品符合FDA对改良食品的定义时，就可以被标记为"改良食品"，这种食品的名称包括改良面包或改良大米。加工过的面粉只有在含有一定量的维生素B_1、维生素B_2、烟酸和铁的情况下才能被标记为改良面粉。营养丰富的食物包括：
  - 面包；
  - 意大利面；
  - 早餐麦片；
  - 大米产品；
  - 玉米产品；
  - 小麦产品。

强化。

- 添加了一些原本不在食物中的营养物质。WHO和联合国粮食及农业组织（Food and Argriculture Organization of the United Nation, FAO）将强化食品定义为"有意增加一种基本微量营养素（即维生素和矿物质，包括微量元素）的含量，不论食物在加工前是否含有该营养素，以改善食物的营养质素，并在对健康构成最低风险的情况下，为民众带来健康效益。"因此，营养强化的主要目标是确定在日常食用的食物中不易获得的营养素，并添加这些营养素，以期减少与特定营养素缺乏有关的疾病。
- 强化营养的一个典型案例就是在奶制品中添加维生素A和维生素D，最近也出现了添加（强化）维生素D的橙汁。叶酸最近也添加到（强化）谷物，以降低妊娠的妇女生下患有脊柱裂或无脑畸形婴儿的风险。
- 强化食品包括：
  - 谷类和谷类产品；
  - 牛奶和奶制品；
  - 食用油；
  - 饮料；
  - 婴儿配方奶粉。

资料来源：Academy of Nutrition and Dietetics. Enriched, Fortified: What's the Difference? http://www.eatright.org/cps/rde/xchg/SID-5303FFEA-D13B3A75/ada/hs.xsl/home_8388_ENU_HTML.htm. Accessed February 12, 2008; United States Department of Agriculture, Food and Drug Administration. Are foods that contain added nutrients considered "enriched"?Available from: https://www.fda.gov/Food/GuidanceRegulation/GuidanceDocumentsRegulatoryInformation/ucm470756.htm. Accessed June 4, 2018.

二、水溶性维生素

（一）维生素B_1（硫胺素）

维生素B_1也被称为硫胺素，存在于多种食物中，包括全谷物、坚果、豆类、干豌豆和猪肉。它与其他B族维生素协同工作，将摄入的食物转化成

方框5.1 维生素B_1（硫胺素）快速指南

- DRI
  - 成年男性：1.2 mg/d
  - 成年女性：1.1 mg/d
  - 运动员推荐摄取量：1.5～3.0 mg/d，视消耗的总热量而定（高热量=消耗更多）
- 功能（活性辅酶：硫胺素焦磷酸）
  - 碳水化合物、脂肪和支链氨基酸代谢
  - 神经系统功能
- 含量丰富的食物来源
  - 全谷类食品
  - 豆类
  - 猪肉
  - 强化谷物
- 营养缺乏症状
  - 精神萎靡
  - 食欲减退
  - 虚弱
  - 小腿疼痛
  - 心脏疾病
  - 缺乏症：脚气病
- 毒性：尚不明确（没有确定安全上限）

肌肉能量与热量（方框5.1）。在这个代谢过程中，维生素B_1通过其活性**辅酶**硫胺素焦磷酸（thiamine pyrophosphate，TPP）去除能量反应中的二氧化碳而起作用。辅酶硫胺素焦磷酸是碳水化合物代谢中特别重要的一种酶。目前尚未有运动员维生素B_1缺乏的报道，但在进食非强化精白米或其他加工的非强化谷物的低质量饮食人群中，确实存在营养缺乏症。也有由于含有维生素B_1的食物严重的摄入不足引起神经性厌食的报道[114]。

缺乏维生素B_1导致的疾病称为脚气病，包括神经系统功能障碍（特别是手和腿，以及平衡）和心脏衰竭。一项研究发现，多达1/3的充血性心力衰竭住院患者被诊断为维生素B_1缺乏，在这一人群中，通过食物或补充维生素B_1增加维生素B_1的可获得性改善了维生素B_1的状态[48]。其中一种类型的脚气病还会引起水肿（水潴留），这是导致充血性心力衰竭的一个重要因素。正如对参与能量反应的维生素的预期，早期的维生素B_1缺乏以肌肉疲劳为特征，当缺乏变得更严重时，会发展为肌肉无力。维生素B_1缺乏的其他症状包括食欲不振、恶心、便秘、易怒、抑郁、失去协调性和思维混乱。美国运动员不太可能出现缺乏维生素B_1的情况。然而，由于乙醇会抑制正常的维生素B_1代谢，经常饮用乙醇饮料的运动员可能会出现维生素B_1缺乏症状。运动员对能量有很高的需求，但是因为维生素B_1的需求是基于每消耗1 000 cal需要补充0.5 mg的维生素B_1，高能量消耗的运动员采用这个剂量也是足够的。

辅酶

辅酶是一种小分子，通常是维生素的活性状态，并参与酶促反应。例如，维生素B_1的活性辅酶是TPP；烟酸的活性辅酶是烟酰胺腺嘌呤二核苷酸（niacin adenine dinucleotide，NAD）和烟酰胺腺嘌呤二核苷酸磷酸（niacin adenine dinucleotide phosphate，NADP）。TPP、NAD和NADP都参与了能量代谢过程，如果没有这些辅酶的催化，这些过程是不会发生的。

摄入适宜量的维生素B_1对能量代谢、肌肉蛋白合成和肌肉修复很重要[81,96]。运动员通常进食富含维生素B_1的高碳水化合物类食物，这有助于运动员确保满足能量需求的同时也满足对维生素B_1的生理需求。一项针对大学游泳运动员的研究发现，与低强度训练相比，高强度训练与血液中循环的维生素B_1水平较低有关，这表明应调整饮食摄入量，使之动态匹配运动的能量需求[83]。高强度运动时应食用更多的食物，以充分供给额外的能量代谢所需的维生素B_1。

维生素B_1存在于多种食物来源中，包括全谷物、坚果、豆类（豆子和干豌豆）和猪肉。它与其他B族维生素协同作用，将我们摄入的食物中的能量转化为肌肉能量和热量。

（二）维生素B_2（核黄素）

维生素B_2通过其辅酶黄素腺嘌呤二核苷酸（flavin adenine dinucleotide，FAD）与黄素单核苷酸（flavin mononucleotide，FMN）参与能量产生和正常的细胞功能，这些辅酶主要参与从摄入的碳水化合物、蛋白质与脂肪中获取能量（方框5.2）。含维生素B_2的食物来源包括奶制品（如牛奶、酸奶、松软干酪）、深绿色叶蔬菜（如菠菜、甜菜、芥菜叶、西兰花、青椒）、全谷物食品与强化谷物食品。

没有充分的研究证明，运动员普遍存在维生素B_2不足症状，这可能是因为维生素B_2在血液水平较低时被肾脏重新吸收[83,107,115]。而且使用超过DRI的剂量，也没有明显的毒性症状发生。几项研究表明，运动员需求量应当大于DRI，DRI是基于大约每1 000 cal摄入0.6 mg维生素B_2的量确定的。在对运动中的女性及渴望减肥的女性一系列研究中发现，维生素B_2的需求量范围每1 000 cal为0.63～1.40 mg[6-8]。一些证据表明，体育活动会使维生素B_2需求量稍高于0.6 mg/1 000 cal[99]。尽管如此，即使运动员的需求量明显要高，但并没有研究证实，摄入量大于DRI会使运动员的成绩提高。素食运动员患维生素B_2缺乏症的风险可能更高，尤其是当他们不食用大豆和奶制品等富含维生素B_2食物的时候[16]。素食运动员提高运动强度也会存在更高的风险，特别是如果常规食物摄入量不足以提供所需的能量和维生素B_2，如全谷类和精加工的谷物，豆类产品、杏仁、芦笋、香蕉、红薯和小麦胚芽[65]。

确定运动员的适当摄入量从来都不是一件容易的事情，有许多因素需要考虑。对于维生素B_2来说，理解这一要求就更加复杂了，因为维生素B_2很容易被紫外线破坏（杂货店里不透明的牛奶瓶就是为了防止紫外线进入牛奶）。因此，新鲜乳制品中的维生素B_2含量与更容易多次暴露在阳光下的旧产品中的维生素B_2含量不同。这使得我们很难了解通常食物中维生素B_2的实际含量，发现早期风险的存在。虽然体育活动可能会增加对维生素B_2的需求，但没有研究表明，摄入超过DRI的维

方框5.2 维生素B_2（核黄素）快速指南

- DRI
  - 成年男性：1.3 mg/d
  - 成年女性：1.1 mg/d
  - 运动员推荐摄入量：1.1 mg/1 000 cal
- 功能（活性辅酶：FMN、FAD）
  - 能量代谢（电子传递反应）
  - 蛋白质代谢
  - 激素生成
  - 皮肤健康
  - 眼睛健康
- 含量丰富的食物来源
  - 新鲜牛奶与其他奶制品
  - 鸡蛋
  - 深绿色叶蔬菜
  - 全谷类食品
  - 强化谷物
- 营养缺乏症状
  - 舌体发炎
  - 嘴角、鼻角与眼角皮肤干裂
  - 强光敏感性
  - 虚弱
  - 疲劳
  - 缺乏症：唇干裂、畏光症
- 毒性：尚不明确（没有确定安全上限）

生素B_2会提高运动成绩。

（三）烟酸（烟酰胺、烟碱或维生素B_3）

烟酸通过其活性辅酶参与碳水化合物、蛋白质和脂肪的能量生成过程、糖原合成和正常的细胞代谢（方框5.3）。这些酶——NAD和NADP——是维持正常肌肉功能所必需的。烟酸缺乏症在遭受饥荒或单一摄入非强化谷物产品的人群中有大量的例证，但是没有证据表明运动员中存在烟酸缺乏症。

含有烟酸的食物有肉类、全谷物或强化谷物、种子、坚果与豆类，肌体细胞具有从色氨酸（60 mg色氨酸产生1 mg烟酸）中合成烟酸的能力，色氨酸是一种氨基酸，存在于优质蛋白质食物（如肉、鱼、家禽）中。由于很多种类的食物中都含有烟酸，所以人们每天摄入12～14 mg，或6.6烟酸当量（niacin equivalents，NEs）/1 000 cal的DRI相对比较容易。NEs相当于1 mg烟酸或60 mg膳食色氨酸。你可以直接从食物中获取烟酸，或通过摄入色氨酸来获得。NE的测量单位会将这两种来源都考虑清楚。

烟酸缺乏会导致肌肉无力、食欲不振、消化不良及皮疹，极度缺乏会导致缺乏症糙皮病。糙皮病的症状包括腹泻、痴呆、皮炎，如果不及时治疗，还会导致死亡。过量摄入烟酸会导致中毒症状，包括胃肠道不适与感觉灼热（面色发红、发热），还可能引起脖子、脸和手指周围的刺痛感。这些症状一般出现在大剂量服用烟酸以降低血脂的人群中，提示只有在医疗监督下才能补充烟酸。动物研究发现，补充

方框5.3　维生素B_3（烟酸）快速指南

- DRI
  - 成年男性：16 mg/d
  - 成年女性：14 mg/d
  - 运动员推荐摄入量：14～20 mg/d（更高的摄入量是基于更高的预期能量摄入）
- 功能：(活性辅酶：NAD，磷酸化为NADP，还原为烟酰胺腺嘌呤二核苷酸氢化物）
  - 能量代谢
  - 糖酵解
  - 脂肪合成
- 含量丰富的食物来源
  - 富含色氨酸（一种可以转化为烟酸的氨基酸）的食物
    - 牛奶
    - 鸡蛋
    - 火鸡肉
    - 鸡肉
  - 富含烟酸的食物
    - 全谷物
    - 瘦肉
    - 鱼
    - 家禽
    - 强化谷物
- 营养缺乏症状
  - 食欲减退
  - 皮疹
  - 痴呆
  - 虚弱
  - 嗜睡
  - 缺乏症：糙皮病
- 毒性
  - 耐受上限
    - 1～8岁的幼儿：10～15 mg/d
    - 儿童与成年人（9至70多岁）：20～35 mg/d
  - 毒性症状
    - 面红
    - 四肢灼烧感和刺痛感
    - 肝炎
    - 胃溃疡

烟酸可能会增加肌肉线粒体的生物发生，从而增加脂肪代谢的潜力。然而，目前还没有关于补充烟酸对线粒体适应影响的人体实验[28]。事实上，早期研究评估了补充烟酸的性能影响，发现耐力降低是因为过量的烟酸导致脂肪代谢降低造成的[11,24,54]。较低的脂肪代谢导致更依赖碳水化合物燃料（葡萄糖和糖原）来支持身体活动，但糖原存储有限，导致耐力较低。到目前为止，还没有证据表明机体对烟酸的需求会随着运动的增加而增加。

（四）维生素B_6（吡哆醇、吡哆醛、吡哆胺）

维生素B_6是指6种具有相似代谢活性的化合物：吡哆醇、吡哆醛、吡哆胺、5-磷酸吡哆醇、5-磷酸吡哆醛（pyridoxal-5-phosphate，PLP）、5-磷酸吡哆胺（pyridoxamine-5-phosphate，PMP）（方框5.4）。维生素B_6在肉类（特别是肝脏）中的含量最多，其他含有维生素B_6的食物有麦芽、鱼、家禽、豆类、香蕉、糙米、全麦物与蔬菜。由于这种维生素的功能与蛋白质和氨基酸的代谢密切相关，所以对它的需求量与蛋白质的摄入有关（蛋白质摄入量越高，维生素B_6的需求量越大）。因为高蛋白食物通常也富含维生素B_6，蛋白质摄入量充足的人很可能也有足够的维生素B_6水平。但是许多运动员补充纯化蛋白质（蛋白粉、氨基酸粉），从而可能会造成运动员具有较高的蛋白质摄入量，而其维生素B_6的摄入量却不足。成人的需要量是根据每天每摄入1 g蛋白质需要0.016 mg维生素B_6而确定的，对于那些摄入标准蛋白质的人来说是足够的[57]。除了乙醇中毒会影响B_6的摄入和破坏B_6的新陈代谢外，严重缺乏维生素B_6是罕见的。维生素B_6缺乏症在普通人群中的患病率估计为10.6%[91]。当缺乏症发生时，它最常与神经症状（易怒、抑郁和困惑）和口腔炎症联系在一起[19,46]。

维生素B_6通过帮助合成氨基酸与蛋白质（转氨基作用）而在蛋白质合成过程中起作用，它还通过参与氨基酸和蛋白质（去氨基反应）的分解过程，来影响蛋白质的分解代谢。因此，它参与对运动成绩至关重要的肌肉、血红蛋白及其他蛋白质的合

方框5.4 维生素B_6（吡哆醇、吡哆醇、吡哆胺）快速指南

- DRI
  - 成年男性：1.3～1.7 mg/d
  - 成年女性：1.3～1.5 mg/d
  - 运动员推荐摄入量：1.5～2.0 mg/d
- 功能（活性辅酶：PLP和PMP）
  - 蛋白质代谢，蛋白质合成
  - 脂肪代谢
  - 碳水化合物代谢
  - 神经递质的合成
  - 糖酵解
  - 抗氧化剂
- 含量丰富的食物来源
  - 肉类
  - 全谷物与强化谷物
  - 鸡蛋
- 营养缺乏症状
  - 恶心
  - 口炎
  - 肌肉无力
  - 抑郁
  - 抽搐
  - 免疫功能减低
- 毒性
  - 耐受上限
    - 1～8岁儿童30～40 mg/d
    - 儿童及与成年人（9至70多岁）60～100 mg/d
  - 毒性症状
    - 四肢知觉丧失、协调性丧失

成。维生素B_6主要的酶——磷酸吡哆醛(pyridoxal phosphate, PP)也会通过糖原磷酸化酶参与肌肉糖原的分解并释放能力。

缺乏维生素B_6会导致周围神经炎(手、脚、上肢与腿丧失神经功能)、共济失调(失去平衡)、烦躁、抑郁与抽搐。过量摄入维生素B_6同样会导致机体的毒性症状(已有文献报道),这些症状与维生素B_6缺乏症相似,包括共济失调与严重的感觉神经疾病(手指失去知觉)。毒性症状在服用补充剂的女性人群(为治疗经前期综合征与几种神经疾病,平均每天摄入相当于119 mg的维生素B_6)中已经有文献报道[32,84]。

这为研究维生素B_6与运动表现之间的关系提供了理论基础。作为肌肉获得所需能量的一种方式,维生素B_6参与肌肉中氨基酸的分解,同时也参与在肝脏中将乳酸转化为葡萄糖的过程[67]。维生素B_6还参与肌糖原的分解以获得能量。维生素B_6与运动成绩有关的功能还包括构成5-羟色胺及从赖氨酸中合成卡尼汀。有证据表明,一些运动员可能存在维生素B_6不足的风险[41,45,95]。维生素B_6水平不足会降低运动成绩[92]。也有人提出,运动员体内抗氧化能力较低可能是由于缺乏维生素B_6所致[26]。

因为很多运动员总是在寻找额外的优势,所以他们对合法天然物质的由衷青睐是可以理解的。维生素B_6有时会作为一种合法的天然物质进行交易,而且除了在能量代谢中的重要性之外,它还与生长激素的产生有关,而生长激素有助于增加肌肉量[34]。由此可以看出,运动与维生素B_6对生长激素合成的综合影响比其他任何单个因素都明显[37,72]。鉴于维生素B_6对运动成绩的重要性,我们很容易理解为什么运动员会急于获得更多的维生素B_6。但是运动员在服用维生素B_6补充剂之前,必须首先考虑如下因素[67]。

- 多数运动员维生素B_6摄取充足,处于正常水平;
- 维生素B_6不足的运动员往往是由于能量摄取量不足;
- 更大比例的女运动员及强调低体重体育项目的运动员(体操、摔跤、滑冰等)更易出现能量与蛋白质摄入不足,从而造成维生素B_6的摄入量不足;
- 高剂量的维生素B_6已经被证实会产生毒性作用;
- 维生素B_6不足会导致运动成绩下降,但没有充分的证据表明摄入量超过推荐摄入量会对运动成绩产生有益的影响[36];
- 如果膳食平衡而且能量摄入充足,那么,补充维生素B_6对于提高运动成绩,似乎是没有必要的[82]。

综合考虑以上因素,应当鼓励运动员摄入充足的能量物质,而不是依赖维生素B_6补充剂。

(五)维生素B_{12}(钴胺素)

维生素B_{12}可能是所有维生素中化学属性最复杂的一种。它含有钴矿物(因此得名"钴胺素")是所有细胞功能的基本要素,并且对红细胞的形成、叶酸代谢、DNA合成、琥珀酰辅酶A(柠檬酸循环的中间产物),以及神经发育起着重要的作用(方框5.5)。

这种维生素的膳食来源主要是动物性食物(肉类、鸡蛋、奶制品);植物性食物中基本不含这种物质。肠源性细菌也会合成少量可吸收的维生素B_{12}。不吃动物性食物的素食主义运动员(如不吃肉,也不吃鸡蛋与奶制品的运动员)可能会出现维生素B_{12}缺乏的危险。

维生素B_{12}缺乏会导致恶性贫血,摄入不足也与神经管缺陷(如脊柱裂和无脑畸形)、神经递质合成降低、精神功能降低、同型半胱氨酸水平升高(心脏病的危险因素)的高风险有关。恶性贫血最常见于正常胃功能减退的老年人。胃产生一种称为内因子的物质,它是吸收维生素B_{12}所必需的物质。如果没有内因子,即使是正常的维生素B_{12}膳食摄入,也会因为吸收障碍而导致维生素B_{12}缺乏。维生素B_{12}缺乏的症状包括疲劳、肌肉协调性差(可能导致瘫痪)及痴呆。

数年来,运动员一直都在滥用维生素B_{12},许多运动员在赛前注射大量的维生素B_{12}(经常是1 000 mg的注射量),这种现象非常普遍而且仍会持续[42,103]。尽管这种方法应用得很广泛,并没有

方框5.5 维生素B_{12}(钴胺素)快速指南

- DRI
  - 成年男性：2.4 μg/d
  - 成年女性：2.4 μg/d
  - 运动员推荐摄入量：2.4～2.5 μg/d
- 功能
  - 蛋白质代谢，蛋白质合成
  - 脂肪代谢
  - 碳水化合物代谢
  - 神经递质形成
  - 糖酵解
  - 红细胞构成
- 含量丰富的食物来源
  - 动物性食品(肉类、鱼、家禽、蛋类、牛奶、奶酪)
  - 强化谷物
- 营养缺乏症状
  - 疾病：恶性贫血(尽管严格的素食主义者有此危险，但更有可能是由于维生素吸收不良引起，而非膳食不足)
  - 营养缺乏症状：虚弱、容易疲劳、神经紊乱
- 毒性：尽管每日供给量(daily value，DV)为6 μg/d，但尚没有确定耐受上限

证据证明过量摄入维生素B_{12}对提高运动成绩有任何作用[65,80,98,104]。

道理很明显，运动员摄入食物会帮助他们避免各种营养不良(包括维生素B_{12}缺乏症)，由此产生的贫血症由于携氧能力降低，导致耐力下降，从而对运动成绩造成明显的影响。并且，肌肉协调性也有可能会受到潜在的损害。一个人如果进食平衡的混合食物膳食，除非有先天性维生素B_{12}吸收障碍(特别由于制造的内因子不足)，否则就没有必要去服用补充剂。另外，纯素质主义者应充分关注维生素B_{12}的水平。一般情况下，纯素食主义运动员如果补充维生素B_{12}，以2.42 μg/d的DRI为宜，摄入强化维生素B_{12}的食物(如一些豆奶产品)也是合理的。维生素B_{12}的素食来源包括：

- 维生素B_{12}强化杏仁奶；
- 维生素B_{12}强化椰奶；
- 营养酵母；
- 维生素B_{12}强化豆浆；
- 豆豉或豆腐；
- 维生素B_{12}强化麦片。

(六) 叶酸(叶酸盐)

叶酸广泛存在于食物中，叶酸含量丰富的食物有肝脏、酵母、多叶蔬菜、水果和豆类。家庭食品通常制作方法与长时间贮存，很容易破坏叶酸，因此新鲜食物通常是最富含叶酸的。叶酸在氨基酸代谢与核酸(RNA与DNA)合成过程中起作用，因此叶酸不足会导致蛋白质合成的改变(方框5.6)[57]。更新快的组织(包括红细胞、白细胞，以及胃肠道组织与子宫)对叶酸尤其敏感。近期，胎儿神经管缺陷(最明显的是脊柱裂)的消除与妊娠期间摄入足够的叶酸有关[111]。美国人平均叶酸摄入量超过每日180～200 μg的需求量的25%～50%，但其在红细胞形成和防止神经管缺陷方面的重要作用决定了在妊娠期间需要额外补充叶酸。妊娠期间叶酸的推荐摄入量(400 μg)是成人所需摄入量的两倍。缺乏叶酸会导致贫血、肠胃不适(腹泻、吸收障碍、疼痛)以及舌头肿胀、发红。因为叶酸与维生素B_{12}在生成健康的红细胞过程中共同起作用，所以叶酸缺乏会导致巨幼细胞性贫血。过量摄入叶酸可能会掩盖维生素B_{12}的缺乏，也可能增加患癌症的风险[39,69,116]。

叶酸天然存在于食物中；叶酸是叶酸盐的合成形式。

目前还没有关于叶酸与运动成绩之间关系的研究报道。尽管如此，由于运动员要参加各种高强度体育活动，所以组织更新速度大于普通人，而且有证据表明，运动员的红细胞更新速度大于非运动员，所

方框 5.6 叶酸(叶酸盐)快速指南

- DRI
  - 成年男性: 400 μg/d
  - 成年女性: 400 μg/d
  - 运动员推荐摄入量: 400 μg/d
- 功能
  - 蛋氨酸(一种必需氨基酸)代谢
  - DNA 形成
  - 红细胞构成
  - 胎儿正常发育
- 含量丰富的食物来源
  - 深绿色多叶蔬菜
  - 改良与强化谷物
  - 豆类
  - 全麦谷物
  - 柑橘
  - 香蕉
- 营养缺乏症状
  - 巨幼红细胞性贫血
  - 神经管缺陷(妊娠初期叶酸摄入量过低所致)
  - 营养缺乏症状
  - 虚弱
  - 容易疲劳
  - 神经紊乱
- 毒性
  - 耐受上限
    - 1～8 岁幼儿 300～400 μg/d
    - 儿童和成年人(7 至 90 多岁) 600～1 000 μg/d

以有充分的理由证明,运动员摄入足量叶酸是必要的[70, 107]。最好的办法是通过经常进食全谷物(现在添加了叶酸)、新鲜的水果与蔬菜来获取。

(七) 生物素(维生素 H)

生物素与镁和ATP共同作用于二氧化碳的代谢、葡萄糖合成(糖异生)、糖代谢及糖原、脂肪酸与氨基酸的合成(方框 5.7)[57]。富含生物素的食物来源包括蛋黄、豆粉、肝脏、沙丁鱼、胡桃、山核桃、花生与酵母。在日常生活中水果与肉类含生物素较少。生物素还可以由肠道细菌合成。由于能够在肠内合成,所以这种维生素的缺乏症很少见,但是大量摄入

方框 5.7 生物素(维生素 H)快速指南

- DRI
  - 成年男性: 30 μg/d
  - 成年女性: 30 μg/d
  - 运动员推荐摄入量: 30 μg/d
- 功能
  - 葡萄糖合成(糖异生)
  - 脂肪酸合成
  - 基因表达调节因子
- 含量丰富的食物来源
  - 蛋黄
  - 黑豆
  - 深绿色多叶蔬菜。注意: 也可由肠道细菌产生
- 营养缺乏症状
  - 少见: 如果发生这种情况,是因为蛋清摄入量过高
  - 营养缺乏症状: 食欲减退、抑郁、肌肉疼痛、皮炎
- 毒性: 没有确定耐受上限

生鸡蛋蛋清可能会导致生物素缺乏，因为生鸡蛋蛋清中含有抗生物素蛋白。这种蛋白质会与生物素结合（20颗生鸡蛋蛋清足以干扰生物素的新陈代谢）。当发生生物素缺乏时，产生的症状包括脱发，眼睛、鼻子周围有鳞状红疹，食欲缺乏，呕吐，抑郁。然而，由于食用大量生蛋白的人并不多，因此缺乏这种维生素的情况很少见。运动员应谨慎采用食用大量的生鸡蛋蛋清作为增加蛋白质摄入的策略。没有证据表明，运动员会患生物素缺乏症，也尚无有关生物素与运动成绩之间关系的资料。

（八）泛酸（维生素B_5）

泛酸是辅酶A的结构性成分，辅酶A在能量代谢过程中起核心作用（方框5.8）。泛酸通过辅酶A参与糖、蛋白质和脂肪代谢。泛酸广泛存在于日常膳食中，运动员不太可能发生缺乏症，特别是有足够能量摄入的运动员。

泛酸在肉类、全麦食品、豆类和豌豆中含量最高。如果确实发生了罕见的缺乏症，症状包括容易疲劳、虚弱和失眠。该维生素的补充剂量通常是10 mg/d（DRI的2倍），这个水平不会产生毒性。

有人体研究表明泛酸可能有助于皮肤伤口的愈合[108,110]。早期对动物的研究也表明，泛酸补充能有效地缩短疲劳时间[90]。然而，人体研究并不认同泛酸补充的潜在好处。在一项双盲的研究中，无论是服用泛酸补充剂还是安慰剂，跑步者在疲劳时间上没有差异[78]。然而，在另一项双盲的研究中，与未服用泛酸盐补充剂的受试者相比，服用泛酸盐补充剂的受试者在骑自行车测功器到筋疲力尽之前，乳酸水平降低了（−16.7%），耗氧量增加了（+8.4%）[64]。

虽然增加泛酸摄入量与运动成绩之间可能存在某种联系，但在对运动员泛酸摄入量提出合理建议之前，还需要更多的信息。在对泛酸补充剂进行试验以确定需求水平的研究中，常用的剂量是10 mg/d。采用这一剂量时，其中5～7 mg/d会随尿液排出[57]。因此，服用这个水平或以上的补充剂似乎是过量的。

（九）维生素C（抗坏血酸、抗坏血酸盐、脱氢抗坏血酸、*L*-抗坏血酸盐）

新鲜水果与蔬菜是维生素C的最好来源。谷类食物不含维生素C（除非添加了维生素C），肉类和奶制品的维生素C含量也很低。维生素C在烹调（加热）和暴露在空气（氧气）的情况下很容易遭到破坏。它还非常易溶于水，因此在水中烹调的食物维生素C很容易丢失。维生素C缺乏症坏血病现在几乎已经不存在。经常性、高剂量地补充维生素C造成的毒性也很少见，但是可能有易患肾结石的倾向，并可能减少组织对维生素的敏感性。每天100～200 mg的剂量将会满足身体对维生素C的需要，但是许多人实际上每天摄入的剂量为1 000～2 000 mg[57]，大大高于DRI每天75～90 mg的推荐量（方框5.9）。

方框5.8 泛酸（维生素B_5）快速指南

- DRI
  - 成年男性：5 mg/d
  - 成年女性：5 mg/d
  - 运动员推荐摄入量：4～5 mg/d
- 功能
  - 作为乙酰辅酶A的一部分，参与能量代谢
  - 糖异生
  - 乙酰胆碱的合成
- 含量丰富的食物来源
  - 广除加工及精加工意外的所有食物
- 营养缺乏症状
  - 人类症状未知
- 毒性：每日用量为10 mg，但耐受上限没有确定

方框5.9 维生素C（抗坏血酸、抗坏血酸盐、脱氢抗坏血酸、*L*-抗坏血酸盐）快速指南

- DRI
  - 成年男性：90 mg/d
  - 成年女性：75 mg/d
  - 运动员推荐摄入量：100～200 mg/d
- 功能
  - 抗氧化剂
  - 卡尼汀的合成（卡尼汀是一种将脂肪酸运输到线粒体进行能量代谢的运输分子）
  - 产生肾上腺素和去甲肾上腺素（快速降解糖原使葡萄糖进入工作肌肉的神经递质）
  - 促进水果和蔬菜中非血红素铁的吸收
  - 合成皮质醇，一种强大的分解代谢激素
  - 维生素E的再合成，激活其抗氧化水平
  - 生成胶原蛋白（一种结缔组织蛋白）
- 含量丰富的食物来源
  - 新鲜水果（尤其是柑橘和樱桃）
  - 新鲜蔬菜
- 营养缺乏症状
  - 罕见
  - 疾病：坏血病
  - 缺乏症状：牙龈出血、肌肉和肌腱萎缩、猝死
- 毒性
  - 耐受上限
    - 1～8岁幼儿：400～650 mg/d
    - 儿童及成年人（9至70多岁）：1.2～2.0 g/d
    - 长期摄入1 g/d以上会增加肾结石形成的风险

资料来源：Institute of Medicine, Food and Nutrition Board. Dietary Reference Intakes (DRI): Recommended Intakes for Individuals. Washington (DC): National Academy Press; 2004.

针对维生素C摄入量与运动成绩之间的关系，许多研究进行了评估。尽管研究的结果并不一致，但多数研究存在的问题是，受试者之间缺乏规范化的标准，而且一般缺少对照组。尽管如此，有研究报道，实验分为对照组和补充维生素C组，补充维生素C组为每天补充剂量500 mg或低于500 mg（相当于5倍的DRI），结果发现维生素C对运动成绩并没有明显的益处[27,53]。一项研究指出，如果在测试前不久（4 h）摄入500 mg的维生素C，运动员在力量方面有显著提高，最大氧耗量（VO_{2max}）显著降低，这是一件好事，但对肌肉耐力没有影响[18]（VO_{2max}是肺能输入系统的最大氧气量。工作在一个较低的VO_{2max}水平意味着机体不是以最大的有氧能力努力工作）。如果向受试者提供7天同样剂量的维生素C，结果显示，力量有一定提高，但耐力却有所降低。当向这些受试者提供2 000 mg/d的剂量，并服用7 d时，运动员的最大氧耗量有所降低，但在耐力方面没有明显的变化。稍高水平的维生素C可能会对从事对抗性体育项目的运动员（会有肌肉酸痛或损伤发生，从而需要形成更多的胶原蛋白）有益。动物实验表明，维生素C能够促进康复的过程，而维生素C不足会阻碍康复[86]。研究还指出，当服用适当剂量的维生素C或其他抗氧化剂时，会迅速地缓解肌肉酸痛。应该注意的是，目前的科学证据支持使用抗氧化维生素补充剂（包括维生素C），促进运动员的肌腱和肌肉愈合是有限的[58,93]。

考虑到这些不一致的结果，很难对维生素C和运动表现做出合理的推荐。然而，稍微增加维生素C的摄入量可以更快地减少肌肉酸痛，也可以促进愈合。问题是多少才算合适？不幸的是不可能知道每个人的正确答案。因为研究表明，高剂量可能导致耐力问题，所以重要的是要保持摄入量低于可能导致性能缺陷的水平。早期的一项研究报告了3例因铁过量而死亡的病例。众所周知，维生素C可以促进铁的吸收，而那些死亡的人每天都服用了大量的维生素C[52]。另外，许多运动员每天仅从食物

中就已经摄入了超过250 mg的维生素C。基于这种情况，建议大量进食新鲜水果与蔬菜(除了维生素C之外，它们也是碳水化合物和许多其他营养物质的绝佳来源)。使用维生素C补充剂很受运动员欢迎。据报道，多达77%的被评估的运动员服用了维生素C补充剂或含有维生素C的复合维生素补充剂。然而，使用这些补充剂的建议并不是来自健康专家，超过80%的人报告说他们不知道补充摄入会对他们的表现产生负面影响[97]。

(十) 胆碱

胆碱虽然不是严格意义上的维生素，但具有水溶性维生素样特征，主要与神经递质乙酰胆碱的形成有关(方框5.10)。它通常与B族维生素一起被归类。有些动物需要胆碱来维持健康，但人类可以通过涉及氨基酸蛋氨酸和维生素叶酸的代谢途径产生胆碱。因此，定期食用富含蛋氨酸的高蛋白食物是保证足够胆碱供应的一种方法。1998年，IOM确定胆碱是一种必需营养素[117,118]。胆碱存在于许多食物中，尤其是牛肝、鸡蛋、母乳和十字花科蔬菜(花椰菜、西兰花等)。卵磷脂是一种乳化剂(导致脂肪在水中混合，如意大利奶油酱汁与普通的油和醋酱汁相混合时，普通的油会浮在醋酱汁的表面)，根据其食物来源的不同(大豆、向日葵、油菜籽等)，食物中可能含有20%～90%的胆碱。虽然加工食品中的卵磷脂含量较少，但食用含有卵磷脂的食品可能仅使成人平均胆碱摄入量每千克体重增加1.5 mg[56]。

胆碱是制造神经递质乙酰胆碱所必需的，乙酰胆碱涉及包括记忆和肌肉控制在内的多种神经功能。

方框5.10 胆碱快速指南

- 没有DRI，只有AI
  - 成年男性AI：550 mg/d
  - 成年女性AI：425 mg/d
  - 运动员推荐摄入量：未知
- 功能
  - 细胞膜结构
  - 细胞膜信号转导
  - 乙酰胆碱的合成和神经传递
  - 用于蛋白质合成的甲基供体
- 含量丰富的食物来源
  - 牛肝
  - 蛋
  - 鱼
  - 花椰菜、西兰花和其他十字花科蔬菜
- 营养缺乏症状
  - 脂肪肝
  - 肾脏疾病
  - 容易疲劳
- 毒性
  - 毒性症状(每日高剂量10 000～16 000 mg/d时可见)
    - 三甲胺(一种胆碱代谢物)过量产生的鱼腥味
    - 可能导致低血压和昏厥
- 耐受上限
  - 1～8岁幼儿：1 000 mg/d
  - 9～13岁儿童：2 000 mg/d
  - 14～18岁青少年：3 000 mg/d
  - 19岁及以上的成年男性和女性：3 500 mg/d

资料来源：Busby MG, Fischer L, da Costa KA, Thompson D, Mar MH, Zeisel SH. Choline- and betaine-defined diets for use in clinical research and for the management of trimethylaminuria. J Am Dietet Assoc. 2004; 104(12): 1836–45; Institute of Medicine, Food and Nutrition Board. Dietary Reference Intakes for Thiamin, Riboflavin, Niacin, Vitamin B6, Folate, Vitamin B12, Pantothenic Acid, Biotin, and Choline. Washington (DC): National Academy Press; 1998. p.390–422.

虽然仍在研究中，但早期研究表明较高的胆碱摄入量可能对耐力运动员和大量饮酒的人有益[61,105]。然而，最近一项关于陆军游骑兵的研究发现，补充胆碱对耐力、受伤率或射击精度没有益处[4]。

血液中高水平的同型半胱氨酸会增加心血管疾病的风险，而有证据表明胆碱缺乏可能是高水平同型半胱氨酸的一个因素[63,119]。胆碱摄入不足的另一临床问题是非酒精性脂肪性肝病。胆碱是制造肝脏蛋白的必需物质，这些蛋白将肝源性脂肪运送到血液中，这种蛋白质被称为极低密度脂蛋白。如果没有足够的胆碱，蛋白质载体就无法制造，肝脏中的脂肪也无法清除。一项对绝经后低雌激素妇女的研究发现，如果提供缺乏胆碱的饮食，她们会出现肝脏和（或）肌肉损伤[40]。严重胆碱缺乏的常见临床症状包括肝脏、心脏和肾脏疾病[66,118]。

三、脂溶性维生素

脂溶性维生素是通过脂肪溶质传递的，这也是运动员不应进食超低量脂肪膳食的重要原因之一（脂肪摄入量低于总热量的10%是危险的，而当脂肪摄入量在总热量的20%～35%时，运动员表现得很好）。身体中含有四种脂溶性维生素，包括维生素A、维生素D、维生素E、维生素K，每种都被有效地贮存并在需要时使用。然而，这些维生素的储存能力是有限制的，提供超过储存能力水平的维生素可能很快导致中毒症状，在极端情况下，甚至出现死亡。人体营养中最具潜在毒性的物质是维生素A。如果食用通常的食物，达到产生毒性水平的剂量是很困难的，但如果补充剂摄入量超过推荐剂量，就很容易达到毒性剂量。由此来说，我们对这些维生素的储存能力减少了补充剂摄入的需要。

（一）维生素A（维生素A_1或β胡萝卜素）

维生素A的活性形式是维生素A_1（方框5.11）。我们从动物性食物中获取这种物质，包括肝脏、蛋黄、强化维生素A（如维生素A和维生素D牛奶）的奶制品、人造黄油及鱼油。女性DRI推荐范围为

方框5.11　维生素A（活性形式：维生素A_1；前体：β胡萝卜素）快速指南

- DRI
  - 成年男性：900 μg/d
  - 成年女性：700 μg/d
  - 运动员推荐摄入量：700～900 μg/d
- 功能
  - 维持健康的上皮（表面）细胞
  - 眼睛健康
  - 免疫系统健康
- 含量丰富的食物来源
  - 维生素
    - 肝脏
    - 黄油
    - 奶酪
    - 蛋黄
    - 鱼肝油
  - β胡萝卜素：深绿色与颜色鲜艳的水果和蔬菜
- 营养缺乏症状
  - 皮肤干燥
  - 头痛
  - 易怒
  - 呕吐
  - 骨骼疼痛
  - 夜盲症
  - 易感染
  - 失明
- 毒性（高潜在毒性）
  - 耐受上限
    - 1～8岁儿童幼儿：600～900 μg/d
    - 儿童与成年人（9至70多岁）：1.7～3.0 μg/d
  - 毒性症状：肝脏损伤、骨骼畸形、死亡

700维生素A_1活性当量(retinol activity equivalents, RAE),男性为900 RAE。1 RAE等于:

- 1 μg维生素A_1;
- 12 μg β胡萝卜素;
- 24 μg α胡萝卜素;
- 24 μg β隐藻黄素。

维生素A与正常视觉密切相关,帮助维持骨骼、皮肤与红细胞的健康,保持免疫系统的正常功能。没有证据表明过量摄入维生素A能够提高运动成绩。在20世纪40年代进行的一项早期研究中,补充维生素A并不能提高耐力[106]。在同一项研究中,饮食中缺乏维生素A的受试者运动表现并没有下降,这可能是由于维生素A储存充足,并没有达到缺乏的水平。据报道,一小部分青少年运动员维生素A摄入量不足,考虑到青少年时期对骨骼发育/生长很重要,应该给予青少年运动员一些关注,以确保摄入足够的维生素A[43,68]。

由于维生素A在长期服用量超过DRI时,会产生明显的毒性副作用。因此,运动员在服用维生素A补剂时应谨慎考虑使用剂量。维生素A的毒性有几种表现形式,包括皮肤干燥、头痛、易怒、呕吐、骨痛及视力问题。妊娠期间过量摄入维生素A也将增加新生儿畸形的风险[57]。

维生素A的前体是β胡萝卜素。前体是指在一定条件下,能够转化成维生素的活性形式物质。因此,进食含有β胡萝卜素的食物是一种间接获取维生素A的方式。β胡萝卜素存在于所有红色、橙色、黄色及深色水果与蔬菜(胡萝卜、红薯、菠菜、杏、哈密瓜、西红柿等)中。β胡萝卜素是一种强抗氧化剂,可以保护细胞免受氧化损伤,当我们需要时,它可以转化成维生素A。与生成的维生素A(维生素A_1)不同,β胡萝卜素过量时不会显示出同样明显的毒性效果。但是,持续大量摄入胡萝卜、红薯及其他富含β胡萝卜素的食物时,由于β胡萝卜素堆积在皮下脂肪,会导致人的肤色发黄。应该注意的是,吸烟者和前石棉工人的两个研究发现,与对照组相比,4～6年的β胡萝卜素补充可使肺癌的风险增加16%～28%[73]。这些试验表明,尽管目前没有证据表明非吸烟者有更高的疾病风险,但合理摄入不违反所有重要营养平衡规则的食物是有必要的。

运动员的调查表明,不同的运动有不同的维生素A或β胡萝卜素摄入风险。年轻的摔跤手、体操运动员、格斗运动员和芭蕾舞演员的平均摄入量低于建议摄入量的60%～70%,而其他男性和女性运动员的平均摄入量似乎达到了推荐水平[10,29,60,76,109]。低摄入量运动项目中常见的食物限制导致了他们的不同。

可想而知,β胡萝卜素作为一种抗氧化剂,可以有效地减少运动后肌肉酸痛,并有助于运动后的恢复。然而,这只是一个理论联系,没有研究表明β胡萝卜素摄入量与减少疼痛和改善恢复之间有直接联系。一项研究发现,β胡萝卜素减少运动性哮喘,另一个研究发现,β胡萝卜素的抗氧化作用可以有效减少机体的DNA损伤[59,74,77]。

(二)维生素D(胆钙化醇)

关于维生素D在人类健康中的作用,已经有了大量的工作和反思。它是人体营养中最具潜在毒性的维生素,UL为50 μg/d(方框5.12)[55]。我们可以从食物和晒太阳中获取非活性形式的维生素D。皮肤暴露在紫外线(太阳光)下能够将胆固醇衍生物(7-脱氢胆固醇)转化成维生素D的非活性形式——胆钙化醇。为了使其发挥作用,维生素D的这种非活性形式必须由肾脏激活。因此,肾脏疾病可能成为维生素D功能失调的原因之一。维生素D的膳食来源包括鸡蛋、维生素D强化牛奶、肝脏、黄油与人造黄油。曾经一度被普遍用作补充剂的鱼肝油是该维生素的可观来源。成年人的维生素D的DRI是15 μg/d胆钙化醇或者600 IU的维生素D。维生素D的UL被设置在可以避免钙灌注与软组织(肌肉和器官)过度钙化的水平。由于目前对维生素D的了解有所增加,许多科学家和合格的从业人员现在建议每天至少摄入1 000～2 000 IU,或是目前推荐摄入量的3～5倍[71]。

目前有大量的科学研究表明,维生素D通过增加钙和磷的吸收来促进生长、使骨骼和牙齿钙化。但维生素D也有其他可能影响健康与运动表现的重要特征。维生素D参与的活动包括[23,47,85,112,113]:

方框5.12 维生素D(胆骨化醇)快速指南

- DRI
  - 成年男性：15 μg/d
  - 成年女性：15 μg/d
  - 运动员推荐摄入量：15～20 μg/d
- 功能
  - 钙的吸收
  - 磷的吸收
  - 皮肤健康
- 含量丰富的食物来源
  - 暴露于太阳光
  - 鱼肝油
  - 较少量的
    - 鸡蛋
    - 鱼罐头
    - 强化牛奶
    - 强化人造黄油
- 营养缺乏症状
  - 疾病：佝偻病(儿童)
  - 疾病：软骨病(成人)
  - 应力性骨折的风险增加
  - 骨质疏松症的风险增加
- 毒性(高潜在毒性)
  - 耐受上限
    - 所有年龄组人群50 μg/d
  - 毒性症状
    - 恶心
    - 腹泻
    - 肌肉功能丧失
    - 器官损伤
    - 骨骼损伤

■ 骨骼健康(通过调节钙和磷的吸收)；

■ 肌肉收缩(通过激活酶进行肌肉刺激)；

■ 肠道吸收(通过促进钙在肠道的吸收)；

■ 肌肉蛋白合成代谢[通过增加肌肉质量和减少肌肉分解，增加Ⅱ型肌纤维(快肌)]；

■ 增强免疫功能(通过液体和免疫细胞在受伤和发炎的组织中的积累以及抗菌肽的释放，最终降低患癌症、肠道疾病、心血管疾病、肌肉酸痛的风险)；

■ 增强抗炎作用[通过上调抗炎细胞因子白细胞介素-4(interleukin-4, IL-4)的表达，下调炎症细胞因子IL-6、γ干扰素(interferon-γ, IFN-γ)和IL-2的表达]。

维生素D能促进生长，并通过增加钙与磷的吸收，使骨骼与牙齿钙化。充分摄入钙与磷，但没有充分摄入维生素D会导致钙与磷缺乏症。儿童缺乏症佝偻病与成人缺乏症软骨病都属于钙缺乏疾病，可能是由于维生素D水平不足，或是由于无法将维生素D转化成活性(起作用的)形式而造成的。

紫外线(维生素D)疗法在运动员中的使用已经有了很长的历史[23]。在20世纪20年代中期，德国的游泳运动员使用了太阳灯，其效果非常明显，以至于一些人认为它是一种非法兴奋剂。20世纪30～40年代，俄罗斯和德国运动员也使用紫外线疗法，他们发现紫外线疗法可以提高成绩。与未接受紫外线照射的运动训练者相比，接受紫外线照射的运动训练者的健身效果明显更好。这些年来的普遍共识是紫外线照射对速度、力量、耐力、反应时间和减轻疼痛有积极的影响。

维生素D能够间接提高运动员的抗损伤能力。在一些运动项目中，由于所有的训练课都是在室内进行，所以运动员可能晒太阳的机会特别少。暴露于紫外线的时间少，可能会降低维生素D的合成，从而影响生长和骨密度。众所周知，较低的骨密度会增加运动员发生应力性骨折的风险。应力性骨折可能导致运动员运动生涯的终止[5,25,49]。对美国国家体操队的一项调查显示，日晒是影响骨密度的最重要因素。这个调查中，日晒比从食物中摄取维生素D更能预测骨密度[9]。一项研究发现，职业篮球运动员在冬季几个月后缺乏维生素D的风险更高，这可能是由于日照减少造成的[12]。另一项研究也发现，缺乏日晒的运动员和舞蹈家体内的维生素D含量普遍不足[30]。

(三) 维生素E(生育酚)

维生素E是几种具有相似活性的生育酚的统称，其度量单位是依据将生育酚的活性当量与α-生育酚的活性当量相比较而确定的(方框5.13)。例如，β-生育酚的活性比α-生育酚的活性低，若要达到同样的效果，就需要较大的量[57]。维生素E存在于绿叶蔬菜、植物油、种子、坚果、肝脏与玉米中。人类患维生素E缺乏症是很难的，况且它是相对无毒的维生素。维生素E是一种强有力的抗氧化剂，可以保护细胞膜免受过氧化物破坏。当脂肪(特别是多元不饱和脂肪酸)氧化(酸败)时，就会形成过氧化物。由于这些过氧化物在细胞内四处游动——改变或破坏细胞，所以被称为自由基。因为维生素E是一种抗氧化剂，它能够帮助捕获氧，从而限制脂肪的氧化，以保护细胞。

维生素E与运动成绩的关系已经有相关研究，但没有研究发现补充维生素E会提高力量或耐力[21,87,88,94]。在评估维生素E补充剂是否会降低运动造成过氧化物损伤的研究中，有着不同的结果。一些研究指出，维生素E能够显著降低过氧化物损伤，但另一些研究发现，维生素E并无益处[17,35,89]。还有一个研究发现，在铁人三项比赛前补充维生素E(800 IU，1～2个月)，与服用安慰剂相比，补充维生素E会促进脂质过氧化和炎症，这与预期正好相反[79]。这个案例说明过多摄入维生素可能会产生与AI提供的潜在益处相反的结果。

(四) 维生素K(叶绿基甲萘醌，甲基萘醌类)

维生素K存在于绿色多叶蔬菜中，在谷类、水果与肉类中也含有少量的维生素K。肠道细菌也能生成维生素K，因此绝对的膳食需求量尚未可知(方框5.14)。这种维生素能够帮助合成凝血酶原(凝血酶原是血液凝结的必要物质)。经常服用破坏肠道细菌的抗生素的人可能会增加维生素K缺乏症的风险。维生素K缺乏会导致出血与大出血的增加。维生素K相对无毒性，但大量摄入合成维生素K可能会导致黄疸。

一些研究发现，由于饮食摄入不足而导致的维生素K缺乏症(尽管在人群中很少见)会导致低骨密度和(或)增加骨折风险[20]。维生素K水平低的人的骨密度较低，这可以通过补充维生素K进行改善[20]。此外，至少摄入110 μg维生素K的女性髋部骨折的风险明显低于摄入较少的女性[38]。弗莱明汉心脏研究还发现，较高维生素K摄入量与降低髋部骨折风险之间存在关系[14,15]。

方框5.13 维生素E(生育酚)快速指南

- DRI
  - 成年男性：15 mg/d
  - 成年女性：15 mg/d
  - 运动员推荐摄入量：15 mg/d
- 功能
  - 细胞膜的抗氧化保护
- 含量丰富的食物来源
  - 多元不饱和与单一不饱和植物油、谷类油和人造奶油(玉米、大豆、红花、橄榄)
  - 强化谷物中含量较少
  - 鸡蛋中含量较少
- 营养缺乏症状
  - 少见。如有，则会增加患癌症与心脏疾病的风险
- 毒性
  - 耐受上限
    - 1～8岁幼儿：200～300 mg/d
    - 儿童与成年人(9至70多岁)：600～1 000 mg/d

方框5.14 维生素K（叶绿基甲萘醌、甲基萘醌类）快速指南

- DRI
  - 成年男性：120 μg/d
  - 成年女性：90 μg/d
  - 运动员推荐摄入量：700～900 μg/d
- 功能
  - 促进血液凝固
  - 强化骨钙功能使骨骼更加坚固
- 含量丰富的食物来源
  - 叶绿基甲萘醌
    - 多种植物油
    - 深绿色叶蔬菜（卷心菜、菠菜）
  - 甲基萘醌类
    - 由在胃肠道内呈线状排列的细菌合成
- 营养缺乏症状
  - 少见。如果发生，则会导致大出血
- 毒性：尚未确定耐受上限

维生素K与运动成绩之间的关系尚无相关研究。但是对于运动员，尤其是从事对抗性项目的运动员来说，足量的维生素K是避免青肿与流血所必需的。此外，有证据表明，女性耐力运动员体内维生素K含量低与骨质流失之间存在关联。在一项研究中，闭经的女性骨密度较低，而2年的维生素K补充并不能改善骨密度[62]。在另一项研究中，闭经的女性运动员在服用维生素K补充剂时，骨形成增加[31]。相反，在这些研究中，任何单一研究都难以控制所有可能影响结果的重要营养因素，包括能量摄入充足性、维生素D状态、雌激素水平（女性）和钙摄入量。

需要提醒的是，任何形式的血液兴奋剂都可能增加血液中红细胞的数量。血液兴奋剂的目的是增加氧化能力，使脂肪代谢增强，获得能量。大多数血液兴奋剂策略，包括服用促红细胞生成素或重新注入以前抽取的血液，几乎所有体育组织都认为是非法的。然而，有些形式的血液兴奋剂经常使用，且并不被认为是非法的，如生活在高海拔地区可以促进红细胞的形成，或者使用低氧帐篷睡觉。由于维生素K会提高凝血能力，红细胞密度越高，这些运动员就越容易产生不必要的血栓。这对于服用血液兴奋剂和脱水的运动员来说尤其如此，因为脱水会导致红细胞密度进一步增加。无论是合法的还是非法的情况下，血液兴奋剂加上过量的维生素K可能会造成凝血风险，尤其是在伴有脱水的情况下。

四、总结

维生素使细胞内正常的细胞代谢反应成为可能。例如，维生素D能促进肠道细胞吸收钙和磷，B族维生素可以促进特定的化学反应，帮助细胞燃烧来自碳水化合物、蛋白质和脂肪的燃料。表5.2中列出了与运动相关的维生素摄入情况。

- 维生素是脂溶性的（维生素A、维生素D、维生素E和维生素K）或水溶性（其他所有）。
- 脂溶性维生素是在食用食品的脂肪中提供的，可以储存在特殊的储存库中。这些储存的维生素可以被长时间使用，以满足细胞对这些维生素的需求。
- 水溶性维生素被储存在人体的许多组织中，但由于它们的储存有限，必须更频繁地食用。
- 脂溶性和水溶性维生素如果摄入过量都有潜在的毒性。
- 由于维生素的需求量相对较少，很少有人需要补充维生素来满足饮食上的不足，特别是如果他们摄入一个包括新鲜和天然食品的良好与平衡的饮食。也有一些问题值得注意：
  - 长期摄入过多的任何维生素都可能导致与摄入过少同样糟糕的结果。
  - 运动员采用满足总能量需求的膳食也可以满足维生素的需求。
  - 运动员不应回避脂肪，因为需要20%～25%的总热量来自脂肪，以满足对脂溶性维生素和必需脂肪酸的需求。

表5.2 运动相关维生素摄入情况总结

维生素	能量代谢	中枢神经系统功能	制造红细胞	免疫功能	抗氧化功能	骨代谢
维生素B_1	×	×				
维生素B_2	×	×	×			
烟酸	×	×				
维生素B_6	×	×	×	×	×	
叶酸		×	×			
维生素B_{12}		×	×			
泛酸	×					
生物素	×					
维生素C		×	×	×	×	
维生素A				×	×	×
维生素D				×	×	×
维生素E			×	×	×	
维生素K						×

- B族维生素与能量代谢有关。你消耗的能量越多，你需要的B族维生素就越多。然而，B族维生素在谷物中得到了强化，所以即使是大强度的运动也不太可能导致维生素B缺乏。
- 如果运动员觉得自己饮食不健康，可能需要补充维生素，请咨询注册营养师，以确定自己需要什么，需要多少。

从膳食中以最佳方式摄入维生素，应当尝试以下几点：

- 吃颜色种类丰富的蔬菜和水果；
- 尽可能地吃新鲜的水果和蔬菜，特别是应季果蔬；
- 蔬菜不要炒得过熟——长时间烹炒会使营养成分降低；
- 蒸或用微波炉加热蔬菜，而不是煮——维生素在沸水中渗出，然后被倒进下水道。

实践应用

DRI值代表每种维生素的推荐摄入量。你可以使用与前几章相同的策略来评估所食用食物的维生素含量，即访问美国农业部的在线食品成分数据库（https://ndb.nal.usda.gov/ndb/search/list），这次要创建一个至少含有两种水溶性维生素（如维生素C与维生素B_6），以及至少两种脂溶性维生素（如维生素A与维生素E）的电子表格。

（1）输入一天摄入的食物/饮料的量，并创建每种维生素的总量。

（2）完成后，评估你的总摄入量与每种维生素的推荐摄入量（推荐膳食摄入量）的比较。

（3）回顾哪些食物对每种维生素的摄入量贡献最大。

（4）如果其中任何一个数值低于推荐的水平，调整你的食物摄入量，看看你会对你的饮食做出什么改变，可以达到推荐的摄入量水平。

本章问题

1. 以下选项中哪个是抗坏血酸的功能？
   a. 抗真菌剂　　b. 胶原蛋白产生剂
   c. 抗氧化剂　　d. 抗菌
   e. b和c　　f. 以上都是
2. 以下选项中哪一种维生素与蛋白质代谢中的脱氨和转胺反应有关？
   a. 硫胺素　　b. 核黄素
   c. 烟酸　　d. 吡哆醇
   e. 钴胺素
3. 以下哪种维生素参与产生ATP的氧化-还原反应，并与畏光症有关？
   a. 维生素 B_1　　b. 维生素 B_2
   c. 维生素 B_6　　d. 维生素 B_{12}
4. 以下哪种维生素有类似激素的作用？
   a. 维生素A　　b. 维生素C
   c. 维生素D　　d. 维生素E
5. 以下哪种维生素参与能量代谢中琥珀酰辅酶A的反应？
   a. 硫胺素　　b. 叶酸
   c. 烟酸　　d. 泛酸
6. 缺乏哪种维生素会导致巨幼细胞性贫血。
   a. 维生素 B_1　　b. 维生素 B_6
   c. 维生素 B_{12}　　d. 烟酸
7. 维生素E是一种有效的________？
   a. 抗氧化剂　　b. 增加骨密度
   c. 维持眼睛健康　　d. 减少肌肉酸痛的物质
8. 长时间大剂量的补充哪种维生素可能导致周围神经病变？
   a. 维生素C　　b. 维生素 B_6
   c. 维生素 Q_{10}　　d. 维生素 B_{12}
9. B族维生素的摄入通常发生在运动员摄入足够的________？
   a. 蔬菜　　b. 水果
   c. 肉类　　d. 能量
10. 以下哪两种维生素属于抗氧化剂？
    a. 叶酸和维生素 B_1　　b. 维生素 B_1 和核黄素
    c. 维生素C和维生素E　　d. 烟酸和维生素 B_1

答案

1. e; 2. d; 3. b; 4. c; 5. d; 6. c; 7. a; 8. b; 9. d; 10. c

（熊亚亚　译）

参考文献二维码

第6章

矿物质——对身体健康和运动表现的重要性

本章目标

- 了解每种矿物质的主要功能，包括大量矿物质和微量矿物质。
- 了解人体最缺乏的矿物质。
- 为每种大量矿物质和微量矿物质确定良好的食物来源。
- 了解每种矿物质的消化和吸收因素，了解哪些地方的矿物质普遍缺乏。
- 描述竞争性吸收的问题，以及一种矿物质的大量摄入如何对另一种矿物质的吸收产生负面影响。
- 运用对矿物质的理解来增加运动成绩的可能性，并减少健康状况不佳的可能性。
- 解释能量、钙、维生素D和雌激素（在女性中）对骨密度（bone mineral density，BMD）的影响。
- 分析为什么可以适当地补充某些大量矿物质和微量矿物质的因素和理由。
- 确定与运动表现最相关的大量矿物质和微量矿物质，以及如何降低运动员可能缺乏每种矿物质的风险。

案例研究

缺铁、**贫血**和**缺铁性贫血**是男性和女性运动员中最常见的营养缺乏症。因此，重要的是在所有运动员中寻找铁缺乏的迹象，尤其是女运动员，因为她们的缺铁风险特别高。缺铁性贫血是影响运动成绩的一个因素（运动员在缺铁的情况下不可能完全地表现出他/她的适应能力），而且缺铁性贫血还代表存在严重的健康问题，具有较高的患病风险。缺铁或贫血还容易导致疲劳和注意力不集中，因此也影响了总体的幸福感。

艾丽斯是一位26岁的超耐力铁人项目精英女选手，她正在接受营养和健康评估，她说："我的比赛表现并不像我所想的那样好，我对我最近比赛中的糟糕表现感到非常有压力，在最近的比赛中我的胃很不舒服。"心理压力和胃肠道问题显然相关，但还有其他的可能性。为了研究其中的一种可能性，艾丽斯被要求提供她目前正在服用的所有维生素、矿物质补充剂和"增强补剂"的清单。幸运的是，艾丽斯带着一包她经常食用的营养补充剂和增强补剂到达了评估室，这使得潜在问题的评估变得更加容易和准确。从氨基酸到水肌酸再到维生素和矿物质，艾丽斯应有尽有。维生素和矿物质补充剂均以大剂量服用为主，且所有剂量均超过RDA的300%以上。当被问及为什么要服用这些营养补充剂时，艾丽斯认为这是为比赛做准备的最佳方法。她还提到，她认识的许多其他与她有激烈竞争的运动员也在服用这些产品，她觉得如果自己不服用这些产品，与那些服用过这些产品的运动员相比，她就不具有优势了。然后，艾丽斯被要求描述自己一个典型的饮食和锻炼日，并特别强调她能清楚描述她当天的食物、饮料和补充剂的摄入量。评估人员注意到她每天正在服用120 mg的铁（RDA中建议铁的日推荐摄入量为18 mg，并且最好从一日三餐的饮物中摄入）。然后，她表示自己最近很痛苦，她认为自己应该摄入更多的铁，于是她将铁的摄入量增加到早上为120 mg，中午60 mg，晚上60 mg及睡觉前的60 mg（高达300 mg每天），这特别有趣，因为艾丽斯的血液检查显示，从她14岁以来从未患有缺铁或缺铁性贫血。当被问及自己的胃肠道问题时，她根本无法理解，她在过去从来没有胃肠道问题，并且一直以来食欲良好且胃肠道功能正常。然而，由于最近被检测出来存在胃肠道问题，并且她担心胃肠道问题会导致摄入的食物不能更好地被吸收，因此，她认为她应该服用更多的补充剂。

随后，艾丽斯就重金属毒性以及她正在服用的大剂量补铁可能造成的潜在健康问题而迅速地上了一节课。据解释，因为人体试图保护自己，故人体大多数铁是不会被吸收的。过量摄入的铁可能会对肝脏产生严重影响。自1979年以来，我们发现含有超过250 mg铁元素的补充剂容器对人体有一定威胁性，说明过量摄入铁会导致严重的毒性。摄铁过量（毒性）的症状包括呕吐、腹泻、腹痛、易怒和嗜睡。胃肠道症状是由肠道中所有未吸收的铁刺激性作用引起的，这会增加结肠癌的风险。曾建议艾丽斯"干净"地吃2周（不补充营养物质，多喝水，并重新执行规律性的少食多餐计划，但饮食不要过分的辛辣以使其肠道愈合），然后回来聊聊饮食和运动策略，这将与她的锻炼计划动态匹配。

两周后，艾丽斯回来了，感觉好多了，许多胃肠道症状消失了。我们吸取的教训是：过多不如刚刚好。为艾丽斯提供了一份饮食计划，以满足她的营养需求，并定期回访，以确保她之前的过量补充营养没有留下后遗症。

案例研究（问题探讨）

（1）人们普遍认为，一种营养物质的摄入量是没有限制的，因为"如果吃一点点是好的，那么吃得越多越好。"如果你和一群运动员一起工作，帮助他们了解摄入超过身体所需的营养会导致严重的疾病，你会采用什么策略来帮助他们？

（2）如果使用补充剂而不是食物来满足对营养的需求，运动员还会面临哪些健康、营养、运动表现风险？

（3）许多矿物质被竞争性地吸收。也就是说，如果有一种矿物质过多地进入了被吸收的部位，那么其他矿物质在同一部位的吸收就会变得更少。铁与钙、镁和锌存在竞争性地被吸收关系。如果摄入的铁过多，这个运动员还会有什么其他的问题（缺陷）吗？

缺铁

其特征是血清铁蛋白低，但血红蛋白和血细胞比容正常。这是铁状态不佳的初步迹象，如果持续下去，将导致缺铁性贫血。人体高度重视维持红细胞水平，因此其他含铁分子（即肌肉组织中的肌红蛋白）可能作为维持红细胞的一种策略而耗尽。缺铁的运动员很可能感到虚弱，容易疲劳，但血红蛋白和血细胞比容正常。

贫血

其特征是血液中的血红蛋白或血细胞比容低于正常水平。这可能是由于失血、红细胞生成不足或红细胞分解速度过快引起的。贫血的常见原因是铁缺乏、叶酸缺乏和维生素B_{12}缺乏。运动员患贫血的风险更高，因为红细胞分解速度更快，出汗会导致铁的流失。

缺铁性贫血

一种微细胞性(小红细胞),低色素性(淡红色而不是深红色)贫血(红细胞不足),以慢性缺铁为特征。最常见的症状是容易疲劳,但也可能与手脚冰冷、胸痛、虚弱、头痛和呼吸急促有关。免疫系统也会受到影响,发病率和感染率也会增加。

一、引言

消耗的矿物质发挥着各种至关重要的作用,包括帮助强化骨骼(钙),确保向工作组织提供最佳氧气(铁),维持良好的血容量(钠),甚至帮助免疫系统正常运作(锌)。矿物质的独特之处在于,与其他营养素不同,它们是无机化合物(即它们不含碳或活性物质)。然而,矿物质在功能上与有机营养素相似,它们共同作用产生期望的结果。举个例子,维生素D可以促进钙的吸收。另一个例子是铁是**血红蛋白**的一部分,它存在于红细胞内,参与细胞呼吸。

血红蛋白

其缩写为Hb或Hgb,是红细胞中的含铁蛋白质,从肺中吸收(吸入)氧气,将氧气输送到组织中,并从组织中吸收二氧化碳通过肺呼出。在成年男性中,正常血红蛋白为14～18 g/dL;在成年女性中,正常血红蛋白为12～16 g/dL。

矿物质有许多重要的功能,包括:

■ 增加了骨骼的强度和结构,使其保持坚固并抗断裂。

■ 有助于维持血液和组织的相对酸碱度。对于运动员而言,由于乳酸的产生,剧烈的体育运动有降低pH的趋势(即其作用是增加相对酸度)。因此,拥有健康的酸碱平衡控制系统对于运动表现至关重要。

■ 用作刺激肌肉收缩的电脉冲通路。所有的运动都依靠有效的肌肉运动和协调,因此,这一功能至关重要。

■ 提供能量代谢。身体活动增加燃料的燃烧速度。因此,在细胞水平上有效地控制这种燃料燃烧,对维持运动是必要的。

所有这些功能对运动员来说都很重要。骨密度较低的运动员其承受应力性骨折的风险会增加;不良的液体缓冲(酸碱失衡)导致不良的耐力;较差的神经和肌肉功能导致协调性差;细胞新陈代谢的改变限制了细胞获取和储存能量的能力[113]。

矿物质在最佳物理性能发展中的既定作用包括参与糖酵解(从储存的葡萄糖中获取能量)、脂溶(从脂肪中获取能量)、蛋白质水解(从蛋白质中获取能量)和帮助从磷酸肌酸中获取能量[113]。无机矿物质营养素是人体硬组织(骨骼、牙齿)和软组织(肌肉、器官)的结构组成所必需的。它们还参与酶系统的作用、肌肉收缩、神经反应和血液凝结等过程。这些在饮食中提供的必需矿物质营养素分为两类:大量矿物质的需求量较高,在体内的存在量较大;微量矿物质的需求量较低,在体内的存在量较低[81,82]。不要把数量上的差异误认为是重要性上的差异,因为本章讨论的所有矿物质对维持身体健康都非常重要。

二、大量(常规)矿物质

需要考虑的重要因素

■ 矿物质具有许多与保持骨骼、肌肉、心脏和大脑正常工作有关的功能。尽管每天的矿物质摄入量会有波动,但如果人体长期缺乏任何一种矿物质,人体就会表现不佳。为了获得身体健康所需的所有矿物质,必须食用各种各样的食物,以确保组织接触到所有矿物质。单调的饮食模式(即人们持续食用相同的几种食物)增加了矿物质缺乏的风险,因为没有一种食物含有维持身体健康和功能表现所需的所有矿物质。

■ 通常服用矿物质补充剂。然而,即使是看似最良性的矿物质(如钙)如果摄入过量,也可能会产生问题。例如,钙是一种强大的缓冲液,它可以降低胃的pH,使某些食物更难消化,钙与其他二价矿物质(如镁、铁和锌)存在竞争性吸收。钙过多会干扰其他矿物质的吸收,增加缺乏的风险。如果任何一种二价矿物质被过量的吸收,则其他矿物质的吸收会减少,这也是同样的道理。矿物质营养的关键是均衡。

大量矿物质是指存在于人体内的数量相对较大(与**微量矿物质**相比)并具有重要生理功能的矿物质。根据公认的定义,人体每天需求100 mg或更高水平的大量矿物质,或矿物质在身体中的含量大于5 g(5 000 mg)。主要的矿物质包括钙、磷、镁、钾、钠、氯和硫。钙占总体重的1.75%,磷占总体重的1.10%,镁占总体重的0.04%,钾、钠、氯化物和硫的含量更小。

大量矿物质

所需矿物质量大于100 mg/d。其中包括钾、钙、镁、钠、氯、硫和磷(注:虽然大量矿物质的日需求量大于微量矿物质,但它对人体健康的重要性并不大)

微量矿物质

人体所需的矿物质摄入量少于100 mg/d。其中包括铁、锌、碘、硒、铜、锰、氟化物、铬和钼(注:虽然微量矿物质的每日需求量比大量矿物质要少,但它对人类健康的重要性并没有降低)

(一)钙

钙是骨骼和牙齿组成结构、血液凝固、神经传导、血管收缩和舒张及胰岛素分泌的重要矿物质(方框6.1)[144]。根据年龄和性别的不同,成人钙的DRI为1 000～1 200 mg/d。钙的吸收及骨骼和其他

方框6.1　钙的基本信息(化学符号Ca)

- 推荐的日摄入量标准
  - 成年男性(19～70岁):1 000 mg/d(70多岁的老年男性为1 200 mg/d)
  - 成年女性(19～50岁):1 000 mg/d(51岁至70多岁年龄较大的女性为1 200 mg/d)
  - 运动员的建议摄入量:1 300～1 500 mg/d
- 功能
  - 骨骼结构和强度
  - 酸碱平衡
  - 神经功能
  - 肌肉收缩
  - 酶激活
- 良好的食物来源
  - 乳制品
  - 深绿叶蔬菜
  - 高钙橙汁和高钙食品
  - 豆浆
  - 豆类
- 缺乏
  - 骨质疏松
  - 佝偻病、骨软化症
  - 肌肉功能障碍
  - 缺乏症状
    - 骨折和应力性骨折
    - 肌肉无力
- 毒性
  - 耐受上限:2 000～3 000 mg/d,取决年龄、性别
  - 毒性症状
    - 便秘
    - 其他二价矿物(铁、镁和锌)的吸收不良
    - 肾结石
    - 心律失常

组织对钙的吸收受维生素D和甲状旁腺激素的调节。即使循环中的血清钙稍有下降，也会增加甲状旁腺激素的分泌，甲状旁腺激素会减少尿中钙的排泄，并从骨骼中释放钙来稳定血清钙。甲状旁腺激素也能将维生素D的非活性形式转化为活性形式，从而增强从饮食中吸收的钙和磷。血清钙恢复到正常水平会导致甲状旁腺激素分泌停止。有几种高消耗物质可能会增加尿钙流失刺激甲状旁腺激素的释放。其中包括[36,47,65,107]：

- 高钠摄入；
- 高蛋白质摄入[高于2.0 g/(kg・d)]；
- 高磷摄入（与高蛋白质摄入和加工食品的摄入相关）；
- 大量的咖啡因摄入。

DRI

建立营养摄入量参考值，作为规划和评估健康人营养摄入量的科学指南。由美国国家科学院医学研究所食品与营养委员会制订的DRI值由以下几部分组成。

- RDA：膳食营养推荐日摄入量足以满足几乎所有（97%～98%）健康人的营养需求。
- AI：在证据不足以建立RDA时建立，并设定为确保营养充足的假定水平。
- UL：不会造成不良健康影响的最大每日摄取量，高于此水平可能会发生毒性反应

1. 钙的食物来源

许多食物都提供足够的钙（表6.1），包括豆类、乳制品和绿叶蔬菜。这个列表应明确表明，乳制品不是饮食中提供钙的唯一途径。实际上，许多国家的饮食文化中没有或很少食用乳制品却都能摄取足够的钙。以下是一些常见示例。

- 在亚洲，糖醋汁是通过将股骨放入加了醋的水中制成的。醋从骨头中滤出钙，并作为酱汁的一部分被食用。
- 在墨西哥、中美洲和南美，玛莎酱被用来制作玉米饼。玛莎是石灰浸泡过的玉米粉，石灰是钙盐。食用玉米饼可通过玉米粉中的石灰提供钙。

表6.1 常用食品的钙含量

食　物	摄入量	钙含量（mg）
西兰花（熟的）	半杯	31
白菜	半杯	79
切达干酪	1.5 oz	303
无花果（干燥）	1/4杯	61
甘蓝（煮熟）	半杯	90
牛奶	1杯	300
橘子	半个	60
斑豆	半杯	39
红豆	半杯	25
沙丁鱼（罐装）	8 oz	325
菠菜（煮熟）	半杯	122
豆腐（硫酸钙制作）	半杯	434

绿叶蔬菜（特别是菠菜和大黄）中草酸含量很高，对钙和其他二价矿物（即锌、镁和铁）具有很高的结合亲和力。如果不除去草酸，钙和这些矿物质的生物利用度可能很低。然而，通过一种称为热烫的简单食品制备技术，有可能提高这些草酸结合矿物质的生物利用度。草酸盐是高度水溶性的，所以通过将蔬菜浸泡在沸水中几秒，大量的草酸盐被去除，但矿物质仍然存在[1]。然后，你可以随心所欲地准备蔬菜。这项技术极大地提高了蔬菜中的钙释放量，并已被传统上具有几千年不食用乳制品文化的地区（尤其是在亚洲）所使用[2]。另一个好处是被烫（焯）过的蔬菜可能也更适合孩子们食用。儿童比成人对苦味更敏感（随着年龄的增长，我们会失去一些味觉敏感），草酸有苦味。因此，通过去除草酸，可以去除一些孩子觉得难以接受的苦味。

植酸存在于麦麸和干豆中，它会抑制钙和其他二价矿物质的生物利用度[73]。当酵母用于食品制备（如面包、面包卷等）时，麦麸中的植酸可以减少。酵母中含有植酸酶，酶解谷物中的植酸，使矿物质更

具生物利用性。经常食用全麦面包、饼干等可以提供足够的植酸，从而降低所有二价矿物质（包括钙）的生物利用度。

2. 骨密度

需要考虑的重要因素

确保最佳的骨密度需要许多因素同时发生，而不仅仅是摄入足够的钙（图6.1）。维持良好的骨密度需要避免一次性摄入过多的蛋白质（排出的氮会导致钙流失，降低骨密度）；维持良好的钙摄入量；维持良好的能量平衡和血糖，以限制皮质醇的产生（皮质醇分解骨）；对骨骼施加压力（运动），以提供维持良好骨密度的理由；有足够的维生素D，以确保摄入的钙被吸收；如果是女性，保持正常的月经状态（雌激素）有助于限制分解骨骼的细胞（破骨细胞）的活动。

重要的是要考虑到，任何导致生长期儿童**骨密度**低于最佳峰值的因素，无论是个别因素还是综合因素，都可能导致日后患**骨质疏松症**（极低骨密度）风险的增加。**骨量减少**是骨密度低于正常骨密度阈值，但高于骨质疏松阈值。运动儿童和青少年低骨密度的主要危险因素是能量（kcal）消耗不足。

能量消耗不足会刺激皮质醇的过量分泌，从而降低代谢量（即肌肉和器官）和骨密度。因为食物不仅仅是“能量”（即热量）的载体，能量消耗不足也会导致营养素摄入减少，包括钙摄入量减少。如果女性运动员不能消耗足够的能量，她们患低骨密度的风险会更高，因为这会导致更高的闭经风险，而闭经风险与较低的雌激素水平有关。雌激素会抑制破骨细胞的活性，破骨细胞是分解骨骼的细胞。因此，低雌激素与闭经有关，闭经与骨骼发育不良有关[96]。

骨密度

骨横截面密度的常用测量单位（g/cm^2）。通常用**双能X线吸收法**（dual energy X-ray absorptiometry，DXA）进行评估，这是确定个人是否患有骨质疏松症或骨质减少的最佳方法。

双能X线吸收法

测定骨密度现行的标准方法。双能X线吸收仪使用两个或多个不同强度的X线束穿过骨骼组织，通过评估X线束的相对吸光度来确定骨密度。高密度的骨骼具有更大的X线吸收率（即穿过骨骼的X线更少）。

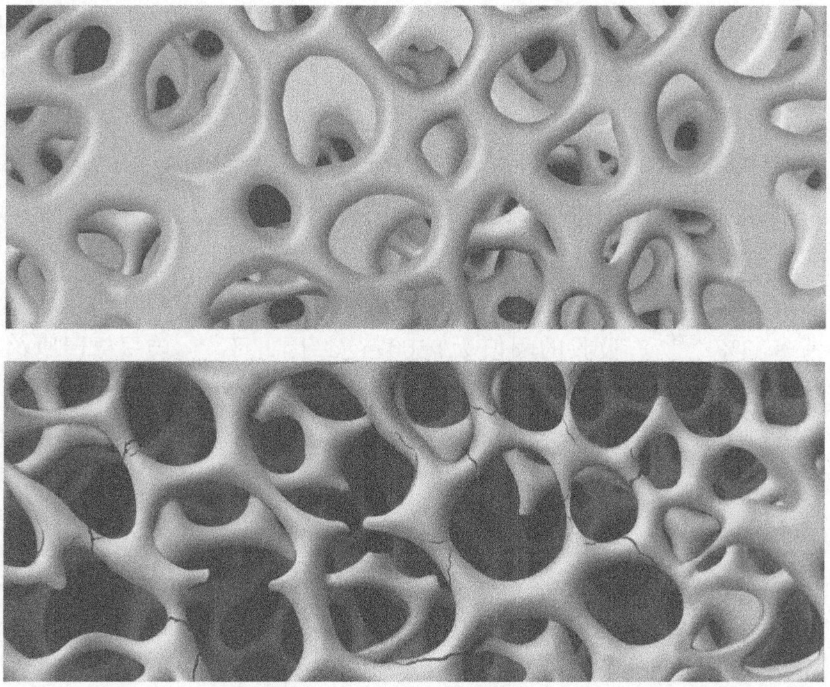

图6.1 正常骨密度和低骨密度[Philadelphia (PA): LWW (PE); 2003.]

骨质疏松症

骨密度极低，低于年轻人标准（峰值骨密度）2.5个标准差。骨质疏松症，顾名思义，是指骨骼不能充分支撑体重，可能会出现自发骨折的情况。骨质疏松性骨折通常发生在成年晚期，但通常是由于青春期生长高峰和成年初期未能达到最佳骨密度峰值所致。

骨量减少

低于年轻人标准的−2.5～−1.0标准差之间的低骨密度（骨密度峰值点）。这种低骨密度水平可能使运动员有发生应力性骨折的风险，并且是能量、钙和维生素D不足的迹象。在女性中，与痛经（月经异常状态）相关的低雌激素也是骨量减少的一个因素。

由于较高的相对肌肉质量和体育活动对骨骼施加了较大的扭转力，运动员需要较高的骨密度，因此比非运动员需要更高的钙摄入量。儿童和青少年的体力活动（身体锻炼）有助于获得更高的骨密度，使骨骼对以后的骨折更具抵抗力[112]。骨骼骨密度可能会降低以维持正常的血钙，血钙是一种重要的血液缓冲液，其必须保持在1.16～1.32 mmol/L的狭窄范围内[40]。高蛋白质的摄入是许多运动员的典型饮食，它会导致更高的氮排泄，这与更高的血清钙排泄相关。从骨骼中摄取钙，可以维持正常的**血清游离钙**。这些运动员可能经历的高尿钙丢失、比非运动员更高的汗流失及更高的骨密度要求都有助于提高运动员钙摄入推荐量[74]。目前建议运动员每天摄入1 500 mg钙，或比非运动员所需的钙多33%[96,131]。吸收的阈值为1 500 mg/d，因此不必摄入大于该值的量[22]。

血清游离钙

血清中的钙（也称为游离钙，参考值范围2.25～2.75 mmol/L），作为重要的血液缓冲液（控制pH），其能够保持血液pH酸碱度的相对恒定。

自1993年以来，一种精确的骨密度测量设备双能X线吸收仪的可用性不断提高，它极大地提高了测量骨密度和确定骨折风险的能力。使用双能X线吸收仪的研究似乎表明，钙摄入量等于DRI或略高于DRI（高达1 500 mg）的儿童和青少年可能会改善骨密度。然而，成人的钙补充与骨密度之间的关系不太清楚（即单独补钙并不一定会导致骨密度增加）。尽管如此，谨慎的做法是确保钙摄入量保持在RDA水平，保持足够的体力活动（对大多数运动员来说不是问题），并且要保证足够的维生素D摄入量。最近对美国体操队的一项调查表明，与钙摄入量相比，阳光照射与骨密度的相关性更高（且显著相关）。即使在钙摄入量不足（即低于DRI）的体操运动员中，更多的阳光照射也与较高的骨密度相关[10]。

月经过多是许多女性运动员的另一个担忧问题，因为这与骨骼发育不良（年轻运动员）或骨骼脱钙（老年运动员）密切相关。闭经的原因是复杂的，包括能量摄入不足、饮食失调、低体脂水平、低铁状态、心理压力、高皮质醇水平和过度训练。换句话说，勤奋的优秀女运动员处于危险之中。任何可能降低风险的措施包括如保持良好的铁状态和消耗足够的能量，都有助于降低闭经的风险。即使闭经运动员有足够的钙摄入量，单靠钙摄入量也不足以维持或发展健康的骨骼，因为与闭经相关的低水平循环雌激素会抑制正常的骨骼发育或维持。

3. 其他与钙相关的问题

（1）肥胖：钙的摄入主要是通过乳制品的摄入，许多研究显示其与超重和肥胖成反比[31,155]。虽然乳制品是钙的极好来源，但它们所含的远远不只是钙。因此，仍然存在一个问题即钙是单独使用，还是钙与蛋白质及其他乳制品成分（如蛋白质或维生素D）的组合使用才能有助于降低体内脂肪水平。例如，最近的一项研究发现，更好的维生素D状态（维生素D通常是乳制品中的强化维生素）与肥胖呈负相关[85]。还有一些证据表明，甲状旁腺激素的增加（与钙摄入不足有关）可能会增加脂肪储存[154]。

（2）血压：有证据表明，通过“控制高血压饮食”（Dietary Approaches to Stop Hypertension，DASH）

摄入足够的钙可能有助于控制血压[5]。DASH饮食结构组成富含水果、蔬菜和低脂乳制品。根据美国国立卫生研究院的国家心肺血液研究所的数据，DASH饮食具有以下成分：

- 吃蔬菜、水果和全谷物；
- 包括无脂或低脂乳制品，鱼、家禽、豆类、坚果和植物油；
- 限制高饱和脂肪的食物，如肥肉、全脂乳制品及热带油如椰子油、棕榈仁和棕榈油；
- 限制加糖饮料和甜食。

（3）神经传导：钙在神经冲动传递和肌肉收缩中起着重要作用。神经和肌肉细胞含有钙离子通道，使钙离子能够迅速通过细胞膜，从而传递神经冲动，刺激肌纤维收缩。相同类型的钙介导系统参与将糖原分解为葡萄糖及刺激胰岛素的分泌[24,144]。

4. 缺钙

钙缺乏与儿童骨骼畸形（如**佝偻病**，即儿童或成人**骨软化症**的表现）、骨骼脆弱性增加（如骨质疏松性骨折和应力性骨折）和血压异常有关。服用高剂量钙会引起毒性的报道很少，但可以想象的是，高频率的大量钙剂摄入可能会改变胃酸（使胃酸变得更倾向碱性），从而干扰蛋白质的消化。由于小肠中

佝偻病

儿童的一种疾病，表现为骨骼中的钙沉积不足，很可能是维生素D缺乏的结果，但也可能与钙摄入不足有关。在许多情况下，佝偻病是幼儿无法将维生素D在肾脏中转化为活性形式的结果。它与低骨密度和畸形骨骼（弯曲的腿等）有关。

骨软化症

成年人的一种类似于佝偻病的疾病（见上文），很可能是维生素D缺乏的结果，但也可能与钙摄入不足有关（注：佝偻病和骨软化症其实是一样的情况。“佝偻病”是发生在儿童身上时使用的名称，“骨软化症”是发生在成人身上时使用的名称）

存在许多矿物质（特别是钙、锌、铁和镁的二价矿物质）之间的竞争性吸收，如果它们同时存在于肠道中，则大量的钙也可能干扰其他矿物质的吸收。例如，在食用含铁食物的同时，服用高剂量的钙补充剂，可能导致铁的吸收不良，并最终导致缺铁性贫血的发生。

5. 钙毒性

已经有许多研究着眼于钙摄入量、身体活动和骨密度三者之间的关系。然而，补钙与身体功能之间的关系尚未得到很好的研究。实际上，运动员补钙通常是为了降低骨折的风险（即提高骨密度），而不是为了提高身体功能。众所周知，较大的身体活动可以提高骨密度，不进行体力活动可以降低骨密度。但是，骨骼的发育和矿化非常复杂，涉及多个因素，包括：

- 生长阶段（童年和青春期与更快的骨骼发育有关）；
- 荷尔蒙状态（尤其是女性的雌激素）；
- 能源充足；
- 维生素D的可用性；
- 钙摄入量。

据报道，经常食用钙补充剂或含钙的抗酸剂的人血钙过多（血液中钙过多）[95]。由于钙和其他矿物质都在胃肠道（十二指肠上部）的同一位置吸收，因此钙过多可能会占据所有吸收空间，从而使其他矿物质难以被吸收。钙中毒的症状包括食欲缺乏、便秘、疲劳和神志不清[144]。

（二）磷

大多数食物中都含有磷，富含蛋白质的食物（肉、禽、鱼和奶制品）和谷物中的磷含量尤其高（方框6.2）。它与钙（钙与磷的比例约为2∶1）结合在一起，可以产生健康的骨骼和牙齿。它还在能量代谢中起重要作用，影响碳水化合物，脂质和蛋白质。用于肌肉收缩的能量主要来自称为ATP和磷酸肌酸的含磷化合物。磷对于维持酸碱平衡也很重要，并且是磷酸化关系的一部分，该磷酸化关系将磷酸基团从ATP转移到另一个分子上。与钙一样，磷的吸收在很大程度上取决于维生素D，成人的DRI

方框6.2 磷的基本信息(化学符号P)

- 推荐的日摄入量标准
  - 成年男性(19至70多岁): 700 mg/d
  - 成年女性(19至70多岁): 700 mg/d
  - 运动员的建议摄入量: 1 250～1 500 mg/d
- 功能
  - 骨骼结构和强度
  - 核酸的组成成分
  - 磷酸化反应
  - 酸碱平衡
  - B族维生素功能
  - ATP(能量)的组成部分
- 良好的食物来源: 所有高蛋白食物、全谷物产品、碳酸饮料
- 缺乏
  - 出现缺乏的可能性不大,但如果发生,则会导致:
    - 低骨密度
    - 肌肉无力
- 毒性
  - 耐受度
    - 幼儿(1～8岁)和70多岁的成年人服用3 000 mg
    - 儿童和成人(9～70岁)服用4 000 mg
  - 毒性不太可能,但是如果发生,会导致:
    - 低骨密度
    - 胃肠道不适

为700 mg/d。膳食摄入的目标是使血清钙维持在2.5～4.5 mg/dL的范围内。妊娠和母乳喂养的磷需求量几乎是18岁前女孩的磷需求量(1 250 mg/d)的两倍[55]。

1. 磷代谢

血磷浓度通过甲状旁腺激素和维生素D维持,并与钙代谢有关。低血清钙将导致甲状旁腺分泌增加,减少尿钙排泄,但会增加卵磷脂排泄,以达到钙磷平衡。甲状旁腺激素也能使肾脏激活维生素D,从而增加钙和磷的吸收。

2. 磷的食物来源

磷广泛存在于食物中,而且大部分被很好地吸收。如果过量的磷被消耗掉,它也很容易被排出体外。豆类、谷类和坚果中的磷是植酸的一部分,而植酸对人类的有效性只有50%。酵母中含有一种酶,即植酸酶,它可以分解植酸,使磷更容易被生物吸收。因此,食用酵母面包和面包卷比同等体积的未发酵的面包、饼干或谷类食品提供更多的生物可利用磷[55]。植酸对铁、锌、钙和镁具有很高的结合亲和力,因此降低食物中植酸的含量也能提高这些矿物质的吸收。

3. 运动员与磷

长期以来,人们一直在补充含有磷酸核糖的物质以改善身体功能。在第一次世界大战中,德国向士兵提供高磷食物和补品,目的是提高他们的力量和耐力[16]。磷的这一经验表明,随着时间的推移,相对大量的磷是可以耐受的,但没有证据表明力量和耐力实际上得到了提高。最近关于补磷效果的研究结果是混合的。一项对在运动前1 h服用2 g磷酸二氢钠的运动员、划艇运动员和游泳运动员的研究显示,他们的运动表现都有所改善,而在未服用磷酸二氢钠的运动员中,只有一半人的运动成绩有所改善[64]。在另一项研究中,短期补充磷后,在跑步机试验中VO_{2max}得到了改善[17]。然而,在另一项评估磷酸盐补充对肌肉力量影响的研究中,服用磷酸盐并没有明显的益处[33]。综上所述,这些研究的混合结果使得很难说少量的运动前补充磷是否会提高运动成绩。显然,在试图回答这个问题之前,还需要更多的研究。

4. 缺磷

由于磷在食物中几乎无处不在,因而磷缺乏非常的罕见,通常只发生在饥饿中。然而,人们长期

服用含有氢氧化铝的抗酸剂[79]，这种抗酸剂与磷结合，会使磷不能被吸收[21,55]。磷缺乏的症状主要包括食欲差、虚弱、骨骼脆弱、手指和脚趾麻木。如果磷缺乏发生在儿童中，则可能导致佝偻病[3]。

5. 磷毒性

肾脏疾病可能与血清磷过量（高磷血症）有关，而高磷血症更可能与补充食用磷酸盐有关。功能低下的肾脏可能会失去排出多余磷的能力。无论病因如何，高磷血症都可能导致较高的心血管疾病和骨骼疾病风险[20]。有证据表明，一些苏打水中的磷酸和一些加工食品中含有磷酸盐的添加剂，如果长期食用，可能导致血清磷过高，从而对骨骼健康产生负面影响[19]。

（三）镁

人体平均含25 g镁，大部分在骨骼中，其余在软组织中[115]。镁是仅次于钾的第二大最普遍的细胞间矿物质，具有多种功能（方框6.3）。产生ATP能量的碳水化合物和脂肪代谢涉及需要镁的化学反应，ATP本身主要以含镁化合物的形式存在。镁是合成遗传物质DNA和合成细胞抗氧化剂谷胱甘肽[116]所必需的。镁也是许多酶的一部分，是骨骼和细胞膜的结构成分，也是蛋白质合成、肌肉功能、正常心律和神经冲动传导（细胞信号）所必需的[55]。总而言之，镁是300多个代谢系统中的一种重要物质。

1. 镁的食物来源

深绿叶蔬菜富含镁，因为叶绿素中含有镁。全谷物和坚果也是镁的良好来源，而肉类和乳制品的镁含量较低。加工和精制食品中镁的浓度最低，因为加工过程中可能会除去镁所驻留的谷物的胚芽和麸皮。生活在有硬水的地区的人们从饮用水中获得大量的镁，一些瓶装水也含有镁。然而，瓶装水的镁含量有很大的范围，从1～120 mg/L[38]。表6.2包含了常用食品的镁含量。

有以下几个因素可能会影响镁的吸收：

■ 高含量的锌摄入（主要来自补充剂）会干扰镁的吸收[125]。大量摄入可能来自含有植酸的相关膳食纤维，会干扰镁的吸收[55,116]。

方框6.3　镁的基本信息（化学符号Mg）

- 推荐的日摄入量标准
  - 成年男性（19～30岁）：400 mg/d
  - 成年男性（31至70多岁）：420 mg/d
  - 成年女性（19～30岁）：310 mg/d
  - 成年女性（31～70岁）：320 mg/d
  - 运动员的建议摄入量：
    - 400～450 mg/d（如果来自食物）
    - 350 mg/d（如果来自补充剂）
- 功能
  - 蛋白质合成
  - 葡萄糖代谢
  - 骨结构
  - 肌肉收缩
- 良好的食物来源
  - 牛奶和奶制品
  - 肉类
  - 坚果
  - 全谷物
  - 深绿叶蔬菜
  - 水果
- 缺乏
  - 不太可能，但是如果发生，会导致：
    - 肌肉无力
    - 肌肉抽筋
    - 心律失常
- 毒性
  - 耐受度：如果作为补充剂则为350 mg
  - 中毒症状
    - 恶心
    - 呕吐
    - 腹泻

表6.2 常用食品的镁含量

食　物	摄入量	镁含量(mg)
杏仁	1 oz	77
生苹果	1个中等大小	9
香蕉	1个中等大小	32
碎牛肉(瘦肉90%)	3 oz	20
全麦面包	2片	46
麦片、麸皮	半杯	112
谷物、小麦片	1份	61
榛子	1 oz	46
利马豆(棉豆)	半杯	37
煮熟的秋葵	半杯	37
花生	1 oz	48
熟的米饭、糙米	1杯	86
煮熟的菠菜	半杯	78

■ 低蛋白质摄入(＜30 g/d)可能会降低男孩的镁吸收，而高蛋白质(约93 g/d)摄入则可能增加男孩的镁吸收[118]。能否具有很好地溶于水的能力会影响镁的吸收。镁补充剂有几种形式(氧化镁、硫酸镁、柠檬酸盐、天冬氨酸盐、乳酸盐和氯化物)，从在液体中溶解的良好形式(柠檬酸盐、天冬氨酸盐、乳酸盐和氯化物形式)中吸收会更好[39,97,110]。

2. 镁的需求

镁存在于大多数食物中，对人体的新陈代谢至关重要，对维持神经和肌肉细胞的正常电位也很重要。营养不良的人，特别是酗酒者，缺乏镁元素会导致震颤和抽搐。它参与了300多个将食物合成成新产品的反应，并且它是从碳水化合物、蛋白质和脂肪中产生肌肉能量的过程中的关键组成部分[123]。成人镁的DRI为280～350 mg/d。膳食调查显示，美国大部分人的镁摄入量低于日推荐摄入量水平[114]。长期的低镁摄入可能会增加一些慢性疾病的风险，包括高血压、心血管疾病、2型糖尿病和骨质疏松症[30,75,108,134]。也有证据表明，维持可接受的镁含量状态可能有助于避免偏头痛[52]。

3. 运动员与镁

在湿热环境中训练的运动员可能会在汗液中损失大量镁。如果发生这种情况，由于镁在肌肉功能过程中的重要性，镁缺乏可能会导致运动员的运动成绩不佳。在一项向运动员补充镁的研究中，运动员补镁后其身体功能表现有所改善[128]。有一些有限的证据表明，对于血液中镁含量处于正常范围下端的运动员来说，在DRI水平(约350 mg/d)上摄入低剂量的镁补充剂可能对耐力和力量表现更好[13,44]。然而，除了这些研究之外，还有其他研究证据表明，运动员普遍存在镁缺乏症，或补充镁可以提高运动成绩。事实上，除了那些为了保持或减轻体重而减少总能量摄入的运动员(摔跤运动员、体操运动员、滑冰运动员等)，大多数男女运动员似乎都有足够的镁摄入量[51,81,82]。

4. 缺镁

在其他健康人群中，缺镁的风险相对较低，因为当饮食摄入量低时，镁的尿排泄量会减少。然而，长期大量饮酒会导致尿液中镁的大量流失，从而破坏了维持体内镁水平的正常系统，导致酗酒者出现镁缺乏的高风险[115]。其他有镁缺乏风险的人群，包括2型糖尿病患者和胃肠道疾病患者(腹腔疾病、克罗恩病、肠易激综合征)。

轻度缺镁的症状包括：

■ 食欲不振；
■ 恶心；
■ 呕吐；
■ 疲劳；
■ 虚弱。

严重缺镁的症状包括：

■ 手指和脚趾有麻木感和刺痛感；
■ 肌肉抽筋和癫痫发作；
■ 心律异常；
■ 人格改变；
■ 骨质疏松；
■ 偏头痛。

5. 镁毒性(镁中毒)

人体通过泌尿系统排出过量镁的能力有助于避免理论上可能由高镁补充剂或药物引起的毒性反应[98](当然，这是假设肾脏健康且功能正常，并且脱水状态不会影响尿液的产生）。有报道称，大量补充镁可能会导致腹泻和胃肠道不适[39]。正是由于镁盐的这种通便作用，镁盐被包含在旨在解决便秘的通便剂中。虽然罕见，但在年轻人和老年人中都有报道，过量和长期服用含镁的泻药可能导致致命的镁中毒[91,103]。

（四）钠

钠是一种必不可少的矿物质，通常被称为盐，实际上是氯化钠（方框6.4）。虽然这两种矿物质是单独讨论的，但人类摄入的钠和氯化钠绝大部分都是以食盐的形式存在的。毫无疑问，在维持生命的多个过程中都需要盐，但也很明显，过多的盐摄入会给很多人的健康带来风险[49]。再说一遍，"足够多"并不等于"足够好"。

盐参与人体水平衡和酸碱平衡，构成盐的钠离子（Na^+，是**阳离子**）和氯离子（Cl^-，是**阴离子**）是主要的细胞外液（细胞外液包括血液和组织液）矿物**电解质**。钠和氯化物的其他主要功能包括以下几种。

- 维持细胞膜功能：细胞外的钠和氯化物与细胞内的钾之间的平衡产生电荷，帮助细胞吸收所需的营养物质并排出代谢副产物[122]。
- 蛋白质（氨基酸）、葡萄糖和水的吸收：需要氯化钠在胃肠道和血液中保持足够的水分，以便将摄入的营养物质吸收到血液中[59]。
- 维持血容量：维持足够的血容量对向细胞输送营养物质和清除细胞代谢副产物非常重要。对运动员来说，血容量起着双重作用，因为血容量还必须"供养"汗腺，以保持体温。氯化钠摄入不足与血容量低、出汗率低及肌肉痉挛风险较高有关[59]。

以下术语用于讨论钠及钠含量低或高的情况。

- Hypo：低；
- Hyper：高；
- Emia：血液环境；

方框6.4　钠的基本信息（化学符号Na）

- 适宜的日摄入量标准
  - 成年男性（19～50岁）：1.5 g/d
  - 成年男性（51～70岁）：1.3 g/d
  - 成年男性（70多岁）：1.2 g/d
  - 成年女性（19～50岁）：1.5 g/d
  - 成年女性（51～70岁）：1.3 g/d
  - 成年女性（70多岁）：1.2 g/d
  - 运动员的建议摄入量：
    - 大于1.5 g/d；钠的大量汗液流失可能使需求量增加至大于10 g/d（无论需要什么来代替损失。运动员的钠日摄入量可能远远超过一般人的适宜日摄入量标准）
- 功能
  - 水平衡
  - 神经功能
  - 酸碱平衡
  - 肌肉收缩
- 高钠食品
  - 加工食品和罐头食品
  - 泡菜
  - 薯片
  - 椒盐脆饼
  - 酱油
  - 奶酪
- 缺乏
  - 低钠血症（低血钠）
    - 肌肉抽筋
    - 恶心
    - 呕吐
    - 厌食症
    - 癫痫发作
    - 昏迷（极度危险）
- 毒性
  - 可允许的耐受量：
    - 2.3 g/d（约5.8 g食盐）
    - 主要症状：高血压

阳离子

质子比电子多的带正电的离子。通常阳离子用“+”符号表示。例如，钠(Na^+)、钙(Ca^{2+})、镁(Mg^{2+})和钾(K^+)。

阴离子

电子比质子多的带负电的离子。通常阴离子用“–”符号表示。例如，氯离子(Cl^-)、硫(S^{2-})和氢氧化物(OH^-)。

电解质

电解质是在溶液中分解成离子(带电粒子)的矿物质，使它们能够导电。它们还有助于调节体液平衡，将营养物质输送到细胞中，帮助正常的肌肉和精神功能，帮助将食物的热量转化为细胞能量，并调节pH。主要的细胞外(主要是血液)电解质是带正电荷(阳离子)的钠，细胞内的主要电解质是带正电荷的钾。

- Na：钠的符号；
- 低钠血症：血液中的钠含量低；
- 高钠血症：血液中的钠含量高。

1. 钠的食物来源

钠在大多数天然食品中含量很少，在加工食品、罐装食品、熟食和快餐中含量很高。虽然大多数人都能排出过量的钠，但有些人对钠敏感，因为他们没有这种能力。在这些个体中，钠的滞留将导致细胞外液中的钠过度积累，并导致血压升高。钠的摄入量可以通过食用天然的、全食的食物和避免食用含钠量高的商业食品来限制。食品标签提供有关钠含量的信息(表6.3)。FDA的每日钠含量参考值为2 500 cal的饮食中钠含量低于2 400 mg。估计每日钠需要量为500 mg。

常见食用食品的含盐量样本见表6.4。一般来说，盐的摄入量最低的是新鲜的、完整的、未经加工的食物，包括水果、蔬菜和豆类。加工食品的含盐量要高得多。

表6.3 食品标签上的钠：理解标签的含义

术语	定义
无钠	每份少于5 mg钠(标签上列出的分量)
低钠	每份食物钠含量不超过140 mg属低钠。如果食物的分量少于30 g，在每50 g食物中钠含量低于140 mg也属于低钠。如果一份食物少于两茶匙，那么每50 g食物中含钠量低于140 mg属低钠。
极低钠	每份食物钠含量不超过35 mg属极低钠。如果每份食物分量少于30g，每50 g食物中含钠量低于35 mg属于极低钠。如果一份食物少于两茶匙量，那么每50 g食物中含钠量低于35 mg属低钠。
减钠	钠含量至少比与之相比的食物低25%

注：1茶匙盐=6 g，钠含量为2 325 mg。

2. 钠的需求

由IOM发布的DRI建立了钠的适宜摄入量水平，这是对中等活动人群所需量的估计，以弥补钠在出汗中的流失，并确保饮食中有足够的其他营养。这一推荐的摄入量从幼儿每天1 g到成人每天1.5 g不等，远远低于生活在西方社会的大多数人通常所摄入的水平。2015年，膳食指南咨询委员会(Dietary Guidelines Advisory Committee，DGAC)发现，在美国大部分地区只有钠和饱和脂肪这两种营养素通常被过量摄入，并对健康构成威胁[138]。该咨询小组提出的建议是，普通民众每天的膳食钠摄入量应低于2 300 mg，尽管这一摄入量高于钠的适宜日摄入量，但仍明显低于目前美国的钠摄入量。

3. 运动员和钠

运动饮料的一个关键成分是钠，因为钠有助于激发人们的饮酒欲望和维持血容量。维持血容量是运动成绩的一个重要因素，因为它与向细胞输送营养物质、清除细胞代谢副产物及保持出汗率以避免过热的能力有关。由于汗液中含有钠，运动员会流失大量的汗液，所以一般建议运动员摄入适量的钠以保持钠的平衡。因此，运动员的钠推荐日摄入量可能明显高于非运动员。

在湿热环境中长时间运动时，可能会发生低钠血症(血液中钠含量低)。低钠血症的常见原因是液体的消耗量高，其含有的钠不足以满足汗液流失，

表6.4　常见食物的盐含量和钠含量(由低到高)

食　物	摄　入　量	盐含量(mg)	钠含量(mg)
橄榄油	1汤匙	0	0
橙汁	1杯	0	0
梨(新鲜)	1个	5	2
番茄(新鲜)	1个	15	6
胡萝卜(新鲜)	1个	105	42
全麦面包	2片	660	264
玉米片麦片	1杯	665	266
白面包	2片	850	340
热狗(牛肉)	1热狗	1 300	510
火腿	3 oz	2 500	1 000
椒盐脆饼	2 oz(10个椒盐脆饼)	3 000	1 200
薯片(咸)	8 oz(1袋)	3 300	1 300
通心粉和奶酪(罐装)	1杯	3 400	1 400

注: 5 g盐,钠含量为2 g。

或可能是服用非甾体抗炎药,如阿司匹林和布洛芬,这可能使高浓度钠的汗液流失[7]。有关钠、氯化物和水化策略的其他信息包含在第7章中。

4. 钠缺乏症

除了低钠血症(见下文),低钠血症可能发生在饮用不含钠的饮料的运动员中,即使在有意摄入低盐饮食的人中也很少观察到氯化钠缺乏的症状[59]。

低钠血症:低钠血症最可能发生于那些在炎热的环境中长时间大量出汗的人身上,但他们饮用的饮料却不能提供足够的钠来弥补在出汗中损失的量。当液体摄入超过液体损失时也会出现这种情况[146]。正常的血清钠浓度为135～145 mmol/L,而低钠血症的典型诊断是血清钠浓度低于135 mmol/L。血清钠浓度低于120 mmol/L被认为是危险的。这是一种相对常见的水电解质失衡,参加耐力赛的人群中有10%左右的人会出现这种情况。最近的一项研究发现,在28天的高强度划船训练中,低钠血症的发生率极高[87]。在研究的30名初级精英赛艇运动员中,70%的人在28天的训练中至少有一次出现低钠血症。因为低钠血症的症状可能与脱水的症状相似(当水合状态较差时可能发生低钠血症),因此应注意不要混淆[37]。

需要考虑的重要因素

对于那些认为脱水但实际上患有低钠血症的患者,医生通过快速输注大量低渗溶液是不正确的治疗方法。这样治疗低钠血症患者可能导致昏迷和死亡[101]。

5. 钠的毒性

一些基于人群的研究表明,长期摄入含盐食物可能会增加患胃癌的风险[133]。由于高盐摄入会刺激尿钙排泄量的增加,高盐摄入被发现与更大的骨质疏松风险(低骨密度导致更高的骨折风险)有关[26]。钙丢失的增加也可能在**肾结石**的发展中起作用。尽管所有这些潜在的问题都很重要,但与过量钠摄入相关的最大毒性是高血压。虽然没有患原发性高血压的人有排泄过量钠的有效机制，但高钠摄入量确实会增加血压，降低钠摄入量会降低血压，即使是那些没有患原发性高血压的人[60]。总的来说，与过量摄入盐有关的问题会对健康产生深远的负面影响，应该鼓励人们谨慎管理盐的摄入。

肾结石

肾结石由草酸钙或磷酸钙组成，在尿钙含量高的成年人中，多达15%会发生肾结石。在某些类型的运动员中普遍存在极高水平的动物蛋白摄入[＞2.0 g/(kg·d)]，可能会增加尿钙排泄，从而增加患肾结石的风险。肾结石的其他危险因素包括脱水（迫使肾脏产生尿量较低的浓缩尿）和长期摄入大量的钙、草酸盐（通常是由于过量摄入一些草酸含量高的深绿叶蔬菜）、钠和维生素C。长期低柠檬酸盐（柑橘类水果中也较高，其他水果和蔬菜中也是如此）摄入和低钙摄入也可能会增加肾结石的风险。某些疾病也会导致肾结石的高风险，包括痛风（高尿酸），克罗恩病和结肠炎（两者经常导致脱水），以及一些影响肾脏功能的遗传性疾病。

（五）氯（氯化物）

氯化物是另一种细胞外矿物质，对维持体液平衡至关重要，也是胃液的重要组成部分（方框6.5）。氯化物与氢结合，是胃中盐酸的重要成分。盐酸可降低胃液的pH（使胃的酸性更强），以帮助蛋白质消化，激活内因子（吸收维生素B_{12}所必需），以及铁、锌、镁和钙的吸收。氯化物还与钠和钾一起作用，将神经系统的电荷输送到全身各个组织。

实际上，我们摄入的所有氯化物都与食盐（氯化钠）有关，因此钠和氯化物的摄入量之间存在平行关系。另外，氯化物的损失与钠的损失密切相关，因此一种物质的缺乏可能与另一种物质的缺乏有关。由于大多数人因摄入大量食盐而摄入过多的钠，因此氯化物的摄入量也很高（估计为6 000 mg/d），远高于正常需求量（750 mg/d）[58]。

氯缺乏症

氯缺乏症尽管很少见，但通常伴随大量出汗，频繁腹泻或频繁呕吐而发生[58]。汗液中的氯和钠流失的程度可能比汗液中的其他矿物质流失的程度要大[25,109,136]。因此，由于出汗而造成的大量体液流失不能完全用含盐的饮料替代，这可能会导

方框6.5 氯（氯化物）的基本信息（化学符号Cl）

- 适宜的日摄入量标准
  - 成年男性（19～50岁）：2.3 g/d
  - 成年男性（51～70岁）：2.0 g/d
  - 成年男性（70多岁）：1.8 g/d
  - 成年女性（19～50岁）：2.3 g/d
  - 成年女性（51～70岁）：2.0 g/d
  - 成年女性（70多岁）：1.8 g/d
  - 运动员推荐摄入量：
    - 每天至少摄入2.3 g，以适应高汗状态下钠摄入量的增加的需求
- 功能
  - 水平衡
  - 神经功能
  - 胃壁细胞（胃）产生Hcl
- 良好的食物来源
  - 食盐（约60%氯和40%钠）
  - 任何“盐或食盐”含量高的食物
- 缺乏（罕见）
  - 伴有频繁呕吐
  - 可导致抽搐
- 毒性
  - 可允许的耐受量
    - 3 500 mg/d，相当于5 800 mg的食盐。摄入过多的钠会导致高血压

致氯化物缺乏。氯缺乏症的症状类似于钠缺乏症(因为它们会同时发生),包括肌肉无力、易怒、嗜睡和食欲缺乏[93]。请参阅钠的部分以获取有关氯化物、氯化钠和食盐的更多信息。

(六) 钾

钾是细胞内(细胞内电解质中)的主要矿物质,其浓度是细胞外钾浓度的30倍(方框6.6)。它与水平衡、神经冲动传导和肌肉收缩有关,也是碳水化合物代谢所必需的许多酶的辅因子[15]。

钠(细胞外)和钾(细胞内)之间浓度的差异产生了一个能量梯度,该能量梯度将钠泵送细胞外以换取钾。在静止状态下,这些电泵的能量需求估计占总能量需求的20%～40%[15,122]。

1. 钾的食物来源

钾的最佳食物来源包括水果和蔬菜(表6.5)。在美国,补品中的钾含量不超过99 mg,因为高剂量的钾摄入会导致高钾血症,这与心律不齐和心力衰竭有关[86]。

钾的典型摄入量为每天1 000～11 000 mg(1～11 g/d),摄入大量新鲜水果和蔬菜人钾摄入量最高。研究发现,经常摄入更多的钾(如多吃水果和蔬菜)可降低脑卒中、骨质疏松和肾结石的风险[45,132,135]。

表6.5 常见食物的钾含量

食 物	摄入量	钾含量(mg)
烤土豆(去皮)	1个中等大小	926
葡萄干	半杯	598
西梅汁	6 oz	528
香蕉	1个中等大小	422
菠菜(煮熟)	半杯	420
番茄汁	6 oz	417
橙子(橘子)	1个中等大小	237
杏仁	1 oz	200

资料来源:United States Department of Agriculture, Agricultural Research Service, Food Composition Database [Internet]. Available from: https://ndb.nal.usda.gov/ndb. Accessed April 24, 2018.

2. 钾的需求

有充分的证据表明,相对较高的钾含量(约3 500 mg/d)有利于控制高血压[58]。但是,过量摄入钾可能会导致毒性,当摄入约18 000 mg钾时,会出现高钾血症和心脏骤停[58]。DRI估计每日需钾量为4 700 mg。

方框6.6 钾的基本信息(化学符号K)

- 适宜的日摄入量标准
  - 成年男性(19至70多岁): 4.7 g/d
  - 成年女性(19至70多岁): 4.7 g/d
  - 运动员的建议摄入量:
    - 4.7 g/d或更高,出汗量高
- 功能
  - 水平衡
  - 葡萄糖输送至细胞
- 良好的食物来源
  - 柑橘类水果
  - 土豆
  - 蔬菜
  - 牛奶
  - 肉
  - 鱼
  - 香蕉
- 缺乏
  - 低钾血症,与厌食症、心律不齐和肌肉痉挛有关
- 毒性
  - 高钾血症,可能导致心律不齐和心力衰竭(可能导致死亡)。由于这个原因,一般不建议补钾

3. 运动员和钾

虽然众所周知，钾对于心脏和骨骼肌的功能至关重要，但运动过程中汗液中钾的流失量相对较小，不会严重影响人体的钾存储。因此，在营养丰富的运动员中，与汗液有关的钾流失不应严重影响其运动表现[25]。讨论钾经常使用的一些术语如下。

- Hypo：低；
- Hyper：高；
- Emia：血液环境；
- K：钾的符号。

低钾血症：血液中的钾含量低。

高钾血症：血液中的钾含量高。

4. 低钾血症

血液中钾含量偏低称为低钾血症。在饮食中发生低钾血症是很少见的，通常仅在慢性腹泻、呕吐或泻药滥用时发生。服用高血压药物的人会迫使钠丢失，在此过程中钾也会丢失。鼓励这些人通过摄入钾补充剂或富含钾的食物（水果、蔬菜和肉类）来补充失去的钾。缺乏钾的症状包括早期疲劳、肌肉无力、肌肉痉挛、腹胀、便秘和疼痛。严重时低钾血症可能导致心脏功能异常（心律不齐）[122]。长期饮酒、严重腹泻、过量使用泻药、进食障碍（神经性厌食和贪食症）及充血性心力衰竭会引起钾缺乏症的风险增高[43]。

三、微量矿物质

微量矿物质（微量元素）的含量极少，但在人体营养中起着重要的作用。人体对于这些微量元素的需求量少于100 mg/d，微量矿物质在体内的含量少于5 g，它们包括铁、锌、碘、硒、铜、锰、铬和钼。

（一）铁

铁的主要需求是形成氧气转运化合物血红蛋白（血液中）和肌红蛋白（肌肉中），它也存在于与正常组织功能有关的许多化合物中（方框6.7）。这些功能包括以下几种[148]。

- 能量代谢：含铁化合物参与了使ATP能量产生镁重要的电子传输。
- 排毒反应：含铁的酶参与清除有毒污染物。
- 抗氧化保护：过氧化物酶是一种含铁物质，可

方框6.7 铁的基本信息（化学符号Fe）

- 适宜的日摄入量标准
  - 成年男性（19至70多岁）：8 mg/d
  - 成年女性（19～50岁）：18 mg/d
  - 成年女性（51至70多岁）：8 mg/d
  - 运动员的建议摄入量
    - 15～18 mg/d
- 功能
  - 氧气输送（如血红蛋白和肌红蛋白）
  - 多种氧化酶的一部分
  - 有氧代谢必不可少的
- 良好的食物来源
  - 肉、鱼、家禽和贝类
  - 含量较少的
    - 豆类
    - 深绿叶蔬菜
    - 干果
    - 注意：铁铸炊具会增加熟食中的铁含量
- 缺乏
  - 疲劳
  - 较低的感染抵抗力
  - 专注能力差
  - 低能量代谢（可能发生体温过低）
- 毒性
  - 组织铁中毒水平（血色素沉淀）
  - 肝损害

保护细胞免于被活性氧(自由基)破坏,如过氧化氢。

■ DNA合成：合成DNA所必需的酶依赖铁元素,DNA是所有细胞功能的关键遗传物质。

■ 酶：铁实际上存在于数百种蛋白质中,包括酶。

当含铁物质(如血红素)分解时,铁将被再利用和保存,但是铁会因流血、出汗和排尿而损失。铁在体内总含量为2～5 g,并且仅有少量的铁(1～2 mg/d)被机体吸收以弥补少量铁损失[42]。每天从食物和液体中摄入的铁是通过控制吸收来调节的,通常可以在饮食中摄入3%～23%的铁,具体取决于生理需要(当人体铁储藏量低或红细胞生成高时会更高),所摄入食物中铁的生物利用度,以及其他矿物质的相对吸收竞争[25,46]。为了满足因饮食摄入量波动而产生的需求,人类以铁蛋白的形式储存铁,铁蛋白存在于肝脏、骨髓和脾脏中。血清铁蛋白是贮存铁的标志物,因为贮存铁一部分会"泄漏"到血清中并且可以被测量到[142]。血清铁蛋白含量与贮存铁蛋白量成正比,因此血清铁蛋白是一个令人满意的贮存铁标记。当组织需要铁时,铁转运蛋白会从储存物(**铁蛋白**)中获取铁,并转运到需要铁的组织中。以血红蛋白为例,转铁蛋白从铁蛋白中提取铁,并将其运输到铜蓝蛋白中,该蛋白从转铁蛋白中提取铁,并将铁传递给血红素,从而产生血红蛋白。

铁蛋白

一种铁贮存蛋白,根据需要释放出来供组织使用。血清铁蛋白是人体总贮铁量的间接标志。成年男性的正常铁蛋白浓度为12～300 ng/mL;成年女性的正常铁蛋白浓度为12～150 ng/mL[14]。

1. 铁的食物来源

铁存在于各种各样的食物中,包括肉类、鸡蛋、蔬菜和强化铁的谷类食品。对于杂食性动物来说,一个典型平衡饮食提供约6 mg/1 000 kcal的铁。牛奶和其他乳制品是缺铁的来源。铁最容易吸收的形式是血红素铁,它来自肉类和其他动物性食物。有趣的是,血红素铁还增强了来自非肉类来源的非血红素铁的吸收,非血红素铁在水果、蔬菜和谷类食品中发现,它不像血红素铁那样容易被吸收[57]。然而,食用富含维生素C的食物可以提高对非血红素铁的吸收,维生素C可以将三价铁还原为生物更好吸收的亚铁形式。植酸(一种与谷类谷物中的麸皮有关的物质)、抗酸剂和磷酸钙可抑制非肉类食品中非血红素铁的吸收。一般来说,红肉被认为是最丰富和容易吸收的铁来源。正是出于这个原因,素食者被认为有增加缺铁性贫血的风险。然而,如果计划得当,食用含铁量高的蔬菜和水果,以及采用合理的烹饪技术来提高铁的吸收,素食者可以获得足够的铁。

素食中铁摄入量的最大化利用对于想要提高食物中铁吸收率的素食者来说,请考虑以下几点：

■ 深绿叶蔬菜含有铁,但它们也含有草酸,这会降低铁的利用率。要从蔬菜中去除草酸,可将它们放在沸水中5～10 s。草酸大部分被除去,但铁保留了下来。

■ 高纤维谷物(麸皮含量高的谷物)具有大量植酸,植酸会与铁结合并降低铁的利用率。改食全谷物,而不是食用添加有麸皮谷物。

蔬菜中的铁比肉中的铁具有较低的吸收率。为了提高铁的吸收率,可通过在食用前先在蔬菜上加入柠檬汁或橙汁来增加维生素C。

2. 铁的需求

建议成年男性的铁摄入量为8 mg/d,成年女性为18 mg/d。由于血容量的显著增加,孕妇的需求量为27 mg/d。考虑到杂食性饮食中铁的通常浓度(约6 mg/1 000 kcal),成年女性每天需要约3 000 kcal才能摄入到铁的日推荐值18 mg。调查结果表明,女性每日平均铁摄入量为12 mg/d,或比推荐摄入水平低33%[57]。这些相同的调查表明,男性的平均每日铁摄入量为16～18 mg/d,或远远高于推荐水平。

3. 运动员与铁

定期从事高强度的运动训练可能会增加胃肠道的失血,也可能显著增加红细胞的分解(溶血)。食品和营养委员会估计,这些因素可能会使运动员对铁的需求量比平常的需求量高出30%[57]。运动员有充分的理由关注铁的含量,因为它们的携氧能力

（通过血液中的血红蛋白和肌肉中的肌红蛋白）是身体耐力的关键因素。缺铁是最常见的营养素缺乏症之一，似乎运动员的缺铁性贫血的发生率与一般人差不多[6,25]。两种类型的贫血主要是**大细胞低色素性贫血**和**小细胞低色素性贫血**。

大细胞低色素性贫血

从字面上讲，是由于血红蛋白含量低，红细胞体积大（宏观），颜色浅（低色素）。这种类型的贫血，通常被称为恶性贫血，是由于维生素B_{12}不足，叶酸不足，或两者同时不足引起的。

小细胞低色素性贫血

从字面上讲，是由于血红蛋白含量低，红细胞体积小（微观），颜色低（低色素）。这种贫血与缺铁有关。

一些运动员铁含量低可能有诸多原因。其中包括以下几种。

■ 膳食中的铁含量低：有些运动员可能食用铁摄入总量不足的食物。对于那些将限制总能量摄入作为维持或减轻体重的一种手段（尽管没有效果）的运动员来说，这一点问题尤其突出。

■ 食用铁吸收率低的食物：许多运动员消耗大量的碳水化合物，并限制红肉的摄入。尽管非肉类食物中存在铁，但这些食物中铁的吸收率和总铁含量通常都较低。

■ 铁损失增加（血尿）：某些形式的运动，特别是长跑和冲击性的运动，由于红细胞破裂而导致尿中少量血红蛋白和肌红蛋白丢失[9]。

■ 汗液中铁的流失：虽然出汗时的铁损失很低（0.3～0.4 mg/L），但是从食物中吸收铁的典型比率约为10%，则每产生一升汗液就需要额外消耗3～4 mg的膳食铁。跑步者通常每小时流失2 L的汗水，特别是在炎热潮湿的环境中[6,141]。

■ 红细胞分解增加：许多研究表明运动员的血管内溶血率高于非运动员[120]。当用力引起红细胞通道受损和红细胞过早破裂，就会发生溶血。运动员的红细胞平均寿命为80 d，而非运动员的红细胞平均寿命为120 d（表6.6）。

■ 运动性贫血：许多运动员在训练季节开始时表现出贫血的迹象，这是很常见的，因为在训练开始时血容量有很大的增加。血容量的增加有稀释血液成分（包括红细胞）的作用，使其看起来像是贫血。然而，短时间内机体会增加红细胞的产生，以消除贫血的出现[8]。

表6.6 缺铁性贫血或缺铁如何影响运动表现

缺铁性贫血	缺　铁
较少的氧气运输到细胞	高乳酸产生
氧摄入减少（或最大摄氧量降低）	高乳酸产生
耐力降低	较高的呼吸商（较多的碳水化合物消耗以满足机体能源需求）
有氧代谢降低	
高葡萄糖氧化	
高乳酸产生	
较高的呼吸商（较多的碳水化合物消耗以满足机体能源需求）	

注：缺铁性贫血和缺铁的主要影响之一是脂肪代谢（一种依赖氧的代谢途径）受损，这增加了对碳水化合物作为能量基质的依赖。由于碳水化合物在人体内的储存是有限的，所以在所有的运动强度下都会降低耐力。

与缺铁性贫血（低血清铁和低贮存铁，但红细胞正常）相比，运动员在出现明显贫血（红细胞数量和大小减少）时的反应有差异（图6.2）(147)。

尽管已知铁缺乏的运动员会出现运动能力下降，但为铁水平正常的运动员提供铁补充剂似乎没有任何好处[16]。此外，补充铁通常与恶心、便秘和胃部刺激有关。然而，在那些血液测试显示贫血或铁贮存处于边缘水平的运动员，补铁是必要的。提供铁补充剂以减少潜在副作用的最佳方法是每三天或四天提供25～50 mg的铁剂，而不是每日补同样剂量的铁剂[129]。

4. 缺铁

缺铁会带来多种健康风险。在缺铁的儿童中，

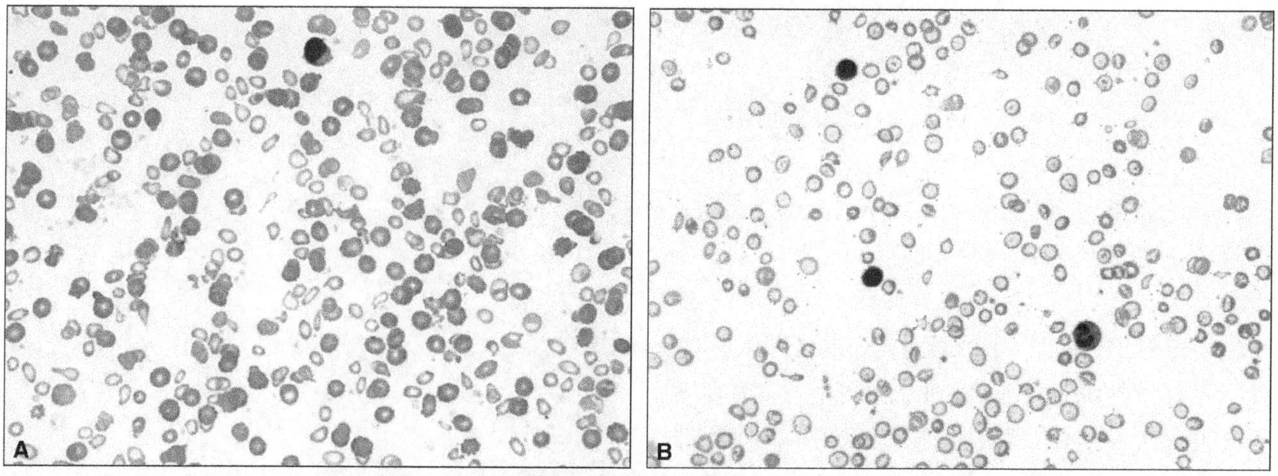

图6.2 缺铁性贫血中正常(A)和异常(B)的红细胞差异

资料来源：Weksler B, Schecter GP, Ely S. Wintrobe's Atlas of Clinical Hematology. 2nd ed. Philadelphia (PA): LWW (PE); 2018.

有智力发育不良、学习成绩差和行为问题的记录[89]。由于铅与铁结合的分子相同，铁缺乏会增加组织吸收更多铅的风险，从而导致铅中毒[149]。在妊娠期间，血容量会大大增加，需要的血液成分(包括含铁的红细胞)也增加。妊娠期间未摄入足够的铁会增加早产、低体重儿和产妇死亡的风险[151]。值得注意的是，血红蛋白过高也与妊娠结局有关，包括高血压和先兆子痫[151]。铁缺乏也与免疫功能低下有关，导致感染疾病的风险更高[104]。在世界范围内，最常见的营养缺乏是缺铁。缺铁有3种表现(表6.7)：

表6.7 缺铁阶段(铁太少)及其测量指标

从缺铁到缺铁性贫血主要经历3个阶段，具体如下

(1) 膳食铁供应不足会导致骨髓中的铁储备耗尽(这一阶段通常没有除肌肉无力以外的症状，与肌红蛋白缺乏和血清铁蛋白低有关)

(2) 铁缺乏会随着血红蛋白的减少而发展(此阶段显示血清铁蛋白非常低，血细胞比容低，血红蛋白正常)

(3) 缺铁性贫血是由于血红蛋白生成不足和红细胞不能产生足够的血红素和足够的血红蛋白含量(此阶段肌红蛋白缺乏，血清铁蛋白和血细胞比容含量极低，血红蛋白含量低)

测量指标	正　常	第一阶段 铁储备耗尽	第二阶段 缺铁性红细胞生成状态	第三阶段 缺铁性贫血
组织铁(肌红蛋白)	正常 ■ 男性：10～95 ng/mL ■ 女性：10～65 ng/mL	耗尽	缺乏	缺乏
储存铁(血清铁蛋白)	正常 ■ 男性：10～95 ng/mL ■ 女性：10～65 ng/mL	低	极低	极低
血清铁(血细胞比容)	正常 ■ 男性：39%～54% ■ 女性：34%～47%	正常	低	极低
红细胞铁(血红蛋白)	正常 ■ 男性：14～18 g/dL ■ 女性：11～16 g/dL	正常	正常	低

资料来源：Camaschella C. New insights into iron deficiency and iron deficiency anemia. Blood Reviews 2017; 31: 225-233.

Clénin GE, Cordes M, Huber A, Schumacher YO, Noack P, Scales J, and Kriemler S. Iron deficiency in sports-definition, influence on performance and therapy. Schweizerische Zeitschrift für Sportmedizin & Sporttraumatologie 2016; 64(1): 6-13.

Cowell BS, Rosenbloom CA, Skinner R, and Summers SH. Policies on screening female athletes for iron deficiency in NCAA Division I-A institutions. International Journal of Sport Nutrition and Exercise Metabolism 2003; 13: 277-285.

■ 铁蛋白（贮存铁）耗尽，但功能性铁（即血红蛋白、肌红蛋白肌铁、含铁酶）保持正常；

■ 缺铁蛋白、肌红蛋白和含铁酶，但血红蛋白正常；

■ 缺铁蛋白、肌红蛋白、含铁酶和低血红蛋白，导致小细胞低色素性贫血（红细胞数量少，剩余细胞小且呈红色）。

可以看出，在没有被诊断为贫血的情况下，可能处于一种铁的综合状态，这种状态可能会对健康和运动表现产生影响。通常是通过血红蛋白和**血细胞比容**的评估来诊断贫血（图6.3）。然而，如果贮存铁（铁蛋白）较低，则从肌红蛋白和含铁酶中分解铁以保持血红蛋白正常[142]。正因为如此，当铁的状态实际上很低时，它可能看起来是正常的。因此，对运动员的铁状态评估除了血红蛋白和血细胞比容外，还应包括铁蛋白的评估。

血细胞比容

血细胞比容（Hematocrit），缩写为Hct，也称细胞容积，是红细胞在血液中的体积百分比。在成年男性中，正常的血细胞比容是45%；成年女性的正常血细胞比容为40%。

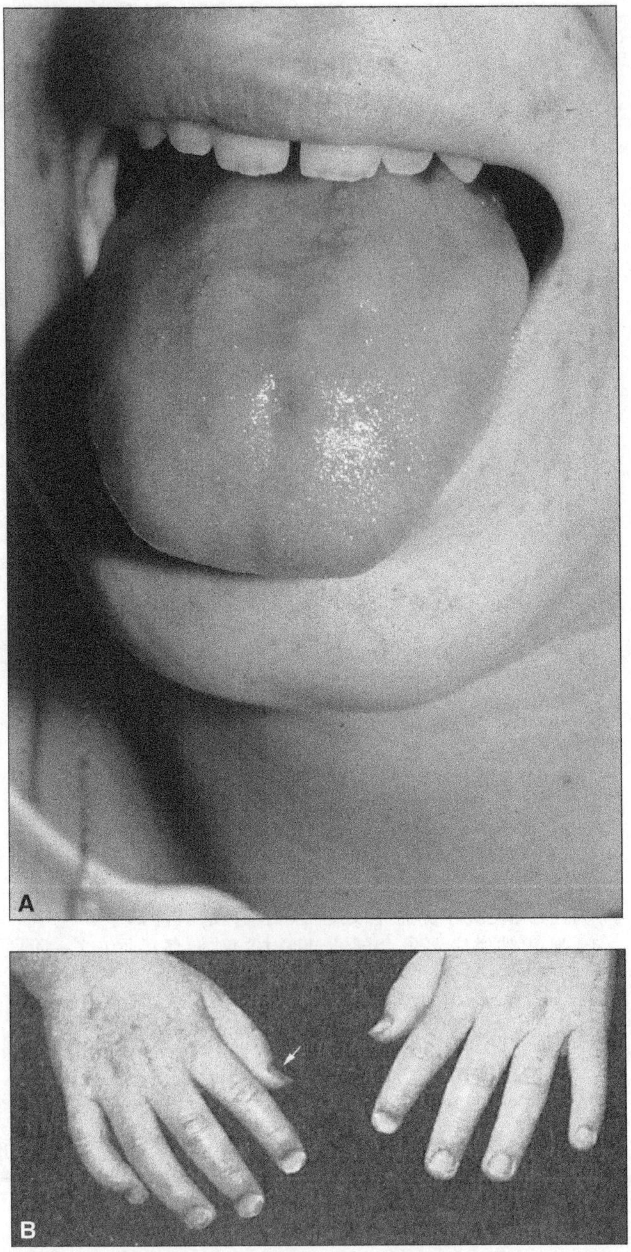

图6.3 常见的铁缺乏症迹象。除了图示的舌炎（A：红色的舌头）和匙状甲（B：横纹和汤匙钉），最常见的体征是早期疲劳、注意力不集中，以及下眼睑发白

资料来源：Weksler B, Schecter GP, Ely S. Wintrobe's Atlas of Clinical Hematology. 2nd ed. Philadelphia (PA): LWW (PE); 2018.

铁储存水平越低，铁的吸收率越高，但是铁的吸收率很少超过食物铁含量的10%～15%。这种可变的铁吸收机制旨在保持相对恒定的铁水平，避免铁过量摄入，过量摄入对健康有害。尽管铁的吸收率是可变的，但铁摄入量很少的人仍有患缺铁症和贫血的风险。

缺铁性贫血的特点是携氧能力差，这是一种已知的导致运动员运动表现不佳的疾病。缺铁还与免疫功能低下、注意力不集中、易怒和学习能力差有关。迅速生长期的儿童、经期妇女、素食主义者和孕妇患缺铁性贫血的风险较高。由于血容量的快速膨胀，处于生长期和妊娠期的人对铁的需求更高，而铁是红细胞的重要组成部分。因为与月经期相关的经常性血液（和铁）流失，导致月经期的妇女对铁有更高的要求。因此，育龄妇女对铁的需求量（18 mg）高于同龄男子（10 mg）。缺铁性贫血的症状见方框6.8。

5. 铁毒性（铁中毒）

有些人有可能会产生铁中毒的症状，因为他们缺少限制铁吸收的机制。尤其是年幼的儿童，如果他们摄入成人的铁补充剂，可能会有铁中毒的危险。据食品和营养委员会称，意外食用高剂量含铁产品

方框6.8 缺铁性贫血的症状

眼睛：发黄
皮肤：苍白、寒冷、发黄
呼吸：急促
肌肉：无力
肠道：大便颜色改变
中枢神经系统：疲劳、头晕、昏厥（严重贫血）
血管：低血压
心脏：心悸、心率加快、胸痛（严重贫血）、心绞痛（严重贫血）、心脏病发作（严重贫血）
脾脏：肿大

是6岁以下儿童中毒致死的最大原因[57]。许多针对成年人的铁补充剂的铁含量超过每日推荐水平的300%，补铁过量可能会致命[94]。

（二）锌

锌具有多种功能，包括形成酶、参与组织结构和多种调节活动（方框6.9）。酶有助于化学反应（如伤口的愈合）以适当的速率发生，锌存在于300多种酶中[88,102]。含锌酶参与碳水化合物、脂肪和蛋白质的代谢。许多蛋白质和细胞膜的结构也依赖于锌，锌不足会增加细胞膜被氧化损伤的风险，因为锌是一种重要的抗氧化酶——铜锌超氧化物歧化酶的一部分[57]。结果表明，低锌状态会降低叶酸的吸收[66]。此外，锌与维生素A的代谢有关，饮食中锌的摄入不足会导致多种可能与维生素A有关的健康问题，包括生长发育迟缓、伤口愈合缓慢和免疫系统衰竭[12]。锌与其他二价矿物质（铁、镁、钙、铜）存在竞争性地被吸收，因此高水平的锌摄入可能会导致这些矿物质的吸收不良[66,92]。

方框6.9 锌的基本信息（化学符号Zn）

- 适宜的日摄入量标准
  - 成年男性（19至70多岁）：11 mg/d
  - 成年女性（19至70多岁）：8 mg/d
  - 运动员的建议摄入量：
    - 11～15 mg/d
- 功能
  - 参与能量代谢的众多酶的一部分
  - 蛋白质合成
  - 免疫功能
  - 感官功能
  - 性成熟
- 良好的食物来源
  - 肉、鱼、禽、贝类、鸡蛋
  - 全麦食品
  - 蔬菜
  - 坚果
  - 注意：南瓜子是锌的良好素食来源
- 缺乏
  - 伤口愈合不良
  - 免疫功能受损
  - 食欲不振（厌食）
  - 发育不良（儿童）
  - 皮肤干燥
- 毒性
  - 适宜耐受量：40 mg/d
  - 症状：
    - 免疫系统受损
    - 伤口愈合缓慢
    - 味觉丧失（味觉减退）
    - 嗅觉减退（嗅觉丧失）
    - 低密度脂蛋白：高密度脂蛋白胆固醇的比值较高
    - 恶心

1. 锌的食物来源

肉类、鸡蛋和海鲜中锌的含量和生物利用度很高，但南瓜子、坚果和豆类中也有锌（表6.8）。动物源性食品中含有的含硫氨基酸（半胱氨酸和蛋氨酸）可增强锌的吸收，而未经发酵的全谷物、麸皮制品中的植酸会抑制锌的吸收[66]。

表6.8 常见食物的锌含量

食物	摄入量	锌含量(mg)
牛肉（烤的）	3 oz	6.64
南瓜子（干的）	半杯	5.04
牛奶（2%脂肪）	1杯	1.17
鸡肉（烤的）	3 oz	1.05
豆子（熟的）	半杯	0.94
三文鱼（熟的）	3 oz	0.70
菠菜（熟的）	半杯	0.68
土豆（烘焙的，包括皮和肉）	1个中等大小	0.53
花生酱	1汤匙	0.40

2. 锌的需求

成人锌的每日推荐摄入量为12～15 mg/d，然而调查显示成年女性的锌平均摄入量为9 mg/d，成年男性为13 mg/d[57]。

3. 运动员和锌

男性和女性耐力跑运动员的锌水平在正常范围的低端，或更低。血清锌值较低的运动员的训练距离也较低，也就是说，他们可能不能像血清锌含量值高的运动员那样刻苦训练[32,48,124]。因此，少数锌含量不高的运动员，其运动表现似乎也欠佳。

尚未广泛研究补锌对身体表现的影响，这些研究中的补锌水平非常高（约135 mg/d）。此外，接受锌检测的运动员在研究方案开始前从未进行过锌状态的评估。尽管如此，这一水平的锌摄入确实提高了运动员的肌肉力量和耐力[72]。运动员需要注意的是，这种水平的锌摄入量从来没有经过长期的安全测试，所以很可能会有副作用。在这个摄入量水平下，其他营养素也有可能产生毒性和营养不良[41,53,126]。

由于携氧能力，也就是铁的状态，对于帮助运动员达到其发挥能力的条件是至关重要的，许多运动员摄入大量的铁。然而，补铁可能会影响锌的吸收。对于补锌的运动员来说，可能会出现酮的吸收不良，从而发展成贫血。因此，任何运动员在考虑补充铁或锌时，都应注意不要摄入过量[90]。一种更安全、更便宜的方法就是摄入足够数量的各种食物，以平衡的方式优化组织对所有营养素的需求。

4. 缺锌

缺锌虽然罕见，但与多种疾病和状态有关，包括以下几种。

- 生长障碍：儿童身体发育不良（即线性生长不良和体重增加）与缺锌有关，可能是因为锌调节了一种与肌肉和骨骼发育有关的激素——胰岛素样生长因子-1（insulin-like growth factor-1，IGF-1）[84]。
- 神经发育不良：缺锌与新生儿和幼儿注意力不集中及运动发育不良有关[11]。
- 免疫系统功能不足：充足的锌状态对于细胞的正常功能必不可少，有助于保护组织免受细菌和病毒等外来物质的侵害[119]。
- 老年人视网膜黄斑变性：黄斑（眼后部视网膜的一部分）中锌含量高，黄斑中的锌含量随年龄的增长而下降。抗氧化剂、锌和铜是帮助老年人降低黄斑变性风险的标准配方的一部分[35]。

缺锌风险最高的人群包括以下人群[66,71]：

- 年幼的孩子；
- 孕妇和哺乳期妇女（尤其是青少年）；
- 患有吸收不良综合征的人，包括腹腔疾病，克罗恩病和溃疡性结肠炎；
- 酗酒者（尿中锌排泄量增加）；
- 糖尿病患者（尿频会增加尿锌的流失）；
- 患有慢性肾脏疾病的人；
- 65岁以上的人；
- 严格的素食主义者（谷物和蔬菜中的高植酸和草酸会降低锌的吸收）。

5. 锌中毒

锌的适宜耐受量已经确定，成年男性和女性的耐受量设定为40 mg/d。过量摄入会导致贫血、呕吐和免疫系统衰竭。有一些毒性是由于食品容器中的锌污染而产生的，同时也有一些毒性来自含锌量高的鼻喷雾剂[57]。含锌的鼻腔喷雾剂可能产生不可逆的嗅觉丧失和不可逆的味觉丧失（食欲减退），因此应避免使用[29]。

（三）碘

碘是甲状腺激素三碘甲状腺原氨酸（triiodothyronine，T3）和甲状腺素（thyroxine，T4）的重要组成部分，它们控制能量代谢、生长和神经系统发育（方框6.10）。甲状腺激素的产生涉及垂体和下丘脑。下丘脑产生促甲状腺激素释放激素（thyrotropin-releasing hormone，TRH）时，垂体分泌促甲状腺激素（thyroid stimulating hormone，TSH）。TSH刺激甲状腺兴奋摄取碘并释放T4和T3进入循环血液。当碘的摄入量足够时，就会有足够的T3和T4，从而降低TRH和TSH的水平。当循环血液中的T4水平较低时，垂体会增加TSH的分泌，从而刺激更多的碘摄取及T3和T4的释放。当有慢性碘缺乏症时，由此引起的TSH持续升高可能导致甲状腺肿大，称为甲状腺肿（图6.4）。甲状腺肿曾经在美国很常见，因为某些地理区域的食物生长在低碘含量的土壤中。在亚洲、非洲和南美的某些地区，它仍然是一种普遍的营养缺乏症。碘摄入过低的孕妇可能会生下智障婴儿。在美国，一项确保所有人都具有适宜碘摄入的早期公共卫生措施就是在盐中添加碘，这种策略消除了甲状腺肿大的症状[156]。过量摄入碘会抑制甲状腺活动，因此不建议额外补充碘。

1. 碘的食物来源

在西方国家，碘的主要来源是加碘盐。在一些国家，如加拿大，盐中加碘是强制性的。然而，在美国，加碘盐是自愿的。因此，美国只有大约一半的盐是加碘的，而在食用的盐中加碘的比例也较小[77]。海水中的碘含量很高，因此咸水海鲜也是一个很好的碘来源。其他食物，包括蔬菜和水果，也有可能是碘的良好饮食来源，但这取决于植物生长的土壤的碘含量。碘的其他来源包括鸡蛋和家禽。常见食品的碘含量见表6.9，但要考虑到，除碘含量可预测的加碘盐外，其他食品的碘含量因制备方法和种植土壤而异。

表6.9　常见食物的碘含量

食　物	摄入量	碘含量（μg）
碘盐	1 g	77
鳕鱼（熟的）	3 oz	99
牛奶（2%）	8 oz（1杯）	99
带皮土豆（烤的）	1个中等大小	60
虾仁（煮熟的）	3 oz	35
火鸡胸脯（烤的）	3 oz	34
海军豆（熟的）	半杯	32
鸡蛋（煮熟的）	1个大鸡蛋	12

方框6.10　碘的基本信息（化学符号I）

■ 适宜的日摄入量标准
- 成年男性（19至70多岁）：150 μg/d
- 成年女性（19至70多岁）：150 μg/d
- 运动员的建议摄入量：150 μg/d

■ 功能
- 形成参与代谢控制的T4

■ 良好的食物来源
- 食盐和海鲜
- 根据土壤情况，某些蔬菜可能也是很好的碘来源

■ 缺乏
- 甲状腺肿（甲状腺肿大，T4产生不足），代谢率低，伴有肥胖
- 注意：在美国，碘摄入不足并伴有较低的T4生成曾是比较普遍的现象，但是使用碘盐可以有效地消除这种情况

■ 毒性
- 过量摄入碘会降低甲状腺活动，因此不建议服用补充剂量的碘

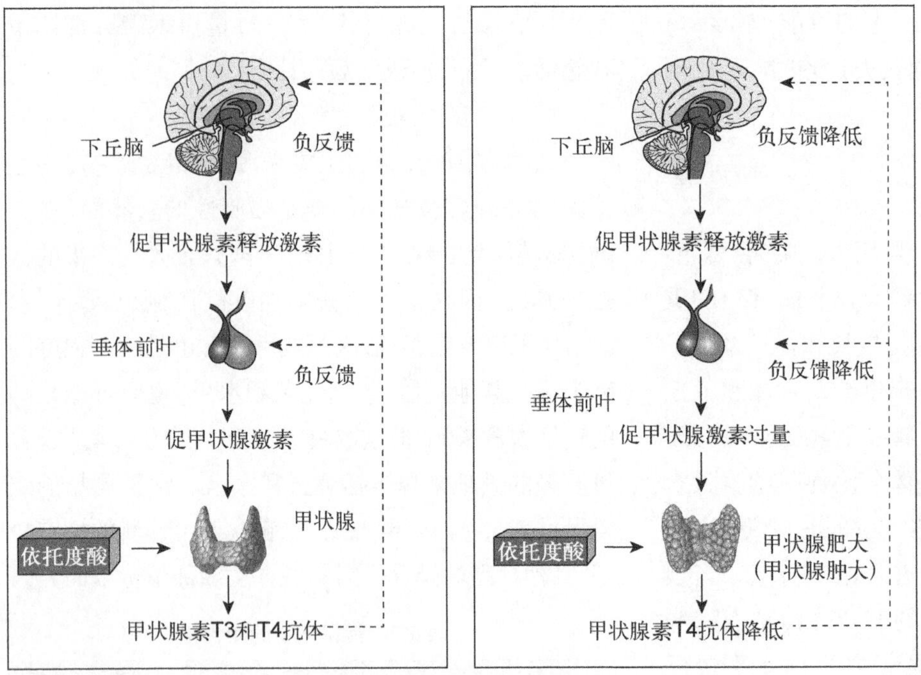

图6.4 甲状腺功能显示T3和T4生成不同与碘摄入量充足和不足有关

资料来源：Higdon J, Drake VJ. An Evidence-Based Approach to Vitamins and Minerals: Health Benefits and Intake Recommendations. 2nd ed. New York (NY): Thieme; 2011.

2. 碘的需求

成年男性和女性的建议碘摄入量为150 μg/d[57]。调查显示，美国人饮食中碘摄入量是足够的，为138～268 μg/d。对于生活在核事故或核爆炸附近这种极为罕见情况的居民来说，食用高剂量（130 mg/d）的碘化钾（一种碘的补充形式）可能有助于使甲状腺充满非放射性碘，从而减少甲状腺对放射性^{131}碘的摄取。研究表明，这一策略成功地降低了由辐射引起的甲状腺癌的风险[153]。

3. 运动员与碘

没有数据表明运动员的碘摄入量不足，也没有数据表明提高碘摄入量会对成绩产生积极影响。相反，矿物质的正常吸收是竞争性的，因此提高碘的摄入可能会降低其他矿物质（铁、铜等）的吸收，这将对身体表现产生负面影响。尽管目前还没有研究证实这一点，但长期限制食物摄入的运动员可能会长期摄入所有营养素，包括碘。有数据表明，能量摄入不足确实会抑制T3和IGF-1的生成，这两者都与能量代谢和组织发育及修复有关[68]。

4. 缺碘

每天约有80 μg的碘被用于合成甲状腺激素，虽然需求量相对较小，但仍然存在碘缺乏。缺碘人口比例大的国家通过提高碘盐供应量，努力减少碘缺乏病。然而，在全世界范围内，碘缺乏症状仍然十分普遍，人们普遍认为它是造成脑损伤的最常见原因[156]。尽管没有甲状腺肿大的甲状腺功能减退症仍然是导致发育问题的主要原因，但与甲状腺功能缺乏相关的主要症状是甲状腺肿大，尤其在儿童中[28]。应该指出的是，美国目前并不是一个碘缺乏症高发国家。然而，最近的调查结果表明，近年来人均碘摄入量有所下降，这可能是因为市场上的非离子碘盐供应增加了，以及公众为了健康努力降低对盐的摄入，因为众所周知盐与高血压有着密切关系[18]。

5. 碘的毒性或碘中毒

虽然碘中毒的现象很少见，但人体对碘的摄入也有一个公认的耐受剂量，即成年男性和女性每天摄入1 100 μg的碘。有些情况与碘敏感性有关，包括Graves病和桥本甲状腺炎。手术切除部分甲状腺的个体也可能对碘敏感[57]。没有证据表明过量摄入碘对健康有益，因此，食用提供过量碘的食物应有助于避免对敏感人群的过度接触和产生毒性，同时应满足非敏感人群的碘需求。

（四）硒

硒是人体营养中一种重要的抗氧化矿物质。它

方框6.11　硒的基本信息（化学符号Se）

- 适宜的日摄入量标准
  - 成年男性（19至70多岁）：55 μg/d
  - 成年女性（19至70多岁）：55 μg/d
  - 运动员的建议摄入量：50～55 μg/d
- 功能
  - 抗氧化剂（谷胱甘肽过氧化物酶的一部分）
- 良好的食物来源
  - 肉、鱼、海鲜
  - 全麦食品
  - 坚果
  - 根据土壤情况，某些蔬菜可能也是很好的硒来源
- 缺乏
  - 可能性不大；但如果发生，会导致心脏损害
- 毒性（中毒）
  - 可承受的摄入量：成人400 μg/d（儿童较低）
  - 中毒的情况很少见；如果发生，会导致恶心、胃肠道不适和脱发

是谷胱甘肽过氧化物酶和其他抗氧化剂的一部分，它能保护细胞免受氧化损伤（方框6.11）。然而，很难确定食物中的硒摄入是否充足，因为食物中的硒含量是由食物生长的土壤和水决定的。营养补充剂，包括亚硒酸钠和高硒酵母，是硒的有效来源，但过量摄入硒可能是有毒的，因此注意硒摄入的适当水平是非常重要的。

1. 硒的食物来源

硒含量最高的食物是内脏（如肝脏）、海鲜和红肉（如肌肉）。种植食物的土壤硒含量差异很大，因此很难确定哪些蔬菜是好的硒来源。假设它们生长在富硒土壤中，那么硒浓度最高的食物是巴西坚果。其次是海鲜、牛肉和种子（表6.10）。

表6.10　常见食物的硒含量

食　物	摄入量	硒含量（μg）
巴西坚果（来自高含硒土壤）	6个	544
金枪鱼（熟的）	3 oz	92
虾（熟的）	3 oz	42
猪肉（烤的）	3 oz	33
牛肉（烤的）	3 oz	31
鸡肉（烤的）	3 oz	26
葵花籽	1/4杯	19
全麦面包	2片	16

2. 硒的需求

硒的推荐摄入量从儿童每天20 μg到哺乳期妇女每天70 μg。调查显示，几乎所有美国人口对硒的需求都是足够的，美国成年人每天从食物中摄入的硒量在100～159 μg/d，或者是建议摄入量55 μg/d的2～3倍[56]。

3. 运动员与硒

由于运动（特别是耐力运动）与肌肉纤维中具有潜在的破坏性氧化副产物（过氧化物和自由基）的增加相关，因此硒在减轻肌肉氧化应激中发挥了作用[152]。也有理论研究显示，硒缺乏可能导致肌肉无力和力竭运动后恢复时间的延长[16]。然而，没有证据表明，通过食物或补充剂摄入额外的硒对运动成绩有有益的影响[105,130]。

4. 缺硒

虽然人体缺硒这种情况很少见，但低硒状态会对与硒相关的抗氧化状态产生负面影响，增加氧化应激和组织损伤，甚至提高潜在癌症的易感性。缺硒风险最高的人群包括那些因胃肠道手术而通过静脉获得营养（全肠外营养）的人群，他们绕过了正常的食物消耗和通过肠道吸收营养。胃肠道受损（如腹腔疾病和克罗恩病）的人似乎也有危险。在这些个体中，硒缺乏与心脏损伤和肌肉无力有关[27]。没有数据表明运动员存在硒缺乏的高风险。

5. 硒的毒性（硒中毒）

过量摄入硒是有毒的，甚至可能是致命的[56]。成人男性和女性的硒耐受量为400 μg/d。慢性硒中毒的早期症状包括指甲变脆和头发脱落。

（五）铜

含铜酶参与铁代谢、ATP能量的产生、骨形成、胶原蛋白的产生和神经传递[137]（方框6.12）。铜在铁代谢中的重要作用早已被人们所认识。含铜的蛋白质——铜蓝蛋白，可以将亚铁转化为三价铁，从而为红细胞的形成提供铁的转运[140]。有趣的是，在相似水平的铁摄入量下，缺乏铜蓝蛋白的个体更容易发生铁超载疾病，这可能是致命的[69]。

1. 铜的食物来源

铜广泛分布于食物供应中，尤其在牛肝、贝类、坚果、种子和全谷类中含量较高（表6.11）。美国成年人群的铜摄入量略高于推荐摄入量（900 μg/d），成年男性的平均每日摄入量为1 000～1 100 μg，成年女性为1 200～1 600 μg。

2. 铜的需求

铜的推荐摄入量从幼儿的340 μg/d到哺乳期妇女的1 300 μg/d。推荐摄入量是基于多项研究，以确保避免任何与铜相关的缺陷[57]。另一个很好的例子说明了为什么营养均衡很重要，过量摄入钙、磷酸盐、铁、锌和维生素C会降低机体对铜的吸收，从而改变机体对铜的需求量。

表6.11 常见食物的铜含量

食　物	摄入量	铜含量（μg）
牛肝（熟的）	1 oz	4 128
牡蛎（熟的）	6个中等大小	2 397
蛤蜊	3 oz	585
榛子（干烤）	1 oz	496
蘑菇（生白、切片）	1杯	223
小麦丝	2块饼干大	167

3. 运动员和铜

很少有人研究铜与运动成绩之间的关系。对运动员和非运动员血铜浓度的研究没有发现任何显著差异，但运动员的血清铜浓度比非运动员略高（3%～4%）[81,82]。在一项评估游泳运动员在比赛季节铜状态的研究中，季前赛和季后赛的铜状态没有差异。在这项研究中，大多数游泳运动员从食物中摄取了足量的铜（超过1 mg/d）[83]。对参加不同类型活动的优秀运动员的评估发现，这些运动员的铜含量正常[70]。

4. 铜缺乏

铜缺乏导致疾病情况是极为罕见的，主要见于有先天性铜代谢缺陷的个体。最常见的缺铜症状是

方框6.12 铜的基本信息（化学符号Cu）

- 适宜的日摄入量标准
  - 成年男性（19至70多岁）：900 μg/d
  - 成年女性（19至70多岁）：900 μg/d
  - 运动员的建议摄入量：900 μg/d
- 功能
  - 铁转运蛋白——铜蓝蛋白的一部分
  - 氧化反应
- 良好的食物来源
  - 肉、鱼、禽、贝类、蛋
  - 坚果
  - 全麦食品
  - 香蕉
- 缺乏
  - 比较少见，如果铜缺乏，则会导致贫血（无法将铁运输至红细胞）
- 毒性
  - 耐受量：10 mg/d。毒性很罕见，如果发生，会导致恶心和呕吐

缺铁性贫血，并且这种缺铁性贫血并不能通过后续的改进策略来改善铁的状态[57]。在相对较少的情况下，用低铜牛奶配方奶粉喂养的新生儿可能没有正常的生长速度[121]。

5. 铜的毒性（铜中毒）

铜中毒的情况很少见，一旦发生，可能会导致肝肾衰竭、昏迷和死亡。美国成人对铜的耐受量高于每日推荐摄入量的10倍，约为10 000 μg/d。在对铜有遗传不耐受（肝豆状核变性）的人中，铜的耐受量可能过量了，这将导致铜在组织中积聚，从而造成损害。

（六）锰

虽然关于锰还有很多需要了解，但目前的信息已经证实，锰是一种微量矿物质，它参与能量代谢、骨骼形成、免疫功能、抗氧化活性和碳水化合物代谢[147]（方框6.13）。在线粒体（细胞利用氧气的能量工厂）中，锰超氧化物歧化酶是主要的保护性抗氧化剂[76]。患有锰缺乏症的动物骨骼会变得脆弱，而帮助骨骼关节稳定的胶原蛋白的产生也依赖于锰和维生素C[63,99]。

1. 锰的食物来源

锰的食物来源包括咖啡、茶、巧克力、全麦、坚果、种子、大豆、干豆（如海军豆、扁豆、豌豆）、肝脏和水果。与其他几种矿物质一样，摄入含草酸较高的食物（存在于深绿叶蔬菜中）可能会抑制锰的吸收。关于降低食物中草酸含量的方法，请参阅“钙”的部分。就像铁一样，维生素C和肉类摄入的增多，也会提高锰的吸收。

2. 锰的需求

在美国，成年男性的锰推荐摄入量为2.3 mg/d，成年女性为1.8 mg/d。妊娠期（2.0 mg/d）和哺乳期（2.6 mg/d）的推荐摄入水平更高，随着妊娠期和哺乳期食物摄入量的增加，应该很容易实现锰的摄入水平达到推荐摄入量的标准。

3. 运动员与锰

目前没有研究表明运动员存在更高的锰缺乏风险，也没有研究表明摄入更多锰就会提高运动成绩。

4. 锰缺乏

虽然锰缺乏症很少见，但锰缺乏与骨骼问题（骨质破坏、骨折风险增加）和伤口愈合不良有关。动物研究也有一些迹象表明，锰缺乏可能与糖耐量受损、碳水化合物和脂质代谢不良有关[63]。然而，目前还没有类似的人类研究结果。似乎最有可能出现锰缺乏的是那些饮食摄入不足或吸收不良的人。锰与钙、铁和锌存在竞争性吸收，因此过量摄入这些其他矿物质可能会降低锰的吸收，并导致锰缺乏的症状。

方框6.13　锰的基本信息（化学符号Mn）

- 适宜的日摄入量标准
  - 成年男性（19至70多岁）：2.3 mg/d
  - 成年女性（19至70多岁）：1.8 mg/d
  - 建议运动员摄入量：2.0～2.5 mg/d
- 功能
  - 能量代谢
  - 脂肪合成
  - 骨骼结构
- 良好的食物来源
  - 全麦食品
  - 豆类
  - 绿叶蔬菜
  - 香蕉
- 缺乏
  - 儿童生长发育不良
- 毒性
  - 耐受量：11 mg/d
  - 症状
    - 神经系统问题
    - 困惑
    - 容易疲劳

5. 锰毒性(锰中毒)

焊工有吸入锰尘的危险,锰尘已被确认为可能导致中枢神经系统问题的健康风险[62]。过量摄入锰所带来的慢性毒性会使神经系统疾病恶化,使其成为永久性疾病,出现类似帕金森病的身体症状,并产生包括幻觉在内的心理症状[106]。除了电焊工,锰中毒风险最大的人群包括缺铁人群(锰替代铁并在大脑中积聚)和儿童(他们对重金属的吸收保护机制比成年人少)[150]。锰的耐受量相对较低,因为过量锰暴露会导致患神经性疾病的风险相对较高。因此,个人应谨慎食用锰补充剂。对于成年男性和女性,锰的耐受量为11 mg/d,或是美国成年人平均每日摄入量的5倍。

(七)铬

微量元素铬广泛存在于食品供应和环境中(方框6.14)。铬也被称为葡萄糖耐受因子,因为它通过正常的胰岛素功能帮助细胞利用葡萄糖。它似乎通过增强细胞中的胰岛素敏感性来改善胰岛素功能,从而帮助葡萄糖从血液中运输到细胞中[54]。铬缺乏与血糖维持不良(低血糖或高血糖)、胰岛素分泌过多(高胰岛素血症)、过度疲劳和对甜食的渴望有关。它还与易怒有关,易怒通常与血糖控制不良、体重增加、2型糖尿病和较高的心血管疾病风险有关[147]。有限的证据表明频繁的剧烈运动会增加铬缺乏的风险。

1. 铬的食物来源

铬的最佳食物来源包括全谷物和肉类。铬的营养补充剂,通常以吡啶甲酸铬的形式存在,其被作为一种减肥或减脂的手段,但关于这种补剂的研究结果却产生了好坏参半的结果。补充吡啶甲酸铬的初步研究表明,这种铬补剂可以有效地减少健美运动员和足球运动员的肌肉质量和体脂[34]。然而,随后的对照研究未能得出相同的结论[23,50]。铬的其他补充剂包括聚硅酸铬、氯化铬和高铬酵母。铬的饮食来源包括全麦面包、谷类食品、肉类和高铬酵母。

2. 铬的需求

关于铬的含量目前没有足够的信息来确定其推荐的摄入量水平或估计的EAR,因此目前的铬摄入量标准是基于铬的适宜每日摄入量水平估计的,而铬的适宜每日摄入量的估计又是基于健康饮食的平均铬含量来计算的[57]。铬的适宜每日摄入量范围从成年女性的25 μg/d到成年男性的35 μg/d,对孕妇和哺乳期妇女的建议摄入量更高。

3. 运动员与铬

由于铬不太容易被很好地吸收,所以几乎没有证据表明过量摄入铬会导致中毒。不过,铬的毒性尚未得到直接检测,所以运动员应谨慎服用铬补充剂。有一项研究表明,吡啶甲酸铬有改变DNA的可能,

方框6.14 铬的基本信息(化学符号Cr)

- 适宜的日摄入量标准
  - 成年男性(19～50岁): 35 μg/d
  - 成年男性(51至70多岁): 30 μg/d
  - 成年女性(19～50岁): 25 μg/d
  - 成年女性(51至70多岁): 20 μg/d
  - 运动员的建议摄入量: 30～35 μg/d
- 功能
  - 葡萄糖耐受量(葡萄糖-胰岛素控制)
- 良好的食物来源
  - 啤酒酵母
  - 蘑菇
  - 全麦食品
  - 坚果
  - 豆类
  - 奶酪
- 缺乏
  - 葡萄糖耐受不良
- 毒性(中毒)
  - 不太可能

从而产生突变的癌细胞[127]。综上所述，这些研究表明，为了保持最佳的铬含量，运动员应该食用低糖和含有全谷物的食物，如果运动员不是素食者，还应该吃一些肉。值得注意的是胰岛素除了与碳水化合物代谢密切相关外，还参与蛋白质和脂肪代谢[117]。这些能量基质的正常代谢对所有运动员都至关重要。许多研究已经调查了铬补充剂是否会增加那些进行运动和不进行运动的人的无脂体重。这些研究的结果表明，铬的补充并不能改善身体的组成成分（更多的肌肉重量，更少的脂肪重量）[67,80]。

4. 铬缺乏

铬缺乏是非常罕见的，除了进行长期静脉注射的人[111]。大量食用单糖（甜食）也可能使人面临铬缺乏的风险。从一些调查中可以看出，美国很大一部分人的铬摄入量不足，这一因素可能与大多数人的体重超标有关。

5. 铬毒性（铬中毒）

通常被消耗的铬形态（三价铬；Cr^{3+}）不被认为是剧毒的，因为它的吸收率和尿排泄率相对较低[100]。虽然目前食品和营养委员会还没有规定人体铬的可耐受摄入量，但该委员会已声明过量补充铬可能是有毒的[57]。铬作为补充的一种常见形式是吡啶甲酸铬。尽管有一些实验室研究表明吡啶甲酸铬可能会导致癌症，但还没有针对人体的研究表明，当每天摄入400 μg（远远高于适宜每日摄入量水平）时，会诱发癌症的危险[57,61]。然而，服用较高水平（600 μg/d）的吡啶甲酸铬超过5个月与慢性肾衰竭的发生是有关的[143]。

四、总结

■ 矿物质是具有多种功能的无机物。它们附着在蛋白质上，为骨骼提供强度和组成结构（如钙和磷）；它们有助于维持血液和组织的pH；它们参与产生刺激肌肉运动的神经冲动，它们是控制能量代谢速率的激素的组成部分。

■ 许多运动员，特别是女运动员，都面临有缺钙和缺铁的危险，缺钙和缺铁对健康和运动成绩至关重要。钙摄入不足导致的低骨密度可能会增加应力性骨折的风险，而铁状态不佳会降低向工作细胞输送氧气和清除这些细胞中二氧化碳的能力，从而导致有氧耐力的降低和早期疲劳。其他矿物质对运动表现、智力、肌肉功能和神经功能同样重要。

■ 必须经常摄入矿物质，以确保身体健康。出现矿物质缺乏则需要很长的时间才能纠正（例如，缺铁可能需要6个月以上才能解决）。因此，如果出现矿物质缺乏，运动员的运动表现可能会长期不佳。多项研究发现，在所有的矿物质中，铁和钙可能是运动员最缺乏的。

■ 由于人体吸收能力有限，通常最好在白天分散摄入不同的矿物质，而不是单次大剂量的摄入矿物质。每天吃一些营养丰富的食物是首选的策略。

■ 一杯牛奶提供约240 mg钙。如果钙的需求量为1 200～1 500 mg/d，运动员必须每天喝5杯牛奶或从其他食物中摄入同等量的钙才能满足这一每日需求。

■ 肉类是获得铁和锌的最简单方法，因此素食者在没有仔细计划食用精心准备的深绿叶蔬菜和丰富的谷物以获得这些矿物质的情况下，可能会面临更大的风险。然而，良好的饮食计划可以显著降低素食者缺铁或缺锌的风险。

■ 钠对维持血容量和出汗率至关重要。目前针对一般人群的钠推荐摄入量不适用于运动员。运动员出汗越多，他们在运动饮料中需要的钠就越多，正常范围为50～200 mg/杯。运动员的目标是补充因出汗而流失的钠。

实际应用

缺铁是最常见的营养缺乏症状之一，在普通人群和运动员中普遍存在。使用前面章节中描述的程序，创建一个包含铁、钙、锌和钾的电子表格，以及每种矿物质的每日AI。通过访问美国农业部食品成分在线数据库（https://ndb.nal.USDA.gov/ndb/search/list）查找所摄入食物的矿物质含量[139]。分析你的食物所摄取量的矿物质含量，并确定它们与下面的程序描述的摄入量是否匹配。

■ 创建3个新的分析日，在每天的每小时中插入你所食用的食物和活动。

■ 完成后，分析3天内的平均每日铁消耗量，并将其与你的年龄和性别对应的DRI和RDA进行比较。

■ 如果不够，尝试通过多吃富含铁的食物来调整你的饮食。

■ 一旦完成后，再评估一下其他矿物质（包括钙、锌和钾）的摄入量是否充足，看看这些矿物质的摄入量是否符合DRI和RDA标准。

本章问题

1. 细胞外液中的主要阳离子是：

 a. 钠　　b. 钾

 c. 钙　　d. 氯化物

2. 细胞内液体中的主要阳离子是：

 a. 钠　　b. 钾

 c. 钙　　d. 氯化物

3. 以下食物中，哪些是钾的最好来源？

 a. 橙子　　b. 香蕉

 c. 蓝莓　　d. 面包

 e. a、b和c　　f. 以上都是

4. 以下哪些营养素与骨密度有关？

 a. 钙和维生素C　　b. 钠和维生素D

 c. 维生素D和钙　　d. 钾和钠

5. 下列哪种矿物质与免疫功能的关系最密切？

 a. 硒　　b. 镁

 c. 锌　　d. 钙

6. 如果没有（　　），消耗的钙很可能会在（　　）被排出。

 a. 维生素E，尿　　b. 维生素D，粪便物质

 c. 硫胺素，尿　　d. 烟酸，粪便

7. 在工业化国家，最常见的营养缺乏是：

 a. 钾和铁　　b. 硒和碘

 c. 钙和铁　　d. 锌和锰

8. 严重和慢性缺铁将导致：

 a. 大细胞性高色素性贫血

 b. 小细胞性低色素性贫血

 c. 恶性贫血

 d. 大细胞性、常染色体性贫血

9. 皮质醇的产生可能有助于提高维生素D的活性和增加骨密度。

 a. 真的　　b. 假的

10. 铁的吸收会受以下因素的限制：

 a. 过量的铁吸收是有毒的，并与肝病有关

 b. 人们通常消耗过量的铁，所以控制吸收有助于限制组织暴露。

 c. 大多数人有轻微的缺锌，这对铁的吸收有负面影响

 d. a和c

本章问题答案

1. a; 2. b; 3. f; 4. c; 5. c; 6. b; 7. c; 8. b; 9. b; 10. a

（马　涛　译）

参考文献二维码

第7章

运动中的脱水问题

本章目标

- 解释人体水分存储的不同组织及导致组织间水转移的因素。
- 了解维持机体水平衡状态的机制(器官、激素等)。
- 介绍引发机体脱水的主要因素。
- 阐述为何建立良好适应的运动员发生脱水和水合不足的风险较低。
- 认识到某些人如何以及为什么会患上高血压,并确定可遵循的饮食策略来降低某些人的血压(blood pressure,BP)。
- 阐述为何有人易发生水合不足。
- 阐述为何有人易发生低钠血症。
- 细胞间渗透压变化机制及其对血量与出汗率的影响。
- 分析目前对耐力性项目运动员防止出现水合过度的策略。
- 准确区分热指数(heat index,HI)、相对湿度、温度的概念,以及它们对脱水风险的影响。

案例研究

萨利是一名天资优异且训练刻苦的田径运动员。她在女子5 000 m项目上取得了优异成绩,并计划转项女子10 000 m或马拉松。在后续的10 000 m竞赛中,她取得了令人惊喜的成绩,于是她信心倍增,计划冲击马拉松(42.195 km)。

由于这名运动员所在国家在马拉松项目上并未有出色运动员,她认为这正是一个成就自己的非常有利的机会。为了备战,萨利依旧遵循了她5 000 m与10 000 m训练时的训练方案,即在上午和下午训练中逐渐增加跑的距离。意外的是,她在训练中的10 km以后出现"撞墙"现象,但这并未引起她足够的重视,并认为坚持训练下去就会突破。然而事与愿违,她始终没有突破"撞墙点",她始终无法让自己的身体持续跑动超过10 km,而比赛途中的停止会给赢得比赛带来大麻烦。她决定向一名职业马拉松运动员请教,后者让她写下自己的训练流程:睡觉、起床、一杯果汁、晨训、洗澡、更衣、早餐……马拉松运动员看后反问:"你在运动中饮用了什么?"萨利回答:"什么也没喝,我在训练中从来不喝水或运动饮料"。马拉松运动员告诉她:"这是拷贝5 000 m比赛的训练计划,但你现在训练的距离变动得极大,这耗尽了燃料和液体,令你难以维持正常的血糖、血量和出汗率,从而无法让你的身体保持足够的冷却。试着以奥运会马拉松比赛中相同的方式摄入适宜的液体——每5 km一次的频率。"

后来萨利想出了一个解决办法,她将运动饮料放在车上，跑2.5 km之后折返，补液，并如此反复。碳水化合物、电解质和水分几乎立即产生作用，萨利很快能够跑得更远。经此，萨利认识到了一个至关重要的事情。参加比赛不仅需要强烈的动机，还需要做正确的事情。

案例研究（问题讨论）：

根据萨利实际运动情况（42.195 km），列出一个营养素损失表，并估算其每种营养素的损耗量。（萨利年龄25岁，体重105 lb，典型的训练温度70 ℉（℉=℃×1.8+32），配速4.5 min/km，从训练开始至结束体重降低4 lb）

（1）萨利应该摄入多少液体来防止出现脱水？通过上述表格可以预测萨利应该摄入多少液体，以及每个特定时间间歇中最佳的补液量。

（2）萨利训练中的液体需求是多少？制定一个摄入/补充液体的模式，并使用你配制的运动饮料（你自行决定饮料的配方），以满足萨利在10 km训练中的需求，并注意补水的频率和量，考虑以下几个方面：

- 液体的量
- 电解质及其浓度
- 碳水化合物及其浓度
- 补液频率及量
- 运动员可能遇到的问题
  - 胃排空
  - 过度消耗
  - 腹泻

出汗率计算表

A	运动前体重	lb
B	运动后即刻体重	lb
C	运动前后体重改变（全部估算为汗液丢失）	A−B（lb）
D	将汗液丢失的重量（lb）计算成体积（oz）	1 lb=16 oz，C×16
E	运动中补充的液体体积	oz
F	未被补充的汗液丢失体积	D−E
G	运动时间	min
H	汗液每分丢失率	D/G（oz/min）
I	每分钟还应额外补充的液体量	F/H
J	每15 min还应额外补充的液体量	I×15 min
K	每15 min应补充的液体量	H×15 min

注：1 lb约为0.45 kg，1 oz约为0.029 5 L。

一、引言

水分是人体中最重要的营养素，良好的水合状态不仅可以保持良好的身体水分，而且可以保持**细胞外液**（extracellular fluid，ECF）与**组织液**（interstitial fluid，ISF）的平衡。虽然保持机体健康需要所有的营养素，但相比其他营养素，水合状态不佳，导致**水合不足或低钠血症**，从而最终所产生的运动表现下降则更快更明显。水占人体比重最大，为50%～70%。与普通人群相比，运动员更高的瘦体重使其具备更高的水含量[76]（表7.1）。正常情况下（温度、湿度皆适宜）人体通常每天丢失2.5 L水分[49]，而在高温下工作时，水分每天丢失可达12 L[6]。研究数据显示，超长距离自行车运动员每天损失的水分最高可达12.7 L[8]。

细胞外液

代表细胞以外的液体，包括血液［血管内液（intravascular fluid，IVF）］以及组织液。调节细胞外液的首要电解质是钠。与血液相联系的细胞外液是向肌肉、器官、脂肪组织和骨骼细胞传输营养和氧气的必要媒介，也将液体传递给汗腺。低细胞外液与低出汗率和冷却能力差相关。**细胞内液**（Intracellular fluid，ICF）是细胞内的液体。

组织液

细胞周围的液体，是ECF的一部分，不是血液的成分，组织液过多会导致水肿。

细胞内液

ICF指细胞内包含的液体，包括水、无机盐、神经递质、氨基酸以及其他与细胞正常功能相关的小分子蛋白。调控ICF量的主要电解质是钾。

水合不足

机体补充的水分少于流失的水分（即脱水），从而使机体处于一定程度的水合不足状态。当人体缺水的量约为6%～10%自身体重时，为严重水合不足，并与运动表现下降、心肺功能下降、汗液分泌减少、肌肉组织血流降低密切相关。在低水合状态下的尿渗透压为＞900 mOsm/kg，而**水合正常**状态（定义如下）的尿渗透压力＜700 mOsm/kg。虽然肌肉痉挛有多种原因，包括肌肉疲劳，但可能与水分不足和电解质失衡有关。

低钠血症

指血液中钠的含量降低，导致血容量减少，工作肌肉血液流动不畅，汗液分泌减少、头痛、恶心以及平衡能力丧失。低钠血症指血液中钠含量＜135 mmol/L。血容量主要由细胞外电解质钠来调节。当钠离子含量降低时，水分从血液中转移，以保持正常的钠离子浓度。此时血液中的水分主要转移至周围组织，从而造成组织水肿。如果水肿发生在脑部，可能会导致严重的意识混乱和昏迷。对运动员来说，造成低钠血症的可能的原因是摄入的液体超过了排汗和排尿的量，或过多补充了无钠或低渗的液体（通常是水）。随着运动中钠因排汗而流失却得不到有效补充，便出现了低钠血症。女性体型通常较男性小，因此过量补充无钠或低渗的液体的风险可能更大。

水合正常

水合正常也称正常水合（normohydration），指充分且正常的水合状态，与正常的排汗能力，良好的体温控制，营养物质运输潜力和新陈代谢副产物清除潜力充分等密切相关。水合正常状态时，尿渗透压一般约＜700 mOsm/kg。

表7.1　体脂率与身体水分百分比

	体　脂　率（%）	身体水分百分比（%）
女性	4～20	58～70
	21～29	52～58
	30～32	49～52
	＞33	37～49
男性	4～14	63～70
	15～21	57～63
	22～24	55～57
	＞25	37～55

资料来源：Wang Z, Deurenberg P, Wang W, Pietrobelli A, Baumgartner RN, Heymsfield SB. Hydration of fat-free body mass: review and critique of a classic body-composition constant. Am J Clin Nutr. 1999; 69(5): 833-41.

运动加速体液流失主要源于一个基本的事实：体力活动时相比安静状态下中单位时间内工作的人体组织需要消耗更多的能量，而同时人体将"燃烧的"能量转化成肌肉运动的效率较低（一般是

20%～40%）。因此，运动中“燃烧”的能量中有60%～80%产生热量[51]。由于机体必须保持温度适宜的体温98.6℉（37℃），因此多余的热量需以出汗的方式排除。随着身体活动强度增加，机体的产热量与散热需求也急剧升高。因此，丢失的汗液中的水分及相关成分决定了运动的补液需求（表7.2展示了一般情况下汗液中各种成分的含量）。

除汗液外，体液还会随尿液、粪便、呼吸（呼出的气体）及泪液等排出体外，但除非因腹泻或服用利尿剂导致排尿量增加，排汗是造成身体水分流失的最主要渠道（表7.3）。

表7.2 汗液、血液及细胞内液中的电解质浓度

	汗液（mmol/L）	血液（mmol/L）	细胞内液（mmol/L）
钠	20～80	130～155	10
钾	4～8	3.2～5.5	150
钙	0～1	2.1～2.9	0
镁	<0.2	0.7～1.5	15
氯	20～60	96～110	8
碳酸氢盐	0～35	23～28	10
磷酸盐	0.1～0.2	0.7～1.6	65
硫酸盐	0.1～2.0	0.3～0.9	10

资料来源：Maughan RJ. Fluid and electrolyte loss and replacement in exercise. In: Harries M, Williams G, Stanish WD, Micheli LL, editors. Oxford Textbook of Sports Medicine. New York (NY): Oxford University Press; 1994, p.82-93, by permission of Oxford University Press.

表7.3 人体每日体液丢失量（70 kg，非运动状态）

失水器官	失水量（L）
肾脏（尿液）	1.40
呼吸	0.32
消化道	0.10
皮肤（汗液）	0.65
皮肤（未知损失）	0.53
总计	3.0

身体水分的流失会随着体力活动而急剧增加，如果体力活动强度高，在高温高湿的环境下进行，水分的流失会更大。由于腹泻和增加排尿量的情况，水分流失也会增加。

资料来源：Maughan RJ, Burke LM. Handbook of Sports Medicine and Science, Sports Nutrition. Oxford: Wiley Blackwell; 2002, p.52.

电解质（细胞内液主要的电解质是钾，细胞外液主要的电解质是钠）通过影响机体内的水分的分布从而影响水合状态。根据定义，电解质是传导电流的物质，例如神经冲动，具有负电荷（阴离子）或正电荷（阳离子）。主要的电解质是钠、氯、钾、镁、钙、碳酸氢盐和硫酸盐。由于钠、氯和钾对于水平衡和决定人体内水的分布特别重要，因此这些电解质是本章的重点。

二、水的功能

水是维持人体机能的必需元素，在整个人体系统的运转过程中，水的作用不可替代。人体需要水分完成多项功能，具体功能有如下几种。

- 调节体温：人体无法将代谢产生全部转化为肌肉运动所需能量（转化率为20%～40%），其余60%～80%的能量则需要通过汗液蒸发散热，以维持体温稳定。
- 营养物质运输：血液是营养运输的主要载体，而水则是血液的主要成分。机体脱水情况下会导致血量降低，从而影响营养物质的体内转运。
- 关节润滑作用：水是关节（包括脊柱）的主要润滑剂，有助于减少关节僵硬与酸痛感。此外，保持良好的水合作用状态的额外作用是有助于减少关节内积聚的炎症因子，如尿酸等。
- 代谢废物清除：人体系统运行产生的代谢废物有毒副作用，必须及时清除。例如，含氮废物是高毒性的，需要通过尿液进行长期清除。虽然这一代谢过程主要发生在肾脏，但是机体也会通过汗液排除部分代谢废物。尿液（在肾脏）和汗液（在皮肤）的产生都依赖水分。
- 消化过程：机体将食物消化分解为营养成分与非营养成分，从最一开始（唾液）至结束（产生润滑的大便，避免便秘），整个过程都非常依赖水分。水合状态不佳会抑制食物消化分解过程，并容易导致便秘。
- 吸收过程：营养物质通过肠壁吸收并进入血液，此过程依赖都是水分。不良的水合作用抑制营养吸收，并限制进一步从饮食中获取其他可能的益处。

■ 免疫功能：水通过血液和淋巴液将白细胞、矿物质、维生素及葡萄糖分配到细胞中，以维持正常的细胞功能。白细胞和其他免疫细胞需通过水环境分布到组织中以提供抵抗力。

（一）其他功能

1. 中枢神经系统功能

中枢神经系统（central nervous system，CNS）没有储存营养的能力，因此必须通过血液持续进行能量与氧气补充，而这一过程严重依赖水分。中枢神经系统的血流轻微中断（脑缺血）可能导致神经系统损害。如果血流持续中断，可能会导致死亡。脑缺血是指脑部暂时性血液供血不足，血液供应量无法满足脑部代谢需求。中枢神经系统（大脑缺血）的血流轻微中断可能导致神经系统损害，如果持续中断血流，可能会导致死亡。血流量不足会导致氧气输送不足（缺氧），可能导致脑组织的死亡，并可能导致脑梗塞（缺血性中风）。

2. 心血管健康

维持良好的水合状态有助于心脏泵血至肌肉或其他组织，对保持竞技运动表现，以及减少心脏压力至关重要。

（二）维持水平衡

人体有多种维持水平衡的系统，但其均严重依赖水分与电解质摄入，如水分与电解质摄入不足会导致上述系统出现功能障碍。现有研究估计，生活在温和环境中的久坐人士每日需摄入2～2.5 L水，而在极端（高温高湿）环境中高强度运动时或工作时，人体每日需补充10～12.5 L水。

为避免机体出现**脱水**状态，人体必须及时足量的补充水分，以弥补尿液和汗液排出而导致的体液流失。水分的摄入是多源的，它既可以直接饮用，亦可通过水果、蔬菜、奶制品等，还可通过能量代谢过程获得（例如碳水化合物+氧气=能量+二氧化碳+水），产生1 kcal热量可以产生约1 mL水（表7.4）。

人体约33%水分存储于血液与细胞外液，66%的水分存储于细胞内液。人体总的水分含量受多重因素影响，包括身体组成。良好水合状态下的瘦体重中，水分占72%～75%，脂肪组织中所含的水较少，为10%～20%，这是流经脂肪组织的血浆[95]。脂肪本身是基本无水的（即不含水分）。由于女性具有更高的体脂含量，因此女性身体的水分含量要低于男性。一名70 kg的男性在体脂率正常情况下，其体

表7.4　常见食物水分含量

水分含量	食物名称
水分含量极高（＞80%）	豆浆、豆腐、布鲁塞尔芽菜（煮熟）、西瓜、西红柿、黄瓜等
水分含量高（65%～80%）	大麦（煮熟）、煮鸡蛋、低热量沙拉酱、香蕉、鱼类等
水分含量中等（50%～65%）	煮熟斑豆、烤牛肉、烤鸡肉等
水分含量中等偏下（30%～50%）	干奶酪、黄油及普通沙拉酱
水分含量低（15%～30%）	烤全麦面包等
水分含量极低（＜15%）	即食类谷物、烤/炸玉米饼、常规花生酱、果皮、葡萄干等
无水分	白砂糖、食用油等

资料来源：USDA. Nutrition value of foods. Available from: https://www.ars.usda.gov/is/np/NutritiveValueofFoods/NutritiveValueofFoods.pdf

脱水

脱水是人体水含量低的状态，通常是由于尿液和汗液排出而流失的水分没有得到良好补充。脱水指人体正在丢失水分，如果这个过程继续发生，将会导致人体进入水合不足。脱水与血容量降低紧密相关，会造成出汗率降低，从而降低机体冷却能力。体力活动是一个产热的过程，人体需要通过排汗来带走大量热量。处于脱水状态的运动员被迫必须降低能量消耗（如必须慢下来）来降低热的产生。简而言之，运动员脱水达到液体赤字＞2%自身体重，会发生认知功能损害和有氧运动表现降低，尤其是炎热天气条件下。而无氧能力的下降通常发生在液体赤字达到3%～5%自身体重时。比赛前刻意通过脱水来减重会对运动表现产生负面影响。

内水分含量约42 L。(注：1 L水=1 kg，因此42 L=42 kg或92.4 lb水）在本示例中，72 kg男性中60%的体重是水分（图7.1）。

- 人体体重的66%左右为水分；
- 65%的人体水分存储于细胞内液；
- 35%的人体水分存储于细胞外液；
- 良好水合状态的肌肉的水分含量约为75%；
- 骨骼含水量约22%；
- 脂肪基本是不含水分的，脂肪组织含水量约10%，且均源于脂肪间隙血管中的血液；
- 血液含水量约83%；
- 男性水分含量约60%；
- 女性水分含量约50%；
- 肥胖人群的水分含量约40%；
- 运动员的水分含量约70%。

身体水分的丢失受一系列因素影响，包括以下几种。

- 环境温度：环境温度更高，机体出汗率更高，导致体液流失更快。而这主要因为在高温情况下，机体与外界的热传递效率下降，单位量的汗液的散热量降低，而机体故加大出汗率以保持体温稳定。
- 环境湿度：环境湿度更高，机体出汗率更高。环境湿度越高，水分（汗液）越难蒸发，人体冷却能力降低，由此加大排汗量以保证机体冷却（图7.2）。

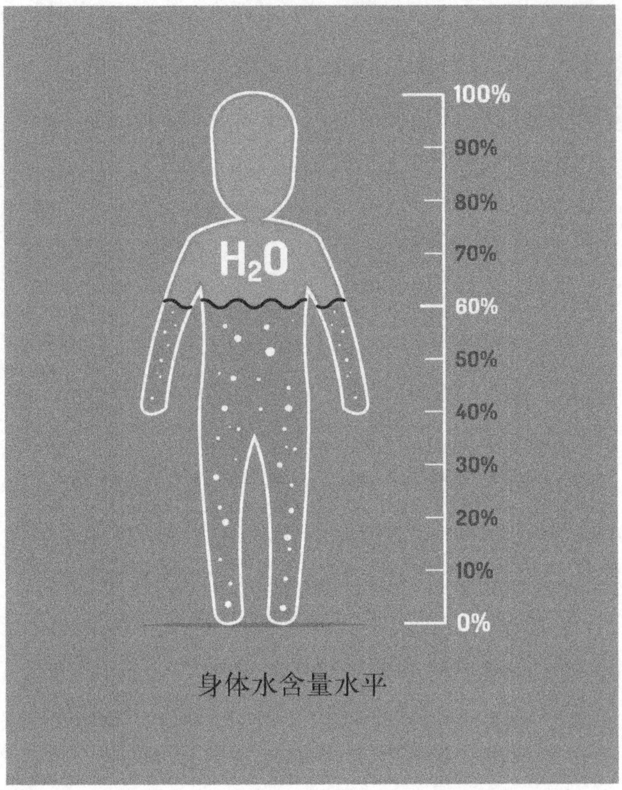

图7.1 人体中的水分布。成年男性的平均体重约为60%。普通成年女性的体内水分略少，而普通儿童体内的水分略多。较高的体内脂肪含量与较低的体内总水分（以重量百分比计）有关

资料来源：Szlyk PC, Sils IV, Francesconi RP, Hubbard RW, and Armstrong LE. Effects of water temperature and flavoring on voluntary dehydration in men. Physiology & Behavior. 1989; 45(3): 639–47. Zoran Milic/Shutterstock.com

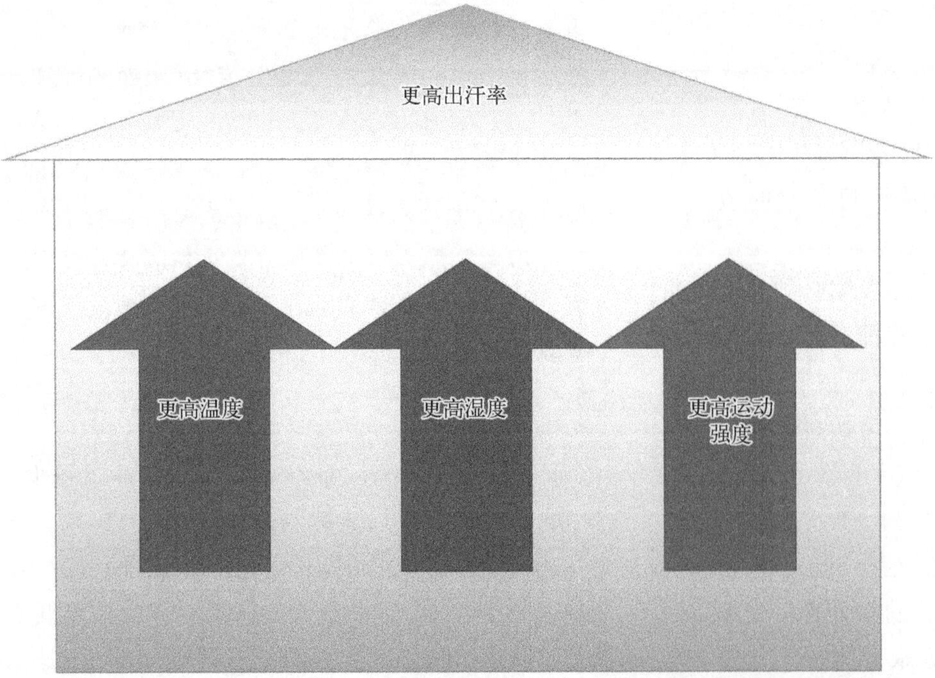

图7.2 不同气候条件下的出汗率。这三者中的任何一种结合都将导致更高的出汗率

■ 年龄：一些研究表明，青春期前儿童与成年人群体温调节效率相同[60, 73]。但是，现有大部分研究都认为，青春期前儿童与老年人的体温调节能力要显著低于年轻成年人[39, 41, 45, 65, 159]。最近一项研究指出，青春期前儿童与年轻成年人在同等温度环境中，以固定新陈代谢产热量运动80 min，表现出相似的体温调节，但年轻成年人的出汗率更高[85]。

■ 尿液：排尿是排泄新陈代谢副产物，调节细胞内、外液电解质浓度与水分含量的重要手段。某些物质可能产生利尿作用，包括高钾食物（新鲜水果与蔬菜等），还包括降低血容量为目的药物，如呋喃苯胺酸、安体舒通、抗高血压药物等。

■ 胃肠道（粪便）体液流失：正常情况下，通过胃肠道流失的水分较少（约0.1 L/天）。然而，在腹泻的情况下机体胃肠道体液流失会大量增加，最高可增加100倍。很多因素会导致腹泻，包括细菌感染（轮状病毒、大肠杆菌等）、食物不消化/不耐受（乳糖不耐受），以及摄入吸收速度较慢的高渗透压物质（例如食品添加剂山梨糖醇，或甜味剂高果糖、玉米糖浆）等。

■ 蛋白质消耗：高蛋白饮食与脱水有较强相关性，研究证实在饮用同等剂量水的情况下，蛋白质摄入少的运动员，脱水程度要显著减弱。脱水是由于从多余的蛋白质中去除氮而引起的。由此产生的血尿素氮（blood urea nitrogen，BUN）升高必须通过尿液排出，从而增加尿液的形成[161]。

■ 盐摄入：血量多少在很大程度上取决于钠的可用性。低钠饮食会导致血液总量下降与体液流失增加。高盐饮食会导致机体产生更多尿液以排除多余的钠从而维持渗透压平衡[67]。

■ 衣服：衣服类型也会对人体汗液的蒸发产生影响。使用吸汗材料（如棉质）制成的衣服会导致蒸发效率下降，造成机体冷却效果不佳，从而导致更多汗液与水分丢失增加。一些运动服由专门设计以吸湿排汗的材料制成，有助于将液体输送到表面，从而增强蒸发和冷却。

■ 身体条件状态：生理状态更好，对环境产生了更好适应的运动员出汗率更高，冷却效果更好，同时汗液中钠的丢失量要少于状态差的运动员，从而血浆总量保持得更好。

（三）水平衡调节系统

需要考虑的重要因素

- 人体水分含量：约60%自身体重
- IVF：约20%自身体重
  - IVF：平均3.5 L（约占ECF的20%），主要存储于血液与淋巴液。
  - ISF：平均10.5 L（约占ECF的80%），主要存在于细胞周围，但不在血液与淋巴液中。
- ICF：约40%自身体重
  - ICF平均约28L，储存于细胞内。
  - 不同的细胞内液的量仅用于相对比较，因为静水压、渗透压及体温的变化，会使体液在不同细胞之间发生转移。例如，当体温升高时，水会流到皮肤上以提高出汗率。

（四）体液平衡

维持水平衡需要确保流失的水分等于补充的水分。体液通过呼吸、汗液、尿液及胃肠道（粪便）等途径流失。而补液的主要渠道则是饮食与人体新陈代谢（表7.5）

表7.5 水平衡

水流失	水摄入
空气（呼吸）	饮用水（饮料、牛奶等）
皮肤（未知损失）	食物（非液体）
皮肤（汗液）	新陈代谢
尿液	
粪便	

资料来源：United States Department of Agriculture, Agricultural Research Service, 2012. Available from: http://www.ars.usda.gov/ba/bhnrc/ndl. Accessed November 4, 2016.

三、电解质

（一）钠与氯

人体通过摄入盐分来获得钠和氯，这两种电解质与多种身体功能相关(表7.5)。钠与氯是细胞外液的主要电解质,主要存在于血浆中[64]。细胞内部的主要阳离子(带正电的离子)是钾,细胞外液的主要阳离子是钠。虽然钠、钾离子均存在于细胞内外,但细胞外的钠离子浓度是细胞内的10倍,细胞内的钾离子浓度为细胞外的30倍。细胞膜中的泵消耗能量从细胞内转移钠离子,交换钾离子。此过程的能量消耗,占据平均体态的成年人安静状态下能量消耗的20%～40%[21]。细胞内外主要离子的浓度差异影响细胞膜,并参与人体多种功能,包括液体转移、肌肉收缩(包括心脏功能)和神经冲动传递[138](表7.6)。

表7.6 电解质功能和体内平衡

电解质	功 能
总体功能	■ 通过渗透和钠钾泵分配体液 ■ 酸碱平衡(pH与缓冲功能) ■ 神经冲动传递的调节 ■ 肌肉收缩
钠(Na^+)	■ 主要细胞外液电解质 ■ 骨骼(40%)、细胞内液(10%)、细胞外液(50%) ■ 肾脏调节排泄(醛固酮系统) ■ 通过汗水和尿液流失
钾(K^+)	■ 主要存在于细胞内液 ■ 维持细胞内液体液平衡 ■ 蛋白质及糖原合成的酶促反应 ■ 神经和肌肉活动 ■ 即使饮食摄入不足,肾脏也会排泄钾 ■ 钾过多流失可能导致心律失常,可能致命 ■ 高钾可预防高血压 ■ 钾摄入过多可能会导致心脏节律失常,甚至致命
氯(Cl^-)	■ 细胞外液的主要负离子 ■ 酸碱平衡所需 ■ 神经冲动传递所需 ■ 胃中产生的一部分盐酸是正常消化所必需的

钠吸收会影响其他营养素的吸入,包括氨基酸、单糖(主要是葡萄糖)、氯离子及水等。氯化物是胃中盐酸的主要成分,可降低胃中的pH,促进蛋白质和其他营养物质的消化[75]。

因为钠是细胞外液(包括血容量)中的主要阳离子,所以血容量在很大程度上是通过调节钠的过程来控制的。钠摄入的增加会导致血量增加或尿液增加,血压与血液渗透压感受器会将压力信号反馈至下丘脑,并分泌加压素[精氨酸加压素和抗利尿激素(antidiuretic hormone,ADH)]。

加压素的两个主要作用是[138]:

■ 通过肾脏水分代谢影响细胞外液量,减少尿液生成,使血液总量与血压升高(图7.3)。

■ 造成血管收缩,通过增加血管阻力来补偿低血容量。

加压素的释放主要来源于以下条件:

■ 低血容量(低血量)。血容量的减少是由动脉壁中的受体感应,并刺激下丘脑释放垂体分泌的加压素。

■ 低血压。血压水平低时,会通过交感神经活动释放加压素。

■ 渗透压升高(高血钠)。血液渗透压升高,通常发生在脱水情况下,刺激加压素释放。

当血液渗透压低时,机体通过肾素释放刺激的一连串反应产生醛固酮。肾素将血管紧张素原转化为血管紧张素Ⅰ,然后再转化为血管紧张素Ⅱ。血管紧张素Ⅱ不仅使血管收缩以增加血压,而且还刺激了胰岛素的产生(图7.4)。胰岛素作用下,肾脏钠离子流失减少,并由此导致血压、血压渗透压升高及血量增加[138]。

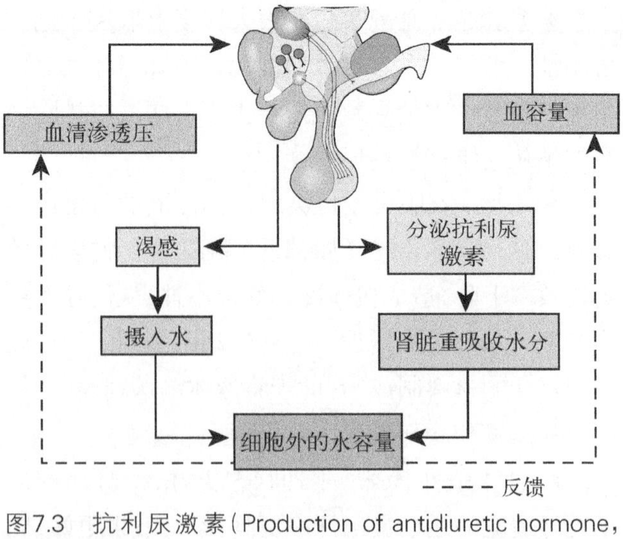

图7.3 抗利尿激素(Production of antidiuretic hormone, ADH)的产生

资料来源:Lippincott Professional Development. Philadelphia [PA]: LWW, August 2014.

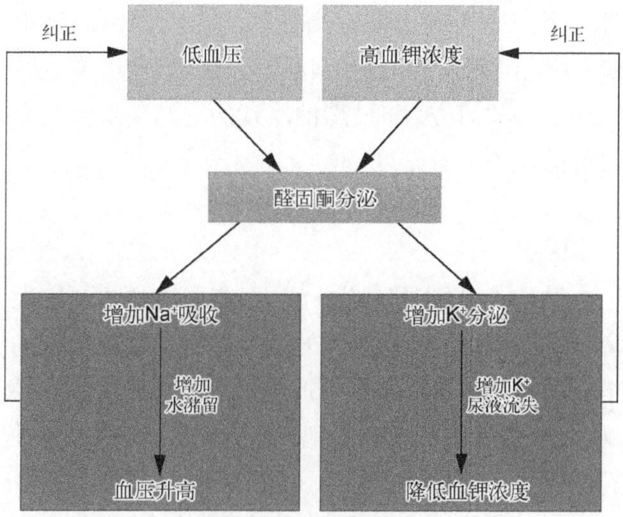

图7.4 醛固酮的生成

资料来源：Cohen BJ, Hull K. Memmler's The Human Body in Health and Disease. 13th ed. Philadelphia [PA]: LWW [PE]; 2015.

人们由于饮食摄入不足而缺乏盐（氯化钠）的情况并不常见。但是已经发现，在炎热环境中长时间运动而在运动过程中没有摄入足够的钠的运动员可能会发生低钠血症[2]。严重的呕吐和/或腹泻，以及使用一些会引起钠流失的利尿剂（氯噻酮）也可能导致低钠血症[156]。更多有关低钠血症的信息见本章后续内容。

钠的推荐摄入量基于适当的摄入量（adequate intake, AI）水平，以代替中度活动时因汗水引起的钠流失（表7.7）。请注意，现如今人们的钠摄入量往往高于美国食品与营养委员会的建议标准[75]。

表7.7 不同人群每日钠与盐摄入量表

群体	年龄（岁）	男性与女性钠摄入（g/d）	男性与女性盐摄入（g/d）
青少年	14～18	1.5	3.8
成年人	19～50	1.5	3.8
成年人	51～70	1.3	3.3
成年人	71+	1.2	3.0
孕妇	14～50	1.5	3.8
哺乳期	14～50	1.5	3.8

包括婴儿和儿童的建议摄入量的完整表格包含在附录中。

资料来源：Institute of Medicine, Food and Nutrition Board. Sodium and Chloride. Dietary Reference Intakes for Water, Potassium, Sodium, Chloride, and Sulfate. Washington (DC): National Academies Press; 2005. p.269-423.

盐摄入过量相关的疾病风险

需要考虑的重要因素

- 绝大多数人都具备有效的通过尿液排除过量钠的机制，但仍有约10%的人群缺失这种有效机制，导致其潴留过量的钠进而造成高血压的风险较高。而持续性的高血压是心血管疾病和肾脏疾病的危险因素。因此规律性检查血压非常重要。
- 患有高血压的人必须注意盐的摄入，并建议摄入钾含量高的食物以促进液体从血液进入细胞，从而有助于控制血容量/血压。

长期摄入过量的钠会导致血压升高，并由此引发心血管与肾脏疾病风险；研究表明，钠摄入过量往往比摄入不足更危险。《饮食指南》（2015～2020）显示，每日钠摄入量不高于2.3 g应成为健康饮食模式的一部分。而美国疾病预防控制中心数据显示[27]，90%的青少年、89%的成年人的平均每日钠摄入量高于3.4 g，为建议标准的1.5倍。最近的调查发现，全球范围内，钠的每日摄入量更是高达3.96 g[128]。在食用食物或相关配料时，查看食品标签有助于计算与掌握钠实际摄入量（表7.8）。请注意，标签上标明的是每份食物的量，可能比人们习惯饮食的量要低。

表7.8 包装食品标签中钠含量解读

标　签	标签寓意
无钠	指每份钠含量＜5 mg
无盐	指每份盐含量＜5 mg
低盐（极低）	指每份钠含量≤35 mg
低盐	指每份钠含量≤140 mg
减少钠或少钠	比普通产品的钠含量至少低25%
不加盐的	每份的钠含量必须在标签上注明

（1）高血压：现有研究明确证实，高盐摄入会显著增加高血压发病风险，反之则会降低相应风险[43,46]。慢性高血压与心血管疾病和过早死亡等

相关[47,53]。此外，一些特殊人群，如肥胖、高龄、高血压确诊人群及非裔人群属于钠摄入敏感人群，高盐饮食会导致更高的发病风险[157]。上述高危人群可能具有较高的醛固酮生成遗传易感性，而这会抑制钠排泄[55]。摄入的食物类型能够令血压产生适宜的变化，DASH的饮食富含水果、蔬菜、全谷物、家禽肉类、鱼、低脂奶制品和坚果含量较高，能有效降低高血压患者的血压[3]。

（2）肾结石：饮食中钠摄入量与尿钙排泄量成正比，而尿液中的钙含量与肾结石高度相关。研究指出，相较低钠饮食（1 500 mg/d），高盐饮食（约5 000 g/d）会增加30%的肾结石风险[36]，而其他研究则发现低钠摄入会降低肾结石的风险[18]。

（3）胃癌：长期摄入高盐饮食会增加胃癌患病风险（表7.9）。高盐食物可能会刺激胃壁，进而增加细菌感染（幽门螺杆菌）风险，而后者与胃溃疡、癌症等疾病高度有关[150]。最初发现盐摄入和胃癌有关的是在亚洲人群中，他们食用高盐食物很普遍[69,88]。

表7.9 常见食物中钠与盐含量

食品	量	钠（mg）	盐（mg）
橙汁	1杯	0	0
杏仁（无糖）	1杯	1	3
番茄	1个中等大小（新鲜）	6	15
胡萝卜	1个中等大小（新鲜）	42	105
面包（全麦）	2片	264	660
玉米片	1杯	266	665
莳萝泡菜	1份	300	800
热狗（牛肉）	1个	510	1 300
三明治	1份	1 000	2 500
椒盐脆饼	1份	1 000	2 500
通心粉与奶酪	1杯	1 300	3 300

资料来源：United States Department of Agriculture. National Nutrient Database for Standard Reference, Release 28.

（4）骨质疏松症：健康的骨发育与形成过程涉及多方面因素，其中包括充足的钙与维生素D摄入及适度的外力刺激等，上述任何因素的变化都会对骨健康产生不利影响。高盐饮食会增加钙的排出量，因此研究人员担忧由此会增加低骨密度发生的风险。一项研究发现，高钠饮食的绝经期女性具有较低的髋关节骨密度[44]。

（二）钾

钠与钾分别是细胞外液、细胞内液的主要阳性离子，二者在细胞膜内外的浓度差产生细胞膜上的电化学变化。细胞膜利用此电化学反应将细胞内的钠泵出细胞，将钾泵入细胞，此过程与肌肉收缩和神经递质转移密切联系。

除了参与这个非常重要的细胞膜功能，钾会经由本体蛋白质的运载体将不易通过细胞膜的物质以共同运输的方式带入细胞。除上述功能外，钾还通过丙酮酸激酶参与碳水化合物的代谢[137]。美国医学院食品与营养委员会的研究指出，无论男性与女性，每日摄入不低于4 700 mg钾有助于降低高血压与肾结石风险，哺乳期女性的每日钾摄入建议量为不低于5 100 mg（有关建议的完整摄入量，包括婴儿和儿童，请参阅附录）。美国人口膳食调查显示，美国人的钾摄入量约为建议水平的一半[61]（表7.10）。总体上，水果和蔬菜是膳食钾的优质来源。

表7.10 常见食物钾含量

食 物	每份标准	钾含量（mg）
杏 仁	1 oz	200
柑 橘	中份（新鲜）	237
葵花籽	1 oz	241
番 茄	中份（新鲜）	292
葡萄干麸麦片	1杯	362
香 蕉	中份（新鲜）	422
橡子南瓜	1/2杯（煮熟）	448
利马豆	1/2杯（煮熟）	485
葡萄干	1/2杯	598
梅干（李子）	1/2杯	637
马铃薯（带皮）	中份（烘焙）	926

资料来源：United States Department of Agriculture. National Nutrient Database for Standard Reference, Release 28.

1. 钾缺乏症

钾缺乏症又称低钾血症，通常是由钾流失与补充失衡所致[54]。导致钾流失的情况主要包括以下方面：呕吐或腹泻（包括过量使用泻药），过多摄入酒精，利尿剂使用（氢氯噻嗪等）及镁耗竭等。充血性心力衰竭与低钾血症有关，且大量食用黑甘草或甘草类饮料也易导致钾缺乏症。甘草中含有一种酸（甘草酸），可增加钾排泄，同时将钠滞留于体内，进而导致体内钠钾比例失衡[108]。

当前有研究显示，钠摄入过量，钾摄入不足，会增加高血压、肾结石、骨质疏松症及中风等疾病的发病风险。当前的膳食建议是更多摄入新鲜果蔬，不仅可以有效控制钠的过量摄入，而且能增加钾摄入，其对于维持体内钠钾平衡，减少上述疾病发病风险具有重要意义。

（1）高血压：在对美国人的膳食摄入研究中发现[61]，有效控制钠摄入的同时增加钾补充量，可有效降低高血压发病风险[61]，DASH饮食提供了更多证据，表明钾摄入量增加有助于降低血压[5]。

（2）肾结石：机体排尿增加（量/频次）引发的钙大量流失是引发的肾结石的重要原因之一，而钾缺乏症会加速钙流失，间接地导致肾结石形成[50,86]。此外，这是一个紧密的联系，因为一些研究发现，相对于动物蛋白的摄入，高钾饮食可显著降低肾结石的发生率[35,50]。

（3）骨质疏松症：目前有充分的研究证据证明，高钾饮食具有良好的骨骼保护作用，这主要是因为钾有助于碳酸氢盐合成，从而缓冲体内酸性物质对骨骼的侵蚀。而若体内钾摄入不足时会降低碳酸氢盐合成，迫使骨内的钙移出，被动地参加酸性物质缓冲。大量食用新鲜水果蔬菜具有缓冲体内酸性物质的作用，有助于保持骨骼中的钙[151,168]。

2. 钾中毒

虽然钾缺乏症较为常见，但是当机体的钾摄入超出肾脏的钾代谢能力时，还是会导致钾中毒情况出现[76]，这被称为高钾血症。当人体单次钾摄入≥18 000 mg时会导致高钾血症。而当机体遭受严重外部创伤（如大面积烧伤等）时，皮肤表层细胞严重损害，也会导致血液钾水平的显著提升。一些处方药（β受体阻滞剂等）和非处方药［如非甾体类抗炎药（NSAID）］也与钾中毒有较强相关性[92]。

四、运动与体液/电解质平衡

需要考虑的重要因素

- 运动会增强机体新陈代谢，提升机体储备能量（血糖、脂肪等）消耗。而机体储备能量转换为运动能效率较低（转化率约30%），大量的能量（约70%）需以热能的方式散发出体外，这将导致大量汗液的排出。
- 汗液代谢排出是人体的主要散热系统。排汗可以有效维持人体正常体温与生理功能，它与人体运动状态（强度、时间及间歇时长等）与外部环境（温度、湿度及风速等）紧密相关，总体来讲高温高湿环境会导致更多的汗液代谢排出。

（一）机体热量获取与排除系统

运动员可以通过多种方式获取热量，并且可以通过多种方式消散所获取的热量（图7.5）。

1. 影响身体温度的因素

影响体温的因素包括以下方面：

- 太阳辐射；
- 空气温度与湿度；
- 地面热辐射；
- 地面阳光折射；
- 运动状态；
- 汗液；
- 呼吸；
- 空气对流或风速；
- 穿着的衣物；
- 人体生理状态。

不论何种热源或冷却源，人体必须保持相对恒定的温度以避免热应力（过冷或过热）（图7.6）。

运动会产生大量热能必须被散失掉，这是维持人体持续运动的关键。散热功能障碍或效率下降会

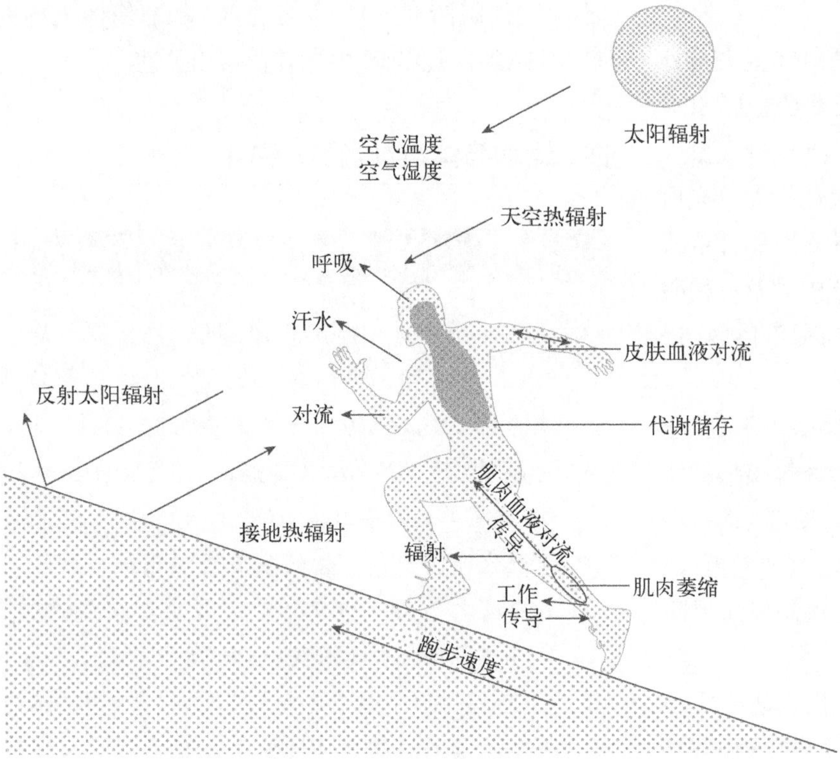

图7.5 用于在运动运动员中增加和消除热量的系统

资料来源：Sawka MN, Latzka WA, Montain SJ. Effects of dehydration and rehydration on performance. In: Maughan RJ, editor. Nutrition in Sport. London: Blackwell Science; 2000. p.205-17.

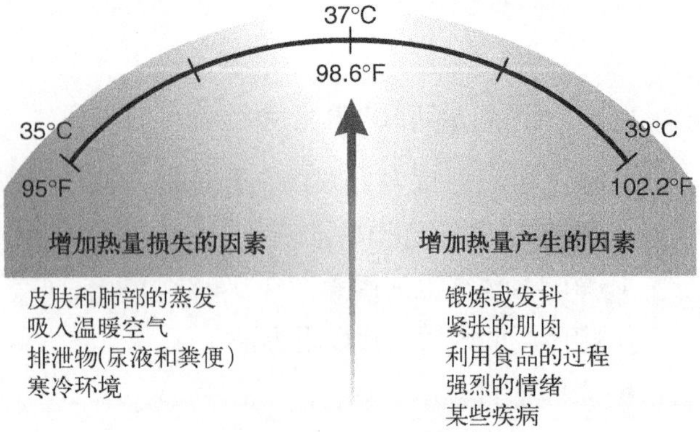

图7.6 热平衡方程

资料来源：Kronenberger J, Ledbetter J. Lippincott Williams & Wilkins' Comprehensive Medical Assisting. 5th ed. Philadelphia (PA): WK Health and Pharmacy; 2016.

导致机体核心温度上升，当温度上升超过人体承受临界点后，会导致热病，更严重时会导致死亡。汗液的形成与排除是人体主要的散热系统，其具有良好的冷却效果，而当排汗不足时会导致人体散热能力下降和热应力发生。温度调节表示的是机体热量获取与热量散发之间的平衡，当二者平衡协调运作时，可有效维持人体温度。人体热量的获取来源于内部产生与外部输入两个方面，太阳的辐射热与能量物质代谢的产生的生物能，均会提升机体温度，人体需要散发同等热量才会维持体温稳定。

运动会使机体产热量显著升高，同时散热需要也随之提升，在此过程中热量由肌肉传递至皮肤，再由皮肤散发至外部环境中，因此在运动过程中血液流经皮肤是非常重要的[80]。当水分通过血液到达皮肤后，可以通过蒸发、传导、辐射和对流将热量去除（图7.6）。

■ 传导：热传导的动力源于温度差。由于空气具备较高的热阻力，人体散发至空气中的热量有限，而这对于维持人体正常体温亦有益，而在低温情况下（如花样滑冰或冰球运动员）人体的热量会迅速散发。

■ 对流：通过流体进行热传导。当体液（血液等）流过产热组织（收缩的肌肉等）时，会吸收该组织产生的热量，并将其传递至其他温度较低的组织（如静止的肌肉或脏器等）；而对流散热对于维持人体体温平衡作用较小，但对于低温物质直接接触的运动项目（游泳、水球等）来讲，其具有很好的效果。而对外部环境高于体温时，对流散热会发生逆传导，将热量由外部传至体内（如热水浴等）。

■ 增加经皮血流量，提升散热效率：热量传导等原理类似于家用散热器，热量从高温物体或环境，传递至低温物体或环境。例如,太阳辐射会增加人体热量（热量由外至内传递），而低温环境的冷辐射会减少人体热量（热量由内至外传递），而当运动员身处太阳直晒（如夏季酷热）与低温（冬季户外或冰场等）环境时，这种机制对调节体温的贡献降低。

■ 增加汗液产生与排泄率：体液散发（出汗等）导热是维持体温平衡的主要机制，运动过程中80%热量输出是通过体液散发的方式输出的[80]。

上述体温调节机制相互作用，共同构成了机体的体温调控系统。然而，在运动过程中，体液散发依旧是温度调节的主要机制，而其持续有效的工作机制则基于体内血液总量，血液总量降低会导致出汗率下降。运动时，机体能量供应、代谢物排除及排汗散热需求陡增，而这都严重依赖机体血液供应量。如若血液供应量下降或无法满足机体要求，则会导致机体运动表现能力下降。因此，维持足够的血液量对于维持运动能力，尤其对于高强度耐力性项目具有重要意义。

机体能量代谢过程中，仅20%～40%能量可转化为运动消耗的能量，其余60%～80%的能量则需以热量的方式散发至体外。而当能量代谢增加时，机体热量也随之迅速增加，因此机体必须即刻启动散热系统。高强度运动时，人体产热量会增加20倍[127]。而当机体无法将如此高水平的与体力活动相关的产热量散发出去的时候，运动员患热病风险增加，尤其是环境温度和湿度还会带来额外的热压力。运动过程中受运动状态（强度、持续时间等）与环境适应性（海拔、湿度等）因素影响，机体的出汗率存在较大差异。一名经过良好训练的运动员，普通环境中训练时每小时丢失1～1.5 L液体，而在高温高湿环境中则可能每小时丢失超过2.4 L液体[31,136,164]。

2. 热指数

热指数（heat index，HI），也称为体感温度，是指人体将对温度和湿度的感觉综合后的主观自感温度。高热指数会导致机体更高的出汗率，这主要因为湿度增加导致体液散发率下降，从而导致体液散热效率下降。因此，为了达到散热效果，机体必须排除更多的汗液。高热指数会破坏机体产热－散热平衡体系，使人体面临更高的热病风险（图7.2、图7.7）。如图7.2中所示，不论运动强度如何，在高温高湿环境中进行训练相比在寒冷干燥环境中会导致更高的出汗率。

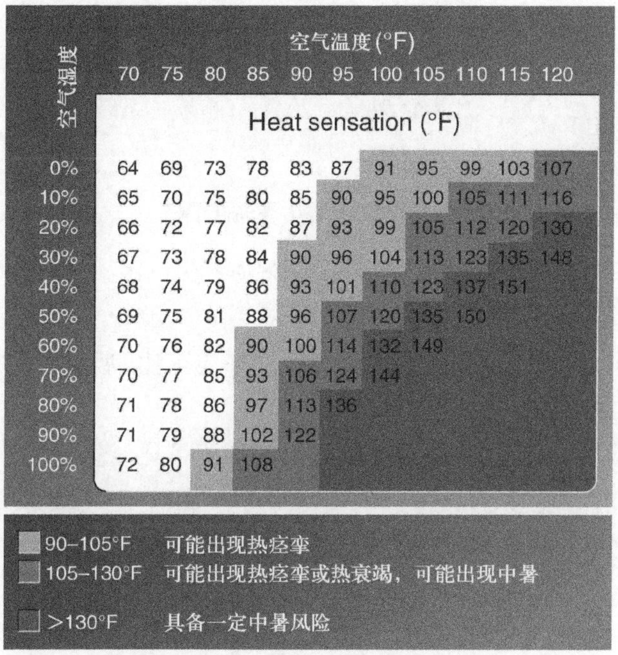

空气湿度	70	75	80	85	90	95	100	105	110	115	120
0%	64	69	73	78	83	87	91	95	99	103	107
10%	65	70	75	80	85	90	95	100	105	111	116
20%	66	72	77	82	87	93	99	105	112	120	130
30%	67	73	78	84	90	96	104	113	123	135	148
40%	68	74	79	86	93	101	110	123	137	151	
50%	69	75	81	88	96	107	120	135	150		
60%	70	76	82	90	100	114	132	149			
70%	70	77	85	93	106	124	144				
80%	71	78	86	97	113	136					
90%	71	79	88	102	122						
100%	72	80	91	108							

图7.7　具有热应力的热指数在不同的热指数值下存在风险。个别对热的反应会有所不同。在低于此图表指示的温度下，可能会发生热病。暴露在充足的阳光下可以使温度升高到15°F

资料来源：Anderson MK, Parr GP. Fundamentals of Sports Injury Management. 3rd ed. Philadelphia [PA]: WK Health and Pharma; 2011.

热指数

是温度和湿度的综合体感，并针对阴影部分的区域进行计算。

3. 湿球温度

湿球温度（wet bulb globe temperature，WBGT）是指阳光直射、温度、湿度、风速、阳光照射角度及云层遮蔽（体积、密度等）造成的相对热应力，它会对太阳辐射产生影响。尽管测量湿球温度的方法较为复杂，且准确性也需要进一步提升，但该指标的测量对于确定运动员，尤其是精英运动员的所需应对的热应力十分重要[16]。对该指标的测量很多时候被忽略，因为人们普遍认为这是正常的自然现象，无法避免，也没有必要规避。但是ACSM则建议，进行湿球温度的测量与应用不仅有利于运动员参赛备战，对维护运动员健康也有着重要意义[7,146]。

> **湿球温度**
>
> 综合温度、湿度、风速、阳光照射角度及云层遮蔽（体积、密度等）等因素对阳光导致的热应力进行测量的指标。

（二）体液与电解质流失影响因素

影响运动员的体液及电解质流失的因素主要包括以下方面。

■ 环境温度：温度与排汗率成正比，温度愈高排汗愈多，反之亦然。

■ 环境湿度：湿度与排汗率成正比，湿度愈大排汗愈多，反之亦然。

■ 服装/器械：密封性强的衣服和装备会将水分聚集在皮肤上，从而导致散热效果下降与排汗率增加。

■ 体表面积：成年人的体表面积更大，出汗能力更强。

■ 身体状态：处于较好身体状体的运动员，往往具有更高的排汗效果（每分钟排汗率等）。

■ 液体平衡：更好的液体平衡状态与更高的出汗率高度相关。脱水会导致出汗率下降约15%，可以通过恢复水分平衡提高到正常出汗率[43,123]。

■ 运动强度：运动强度与机体排汗率呈正相关，随着运动强度增加，机体能量代谢显著增加，排汗率愈高。

■ 性别：相比男性，女性的排汗能力与能量转化率更低，因此在同等外部环境下（温度、湿度等）女性的环境适应能力要弱于男性[74,105]。

■ 年龄：相比成年人，儿童与老年人的排汗率会更低。

理想情况下，运动员应学会在运动过程中通过摄入液体以补充不可避免地通过汗液而流失掉的液体、电解质，并补充消耗掉的碳水化合物（血糖和肌糖原），其益处具体包括以下方面。

■ 提高每搏输出量降低心率：运动过程中，保持机体良好的血液量可提升心脏功能效率。体液流失（汗、尿液等）会造成血量降低，而及时充分补充液体和电解质，可以有效维持机体血流并增加运动时心脏泵血量，尤其是对超过30 min的耐力性运动。

■ 控制核心温度升高：维持良好的水合状态会改善皮肤血流量，并维持良好的排汗率。这使得机体更容易消散能量代谢所产生的热量。

■ 降低高血钠、渗透压及肾上腺素水平：与血液相比，汗液中水含量多，电解质含量少。血浆渗透压升高会导致钠与水分发生转移，从而降低出汗率并刺激肾上腺素产生。肾上腺素会刺激糖异生，加速肝糖原分解，而肝糖原的快速消耗，会导致血糖水平下降，进而导致疲劳过早发生，而维持良好的水合状态有助于避免此问题的发生。

■ 减少净肌糖原的使用：运动过程中，如果无法提供足够的水分、电解质及碳水化合物等物质，会导致肌糖原的迅速消耗，并导致机体提前疲劳。一个简单原则：运动中消耗的水、电解质及血糖等三类物质，必须及时足量补充，而其中任何元素补充不足，都会导致水合状态下降。

（三）体温调节系统

视前区下丘脑前部是人体的“恒温器”，负责对人体体温进行调节。在体温调节过程中，位于大脑、肌肉及皮肤等组织中的热感受器会将温度的变化反馈至视前区下丘脑以及中枢神经系统，从而让机体意识到体温状态（过热或过冷）。在此调节过程中，机体对于体温升高的主要反应方式是排汗，通过皮肤表面散发汗液来降低体温，而充足的体内水分是机体排汗的主要前提。另外，当体温过低时，机体主要的反应是非自主性颤栗，以此方式产生热量，增加体温[80]。

（四）水合状态

体内良好的水合状态对于维持人体正常生理功

能与运动表现至关重要。尽管如此，在实际运动过程中，补水不足的情况却比比皆是，而运动员也常因补水不足导致竞技表现下降，降低训练效果[136]。导致补水不足的一个因素是排除水分的速率超过摄入水分的速率，人体的排汗率可达50 mL/min，但是消化道（主指小肠）的水吸收速率则为20～30 mL/min[23]。但更多时候，补水不足的原因是运动后补水策略不佳。

关于机体补水情况，通常会根据补水量分为高量水合（hyperhydrated）、正常水合（normohydrated）、脱水（dehydrated）及严重脱水（hypohydrated）4种状态。人体具有控制机体水分含量的系统，可强制留存身体的水分，或增加水分的排出，这都与一系列的监控血液渗透压（血液中电解质的分子浓度，包括钠、氯、钾等物质）的激素，以及血管中的压力感受器（感受血压变化并向大脑传递保持正常血压水平的信号）有关。

肾脏是人体体液与代谢副产物排除的主要器官之一，其对体液与电解质的排除或存留，又受相关激素与酶的影响。钠的浓度是影响细胞外液渗透压的主要因素，通常情况下细胞外液渗透压被维持在一个很窄的浓度范围内。因为汗液中钠含量较低，汗液的渗透压要低于血液，随着运动持续进行，血液渗透压会逐渐增高（水分流失量要显著高于钠）。而为了尽可能地保持体内水分，运动过程中或结束后尿液的生成量会减少[127,167]。如表7.2所示，人体汗液中氯化钠（盐）含量远超其他电解质，而这也是运动饮料含氯化钠的主要原因。

运动员补水不佳主要源于以下几方面因素：

■ 不科学的补水习惯影响；

■ 比赛中错过补水机会（如马拉松、竞走等）；

■ 口渴感滞后（受生理障碍等因素影响，部分人群的产生口渴机制较差。这使得有些运动员可能错过人体实际需要补充水分的时间窗口）；

■ 受外部因素制约（无水饮用等）；

■ 因运动饮料口感差，而拒绝引用。

上述因素均可通过系统的培训与计划而解决，并对在整个训练和比赛中维持或提升运动表现具有显著意义。

机体水合状态相关的因素

与水合状态和液体摄入相关的情况和因素具体包括如下几方面。

■ 外部环境：高温高湿环境中训练会导致更多的汗液产生以保持身体温度，由此需要更多的液体补充。

■ 某些疾病：例如糖尿病会增加尿量产生；囊性纤维化则会增加汗液中钠排泄。

■ 药物：服用治疗高血压、青光眼、骨质疏松及肾脏疾病药物，会增加排尿频率与排尿量。因此，在服用这些药物时，应当适度增加补液量与频率，防止机体水合不足。

■ 运动装备或衣物：在运动过程中身着厚重护具（如美式橄榄球运动员等）的运动员，会因为衣服和装备限制蒸发散热而产生更多的汗液。更多的汗液产生则需要补充更多的水分。

■ 运动强度：高强度运动会增加机体能量消耗，以满足肌代谢需求。然而，近70%的能量代谢会转化为热能，并由此引发体温的不安全升高；机体若要维持整体的体温，必须加大排汗量，提升人体整体散热效率。运动强度越高，单位时间内对水的需求就越大。

（五）运动与体液平衡

运动在引发人体体液、电解质加速流失的同时，还会导致机体血糖、肌糖原储备的迅速下降。因此，在进行体液补充时要充分考虑“水、电解质、碳水化合物”（water, electrolytes, and carbohydrate, WEC）这3个因素。在非运动状态下，机体的WEC下降率较低，因此通过简单补充，例如偶尔喝一杯水、其他饮料和/或含水较多的食物，就可以维持水合状态。而在运动状态下，WEC下降率明显加快。受运动强度、环境温度、湿度等因素影响，机体可能在短时内发生体液的大量流失，导致机体的WEC无法及时补充。上述情况会削弱运动表现，严重时还会导致热病发生。尤其当出汗率较高时，虽然运动员不断补充运动饮料，依旧可能处于水合不足状态。因此，对于高排汗率特点的运动项目，尽量在机体处于较好水合状态下开始运动，并采用高频率的液体摄入模式，来最小化液体损失和液体摄入之间的差距[146]。

对于非运动员群体而言，其每日水摄入推荐量为3.7 L，其中包括饮料和食物中所含的水[75]。而运动员群体则需进行更多的液体补充以满足其运动消耗。但现有研究调查显示，大多数男/女性运动员无法正确估算汗液流失，无法制定有效的补水策略来最小化汗液流失和液体摄入之间的差距。常见情况是运动员摄入的液体远小于保持理想水合状态和运动表现所需的量[145]。

机体水合状态的微小变化都会削弱运动表现。因此，运动员应当注意的是，运动前保持机体良好的水合状态，运动时尽量将体液丢失率控制在2%自身体重以内，同时避免体重升高[136,146]。不论何种运动类型，若体液丢失超过人体体液平衡临界点后，均会导致机体运动表现能力下降。因此，运动过程中制定一套行之有效的维持体液的策略，并让机体充分适应此策略至关重要。另外，应摄入具有适宜成分的液体，以保证水分能够在体内理想分布。欠佳的水合状态会导致：

- 细胞内液和细胞外液不足；
- 影响肌肉和皮肤（汗腺）并降低机体排汗潜力；
- 减少每搏输出量（心脏必须更努力地工作）；
- 降低机体血液总量，减少做功肌肉的血液和能量物质供给，同时做功肌肉代谢废物消除效率下降；
- 对机体运动能力产生负面影响；
- 机体核心温度升高，尤其是在高温、高湿环境下。

运动时机体的WEC会迅速下降，而进行更快速/频繁的WEC补充，是避免运动能力下降的有效策略。若在非运动状态下，机体补水频率为2 h/次，而在运动状态下，则应提高至10～15 min/次；此外，两次补水之间等待时间过长是一个非常不明智的选择，这会导致WEC迅速下降；若能进行适当的体液补充，尚能减缓WEC下降速度。

（六）身体如何适应运动

在高温、高湿环境下运动时，良好地适应环境有助于运动员竞技水平的发挥。人体对高温、高湿环境的适应如下：

- 血浆容量扩充增加了机体总血容量，提升心脏泵血能力，增加每搏心输出量；
- 更多的血液流向肌肉和皮肤；
- 增加脂代谢、提升糖原利用效率，从而改善机体有氧运动能力[81,124]；
- 汗腺肥大并增加机体排汗率（30%）；
- 汗液中的盐分减少约60%，以节省电解质，这有助于维持血液量；
- 减少生理压力刺激，降低血液皮质醇水平以提升耐力；
- 减少心理压力，降低了肾上腺素和皮质醇的合成，并提高了耐力。

（七）运动中体液平衡的监控

WEC补充不充分，会对机体排汗功能产生严重负面影响，并导致体温迅速升高。然而，在高强度训练/比赛过程中，运动员很难完成足够的体液补充，因此必须制定一个强制性补水方案，并让教练员和运动员严格执行。例如，若一个运动员体液丢失量为1 L/h，那其应每小时补充4杯WEC（每杯不低于250 mL）。尽管准确计算运动中流失的液体是非常困难的，因此，上述这种简单的策略能够帮助运动员估算液体流失量和补液量。1 L的水分约重0.91 kg，由此可以通过运动前后的体重测量，并根据不同温度、湿度及强度制定科学合理的补充方案。估计运动中的液体需求，请按照如下步骤：

- 记录环境温度与湿度（humidity，HI）；
- 记录训练的准确时长（开始、结束时间点）；
- 记录运动员体重（最好是裸重），可简单采用1 kg体重降低相当于1 L水分补充计算；
- 进行运动，并记录运动中补充的液体量；
- 运动结束后，脱掉潮湿衣物并用毛巾将身体擦干；
- 记录运动结束后的身体的裸重；
- 计算运动中的液体流失量，以运动前体重减去运动后体重；
- 额外需要补充的液体量就是体重降低的值

对应的液体量，并计算以10～20 min间隔所需补充的液体量。

体液补充量/频率与体液丢失情况紧密相关，但是在正常运动情况下补水频率不低于3次/h，补液量不低于60 mL/次，以保证基本的体液需求（例7.1）。

例7.1

- 运动员托马斯运动前体重72 kg，进行2 h足球训练，期间补水约480 mL。
- 托马斯运动后体重71.1 kg，计算可得练习期间还需额外摄入1.38 L水，以便在2 h内总共补充1.86 L水。
- 在2 h内托马斯有12次补水机会（平均10 min/次），由以上可算出，其每次补液不应低于155 mL。
- 在现实过程中，运动员很难一次性适应上述补水策略，因此托马斯可在几周时间内逐步训练自己增加饮水量，直至完全适应并达到体液补充标准。只要运动员的补水策略得到提升，即使未达到完美的补水标准，也是会产生益处的。

环境条件和运动员的适应水平使这一切变得更加复杂。条件较好的运动员能够更好地降温，因为他们具有更有效的排汗系统。高水平运动员则表现得更加明显，但同时也需要消耗更多的水分。在炎热潮湿的环境中，水不易从体内蒸发，因此无法达到所需的冷却效果。

- 温度越高，运动员出汗越多；
- 湿度越高，运动员出汗越多，但冷却效率降低；
- 衣物将汗液吸附在皮肤上（即不透气），降温效率降低，因此会迫使运动员出更多的汗；
- 高水平运动员每单位时间出汗更多，从而提高了散热能力，但较高的出汗率需要在运动过程中消耗更多的水分；
- 影响水分的摄入以及液体从胃进入小肠（胃排空）速度的因素有很多。其中影响水分摄入的两个主要因素是自身口渴和饮料的味道[143]。研究发现，即使有充足的水供应，许多运动员也不能摄入足够的水（称为自愿脱水），但大多数运动员不喝水仅仅是因为他们不口渴[59,120]。因此，不应将口渴感视为运动员需要进行补水的适当指标[129]。似乎只有在失去1.5～2.0 L的水分后，运动员才会产生口渴感觉[93]。如果运动员在口渴时才进行补水，那么在运动中几乎不会达到足够的水分状态。口渴感的延迟是一个强烈的论点，它要求运动员训练自己以固定的时间表补充水分，而不是取决于他们是否口渴。

饮料的吸引力（颜色、气味、温度、口感等）是判断是否要饮用的另一个重要因素。通常，运动员似乎更偏爱带有微甜味的饮料[133,163]。运动期间，含约12%碳水化合物溶液的高甜度饮料（苏打水和果汁）不如含6%或7%碳水化合物溶液的饮料那样受欢迎[40,71]。然而，当处于放松或非运动状态时更甜的饮料更佳受欢迎。这表明了一种有趣的运动现象：运动时食物和饮料的感官特性（即味觉）与不运动时的感官特性不同[109]。鉴于对饮用含6%～7%碳水化合物溶液或电解质运动饮料益处的广泛研究，无论运动持续半小时或是超过4 h，运动员都应该以一种最佳的耐受性和水合作用的方式来适应补充运动饮料。并且无论是进行短跑还是耐力训练，运动饮料都会比水产生更好的性能[15,77]。

（八）脱水

当损失的水分多于消耗的水分时，就会发生脱水。顾名思义，水合作用不足意味着体内的总水分低于最佳状态，由于汗水流失致使体重下降（2%），进而导致运动成绩的降低[25]。研究还发现，参与篮球、体操、游泳、跑步和皮划艇等不同运动项目中76.3%的男性运动员出现了脱水现象，平均体重下降约1.1%。重要的是，在进行水分摄入后明显改善了水合状态及其运动表现[78]。脱水的常见风险包括以下几项[7,25,110]：

- 呕吐；
- 腹泻；
- 补液不足；
- 流体供应差；
- 导致较高的出汗率（例如在桑拿浴室中）；
- 延迟饮水（等到口渴）；
- 泻药；
- 利尿剂（和具有利尿作用的物质）；

图7.8　脱水尿液颜色表。尿液颜色越深，脱水程度越大

- 节食；
- 发热性疾病（体温过高的疾病）。

在运动过程中避免脱水的唯一合理策略是正确地且恒定的水分输入，而恒定的水分补充必须通过等量液体来平衡。运动员感觉到脱水的迹象，其中包括口渴、尿量和尿色（图7.8）。口渴可能是一个明显的征兆，但低尿量和尿色深同样是脱水的征兆，并且可能先于口渴。

在某些运动中，运动员有目的地使自己脱水，以改善外观或尝试进行有竞争力的体重分类。还有一些运动员即使在饮水充足的情况下也无法补充水分（自愿脱水），导致身体脱水；而另一些运动员则由于进行高强度训练，特别是在炎热潮湿的环境中，很难摄入足够的水分（称为非自愿脱水），从而导致身体脱水[10]。不管造成脱水的原因是什么，可以肯定的是运动员脱水后会导致较差的成绩和降低其的心理功能[79,113]。

（九）运动性热病可能与水分不足有关

可能与水合作用不良有关的运动性热病有：热痉挛、热衰竭、热晕厥和中暑（表7.11）。

1. 热痉挛

与运动有关的肌肉痉挛（通常称为**热痉挛**）突然发生，可能在体育锻炼期间或之后发生[26]。抽筋的可能原因包括脱水、电解质失衡、疲劳、肌肉控制改变，以及这些因素的任意组合[14,116,141]。热出汗最

> **热痉挛**
>
> 骨骼肌痉挛最常与肌肉疲劳有关，可能发生在参加所有运动和所有环境条件的运动员中。有证据表明，肌肉痉挛可能与体液过少和电解质失衡有关。大量出汗，特别是在不适应高温或潮湿环境，并且汗液钠流失严重的情况下，运动员更容易抽筋。

表7.11　运动性热病的差异

运动性热病	肌肉痉挛（热痉挛）	热　衰　竭	热　晕　厥	中　　暑
症状	在运动中或运动后出现的急性、疼痛的不随意肌肉收缩	由于心血管机能不全而不能继续运动	在高温下昏厥，导致失去意识	强烈高温导致体温调节系统失控，可能导致中枢神经系统功能障碍和核心温度＞104.9℉（40.5℃）
原因	脱水、电解质失衡和/或神经肌肉疲劳	皮肤血流量高，大量出汗和/或脱水，导致静脉回流减少	在炎热的环境中站立，导致腿部血液淤积	高代谢热量产生和/或减少散热
治疗	停止运动，提供含钠饮料	停止运动，离开炎热的环境，将腿抬高，补充水分	病人仰卧，抬高双腿，恢复中心血容量	立即全身冷水浸泡，迅速降低核心体温
恢复	通常在几分钟到几小时内发生	通常发生在24小时内；不建议当天返回比赛	通常发生在几小时内	高度依赖初期护理和治疗；在恢复活动之前需要进一步的医疗检查和医生许可

资料来源：Adapted from Casa DJ, DeMartini JK, Berjeron MF, et al. National Athletic Trainers' Association position statement: exertional heat illnesses. J Athl Train. 2015; 50(9): 986−1000.

有可能发生在那些出汗严重并且汗液中钠和其他电解质（包括钾、钙和镁）的含量高于正常水平的人当中[141]。对于这些人，在运动过程中饮用足量的含盐饮料特别重要。消耗大量的淡水后[12]，第二天晚上也会出现抽筋。严重的肌肉痉挛会影响其运动表现，建议不要进行进一步的运动[26]。

有证据表明，骨骼肌痉挛与肌肉疲劳、脱水和血清电解质缺乏有关，并且不适应高温的运动员、大量出汗的运动员和高钠汗损失的运动员通常更容易产生该现象[136,146]。建议运动员发生运动性热痉挛时，在 10 min 内饮用 16 ～ 20 oz（约 0.5 L）的运动饮料，并添加 0.5 茶匙（3 g）的盐，然后再添加其他液体或电解质以恢复其水分平衡[13]。由于肌肉痉挛可能与水合作用无关，而与肌肉疲劳有关，因此这些建议可能不适用于经历肌肉痉挛的运动员。除此以外，还必须注意确保不会发生过多的体液消耗，因为这可能会增加低钠血症的风险[136,146]。为了帮助满足经常抽筋运动员的需求，公司开发了相关产品，这些产品含有一定量的钠、钾、钙和镁，可以添加到给定量的运动饮料中。耐力运动饮料中钠含量通常较高，其含量为 150 ～ 200 mg/240 mL。

2. 热衰竭

热衰竭是指运动员无法在当前的高温和潮湿环境下继续锻炼。症状包括虚弱、红疹、皮肤发冷/黏滞、发晕、肌肉痉挛、疲劳、恶心、头晕、精神错乱、协调性差和脉搏弱等[72]。如果身体严重缺水，运动员也可能会停止出汗，皮肤会感到干燥。这些症状的可能原因是大脑血液流动不畅，患者通常躺在地上，处于半昏迷状态。快速降温通常能很好地缓解该症状，所以热衰竭患者应该通过任何可用的方法来降温。用湿的、冰冷的布敷在身体上或把受害者放在冷水中洗澡是有效的[70]。恢复完全意识后，可以给运动员喝一口凉水，但不要强迫其饮用，因为这可能会引起恶心。没有理由让一个热得精疲力竭的运动员在当天恢复体力活动。相反，人们应该在这一天的大部分时间里保持凉爽，并用含钠的液体，包括运动饮料来补水[26]。

注意：在任何情况下，停止出汗的运动员都不应该继续运动，因为这可能会导致体温过快升高（核心温度的急剧上升）。

3. 热晕厥

晕厥是指头晕，这一般发生在对当前环境温度和湿度不适应的人群中[26]。因此，当人们在比他们习惯的更热或更潮湿的环境中运动时，更容易发生**热晕厥**，并与脱水引起的出汗率不足（即散热不佳）和健身水平不足有关。由于血液量较少，服用利尿剂的人也有发生热相关晕厥的较高风险[126]。

4. 中暑

与运动有关的**中暑**是一种危险状况，与体温过高（通常高于 105°F 或 40.5℃）、皮肤热/干燥和脉搏加快有关[7]（表 7.12）。尽管最有可能发生在高温高湿的环境中，但运动员也可能会通过持续剧烈的体育锻炼，造成出汗散热的能力减弱而发生中暑现象[26]。运动员可能会处于失去意识状态。第一反应应该呼叫紧急医疗护理，然后尽一切可能立即给运动员降温（冷水、脱掉衣服、冷水浴等）。体温升高的时间越长，死亡风险就越高。在运动员恢复意识之前，不要把液体灌进嘴里[48]。

表 7.12　运动性热病的外在和内在危险因素

外在因素	内在因素
■ 环境温度、太阳辐射和湿度高	■ 高强度的运动和/或身体素质差
■ 运动装备或制服	■ 睡眠不足
■ 同伴或团队的压力	■ 脱水或水分摄入不足
■ 根据强度、温度、服装、器材、健康状况和运动员的身体状况所决定的不适当的工作与休息比例	■ 使用利尿剂或某些药物（如抗组胺药、利剂、抗高血压药、注意力缺陷多动障碍药物）
■ 诱发疾病	■ 过于热心或不愿报告问题，问题或疾病
■ 教练员、运动员和医务人员对高温疾病缺乏教育和认识	■ 热适应不足
■ 没有应对而略来治疗运动性高温疾病	■ 高肌肉质量与身体脂肪比例
■ 在训练和休息之前和期间尽量少喝水	■ 发烧
■ 对早期预警信号的识别迟缓	■ 皮肤病

热衰竭

一种热病，其特征在于无法维持心输出量

和出汗率，从而导致皮肤温度升高。症状包括脉搏加快、头晕、昏厥、面色苍白和烦躁。这是运动员经历的与热有关的情况之一。

热晕厥

相对血容量减少加上过度的血管舒张会导致心输出量降低和血压降低，这是由于出汗速率增加而导致流向大脑的血液减少。结果导致头晕、精神错乱和晕厥。

中暑

中暑是与过热相关的致命性劳累性热病。当核心温度迅速上升时，会对大脑和肌肉功能造成不利影响。通常，运动员通过减慢或停止运动以降低核心温度来反馈这些信号。对这些信号没有反馈可能会导致中暑，体温升高（高于104°F）会损坏神经系统组织、心脏、肾脏和肌肉。中暑被认为是最严重的热伤状况，需要立即紧急治疗，否则可导致死亡。

（十）低钠血症

长时间锻炼可能会导致低血钠（低钠血症），这是一种潜在的致命疾病[140]。饮水过量（即无钠或低钠的液体）时，可能会导致血钠含量稀释，出现低血钠。为了使单位体积血液中的钠浓度正常化，水会离开血液，引起水肿，这可能会导致脑组织发生迅速而危险的肿胀[68]。低血钠最有可能发生在长时间运动的脱水运动员中，这些运动员因出汗而使钠大量流失，但也可能发生在习惯性地限制含钠食物摄入的运动员中。除非因医疗原因而禁忌，否则运动员在医师的精心监督下，在饮食中加盐并食用含盐的饮料是避免低血电解质和降低低钠血症风险的理想策略。低钠血症的症状和体征包括[140]：

- 头痛；
- 手指和脚踝肿胀；
- 胃胀；
- 意识模糊；
- 肺水肿；
- 恶心；
- 癫痫发作；
- 抽搐；
- 昏迷。

在2003年波士顿马拉松比赛之前，美国田径运动会宣布了针对长跑运动员的补液指南，旨在降低低血钠症的风险。较早的指南鼓励跑步者尽可能多地喝水以“保持领先”，但是新的指南建议跑步者只喝他们在比赛中因出汗而流失的水分。这一指南指出运动员会消耗掉所有因汗液而流失的水分。摄入过多的水，尤其是白水，可能会导致血液中钠浓度下降，导致低钠血症。低钠血症风险增加的运动员[155]：

- 服用NSAID（即阿司匹林、布洛芬）；
- 低钠饮食；
- 运动时喝水或其他无钠饮料；
- 不适应温暖的天气或训练不足；
- 身材矮小（更多证据证明了这一点堪比不良的培训）；
- 运行缓慢，需要超过4 h才能完成耐力活动。

低钠血症的风险在高出汗率和较高钠浓度的运动员中似乎最高，但他们在运动过程中不食用含钠饮料[115]。常见的运动饮料含有约20毫克当量（mEq）的氯化钠（食盐），但许多研究人员建议更高的钠含量，这些研究人员评估了长时间高温运动下血浆的变化[56,130]，推荐了20～50 mEq/L。但是，大多数出汗正常且汗液钠浓度正常的运动员，在运动过程中食用市售运动饮料并避免饮用白开水，似乎可以预防低钠血症的发生[102,140]。

低钠血症是一种严重疾病，需要有适当资格的卫生专业人员立即予以注意。然而，如果没有可以使用的盐片来恢复低钠血症，也不应该使用其他方法。一片盐片通常含有1 g（1 000 mg）钠。恢复时，每15～20 min一杯水服1～2片，视低钠血症症状出现的程度而定。如果没有盐片，也可以食用含盐食物（薯片、椒盐卷饼等）。摄入的总水分应使运动员恢复到运动前的体重，但不能使运动员增加的体重超过原本体重[13]。

（十一）影响运动饮料功效的因素

1. 影响胃排空的因素

有很多因素会影响水分离开胃的速度，但在回顾这些之前，了解胃排空慢或快的真正含义是很重要的。一种食物或饮料在胃中排空较慢，并不意味着所有食物在胃里停留的时间较长。它的意思是食物或饮料从胃里进入肠道的速度较慢，所以一些食物或饮料在胃里停留的时间较长。因此，胃排空是指每单位时间内食物或饮料从胃里排出的量。因为运动员在没有大量食物或水在胃里运动时会更舒服，所以一种能更快离开胃的饮料（即有快速胃排空功能）被认为是理想的。此外，胃的快速排空提供了一种可能性：通过更快地将物质运送到肠道吸收，能量和水可以更快地输送到工作肌肉。胃排空的速度之所以重要，有两个原因：① 运动时胃内饱胀的运动员表现出胃肠道不适；② 胃排空更快转化为更易吸收的液体、电解质和碳水化合物，因此可以更有效地满足血液和组织的需求。

2. 消化后食物溶液的碳水化合物浓度

尽管存在个体耐受性差异，但是碳水化合物浓度超过7%通常会导致胃排空速度变慢，而碳水化合物浓度≤7%时，胃排空时间不会受到明显影响[131]。这是运动饮料中建议的碳水化合物浓度低于8%的原因之一。评估碳水化合物浓度如何影响团队运动员表现的研究发现，6%的碳水化合物溶液比10%的碳水化合物溶液有效得多[125]。其他研究也发现，当运动饮料中的碳水化合物浓度不超过7%时，其性能会有类似的好处[114,162]。

3. 碳水化合物在溶液中的类型

碳水化合物具有不同的分子大小和不同的分子组合。例如，葡萄糖是单糖（单分子碳水化合物），蔗糖是双糖（两个单糖通过键结合在一起），淀粉是多糖（许多单糖分子通过键结合在一起）。碳水化合物链的长度越短，胃排空时间越慢。因此，纯葡萄糖（一种单糖）离开胃的时间要比食用糖（双糖）要长，而食用糖比简单的淀粉（一种多糖）离开胃的时间更长。糖颗粒的大小非常重要，以至于即使两种饮料的碳水化合物浓度相同，碳水化合物分子较小的饮料离开胃的时间也比碳水化合物分子较大的饮料要长[132]。消耗的碳水化合物类型也可能影响性能。已经发现，与仅含有葡萄糖的饮料相比，含有葡萄糖和果糖（蔗糖）的饮料可导致更高的碳水化合物氧化并改善100 km的骑行性能[147]。另一项研究还发现，以中等强度运动的骑行者在饮用含多种碳水化合物的饮料时比仅饮用含葡萄糖的饮料要快8%[37]。

4. 溶液消耗量

一次消耗的液体量对胃排空时间有重大影响。当大量液体被消耗时，胃排空时间开始时更快。当胃中的液体量减少时，胃排空时间减慢。这表明，为了在比赛或训练前更快地补充水分，应该消耗相对较大的液体量（大约半升），然后频繁地喝液体以保持胃中的液体量，因此胃排空时间更快[118]。

5. 溶液温度

大多数研究表明，溶液温度仅轻微影响胃排空时间。当人们休息时，处于体温状态的液体比非常热或非常冷时的液体更快地离开胃[142]。有证据表明，在运动过程中，较凉爽的液体比室温或与体温温度相近的液体更快地离开肠胃[30]。

6. 溶液碳化

尽管有许多运动员认为饮用碳酸饮料会引起胃部不适和胃排空延迟（第一种运动饮料可能是“无糖”可乐），但几乎没有科学证据表明会发生这种情况。但是，评估液体碳酸化对胃排空时间的影响的研究通常依赖于少数受试者。研究表明，在所有其他条件相同（碳水化合物浓度、体积、温度等）的情况下，碳酸化对胃排空的影响很小[84,134]。但是，碳酸化会降低运动后的自愿性水分摄入量，这可能会影响水合恢复和未来运动表现[122]。

7. 水合或脱水状态

随着脱水的增加和高强度活动带来的体温升高，胃排空的速度会减慢[132]。这是运动员尽可能在运动过程中保持水合状态的极好理由。脱水的发生使运动员在运动过程中几乎不可能恢复到足够的水分状态。如果尝试通过补充大量液体来补充水分，则可能会增加不适感，而不能更快地补充水分。

8. 精神压力程度

与运动竞赛有关的精神压力和焦虑是影响胃排

空的主要因素。较高的精神压力和焦虑与胃排空的减慢有关，这可能严重影响运动员在比赛中充分补水的能力[129,165]。显然，可以从运动心理学家那里学到的减轻压力的心理训练技术是减少与运动有关的压力和焦虑的生理效应的重要策略。

9. 活动类型

研究表明，高强度活动与较低强度活动相比，胃排空速度较慢，但差异似乎很小。此外，活动类型(跑步、游泳、骑自行车等)似乎对胃排空率没有很大影响[129]。

10. 运动员的调适与适应

人体具有出色的适应性机制和适应更高或更低的葡萄糖浓度，以及更快或更慢的水分摄入速率的能力。在一定程度上，运动员可以通过不断练习该系统来找到最适合他们的最佳补液机制。实行合理的补液机制可以使身体适应并减少在重要比赛之前由于尝试新事物可能引起的不适。因此，对于运动员来说，重要的是要从水分摄入的一般建议开始，以保持其水合状态，但要做出最适合自己情况的调整。

11. 肠道吸收

溶液(水分)离开胃部进入小肠后，构成溶液的水和碳水化合物必须被吸收到血液中。影响水和碳水化合物吸收速度的主要因素是进入肠道的溶液中碳水化合物的浓度[57]。相对于血浆浓度，碳水化合物和电解质浓度稍低的溶液比浓度高得多或低得多的溶液引起更快的水吸收[101]。运动过程中食用高浓度碳水化合物溶液可能会导致液体暂时移出肌肉，进入肠道，从而在吸收前将溶液稀释。这将对肌肉功能和出汗率均产生负面影响，至少暂时导致水从肌肉中移出，从而导致组织脱水。

12. 饮料的口感

饮料的味道、口味和口感会影响自发补水模式和液体消耗量。然而，与不运动时相同液体的味道相比，运动会影响液体的味道。在饮用比较常用的饮料(自制运动饮料、商业运动饮料、稀释的橙汁和水)时，适口性差异很大，运动中的自愿性消费也存在差异。一项研究发现，在运动过程中，市售的6%碳水化合物溶液明显比其他饮料更受欢迎[121]。

(十二)最佳运动饮料成分和补水策略

有证据表明，即使是少量的失水(仅占体重的2%)也可能导致性能和耐力下降，而失水过多会产生更大的影响[22,62]。同样重要的是要考虑到使一个脱水的运动员恢复到正常的状态需要花费时间，通常是24 h或更长时间。因此，应尽一切努力帮助运动员在下一次锻炼之前恢复到正常的水分状态。有证据表明，2天的训练可能无法为脱水的运动员提供足够的时间恢复，使他们在第一次训练之后和第二次训练之前恢复到水合状态[89]。

一些运动要求运动员展示特定的外观(即花样滑冰、艺术体操、潜水)或达到特定的体重(即摔跤)。许多摔跤选手都有限制饮水方案，以实现所需的体重分类，然后再进行补水。除了这样做存在一定的健康危险(有充分的证据证明这种方法会导致死亡)，摔跤运动员外脱水时是否有足够的时间达到足够的补水状态也存在疑问[38]。

有些运动员在运动前试图摄入过多的水分，这是另一种情况。例如，长跑运动员在比赛中会经历水分流失，这种情况可能超过了他们补充水分的能力。在26.2 miles马拉松赛即将结束时，水分最佳的跑步者比水分少的跑步者具有主要优势。它们具有更大的血液(血浆)体积，有助于维持汗液速率和冷却能力，这导致运动过程中核心温度和心率降低[82,112]。尽管消耗大量水分也与尿频有关，但这可以在一定程度上通过消耗含钠液体来调节[22]。

甘油(一种像碳水化合物一样代谢的简单的三碳脂质)在历史上一直被一些运动员用来辅助水合作用，因为它有助于保持水分。仅有有限的证据表明，以1 g/kg体重的比例在运动前的水中添加甘油可改善在炎热和潮湿环境中的耐力性能，原因有两个：① 更高的总体内水分有助于维持汗水速率和降温；② 甘油提供了更多的碳水化合物样代谢燃料[22,91]。一些运动员发现甘油过高的水分会使他们感到僵硬和不舒服，而另一些运动员则对这种水分感觉更为舒适[107]。

注意：自2010年以来，甘油已列入世界反兴奋剂机构(World Anti-Doping Agency，WADA)的禁用物质清单，不建议向运动员推荐。它被禁用是因为一些运动员持续使用甘油作为高水化助剂，与他们合作的人应该意识到甘油的功能和状态，这是一种禁用物质。

WADA已将200 μg/mL的尿甘油水平确定为识别滥用甘油的运动员的阈值[144]。

维持心血管和热量的能力与可以避免脱水的程度直接相关[98,103,160]。在运动中不能摄入足够的水分是发生中暑衰竭的主要风险[90]。很明显，为了避免中暑和保持运动成绩，运动员最好的策略是在运动中摄入水分。

大多数评估水合充足性和运动表现之间相互作用的研究都使用了纯水或运动饮料，其中运动饮料的碳水化合物含量不同。这些研究的结果在确认运动过程中消耗水分的重要性方面相似。但是，与普通水相比，液体中包含碳水化合物和电解质为运动员提供了某些优势。研究表明，在补水溶液中加入碳水化合物可以提高运动员在运动中保持或增加工作输出的能力，并增加疲劳时间[28,33,106,146,148]。发生这种情况是因为消耗的碳水化合物有助于避免肌肉糖原的消耗，并在肌肉糖原含量低时主动为肌肉提供燃料。简单来说，运动会导致体内水分和电解质的流失以及血糖的降低。

不同类型的体育活动会导致碳水化合物利用的速率不同，但是无论运动类型如何，饮用含碳水化合物的液体都有助于维持运动表现。例如，在剧烈的循环中，当使用碳水化合物溶液时，肌肉糖原的使用速率不会受到影响[32]。在长距离跑步中，当消耗含碳水化合物的液体时，肌肉糖原的使用率会降低[149]。在典型的走走停停的间歇团队运动中，当消耗含碳水化合物的液体时，肌肉糖原的使用量会减少[11,63,166]。在每一种情况下，碳水化合物消耗都被认为是性能下降的主要原因。甚至有充分的证据表明，在高强度运动中，摄入含碳水化合物的饮料对提高运动员的成绩也很重要。在高强度运动中，由于运动持续时间相对较短，预计不会消耗碳水化合物[11,114,139]。

碳水化合物能量无论是液体形式还是固体形式，都有助于提高运动成绩[94]。然而，因为以液体形式提供碳水化合物可以让运动员同时处理多个问题（能量和液体，最好还有电解质），所以含有碳水化合物的液体是首选。运动饮料中碳水化合物的类型和浓度是重要的考虑因素。蔗糖、麦芽糊精和淀粉（所有不同类型的碳水化合物）在运动表现上似乎没有重大差异[32,111,119]。但是，运动饮料严重依赖葡萄糖或果糖中的碳水化合物可能会导致胃排空延迟，从而导致吸收延迟[17,111]。麦芽糖糊精的甜度不如蔗糖和果糖，因此它们可以用来向溶液中添加碳水化合物能量，而不会使它们产生令人讨厌的甜味[63]。

高果糖浆（high fructose corn syrups，HFCS）被用作某些运动饮料中的碳水化合物来源。HFCS由玉米淀粉制成，将其加工成葡萄糖，然后通过酶进行加工，将一定比例的葡萄糖转化为果糖。然后将葡萄糖和果糖混合，制成HFCS 42和HFCS 55。制造商通常使用HFCS，因为它具有可用于加工食品的多种特性，包括：

- 保持水分，帮助防止产品干燥；
- 由于HFCS产生的渗透压大于蔗糖的渗透压，因此有助于控制细菌的生长；
- 因为是液体，因此更容易与食物中的其他成分混合；
- 它非常甜；
- 在许多食品制造国家，成本比蔗糖低。

饮料中常用的HFCS 55的成分类似于蔗糖，但具有更多的游离果糖[153]：

- 蔗糖中含50%果糖、50%葡萄糖；
- HFCS 42中含42%果糖、52%葡萄糖、6%多糖（用于饮料、加工食品、谷物和烘焙食品中）；
- HFCS 55中含55%的果糖、42%的葡萄糖、3%的多糖（用于软饮料）；
- HFCS 65中含65%果糖、35%葡萄糖（用于汽水）；
- HFCS 90中含90%果糖、10%葡萄糖（通常与HFCS 43混合制成HFCS 55）。

一旦被吸收，果糖就通过三种可能的途径被运输到肝脏：① 转化为葡萄糖并以肝糖原的形式储存；② 转化为甘油三酸酯，导致血清中极低密度脂蛋白升高；③ 转化为尿酸，这可能与痛风性关节痛有关。途径1（将葡萄糖转化为肝糖原作为储存物质)是首选途径,但是过量暴露于果糖可能会使肝脏不堪重负,从而导致更多的甘油三酸酯和尿酸形成。尿酸的形成消耗一氧化氮,这会干扰氧气向工作组织的输送,并引起运动员的另一个担忧[19]。

运动超过45 min时提供的碳水化合物量是一个重要的考虑因素,因为过快地提供过多的碳水化合物可能会导致胃排空延迟和胃肠道不适,并且至少暂时地将所需的液体从血液中吸收(从而降低肌肉和皮肤水分可用性)以稀释这种过度浓缩的溶液。另一方面,提供输送过量碳水化合物(<4%碳水化合物溶液)的流体可能会降低性能效益。运动员应力求每分钟运动消耗约1 g碳水化合物(即每分钟4 kcal热量)。这种水平的摄入可以通过饮用含4%～8%碳水化合物的运动饮料,体积为0.6～1.2 L/h[28,34]。一些运动饮料的碳水化合物含量正好在这个范围内,而另一些饮料的碳水化合物浓度更高。高浓度的碳水化合物可能会导致胃排空延迟,在运动过程中影响所需碳水化合物向工作组织的快速输送[158]。摄入4%～8%的碳水化合物溶液的另一个好处是,如果碳水化合物来源是混合的,它的肠道吸收速度比单独的水快[147]。这种更快的吸收能更有效地将碳水化合物输送到血液,最终输送到工作组织。

运动员进行45 min或更长时间的剧烈运动,特别是在高温和潮湿的环境中,会经历一定程度的脱水现象。对于大部分时间都在锻炼的运动员来说,运动后的水分摄入是运动养生的一个至关重要的部分,因为它可以让运动员在良好的水分状态下开始接下来的每一天的活动。补水的时间越短,运动员在下次运动开始前达到最佳补水状态的可能性就越低。因为最大吸收率低于最大排汗率,运动员在剧烈运动中摄入水分,最多只能提供70%的水分流失。研究表明,大多数运动员的排汗率明显低于这个数字[20,117]。因此,运动员需要在下一次锻炼开始前制定一个补水策略。尽管有这样的需求,但众所周知,即使有水分供应,运动员仍会处于缺水状态[104]。由此导致的自发性脱水症状表明,运动员应该有一个固定的水分补充计划,这将降低脱水的程度。鼓励这种情况的一种方法是确保运动员在锻炼结束后能够很容易地获得口感好的液体[24]。

有证据表明,含有碳水化合物和钠的商业运动饮料在恢复身体水分平衡方面比白水更有效[58]。然而,为了使补水效果最大化,钠的含量要高于大多数运动饮料的含量[99]。这种添加的钠可以通过正常的食物摄取,其中许多食物都添加了盐(钠)[100]。耐力运动饮料通常含有更高水平的钠。

五、水分摄入量建议

对运动员的水分摄入量建议可概括如下。

- 理想情况下,运动员应该尽量摄入足够的水分,以匹配液体汗液的流失。
- 人类对运动过程中的水分流失率了解甚少,因此无论何时口渴,都应按固定的时间表补充水分。[口渴感仅在大量体液缺乏后(体重的1%～2%)才会发生,应被视为“紧急”感,而不是被视为最佳的饮用时间。]
- 剧烈运动中或在炎热潮湿的日子里运动,水分很难像汗液流失那样消耗和吸收。因此,运动员应该在良好的补水状态下开始运动,并在运动或比赛中及时补充水分。
- 在某些运动员中,摄入相对大量的水可能会增加胃肠道不适,这可能导致性能下降。但是,练习饮用越来越多的水分可以提高液体消耗的耐受性。胃排空率最高(如上所述)。
- 尽管需要一种强有力的补液策略,但消耗过多汗液和尿液是低钠血症(也称为水中毒)的主要原因。当汗液中的钠大量流失,低钠饮料的摄入以及运动前的体液消耗过多时,低钠血症的风险可能会急剧增加。女性低钠血症的风险似乎特别高,这可能是因为其体型较小且出汗率低于男性[136,146]。

补水建议[104,146]

- 体重2%的体液缺乏会损害认知功能和有氧运动能力,尤其是在炎热的天气。
- 体重3%～5%的体液缺乏会降低在无氧、高强度或技能密集型活动以及在凉爽环境中进行的有氧活动中的表现。
- 体重6%～10%的体液不足对运动耐力、心排血量、汗液产生，以及皮肤和肌肉血流有明显的负面影响。水合不足的常见症状包括口渴、皮肤发红、冷漠、头晕、恶心、胃肠道痉挛和体重减轻。

■ 假设运动员处于令人满意的能量平衡状态，则可以通过测量醒来时和排空后的体重来估计每日的水合状态。超过体重2%的显著每日变化很可能代表了体内总水分的变化。

■ 在开始运动之前，运动员应尝试在运动前2～4 h消耗5～10 mL/kg（2～4 mL/lb）的水分以达到水合作用。目的是使尿液颜色变淡，表明其有足够的水分（图7.8）。

■ 在运动过程中，出汗率从0.3～2.4 L/h（已记录到3.9 L/h）不等，具体取决于运动强度，持续时间，健身状况，对热量的适应程度以及环境的热量和湿度。液体消耗模式应尝试将净液体流失最小化至体重的2%以下。在不同环境条件下对运动前后的体重进行常规测量应有助于指导运动员水合作用达到目标的程度。

■ 在娱乐性运动员中出现了过度水合，他们的出汗率低于液体消耗量，增加了低钠血症的风险。低钠血症的常见征兆包括精神状态改变、情绪变化、精神错乱、肌肉抽搐、肌肉无力、头痛、四肢肿胀。

■ 锻炼期间应同时食用含盐和碳水化合物的液体，特别是时间超过45 min和/或出汗率较高时。

■ 运动后，运动员应立即进行补水，包括水、盐和碳水化合物。消耗的体积应该是流体损失的125%～150%（即运动前、后体重之间的差异），因为出汗和排尿导致的水分流失会在运动后持续。

■ 酒精是利尿剂，运动后应劝阻，至少直到运动员达到水合作用状态为止。

六、总结

■ 除了水合状态，也许没有其他因素会对自身功能产生影响，并且水不会像其他物质会迅速的增加严重疾病的风险。

■ 所有运动项目的运动员只要在开始、继续和结束时保持适当的水合状态，就能立即获得成绩效益。要做到这一点，运动员应该在固定的时间内练习摄入适当的液体，而不是依赖口渴作为主要的饮水刺激。若没有产生口渴机制，大量的身体水分（约为体重的2%）流失，当运动员在缺水的状态下运动时，将对成绩产生负面影响。

■ 已经发现含有钠（100～200 mg/240 mL）和碳水化合物（4%～8%碳水化合物溶液）的运动饮料可促进快速吸收，维持血容量，维持汗水排出率，并为大脑和肌肉提供能量，以最大限度地减少水合作用不足的影响。

■ 运动员应找到适当配制的运动饮料，该饮料在运动时会保持良好的口感，并愿意摄入足够的运动饮料以最大限度地减少运动中的体重减轻。

■ 运动员应习惯运动饮料以确保胃排空，胃排空受液体量、渗透压、pH、碳水化合物类型和浓度、运动强度、液体温度、环境条件和运动员缺水程度的影响。

■ 以充分水合的状态进入体育活动很重要，因为在激烈的运动中很难在运动时改善水合状态，因为最大出汗率高于对液体的最大吸收率。

■ 运动结束后，运动员应继续喝水以补充运动中未更换的水分，以尽快恢复到水分充足的状态。运动员应注意不要过度补充水分，因为存在低钠血症的风险。

■ 运动员应该根据他们的适应状态、运动强度和持续时间、汗液流失和肠胃耐受性来为自己找到一个适合个人需要的补充能量和补水计划。他们应该在运动前、运动中、运动后找到合适的运动饮料，并确信适当的补水策略对运动表现和恢复至关重要[146]。

■ 运动前，运动员应努力通过在运动前2～4 h内消耗相当于5～10 mL/kg体重（约2～4 mL/lb）的水分来实现水合作用，以达到尿液呈淡黄色，并留有足够的时间使多余的消耗液排空。

■ 在运动中，运动员应该喝大量的水以弥补液体的损失，并将总的体液损失量限制在不超过体重的2%。不同的运动、不同的排汗率和不同的环境条件要求运动员找到适合自己的补水策略。

运动结束后，运动员通常会出现体液不足的情况，要求他们制定适当的策略以在恢复期内达到水合作用。这通常包括水和钠的消耗速率，并尽量减少利尿水平。

实践应用

1. 在开始运动之前测量体重。

2. 测量在运动中消耗了多少水分（以oz为单位）。

3. 完成运动后立即测量体重（先干燥）。

4. 重量差是您应该摄入但没有摄入的水分。（如果体重差异超过2%，您可能不会从锻炼中获得尽可能多的收益。）

本章问题

1. 平均而言，运动活跃的成年人的身体由大约________的水重组成

   a. 20.0%　　b. 30.5%

   c. 60.0%　　d. 80.0%

2. 总体液中最大的部分是在

   a. ISF　　b. 血浆

   c. ECF　　d. ICF

3. ISF指的是

   a. 心肌中及其周围的液体

   b. 主要由阴离子而不是阳离子组成的流体

   c. 细胞周围的液体，但不是细胞或血浆的一部分

   d. 毛细血管中的液体滋养周围（脚趾、手指、眼睛等）

4. ECF中的主要的阳离子是

   a. 钙　　b. 氯化物

   c. 钾盐　　d. 钠

5. ICF中的主阳离子是

   a. 钙　　b. 氯化物

   c. 钾盐　　d. 钠

6. ICF的渗透压高于ECF的渗透压，那么血液的渗透压是多少？

   a. 与ICF等渗　　b. 对ICF低渗

   c. 对ICF高渗　　d. ECF高渗

7. 大量出汗的运动员，特别是如果他或她对环境适应良好，很可能会经历以下血液渗透压的变化：

   a. 渗透压增加

   b. 渗透压降低

   c. 渗透压不变

   d. 渗透压变化是不可预测的

8. 运动员剧烈运动时最大的失水来自

   a. 肾脏（尿液）　　b. 肺（空气）

   c. 胃肠道（粪便）　　d. 皮肤（汗）

9. 在运动员中，“口渴”的感觉是一个完美的指标，表明这是摄入水分的好时机

   a. 对　　b. 错

10. 以下是汗液中浓度最高的物质？

    a. 乳酸盐　　b. 钙

    c. 镁　　d. 钠

章节问题答案

1. c; 2. d; 3. c; 4. d; 5. c; 6. b; 7. a; 8. d; 9. b; 10. d

（刘　猛　译）

参考文献二维码

第 8 章

运动员的体重管理与身体成分

本章目标

- 识别身体组成的不同成分，以及这些成分是如何随着健康水平发生变化的。
- 评估可用于评价身体成分的不同策略、每种方法的使用原则，以及每种方法的准确性。
- 描述影响体重和身体成分的激素，以及影响这些激素的饮食因素。
- 了解与肥胖相关的健康风险，以及最有可能降低身体脂肪水平的锻炼和饮食策略。
- 认识到与运动员饮食失调发展相关的常见风险，以及如何在危险运动中最好地降低这些风险。
- 评价为什么体重不是衡量运动员和非运动员的健康风险和表现潜力的好标准。
- 描述胰岛素的产生如何受到多种饮食因素的影响，包括但不限于糖的摄入。
- 了解使用体重指数（body mass index，BMI）作为评估运动员个体标准的局限性。
- 解释女性运动员三联征，以及这一概念如何适用于运动中相对能量缺乏（relative energy deficiency in sport，RED−S）这一更大的组织框架。

案例研究

想象一下，一位奥运选手在游泳队最优秀的人后面，而这个人愿意做任何事情来站在那个位置。每个人的体质都是遗传的，而这个强大的人显然继承了母体的所有品质（包括好的和坏的）。她个子矮小，身材像个“碉堡”。然而，当她游完时，没有人比她更值得一看：有力的划水、完美的转身、强有力的开始、火箭式的冲刺——这些都是使她成为优秀运动员之一的因素。尽管她在国内和国际比赛中取得了胜利，但她仍被认为不是全国最好的运动员，没有什么比这一点更折磨人了。为了提高成绩，她花了更多的时间练习，更加注意自己的饮食，并开始向她的教练讨教如何提高每一个动作，即使效果微乎其微。

她变得对自己很不满意，以至于对自己的外表吹毛求疵。她经常感叹“要是我瘦一点就好了”“要是我脂肪少一点就好了”。但是她的身体脂肪含量只有10%，很难想象减少脂肪会带来竞争力的改善。然而，她开始认为自己很胖，于是采取了她能想到的唯一行动——节食，来使自己不那么胖。

在对游泳国家队的运动员进行定期评估时，能注意到除了上述的这个运动员，其他游泳运动员都穿着运动短裤和T恤舒适地走来走去。她穿着两件长袖运动衫、一条运动裤和一件夹克，但仍然在发抖。很明显，所有的运动医务人员都发现了这个问题，所以进行了身体成分评估来记录这些变化。正如人们所怀疑的那样，她不仅减轻了体重，而且从她的无脂肪组织（肌肉）中减去的体重比从脂肪组织中减去的还要多，所以她比以前更无力。她的教练对她无法进行训练表示担忧。她的起步很晚，且朝着不好的方向变化，她的冲刺不再有效。作为她成功的核心的所有力量和技能都消失了。她的教练准备增加她的训练计划（尽管她在游泳池和健身房里待的时间已经比任何人都多），因为他看不出她在状态不佳的情况下如何参加下一个大赛。

当她的饮食被重新观察时，很明显她是在试图掩盖她的饮食失调。她不可能吃掉她所报告的东西并且体重减轻得如此之多。他们决定，为了让她重返团队，她必须提供一份精神科医生的证明，这名医生需要接受过治疗饮食失调症的训练，证明中需明确表示如果她继续参加游泳比赛不会使她面临饮食失调的风险。换句话说，如果她想回来，她必须改变她正在做的事情，并且她必须说服一个合适的医学专家，如果她回来游泳，这种改变不会半途而废。

幸运的是，这个故事有一个圆满的结局。她做到了，她回到家，去做心理咨询，了解自己需要做什么，接受了自己的体型，吃得更好，训练得更聪明，从医生那里得到了"好"的肯定，最终成了明星。

案例研究（问题探讨）

如果你与那些认为只要达到一定的体重就会使成绩更好的竞技运动员一起工作，而且得知他们试图达到理想体重的方式是通过限制饮食：

(1) 你会告诉他们什么？
(2) 你会和团队中的其他人（教练、营养师、运动生理学家等）讨论这个问题还是独自处理？
(3) 你是否知道有关与运动员谈论体重的适当性的策略？
(4) 如果你认为一个运动员患有饮食失调症，你会怎么帮助这个运动员？
(5) 运动医学团队中谁有资格治疗心理障碍？

一、引言

体育活动和营养之间有明显的相互作用，体育活动中消耗的能量越多，对能量的需求就越大。尽管有这种与运动相关的需求，但通过对运动人群的食物和液体摄入量进行评估的调查发现，往往无法满足增加的能量需求[22,66,69]。更糟糕的是，经常锻炼的人往往在最需要的时候才补充能量（称为后负荷），会对运动表现产生负面影响，还会导致不必要的**身体成分**变化[29,135]。

身体成分

代表组成人体的主要组织，包括脂肪质量、去脂肪质量、水和骨骼。评估不同的身体成分使用不同的评估模型，二成分法模型评估脂肪**质量**和去脂肪质量是最常见的，四成分法模型评估脂肪质量、去脂肪质量、水质量和骨骼质量是最准确的。评估策略包括精确且昂贵的DXA、生物电阻抗法（bioelectric impedance analysis，BIA）和空气置换体积描记法，也包括较精确但便宜的皮褶、BMI和腰围评估法。

质量

科学文献中常用的表示重量的词。体脂肪的重量等于体脂肪的质量等。

需要考虑的重要因素

就像人类一样，汽车的燃料储存是有限的。对于汽车来说，油箱永远不会空，也永远不会满。油箱空空就会使汽车停下来。如果你试着给汽车油箱加满油，燃料是会溢出的，但是对于人类来说加满油会有更多的燃料储存（即脂肪量的增加）。

现在想象一下，你想开车从纽约到旧金山，但你很着急，不想每隔350 miles就停下来加油，因此你跟你的汽车说："请带我去旧金山，我保证一到旧金山我就会给你旅途所需的所有燃料。"每个人都应该明白，这种事后加载的策略对你的车没用——对那些经常运动的人也没用。

对人类来说，一个明显的问题是血糖下降，这在体育活动中经常很快就会发生。血糖是大脑的主要燃料，所以当血糖下降了，大脑会增加皮质醇的分泌，皮质醇会分解肌肉，将其转化为糖。血糖得到改善，但代价是失去肌肉。

能量摄入不足会给运动员带来多种问题，包括：

- 训练效果不佳；
- 维持去脂肪（即瘦）体重的困难；
- 代谢率降低；
- 增加正常饮食的困难，导致能量和营养摄入更加减少，这可能导致饮食紊乱和（或）饮食失调症的风险增加；
- 受伤风险的增加；
- 运动表现的下降。

对于运动员来说，消耗过多的能量也会导致多种问题，包括：

- 更高的体质量；
- 更高的总体脂量；
- 总体脂量与瘦体重的不健康比率；
- 心功能不全；
- **2型糖尿病**的风险更高；
- 高血压的风险更高；
- 降低疾病的抵抗力；
- 饮食相关的改变导致降低能量能耗；
- 饮食紊乱和（或）饮食失调症的风险增加；
- 受伤风险的增加；
- 运动表现的下降。

2型糖尿病

与肥胖相关，2型糖尿病是一种胰岛素分泌过多但胰岛素无效的状态（即胰岛素耐受性）。**代谢综合征**和2型糖尿病的危险因素是相关的[10]。

代谢综合征

列出一组增加罹患心脏病、糖尿病和脑卒中风险的因素。因素包括高腹部肥胖，高血清甘油三酯水平，低高密度脂蛋白胆固醇和高空腹血糖。

为什么运动员不能满足总能量需求，有几种可能的原因，包括不了解摄入什么食物和饮料最合适；运动前、中、后的食物和饮料供应不足；延续不良饮食习惯的专业运动传统；运动员倾向模仿那些在运动中表现出色的人，即使他们的饮食行为不是最佳的[12]。许多运动员也有一定程度的饮食焦虑，他们担心食用与运动相适应的食物和饮料会增加身体脂肪和体重，这些食物和饮料通常含有糖分[62,84,154]。吃什么和喝什么可能会混淆，因为术语经常被误用。例如，高体脂并不意味着高体重，体脂少的瘦并不等同于瘦得单薄，如果**去脂肪质量**更多可以提高重量比，那么更高的体重可能是可取的[12]（图8.1）。

如果一名运动员的体重主要来自肌肉而不是脂肪，那么坚持让他减掉5 lb的教练可能会对他的表现结果感到失望。增重5 lb、减重5 lb的运动员的体重是相同的，但肌肉比例越大，力量重量比越高，运动员的表现就越好。这个更瘦的运动员也会显得更小（在某些竞技项目中有明显的优势）因为**瘦体重质量**的密度比**脂肪质量**高（即对于相同的重量，占用更少的空间），而且可能有更好的耐力，因

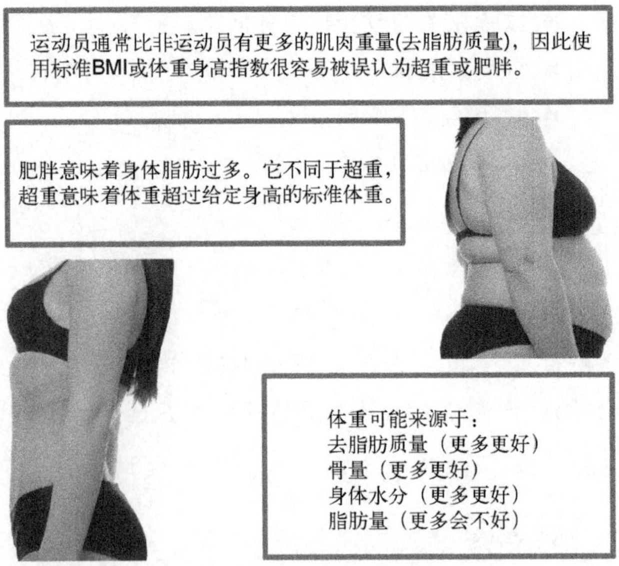

图8.1 肥胖不同于超重

为需要移动的非肌肉组织更少。简单地说，许多身体活跃的人不能最有效地消耗能量，这可能是使用不恰当的度量标准——体重，作为表现状态的唯一衡量标准。这也可能是由于对能量热力学的误解，即与能源利用相关的因素，因为它与人类有关。因此，正确地测量和预测身体成分对于帮助运动员取得理想的成绩至关重要，特别是在运动员的审美和技术都受到评判的体育运动中（即跳水、体操、花样滑冰）和在以体重分类的运动中（即摔跤、拳击）[1]。进行身体成分评估需要综合考虑多种相关因素，包括[57]以下因素。

- 考虑被评估的个人或团体的适当参考模式；
- 确定要使用得适当的现场或实验室方法，这些方法将以微创、有效和可靠的方式提供所需的信息；
- 了解研究结果对健康的潜在影响，包括身体脂肪总量和脂肪分布；
- 决定如何最好地改善肌肉组织和（或）身体脂肪。

意识到不同的人对任何针对身体结构改变的干预会有不同的反应。

去脂肪质量

非脂肪的身体组织，包括非脂质体重，骨量和身体水分。

瘦体重质量

瘦体重质量代表非脂质组织，包括骨骼肌和器官质量，不包括骨量和脂肪量。

脂肪质量

人体脂肪的总重量。例如，如果一个人体重100 lb，而30 lb是脂肪，体重的30%是脂肪（身体脂肪百分比），70 lb（70%）是无脂肪重量（去脂肪质量）。

二、体重管理

需要考虑的重要因素

在保持身体去脂肪质量的同时，减脂的策略不同于减重的策略。在减重的同时，也有可能减少了瘦体重质量而增加了脂肪质量。合理的关注点应该是：

- 避免可能降低瘦体重质量的建议。
- 避免可能增加脂肪质量的建议。

毫无疑问，体重对运动员来说是一个很重要的问题，因为它影响到运动员完成特定运动技能的难度[54]。然而，体重的测量本身可能会对运动员是否处于理想状态产生误导（表8.1）。运动员可能会为了提高成绩而增加训练的时间和（或）强度，然后不恰当地依赖体重的变化作为成功的标志。想象一下，一个足球运动员来到训练营时，他的体重比教练平时看到的要高得多。很有可能运动员在停赛期间为了增加肌肉量而努力训练，而体重的增加是肌肉增加的结果。那么教练告诉那个运动员他必须减肥是错误的吗？

体操运动员通常在青春期达到竞技巅峰，在这个时期，快速成长是正常的生理预期。尽管有这样的增长预期，体操运动员有时每周称一次体重，以确保他们保持目前的体重。理想情况下，重点应该放在有助于提高力量体重比的训练和营养计划上，这涉及改

表8.1 体重和身体成分的“事实”

序号	内容
事实1	人类是非常有效的脂肪制造机器。从食物和饮料中摄入过多的能量会使你发胖。从食物和饮料中摄取的能量太少,体重会下降——从脂肪组织到肌肉,且在许多情况下,能量摄入不足会导致体内脂肪水平升高[29,37,39]
事实2	人类总是在寻找提高能量效率的方法。多运动,我们最终会找到一种消耗更少能量来做这项运动的方法[8,9,21,39,109]
事实3	对运动员来说,“体重”是一个错误的衡量标准,但它几乎被广泛使用。这都是关于脂肪质量和去脂肪质量的比例[73,111,145]
事实4	身体脂肪的位置和分布也很重要。例如,中央内脏脂肪沉积与较高的疾病风险相关,如代谢综合征[101,107,125]
事实5	低热量饮食注定要失败。适应性生热导致同样重量的低能量摄入,但由此产生的体重具有相对较高的脂肪量[14.39.120]
事实6	除了吃精制碳水化合物(即糖分)外,还有很多方法可以增加胰岛素和制造更多脂肪,包括让自己真正感到饥饿和(或)吃大餐[5,66,72,74,88,141,155]
事实7	身体对能量摄入不足的反应是降低体重(质量),包括降低需要更多能量的组织的数量,导致去脂肪质量比脂肪质量损失更大[36,37,107]
事实8	3 500 cal的能量平衡不足并不会导致1 lb的体重下降。这是因为有许多复杂的适应因素影响着能量平衡和身体成分。虽然弹式热量计的3 500 cal的潜在能量等于1 lb的身体脂肪,但人类不是弹式热量计[64]
事实9	通常所说的热量输入与输出模式并不像通常应用的24 h单位。人类有一个生理/内分泌系统,可以“实时”对多种因素做出反应,包括血糖、压力、能量利用率和环境[64,96]

善去脂肪质量体重比,并可能涉及通过增加去脂肪质量来增加体重。这些例子说明了体重是如何被任意和错误地使用的。追踪体重(脂肪、骨骼、肌肉、水等)的组成成分要合乎逻辑得多,而且为运动员提供了更多可操作的信息,让他们知道自己的身体是否在朝着理想的方向变化。重要的是,减肥的策略不同于在保持或增加肌肉的同时减少脂肪的策略。

(一)理想体重

理想体重被认为是一种与健康相关的体重,主要基于身高,并根据性别、年龄、体型和肌肉力量进行调整。在任何给定的身高下,运动员通常比非运动员拥有更大的肌肉质量,因此,使用运动员的理想体重标准往往会把他们错误地归为高危类别,因为就他们的身高而言,他们似乎太重了。确定理想体重的标准策略应用于运动员时应谨慎,不应成为确定运动员体重是否适宜的标准。

因此,虽然不适合运动员,下面的方程提供给读者,以了解用于确定理想体重的策略。有几个常用的预测方程来估计理想体重。然而,与非运动员相比,这些公式不适用于运动员,运动员对体重/身高的比率相更高。常用的理想体重预测公式(方框8.1)包括Devine公式[31]、Robinson公式[132]和Miller公式[105]。

(二)BMI

BMI也被称为Quetelet's指数,是体重与身高的比率,也是划分人口/群体体重的有用工具(表8.2)。然而,它不太适用于运动员。BMI虽然提供了相对于身高的身体质量(体重)的测量方法,却无法测量作为**肥胖**标志的个体的脂肪量。运动员通常在任何特定的身高下都有更多的肌肉,由于这种身体密度的相对增加,按BMI标准来看,他们可能会显得超重或肥胖,但也可能不会超重或肥胖。

在运动员身上使用BMI可能会产生错误信息。也就是说,一个身材高大、体格健壮的人可能有BMI > 30,但身体脂肪含量低,因此不属于肥胖。根据BMI,运动员常常被错误地归类为肥胖[41]。它也会造成假阴性的错误。也就是说,一个瘦小的人的BMI可能在20左右,但他的去脂肪质量相对较低,体脂较高,所以他属于肥胖[111]。为了说明这一点,已经发现BMI不能判定超过四分之一的身体脂

方框8.1 常用公式预测“理想”体重

Devine公式

男性：理想体重(kg)=50+2.3×[身高(cm)/2.56−60]

女性：理想体重(kg)=45.5+2.3×[身高(cm)/2.56−60]

Robinson公式

男性：理想体重(kg)=52+1.9×[身高(cm)/2.56−60]

女性：理想体重(kg)=49+1.7×[身高(cm)/2.56−60]

Miller公式

男性：理想体重(kg)=56.2+1.41×[身高(cm)/2.56−60]

女性：理想体重(kg)=53.1+1.36×[身高(cm)/2.56−60]

资料来源：Pai MP. The origin of the “Ideal” body weight equations. Ann Pharmacother. 2000;34(9):1066–1069, reprinted by permission of SAGE Publications, Inc.

表8.2 BMI类别

类别	BMI类别(kg/m^2)	出现健康问题的风险
体重过轻	＜18.5	增长
正常体重	18.5～24.9	最小
体重过重	25.0～29.9	增长
Ⅰ级肥胖	30.0～34.9	高
Ⅱ级肥胖	35.0～39.9	很高
Ⅲ级肥胖	≥40.0	极高

BMI=体重(kg)/[身高(m)]^2。

资料来源：National Institutes of Health, National Heart, Lung, and Blood Institute. Clinical guidelines on the identification, evaluation, and treatmentof overweight and obesity in adults: the evidence report. Obes Res. 1998; 6 (Suppl 2): S51−210.

肪水平过高的儿童为肥胖[73]。

BMI的最佳策略是将其作为描述人群肥胖和与健康问题相关的体重类别的指标，而不是作为识别个体肥胖或体重类别的手段。

(三) 周长

尽管内脏脂肪(腹部脂肪、躯干脂肪、器官周围脂肪)和心脏代谢风险之间的关系已经确立，传统的肥胖风险评估方法(BMI)无法直接估算**内脏脂肪**。越来越多的证据表明，测量**腰围**是预测健康风险的有效方法，包括高血压、高血脂、2型糖尿病和心血管疾病。测量较低的心脏代谢风险的一个标准是腰围小于你身高的一半[6]。腰臀比也是一种估计儿童和成人体内多余脂肪是否储存在腹部的方法。臀部最宽的部分用于臀围，腰围取于髋骨之上。无论男性还是女性，腰围都应该比臀围小。男性的高危人群腰臀比＞1.0，女性的高危人群腰臀比＞0.85[146]。

BMI

BMI，也被称为Quetelet's指数，是一种预测人口肥胖的方法。它表示一个人的质量(kg)，除以身高(米的平方)(kg/m^2)。BMI分类包括肥胖(＞30)、体重过重(25～29.9)、正常体重(18.5～24.9)和体重过轻(＜18.5)。尽管它经常被用作个体肥胖的评估，但它也会产生误报(在美国，身体脂肪水平高的人似乎是肥胖的，但这并不是因为额外的体重来自高肌肉质量，而是来自高脂肪质量)和假阳性的错误(有些人看起来不胖，这是因为虽然他们的体重很轻，但很大一部分体重是脂肪)。BMI不适合用在运动员身上作为衡量健康/肥胖的标准。

肥胖

身体脂肪的积累超过了维持健康的阈值，并与心脏病、2型糖尿病、癌症、骨关节炎和睡眠呼吸暂停的高风险相关。增生性肥胖是由于脂肪细胞产生过多而导致的肥胖，通常与生长阶段(如青春期)产生的过多脂肪细胞有关。增生性肥胖是儿童肥胖的危险之一，因为降低脂肪细胞数量很难降低肥胖风险。肥大性肥胖是指由于现有脂肪细胞过度增大而导致的肥胖，是成人发病的最常见的肥胖形式。

内脏脂肪

器官(即内脏)周围的脂肪组织。这些脂肪保护器官免受突然的震荡，也保护器官免受温度突然的变化。也被称为腹部脂肪，内脏脂肪含量高与2型糖尿病、胰岛素阻抗和包括癌症在内的炎性疾病的高风险相关。

腰围

作为衡量躯干性肥胖(躯干上的高脂肪)的标准，腰部周长(也被称为腰围)已被证明是衡量肥胖相关健康风险的良好指标。

(四) 人体测量比例

特别是在儿童中，身高、体重和年龄的人体测量比用于评估和预测营养不良和(或)发育停滞。人体测量比例也被用来鉴别在特定运动项目中具有良好特征的年轻运动员[2]。随着越来越多的儿童参与到高水平的体育运动中，一些简单的测量方法可以确定孩子是否满足能量/营养的需求，这是很重要的。

1. 体重/年龄

这是评估儿童营养不良最广泛使用的方法。简而言之，这个比例旨在评估孩子的体重是否与他们的年龄相适应。体重/年龄低的儿童可能营养不良和(或)有疾病。

2. 身高/年龄

身高是一个比体重更稳定的生长参数，因为身高是不可逆的，而体重可以上升或下降。身高发育迟缓，需要较长时间的饮食不足，而要使身高在一段时期的营养不良后恢复正常，则需要相当长的时间。因此，身高/年龄不被认为是儿童目前营养状况的指标，而可能是评估慢性营养不良或长期疾病的一种方法。

3. 体重/身高

体重变化很快，而身高相对稳定。因此，这一比例是衡量儿童目前营养状况的指标，而体重/身高低则是急性、短期、当前营养不良的指标。

4. 体重/身高/年龄

在正常生长发育的每个年龄阶段，一定的体重与特定的身高相关。使用标准生长图表，相对容易确定一个年轻运动员是否偏离了他们在标准生长图表中建立的百分位数。例如，一个年轻运动员从百分位数迅速接近到另一个较低或较高的百分位数，这可能是能量失衡和(或)疾病的迹象。

三、身体成分

改变体重和身体成分并不像人们通常认为的那样简单。人们通常认为，限制能量摄入(节食)是一种令人不愉快但有效的减重和改善身体结构的策略(表8.3)。节食背后的普遍逻辑是，热量摄入与个人体重成比例，因此能量摄入减少25%，体重就会减少25%。然而，现实情况是，减重后的能量消耗低于预期的减重量[64,96,129,135]。这意味着能量消耗对摄入不足的调整要大于数学上的期望值，因为代谢量(如瘦体重质量)的减少高于预期，这将导致体重恢复到原来的水平，但能量摄入会降低。简而言之，相对于能量平衡所需的能量而言，低能量摄入会导致去脂肪质量的减少，从而迫使更大程度地减少能量消耗来维持体重。身体对能量摄入不足的反应是减少高度代谢活跃的组织，比如消耗能量的肌肉。这是一个完全符合逻辑的生存策略，因为身体试图通过降低能量需求来应对能量消耗不足的情况。因为

表8.3 与体重和身体成分有关的一般性术语

术 语	定 义
静态(线性)能量平衡[a]	假设能量平衡方程(如能量摄入)一侧的变化不会改变或影响方程的另一侧(如能量消耗)
动态(非线性)能量平衡[a]	假设许多生物和行为因素调节和影响能量平衡方程的两边。因此,等式一边的因素(如能量摄入)变化能够也确实影响等式另一边的因素(如能量消耗)
膳食能量密度	按重量计算的食物的能量含量(kcal/g或kJ/g)
食物的热效应	能量需要以脂肪或糖原的形式消化、代谢或储存能量。
能通量[b]	能量转换率从食物吸收到身体组织用于新陈代谢或转换为能量储存的比率。
PA[c]	体力运动。增强健康的身体运动,如散步、跳舞、骑自行车和瑜伽
运动[c]	PA是有计划的,有结构的,重复性的,并以改善健康或健身为目标而执行的
健康体适能[c]	关注于减少慢性疾病的风险的心肺或肌肉适能
中度到高强度PA[c]	中度PA是一种类似于以3.0英里/小时的速度步行的运动强度,而高强度的PA是一种相当于跑10分钟英里的运动强度
负重PA[d]	比如散步、慢跑、跑步、远足、跳舞、爬楼梯、举重、跳跃、打网球、篮球或足球等体力运动
身体成分[e]	骨骼、肌肉和身体其他组织中的脂肪和去脂肪质量(矿物质、蛋白质和水)的百分比或数量
补偿行为[f]	通过饮食部分或全部补偿运动消耗的能量(如通过增加能量摄入来补充运动过程中消耗的能量),从而抵消了由于PA增加而导致的体重下降。降低PA也可能是一种补偿性行为

a: Definition from Manore; b: Hand et al.; c: 2008 Physical Activity Guidelines for Americans; d: Surgeon General Report—Bone and Osteoporosis; e: Ackerland et al.; f: Stensel.

资料来源:Manore MM, Larson-Meyer DE, Lindsay AR, Hongu N, and Houtkooper L. Dynamic energy balance: An integrated framework for discussing diet and physical activity in obesity prevention — is it more than eating less and exercising more? Nutrients 2017; 9(905): doi: 10.3390/nu9080905.

食物不仅仅是能量的载体,减少食物摄入也会减少维生素和矿物质的摄入,增加营养不良和相关疾病的风险。

从逻辑上说,能量摄入增加25%,体重也会相应增加。事实上,当人们因过度进食而导致体重增加时,至少在最初阶段,体重增加的量与过度进食的量成正比[32,49,76,88,131]。这些研究有力地表明,我们在能量不足的时期拥有帮助我们保持体重的自我平衡机制,这可能是一种帮助人类在饥荒时期生存的物种生存机制。我们也能在能量过剩的时候有效地储存能量(脂肪)。这也可能是一种生存机制,当我们足够幸运有多余的食物时,我们能够储存能量。

越来越清楚的是,肥胖的发展是复杂的,与许多因素相关[115]。

- 能量平衡维持不好。
- 体育锻炼不足。
- 生活在一个不能支持健康生活方式的环境中,包括:
  - 安全的散步场所;
  - 价格实惠的健身房;
  - 详尽的工作安排;
  - 过大的食物分配;
  - 难以获得过于昂贵的健康食品,包括新鲜水果和蔬菜;
  - 长期的食品广告,鼓励高热量和(或)高糖食品的消费。
- 疾病状态,包括导致低能量代谢的情况(如甲状腺功能减退)或代谢物的损失(如高皮质醇产生)。
- 使用刺激体重增加的药物,包括皮质类固醇和抗抑郁药。
- 情绪因素(如无聊、生气)可能导致暴饮暴食。
- 与年龄有关的肌肉萎缩。
- 不良的睡眠模式。

(一) 能量平衡

由于主要的能量平衡过剩和能量平衡不足似乎会激活体内平衡机制，因此，要想在体重和身体结构上做出理想的改变，一个可能的方法就是避免主要的能量平衡转移。运动应该是任何想要的身体成分改变的核心，增加去脂肪质量，减少脂肪质量。但是，如果一天的能量平衡赤字和能量平衡盈余在任何时候都不会太大，那么这种改变可能更容易实现。有人提出，当能量平衡保持在 ±300～400 kcal时，理想的身体成分更容易实现[11-13,25,29]。研究还发现，在24 h内能量供应和能量平衡相似的女性运动员中，那些处于分解代谢状态的时间更长的人更有可能出现月经功能障碍[45]。进食频率可能在维持能量平衡方面发挥作用[29,72]。由于标准的一日三餐的安排迫使运动员每顿饭都要摄入大量的食物来获得所需的能量，这种模式可能并不适合需要大量能量的运动员[12,13,29,72]。例如，在一天中以一种更频繁的动态匹配消耗的模式保持接近能量平衡的状态要容易得多。

保持能量平衡很困难，因为它很复杂。天平一侧的能量包括与能量摄入相关的所有因素，包括食物分量(即食物的热量负荷)、进食频率、饮食质量，以及影响食物总吸收和吸收速度的因素。这个等式之外的能量包括个体的新陈代谢、饮食质量、体力活动和进食频率。此外，食物的热效应(即从食物中获取能量所必须投入的能量)也可能受到能量输出因素的影响。虽然对总能量输出的影响似乎很小，但食物的平均热效应(平均约占总热量消耗的10%)可以更高或更低(±2%)，这取决于饮食质量、活动和进食频率(图8.2)。有证据表明，吃得越频繁，食物的热效应就会增加(即从食物获取能量的过程中消耗了更多的能量)，而不是在更少的进食机会中摄入相同的能量[46,59,149]。此外，影响食欲、饱足感和代谢率的许多激素和化学物质也会影响能量平衡[68]。

两种常见的能量平衡反馈系统包括瘦素和胃饥饿素。作为这些能量平衡反馈机制的一个例子，即这些机制在理想的情况下可以维持身体组织在一个

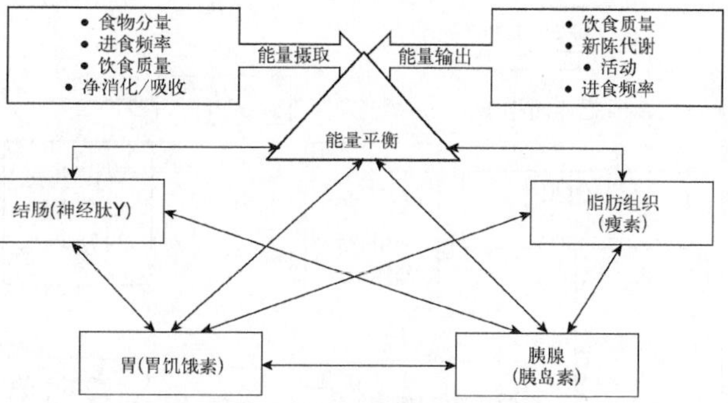

图8.2　能量平衡是复杂的

资料来源：Hall KD, Heymsfield SB, Kemnitz JW, Klein S, Schoeller DA, Speakman JR. Energy balance and its components: implications for body weight regulation. Am J Clin Nutr. 2012; 95(4): 989–994; Loh K, Herzog H, Shi YC. Regulation of energy homeostasis by the NPY system. Trends Endocrinol Metab. 2015; 26(3): 125–135; Guyenet SJ, Schwartz MW. Regulation of food intake, energy balance, and body fat mass: implications for the pathogenesis and treatment of obesity. J Clin Endocrinol Metab. 2012; 97(3): 745–755.

健康的状态(图8.3)。这些激素的作用恰恰相反，**瘦素**减少食物摄入量，**胃饥饿素**增加食物摄入量。毫不奇怪，瘦素敏感性和(或)生产能力的受损与肥胖有关，而胃饥饿素生产过剩也与肥胖有关[133,160]。

瘦素

它是一种饱足激素，主要由脂肪细胞产生，以抑制脂肪细胞体积增大时的饥饿感。具有降低食物摄入量，增加能量消耗，增加脂肪分解代谢，降低血糖，降低体脂质量的作用。瘦素分泌不足与肥胖增加有关。胃饥饿素和瘦素有相反的功能。

胃饥饿素

食欲刺激激素，主要在小肠产生，随空腹和(或)低血糖增加。具有增加食物摄入量，降低能量消耗，降低脂肪分解代谢，提高血糖，增加体脂量的作用。瘦素和胃饥饿素有着相反的功能。

1. 能量平衡的传统观点

能量平衡的传统观点涉及人类系统的宏观经济学(即日常)的观点：24 h内的能量摄入等于24 h内的能量消耗，导致完美的能量平衡，这种状态与体重稳定有关(图8.4)。

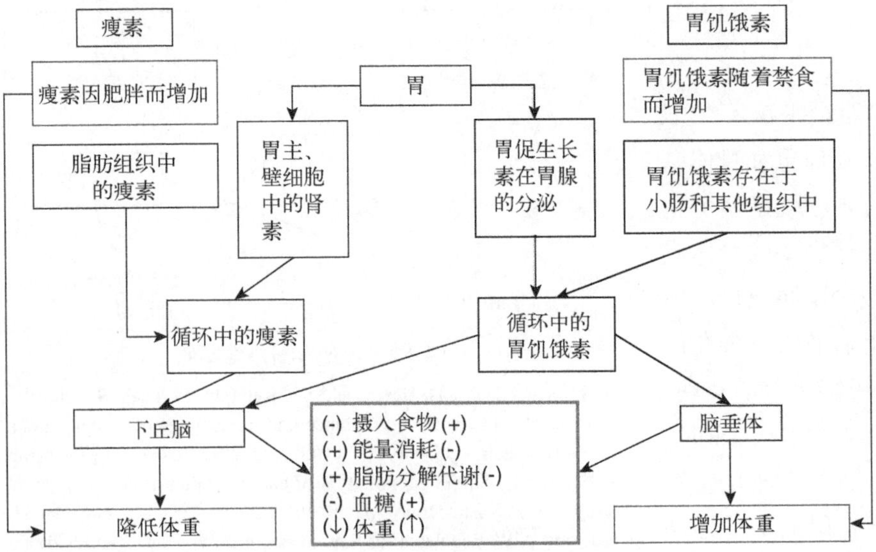

图8.3 瘦素和胃饥饿素的能量平衡反馈机制。瘦素和胃饥饿素对体重有截然不同的影响

资料来源：Klok MD, Jakobsdottir S, Drent ML. The role of leptin and ghrelin in the regulation of food intake and body weight in humans. Obes Rev. 2007; 8(1): 21−34; Shintani M, Ogawa Y, Ebihara K, et al. Ghrelin, and endogenous growth hormone secretagogue, is a novel orexigenic peptide that antagonizes leptin action through the activation of hypothalamic neuropeptide Y/Y1 receptor pathway. Diabetes. 2001; 50(2): 227−232.

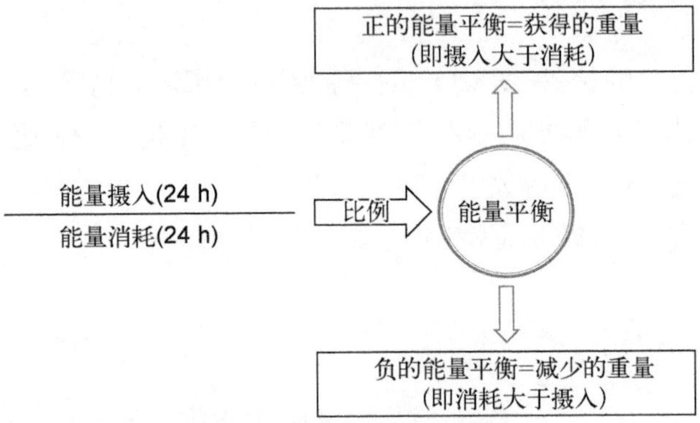

图8.4 能量平衡的传统观念

这也可理解为正的能量平衡（即摄入的能量相对大于消耗的能量）要求储存过剩的能量，这将导致体重的增长。同样，负的能量平衡（即摄入的能量相对少于消耗的能量）要求能量差必须由身体组织提供，这导致体重的减少[96,102]。这种关于能量平衡的传统观点意味着，能量摄入的显著减少（通常被称为节食）会导致体重下降，而这与身体状况和身体成分的改善有关。然而，在确定能量平衡方面存在一些复杂性，使得很难得知预期的能量平衡结果是否会发生。这些问题包含以下方面[63,64,97,129]。

■ 很少有纵向研究能帮助我们完全理解能量平衡偏差对身体成分和体重的长期影响。

■ 生理和心理因素都会影响能量平衡，但很少同时研究这两个因素以更好地了解它们的相互作用。

■ 我们对不同的运动在数量、强度、模式、时间、耐力和阻力方面的不同可能会对能量平衡、身体成分和体重产生不同影响的理解仍然存在不足。

■ 在能量平衡的变化如何影响体重和身体成分的方面，存在着很大的个体差异，这使得我们很难确切地知道，不同的个体如何对一种被认为对群体普遍有效的治疗方案做出反应。

■ 当前获取能量摄入和能量消耗信息的策略存在大量的误差。

1 cal未必是成比例的不同宏量营养素摄入量的1 cal，因为宏量营养素的组成可能影响体脂和体蛋白质量。能量平衡的传统观点应该立即引起关注，因为人类内分泌系统不会等到一天结束时才决定过去24 h提供的能量是否以满足组织需求的方式提供。内分泌系统是实时工作的，**胰岛素**、胃饥饿素、瘦素和皮质醇的反应是基于当前的能量平衡状态[64,129]。

胰岛素

一种由胰腺的β细胞产生的激素，用来监测血糖。当血糖升高时，胰腺会检测到它，并产生胰岛素。胰岛素允许身体组织吸收糖分，从而降低血糖，为细胞提供重要的能量来源。血糖突然升高会导致胰岛素分泌过剩（高胰岛素血症），导致过多的能量离开血液进入细胞。高胰岛素血症与肥胖有关，也可能发生于食用高热量食物和（或）血糖过低后食用的食物时。

能量不平衡和重量变化之间常用的数学关系是3 500 kcal相当于1 lb身体脂肪(14 644 kJ相当于0.454 kg)。也就是说,负的能量平衡导致3 500 kcal的热量不足,无论时间范围(1天、1周、1个月等)将导致脂肪重量下降1 lb。人们还认为,正的能量平衡导致每3 500 kcal的能量过剩,这会使脂肪重量增加1 lb。然而,越来越多的证据表明,这些预测的能量与体重之比的结果经不起推敲。这一证据表明,任何不能充分满足能量需求的人很可能会恢复到原来的体重,但最终的体重将是较低的去脂肪质量和较高的脂肪量[38,96,135,159](图8.5)。

很明显,运动水平和减肥量之间存在剂量-反应关系。ACSM关于体育活动和减肥的立场声明得出的结论是,每周150 min的体育活动有助于最低程度的减重,运动量越大,减重效果越好[4]。然而,减重本身就具有误导性,因为很难区分是减掉脂肪还是减掉去脂肪质量[64]。另外,由于目前流行的多运动少吃的体重控制策略可能会导致严重的负能量平衡,导致瘦体重比脂肪体重更低,一位著名的肥胖研究人员说:"因此,对于寻求减肥的典型患者仅仅建议其避免高热量食物可能并无效果,就像建议大出血的人避免尖锐的物体"[120]。人们发现,经过锻炼的男性和女性经常能量摄入不足,导致消极的健康后果[68]。体重循环是低热量饮食的一个常见特征,即减肥后体重会恢复。更糟糕的是,严重缺乏能量的饮食者所经历的普通体重循环增加了心血管疾病和肾脏疾病的风险[38]。理想情况下,能量平衡应维持在有助于维持或增加瘦体重质量,同时维持或降低脂肪量的范围内[29](图8.6)。

图8.5　不同密度的脂肪组织和肌肉组织

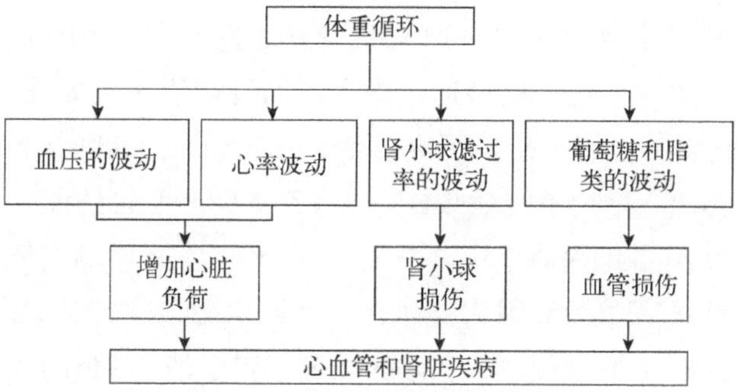

图8.6　与低热量饮食相关的体重循环会增加心血管和肾脏疾病的风险

资料来源:Montani J-P, Schutz Y, Dulloo AG. Dieting and weight cycling as risk factors for cardiometabolic diseases: who is really at risk? Obes Rev. 2015; 16(S1): 7–18.

一篇评估"减肥达人"比赛中新陈代谢适应的文章,也是纽约时报中一篇文章的主题,阐释了那些通过低热量饮食和增加体育活动来减重的人所经历的体重循环问题[51,81]。14名参赛选手平均减掉了128.3 lb(58.3 kg),这与较低的平均静息代谢率显著相关(−610 kcal/d)。6年后,大部分减掉的体重(90.2 lb; 41.0 kg)又增回来了,同时平均静息代谢率显著降低(−704 kcal/d),能量代谢也降低(−499 kcal/d)。这些发现强烈暗示,体重可能是理解饮食成功与否的一个不恰当的标志,因为当身体试图适应能量供应不足时,由于能量供应不足而导致的体重下降似乎会降低代谢质量。这种**适应性生热**似乎使体重增加不可避免,研究表明,大部分的体重恢复是脂肪量[36,37,39]。采用降低脂肪质量同时保持或增加瘦体重质量的策略可能是控制肥胖的更健康的长期策略。

适应性生热

适应性发热指因能量摄入不足而导致的能量消耗的减少低于能量消耗、体重和瘦体重质量所能预测的水平。

传统的能量平衡观念(即能量摄入;能量输出),尽管大多数讨论与体重相关问题的书籍和章节,传统的能量平衡观点属于一个典型理论观点,但这一观点并不正确[63,94]。也有人指出,生活方式的小改变能减肥的想法和每天通过多走路消耗100 kcal热量(如果3 500 kcal相当于消耗1 lb身体脂肪),在5年内可以减50 lb体重的研究是错误的,但实际减掉的体重通常只有10 lb左右[64]。NIH提出的一个在线模型通过纳入新的设定值平台标准,将这一点纳入了研究(http://bwsimulator.niddk.nih.gov)。这个系统发现,坚持每天减少40 kcal的能量摄入,5年内体重应该减轻约20 lb,但实际预测的体重只下降4 lb,因为身体有一个补偿反应,这在标准的能量平衡预测(即3 500 kcal相当于消耗1 lb的身体脂肪)中没有考虑。

2. 激素对能量平衡变化的反应

要考虑发生在人类系统中的荷尔蒙变化是重要的,因为它试图适应能量平衡的广泛变化。胰岛素是血糖的主要调节因子,作用于细胞膜。当胰岛素产生时,胰岛素使血糖进入细胞,使细胞有能量(葡萄糖)进行正常的代谢过程。如果产生了过量的胰岛素,过多的葡萄糖就会离开血液进入细胞。因为细胞没有代谢这些多余能量的设施,细胞从葡萄糖中产生脂肪,并将脂肪作为组织脂肪运送出储存细胞。简单来说,过多的胰岛素产生与更大的脂肪储存有关(身体脂肪增多)。

相对大剂量的精制/简单碳水化合物可能导致高胰岛素血症(过剩的胰岛素生产),与正常的胰岛素生成反应(正常的胰岛素生产)不能抑制促食欲激素胃饥饿素的分泌不同[17,80,132]。胃饥饿素的持续存在会导致持续的食欲和更多的食物摄入,从而产生高正能量平衡,导致更高的体重。没有增加肌肉的刺激(即适当的运动),这些多余的能量消耗会导致体内储存更多的脂肪。然而,需要注意的是,精制/简单碳水化合物对高胰岛素血症的解释可能是不完整的,并有潜在的误导性,因为除了食用高血糖食物外,还有多种原因导致高胰岛素血症(表8.4)。例如,不规律的饮食模式使血糖降至正常水平以下,也可能导致在下一次进食时出现高胰岛素血症反应[16,43]。胰岛素是根据食物的热量指数产生的,因此,吃太多的食物(无论其成分如何)也会导致胰岛素分泌过剩,同时脂肪也会增加,而且,因为与胃饥饿素相关的联系,摄入的总能量和体重更多[24,151]。不管吃什么食物,较高的全身脂肪或较高的腹部脂肪也与高胰岛素血症及其所有后遗症有关[42,126]。虽然精制的高血糖生成的碳水化合物在胰岛素的产生中扮演着特殊的角色,高胰岛素血症还有其他多种原因,它们与常量营养元素的分布无关,如果试图了解能量平衡动态是如何影响体重和身体成分的,这些原因是不容忽视的。

另一个潜在的问题是,使用传统的24 h估算能量平衡时,假设了评估的24 h与往前推24 h的能量平衡数据几乎相同,并无关联。这种评估询问对方往前推最近24 h的能量摄入及支出,但忽略了对方和询问者共处用于询问的时间,假设这个精确的时间点之前和之前的24 h能量平衡状态是相同的。估

表8.4 可能导致胰岛素分泌过剩的因素

因 素	原 因
大量摄入简单的精制碳水化合物和(或)糖	高糖食物的高摄入,包括精制/加工的谷物,含糖饮料和(或)高糖食物,会很快被吸收,引起快速和高胰岛素反应
进食大餐	胰岛素的产生与食物的热量成指数关系。因此,即使总热量摄入是相同的,四顿500 kcal餐的胰岛素净产量也低于2顿1 000 kcal餐的胰岛素净产量
长时间不吃东西会导致低血糖	正常的血糖在80～120 mg/dL,如果允许血糖低于这个水平(一种常见的情况是不吃饭或运动超过30 min,但不饮含碳水化合物的运动饮料),不管成分如何,下一餐都可能导致高胰岛素反应
身体脂肪含量高	脂肪过多的人很可能患有慢性高胰岛素血症,因此避免以上1～3点就更重要了

资料来源:Benardot D. Energy thermodynamics revisited: energy intake strategies for optimizing athlete body composition and performance. Pensar en Movimiento: Revista de Ciencias del Ejercicio y la Salud (J Exerc Sci Health). 2013; 11(2): 1-13.

的时间在能量平衡计算上存在差异(图8.7),而且,人们并不总是在同一时间吃饭。如果在24 h评估期的早期纳入了一顿时间较晚的晚餐,于是同一评估期包含了2顿晚饭,导致24 h的能量平衡出现较大的能量盈余。如果排除两顿晚餐又会使被询问者出现能量平衡赤字。因此,**24 h能量平衡**结论对于同一个人来说是完全不同的,取决于一天中进行评估的时间。

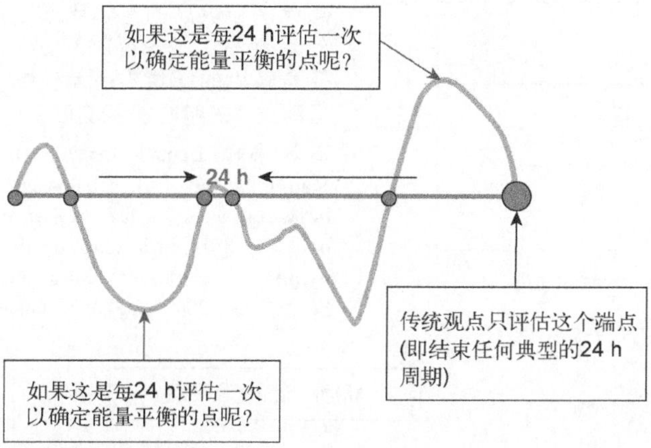

图8.7　能量平衡在一天中波动。正因为如此,同一个人,在同一天,根据时间的不同,会表现出完全不同的能量平衡

24 h能量平衡

24 h内摄入的能量与24 h内消耗的能量之比,代表了测量人体能量平衡的传统方法。然而,最近的研究表明,白天(即实时的)能量平衡的大幅波动可能会导致非脂质组织的减少或脂肪量的增加,即使24 h的能量平衡似乎很好。

一个人有可能在24 h的评估期结束时表现出近乎完美的能量平衡,但在这一点有非常大的能量平衡盈余或赤字,可能会对身体构成影响。传统的能量平衡模型的一个问题是没有考虑到能量消耗模式是体重和身体成分的一个重要因素。这个模型假设一个人每天需要2 000 kJ(8 368 kJ/d)来满足能量需求,则摄入能量可以不考虑餐食分量或进食频率,能量平衡对体重或身体成分的影响是相同的。例如,这个人可以吃一顿2 000 kcal的早餐,然后在一天的其他时间什么都不吃来满足能量需求;他们可以吃一顿2 000 kcal的晚餐,在那之前什么都不吃;或者他们可以一天吃四顿500 kcal的饭。24 h宏观经济模型假设内分泌系统只在评估点发挥作用,且身体成分和体重的输出是相同的,但事实并非如此。丰盛的早餐会使人在一天中的大部分时间都处于能量平衡过剩的状态,而多余的脂肪可能会囤积起来;一顿丰盛的晚餐会让人在一天的大部分时间里都处于能量平衡不足的状态,分解代谢的是瘦体重组织,而脂肪的储存量相对较高;经常吃饭的人更有可能维持代谢量和脂肪量。

一项关于四组优秀运动员每小时的能量平衡和身体成分之间的关系的研究阐释了避免白天能量平衡大范围变化的重要性[29]。这项研究发现,较大的1天内能量平衡赤字与较高的体脂率有关(图8.8)。这方面的例子也可以在对一名优秀运动员的评估中找到,他最后的能量平衡非常接近完美,但是他在达到每日能量平衡点时出现了巨大的能量平衡赤字(图8.9)。纠正措施是调整白天消耗的能量,以避免巨大的能量平衡赤字,同时保持总能量摄入不变[12]。任何时候都不建议增加或减少总能量摄入,而是改变进食的时间和数量,以更好地维持一天的能量平衡,并积极影响激素/内分泌反应。

多项研究表明,传统的24 h能量平衡模型不能考虑能量平衡的日内波动。研究发现,肌肉损伤会发生在实时燃料供应不足时的情况,这是对能量供应不足的适应,也是皮质醇分泌增加的结果[72,74]。即使总热量摄入是一样的,不规律地进食和大量进食会导致更高的身体脂肪储存,这主要是由于大量进食会产生更多的胰岛素[29,48]。胰岛素、血糖和瘦素可以通过频繁的少量进食来更好地控制,从而动态地满足能量需求[66,88]。运动不能满足能量的动态需求,导致低血糖,就会进入糖异生状态。这可能会导致瘦体重组织分解,释放丙氨酸到肝脏,在那里,丙氨酸-葡萄糖循环可以制造葡萄糖,以维持正常的大脑功能。一项早期研究发现,在剧烈运动40 min后,如果在低血糖的情况下运动,血清丙氨酸含量会增加60%~90%,甚至更多[47]。研究还发现,如果运动时没有摄入碳水化合物饮料,皮质醇就会升高,这可能会导致1日内能量平衡出现负值和

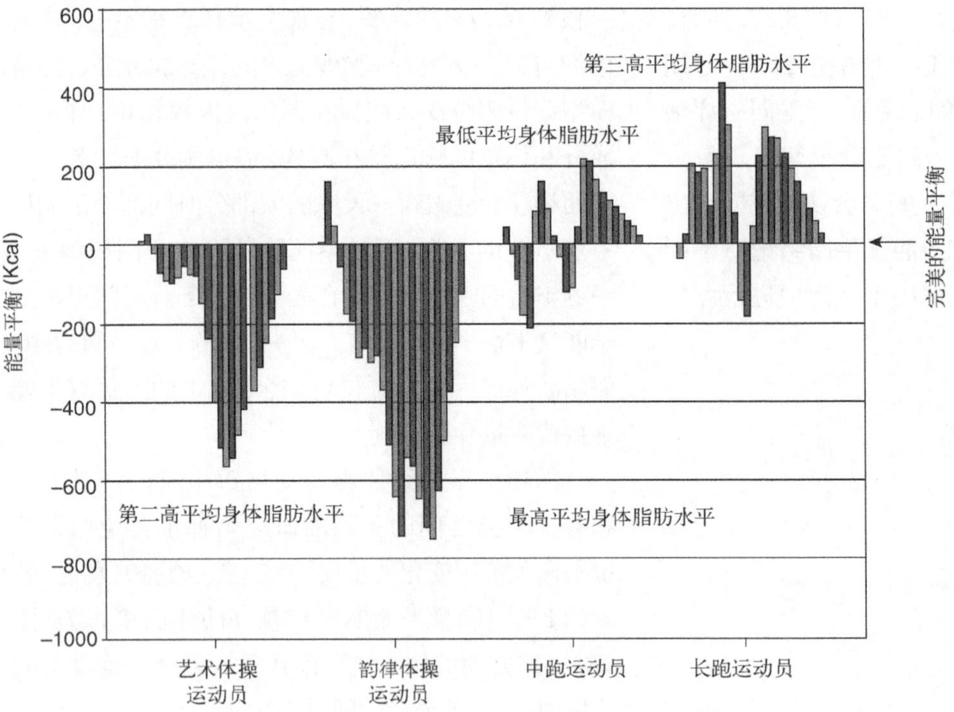

图8.8 巨大的1日内能量平衡赤字与较高的身体脂肪百分比有关。那些在24 h内保持着较小的能量平衡偏差的运动员体内脂肪水平较低

资料来源：Deutz R, Benardot D, Martin D, Cody MM. Relationship between energy deficits and body composition in elite female gymnasts and runners. Med Sci Sports Exerc. 2000; 32(3): 659–668.

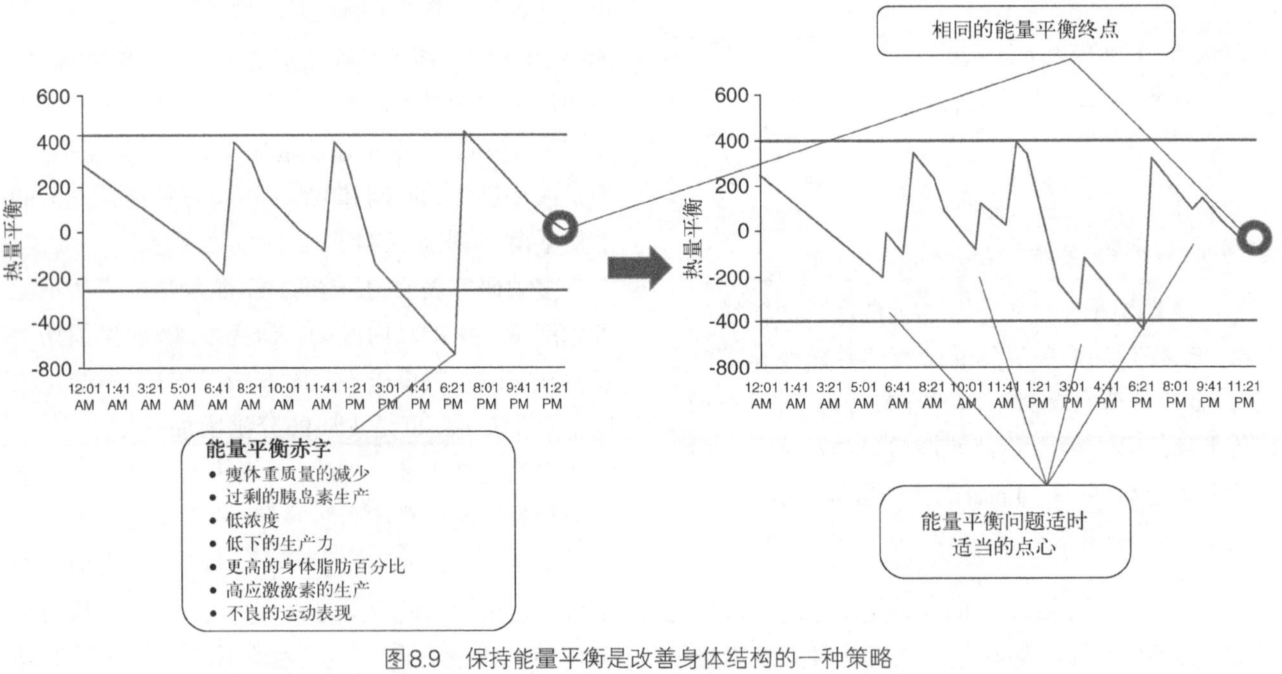

图8.9 保持能量平衡是改善身体结构的一种策略

资料来源：Benardot D. Timing of energy and fluid intake: new concepts for weight control and hydration. ACSM Health Fit J. 2007; 11(4): 13–19.

低血糖[118]。众所周知，皮质醇对骨骼和肌肉都有分解作用，这将导致更高的应力性骨折风险和更高的身体脂肪百分比[23,33,74]。人们一定会问，为什么运动员以减少与运动相关的风险和增强肌肉功能为目标，却以一种分解肌肉和骨骼的方式进行运动。然而，如果遵循传统的24 h能量平衡观点，这一切都是可能的。如表8.5所示，当负能量平衡发生时，会出现多种激素问题。

3. 能量平衡实时观点

在对运动员和非运动员人群的研究中，与急剧升降的肥胖速度曲线相一致的饮食趋势，包括更大的食物分量、食用含有隐藏脂肪的快餐和减少用餐

表8.5　负能量平衡和激素变化

组织/器官	激素/化合物	预期变化
脂肪细胞和下丘脑	瘦素	减少
肾上腺	皮质醇	升高
胃肠道	胃饥饿素	升高
肝脏	血糖 IGF-1[a] IGFBP-1[b]	减少 减少 升高
胰腺	胰岛素	减少(空腹)升高(进食)
甲状腺	总T3[c]	减少

a：胰岛素样生长因子-1。
b：胰岛素样生长因子结合蛋白-1。
c：三碘甲状腺氨酸。
资料来源：Laughlin GA, Yen SSC. Hypoleptinemia in women athletes: absence of a diurnal rhythm with amenorrhea. J Clin Endocrinol Metab. 1997; 82(1): 318-321; Loucks AB, Callister R. Induction and prevention of low-T3 syndrome in exercising women. Am J Physiol. 1993; 264(5): R924-930; Loucks AB, Heath EM. Induction of low-T3 syndrome in exercising women occurs at a threshold of energy availability. Am J Physiol. 1994; 266(3): R817-823; Loucks AB, Verdun M, Heath EM. Low energy availability, not stress of exercise, alters LH pulsatility in exercising women. J Appl Physiol. 1998; 84(1): 37-46; Stafford DEJ. Altered hypothalamic-pituitary-ovarian axis function in young female athletes. Treat Endocrinol. 2005; 4(3): 147-154.

频率[72,82]，所有这些都会对胃饥饿素和瘦素产生影响。用餐频率的减少与每日能量消耗的增加有关，这可能是由于食欲的增加和(或)脂肪消耗增加。研究发现，餐中脂肪若可见，则总的能量摄入降低。如果脂肪并不直观，比如无明显的肥肉，总的能量摄入则较高[140,155]。研究还发现，不吃饭对肥胖有影响。他们评估了一个大的人群样本，通常都会吃早餐的儿童或成人(n=1 359)，只在小时候不吃早餐的人(n=224)，在成年期不吃早餐的人(n=515)，或在童年和成年期都不吃早餐的人。不吃早餐会导致严重的能量平衡失调。长期不吃早餐者空腹胰岛素、血清低密度脂蛋白、腰围都会明显增高。即使调整饮食质量，这些差异仍然存在。这些数据表明，人类不能适应那些不能维持能量平衡的不良饮食行为。

研究发现，当运动量较大但进食频率减少，这种不匹配导致能量摄入增加，进一步导致体脂率升高[15,52]。Franko等[52]发现，在对9～19岁的女孩进行了10多年的研究后发现，每天吃3顿饭以上的女孩的超重和肥胖率要低于吃饭频率较低的女孩。Berkey等[15]，研究了14 000多名男孩和女孩，发现吃早餐(即增加进食频率)是避免肥胖的一个重要策略。

避免高胰岛素血症，通过防止饥饿(与严重低血糖状态下的饮食有关，不常吃东西和不良的每日能量平衡是直接结果)或者避免食用高糖的食物，对控制促食欲激素——胃饥饿素很有用。Anderwald等[5]发现，胰岛素治疗后，2型糖尿病患者的胃饥饿素水平没有变化，但非糖尿病患者餐后血清胰岛素水平升高，有抑制胃饥饿素和降低食欲的作用。在对一小群年轻成年男性的评估中，发现餐后胃饥饿素水平下降可能是由于胰岛素水平上升，但是这种关系并不存在于与抗胰岛素性相关的高胰岛素血症中[141]。在一组278名年龄在6～8岁的健康法国小学生中，发现不吃早餐和看电视时喝含糖饮料是导致胃饥饿素、胰岛素，或二者同时未被抑制的可能因素，这些行为与明显较高的BMI、4种皮肤皱褶和腰围相关。通过持续产生胃饥饿素刺激胰岛素分泌过量，以保持食欲高涨。

对能量平衡的宏观经济学观点的一个关注点是在24 h结束时达到能量平衡的假设在之前的24 h内是完全持续的。然而，一天中能量平衡有自然的高峰和低谷。研究发现，在24 h内，身体能量平衡严重失衡与体内脂肪含量高有关，即使能量平衡是在24 h结束的时候实现的。最近一项评估蛋白质摄入和肌少症之间关系的研究发现了类似的结果，在保持或增加肌肉质量方面，一天按标准三餐间隔维持稳定的高质量蛋白质(25～35 g/餐)摄入更有效，而不是像许多运动员通常一天结束时摄入过多的能量和蛋白质[121]。使用该模型对运动员蛋白质摄入量进行重新评估是有必要的，许多超过2～3 g/(kg・d)的相对较高蛋白质摄入量的运动员，当考虑最大蛋白质利用率(每餐30～35 g蛋白质)时，可能实际上蛋白质摄入量不足。在一些运动员中，单餐摄入的蛋白质和能量极高，通常超过100 g蛋白质和4 000 kcal热量，提供的蛋白质和能量的代谢效率很低，很可能增加的是脂肪而不是肌肉。24 h的能量/

营养摄入和输出模型再一次未能提供最佳的可操作信息。

4. 运动中相对能量的可获得性

长期以来，关于运动员能量不足的报道层出不穷，尤其是在一些对体重敏感的运动项目中，如体操、摔跤、跳水和花样滑冰，能量不足的现象尤为普遍[110]。造成能量不足的原因有以下几个，包括有意识地限制能量摄入以达到一定的体重等级或瘦体型，或因为运动相关的饮食紊乱，或仅仅是对无法提供所需能量会影响健康和表现的简单误解。在体育活动中保持能量不足的饮食可能会使运动员处于分解代谢状态，而这恰恰是他们希望避免的结果：肌肉量的减少和脂肪量的增加[29]。2014年，IOM引入了一个新术语来描述这种能源供应不足的情况：**运动中相对能量不足**（relative energy deficiency in sport，RED–S），该术语描述了所有无法为活动提供所需能量的体力活动人士所面临的问题。运动中相对能量缺乏包括对积极运动的男性和女性的一系列潜在健康和性能影响[110]（图8.10）。

> **运动中相对能量不足**
>
> RED–S表示实时能量内耗和消耗的比例，以确定运动员是否有足够的能量来完成给定的运动任务。RED–S与健康状况不佳、受伤风险增加和性能不佳有关。

近年来，能量缺乏及其后果一直是众多研究的焦点，一些研究表明，参加体重分级或瘦体格运动的运动员处在危险之中，包括女子长跑运动员、花样滑冰运动员、体操运动员、跳水运动员和游泳运动员[27]。研究发现，大多数的运动员都部分经历过RED–S，但是这些运动员和那些与他们一起工作的人没有意识到他们可能经历的健康和表现的后果[110]。

RED–S除了通过减少去脂肪质量和增加脂肪质量而影响表现外，还可能增加患病频率和营养缺乏，包括贫血[110]。长期能量供应不足可能会影响代谢率、免疫、蛋白质合成、生长发育和心血管健康，同时也会对心理、内分泌、血液和胃肠道健康产生负面影响。月经功能障碍和低骨密度是能量需求不能得到充分满足时公认的负面后果[35,137,142]。皮质醇

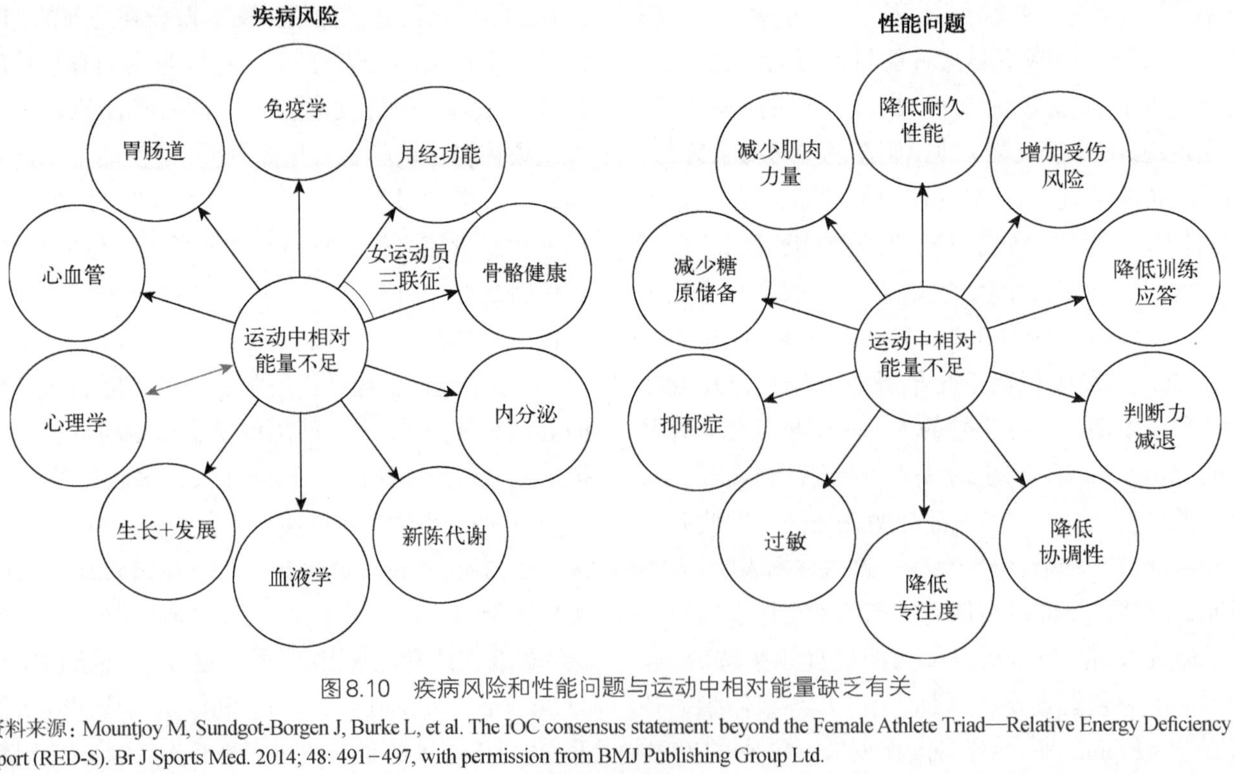

图8.10 疾病风险和性能问题与运动中相对能量缺乏有关

资料来源：Mountjoy M, Sundgot-Borgen J, Burke L, et al. The IOC consensus statement: beyond the Female Athlete Triad—Relative Energy Deficiency in Sport (RED-S). Br J Sports Med. 2014; 48: 491–497, with permission from BMJ Publishing Group Ltd.

的增加，作为生理和（或）心理压力的结果，与低的能量可用率有关，也会对骨密度产生负面影响[53]。骨密度低的运动员更容易发生应力性骨折和相关的肌肉骨骼损伤。

1天内能量平衡和1天内能量基质的研究，加上较差的传统24 h能量平衡模型的预测能力，建议采用新的1天内能量平衡模型（图8.11）。该模型考虑了处于分解代谢和合成代谢能量平衡状态的时间，以及能量平衡过剩和不足的大小来预测身体成分和体重。重要的是，通过纳入不同能量平衡区的时间，该模型在预测能量平衡过剩和不足时的内分泌反应方面可能更有用，这可能有助于降低运动员的健康和表现风险。

这个模型还使我们可以考虑对能源不平衡的重要理解：身体对能量摄入不足的反应是减少需要能量的组织。理想情况下，能量和营养的需求与提供能量和营养以优化身体成分、体重和性能之间应该存在动态关系。那些大部分时间处于接近能量平衡状态的运动员可能会减少在RED-S方面与能量平衡相关的问题，建议运动员解决1天和运动期间的能量供应问题[29,45,110]。那些在能量平衡过剩中花费更多时间的人很可能会增加身体脂肪水平，那些在巨大的能量平衡不足中花费更多时间的人很可能难以维持肌肉含量，且可能存在更多与运动中相对能量缺乏健康和表现相关的风险。

（二）身体成分的评估

需要考虑的重要因素

- 有许多可用的方法来评估身体成分，但是所有这些方法都有一些相关的错误，其中一些方法的误差比其他方法小，一些方法比其他方法更容易移植，成本更低。
- 重要的是找到一种方法，可以反复使用人口样本，以便可以评估变化趋势。例如，皮褶厚度法不能像DXA那样准确地预测身体脂肪百分比，但是皮褶卡钳是可携带的，并且，随着时间的推移和训练，医生可以反复对一个实验对象进行皮褶测量，以获得对身体脂肪如何变化的有价值的评估。最终，对于医生来说，因为成本或运动员不能去实验室或诊所，测量皮褶厚度可能比一年不能采取一两次以上的单一检测更有价值。

身体是由不同成分组成的（水、肌肉、脂肪、骨骼、神经组织、肌腱等），每一个都有不同的密度[18]

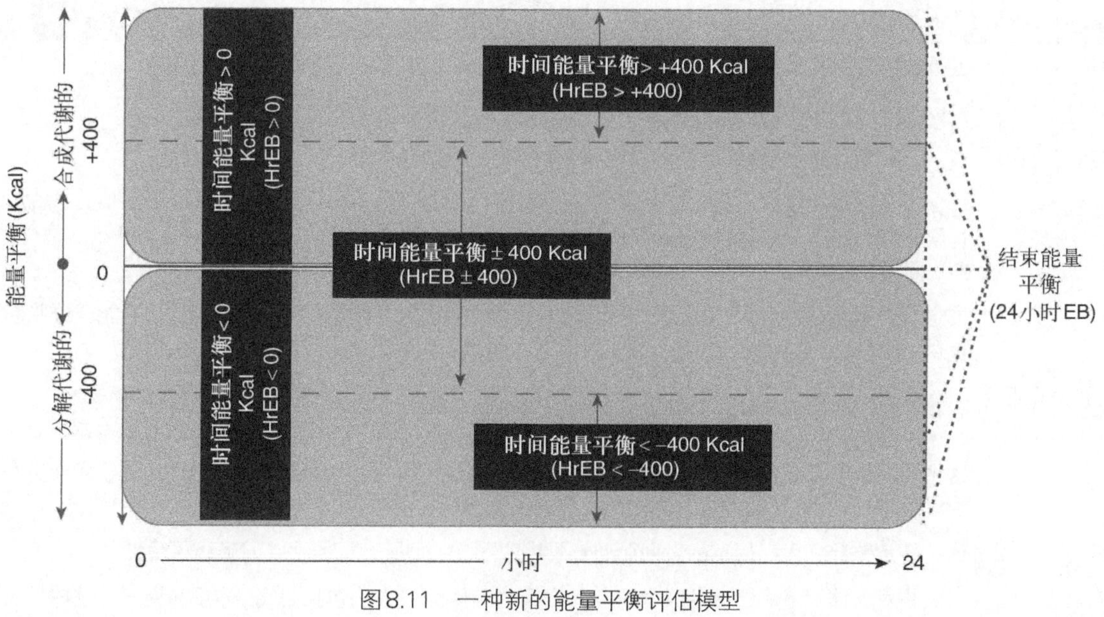

图8.11　一种新的能量平衡评估模型

资料来源：Benardot D. Energy thermodynamics revisited：energy intake strategies for optimizing athlete body composition and performance. Pensar en Movimiento: Revista de Ciencias del Ejercicio y la Salud (J Exerc Sci Health). 2013; 11(2): 1−13.

（表8.6）。从功能的观点来看，组织主要分为两类：一类是脂肪（脂肪质量），与之相关的水分很少；另一类是非脂肪（去脂肪质量），与之相关的水分很多。去脂肪质量通常也被不准确地称为瘦体重质量[123]。最近，由于新技术和在评估身体成分方面的改进，骨密度（骨骼质量）已被列为身体成分的第三个常见评估成分。但在本书中，身体组成的成分通常被称为脂肪质量（身体中主要是脂肪的重量）和去脂肪质量（身体中主要是无脂的重量）。

脂肪量由必需脂肪和储存脂肪组成。必需脂肪是大脑、神经、骨髓、心脏组织和细胞壁不可或缺的组成部分，我们的生活离不开它们。另外，储存脂肪是一种能量储备，在皮肤下的脂肪细胞（**皮下脂肪**）和器官周围（内脏或腹内脂肪）中积累。一般健康的男性和女性体内储存的脂肪占总体重的11%～15%。结合必需脂肪和储存脂肪，男性的正常体脂率约为15%（必需脂肪3%，储存脂肪12%），而女性的正常体脂率是26%（必需脂肪15%，储存脂肪11%）[78,157]（请注意，评估身体成分的不同方法都有特定的标准。这里列出的数值是提供了男性和女性体内脂肪分布的相对差异）。

有历史证据表明，对于大多数女性来说，维持正常的月经周期需要17%～22%的体脂[77]。还有证据表明，生理和（或）心理压力是破坏生殖系统的一个诱因[130]。然而，对正常月经功能的影响来自身体脂肪和压力的假设进行细究，可能并不正确。有强有力的证据表明，能量的可用性，而不是身体脂肪或压力，是女性生殖功能的主要调节器。女性低于每天20～30 cal瘦体重能量平衡（即如果能量摄入减去能量消耗的值低于每天20～30 cal的瘦肉）会使月经功能障碍的风险明显增高[67,91]。此外，这些数据强烈表明，无论身体脂肪水平或身体压力如何，每千克瘦体重摄入45 cal的女性都能抵抗月经功能障碍。考虑到大量月经正常的运动女性是瘦的（即相对较低的身体脂肪水平），能量可用率假说更符合逻辑。

患有**饮食失调**、痛经（月经异常）和低骨密度的女性有一种情况称为**女性运动员三联征**[116]。这些都是相关的情况，因为能量摄入不足（典型的饮食失调）与月经功能异常和低骨密度有关。能量摄入不足会导致雌激素水平降低，而雌激素会抑制破骨细胞（即破坏骨骼的细胞）。没有这种抑制，就很难增加骨密度。IOC先前关于RED-S的共识声明指的是，在所有未能及时满足健康、日常活动、生长和体育活动所需的膳食能量的运动员身上都会发生多种生理问

表8.6　身体组成评估的重要术语

术语	解　　释
脂肪质量	也被称为身体脂肪、脂肪组织、或储存脂肪。这代表了体重中身体脂肪的总重量
瘦体重质量	指体重中不是脂肪的重量。去脂肪质量的定义是瘦体重含量减去骨量
身体脂肪百分比	指一个人的总脂肪量（即脂肪的总重量）除以这个人的总体重
肥胖	定义为身体脂肪过多。通常通过计算BMI来判定是否肥胖（即BMI ≥ 30即为“肥胖”）。然而，这可能是误导，因为它不能区分脂肪和肌肉重量。因此，一个肌肉发达的人可能被定义为超重（高体重身高），但也不是不健康的
体重超重	被定义为体重超过身高。这通常是基于身高/体重表，但可能是误导性的，因为它不能区分脂肪和肌肉重量。因此，一个肌肉发达的人可能被定义为超重（高体重身高），但不会是不健康的
身体脂肪分布或脂肪模式	分布在腹部的脂肪比储存在其他部位的脂肪对健康的危害更大
腹部肥胖	这主要是指腹部和器官周围的多余脂肪（即苹果型肥胖）。它与葡萄糖耐受不良、糖尿病和更高的心血管风险相关，并且被认为比臀部肥胖有更高的健康风险
臀部肥胖	这指的是臀部和大腿周围的多余脂肪（即梨型肥胖），而且比腹部肥胖的患病风险低
人体测量学	指的是对人体尺寸和比例的科学研究。常用的人体测量方法包括身高、体重和周长。这些通常被转换成比率（如BMI），作为身体成分和肥胖风险的预测指标

BMI：身体质量指数。

题[143]。这些问题包括新陈代谢率、月经功能、骨骼健康、免疫、蛋白质合成和心血管健康，所有这些都是由RED–S引起的。重要的是，那些不能充分满足能量需求的运动员可能会减少去脂肪质量，并会增加脂肪质量，这需要身体成分评估来辨别。仅仅监测体重本身就会忽略身体成分的这些重要变化。

皮下脂肪

通常50%的身体脂肪会在皮肤下（即皮下）表达。因此，与皮肤皱褶一样，测量皮下脂肪厚度可以预测全身脂肪总量。

饮食失调

与饮食行为异常有关的心理测量障碍的通称，通常与体重减轻有关。这些疾病包括神经性厌食、运动厌食症和暴饮暴食症。从事以“体重管理”为传统重要指向的运动的运动员往往罹患饮食失调风险较高。

女性运动员三联征

三联征同时存在饮食失调、痛经（闭经或月经过少）和低骨密度（骨质疏松或骨质缺乏）。从事以“体重管理”为传统重要指向的运动的运动员往往罹患女性运动员三联征风险较高。

评估身体成分有多种方法。本章讨论的常用方法包括以下几种。

■ 多种皮褶厚度：使用皮褶卡钳，测量身体不同部位的双层厚度（源于捏和测量皮下脂肪）。皮褶厚度被用于在一个与体重、年龄和性别相关的预测方程中，以预测身体脂肪的百分比。

■ 密度测定法（水下称重）：脂肪质量比去脂肪质量密度小，较低的密度会使人在水中浮力更大，在水中的重量比在离水时轻。水外重量和水内重量的差异是身体密度的函数，被用来预测身体成分。

■ 空气置换体积描记法：类似于液体静压称重原理，低密度的人（即身体脂肪比例较高的人）将会比体重相同但密度更高的人置换更多的空气。空气置换的测量可以用来预测身体成分。

■ 超声波：使用超声波，该系统通过评估声音从皮下脂肪层和肌肉层、肌肉层和骨骼之间的界面反弹回来所需的时间来测量不同组织的厚度。这些组织层的厚度可以用来预测身体成分。

■ 生物电阻抗：电流通过身体的不同部分。原始电能和结束电能之间的差值，在它通过一个身体部分之后，用来测量电流被阻碍的程度。脂肪组织几乎没有水，所以是电流的不良导体（即它有高阻抗），而不含脂肪的组织含有大量的水分，因此是电流的优良导体。因此，生物电阻抗的测量被用来预测身体成分。

■ DXA：低能量和高能量的X线穿过人体，通过的X线能量被探测器读取。更高密度组织（骨密度大于肌肉密度，肌肉密度大于脂肪密度）吸收的低能量X线比高能量X线要多。X线吸收的差异是组织密度的函数，相对准确地预测人体成分。

其他评估身体成分的方法包括：

■ 人体总含水量（D_2O）：人体的总含水量平均约占体重的65%，随年龄、性别和体脂而异。去脂肪质量相对较高的个体比脂肪量相对较高的个体有更多的身体水分。通过提供氘而不是氢构成的已知计量的水，可以估算出人体的总水量（D_2O vs. H_2O）。氘化水均匀地分布在整个水体中，然后对水体样品进行分析，确定D_2O与H_2O的比值。更高的相对D_2O（即更高的浓度）表明较低的身体总水分，这与较低的去脂肪质量有关，并已被用来预测身体成分。

■ 人体总钾含量（^{40}K）：^{40}K是钾的天然同位素，占人体钾总量的0.012%。这种同位素发出一种独特的γ辐射波，这种辐射波是可读的，可以与其他同位素波区分开来。已知去脂肪质量中钾（初级细胞间电解质）的浓度，所以通过使用全身γ辐射计量仪测量^{40}K，预测人体总钾是可能的，它可以用来预测去脂肪质量。通过了解总质量和去脂肪质量，可以使用身体成分的双组分模型预测身体体脂量。

■ 红外交互作用：这种方法的原理是不同密度的组织对红外光的吸收和反射不同。高密度组织（即去脂肪质量）与低密度的组织相比，吸收更少的光，反射更多的光（即脂肪量）。光吸收/反射的差异可以测量，并已被用来预测身体成分。

■ 肌酐排泄量：根据给定的身高，人体排出的肌酐值是可预期的，这是去脂肪质量呼吸的正常含氮代谢副产物。因此，假设肾脏功能正常，24 h内尿肌酐的排泄量可推测去脂肪质量，较高的肌酐水平与较高的去脂肪质量相关。通过了解总质量，肌酐排泄可以用来预测身体成分。

■ 3-甲基组氨酸排泄量：这种方法类似于肌酐排泄量方法，骨骼肌呼吸排泄特定的3-甲基组氨酸，3-甲基组氨酸排泄量可反推骨骼肌质量。

■ 瘦体导电测量法：这种方法是基于这样一个事实，即水是电的导体，去脂肪物质比脂肪的物质含有更多的水。将身体插入具有测量电磁场的管子中。电磁场的扰乱程度是一个人的脂肪量的函数。较高的脂肪质量比较低的脂肪质量在电磁场中产生更大的衰减，这种测量方法已被用于预测身体成分。

■ 计算机断层扫描（CT扫描）：利用X线、CT扫描产生身体的断层扫描（切片）。图像可以评估不同的密度，还可以提供有关脂肪输注在非脂质组织中的信息。然而，这种方法受到成本和高X线辐射的限制。

■ 磁共振成像：穿过身体的磁场会形成不同组织产生的电场的相对电导/电阻的图像。合成的图像可以区分脂肪质量和去脂肪质量，提供有关身体成分的信息。

每种方法都有不同的成本和不同的标准测量误差。一些方法适合于实验室/临床评估，而另一些方法可用于现场。不论何种方法都试图测量相对体脂（即一个人有多少身体脂肪）和相对去脂肪质量（区别于脂肪量和体重）。有些方法可以提供不同数量的脂肪和去脂肪质量的信息，有些方法还可以提供骨密度和全身水分的信息（表8.7一个比较瘦的男性和一个比较瘦的女性对总体质量的理论参考）。

瘦体重主要是水和蛋白质，但也包括矿物质和储存的碳水化合物（糖原）。去脂肪质量的主要成分包括软组织、肌肉、心脏和其他器官，但不包括骨骼组织[58]。脂肪的含水量低于10%[77,158]。运动员通常比非运动员有更高的瘦体重和更低的脂肪量，所以水分充足的运动员从水中获得的总重量比例更高。

表8.7 对总体质量的理论参考

身体成分	瘦的男性（%）	瘦的女性（%）
水	62	59
脂　肪	16	22
蛋白质	16	14
矿物质	5～6	4～5
碳水化合物	＜1	＜1

利用双组分身体成分模型，得出脂肪量与瘦体重之和等于总体重。因为体重本身不能区分这两种成分，所以它被认为是一种不合适的身体成分测量方法。因此，“我的体重在增加，所以我一定变胖了”这句话很常见，但不正确。一个运动员增加去脂肪质量（即肌肉），而不增加脂肪质量是可能的。很明显，体重会增加，但脂肪不会。运动员在保持体重的同时，也可能会经历脂肪或瘦体重的变化。这可能是可取的，也可能是不可取的，这取决于哪个元素在增加。力量-重量比较高则表明在总重量不变的情况下，保持或降低脂肪质量（重量），瘦体重质量（力量）则有所增加，这种情况显然是可取的。然而，如果运动员增加了脂肪量而减少了瘦体重，力量就会丧失，力量重量比就会降低或很低。评估身体成分的这些方面已经成为评估由于时间、训练和营养因素而发生的身体变化的标准工具。

身体成分评估的结果通常是得出一个被称为身体脂肪百分比的值，即脂肪质量占总重量的比例。假设一名运动员体重150 lb，身体脂肪质量为20%，这意味着30 lb（$150 \times 0.20=30$）是脂肪质量，120 lb是瘦体重。如果这个运动员在保持体重的同时，身体脂肪降低到15%，这就意味着22.5 lb（$150 \times 0.15=22.5$）是脂肪质量，127.5 lb是瘦体重。瘦体重增加了7.5 lb，脂肪减少了，这意味着运动员的体型变小了（相对来说，瘦体重质量比脂肪质量占用更少的空间，因为它有更高的密度），这将使运动员比以前移动得更快、更高效。然而，如果这个150 lb的运动员保持体重但增加脂肪质量，同时减少去脂肪质量，那么运动的潜在速度和效率就会降低。由于所有这些原因，体重是预测运动员成功的一个糟糕的指标。这个例子也强调了评估去脂肪质量和脂肪质量变化的重要性，因为理解这两个部分的变化对于理解对性能的潜在影响是必要的。

因为报告脂肪质量（即身体脂肪百分比）可能被许多运动员认为是不受欢迎的，实践者应该考虑强调积极的一面。例如，一个运动员的身体脂肪百分比为25%，他可能希望将这个值降低到20%。作为一名运动医学执业医生，你应该考虑让他们把去脂肪质量从75%增加到80%。通常，那些被告知要降低身体脂肪百分比的运动员会通过限制热量的饮食来达到减肥的目的。这会产生典型的反效果，因为失去的瘦体重比失去的脂肪多。因此，将重点转移到增加去脂肪质量上，而不是降低脂肪量，可以帮助运动员制定战略，以最佳地满足日益增加的去脂肪质量的能量需求，同时还能降低运动员出现RED−S健康/性能方面的风险。

（三）身体成分评估的目的

高去脂肪质量/脂肪质量比通常与高力量/体重比是同义词，这通常与运动成绩有关。然而，在所有的运动项目中，并没有一个理想的身体成分。每一项运动都有与之相关的一定范围的去脂肪质量和脂肪质量，每一项运动的运动员都有自己的最佳范围。那些试图达到不适合自己的任意身体成分的运动员很可能会增加健康风险，也不会达到他们所追求的成绩效益。因此，身体成分评估的关键是为运动员个体建立一个可接受的去脂肪质量和脂肪质量范围，以及定期监测去脂肪质量和脂肪质量，以确保去脂肪质量的稳定或增长，并按比例维持或减少脂肪质量。如前所述，应该像传统上关注身体脂肪百分比一样关注去脂肪质量（无论是去脂肪质量的重量还是去脂肪质量的比例）的变化。

希望降低身体脂肪水平的运动员也应该意识到最好的体育活动来实现这一目标。“有氧”或低强度训练经常被用作减脂运动法，但它可能不是达到这一目标的最有效手段。研究发现，高强度运动训练比低强度运动训练更能有效地减少腹部脂肪和皮下脂肪[70]。例如，高强度的冬季运动相比低强度的运动，与较低的体脂百分比和较高的去脂肪质量更相关[103]。然而，在高强度运动时，必须注意避免低血糖，因为低血糖预示着高皮质醇的产生，这与去脂肪质量的减少，骨量的减少，以及更高的身体脂肪百分比有关[105]。无论采用何种饮食和锻炼策略，定期评估身体成分将有助于运动员了解是否达到目标。

（四）身体成分对运动表现的重要性

运动表现在很大程度上取决于运动员保持力量的能力（包括无氧和有氧），以及运动员克服阻力的能力[86]。这两个因素都与运动员的身体成分有关。再加上许多运动员的普遍看法，他们在比赛中注重外表（游泳、跳水、体操、滑冰等），达到“理想的”身体成分常常成为训练的中心主题。除了审美和运动表现原因，想要达到一个最佳的身体成分，也可能有安全的原因。与身体成分更优的运动员相比，体重超标的运动员在进行高难度动作时更容易受伤。然而，运动员有时试图达到最佳身体成分的方法往往适得其反。

低热量的饮食和过度的训练经常导致严重的能量不足，虽然总体重可能会减少，但体重的组成部分也会改变，通常是肌肉质量较低，脂肪质量相对较高。由此产生的更高的身体脂肪比例和更低的肌肉质量不可避免地会导致运动员的运动表现下降，从而导致运动员在运动中造成更大的能量不足。这种能量摄入的螺旋式下降可能是饮食失调的前兆，使运动员面临严重的健康风险。因此，虽然达到最佳的身体成分对高水平的运动表现是有用的，但是运动员获得理想身体构成的过程的方法可能会降低运动表现，使他们处于更高的受伤风险，并增加健康风险。

许多人认为，不管食物的数量和种类如何，产生脂肪都是不健康的。更健康的一种心态（从一个运动员的角度来说，更合适）是食物为能量和与燃烧能量相关的营养物质的提供者。运动员们不会想到尝试在没有燃料的情况下驾驶他们的汽车，因为他们确信汽车不会跑。运动员们可以想象给他们的身体加入燃料（食物）实现肌肉运动是正常且可行的。

在合理的范围内，拥有一个相对较低的身体脂肪百分比可能有助于运动。它是通过提高力量重量比来实现的：对于给定的重量，比例大的去脂肪质量以产生能量，比例小的脂肪量以储存燃料。当一个运动员穿过空气，水中游泳或冰上滑冰时，力量重量比还有助于降低阻力或拖拽力；身体轮廓越小，产生的阻力就越小。

对于某些运动来说，减少阻力或拖拽力是非常重要的（通常你走得越快，减阻的重要性就越大），运动表现技术基于减少阻力。例如，速滑运动员在整个比赛中都要弯着腰以减少风的阻力。自行车运动员戴着特制的流线型头盔和衣服，把身体放在自行车上以减少阻力，甚至制定出最佳的冲刺时机。走得太快可能会过早感到疲惫，因为如果你是一个逆风的人，同样的速度走需要更多的能量。体重110 lb、身高5英尺（ft；1 ft=0.304 8 m）、体脂率为15%的体操运动员与体重和身高相同但体脂率为20%的体操运动员相比在空中翻滚所承受的风阻更低（即更小阻力）。然而，对于一些运动来说，这可能没有什么区别。很难想象一名举重运动员在抗风方面会有什么问题，而且足球队的前锋更感兴趣的是移动质量，而不是快速移动一段距离（尽管迅速是有用的）。在需要空气动力学帮助的运动中，身体成分可能会产生不同的结果。原因是我们很多人都经历过的：相对来说，脂肪质量比去脂肪质量占有更多的空间，因为它比去脂肪质量密度小。

（五）怎样估算身体成分

你不能通过称重或简单地观察一个人来判断他的身体成分。有很多瘦的人已经减掉了很多的瘦肉，以至于他们的身体脂肪含量相对较高（他们并不瘦）。也有很多你可能认为是肥胖但实际上是相对比较瘦的大块头。即使有了现代设备和复杂的公式，精确测量身体脂肪百分比和精确重复测量也是极其困难的（如果不是不可能的话）。重要的是要考虑到所有可用的测量/估计身体成分的技术都是对身体所含成分的估计。因为每种技术使用不同的方法来估计身体成分，因此不应该对不同的技术进行交叉比较。例如，一个运动员在去年使用皮褶卡钳评估了最初的身体成分，不应该与今天使用BIA评估的身体成分的数值进行比较。用这些数值来衡量运动员的身体成分随时间的变化是有误导性的。

理想情况下，运动员应该在相同的时间段内接受多次评估，以获得身体成分变化的趋势线，因为趋势可能比绝对值更重要[113]。想象测量一个身体成分看起来很好的运动员，所以你没有理由进行干预。然而，如果高脂肪水平比之前的测量值低，甚至比之前的测量值更低，并且这位运动员在同一时间段内也减掉一些瘦体重，这会怎样呢？另一个例子，一个似乎身体脂肪含量高的运动员开始咨询降低脂肪质量。如果该运动员在几个月前有较高的身体脂肪水平，而在现行测量措施之前一个月降下来了又会怎样呢？很明显，这位运动员做的事情是对的，如果干预已经奏效的策略，那就太可惜了。通过采取一些措施，健康专业人士对运动员的变化及是否有必要进行干预有了更好的了解。

评估身体脂肪的主要位置可能是有用的，因为储存在不同区域的脂肪与不同的健康风险有关。例如，腹部脂肪比储存在其他地方的脂肪对健康的危害更大。如果健康风险评估是身体成分评估的重点，而不是表现，那么应该选择一种方法来确定脂肪的主要储存部位。

身体成分评估的最终目的是确定脂肪质量与去脂肪质量的比率。这被称为二成分模型（① 脂肪质量；② 去脂肪质量）。然而，一些身体成分评估方法有能力提供更多关于什么构成去脂肪质量的信息。例如，在一个三成分模型的身体成分评估中，信息包括脂肪质量，而去脂肪质量被分为蛋白质质量和骨量。四成分模型提供了更多关于去脂肪质量的信息，包括脂肪质量、水质量、蛋白质质量和骨骼（骨盐）质量的信息（图8.12）。

（六）预测身体成分的方法

1. 皮褶

皮褶卡钳的价格从免费到500美元不等，用来测量皮肤和皮下脂肪层的厚度（图8.13）。这种脂肪层（称为皮下脂肪）占人体总脂肪量的50%。因此，测量皮下脂肪层为预测全身脂肪水平提供了一种测量方法。测量皮褶的基本规则如下：

- 对身体右侧的皮肤进行测量（大多数的皮褶

A	总体重(质量)(total body weight, TBW)					
B	TBW的去脂肪质量55%~96%					TBW的脂肪量 4%~45%
C	肌肉 48%	骨骼 16%	皮肤 14%	血液 9%	器官 13%	储存+必需脂肪
D	水 72~74%	蛋白质 19~21%	骨盐 7%			脂肪

图8.12 二成分和四成分人体成分评价模型。A. 仅重量(单成分模型；经常使用)；B. 脂肪重量和无脂肪重量(二成分模型；经常使用)；C. 肌肉，骨头，皮肤，血液，器官和脂肪量(六成分模型；很少用，用于难以获得的技术)；D. 水，蛋白质，骨盐和脂肪量(四成分模型；可用技术的首选策略)

资料来源：Lohman TG. Applicability of body composition techniques and constants for children and youths. Exerc Sport Sci Rev. 1986; 14: 325−357.

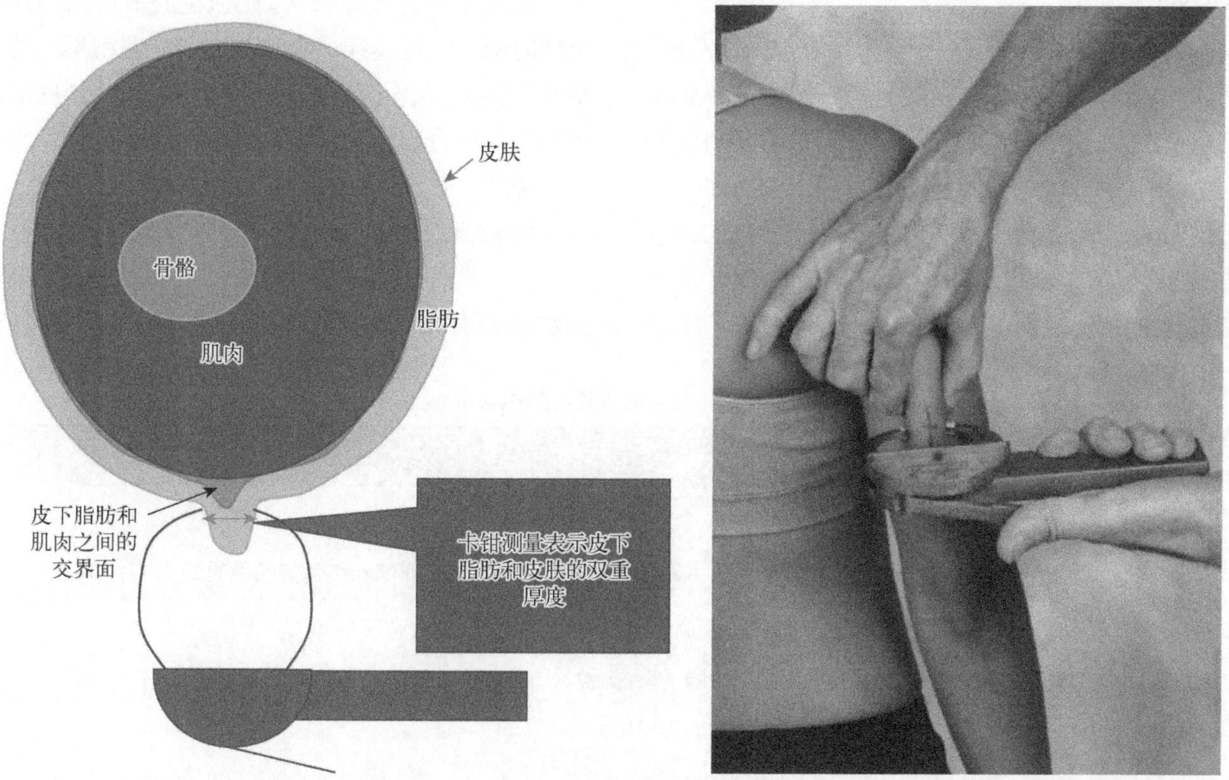

图8.13 基本的皮褶技术

资料来源：Thompson WR, editor. ACSM's Resources for the Personal Trainer. 3rd ed. Baltimore (MD): Lippincott Williams & Wilkins; 2010. p. 286.

方程是从右边的测量值发展而来的)。

■ 当被测量者的皮肤潮湿时不要测量(确保皮肤干燥，没有水迹)。

此外，不要在运动后立即测量，也不要在被测量者体温过高时测量，因为体液流向皮肤会使正常的皮肤体积膨胀。

■ 为了减少学习阶段的错误，皮褶的位置应该由经过培训的指导者精确地确定、标记和验证。皮褶测试最大的错误来源是不准确的位置。

■ 用左手的拇指和食指牢牢地抓住皮肤，然后拉出。

■ 右手握卡钳，与皮肤垂直，皮肤刻度盘朝上，易读。在手指抓住皮褶的1/4～1/2英寸(in; 1 in=0.025 4 m)处放置卡钳头。试着想象一下真正的双层皮肤厚度是多少，然后把卡钳头放在那里。

■ 在4 s内将卡钳刻度拨到最近的1 mm。测量时，确保左手拇指和食指保持皮肤皱褶的形状。

每个位置至少测量两次(至少间隔15 s)。如果两个值相差10%以内，取平均值。一般人群有多种不同的身体成分预测方程，运动员也有多种不同的身体成分预测方程。对不同的人（即男性、女性、运动员、非运动员）使用特定的方程产生更准确的结果。同样，使用更多的皮褶测量的方程更精确。例如，一个等式可能需要身高、体重、年龄、三头肌皮褶和腹部皮褶，而另一个等式可能需要身高、体重、年龄和三头肌皮褶，肩胛下动脉处，腋窝中部，肠骨上侧，腹部和大腿中部的位置（表8.8）。

与皮褶厚度有关的常用体脂百分比预测公式见方框8.2。

利用DXA验证了一个预测男性皮褶中身体成分的新方程[7]。新方程产生一个相对较低的标准误差（2.72%），且在研究一个普遍适合男性人口的样本时与DXA密切相关。目前没有类似的经过DXA验证的皮褶方程可供女性使用。这个DXA标准方程使用了7个皮褶位置，包括胸部、腋窝中部、三头肌、大腿、肩胛下动脉处、肠骨上侧和腹部，公式如下：

$$\begin{aligned}\text{体脂率} &= 0.465+0.185(\text{7处皮褶的总和})\\ &\quad -0.000\,240\,6(\text{7处皮褶的总和})^2\\ &\quad +0.066\,19(\text{年龄})\end{aligned}$$

提到皮褶公式和用来预测身体脂肪百分比的数值是很重要的。许多适用于运动员的方程也开始用于一般非运动员人群。因为运动员比一般非运动员要瘦得多，从皮褶公式得出的体脂结果是低得不切实际的，因此是不准确的。但是，如果使用相同的技术和公式来跟踪观察数值，则派生的值可以用作决定随时间变化的基线。将第一个值与使用不同的皮褶和不同的方程得到的值进行比较，或比较皮褶派生的身体成分值与其他方法派生的身体成分值都是不合适的。

2. 超声波

超声波的原理是基于声音从皮肤反射到肌肉和脂肪的表面。当超声波通过不同的组织密度时，声

表8.8 皮褶的位置和测量程序

位置	方法
腹部的	垂直褶皱；肚脐右侧2 cm处
三头肌	垂直褶皱；手臂自由地放在身体的一侧，位于上臂后中线，位于肩峰和鹰嘴突的中间
二头肌	垂直褶皱；在手臂上二头肌的前面，高于用来标记三头肌位置的高度1 cm处
胸部/胸肌	对角褶皱；前腋窝线到乳头的距离的一半（男性），或前腋窝线到乳头的距离的1/3（女性）
小腿内侧	垂直褶皱；在小腿内侧边界中线的最大周长处
腋窝中部	垂直褶皱；在腋窝中线胸骨剑突的水平位置上。另一种方法是在腋中线的剑突/胸骨缘水平处进行水平褶皱
肩胛下动脉处	对角褶皱（45°）；肩胛骨下角以下1～2 cm
肠骨上侧	对角褶皱；与髂嵴的自然角度一致位于前腋窝线直接上至髂嵴
大腿	垂直褶皱；在大腿的前中线，在髌骨近缘和腹股沟折痕之间的中间（臀部）

步骤

- 所有测量都应在身体右侧进行，受试者直立
- 卡钳应直接放在皮肤表面，距离拇指和手指1 cm处，垂直于皮褶，位于皱褶顶部和底部中间
- 读卡钳时应保持夹紧
- 等待1～2 s后读取卡钳
- 在每个现场采取重复测量，如果重复测量误差不小于1～2 mm，则重新测试
- 在测量位置转动或让皮肤有时间恢复正常的质地和厚度

资料来源：American College of Sports Medicine. Exercise prescription for individuals with metabolic disease risk factors. In: ACSM's Guidelines for Exercise Testing and Prescription. 10th ed. Philadelphia (PA): Wolters Kluwer; 2017.

方框 8.2　用于预测身体密度的常用皮褶方程

男性

- 7 点公式（胸部、腋窝中部、三头肌、肩胛下动脉处、腹部、肠骨上侧、大腿）：

  身体密度 = 1.112 − 0.000 4349 9（7 处皮褶总和）+0.000 000 55（7 处皮褶总和）^{2} − 0.000 288 26（年龄）［SEE 0.008 或 ～3.5% 脂肪］。

- 3 点公式（胸部、腹部、大腿）：

  身体密度 = 1.109 38 − 0.000 826 7（3 处皮褶总和）+0.000 001 6（3 处皮褶总和）^{2} − 0.000 257 4（年龄）［SEE 0.008 或 ～3.4% 脂肪］。

- 3 点公式（胸部、三头肌、肩胛下动脉处）：

  身体密度 = 1.112 502 5 − 0.001 312 5（3 处皮褶总和）+0.000 005 5（3 处皮褶总和）^{2} − 0.000 244（年龄）［SEE 0.008 或 ～3.6% 脂肪］。

女性

- 7 点公式（胸部、腋窝中部、三头肌、肩胛下动脉处、腹部、肠骨上侧、大腿）：

  身体密度 = 1.097 − 0.000 469 71（7 处皮褶总和）+0.000 000 56（7 处皮褶总和）^{2} − 0.000 128 28（年龄）［SEE 0.008 或 ～3.8% 脂肪］。

- 3 点公式（三头肌、肠骨上侧、大腿）：

  身体密度 = 1.099 492 1 − 0.000 992 9（3 处皮褶总和）+0.000 002 3（3 处皮褶总和）^{2} − 0.000 132 9（年龄）［SEE 0.009 或 ～3.9% 脂肪］。

- 3 点公式（三头肌、肠骨上侧、腹部）：

  身体密度 = 1.089 733 − 0.000 924 5（3 处皮褶总和）+0.000 002 5（3 处皮褶总和）^{2} − 0.000 097 9（年龄）［SEE 0.009 或 ～3.9% 脂肪］。

SEE，估计的标准误差。

资料来源：Reprinted from American College of Sports Medicine. Exercise prescription for individuals with metabolic disease risk factors. In: ACSM' Guidelines for Exercise Testing and Prescription. 10th ed. Philadelphia (PA): Wolters Kluwer; 2017; Based on data from Jackson AW, Pollock M. Practical assessment of body composition. Phys Sports Med. 1985; 13(5): 76, 80, 82−90; Pollack ML, Schmidt DH, Jackson AS. Measure ment of cardiorespiratory fitness and body composition in the clinical setting. Compr Ther. 1980; 6(9): 12−27.

波的一部分被反射回来。声波反射回来所需要的时间是它所经过的组织厚度的函数（图 8.14）。这项技术提供了皮下脂肪层和底层肌肉层的组织深度，从而提供了相对体脂的测量。假设操作者有经验和技能，研究发现超声是一种可靠、准确和安全的测量皮下脂肪和肌肉厚度的方法[156]。了解由脂肪模式决定的最佳测量位置对于获得可靠的超声结果非常重要[112]。最近一项应用标准化超声技术测量皮下脂肪的研究使用了 8 个测量点，且在从瘦到胖的群组中产生了高测量精度和可靠性[144]。超声波设备相对便宜，不会产生任何可能被认为是不安全的电波和辐射波。

3. 水下皮脂测定法（水下称重法）

这是确定身体成分的经典方法，并应用了阿基米德原理。阿基米德是一位希腊数学家、工程师和物理学家，他发现了确定不同形状的面积和体积的

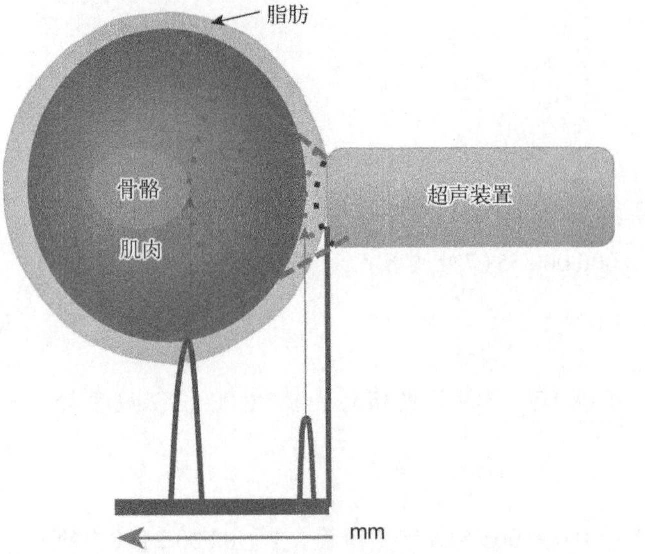

图8.14　超声波。超声波装置既能发射也能接收超声波信号。所发出的信号的一部分"反射"出脂肪和肌肉的接触面，也反射出肌肉和骨骼的接触面。设备通过分析信号从每个组织界面"弹回"所需的时间，这是一种组织厚度的测量方法（即时间越长，组织越厚）

图8.15　水下称重法表示遵循阿基米德原理的物体在水下的重量：被测者的体重等于受检者身体排出的液体的重量。由于脂肪质量的密度比非脂肪质量的密度低，因为与体重相同的瘦人相比，脂肪量大的人会排出更多的水。在实践中，水外重量与水内重量进行比较。体重差异越大，身体脂肪水平越高

资料来源：Plowman S, Smith D. Exercise Physiology for Health Fitness and Performance. 5th ed. Philadelphia (PA): LWW (PE); 2017.

公式及浮力原理。本质上，这一原理表明，在重量相等的情况下，密度低的物体比密度高的物体表面积大，排水量大（图8.15）。

从身体成分的角度来看，这一原则的应用方式如下：

（1）被测者在标准秤上称重，以得到"地面"重量。

（2）使用专门的设备，估计被测者的肺容积（被测者吹气到管子中）。

（3）被测者坐在一把固定在体重秤上的椅子上。

（4）椅子和体重秤被放置在水面上，慢慢地把椅子放入水中。

（5）当水面低于被测者的下巴时，要求他们完全呼气，低下头完全浸入水中。

（6）当浸入时，"水下重量"是通过被测者坐的椅子上的磅秤上显示出来的。

实验对象在水里的体重比在水外的轻，因为身体脂肪（忽略其数量）使实验对象浮力更大。水里和水外体重的差异取决于被测者体内脂肪的多少。一个非常肥胖的人，体内脂肪含量高，相对于陆地体重来说，在水中会显得很轻。因为肺容量是在测量水重之前测量的，所以肺里的空气浮力是可以调节的。为了尽量减少肺部空气的影响，被测者被要求在完全浸没之前先呼气，但肺中总有一些空气残留，这被称为余气量。

由于超声波不能通过空气，而骨骼有空气，所以用于身体成分评估的超声波不能用来测量骨骼的厚度/尺寸。

使用水下称重法有很大的误差可能性。去脂肪质量中水分的比例为73.2%，但研究表明，它在60%～92%之间变化。这就造成了一个估计身体脂肪百分比为4%～22%的潜在错误[153]。还有一个假设是，脂肪质量的密度固定在0.90 g/cm^3，去脂肪质量的密度固定在1.10 g/cm^3，但已确定的是，身体脂肪的密度和去脂肪的密度在个体之间是不同的。其他可能的误差来源包括：

- 运动员的骨密度比非运动员高，这可能会导致对身体脂肪的低估；

■ 老年人的骨密度比年轻人低，这可能会导致对身体脂肪的过高估计；

■ 胃肠道中的滞留气体只能估计。

然而，如果进行测量的技术人员能够有效地复制测量过程，那么这种技术对于确定随时间推移身体成分的变化是有用的。它也是确定一个人群身体成分的一种有用的手段，因为与该技术相关的错误将在许多测量中平均出来。

4. 空气置换体积描记法

BOD POD黄金标准身体成分跟踪系统（COSMED）用于通过空气置换身体密度来确定身体成分。因为脂肪团的密度比非脂质量小，所以在同等重量的非脂质量中，脂肪会置换更多的空气。这和水下称重的测量原理是一样的（水下称重法），但用空气置换代替水置换时，BOD POD测量被测者的质量和空气体积，由此确定他们的全身密度。该措施包括评估压力变化，注入已知体积的空气到一个封闭的房间，由于较大的身体体积取代了较大的空气体积，导致压力更大。利用这些数据，可以计算出身体脂肪和去脂肪肌肉的质量。它与水下称重法相比有着明显的优势，提供被测者更高的可接受性，更高的精度，并消除余气量带来的问题（图 8.16）。

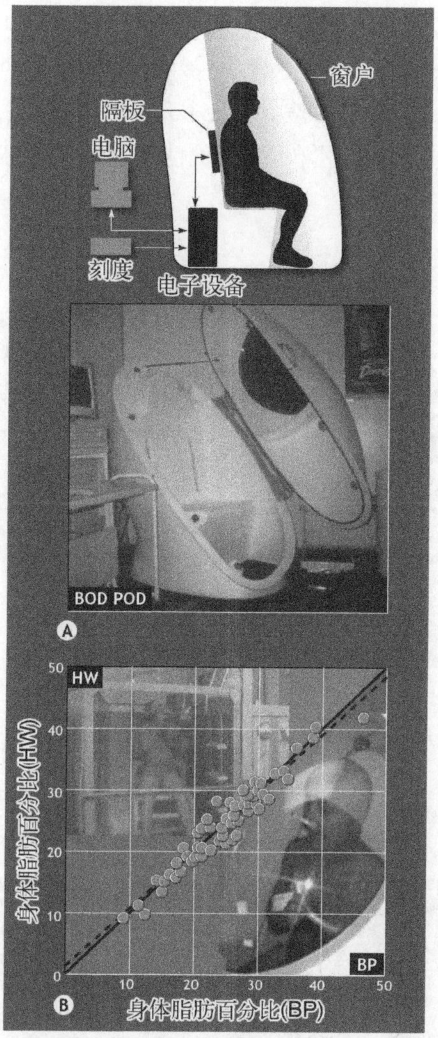

图8.16　A. 在Bod Pod中，受试者坐在封闭的容器中。身体成分是通过测量被受测者排出的空气量来评估的。B. BOD POD. 类似于用水下称重法来评估身体成分的方法，BOD POD评估空气置换与水置换作为衡量相对体脂的指标

资料来源：McArdle WD, Katch FI, Katch VL. Exercise Physiology. 8th ed. Philadelphia (PA): Lippincott Williams & Wilkins; 2014; Data from McCrory MA, Gomez TD, Bernauer EM, Molé PA. Evaluation of a new air displacement plethysmograph for measuring human body composition. Med Sci Sports Exerc.1995; 27: 1686.

该方法与DXA法具有良好的相关性，是一种有效、可靠的身体成分测定方法。然而，研究发现，研究结果总是高估去脂肪质量，而低估脂肪质量[4,98]。在一项对283名女性的重测信度研究中，第一次和第二次测试之间没有显著的平均差异，这表明，BOD POD将是一个很好的设备，以确定身体成分随时间的变化[152]。

5. 生物电阻抗分析法

水是电的良导体，大部分身体里的水都存在于非脂质物质中。脂肪，基本上是无水的（没有水分在里面），阻碍电流流动，因此得名生物电阻抗分析法（bioelectrical impedance analysis，BIA）。电流的阻抗越大，电流所遇到的脂肪量就越大。无论使用何种BIA设备，其原理都是相同的。如果您知道进入系统的初始能量（电流）水平，并且您可以测量离开系统的能量水平，那么您就知道系统中有多少能量被阻碍了。因为肌肉含有水和电解质，是电的有效导体，而脂肪是一种有效的绝缘体（因此它阻碍电），阻抗越大，脂肪水平越高。如果你从100 U的电流输入系统开始到80 U的电流输出，你体内的水和肌肉比那些体内输入100 U，输出60 U的人要多。

BIA设备有几种类型的，从简单到非常复杂。在光谱的简单一端，BIA量表让被测者站在电子体重秤上，电流从右脚开始，向上到右腿，向下到左腿，

然后从左脚流出。还有一种手持设备可以使电流从一只手传到另一只手（图8.17）。测量阻抗（即开始电流和结束电流的差异）是用来预测脂肪质量的。最便宜的设备使用单一电流，使得这些系统极易受到水合状态差异的影响。例如，如果一个相对瘦的人在测量时脱水，电流的传导效率会降低（即会有更大的阻抗），因为较少的身体水分会让人看起来比实际上有更多的脂肪。更复杂的设备使用多种电流

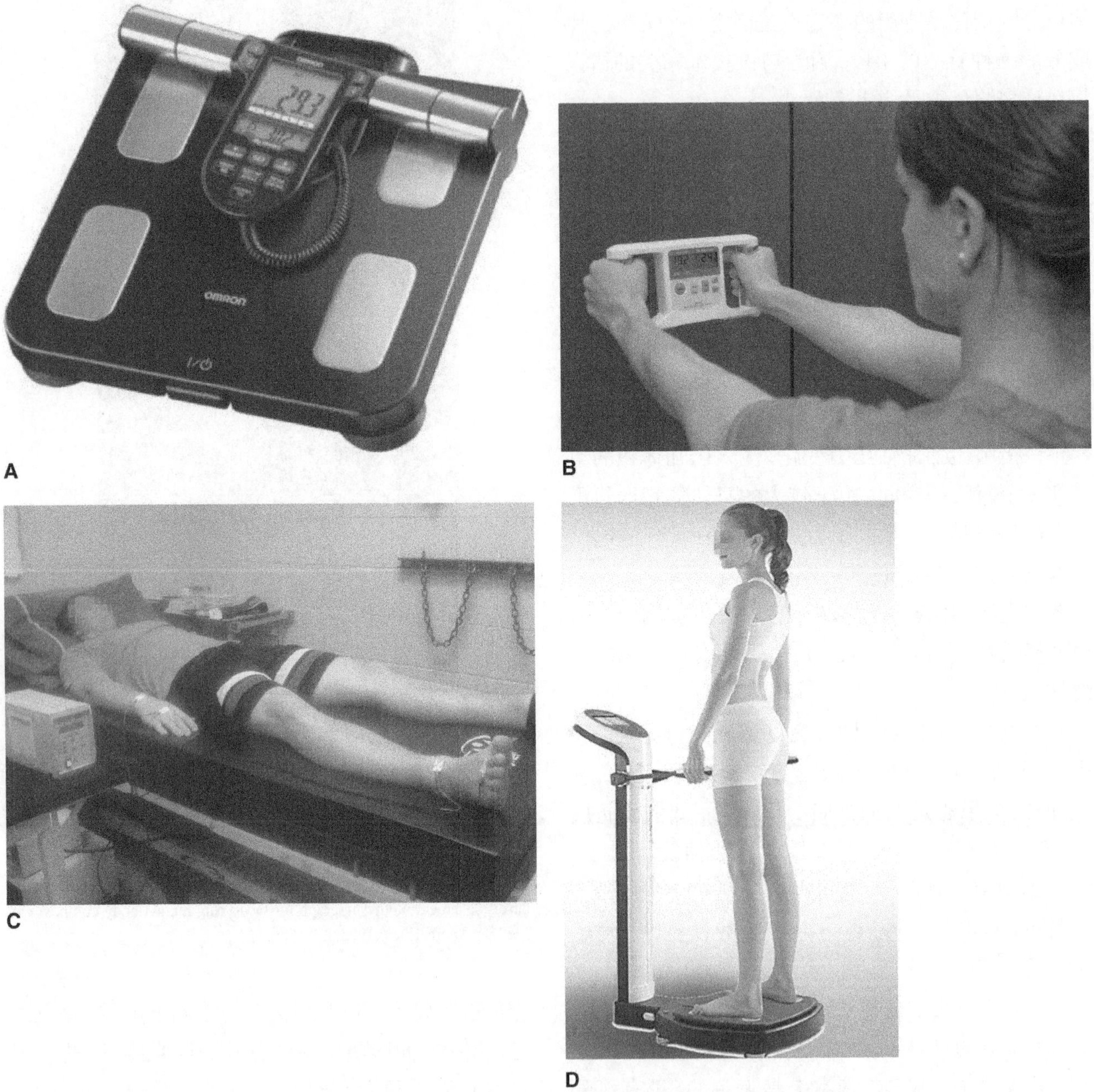

图8.17 不同的生物电阻抗分析（BIA）设备测量身体的不同部位

电流通过的部分决定了被评估的部分；A. 利用BIA量表，电流从一只脚传到另一只脚，这样就可以测量双腿和骨盆下部的身体成分；B. 通过手持的BIA设备，电流从一只手传到另一只手，这样就可以测量双臂和上胸部的身体成分；C. 利用手对脚的BIA设备，电流从一只手传到身体同侧的脚上，这样就可以测量脖子以下整个身体一侧的身体成分；D. 通过将BIA设备连接到脚和手，电流通过整个身体，从而实现对脖子以下整个身体的身体成分测量

资料来源：A, from Drench Fitness [Internet], 2018. Available from: http://www.drenchfit.com/. Accessed May 4, 2018; B, from Plowman S, Smith D. Exercise Physiology for Health Fitness and Performance. 5th ed. Philadelphia (PA): LWW (PE); 2017; C, from Kraemer WJ, Fleck SJ, Deschenes MR. Exercise Physiology. Philadelphia (PA): LWW (PE); 2011; D, from Premier Integrative Health Center for Personalized Medicine. Inbody scale. Available from: http://www.premierintegrativehealthkc.com/inbody-scale/. Accessed May 4, 2018.

通过身体的各个部位。不能测量整个身体的仪器的一个明显的弱点是，对身体脂肪总量的预测是基于身体被评估的部分，这可能不能代表身体其他部位的脂肪水平。

一些更新和更贵的（5 000～25 000美元）BIA模型能够提供分段的身体结构（胳膊、腿、腹部），这对于确定肌肉的对称性和脂肪储存的位置很有用。这些模型还使用了多种电流技术，与单电流模型相比，它们在不同水化状态下产生的误差要小得多。一项验证性研究，比较了一种新的八模式多电流BIA设备（即通过每只手、每只脚、手和脚之间的电流来测量整个身体的装置），发现DXA和BIA装置在脂肪量、脂肪百分比和总去脂肪质量方面无显著差异[75]。需要注意的是，使用的BIA设备会产生多个电流，使其在不同程度的脱水情况下更加准确。如果使用较便宜的设备来产生单一电流，水合状态可能会在导出的值中造成很大的误差。有了这些设备，让接受BIA测量的人处于水化良好的状态是至关重要的，任何可能损害水合作用的情况都应该在评估前24 h内避免（喝酒、锻炼、喝大量的咖啡、在炎热潮湿的天气待在户外）。值得注意的是，目前还没有专门针对运动员的BIA相关方程可以用来预测这一人群的身体成分[108]。虽然更新的多流BIA系统可能产生与DXA相似的结果，但运动员与普通人群之间很可能存在差异，而这种差异尚未被BIA完全解决。

6. 双能X线吸收仪

双能X线吸收仪（Dual-energy X-ray absorptiometry，DXA）被广泛认为是预测机体成分最准确的方法，通常被认为是当前的黄金标准。然而，它却有一定的局限性，因为它不能携带，而且成本超过10万美元。从一个运动员的全身扫描中获得的信息是很珍贵的，包括骨密度、体脂肪百分比、瘦体重、脂肪量，以及脂肪和去脂肪质量在手臂、躯干和腿部的分布。软组织（肌肉和脂肪）的标准估计误差＜1.5%，骨骼＜0.5%，结果可靠且可重复[26]（图8.18）。

DXA程序最初是用来测定骨矿物质含量和骨密度的。被测者躺在DXA台上约20 min，笔形射束X线穿过被测者，由分析仪测量，由技术人员使用特定设备的软件程序进行解释。因为金属的密度很高，被测者被要求摘下所有首饰，并且必须穿不含金属的衣服。其组合值被转换为骨骼、瘦组织和脂肪组织的密度值。

DXA的工作原理是让两束X线穿过被测者，然后测量通过的组织吸收了多少X线。一束是高强度的，另一束是低强度的，所以每束的相对吸光度是它通过的组织密度的指示。组织密度越高，X线强度越小。DXA系统对X线进行过滤，使得只有很小比例的原始X线通过被测者。根据身体的厚度，接受DXA扫描的被测者将接受0.02～0.05 mREM的辐射。相比之下，大多数人接受的典型非医学辐射在0.5～0.75 mREM之间。感应辐射非常低，以至于一个人需要进行800次全身DXA扫描才能接收到与标准胸透相同水平的辐射。由于低辐射感应，DXA被FDA批准为预测人体成分的非医学筛查装置。X线设备通常被保留为与医学相关的诊断工具，因为它们会产生大量的辐射，但对于DXA则不是这样。因为DXA被广泛认为是身体成分评估的黄金标准，其他方法（皮褶、BIA、BOD POD等）都是基于DXA结果进行验证的[85]。

7. 为什么身体成分会变化

身体成分变化，这种变化是通过改变食物的种类和进食时间及运动的数量和强度来实现的。因为人体系统认为能量是宝贵的，如果不能使用需要能量的组织，就会导致能量的损失。阐述这种适应性的去脂肪质量的一般规则，包括骨量，是“使用它或失去它”。这种适应性的例子是早期的宇航员在太空中发生的事情（在预先激活的维生素D被开发出来之前）。由于外太空没有重力的环境，人们不再需要强壮的抗重力肌肉和骨骼，所以他们的骨骼很快就失去了矿物质。当人们因疾病或受伤而卧床不起时，也会出现同样的结果。骨量和肌肉量都会迅速减少，因为它们“消耗热量”，可躺在床上不需要。重要的是要考虑到身体组织是活的，并试图适应当前的情况。如果你锻炼的方式需要更多的肌肉来让锻炼变得更容易，那么身体的适应就是增加肌肉组

图8.18 双能X线骨密度仪能够评估全身和局部的身体成分和骨密度

A. 双能X线吸收测量法要求被测者躺在台上。已知强度的低水平X线穿过被测者，其余未被身体组织吸收的X线由被测者上方的手臂读取。较高的组织密度可以吸收更多的X线，从而可以准确地评估身体成分；B. DXA 扫描的结果可以显示骨骼组织和软组织（肌肉和脂肪），并与现有标准比较密度；C. 骨骼不同部位的低骨密度风险也可以评估，包括股骨颈（骨质疏松性髋部骨折）和下方脊椎（骨质疏松性压缩性骨折）

资料来源：A.from Kraemer WJ, Fleck SJ, Deschenes MR. Exercise Physiology. Philadelphia (PA): LWW (PE); 2011; B and C, from Aktolun C, Goldsmith S. Nuclear Oncology. Philadelphia (PA): LWW (PE); 2015.

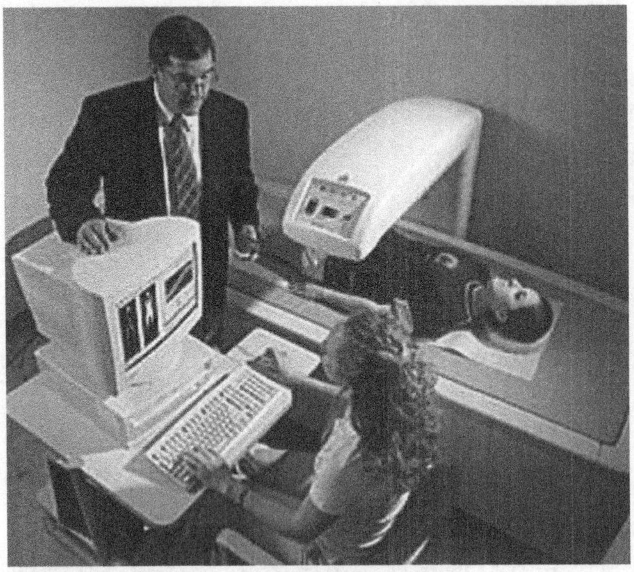

A

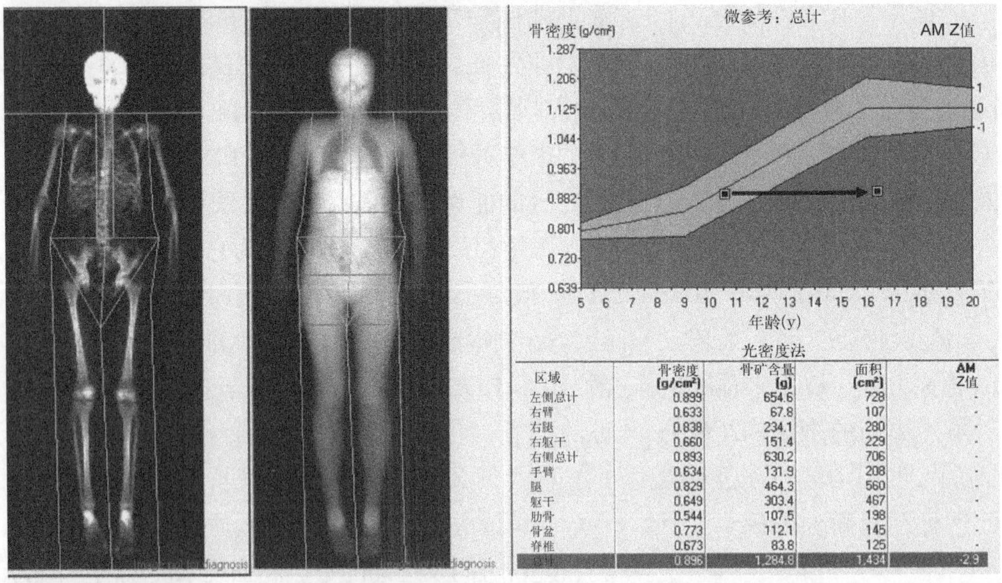

B

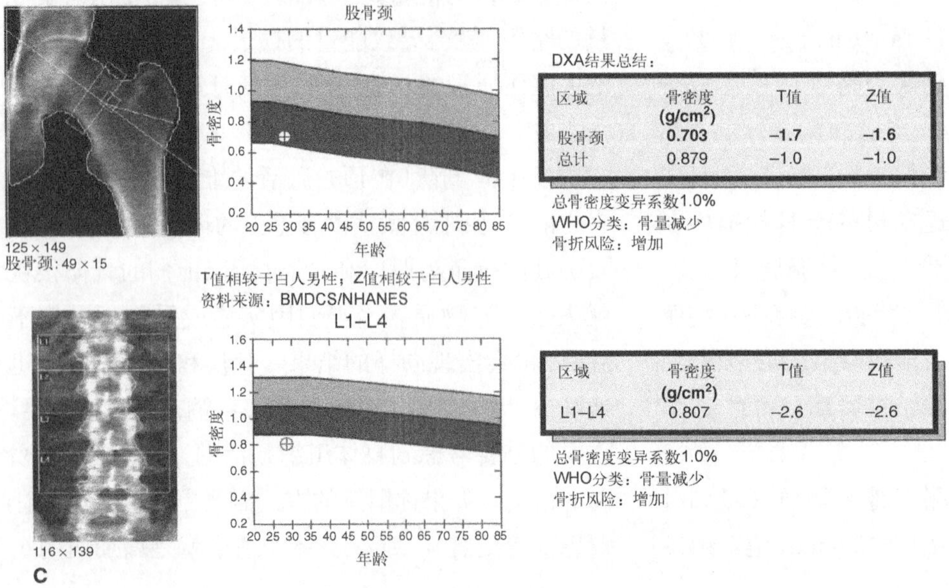

C

织。如果你通过减少锻炼来减少对肌肉的压力，那么肌肉就会失去。

对身体成分的影响与遗传易感性、年龄、性别、活动类型、活动量、营养和肠道菌群有关。

（1）遗传异感性：人有不同的遗传类型，每种类型都有不同的倾向积累更多或更少的脂肪[136]。不同的身体类型（即体型分类）有不同的身体成分。胖型体质（大躯干、短手指、短腿）身体脂肪百分比较高，而瘦型体质（长腿、长手指、小躯干）身体脂肪少，身材苗条[119,139]。即使生活在相同的环境中，个体在变胖方面的易感性也存在明显的差异，这有力地说明遗传异感性起着重要的作用[40]。因为基因组成不会改变，大多数人所能做的就是优化大自然所提供的。

（2）年龄：人们通常在30岁以后出现较少的去脂肪质量和较多的脂肪量。老年男性的体重比中年男性轻8.2 kg，这主要是由于他们的肌肉组织较低[19]。与年轻个体相比，年老个体的瘦体重下降幅度更大。与25岁相比，65～70岁的男性平均瘦了12 kg，女性平均瘦了5 kg[50]。因为30岁以后，每十年能量代谢下降2%，要维持理想的体重和身体结构就会变得越来越困难。然而，尽管这种与年龄相关的身体结构变化是正常的，但这并不是一定的。已有研究清楚地表明，良好的饮食和有规律的体育活动可以让你保持苗条[56]。

（3）性别：所有其他因素相同的情况下（即相等的体重身高比），女性比男性有更高的身体脂肪百分比和更低的瘦体重[55]。这种性别差异主要是男女生物功能差异的表现。因为女性会将自身产生的部分睾酮转化为子宫发育所需的激素，所以用于肌肉发育的激素就会减少[44]。尽管存在这种差异，女性还是有可能通过有规律的抵抗活动和适当的饮食来增加肌肉量。

（4）活动类型：不同类型的活动会给身体系统带来不同的压力，正如你所预料的那样，身体对这些压力的反应是不同的。降低体脂率的标准运动是有氧运动，但有充分的证据表明，任何类型的活动（包括无氧活动）都会降低身体脂肪比例，提高运动能力[20,60]。高强度的运动可能会导致更大的瘦体重增加，同时减少身体脂肪质量，从而在对体重影响最小的情况下降低健康风险，改善身体结构[124]。尽管如此，这种身体结构的变化仍然可能使人看起来略小一些，因为相对于瘦体重来说，脂肪质量占据更多的空间。另外，低强度的活动似乎可以在对瘦体重的影响最小的情况下，减少身体脂肪的比例，从而减轻体重。当能量消耗（燃烧的热量）相等时，无氧和有氧运动对体脂的影响相等。

（5）活动量：运动量越大，在适当改变身体成分和减少健康风险方面的潜在好处就越大。当然，训练是有限制的。过度训练可能导致过度训练综合征，这对身体成分和健康都有负面影响。在所有的训练方案中，活动必须有足够的能量摄入。在不增加能量摄入的情况下增加运动时间，会导致通过破坏肌肉质量，来支持能量需求，并可能产生多种负面结果[110]。此外，过度训练虽然不一定会导致瘦体重的减少，但会导致肌肉酸痛增加，肌肉力量和耐力下降。因此，活动量应谨慎平衡，摄入足够的能量，并有足够的休息，以保持肌肉质量和运动表现[95]。

（6）营养：许多营养因素会影响身体成分，包括摄入太多的能量（脂肪量会增加），太少的能量（去脂肪质量会更少），或错误的时间（根据能量的传递方式，脂肪量可能会增大，而瘦体重则会变小）[110,116]。没有摄入足够的营养（维生素B、锌、铁等）也可能降低运动员适当消耗能量的能力，从而限制了运动员在运动中消耗脂肪的能力。

（7）肠道菌群：新的数据强烈指示肠道菌群（即胃肠道细菌的数量和组成）对获取营养和能量代谢途径有影响[30]。这些发现证明了拥有一个健康的肠道对于降低肥胖和相关疾病的风险是多么重要。早期结果表明，在患有肥胖相关代谢综合征的男性中，微生物群移植可以降低肥胖并改善胰岛素敏感性，从而降低健康风险[65]。

（七）身体成分评估的常见问题

身体成分评估已成为运动员评估的重要组成部分。运动员的肌肉和脂肪质量可以预测运动员的表现，骨量评估对于了解运动员是否存在发育问题或是否有应力性骨折的危险是很重要的。对身体成分的定期评估也有助于运动员了解训练方案是否会导致他们正在寻求的身体的变化。然而，在评估身体成分时有一些重要的考虑。

1. 理想的身体成分变化是可能的

身体成分可能会随着饮食和运动的改变而改变，但饮食和运动应同时考虑。改变运动计划而不适当改变食物/饮料的摄入量，可能会在追求理想的身体成分时导致难以预料的问题。如果运动员在训练方案中增加训练，必须增加能量摄入以支持能量消耗的增加。运动员通过增加锻炼使自己处于严重的能量缺乏状态，并且保持或降低能量摄入可能会降低代谢率，增加脂肪储存，并导致肌肉分解以支持能量需求。吃太多也会增加脂肪的储存。一整天都保持能量摄入是最好的，因此，运动员应该注意摄入足够的能量来支持锻炼，而不是在一天结束时补充能量不足。

2. 保护私人信息

运动员经常将身体成分值与其他运动员进行比较，但这种比较没有意义，可能会促使运动员在某种程度上改变身体成分，从而对成绩和健康产生负面影响。参与获取身体成分数据的健康专业人士应该对这些信息保密。他们还应该向每个运动员解释，身高、年龄和性别的差异可能会导致身体组成的差异，在表现上不一定有区别。保护隐私和帮助运动员将信息置于适当的环境中的策略包括：

- 一次只与一名运动员获取身体成分值，以限制数据共享的机会；
- 用“在适当的范围内”而不是“原始值”等短语向运动员提供身体成分信息，如“你的身体脂肪水平是18%”；
- 向运动员提供他们在两次评估之间如何变化的信息，而不是提供当前的价值；
- 增加对肌肉质量的关注，减少对身体脂肪的关注；
- 使用身体成分值作为一种方式来帮助解释客观测量的表现结果的变化。

3. 比较不同评估方法得出的身体成分结果

不同的身体成分评估方法产生不同的标准结果。因此，将一种评估方法的结果与另一种评估方法的结果进行比较是不合适的。如果要评估运动员的身体成分随时间的变化（适当使用身体成分评估），只有在整个评估期间采用相同方法时，才应进行这种比较。例如，相隔几个月进行的两次DXA扫描的差异提供了关于个体身体组成如何变化的有价值的信息，就像两种皮褶评估的差异一样。然而，从DXA扫描和皮褶方程得到的身体成分值之间的差异在确定变化方面是无用的。即使是同一种评估方法，也应该使用相同的预测方程来确定运动员的身体成分是否在两次测量之间发生了变化。

4. 对身体脂肪低含量的无限制追求

大多数运动员希望他们的身体脂肪水平尽可能低。然而，运动员往往试图追求的是身体脂肪水平没有限度的低（这种低与运动规范或自身的体脂倾向无关），这会增加患病的频率、增加受伤的风险、延长运动员受伤后恢复训练所需的时间、降低成绩、增加饮食失调的风险。身体成分值应该被认为是一个连续体上的数字，这在体育运动中很常见。如果一名运动员落在这一连续体的任何一个地方，除了身体组成之外，其他因素（培训、获得技能等）很可能是预测成功的主要因素。对于运动员来说，追求任意低的身体脂肪水平和（或）体重对运动员来说是一个特别的问题，因为体重是一个普遍的期望。摔跤运动员，为了更具竞争力，尤其会做出危险的努力，有时甚至导致死亡，以降低身体脂肪水平和体重。

5. 身体成分评估频率过高

经常接受体重和（或）皮褶评估的运动员对结果感到恐惧，因为评估结果经常（而且不恰当地）被用作惩罚性的。身体成分的真正变化是缓慢发生的，因此不需要每周、每两周甚至每月对运动员进行评估。每年评估身体成分2～4次是确定和监测身体成分变化的适当频率。在一些特殊情况下，当运动员受伤或患有疾病时，如吸收不良、发热、腹泻或厌食，医生推荐一个更频繁的评估率来控制瘦体重的变化是合理的。传统上重视体重和（或）身体组成的教练应该将注意力转移到更频繁的客观表现评估上。

四、总结

身体成分评估可以是一个有用的工具，帮助运动员和教练了解由于训练和营养因素而发生的变化。参与获取身体成分数据的健康专业人士应该着重于使用相同的技术和相同的预测方程来获得有效的随时间变化的比较数据。在运动员的整体训练计划中，应注意身体成分值的建设性使用。理想情况下，重点应该是定期监测运动员的身体成分，以确定瘦体重和脂肪质量的变化。许多运动员对体脂很敏感，因此，应谨慎使用身体成分值，使其能够在运动员的总体训练计划中发挥建设性作用。

谨慎地提出基于单一身体成分测量的建议。一项简单的测量可能表明运动员是过度肥胖。然而，如果那个运动员在1个月或2个月前有更高的身体脂肪水平，他们已经在做一些在身体成分上令人满意的改变。如果进行干预，它可能会在不经意间改变成功的策略。同样的情况也可能发生在运动员身上，以单一的标准来衡量，他们似乎相对较瘦，没有导致任何干预。但是如果那个运动员的身体脂肪水平一直在稳步增加呢？如果只进行一次测量，这将永远不会为人所知。因此，成功的身体成分测量的关键是在同一时间间隔，也许是一个月，每次使用相同的设备，在进行任何干预之前确定准确的变化轨迹。

ACSM、AND、DOC就营养和运动表现的研究对运动员的体重和身体成分做了一些重要的说明，包含以下内容[147]。

■ 在6项针对男女运动员的研究中，有3项结果是负能量平衡（体重下降0.02%～5.8%；超过5个30天的周期）与表现下降无关。在剩下的3项研究中，观察到无氧和有氧性能的下降，与快速减重（减重1.4%）相比，慢速减重（减重0.7%）对表现更有利，而且一项研究表明，自我选择的能量限制会导致激素水平下降。

■ 虽然很明显，身体成分的评估和操作可能有助于运动生涯的发展，但应该提醒运动员、教练和培训员，仅仅根据体重和成分不能准确地预测运动表现。一个单一和严格的最佳身体成分评估不建议用于任何项目或运动员团体。

■ 营养目标和要求不是一成不变的。运动员进行一个周期化的项目，在这个项目中，通过在训练日历的不同周期整合不同类型的训练来为目标项目的最佳表现做准备。营养支持也需要定期进行，同时考虑到每日训练的需要（从“简单”锻炼的小范围到高质量锻炼的大范围［如高强度、高压力或高技能的锻炼］）及整体营养目标。

■ 营养计划需要根据运动员的个人情况进行个性化调整，以考虑到项目的特殊性和独特性、比赛目标、实际挑战、食物偏好及对各种策略的反应。

■ 实现与最佳表现相关的身体成分现在被认为是一个重要但具有挑战性的目标，需要个体化和周期化。应注意避免造成不可接受的能量利用率低和心理压力的做法，以保持健康和长期表现。

■ 一些营养成分（如能量、碳水化合物和蛋白质）应该用每千克体重来表示，这样建议就可以根据运动员体型的大范围进行调整。运动营养指南还应考虑一天中营养摄入和营养支持的时机的重要性，并与运动相关，而不是一般的每日目标。

■ 有充分的证据表明，在体重敏感和重量运动中，运动员经常采取快速减肥策略以获得竞争优势。然而，由此产生的水合作用不足（身体水分不足），糖原储备和瘦体重的损失，以及其他病理行为的结果（如催吐、过度训练、挨饿）可能损害健康和功能。

■ 个性化的饮食和减肥/减脂训练处方应该基于对目标的评估，当前的培训和营养实践，过去的经验，以及尝试和错误。然而，对于大多数运动员来说，从他们的周期性能量需求中减少能量摄入250～500 kcal/d的实用方法，在保持或稍微增加能量消耗的同时，可以在3～6周内达到短期的身体成分目标。

■ 运动员可能会为了减肥或改善身体成分而过度限制脂肪的摄入。不鼓励运动员长期摄入低于摄入能量20%的脂肪，因为减少饮食种类往往与这些限制有关，可能会减少各种营养素的摄入，如脂溶性维生素和必需脂肪酸，特别是n−3脂肪酸。

■ 经常限制能量摄入、依赖极端减肥方法、从饮食中剔除一种或多种食物或饮食选择不当的运动员可能摄入的微量营养素不足，并从微量营养素补充剂中获益。这种情况在钙、维生素D、铁和一些抗氧化剂中最常见。单微量营养素补充剂一般只适用于纠正临床确定的医疗原因（如补充铁元素治疗缺铁性贫血）。

■ 如果需要对身体成分进行显著的改变，理想情况下，它应该在比赛季节之前很久进行，以尽量减少对赛事表现的影响或对快速减肥技术的依赖。

■ 在其他职责中，体育营养师的职责是对营养需求和当前的饮食习惯进行评估，包括以下内容：

● 能量摄入，营养和液体在训练和比赛之前、期间和之后。

● 与营养相关的健康问题（进食障碍、食物过敏或不耐受、肠胃紊乱、损伤处理、肌肉痉挛、低血糖等）和身体成分目标。

● 食物和液体的摄入及休息、恢复和旅行期间的能量消耗。

● 极端条件下的营养需求（如高海拔训练、环境问题）。

◆ 运动员体重的充足性和与低体重相关的代谢风险因素。

◆ 补充实践。

◆ 身高、体重等基本指标，以及身体成分的可能评估。

实际应用

有一个普遍的误解是，进行能量限制饮食可以帮助你达到理想的体重，但是如果这种能量限制导致了白天能量平衡的巨大偏差（即RED中花费大量的时间），那么，这种策略可能会适得其反。评估你自己的饮食，来评估以下能量平衡：

（1）用Harris-Benedict方程来预测你每小时的静息能量消耗（resting energy expenditure，REE），根据你的性别，Mifflin等[104]进行修改：

男性每小时REE=｛[10×体重（kg）]+[6.25×身高（cm）]−[5×年龄（a）]+5｝/24

女性每小时REE=｛[10×体重（kg）]+[6.25×身高（cm）]−[5×年龄（a）]−161｝/24

资料来源：Mifflin MD, St Jeor ST, Hill LA, Scott BJ, Daugherty SA, Koh YO. A new predictive equation for resting energy expenditure in healthy individuals. Am J Clin Nutr. 1990; 51(2): 241−247.

（2）使用以下的相对能量消耗（MET值）量表，预测你每小时和每天的总能量消耗（用每小时的REE乘以最接近你每天每小时活动的活动因子），使用这个策略可以得到每小时的能量摄入（食品/饮料摄入）和每小时的能量消耗（活动强度）。

活动因子	描述
1	休息，倚靠：睡觉，倚靠，休息
1.5	休息⁺：正常，一般坐着，站着，白天活动
2.0	很轻：更多的运动，主要是上半身。相当于系鞋带、打字、刷牙
2.5	很轻⁺：比2.0更努力
3.0	轻：上下身运动。相当于做家务
3.5	轻⁺：比3.0更努力；心跳加快，但可以做这一天没有困难

（续表）

活动因子	描　　述
4.0	中等：快走等。心率加快，轻微出汗等，但很舒适
4.5	中等⁺：比 4.0 更努力。心率明显加快，呼吸加快
5.0	精力充沛：呼吸清晰、更快、更深、心率更快，必须在说话时偶尔深呼吸，才能进行交谈
5.5	精力充沛⁺：比 5.0 更努力。呼吸明显地加快和加深，并且必须更经常地深呼吸来继续谈话
6.0	沉重：你仍然可以说话，但呼吸是如此困难和深，你宁愿不要，大量出汗，心率非常高
6.5	沉重⁺：比 6.0 更努力。你几乎不会说话，但宁愿不说话。这是你能做到的最困难的事情，但不会持续太久
7.0	筋疲力尽：这种强度不能持续太久，因为你正处于崩溃的边缘，正在喘着粗气。心跳加速

开始时间	结束时间	活动因子	活动描述	食物/饮料描述	食物/饮料数量
			**** 开始 ****		
12:00	7:00	1.0	睡觉		
7:00	8:00	1.5	没什么特别的	全麦华夫饼	3
				枫糖浆	2 汤匙
				1% 牛奶	1 杯
				橙汁（浓缩）	1.5 杯
				咖啡	2 杯
				1% 咖啡牛奶	2 汤匙
10:00	11:00	5.0	慢跑 30 min	运动饮料	16 oz
12:00	13:00	1.5	没什么特别的	中等大小的牛肉三明治，白面包，蛋黄酱，生菜和西红柿	1 个三明治
				咖啡	2 杯
				人工咖啡奶油	2 包
				苹果派	1 片（小）
17:00	18:00	4.0	散步 1 h	水	16 oz
19:00	20:00	1.5	没什么特别的	烤宽面条配碎牛肉和奶酪	大盘
				生菜沙拉配西红柿和黄瓜	中份沙拉
				蓝酪沙拉浇汁	1 汤匙
				红酒	1 中杯
22:00	23:00	1.5	没什么特别的	爆米花（空爆；没有黄油）	100 cal
			*** 结束 ***		

（3）确定你每天的总能量摄入是否完全满足你每天的总能量消耗。

（4）使用此策略和电子表格（评估每天每小时的能量平衡），你还可以确定你所经历的日内能量平衡偏差，遵循Deutz等[29]，Fahrenholtz等[45]和Torstveit等[150]的策略。

（5）看看你是否能找到一种方法来分配你的食物/饮料的摄入，这样你就能保持每小时不超过±400 cal的能量平衡。

本章问题

1. 低能量利用率被定义为：
   a. 经常超过实时能量摄入的能量消耗
   b. 由饮食失调引起的低能量摄入
   c. 激素紊乱，导致葡萄糖摄入延迟
   d. 由于饥饿而降低代谢率
2. 当比较能量不足和能量过剩时，两者都有这些问题，除了：
   a. 增加受伤的风险
   b. 降低运动表现
   c. 增加饮食失调的风险
   d. 2型糖尿病的风险更高
3. 下列哪一项与较低的食物摄取量、较高的能量消耗及较高的脂肪分解代谢有关？
   a. 瘦素　　b. 胰岛素
   c. 胃饥饿素　　d. a和c
4. 下列哪一项最有可能降低胃饥饿素？
   a. 起床后2 h左右的一顿丰盛的早餐
   b. 在血糖低于正常水平之前吃一顿适量的饭
   c. 一顿丰盛的早餐、午餐和晚餐
   d. 吃一顿大餐，确保血糖足以满足组织需要，并刺激高胰岛素反应
5. 用餐频率降低与以下因素有关：
   a. 降低每日总能源消耗
   b. 每日更高的总能量消耗
   c. 日总能量消耗无差异
   d. 食欲下降
6. 目前标准误差最低的身体成分评价方法为：
   a. BIA　　b. 水下皮脂测定法
   c. DXA　　d. BOD POD
7. 不吃饭是一种有效的减肥策略。
   a. 对　　b. 错
8. 研究表明，每天减少40 kcal的能量摄入可以在5年内减轻________磅的体重。
   a. 20　　b. 10
   c. 4　　d. 0
9. 人类在储存脂肪方面极高效。
   a. 对　　b. 错
10. 运动的期望是：
    a. 以同样的强度和持续时间做同样的运动将不断地提高身体素质
    b. 人类适应了同样的活动，并将提高能源效率
    c. 运动的体重和身体成分结果是不可预测的
    d. 它总是会导致肌肉量增加

本章问题答案

1. a; 2. d; 3. a; 4. b; 5. b; 6. c; 7. b; 8. c; 9. a; 10. b

（赵　璨　译）

参考文献二维码

第9章

与运输和利用氧气、减少肌肉酸痛、促进肌肉恢复有关的营养问题

本章目标

- 确定与制造红细胞密切相关的营养物质。
- 识别与铁储存和运输有关的物质。
- 列出与保护细胞免受氧化反应有关的营养物质，以及它们如何发挥抗氧化剂的作用。
- 分析摄氧量和最大摄氧量与运动强度的关系。
- 回想一下能形成活性氧(reactive oxygen species，ROS)并对细胞有潜在损害的分子。
- 了解与铁不足和铁过量相关的疾病。
- 确定可能导致运动员缺铁的原因，并制订有助于解决缺铁问题的营养策略。
- 确定活性氧相关氧化应激的原因，以及可采取的营养对策，以减少应激。
- 了解还原–氧化(氧化还原)反应，以及它们如何参与正常的代谢功能。

案例研究

约翰原来是一名优秀的游泳运动员，后来他决定开始参加铁人三项比赛。在他第一次的铁人三项比赛中，约翰不出所料地在游泳这部分获得第一名，但在自行车和跑步部分比赛中却严重落后。然而，他并没有被劝阻，继续追求成为一名优秀的铁人三项运动员。约翰做了一切尽可能的事情来提高比赛的跑步和自行车部分，包括投资一辆一流的赛车和聘请教练，教他如何训练，改善他的形式，并制订比赛的每个部分的策略。所有这些，加上极佳的训练计划，帮助他提高了每一场比赛的成绩，他的排名慢慢上升。他在最后一次铁人三项比赛中的出色表现，使他有资格参加今年最重要的比赛。他有2个月的时间来准备，为了他职业生涯中最重要的比赛，他已经全力以赴了。当然，他也在寻找最佳的营养策略来补充能量进行代谢，并制定了一些很棒的赛前、赛中和赛后策略，以确保他的肌肉准备好参加比赛，在比赛中保持最佳状态，并在比赛后恢复良好。

当时他有很多选择，但他选择了一位有天赋的运动营养师，为他提供了完美的营养策略。因为这是一场非常重要的比赛，约翰想要尽可能得到所有优势，他对其他选择持开放的心态。他读到一篇文章，讲的是如何通过体力活动增加由于氧化应激引起的肌肉酸痛，并结合服用脂溶性维生素E和水溶性维生素C补充剂(这两种都是强抗氧化剂)，可以减少与运动相关的肌肉酸痛，提高表现。他认为服用这些有益的维生素补充剂没有害处，而且它们只会有利于他完成运动任务，所以在这场重要的比赛开始前几个月，他开始每天补充服用这些维生素。当然，他服用补充剂的同时训练越来越努力，训练时间也越来越长，所以他确信增加肌肉酸痛感觉肯定

是归因于训练。他还觉得幸亏服用了补充剂，如果没有服用补充剂，肌肉酸痛可能会更严重。

比赛的日子到了，约翰跑得相当好，但没有他希望的那么好。因此，他坚持他的训练和营养养生（包括补充剂），以便下次能做得更好。然后，他看到了一项调查研究的结果，而这项研究正是在他希望拿到更好成绩的比赛中进行的。研究发现，服用抗氧化剂补充剂实际上增加了氧化应激和肌肉酸痛的标志物！他记得他的运动营养师对他说过的话："过量并不意味着更好。"这是他现在正在遵循的好建议。

案例研究（问题探讨）

（1）你认为为什么那么多运动员倾向服用补充剂？

（2）你会告诉他们什么知识来帮助他们理解"适可而止"？

（3）为什么服用高剂量的抗氧化维生素实际上会比不服用更加剧肌肉酸痛呢？

一、引言

通过肺通气（呼吸）获取氧气是将氧气从空气吸入输送到人体细胞的重要的第一步。下一步是肺与血液之间的氧气和二氧化碳交换，接着是红细胞结合血红蛋白的氧气和二氧化碳运输。最后，毛细血管中的红细胞和组织细胞之间存在氧气和二氧化碳的交换[51]。

运动员只有在他们的身体系统完全有能力捕获足够的氧气，将氧气通过血液输送到组织，并通过线粒体中有足够的氧化酶有效利用氧气的情况下，才能成功。它们还必须能有效地排出二氧化碳（氧气利用的副产品），还必须在组织中有足够的抗氧化剂，以应对接触过量氧气可能带来的负面影响。上述每种功能都含有营养成分，包括：

- 足够的蛋白质和能量，使组织能储存铁（铁蛋白），并输送铁（转铁蛋白）形成血红蛋白。
- 维生素B_{12}和叶酸参与红细胞的形成，红细胞含有血红蛋白，血红蛋白是一种含铁和携带氧气/二氧化碳的蛋白质。
- 铁是血红蛋白（红细胞）和肌红蛋白（组织）的重要组成部分。血红蛋白是红细胞中的含铁蛋白，负责将氧气从肺部输送到组织，并从组织中清除二氧化碳。肌红蛋白是一种含铁蛋白，用于在组织中储存铁。大约70%的铁存在于血红蛋白和肌红蛋白中。许多酶，包括细胞色素酶，都含有主要用于氧化磷酸化（从能量底物获得能量的过程）的铁。铁储存在蛋白质复合体铁蛋白中。转铁蛋白携带血液中的铁进行储存，主要储存在肝脏、骨骼肌和排列在肝脏、脾脏和骨髓中的网状内皮细胞中。超过铁的储存容量会导致含铁血黄素的形成和沉积，而细胞无法获得含铁血黄素。铁超载是由过量的含铁血黄素引起的，与组织损伤有关。一种相关的疾病，血色素沉着症，由过量铁吸收引起，也可能与组织损伤有关。
- 铜作为铜蓝蛋白的一部分，参与铁从转运蛋白（转铁蛋白）转移到红细胞载氧蛋白（血红蛋白）。
- β胡萝卜素、维生素C、维生素E和硒，这些都是保护细胞免受氧化反应所需的抗氧化营养素。

体力活动可以使能量利用率根据强度增加20～100倍，高于静息状态消耗的能量，在代谢活跃的组织中产生对氧气的巨大需求[18]。本章综述了与氧气利用相关的营养关系，与体力活动相关的活性氧对组织的潜在损伤作用，以及氧气输送对人类表现的作用。

二、耗氧量

每个人体细胞都需要氧气才能生存，氧气和其他气体都是通过我们呼吸的空气来提供的。吸入空气由20.95%的氧气和其他气体组成（表9.1）。人类每根支气管上有1.5亿个肺泡[75]，肺部的气体交

表 9.1　不同海拔高度测定的血红蛋白浓度调整值

海拔（海平面以上）（m）	测定的血红蛋白调整值（g/dL）
<1 000	0
1 000	−0.2
1 500	−0.5
2 000	−0.8
2 500	−1.3
3 000	−1.9
3 500	−2.7
4 000	−3.5
4 500	−4.5

资料来源：World Health Organization. Haemoglobin concentrations for the diagnosis of anaemia and assessment of severity. Vitamin and Mineral Nutrition Information System. Geneva, World Health Organization, 2011. (WHO/NMH/NHD/MNM/11.1) Available from: http://www.who.int/vmnis/indicators/haemoglobin.pdf. Accessed 6th August, 2017.

换发生在这些肺泡中。平均成年男性的吸气能力，即通过正常呼气可吸入的最大空气量，约为3.6 L（3.8 qt），平均成年女性约为2.4 L（2.5 qt）（图9.1）。

氧气扩散到肺泡，通过毛细血管进入血液，进入红细胞中含铁的血红蛋白。红细胞将氧气输送到组织。在氧气通过肺泡输送的同时，血液中的二氧化碳（能量代谢的副产品）通过肺泡被呼出（方框9.1）。

空气含氧量约为20.95%，运动后呼出的空气含氧量为13.6%～16%，说明吸入的氧气有相当小的比例被肺部捕获[86]。空气中典型的水分含量是0.5%，而呼出的空气的水分含量约是6%，说明了为什么在体力活动中更快的呼吸是运动员失水的主要途径。

运动员的表现受心脏和肺能否为运动中的肌肉提供足够的氧气供应的影响。下面证明了这一点[8,24]：

■ 更大的氧输送能力会提高VO_{2max}，而更低的氧输送能力会降低VO_{2max}。

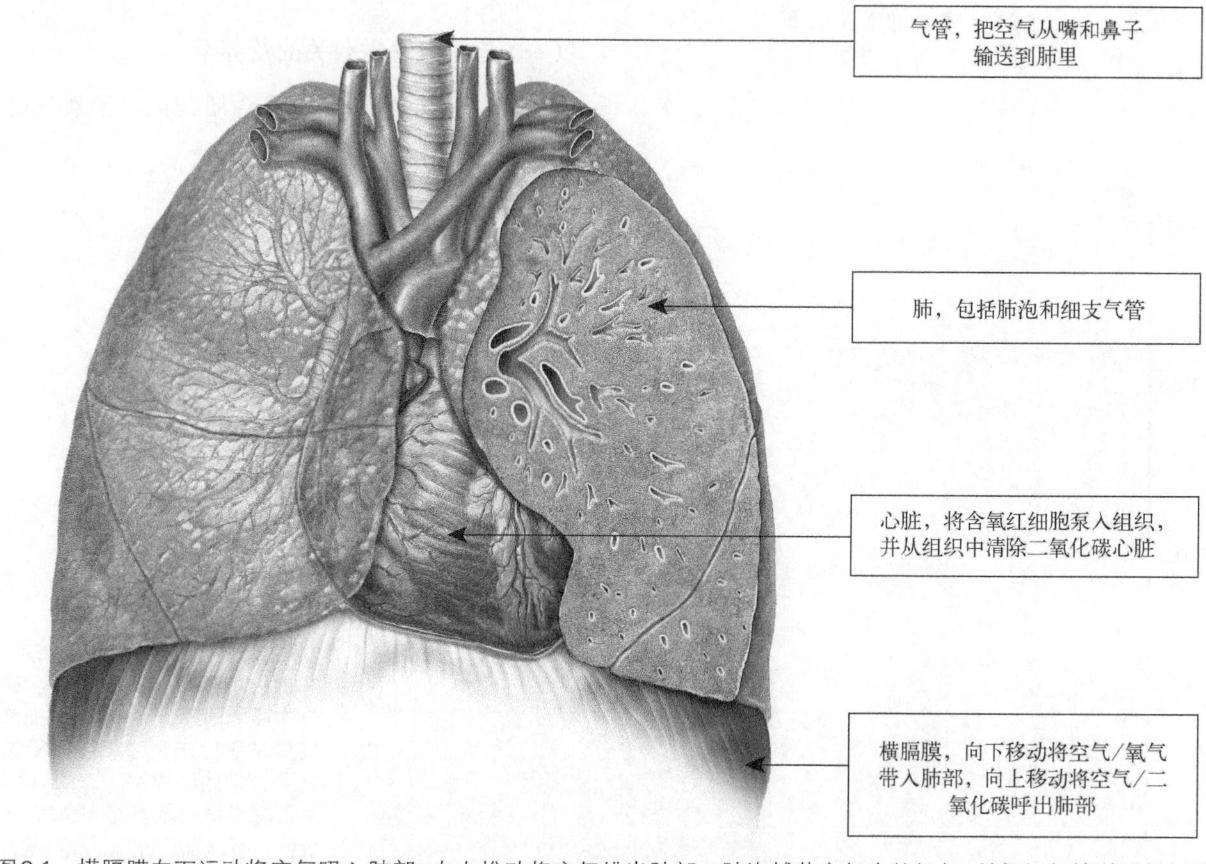

图9.1　横膈膜向下运动将空气吸入肺部，向上推动将空气排出肺部。肺泡捕获空气中的氧气，并把氧气输送到红细胞的血红蛋白中

资料来源：Anatomical Chart Company. Anatomy of the Heart Anatomical Chart. 2nd ed. Philadelphia (PA): LWW (PE); 2005.

方框9.1 我们呼吸的空气的内容物

氮：78.09%

氧：20.95%（低于此量则处于高海拔）

氩：0.93%

二氧化碳：0.039%

水蒸气：海平面高度为1%；平均为0.4%

资料来源：Republished with permission from Cotes JE, Chinn DJ, Miller MR. Lung Function: Physiology, Measurement and Application in Medicine. 6th ed. New York (NY): John Wiley and Sons; 2006.

需要考虑的重要因素

- 干燥空气的含氧量约为大气压的21%。
- 海拔5 500 m（勃朗峰高度）的吸氧压力比海拔8 900 m（珠穆朗玛峰高度）的吸氧压力低约50%[73]。

- 运动训练中最大摄氧量的改善源于心输出量的增加，这与氧输送的改善有关。
- 血液流动增强的肌肉能够获得和使用更多的氧气，从而改善肌肉功能和提高性能（图9.2）。

随着运动强度的增加，细胞呼吸的频率也随之增加。高强度运动可使运动肌肉对氧气的需求增加25倍，而这可以通过增加呼吸频率和深度来得到满足。有趣的是，较低的血液pH与二氧化碳的增加有关，而不是触发高呼吸频率的对氧气的更高需求。当二氧化碳浓度升高时，大脑延髓中的化学感受器会检测到pH降低，从而刺激控制肋间肌和膈肌的运动神经，增加它们的活动[24]。当乳酸开始在血液中以比清除速度快的速度积累（通常是剧烈运动的结果）时，血液pH开始下降（即变得更酸），这也导致呼吸速度加快[33]。影响肺的疾病，如肺炎、哮喘、肺气肿、支气管炎、慢性阻塞性肺病和肺癌，会损害个人获得充足氧气和排出充足二氧化碳的能力[108]［运动性哮喘（exercise-induced asthma，EIA）将在本章后面讨论］。

（一）与氧气输送有关的营养素

许多矿物质、维生素和蛋白质载体供给氧气的

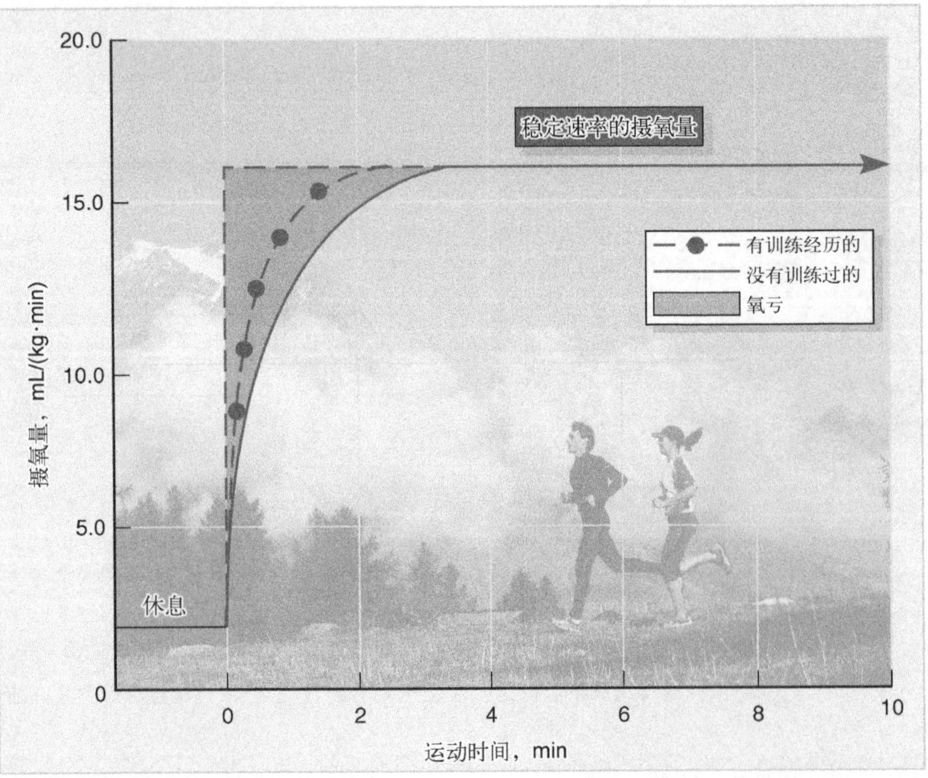

图9.2 高强度训练的受试者比非训练的受试者耗氧量大。在一次最大周期运动中，受过训练的受试者比未受过训练的受试者更快地达到稳定状态的VO_2，从而减少氧不足，减少乳酸生成

资料来源：Katch VL, McArdle WD, Katch FI. Essentials of Exercise Physiology. 4th ed. Philadelphia (PA): Lippincott Williams & Wilkins; 2011.

输送和细胞的利用。这些营养物质作为一个团队一起工作，从环境中捕获氧气，通过血液运输氧气，将氧气从血液运输到细胞进行代谢活动，并清除与氧相关的代谢活动的代谢副产品。去除的主要能量代谢副产品之一是二氧化碳：

燃料（碳水化合物、蛋白质或脂肪）+氧气
⟶能量+水+二氧化碳。

1. 铁

铁是向工作组织输送氧气的关键元素。它是红细胞血红蛋白、肌肉肌红蛋白和参与能量代谢电子转移的酶的一部分（有关能量代谢、氧化磷酸化和电子传递链的更多信息，请分别参阅第8～10章）。铁以两种氧化态存在：亚铁（Fe^{2+}）或铁（Fe^{3+}）。在中性pH中，铁通常以Fe^{3+}形式存在，而在酸性环境中，铁是以亚铁Fe^{2+}形式存在。除了运输氧存在于血红蛋白中，铁也存在于细胞色素和含铁硫的蛋白质中，作为氧化磷酸化的一部分，氧化磷酸化是细胞用来氧化营养物质并形成ATP能量的基于酶的代谢途径。过量的铁（即不属于血红蛋白、肌红蛋白或酶的铁）是有毒的，会增加肝脏和结肠疾病的风险。铁的严重毒性使亚铁从过氧化氢中产生羟基自由基，导致**活性氧**组织损伤和相关的肌肉酸痛。

活性氧

活性氧（reactive oxygen species，ROS）是含氧的化学反应分子，如果组织没有被抗氧化剂充分保护，可能会导致组织损伤，如过氧化氢、超氧化物、羟基自由基和单态氧。虽然活性氧是氧相关代谢的副产品，但活性氧的过度形成会对组织造成损害。

血红蛋白是人类系统的高优先级。如果铁利用率低导致血红蛋白下降，肌红蛋白和含铁酶中的铁被清除以维持红细胞血红蛋白。正因为如此，即使血红蛋白和血细胞比容（两种最常见的铁状态指标）在正常范围内，运动员的表现也有可能出现下降。因此，重要的是，还应得铁蛋白（储存铁）作为血液检查的正常组成进行测量（表9.1）。值得注意的是，与铁缺乏或缺铁相关的血清铁蛋白水平没有普遍接受的最低值。与缺铁有关的血清铁蛋白的常用最小值范围为从＜10.0 ng/mL至＜35 ng/mL[74,103]。

如果发生缺铁性**贫血**，其特征是红细胞小（微细胞），红细胞颜色浅（低色素细胞），红细胞数量不足。这种情况称为小细胞低色素性贫血（图9.3）。

贫血

红细胞不足，血红蛋白有限，导致携氧能力降低的总称。常见的饮食原因是铁的摄入不足，但贫血也可能是维生素B_{12}、叶酸或蛋白质不足的结果。它也可能是由失血引起的，这是女性经期的典型症状，但也可能发生在任何慢性胃肠道出血或尿中缺铁。运动员面临的其他贫血风险与足行溶血和其他血管内溶血、快速生长期（即青少年生长突增期）、高海拔训练，以及通过汗液、尿液和粪便流失的铁增加有关。

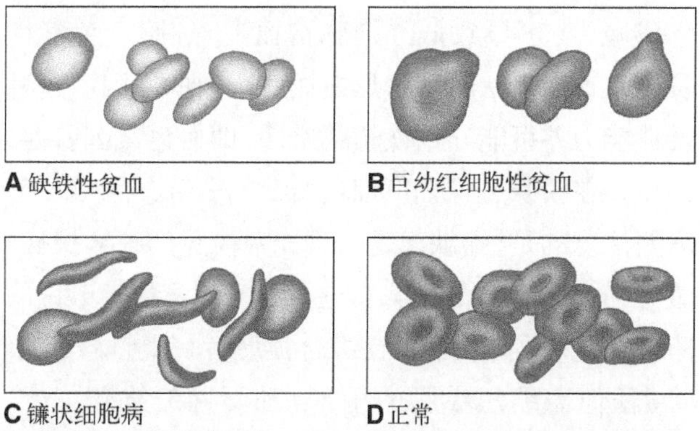

图9.3　缺铁性贫血的特点是红细胞体积小、颜色淡、数量少

A. 缺铁性贫血的特征是红细胞数量不足（贫血），红细胞小（小细胞），低血红蛋白浓度导致颜色低（低色）；B. 巨幼细胞性贫血的特征是红细胞数量不足（贫血），红细胞大（巨细胞性），细胞中的血红蛋白稀释导致颜色低（低色）。原因是维生素B_{12}和（或）叶酸缺乏；C. 镰状细胞病的特征是畸形的红细胞（贫血）数量不足（镰状细胞）。这是一种遗传疾病；D. 正常红细胞浓度正常（即血细胞比容正常），形状正常（正常细胞），呈正常的鲜红色（正常色）

资料来源：Porth C. Essentials of Pathophysiology. 3rd ed. Philadelphia (PA): LWW (PE): 2011.

2. 转铁蛋白

转铁蛋白是一种血液糖蛋白（糖和蛋白质的结合），是血液中游离铁的主要载体。每个转铁蛋白分子具有携带两分子Fe^{3+}的能力。转铁蛋白是一种双

向转运蛋白，不仅能将铁运输到骨髓、脾脏和肝脏储存，而且能够在新的红细胞中携带铁形成血红蛋白[55]。它是一种半衰期相对较短的分子，可作为蛋白质近期状态的指标。低血转铁蛋白提示蛋白质或能量营养不良，导致肝脏合成转铁蛋白不足。值得注意的是，转铁蛋白也可以由大脑合成[22]。低血转铁蛋白也可能由肾脏（蛋白尿）、感染或癌症引起。血转铁蛋白水平高是缺铁的一个指标。血转铁蛋白含量低的运动员，即使体内铁储量丰富，也可能会导致血红蛋白的生成受损，从而导致贫血；而血转铁蛋白低的运动员，可能预示着缺铁性贫血的存在。除铁的携带能力外，转铁蛋白还通过限制游离铁和活性氧的产生（这与组织炎症有关），降低细菌生存所需的游离铁的数量，从而与身体免疫有关[6]。

3. 铜蓝蛋白

铜蓝蛋白占血浆铜总量的90%，是一种含铜蛋白，在新的红细胞形成过程中，铜蓝蛋白涉及把铁从转铁蛋白转移到血红蛋白，并将破损红细胞中的铁转移到新形成的红细胞中[106]。铜缺乏使铜蓝蛋白生成减少，可导致低红细胞贫血（小细胞低色素性贫血），这是无法转移铁形成血红蛋白的原因。这种转移能力差可能导致铁超载疾病，即血色素沉着症，铁积聚在胰腺、肝脏和大脑，导致神经系统疾病[42]。需要注意的是，铜缺乏是一种相对少见的临床疾病，最容易出现铜缺乏的人群包括早产儿、营养不良的康复儿童、任何吸收不良综合征患者（如乳糜泻、瘘管、任何需缩短小肠的手术）和囊性纤维化[11,12]。还有一些迹象表明，由于竞争性吸收，过量的锌摄入可能导致缺铜[68,95]。尽管运动员需要更多的铁和相关营养物质来增加健康红细胞的生成，但没有数据表明运动员的努力会增加铜缺乏的风险。

4. 维生素B_{12}

维生素B_{12}是一种含有钴的维生素，因此也被称为钴胺素。维生素B_{12}的两个主要功能是形成新的红细胞和保持神经系统的健康。虽然维生素B_{12}缺乏在成年人中并不常见，但在60岁以上的人或任何损害胃内因子（维生素B_{12}吸收所必需的内源性因子）产生的情况下就会出现[21]。纯素食者和很少食用动物制品的素食者被认为是维生素B_{12}缺乏的高危人群，因为维生素更容易从动物制品中获得[72]。素食运动员由于缺乏维生素B_{12}（蔬菜缺乏维生素B_{12}，肉类富含维生素B_{12}），加上运动员在运动过程中红细胞分解速度更快，因此患贫血的风险更大[7,99]。红细胞形成时缺乏维生素B_{12}会导致细胞膜脆弱。这些形成不良的细胞被称为巨细胞，非常脆弱，存活时间大约是正常红细胞的一半（60d vs. 120d）[35]。这些细胞的寿命缩短，需要不断加快红细胞的生成，以维持正常的携氧能力（图9.4）。

然而，这种红细胞生成更快的需求无法维持时会引发贫血。维生素B_{12}缺乏所带来的贫血称为恶性贫血，因为它发展缓慢持续时间长[5]，恶性贫血是一种巨幼细胞性低色素性贫血，红细胞体积大，形状畸形，因为细胞膜形成不良，颜色淡（血红蛋白分散在更大的细胞区域，颜色稀释）[44]。

5. 叶酸

维生素**叶酸**是指食物中天然存在的叶酸，也是叶酸的一种合成形式，用于补充剂和强化食品。叶酸、维生素B_{12}和维生素C都是参与蛋白质代谢的维生素，在血红蛋白和红细胞的合成及蛋白质载体（即转铁蛋白）的合成中具有重要作用。重要的是，叶酸和维生素B_{12}是红细胞生成所必需的[44]。叶酸也参与神经组织的发育，在叶酸水平良好的妊娠女性中，几乎可以消除新生儿神经管缺陷的风险[26,114]。叶酸不足引起的贫血与维生素B_{12}缺乏引起的贫血类似（巨幼细胞性低色素性贫血），其结果是携氧能力下降同样严重。虽然维生素B_{12}主要从动物中获得，但叶酸也可以从叶酸强化食品、新鲜水果、新鲜蔬菜和豆类中获得。自1998年以来，叶酸在食品供应中得到了加强，主要是在谷物产品中，这极大地降低了叶酸缺乏症的风险，叶酸缺乏是氧气输送减少的一个因素[26]。

维生素B_{12}

它也被称为钴胺素，一种含钴的水溶性维生素，参与红细胞的形成。它不仅来源于饮食中的动物性食品，也可以从发酵食品（豆腐乳等）中获得。维生素B_{12}不足会导致巨幼红细胞贫血，

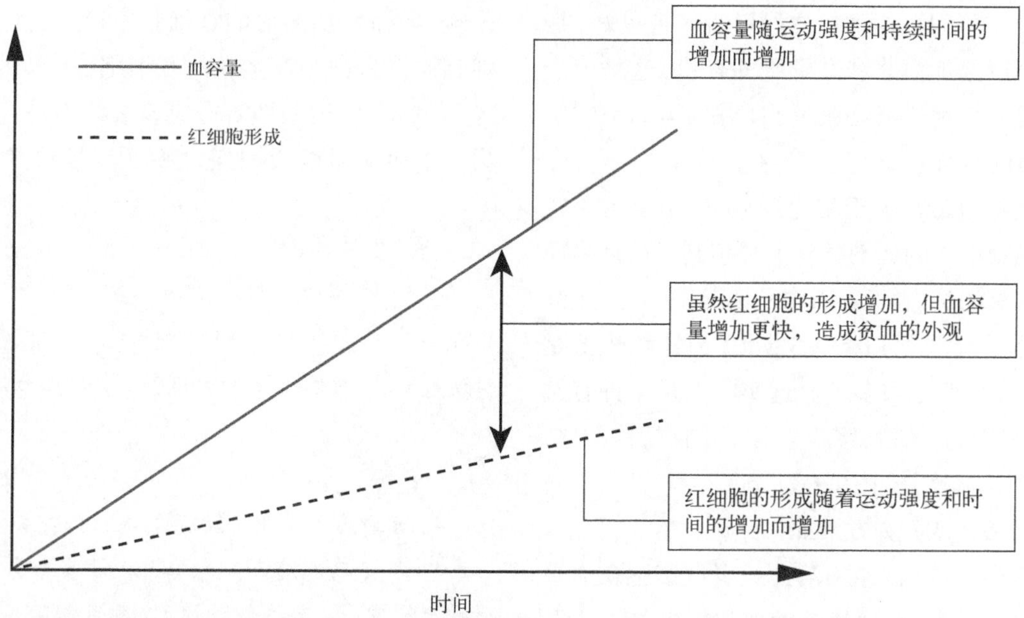

图9.4　运动性贫血/稀释性假性贫血。在运动时间/强度增加3～5 d后，血容量和红细胞浓度的差异变得明显。一段时间后，血量停止增加，红细胞增多，从而消除贫血的出现

这是因为红细胞体积大，易碎，寿命短。大的细胞也使包括大脑在内的外周组织难以获得氧气。

叶酸

叶酸是指食物中天然存在的叶酸和维生素B的总称。叶酸是维生素的合成形式，用于强化食品和补充剂，它也被称为维生素B_9。在必须加以区分的情况下，叶酸指的是食物和身体组织中的叶酸形式，而维生素B指的是补充剂或强化食品中的叶酸形式。在不需要区别的情况下，使用叶酸这个术语。叶酸主要来源于新鲜水果和蔬菜。当食用时，它与维生素B_{12}一起形成新的红细胞，没有维生素B_{12}，红细胞就会变得又大又脆弱（巨细胞细胞）。叶酸缺乏会导致巨幼细胞性贫血，妊娠时叶酸不足的妇女生下的婴儿有神经管缺陷（无脑儿或脊柱裂）的风险。为了降低这种风险，美国一直在加强叶酸的食物供应（更多信息，见第5章维生素。）

（二）氧与营养状况的关系、贫血的原因及相关的疾病

缺铁和（或）缺铁性贫血损害肌肉功能，降低肌肉的工作能力[41,58]。毫无疑问，体力活动可以改变血铁状况，血铁状况也可以改变体力活动的表现。大量研究发现，运动员，无论从事何种运动，都比非运动员患贫血的风险更高[45]。最容易缺铁的运动员是长跑运动员、素食者和经常献血的人[78,103]。一项评估747名运动员和104名未经训练的人对照进行评估的研究发现，耐力运动员的血红蛋白和血细胞比容水平较低，可能是因为足部的溶血程度较高[96]。女子排球运动员的一项研究还发现，很大一部分运动员因膳食铁的摄入量不足而面临风险，13%的运动员被诊断为缺铁性贫血[9]。几乎所有的研究表明，与非专业运动员相比，运动员铁缺乏和缺铁性贫血发病率更高，这表明很大一部分运动员表现不佳[48]。有许多可能与运动员缺铁有关。

1. 运动性贫血（稀释性假性贫血）

当运动员开始高强度的运动项目时，他们的血容量和红细胞都增加了。然而，由于血容量的增长速度比红细胞快，运动员似乎患有贫血[97]。由于这种情况是短暂的（最终红细胞浓度恢复正常），称为稀释性假性贫血、**运动性贫血**[36]。虽然运动员的血红蛋白浓度低于正常值1 g/dL是很常见的，但运动员红细胞的增加通常与携氧能力的增加有关[30]。正因为如此，这种情况被称为假性贫血（即不是真

正的贫血)。事实上,运动员之所以表现得更好,是因为他们可以增加血浆和红细胞的容量,这是由于他们可以更有效地进行心脏搏出,并向运动中的肌肉输送更多的氧气[38]。

运动性贫血最常见于耐力运动员,但也可以在任何训练强度增加的运动员身上观察到。这是男性运动员最常见的贫血[97]。当这种情况发生时,血红蛋白浓度似乎降低了1.0～1.5 g/dL,但这种降低是稀释的,尽管红细胞增多了。这实际上是一种有益的训练适应,因为扩大血浆容量有助于保持排汗率,同时降低心脏应激[97](图9.5)。

2. 足行溶血或劳力性溶血

贫血有很多原因,包括**溶血**或者红细胞在血管(血管内溶血)或组织(血管外溶血)中的异常分解。溶血的原因多种多样,包括因足击引起的红细胞突然受压,或运动员经历的肌肉受压。由于足部撞击或劳力性溶血,红细胞在通过脚底的毛细血管中循环或从受压的肌肉中被压碎[31]。值得注意的是,运动性溶血可能发生在所有运动员中,包括游泳运动员和自行车运动员,这表明跑步运动员通常经历的足部溶血只是与更快的红细胞分解相关的机制之一[94,101]。溶血分解红细胞的速度越快,运动员就越难以维持红细胞的正常浓度,从而增加贫血的风险。然而,从溶血的红细胞中释放的铁通常会反弹到血红蛋白中产生新的红细胞,所以尽管贫血的风险更大,但运动性溶血应该被认为是贫血发展的另一个风险因素,因为它本身很少导致贫血[117]。

运动性贫血

一种稀释性假性贫血,当运动强度增加时发生。作为对运动的一种适应,血容量的增加速度比红细胞的增加速度快,导致贫血。

溶血

溶血是红细胞因细菌、镰状细胞病、寄生虫和外部组织压力而破裂(即足行溶血)。红细胞的大量分解,无论何种原因,都可能导致贫血。

3. 尿中缺铁

由频繁的高强度和长时间的训练引起的慢性尿中红细胞丢失(**血尿**)可能会导致贫血,这一问题会明显降低运动成绩。因此,运动员应该小心,通过摄入高质量的食物来补充损失的营养。幸运的是,在面对运动压力时,产生新的红细胞(红细胞生成)的过程似乎可迅速恢复。假设有足够的营养供应,包括铁、叶酸和维生素B_{12},人类能够产生大量的新红

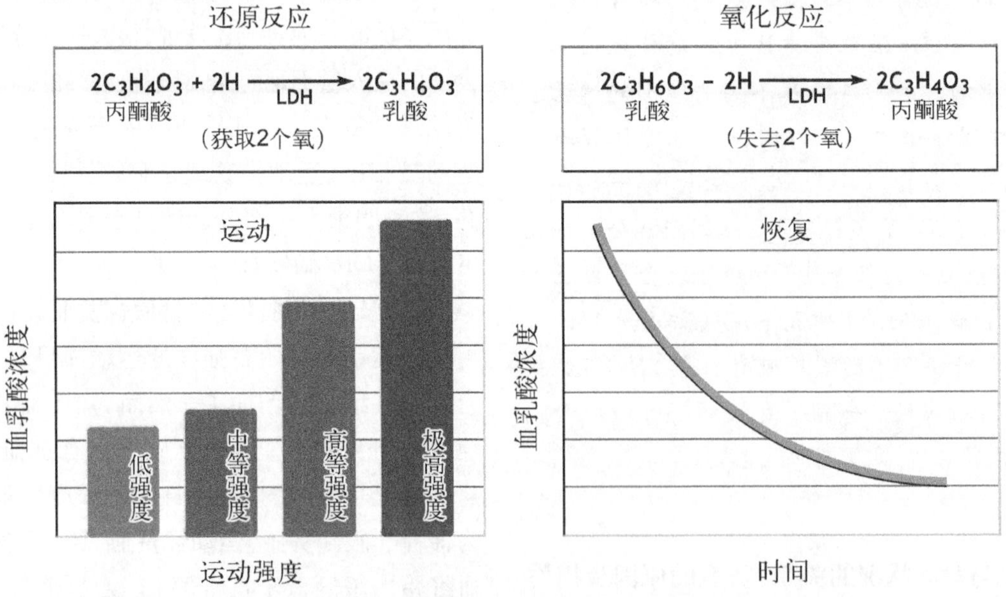

图9.5 氧化还原反应——供体(还原剂)和接受体(氧化剂)之间的关系

LDH,乳酸脱氢酶。

资料来源:McArdle WD, Katch FI, Katch VL. Exercise Physiology. 8th ed. Philadelphia (PA): LWW (PE); 2014.

细胞[32]。一些运动员试图通过服用药物促红细胞生成素来增强红细胞生成，但这种血液兴奋剂技术是非法的，而且有可能增加血液黏度，导致血栓形成和潜在的致命后果[97]。

血尿

尿液（尿）中的血（血红素），能在运动员的身上发现，但不常见。血尿可能是剧烈运动的结果，但也与尿路感染等更严重的疾病有关。血尿会增加贫血的风险。

既往研究数据表明，运动员血尿患病率较高有多种原因，包括[2,49]：

- 足行溶血；
- 肾缺血（限制肾脏供血，常由运动员脱水引起）；
- 缺氧导致的肾脏损害；
- 溶血因子的释放；
- 膀胱或肾脏创伤；
- 摄入非甾体抗炎药（nonsteroidal anti-inflammatory drug，NSAID）（常见的非甾体抗炎药包括阿司匹林、对乙酰氨基酚等）；
- 脱水；
- 循环率增加；
- 肌红蛋白尿的释放；
- 红细胞的过氧化反应；
- 镰状细胞性贫血。

4. 铁蛋白

铁蛋白是一种储存和释放铁的细胞内蛋白质，被称为“储存铁”[110]。运动时间和工作负荷越高的运动员铁蛋白水平越低，这表明运动员比非运动员有更高的铁状态下降风险，而更高的运动时间可能与更高的铁状态风险相关。因此，耐力运动员花大量时间（和千米数）进行训练，即使他们最依赖有氧代谢过程来获得耐力，也极有可能出现缺铁的情况[93,101]。一个研究比较了血清铁蛋白值在女运动员参与不同运动中发现，18%～57%的被测运动员存在缺铁的情况[1]。研究表明，所有女性运动员对铁的需求量可能比估计的平均需求量高70%，或13.8 mg/d（成年女性：8.1 mg/d）[27]。

5. 饮食

限制食物的摄入，通常在参与体重分类或审美运动的运动员中存在，限制食物的摄入通常不能提供足够的维生素和矿物质。因此，真正的风险是，在“重量调整”或“外观”运动中，运动员可能有更高的风险发展与低氧输送相关的功能缺陷。缺铁，即使没有贫血，也会降低肌肉的工作潜力，缺铁性贫血会使情况更糟，因为它会进一步降低携氧能力。应该清楚的是，除了铁以外，营养物质的供应不足也会影响氧气的输送。进行一次最大运动时，缺镁会增加氧气需求，从而降低耐力表现[58]。对于注重体重的运动员来说，唯一合理和适当的方法是吃高营养密度的食物，以确保有足够的营养暴露，避免营养不足对氧气输送和表现造成损害（即每卡路里输送的营养更多）。同样重要的是，定期监测这些运动员的铁元素状况。

6. 性别

女性运动员更有可能因饮食铁摄入量不足、月经、溶血、出汗、消化道出血及运动引起的急性炎症等原因而导致铁缺乏[10,66]。其影响包括运动表现下降和免疫功能受损。女性运动员应该考虑多吃含铁丰富的食物（包括红肉），或者在医生的指导下服用铁补充剂。重要的是，女运动员应该每年定期进行铁的检查，包括血红蛋白、血细胞比容和铁蛋白。这种筛查的目的是在明显的缺铁性贫血发展之前进行干预，因为缺铁性贫血会对健康和表现产生严重的负面影响[1]。

7. 运动性哮喘

氧气输送到工作组织对运动员的表现至关重要，所以任何影响呼吸和限制氧气进入身体的状况都是一个重要的考虑因素。运动员特别感兴趣的一个领域是运动性哮喘（exercise-induced asthma，EIA），它影响了很大一部分运动员[19,20]。EIA是由于运动引起的呼吸道阻塞（运动中或运动后），并可能发生在没有慢性哮喘的人身上[13]。在运动员中EIA的患病率尚未完全确定，但有发表的报告显示，大学生运动员的患病率为42.5%，越野滑雪运动员的患病率为55%，篮球运动员的患病率为12%[17,54,112]。运动开始后5～20 min可能出现症状，包括：

- 咳嗽、气喘；
- 胸闷伴随一些胸痛；

■ 气短；

■ 早期或严重疲劳。

这些症状在停止运动后最明显，通常在1 h内消失。

（1）EIA的原因：与哮喘相关的慢性肺部炎症的病因还不确定，但似乎有一个遗传因素，这表明有些人天生就有患哮喘的倾向。哮喘的触发是必需的，而在EIA中，触发因素是大量的干冷空气进入肺部[13]。在寒冷和干燥的环境中运动时，EIA也可能能与“口呼吸”有关，泳池中的氯也可能触发EIA。正因为如此，尤其是在寒冷的天气中，需要持续呼吸急促的运动，最有可能诱发EIA[19,20]。通常与EIA有关的运动项目包括以下几种。

■ 长跑；

■ 足球；

■ 曲棍球；

■ 越野滑雪；

■ 高山滑雪；

■ 徒步旅行；

■ 游泳；

■ 花样滑冰。

研究表明，运动性哮喘最普遍的人群是滑雪运动员（55%），竞技花样滑冰运动员（30%～55%），游泳运动员（48%），越野滑雪运动员（50%）和加拿大职业足球运动员（56%）[54,43,61,82,94,113]。

（2）运动性哮喘的推荐治疗方法：运动性哮喘的非药物治疗方法包括以下内容[13,40,53]。

■ 要明白运动性哮喘是一种慢性疾病，因此了解诱因可有助避免出现严重的运动性哮喘反应。

■ 在任何给定的工作强度下，训练良好并适应环境的运动员都可以以较低的呼吸频率进行运动，因此不太可能出现运动性哮喘。

■ 如果可能，避免在寒冷干燥的空气中运动。如果这项运动要求在这样的条件下进行户外运动（如越野滑雪），运动员可以试着用围巾或滑雪面罩遮住口鼻，以温暖和湿润呼吸的空气。

■ 热身阶段很重要，热身的强度取决于每个运动员对运动性哮喘的反应。

■ 精心规划的放松期可以减缓气道变化，从而减轻运动性哮喘的严重程度。

■ 避免在有其他疾病如花粉热或食物过敏等哮喘症状的日子锻炼。

在批准的比赛中，运动员有可能使用药物来治疗运动性哮喘，但他们必须首先获得世界反兴奋剂机构（World Anti-Doping Agency，WADA，https://www.wada-ama.org）或国际奥委会（Internationally Olympic Committee，IOC，https://www.olympic.org/fight-against-doping）奥林匹克医学委员会（Medical Commission for Olympic Games）的许可才能进行国际认可的赛事。一般来说，运动员必须达到由认证实验室制定的标准化运动挑战测试的特定标准，才能获准使用药物进行控制运动性哮喘[20]。由于用于治疗哮喘的药物一直在不断开发和变化，运动员和医生必须了解WADA和IOC公布的现行规定。运动性哮喘药物治疗的规定可能会发生变化，运动员和参与治疗的人员应通过WADA和IOC网站了解现行规定。没有遵循适当的认证程序而服用药物来缓解哮喘症状的运动员可能会因服用兴奋剂而被处罚，并被从比赛中除名。

三、氧化应激

氧化应激是正常代谢过程的一部分，细胞不断地产生自由基（含有一个或多个未配对电子的分子）和氧的非自由基衍生物（如过氧化氢）。这些自由基和氧的非自由基衍生物被称为活性氧（reactive oxygen species，ROS），随着与运动相关的高能量代谢，它们会急剧增加[90]。当ROS的产生超过了机体组织的中和能力时，氧化应激就会发生[62,70]。ROS对细胞造成损害是因为它们在细胞内的激进运动破坏了它们，产生“废料”（死细胞）。人体中主要的ROS包括超氧化物和一氧化氮。两者都是高反应性的，可以引发形成其他ROS的反应。超氧化物能迅速形成过氧化氢，这是细胞中过氧化氢的主要来源，超氧化物和一氧化氮也能迅速形成其他ROS[80]。

机体通过抗氧化维生素和矿物质抑制ROS的产生（方框9.2）。矿物质的作用是调节酶的活性，从而减少ROS的产生，而维生素则接受ROS，将它们从细

氧化应激

一种ROS和组织能力之间的系统不平衡，以减少ROS对组织的损害作用。平衡抗氧化剂是减少氧化应激的重要策略。

胞环境中清除，从而限制它们在细胞内的潜在危害。维生素E是一种脂溶性抗氧化维生素，主要存在于植物油中。早期研究表明它有望降低ROS[98]。但是，运动员应该谨慎地考虑，超过正常量的维生素比正常量更好地减少ROS的影响。最近有人担心，维生素E和维生素C补充剂本身可能会使抗氧化剂池

方框9.2　与铁相关的术语

1. 铁蛋白

铁蛋白是一种储存铁的蛋白质，存在于肝脏、脾脏和骨髓中，只有少量存在于血液中。血液中的铁蛋白含量被认为与储存在肝脏、脾脏和骨髓中的铁含量成比例，因此血液铁蛋白测试是铁蛋白含量的一个指标。铁蛋白水平越低，即使在"正常"范围内，病人也越有可能缺铁。

正常的铁蛋白值

- 成年男性：最小＞10～35 ng/mL；最高300 ng/mL。
- 成年女性：最小＞10～35 ng/mL；最高120 ng/mL。

注：1 ng/mL=1 × 10^{-3} μg/mL

2. 血细胞比容

血细胞比容是全血中由红细胞组成的比例，通常指的是每单位血液中红细胞的数量。

正常的血细胞比容值

- 成年男性：42%～52%。
- 成年女性：36%～48%。

3. 血色素沉着病

血色素沉着症是一种因铁吸收不受抑制而引起的铁超载疾病。如果铁浓度不降低，会导致肝损伤。

4. 血红蛋白

血红蛋白是红细胞中含铁、载氧的蛋白质。

正常血红蛋白值

- 成年男性：13.8～17.2 g/dL。
- 成年女性：12.1～15.1 g/dL。

注：初次暴露于高海拔可导致血浆体积降低，血红蛋白浓度相应增加。停留在较高的海拔会导致血红蛋白和血容量的逐渐增加导致更大的携氧能力[103]。对于这些适应性变化的发生，有足够的铁储备（铁蛋白）是很重要的。见表9.1与高纬度相关的血红蛋白浓度测量调整。

5. 含铁血黄素沉着症

含铁血黄素沉着症是一种由体内铁过量引起的疾病，通常是输血引起的。它常见于地中海贫血患者。

6. 血清铁

血清铁是指血清中铁的总量。

正常血清铁值

- 成年男性：75～175 μg/dL。
- 成年女性：65～165 μg/dL。

7. 总铁结合力

总铁结合力（total iron binding capacity，TIBC）测试是指当铁分子完全饱和时，转铁蛋白所能携带的铁量。由于转铁蛋白是由肝脏产生的，总铁结合能力可用于监测肝功能和蛋白质营养状况。

8. 转铁蛋白

转铁蛋白测试是一种直接测定血液中转铁蛋白（也称为嗜铁蛋白）的方法。血清铁含量除以总铁结合能力可计算转铁蛋白的饱和水平。

正常的转铁蛋白值

- 成年男性：200～400 mg/dL。
- 成年女性：200～400 mg/dL。

注：正常转铁蛋白饱和度为30%～40%。

失去平衡，从而降低人体对ROS的防御能力[71]。一个合理的策略是通过定期食用含有多种**抗氧化剂**的食物来避免这种不平衡，而不是服用单一的抗氧化剂维生素补充剂。在这样做的过程中，抗氧化剂之间的敏感平衡可以保持不变，同时增加抗氧化剂的存在，以提供更好的防御ROS（表9.2）。

抗氧化剂

常见的营养抗氧化剂包括β-胡萝卜素、维生素C、维生素E和硒。具有预防和（或）治疗作用的抗氧化植物化学物质包括番茄红素、大蒜素、黄酮醇、姜黄素、白藜芦醇、黄酮类化合物和槲皮素[118]。组织中的其他内源性抗氧化剂包括谷胱甘肽和超氧化物歧化酶。它们的作用是抑制活性氧的破坏性氧化。

氧化还原反应包括涉及不同化学物质之间电子转移的反应。剥离电子的化学物质被氧化，而加入电子的化学物质被还原。一个简单的记忆氧化还原的方法是“OIL RIG（oxidation is loss of electrons; reduction is gain of electrons）”，即氧化是失去电子，还原就是获得电子。氧化还原反应对许多生命功能都很重要，包括光合作用和呼吸作用[87]（图9.5）。

氧化剂体积与抗氧化剂体积之间的相对平衡是氧化还原平衡的决定因素。较高水平的氧化剂相对于抗氧化剂导致氧化应激。然而，重要的是要考虑过量的抗氧化剂相对于氧化剂也会导致细胞应激。两者之间的平衡是维持肌肉功能和减少肌肉酸痛的关键。由于活性氧的产生可能是运动的结果，因此细胞产生抗氧化防御机制来抑制活性氧的过度产生，这种过度产生主要发生在细胞线粒体和细胞质内[39]。这些细胞抗氧化防御是由组织产生的，但它们也可以通过饮食提供。这些膳食和细胞防御共同作用，抑制过量的活性氧。

在ATP形成过程中产生少量的自由基超氧化物，从而产生一些活性氧[56]。由于运动的人代谢率显著增加，预计活性氧会随着能量代谢和ATP形成的增加而增加。有趣的是，和运动相关的活性氧产量增加与运动强度相关而和总能量消耗无关，这表明线粒体可能不是唯一活性氧的重要来源[4]，结果发现，最大强度的活动后，氧化损伤的标记物最高，低强度的活动有较低的氧化损伤标记物[83]。

营养失衡也会导致免疫功能障碍。过量的维生素E会对免疫系统产生负面影响，但缺乏维生素E、铁、硒、锌、钙和镁也会造成免疫缺陷[16,55,59,69]。所有这些信息都表明，维持所有营养物质平衡的重要性，而不是大量摄入一到两种营养物质，以期产生理想的细胞保护作用。

重要的是要考虑到氧化代谢过程是持续的，即使在主要是无氧的运动中。刚刚完成10 s高强度冲刺跑无氧运动的运动员与一位刚刚完成90 s地板动作的体操运动员有一些共同点：需要呼吸大量空气（氧气）来为下一场高强度运动补充能量[107]。铁是将氧气输送到工作组织和将二氧化碳从工作组织中输送

表9.2 抗氧化营养素

营养素	男性的推荐摄入量	女性的推荐摄入量	功 能
维生素C	90 mg/d	75 mg/d	维生素C清除白细胞、肺和胃黏膜中的活性氧化剂，并减少细胞中的脂质过氧化
维生素E	15 mg/d	15 mg/d	维生素E主要防止脂质过氧化
硒	55 μg/d	55 μg/d	硒通过硒蛋白发挥作用，硒蛋白形成氧化防御酶。DRI以合成硒蛋白谷胱甘肽过氧化物酶所需量为基础
β-胡萝卜素[a]	900 μg/d	700 μg/d	12 μg β胡萝卜素可形成1 μg维生素A，人体所需的营养是维生素A，而不是β胡萝卜素。然而，β胡萝卜素不仅仅是生成维生素A的前体，还是摄入维生素A的重要生物标志物，在新鲜水果和蔬菜中，它也有重要的抗氧化特性

a代表一般推荐的摄入量，但不是推荐的膳食剂量。

出去的主要元素，这使它成为运动员极为重要的营养物质。尽管如此，铁是最常见的营养缺乏，由于多种原因，包括足行溶血、血管内溶血和汗、尿、粪便中铁的损失增加，运动员可能比一般人更容易缺铁[103]。

四、细胞中的活性氧

（一）酶的抗氧化剂

骨骼肌中的酶含有抗氧化剂，包括以下几种。

- 超氧化物歧化酶：将超氧化物（一种活性较高的ROS）转化为活性较低的ROS，即过氧化氢。线粒体中有含锰的超氧化物歧化酶，而细胞质中有含铜和含锌的超氧化物歧化酶。
- 过氧化氢酶（catalase，CAT）：一旦ROS转化为过氧化氢，CAT将进一步中和过氧化氢为水。
- 谷胱甘肽过氧化物酶：与CAT一起工作，帮助中和过氧化氢为水。

有关细胞内外抗氧化防御的更全面的列表见表9.3。

（二）非酶的抗氧化剂

在细胞的脂质膜和细胞的水基细胞质中，有许多营养物质具有抗氧化剂的功能。这些包括谷胱甘肽、尿酸、维生素C（抗坏血酸）、维生素E（α-生育

表9.3　细胞内部和外部抗氧化防御性活性氧

抗氧化剂		形式	分类	存在的地方
酶	超氧化物歧化酶（superoxide dismutase，SOD）	I	A	C、E、M
	谷胱甘肽过氧化物酶（glutathione peroxidase，GPx）	I	L	C、M
	过氧化氢酶（catalase，CAT）	I	A	C、M
非酶的抗氧化剂（营养）	谷胱甘肽（glutathione，GSH） 食物来源包括芦笋、土豆、胡萝卜、洋葱、青椒、花椰菜、牛油果、西红柿、柚子、苹果、橙子、桃子、香蕉和甜瓜	I	A	C
	维生素E 食物来源包括杏仁、菠菜、红薯、鳄梨、葵花籽、冬南瓜和植物油	D	L	C、E
	维生素C 食物来源包括柑橘类水果和其他新鲜水果和蔬菜	D	A	C、E
	类胡萝卜素（β-胡萝卜素等） 食物来源包括红色，橙色，绿色和黄色的食物，包括西红柿、胡萝卜、杏、菠菜和甘蓝	D	L	C、E
	尿酸 食物来源包括嘌呤的来源，它会转化为尿酸，包括内脏肉、肉类、鱼类、贝类和啤酒	I	A	C、E
	类黄酮 食物来源包括茶、柑橘类水果、浆果、红酒、苹果和豆类	D	A、L	C、E、M
	泛醌 食物来源包括猪心和肝、牛心和肝、鸡心和肝，以及红肉	D、I	L	C、M
	α-硫辛酸 食物来源包括菠菜，花椰菜、山药、土豆、酵母、西红柿、芽甘蓝、胡萝卜、甜菜、米糠和红肉	I	A	C、E

注：I＝细胞内制造；D＝来自饮食；A＝水性（水基）；L＝脂性（脂类）；C＝在细胞内；E＝细胞外；M＝在线粒体内。

资料来源：Quindry JC, Kavazis AN, Powers SK. Exercise-induced oxidative stress: are supplemental antioxidants warranted? In: Maughan R, editor Sports Nutrition. Vol. XIX Encyclopedia of Sports Medicine. London: International Olympic Committee, John Wiley & Sons Ltd.; 2014. p. 263−276.

酚)、泛醌(辅酶Q10)、类胡萝卜素(β-胡萝卜素)和类黄酮。

1. 谷胱甘肽

谷胱甘肽存在于细胞的水基内部,具有中和几种ROS的能力。一旦用来清除ROS,谷胱甘肽就会被谷胱甘肽还原酶回收,以更新其继续中和活性氧的能力。当谷胱甘肽与营养抗氧剂维生素C和维生素E接触时,就会发生额外的循环。谷胱甘肽能够清除ROS,并在脂质和水基环境中与其他抗氧化剂相互作用,以维持其清除钙的能力,这使得它成为一种非常有价值的抗氧化剂。谷胱甘肽的抗炎作用,通过中和炎症性活性氧,也可能使其成为一种抗癌物质[46]。水果和蔬菜已被发现贡献了超过50%的典型谷胱甘肽摄入量[48]。补充摄入谷胱甘肽不太可能成功,因为它在小肠中消化,不能作为完整的分子被吸收。然而,研究发现,n-乙酰半胱氨酸(*N*-acetylcysteine,NAC)也是一种抗氧化剂,能够促进谷胱甘肽的再合成[91]。非人类研究发现,提供中等剂量的NAC可以改善肌肉功能。然而,补充食用NAC会导致严重的胃肠道效应,这使得它不可能作为一种补充剂来获得益处[89]。

2. 尿酸

尿酸在血液和细胞中起抗氧化剂的作用[67]。主要存在于谷物和坚果中的,矿物质钼的缺乏,可能会抑制尿酸的产生,导致更高的疾病风险[60]。运动提高ROS,这可能导致更高的尿酸作为适应更大的抗氧化需求。然而,有些人认为尿酸的增加是由于尿酸的主要前体——饮食嘌呤代谢的增加。然而,使用药物降低血浆尿酸并不能增加氧化损伤的标记物[63]。尿酸的慢性升高与痛风和相关的关节疼痛有关,这使得尿酸是一个较差的选择补充以降低氧化应激。维生素C是一种抗氧化维生素,被发现可以抑制过量的血浆尿酸,再次证明营养物质共同作用,创造细胞/生理平衡的状态[115]。

3. 维生素C(抗坏血酸)

维生素C是一种水溶性维生素,是活性氧的有效抗氧化清除剂。维生素C的一个有用的功能是从水溶性和脂溶性抗氧化剂中获得活性氧。这些活性氧"转移"到维生素C,使水溶性和脂溶性抗氧化剂保留其功能并清除更多的活性氧[119]。然而,在提供高剂量的维生素C时应该谨慎,因为当铁和铜存在时,维生素C的作用是促进氧化剂而不是抗氧化剂,导致更高的脂质氧化损伤率[84]。再一次证明,足够多并不意味着就能产生预期的生理结果。

4. 维生素E(α-生育酚)

维生素E和相关化合物(其他生育酚和生育三烯醇)存在于细胞的脂膜中。维生素E是一种有效的抗氧化剂,可清除和中和多种ROS形式;它通过将清除的ROS转移到水中的抗氧化剂(如维生素C)来循环利用[76,104]。维生素E是人类皮肤中最丰富的以脂为基础的抗氧化剂,存在于皮肤的每一层底层[102]。尽管其有多种形式(α-生育酚、β-生育酚、γ-生育酚等),但只有α-生育酚可以扭转缺陷[105]。虽然维生素E是一种有效的抗氧化剂,但运动员应谨慎服用补充剂量的维生素E以减少氧化损伤。在Kona铁人三项世界锦标赛前,对每天服用800 IU维生素E,连续服用2个月的运动员与服用安慰剂的运动员进行比较后发现,服用维生素E有更大的脂质过氧化反应和炎症,取决于血浆IL-6、IL-1ra、IL-8的水平[69]。

5. 泛醌(辅酶Q10)

泛醌是一种脂溶性化合物,由机体合成,也可主要从饮食中提取,比如大豆油、肉、鱼、坚果、小麦胚芽和一些蔬菜[25]。虽然在血浆中出现的辅酶Q10数量有限,但大部分辅酶Q10存在于线粒体中,参与线粒体ATP的合成,并发挥抗氧化剂的作用。由于它主要存在于线粒体中,因此与能量代谢有关,人们认为保证良好的辅酶Q10状态可以减少与剧烈运动相关的氧化应激和肌肉损伤。然而,在对马拉松运动员的测试中发现,提供过量的辅酶Q10并不能减少氧化应激和肌肉损伤[50]。一项评估锌和辅酶Q10对足球运动员联合作用的研究发现,这种抗氧化剂组合可以有效地促进甲状腺激素的代谢,甲状腺激素是一种能量代谢调节激素[77]。

6. 类胡萝卜素

类胡萝卜素在深绿色、橙色和黄色的水果和蔬菜中含量最高,直接影响了它们的颜色。它们是脂溶性化合物,通常存在于细胞膜中,具有抗氧化特性，使它们能够清除ROS。因为它们存在于脂质中，它们限制了过氧化物的形成。饮食中最常见的类胡萝卜素有[47]：

■ α-胡萝卜素（维生素A原，含维生素A活性的1/24）。食物来源包括南瓜、胡萝卜、西红柿、甜菜、羽衣甘蓝、青豆和甜椒。

■ β-胡萝卜素（维生素A原，活性是维生素A的1/12）。食物来源包括甘薯、胡萝卜、深绿色叶蔬菜、长叶莴苣、胡桃南瓜、哈密瓜、甜259红辣椒、杏脯、豌豆和西兰花。

■ β-隐黄素（维生素A原，活性是维生素A的1/24）。食物来源包括甜红辣椒、南瓜、胡桃南瓜、辣椒（香料）、柿子、橘子、木瓜、香菜和胡萝卜。

■ 叶黄素（有效吸收蓝光，帮助保护眼睛免受光诱导的氧化损伤）[52]。膳食来源包括深色绿叶蔬菜、沙拉蔬菜、西葫芦、花椰菜、罗勒、球芽甘蓝、芦笋、青豆、韭菜和绿豌豆。

■ 玉米黄质（能有效吸收蓝光，保护眼睛免受光引起的氧化损伤）[52]。饮食来源与叶黄素相同。

■ 番茄红素（存在于红色水果和蔬菜中，特别是番茄中的一种强大的抗炎/抗氧化剂，可以降低前列腺癌和其他癌症的风险）[29]。食物来源包括西瓜、西红柿、粉红葡萄柚、粉红番石榴、木瓜、枸杞、玫瑰果、芦笋和红甘蓝。

α胡萝卜素、β胡萝卜素和β隐黄素都是维生素A原，这意味着它们可以被组织转化为活性维生素A。叶黄素、玉米黄质和番茄红素不能转化为活性维生素A。

7. 类黄酮

水果、蔬菜、巧克力、茶和葡萄酒中都含有类黄酮，它具有重要的抗氧化剂和清除活性氧的特性，对健康有益。虽然这些抗氧化特性很重要，但它们的浓度是其他抗氧化剂的100～1 000倍，包括维生素C_1尿酸和谷胱甘肽[57]。重要的是，类黄酮对脑卒中和心血管疾病有降低风险的作用[109,111]。在很大程度上，食用富含水果和蔬菜的饮食所带来的好处来自这些食物中高浓度的类黄酮。类黄酮的六个亚类包括：

■ 花青素（存在于红色、蓝色和紫色的浆果中；红色和紫色的葡萄，还有红酒中）。

■ 黄烷-3-醇（存在于红茶、绿茶和乌龙茶、可可、葡萄、浆果、红酒和苹果中）。

■ 黄酮醇（存在于洋葱、大葱、羽衣甘蓝、西兰花、苹果、浆果和茶中）。

■ 黄烷酮（存在于柑橘类水果中）。

■ 黄酮（欧芹、百里香、芹菜和辣椒中都含有黄酮）。

■ 异黄酮（在大豆和其他豆类中发现）。

（三）活性氧和氧化损伤的测量

现在已经确定，体力活动导致ROS的产生，从而导致氧化损伤和肌肉功能下降。也有证据表明活性氧可导致过早的疲劳[88]。此外，更高强度的活动与更高水平的氧化损伤相关[80]。综上所述，与ROS含量升高相关的肌肉功能下降和过早的疲劳可能会对运动表现产生负面影响。氧化应激发生在特定的部位，包括血浆、骨骼肌、器官和其他组织。氧化应激的测量是复杂的，因为必须在正确的时间测量正确的部位来检测应激标志物。应激发生时，被测组织中的抗氧化剂必须被耗尽，氧化应激的标记才会出现[15]。与运动相关的氧化应激通常是通过分析ROS反应的代谢物来测量的，这比产生的ROS更稳定一些（ROS是高度不稳定的。）

■ 通过对鸟嘌呤的自由基修饰来测量DNA氧化产物，可以在组织样本、血浆和尿液中测量。由于血液和尿液样本的不稳定性，直接测量肌肉组织通常是首选[39]。测定的一个常见分子是8-羟基脱氧鸟苷。

■ 蛋白质氧化通过羰基形成的存在来测量，通常通过分光光度法或抗体评估。这些评估可以从肌肉组织样本和血浆样本中进行[85]。

■ 脂质氧化生物标志物通过多种技术进行评估。多不饱和脂肪酸受ROS影响时，会形成丙二醛，丙二醛是评估氧化脂质的常用指标[34]。其他常见的脂质氧化生物标志物包括脂质过氧化氢（lipid hydroperoxides，LOOH）和f2-异前列烷。这两种生物标志物都来自细胞膜中的脂质，但f2-异前列烷被认为是脂质过氧化的优越指标[81]。

五、肌肉表现与抗氧化剂摄入的平衡

已经证实ROS及其抗氧化应对策略影响骨骼肌功能[89]。如果组织和血浆中没有足够的抗氧化剂（即抗氧化剂缺乏）来抵消ROS的潜在损害作用，就会增加组织损伤和相关的肌肉酸痛。在很大程度上，摄入抗氧化剂补充剂被认为是确保组织防御机制令人满意的一种简单策略。然而，几乎没有证据表明，经常进行高强度运动的运动员实际上能从摄入包括维生素C和维生素E在内的抗氧化剂补充剂中受益。在组织中低水平的维生素C和维生素E似乎不会对运动能力产生负面影响或增加肌肉无力状态[84]。虽然有实验室研究表明，在运动前和运动中提供抗氧化剂可以缓解活性氧相关的疲劳，但也有研究表明，补充抗氧化剂可能是有害的[14,90]。重要的是，虽然摄入抗氧化剂可能会减轻运动诱导的活性氧，但它们也可能减轻细胞抗氧化防御、热休克蛋白和线粒体生物发生[37,92,100]。

六、总结

■ 运动员获取和使用氧气的能力是影响运动成绩的主要因素，与运动员的年龄、性别或运动项目无关。

■ 铁是将氧气从环境中转移出去和将二氧化碳从肺部排出的必要元素。尽管有这些至关重要的功能，铁缺乏是普通人群和运动员最常见的营养素缺乏。

■ 无论何种原因导致铁缺乏，缺铁都可能对健康、精神表现和运动表现产生负面影响[103]。因此，重要的是要定期监测运动员的铁状况，可以是每年一次，以确保评估的铁值在正常范围内，并在严重缺铁性贫血发生之前进行干预。

■ 筛查应包括测定功能铁和储存铁，包括血红蛋白、红细胞比容和铁蛋白。从这样的测试中得到的信息将帮助运动员和他们团队的人了解所摄入的食物是否提供了充分的铁元素，并将有助于推动饮食的改变，以确保摄氧量不会成为运动成绩的限制因素。

■ 调查发现，正常月经的育龄女性运动员和素食主义者患铁缺乏症的风险最高。然而，正常的体力活动也会增加缺铁的风险，因为通过尿液和汗液会更快地破坏和损失红细胞。

■ 建议缺铁性贫血的运动员寻求临床帮助，以提高铁的摄入量，包括口服铁补充剂，并减少增加铁损失的活动，包括减少负重活动以降低溶血，停止献血[103]。

■ 其他营养物质，包括维生素B_{12}和叶酸，对红细胞的形成也很重要，红细胞缺乏可能导致巨细胞性贫血和组织供氧降低。

■ 无论原因是什么，血液检测显示缺铁、叶酸或维生素B_{12}的运动员都应该寻求医生和注册营养师的建议，以确定正确的策略。

■ 众所周知，体力活动，特别是高强度和（或）高持续性的体力活动，会使运动员比非运动员处于更高的氧化应激状态，这表明重要的是要食用含有足够量抗氧化维生素和矿物质的食物。

■ 然而，运动员应该谨慎摄入过量抗氧化营养素，因为摄入过量可能会抑制正常的抗氧化过程。

■ 一些运动员可能会受到运动性哮喘的影响，这种情况会限制摄氧量，从而影响成绩。有些药物可以有效改善运动性哮喘，但运动员在服用这些处方药物之前应该被临床确诊，以避免被禁赛。

实际应用

对朋友和家人做一个调查，问他们正在服用什么补充剂，多久服用一次。还要问问他们每天喜欢吃什么食物。从这个调查中可以做以下事情：

（1）从补充剂中估计抗氧化剂的摄入量。

（2）估计食物中抗氧化剂（维生素C、维生素E、β胡萝卜素）的摄入量。通过访问美国农业部在线食品成分数据库（https://ndb.nal.usda.gov/ndb/search/list），注意使用前面章节中介绍的评估食物营养成分的策略。

（3）计算DRI的百分比。

（推荐的膳食剂量）服用补充剂的人和不服用补充剂的人的摄入量，记住过量摄入可能会产生问题。

本章问题

1. 下列营养物质中，哪一种与向组织输送氧气有关？
   a. 维生素 B_1　　b. 吡哆醇
   c. 铁　　d. 氰钴胺素
2. 以下哪一种营养物质具有抗氧化特性，可以保护细胞免受氧化反应的伤害？
   a. 铁、维生素 B_{12}、叶酸和铜
   b. β-胡萝卜素、维生素 E、维生素 C、硒
   c. 维生素 B_1、维生素 B_2、维生素 B_3、维生素 B_6
   d. 蛋白质和泛酸
3. 血红蛋白红细胞中含铁的蛋白质、血红蛋白两者都从肺部吸收氧气并向肺部释放二氧化碳。
   a. 对　　b. 错
4. 我们呼吸的空气是约含________%氧气。
   a. 80　　b. 50
   c. 20　　d. 5
5. 高强度的运动可以增加肌肉氧气需求量是休息状态的________倍。
   a. 5　　b. 10
   c. 25　　d. 50
6. 有运动性哮喘的运动员在运动时给细胞带来足够的氧气是没有问题的。
   a. 对　　b. 错
7. 转铁蛋白是
   a. 储存铁
   b. 将消耗的铁转化为新的红细胞的分子
   c. 运输铁形成血红蛋白的血液蛋白质
   d. 氧化脂肪酸的肝酶
8. 铜蓝蛋白是一种含有________的蛋白质。
   a. 铜　　b. 锰
   c. 镁　　d. 钼
9. 发生稀释性贫血的原因是
   a. 运动员体内的铁流失更高
   b. 在开始高强度运动项目的运动员中，血容量比红细胞增加得更快
   c. 维生素 B_{12} 和叶酸缺乏
   d. 维生素 E 缺乏会加速红细胞分解
10. 足行溶血描述的是红细胞的分解速度很快，因为在跑步的运动员中，红细胞在脚底的毛细血管中“被压碎”。
    a. 对　　b. 错

答案

1. c; 2. b; 3. a; 4. c; 5. c; 6. b; 7. c; 8. a; 9. b; 10. a

（章　政　译）

参考文献二维码

第10章

根据年龄和性别最优化营养策略

本章目标

- 明晰不同年龄和性别运动员相关的主要营养问题。
- 讨论青少年的特殊的营养需求，以及这些需求是如何随着规律性的训练而增加的。
- 罗列出最常见的且同时发生的影响骨密度达到理想水平的多种因素。
- 运动员应该明白运动恢复的营养策略是训练的一个重要组成部分。
- 讨论为什么维持一个正常的生长速率对于年轻运动员来说是非常重要的，以及能够保持这种正常的生长速率的主要营养因素。
- 描述可用于估算能量消耗的方法和公式，以及适用于特定人群的公式。
- 理解参与“难美”型运动项目的风险和益处。
- 判定参加不同运动的不同年龄和性别运动员所需的常量营养素(碳水化合物、蛋白质和脂肪)。
- 了解相比成年人，儿童和青少年脱水具有哪些风险。
- 区别饮食紊乱的类型，尤其是女性运动员中出现的饮食紊乱。
- 随着年龄增加/老化发生的主要的生理变化以及满足哪些营养需求可以减少这些变化。

案例研究

他一直都是一名运动员，小学和初中在一家竞技游泳俱乐部训练，高中加入校队，大学获得游泳方面的奖学金，研究生时是大学的水球俱乐部选手。研究生毕业后参加工作，他停止了游泳运动。约翰太忙了，工作、家庭、年幼的女儿使他无法再保证每天2～3 h，每周3～5 d的训练。

若干年之后，女儿开始上学，他开始有了一些闲暇时间，于是自然而然地开始考虑重返泳池并参加竞赛。在家人的支持下，他决定参加一个游泳俱乐部的大龄组，这个游泳俱乐部参加地区、州以及国家级比赛。差不多快10年了，约翰又重返泳池。从重新跃入水中的那一刻他就意识到自己是多么想念这种感觉，同时也认识到自己的身体也发生了变化，脂肪多了，肌肉量少了，同时他也知道如果不努力，自己是无法重新找回“竞技体型”的。

令他沮丧的是，重新进行游泳训练第3天，回家之后，他几乎无法移动四肢。他身上的每一块肌肉都达到了无法做出正常活动的酸痛程度。这种酸痛是如此的严重，他不知道该如何是好。他应该承认自己的游泳生涯已经结束了还是应该尽可能地坚持下去？上床睡觉的时候他不停地思考这个疼痛，梦见自己回到大学生时候的泳池，梦中清晰地看见那些过去的人、物和地点，以及运动饮料和食物。是的！食物！如同一道闪电击中了他，他回想起当年参加比赛的时候，游泳队的恢复策略中包括即刻摄入碳水化合物和蛋白质，有些时候是肌肉三明治或希腊酸奶加水果。那时教练员不看着他们吃完这些恢复食品是不会让他们离开泳池的。第二天早晨，约翰制订了一个计划，为他下午和傍晚时分的游泳练习准备了一些恢复食品，同时仍然跟着家人正常进行餐饮。又过了一段时间，他不敢相信感觉是如此之好，又过了几个月，他达到了他这个年龄组的达标线，可以参加地区级别的比赛了。他的游泳生涯又重新开始了——带着微笑开始的。

案例研究（问题探讨）

规律性的练习搭配良好的营养有助于最小化肌肉萎缩。

(1) 随着年龄增加，人体会发生哪些典型的变化?

(2) 男性和女性一样吗? 如果不一样，那么有哪些不同?

(3) 将身体的每一个变化都考虑进来，在最理想的状态下，将最小化这些变化所需要做的事形成一个策略。

(4) 将要做的事情罗列出来，配合你的策略，形成一个周营养计划。

(5) 现在修订你的这个计划，让它变得可行(你现在就有了一张如何限制年龄相关的身体变化的路线图!)。

一、引言

不论年龄和性别，没有运动员能够在没有良好的营养计划下达到最佳竞技水平。任何营养计划的基本内容中，训练和竞赛策略都有相似的地方，包括以下几点。

- 以有利于长期健康的方式进食，遵循针对特定年龄和性别的一般人群指南；
- 满足能量需求，动态地支撑训练和比赛的能量需求；
- 在训练/比赛之前保证最佳的能量储备和水合状态；
- 遵循一定的补水策略，尽量减少脱水，以支撑对血糖水平和血量的保持；
- 采用能够让运动员恢复水合、保证充分的肌肉合成和消除肌肉酸痛的训练恢复策略；
- 用身体成分，而不是体重来衡量某个训练阶段的营养策略是否支撑保持正确的营养和能量供应水平的指征；
- 对训练阶段的营养策略，留出充足的时间来适应之后的比赛中采用的新营养策略。

对于年轻运动员和女性运动员，还有一些需要额外考虑的营养问题，来确保营养供应能让健康和运动竞技水平最佳化。女性运动员有独特的与月经功能相关的生理需求，可能因不良的营养/能量摄入而受影响。包括饮食紊乱、月经功能障碍和骨密度较低等在内的女性运动员三联征，尤其影响了相当多的参与难美型运动的女性运动员。在包括体操、花样滑冰和跳水等在内的难美型运动中，外表是这类运动主观评分系统的一个组成部分。明白这些风险有助于让运动员因没有采用令人满意的营养计划而失败的可能性最小化。

年轻运动员同样存在特殊的风险，尤其与是需要同时满足生长和体力活动有关的风险[45]。儿童汗腺较少，因此相对成年人排汗较少，儿童常常可能“自愿脱水”(摄入液体不充分，即便当时有液体供其摄入)[144]。降温系统能力较低加上不充分的水合状态让年轻运动员发生脱水相关紊乱的风险较高，任何营养策略中都必须予以考虑。此外，还需注意的是年轻运动员倾向从其他运动员、健身房老板、健康食品店店员和体育相关杂志等途径获得营养相关的信息，而通常情况下这些渠道的信息不可靠，或目标是为了卖出更多的非"营养"的、没有经过充分测试或根本不需要的产品[41]。

年龄较大的运动员则有另外的问题，尤其与升高的热应激风险、正常的体质组成的变化和从艰苦的运动中恢复的速率等相关的问题。与年龄较大的运动员工作的从业者必须对与年龄相关的能量消耗的变化和升高脱水风险保持敏感。还有证据显示，年长的运动员可能存在营养素摄入不足的风险，尤其是核黄素、维生素B_6、维生素B_{12}、维生素D和叶酸[32,65]。不同年龄、性别的运动员有不同的营养方面的风险，主要与能量可用性、热疾病、损害生长和发育、月经功能障碍、饮食紊乱、低骨密度、体成分改变、营养摄入不足和损伤等有关[113]。尽管对所有运动员都存在通用的营养原则，但是不同类别（男性、女性、年轻、年龄较大等）的运动员有着不同的生理需求，由此就要求对这些通用的营养原则做一定的修改来降低健康风险，保证最优的运动表现，本章节主要综述不同年龄和性别的特定的营养需求。

二、年轻运动员

青少年是人体生长加速的一个阶段，是人生命历程中对营养和能量需求很高的一个阶段。体力活动则会进一步提升对营养和能量的这种需求，由此令营养计划成为保证年轻运动员正常生长和发育，并能从与体育相关的训练中获益的非常重要的一个方面。营养和体力活动的不良匹配可能造成骨骼和组织发育不良的后果，可能增加后期慢性疾病的风险。不充足的能量供应可能会导致无法达到先天决定的生长潜能，不充分的营养摄入可能导致器官系统的发育不良。例如，青少年生长突增时期钙质摄入不足可能导致**骨密度**较低，由此产生骨质疏松（指骨密度水平低到令个体产生骨折的风险）的过早出现。据估计，在青少年时期，骨骼质量需要达到25%[143]。尽管体力活动中产生的刺激对骨骼发展是重要的，但是缺乏钙元素、维生素D和蛋白质及能量对这个阶段的生长来说是致命的。鼓励年轻人保持活跃的体力活动对降低慢性疾病风险是必需的，但这仅在充分营养的前提下才能实现。

年轻运动员应该规律性地进行评估来确保处于健康的状态和正常的生长速率。女孩子的青春期生长突增开始于10岁或11岁，并在12岁左右达到高峰，之后到15或16岁生长速率下降。男孩子的青春期生长突增开始于12或13岁，在14岁左右达到顶峰，之后到19岁之前生长速率下降。应注意，过度体力活动（如个人不太习惯的活动水平）再加上没有充分的休息和营养摄入可能导致过度使用损伤，包括肌腱炎、胫骨粗隆骨软骨病和应力性骨折[8]。在女性青少年运动员中，能量摄入不足可能导致高强度训练时期出现继发性闭经（已经有月经的女性停止正常的月经）。闭经与雌激素分泌低有关，后者又与应力性骨折风险升高有关[5]。机械性负荷重复作用于处于无法应对反复施加压力的骨密度水平过低的骨骼上，那么应力性骨折可能发生于任何年龄段。应力性骨折最有可能发生在下列情况下（图10.1）[8,23]：

- 运动员增加活动的强度过快令骨密度来不及适应的时候；
- 运动员已经习惯的运动或跑动所处的表面发生变化，造成更大的骨骼压力的时候；
- 运动员所穿的鞋没有能缓冲和保护骨骼免受特定活动的压力时。

为避免特定肌肉或骨骼部分的过度训练，建议年轻运动员采取的策略：参与多种不同的项目，以及只在发育期之后进行专项化[5,27]。这种策略帮助年轻运动员能更好地表现，降低运动损伤，相较那些过早地仅进行单一体育项目的运动员保持更长时间的体育参与[5]。

骨密度

骨骼的横截面密度（g/cm^2）和常用的测量方法对于判定骨骼强度是足够的。影响骨密度的主要因素包括种族、性别、饮食、体型、活动量、活动类型、能量可用性、皮质醇和雌激素。

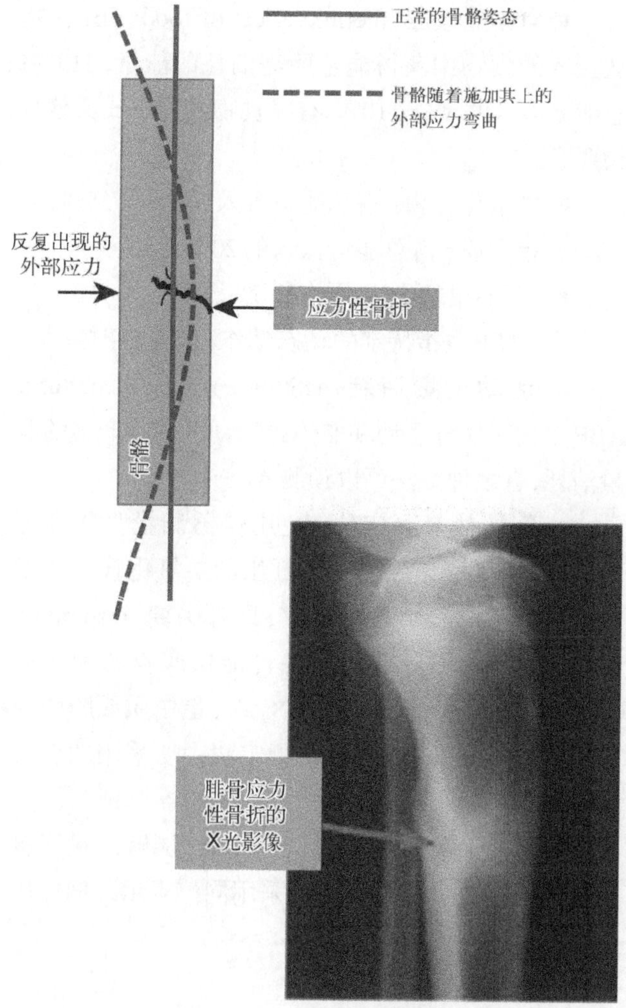

图 10.1　什么是应力性骨折

资料来源：Anderson MW, Greenspan A. Stress fractures. Radiology. 1996; 199: 1–12; Bennell KL, Malcolm SA, Wark JD, Brukner PD. Models for the pathogenesis of stress fractures in athletes. Br J Sports Med. 1996; 30: 200–204; X-ray from Staheli LT. Fundamentals of Pediatric Orthopedics. 5th ed. Philadelphia (PA): Lippincott Williams & Wilkins; 1996.

能量需求

摄入充足的能量对满足生长、发育及训练和竞赛的产生综合需求来说是必需的[45]。在生长发育阶段，满足孩子们的营养需求是困难的，因为不同性别、体态（体重、身高）、青春期发育程度、遗传和生长速率的孩子们的营养差异性非常大[113,141]。参加现代五项等需要消耗大量能量的运动项目的年轻运动员，能量摄入不足的风险似乎特别高，但在足球等团队项目中也经常发现能量摄入不足[42,59]。再加上因为年轻运动员的多样性，现有的预估年轻运动员能量需求的方法同样存在限制，这进一步复杂化了我们对于能量需求的理解，同时经常出现年轻运动员报告能量消费的模式低于预测公式的推荐值，这让情况进一步糟糕[2,62]。重要的是，与体力活动相关的能量需求比生长发育相关的能量需求要高[141]。例如，每日体重的增加仅需要 2 kcal/g（或 8.6 kJ/g），对于一名 15 岁的年轻男性运动员，体重增加为 13 lb/年（或 6 kg/年），相当于生长额外需要的能量需求为大约 33 kcal/d（或 140 kJ/d）[45]。尽管似乎生长的能量需求很低，但如果加上体力活动的能量需求，则可能导致运动员处于能量摄入不足的状况，造成对生长和发育的损害。

一种估算年轻运动员是否有足够的能量摄入的方法是采用**能量可用性**的概念，涉及探索可摄入的能量对于体力活动是否是充足的[87]。

> **能量可用性**
>
> 充足的能量以进行体力活动，以及满足正常的生长、免疫系统、骨骼发展、肌肉发展和肌肉修复的能量需求。

当强调完成各种任务有多少能量可用时，可考虑下列公式：

能量可用性 = 能量摄入 − 活动消耗的能量
［以 kcal/（kg 瘦体重 · d）为单位计算］

如果没有供应充足的能量，会增加健康和生长发育受损的风险，包括**发育延迟**、月经功能障碍、低骨密度、无法达到预期体重、高损伤风险和高饮食紊乱风险等[19,103]。测量每日的能量消耗是复杂的，涉及对多个方面的评估，有多种可能的策略（图 10.2）。

1. 每日总能量消耗

（每日）**总能量消耗**（total energy expenditure, TEE）包括下面几个方面。

■ 静息能量消耗（resting energy expenditure, REE）：其指代能量消耗的最大部分，指基础代谢率（basal metabolic rate, BMR），即个体处于静息和空腹状态下的能量消耗。也指更学术的定义静息新陈代

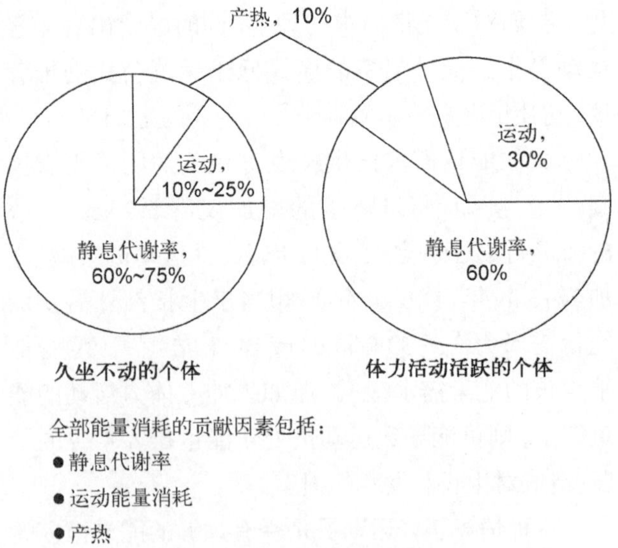

图10.2 估算的每日总能量消耗

资料来源：Plowman SA, Smith DL. Exercise Physiology for Health, Fitness, and Performance. 3rd ed. Philadelphia (PA): LWW (PE); 2010.

谢率，静息新陈代谢率在测量的时候可能值稍高，因为个体可能没有处于空腹状态或完全静息状态。如果无法采用双标水法(doubly labeled water, DLW)或间接热量测定法来测量REE，有常用的预测方程(方框10.1)。

■ **食物热效应**(thermic effect of food, TEF)：指从摄入的食物中获得能量所需消耗的能量，TEF占总能量摄入的5%～10%，有些食物的TEF比其他食物要高。

- 碳水化合物：占总能量摄入的5%～15%。
- 蛋白质：占总能量摄入的20%～35%。
- 脂肪：占总能量摄入的5%～15%。

注：TEF也指特定的动态动作和(或)产热。

■ **活动能量消耗**(activity energy expenditure, AEE)：代表体育运动和非体育运动的活动产生的能量消耗，有多种方法可以预测AEE[63]。

- 间接热量测定法：使用仪器测量吸入和呼出的气体(如吸入的氧气和呼出的二氧化碳)，得出吸入的氧气和二氧化碳比率，即呼吸商(respiratory quotient)可以很好地估算各种能量底物的利用率(如产生的热量，来自碳水化合物、蛋白质或脂肪的能量所占比率)。间接热量测定法中所采用的设备也被称为代谢车(图10.3)。
- 双标水法：被认为是金标准，能够测量能量消耗的所有成分。这种技术采用同位素示踪剂标记

方框10.1 估算BMR的公式

Harris Benedict公式(度量标准)

男性：BMR=66.47+[13.75×体重(kg)]+[5.003×身高(cm)]−[6.755×年龄(a)]

女性：BMR=655.1+[9.563×体重(kg)]+[1.850×身高(cm)]−[4.676×年龄(a)]

Schofield公式

10～17岁

男性：BMR=17.686×体重(kg)+658.2; SEE=105。

女性：BMR=13.384×体重(kg)+692.6; SEE=111。

18～29岁

男性：BMR=15.057×体重(kg)+692.2; SEE=153。

女性：BMR=14.818×体重(kg)+486.6; SEE=119。

30～59岁

男性：BMR=11.472×体重(kg)+873.1; SEE=167。

女性：BMR=8.126×体重(kg)+845.6; SEE=111。

≥60岁

男性：BMR=11.711×体重(kg)+587.7; SEE=164。

女性：BMR=9.082×体重(kg)+658.5; SEE=108。

资料来源：

Harris Benedict公式：Harris JA, Benedict FG. A biometric study of human basal metabolism. Proc Natl Acad Sci USA. 1918; 4(12): 370−373.

Schofield公式：Schofield WN. Predicting basal metabolic rate, new standards and review of previous work. Hum Nutr Clin Nutr. 1985: 39(Suppl 1): 5−41.

SEE：估算结果的标准误。

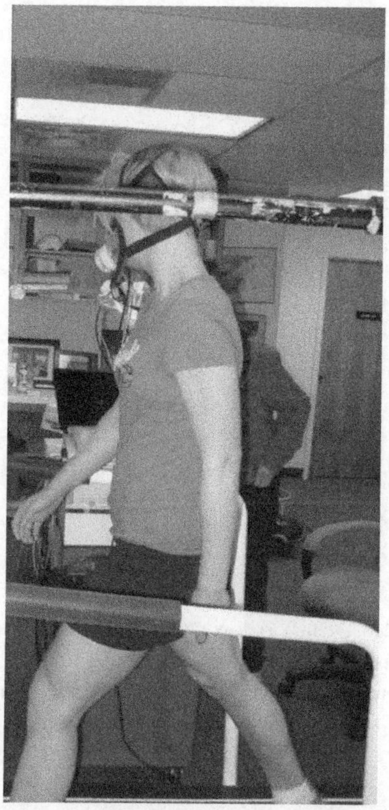

图10.3　采用间接热量测定法测试受试对象的REE。这是一种常见并且相对准确的测量静息和活动过程中能量消耗的方法。仪器测量消耗的氧和排出的二氧化碳

水分子中的氧原子和氢原子，通过测量生成的二氧化碳中的示踪氧（^{18}O）来准确测量能量消耗。

- 心率监控：心率与能量消耗之间具有线性的关系，故对心率的测量能够估算消耗的能量。有多种可穿戴设备可以测量运动和活动中的心率进而估算能量消耗。
- 加速度计：加速度计能够测量运动，因此可以用来进行估算能量消耗。加速度计测量法有预测弱点，因此研究者在使用加速度计估算能量消耗时要谨慎[70,136]。
- 全球定位系统（global positioning system，GPS）：GPS能够监控运动和运动的速率，由此能够估算能量消耗。通常GPS与加速度计和心率监控设备捆绑使用来提高估算能量消耗的准确性[131]。
- 测向法：尽管测向法对运动的能量消耗的测量是有根据的，但测向法对所有运动类型的能量估算是不够准确的，因此，采用该方法进行能量估算的时候应该注意[106]。

发育延迟

发育是人体生长并从儿童进入成年的一个时期，这个时期包括性器官的发育成熟，男性面部胡须出现，部分睾酮转化为雌二醇令女性子宫发育等。这个生物钟的延迟，通常因能量摄入不足导致发生，可能会对人体的器官、骨骼和线性的生长发育产生终身的影响。

总能量消耗

代表静息、活动、TEF和人体发展（如生长发育、妊娠或哺乳）的综合能量需求。

活动能量消耗

代表满足体力活动所需要的能量需求。通常以静息时能量需求的倍数计算，例如，如果个体在休息时需要50 kcal/h，那么该个体的运动强度（如行走）是休息时的2倍，则该个体所需要的能量为100 kcal；如果该个体的运动强度（如快速跑步）是休息时的5倍，那么每小时需要的能量为250 kcal。

食物热效应

指从摄入的食物中获得能量所需消耗的能量。一些食物（如蛋白质）比另一些食物（如碳水化合物）需要较多的能量来“提取”能量。平均来说，获得食物中的能量所消耗的能量约占食物提供能量的10%左右。

- 问卷法：有很多种问卷可以通过对运动强度等的描述来估算能量消耗，这类问卷大多基于MET值的对应表（如REE的倍数）。Ainsworth代谢当量量表列出了活动和运动的对应标准及相关的能量消耗（方框10.2）[3]。

TEF和REE可以通过间接热量测定法进行估算，而总能量消耗可以通过双标水法进行估算（方框10.3）。

采用上述方法估算能量摄入和消耗是复杂的，

方框10.2 平均身体形态的男性和女性多种活动中相对静息能量需求的近似能量消耗

列举的活动为单位时间中这种活动的平均值。

静息、睡眠、斜躺休息：REE × 1。

非常低强度活动：REE × 1.5。

坐或站立的活动、绘画、驾驶、实验室工作、打字、编织、熨烫、做饭、玩扑克牌、弹奏乐器。

低强度活动：REE × 2.5。

在水平表面上以2.5～3 miles/h（4.02～4.82 km/h）步速行走、在车库里干杂活、电气行业、木工行业、餐饮行业工作、家庭清洁、照顾儿童、高尔夫、帆船和乒乓球。

中等程度活动：REE × 5.0。

以3.5～4 miles/h（5.63～6.44 km/h）步速行走、除草和锄草、携带负重、自行车、滑雪、网球和跳舞。

高强度活动：REE × 7.0。

负重上坡行走、伐木、高强度的人工挖掘、篮球、攀爬、足球和橄榄球。

如果按基础能量消耗的倍数进行计算，男性和女性相似。

资料来源：Institute of Medicine, Food and Nutrition Board. Recommended Dietary Allowances. 10th ed. Subcommittee on the Tenth Edition of the RDAs, Food and Nutrition Board, Commission on Life Sciences, National Research Council. Washington (DC): National Academy Press; 1989. Based on values reported by Durnin and Passmore (1967) and WHO (1985).

方框10.3 估算年轻运动员24 h能量平衡的步骤

估算能量需求

步骤1. 采用适用于相应年龄和性别的Schofield公式估算REE——个体的每日基础代谢。

步骤2. 计算步骤1所得数值的每小时平均值，即步骤1结果除以24——REE/24。

步骤3. 根据步骤2所得数值，结合表10.1中不同能量消耗的小时数。

例如，睡眠7 h=1 × REE/24 × 7；轻度活动2 h=2.5 × REE × 2，等。

步骤4. 将步骤3中的数值相加得出24 h的能量消耗。

步骤5. 将步骤4所得数值 × 1.10即为总预估能量需求。因为TEF约为食物中摄取的能量的10%。（即从消耗的能量中获取能量所需的热量）。这是所需的总能量预测的值。

估算能量摄入

步骤1. 列出24 h内所有摄入的食物/饮料（如总量等）

步骤2. 使用食物组成成分的计算机编程表格，找到摄入的食物/饮料所含的能量。

步骤3. 将步骤2所得结果相加。

计算能量平衡

步骤1. 将估算的能量摄入除以估算的能量需求得到能量平衡。

例如，估算的能量摄入=2 000 kcal；估算的能量需求=2 500 kcal。

2 000/2 500=0.80（总的能量摄入约占总能量需求的80%，表示该个体处于能量负平衡）

考虑到使用这些方法时的个体差异性，以及个体的生长率，不建议过分依赖这些方法作为判定年轻运动员是否摄入了充分的营养/能量的唯一途径。当前尚没有已经被广泛公认的仪器/方法/估算公式能够有效地给出准确的结果，并令人信服地判定营养/能量消费是否对产生理想的生长和发育是足够的。上述

表10.1　能够影响骨密度的内部和外部因素

内部因素	外部因素
性别/种族：女性通常骨密度低于男性，但是多种因素会影响相同性别的骨密度 ■ 月经不规律的女性比月经规律的女性骨密度要低（月经不规律、雌激素水平较低、雌激素能抑制破骨细胞的活跃度、破骨细胞分解骨骼） ■ 人口学研究认为非裔美国人和西班牙裔女性的骨密度比白人和亚洲女性要高	饮食：充足的维生素D、钙和能量与更高的骨密度有关，而上述营养物质的不充足则会与较低水平的骨密度有关。此外还有一些饮食因素可能也会影响骨密度 ■ 高膳食纤维（>30 g/d）可能会降低钙质吸收；高咖啡因摄入与高尿液钙质流失相关 ■ 高乙醇摄入改变营养摄入和代谢，与低水平骨密度相关
年龄：在20岁左右达到骨密度的高峰，之后直至50岁保持稳定或仅中等程度下降 ■ 50岁以后，男性和女性的骨密度都快速下降 ■ 女性闭经之后会经历骨密度较快速下降	体重：更大的体重与更高的骨密度相关，因为骨骼适应与应力增加相关 ■ 但是，肥胖与更大的体重，但较少的体力活动/运动相关，这可能造成骨密度的下降
身体形态：身体尺寸较小，对骨骼的压力也较小，因此骨密度增加的适应性需求也更小 ■ 如果能量/营养可用性良好，骨骼会对体重或活动中产生的负荷压力产生反应，骨密度增加	活动：施加在骨骼上的机械应力对引起骨密度的适应性增加非常重要（沃尔夫定律：要么用它要么失去它） ■ 当出现负荷，骨骼会显著发育（青少年），骨骼可以达到显著更高的骨密度水平，令个体对之后的生命时期中的骨密度降低更耐受 ■ 但是，青少年时期的体力活动可能会与能量、钙质或维生素D缺乏相关，无法有效地增加骨密度，让个体在之后的生命时期发生骨质疏松的风险更高

方法/仪器设备应该被认为是一种指南、指导或估算，并且因为可能存在不准确的情况，常用的判定生长和发育的指标应该也同时被采用。对儿童来说，传统的评估能量消费是否充分的方法是通过纵向评估相对年龄的体重、身高和相对身高的体重百分比量表（图10.4）。在2岁以后，生长的百分比随着年龄增加而稳定，如果没有出现则可能意味着能量、常量营养素的供应不适宜和（或）疾病。例如，一名儿童运动员12岁时对应年龄的身高处于50百分位，但其到14岁时身高却处在了较低的百分位上，这就意味着运动员可能存在能量、常量营养素摄入不充分或出现疾病，警示需要进一步的调查或判定中断线性生长的原因。

一些年轻运动员可能会超重，于是常常强调降低能量摄入。但是生长中的儿童严重的能量摄入限制对长期健康会有潜在的负面影响[103]。对这类人群，测量身体成分而非体重可能才是更安全的策略。这样做有助于确保瘦体重增加，即正常生长的发生，同时伴随脂肪质量的减少，降低肥胖的风险。仅测量体重或BMI可能无法提供必需的信息以保证运动员维持正常的生长模式。这是一个很复杂的问题，因为能量消耗不足可能与体重减轻相关，但是体重降低可能是因为瘦体重的减少，脂肪百分比增加[48]。

年轻运动员的体育参与和自尊之间有很强的联系[53]。然而，有证据显示主观打分的难美型体育项目（如花样滑冰、体操）中饮食紊乱/进食障碍发生的风险可能会增加，造成能量摄入无法满足生长和体力活动的综合需求[100]。有限的证据显示，一些青春期低于正常预期生长模式的运动员在脱离竞技体育之后会经历一个追赶生长[57]。这样的案例在退役精英级别女子体操运动员中已经被发现，预示一旦与体育相关的能量赤字不复存在，仍然有可能回归先天基因决定的体重/身高百分比[31]。但也有证据表明，生长期能量摄入不足的运动员没有能够达到发展预期[19]。

尽管在经常锻炼的年轻人中并不常见，但在社会各个阶层的儿童肥胖率都在不断升高。在一些体重和身体形态尺寸会带来优势的体育运动中，如橄榄球队的前锋，似乎肥胖是“期望出现的”[36]。而这恰恰应该对体成分而非仅对体重进行测量，来判定一个“超重”的运动员超过正常体重是因为肌肉含量更多还是过度肥胖。脂肪质量的增加与生命周期中更大的慢性疾病风险相关，应该为健康护理相

A　2~20岁：男性

对应年龄的身高和体重的百分位数

姓名 ________________

得分 ________

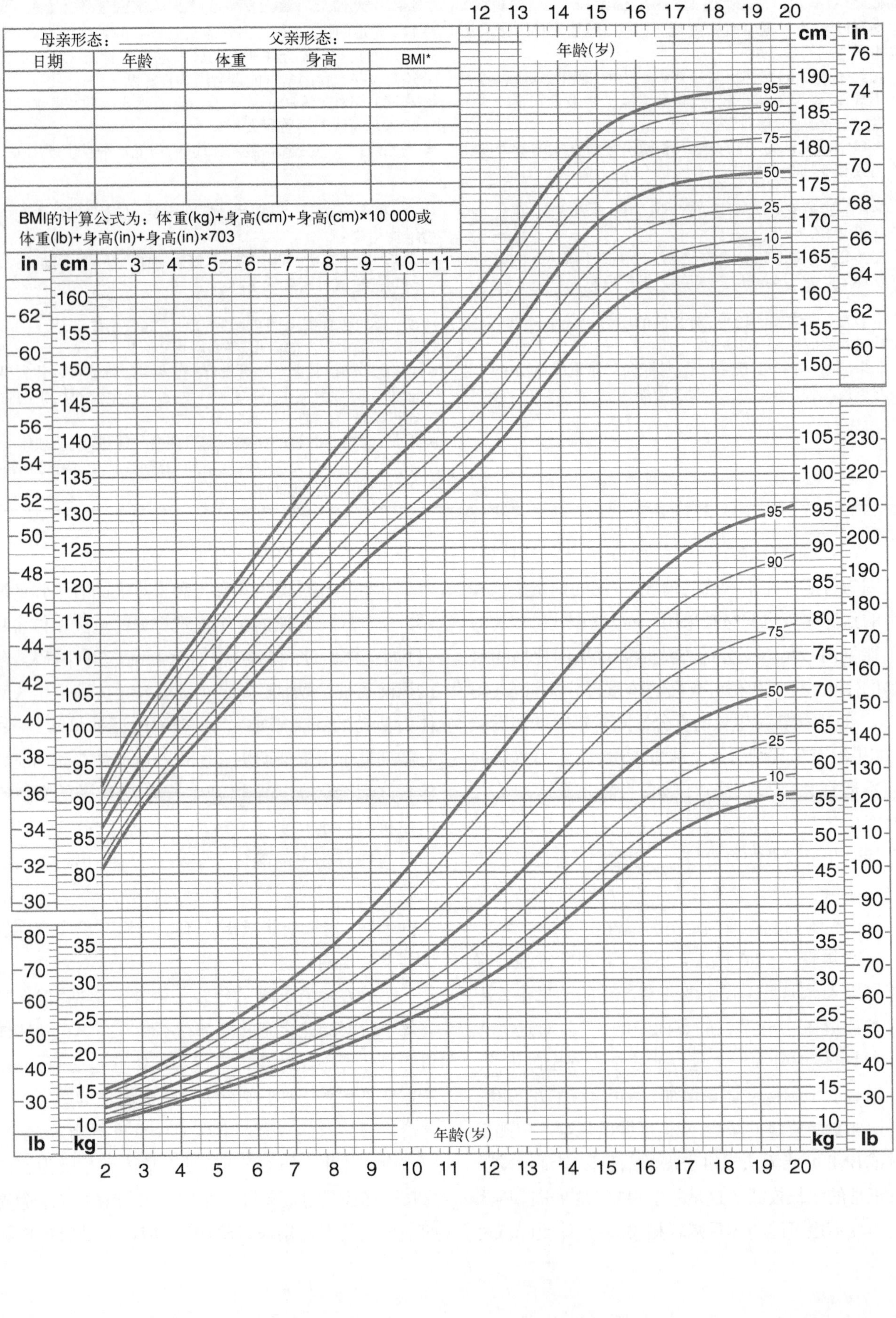

B　2~20岁：女性

对应年龄的身高和体重的百分位数

姓名＿＿＿＿＿＿＿＿

得分＿＿＿＿＿＿＿＿

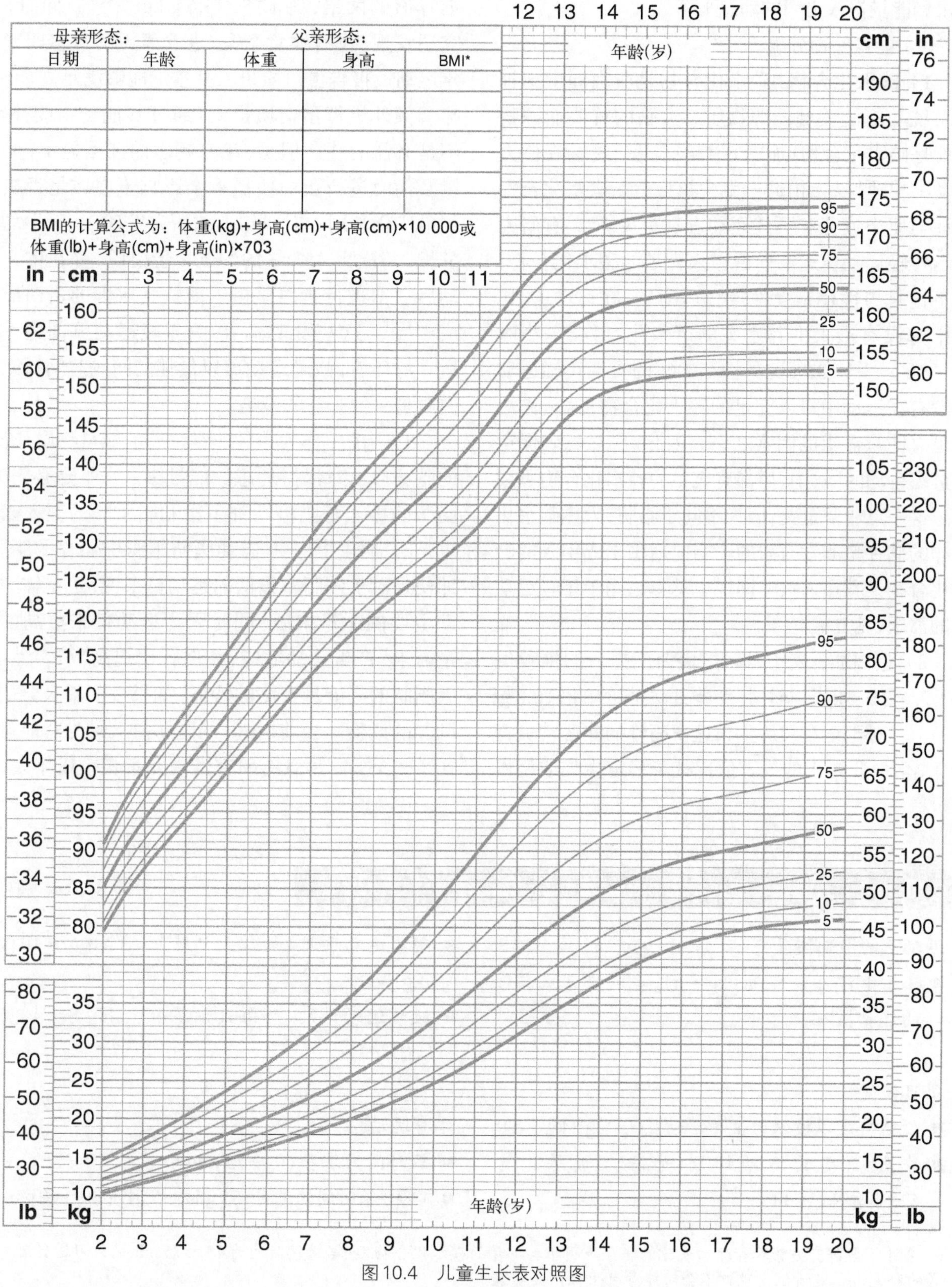

图10.4　儿童生长表对照图

A：女童；B：男童

资料来源：National Center for Health Statistics in collaboration with the National Center for Chronic Disease Prevention and Health Promotion. Clinical growth charts. 2000. Available from: https://www.cdc.gov/growthcharts/clinical_charts.htm.

关从业者所重视。帮助过度肥胖的年轻运动员达到理想的身体成分需要注意食物/能量摄入，以及能量需求和能量摄入之间的动态平衡[11]。

（1）能量底物分配

1）碳水化合物：碳水化合物是肌肉和中枢神经系统功能的关键能源物质。大脑的首要能源物质就是碳水化合物（血糖），而碳水化合物会在体力活动中快速耗尽，由此产生中枢疲劳。碳水化合物消耗与肌肉疲劳和不佳运动表现有关[44]。有研究显示年轻运动员运动前后摄入充足的碳水化合物，但不论是男性还是女性年轻运动员，在运动中/比赛中都没有摄入推荐水平的碳水化合物（每小时30～60 g）[13]。82%的男性和71%的女性年轻运动员没有在运动中摄入充足的碳水化合物，这是无法满足总能量需求的因素之一。因此，应注意确保运动员在运动的前、中、后都有充足的碳水化合物可用性。这一点非常重要，因为不同于脂肪，人体碳水化合物的储存是非常有限的。当前适用于成年人的碳水化合物推荐摄入策略同样也基本适用于年轻运动员的需求，见方框10.4。

2）蛋白质：成年运动员蛋白质摄入的推荐值为1.2～2.0 g/kg，基本上是普通人群的2倍（0.8 g/kg）[29]。对于正在经历生长速率高峰的非运动员青少年，蛋白质摄入的推荐值比处于稳定生长或稍慢速生长的个体要高，范围为0.8～1.0 g/kg。研究发现，青春期青少年运动员的蛋白质需求约为上述推荐值的两倍，为1.35～1.6 g/kg[2,25,45]。同时，研究还发现，没有饮食紊乱/进食障碍的青春期青少年运动员报告蛋白质摄入基本上能够满足需求，意味着额外进行蛋白质摄入（通过其他食物或补剂）不是必需的[2]。但是，越来越多的证据显示，如何以及何时进行蛋白质摄入会影响蛋白质是否被组织最优化利用。对成年人的研究发现，一天中均衡分配，每次摄入少量的约20 g蛋白质，并在体力活动后立即进行蛋白质摄入能提高肌肉的蛋白质合成[61,114]。这些发现显示，为年轻运动员创造一个适宜的环境，鼓励运动员以最佳的间隔时间摄入蛋白质是一种有益的策略。

3）脂肪：作为一种非常浓缩的能量物质，充足的脂肪摄入对保持理想的能量摄入水平是必需的。脂肪的摄入对脂溶性维生素和脂肪酸的摄入来说也是必需的[113]。肌肉和脂肪组织中储存的脂肪，即便是对于体脂率最低的运动员来说，也是体力活动主要的能量来源，同时因为运动带来更高的能量需求，产生运动适应，脂肪代谢提高[128]。然而，因脂肪的高能量密度的特征，如果过度摄入会造成肥胖的风险。当前，推荐的脂肪摄入量为总能量的20%～35%。尽管有研究发现儿童相较成年人，在

方框10.4 当前推荐的成年人和年轻运动员的碳水化合物摄入策略

运动后的即刻恢复

- （0～4 h）：1～1.2 g/（kg·h），之后恢复成日常的能量摄入。

每日恢复

- 低强度或以技术为主的活动：3～5 g/（kg·d）。
- 中等强度的运动计划（如每天训练1 h）：5～7 g/（kg·d）。
- 耐力运动项目（如每天训练1～3 h）：6～10 g/（kg·d）。
- 极端运动计划（如每天训练4～5 h）：8～12 g/（kg·d）。

体育运动中

- 短时间的练习（0～75 min）：少量[a]。
- 中等/长时间的练习（75 min～2.5 h）：30～60 g/h。

a：来源于当前有关营养和运动表现的联合声明推荐少量的碳水化合物，包括持续时间为45～75 min的练习进行漱口式的补充。但是请注意漱口不会对能量可用性产生贡献。

耐力型运动和强度更高的活动中较多利用脂肪，较少利用碳水化合物，但当前容易获得高脂肪食品的情况可能使年轻运动员很容易超过期望的摄入量水平[71,132]。

4）营养素：所有营养素都对组织的良好发展、更低的疾病风险是必需的。但发现年轻运动员对3种营养素（铁、钙和维生素D）特别容易摄入不足，需要额外注意。最近的研究发现很多11～17岁的年轻运动员服用维生素和矿物质补充剂，认为这些补充剂可以为他们带来竞技上的优势，而正常的饮食对运动表现产生有益影响是不够的[71,97,154]。研究显示，这些运动员的父母（不是教练员）在年轻运动员的营养补充剂的摄入上扮演了重要的角色[154]。教练员经常给运动员提供营养方面的信息，但绝大多数的教练员缺乏足够的营养相关的知识[39,43,139]。尽管很多营养补充剂对健康或运动表现既无害也无用，但通过营养补充剂过度摄入某些营养素和一些已知的风险是有关系的，因此鼓励同年轻运动员一起工作的从业人员对营养补充剂多加注意。

一般来说，出现营养缺乏问题（如贫血）之后应该使用营养补充剂，仅依靠食物来纠正问题是不太可行的策略。值得注意的是，仅有不超过39%的使用营养补充剂的年轻运动员曾与营养师咨询过安全和有效的营养策略[110]。

5）铁：铁摄入不足是世界范围内最常见的营养缺乏问题，缺铁性贫血在普通人群中的流行发病率（约3%）与在运动员人群中的发病率大体一致。然而，年轻运动员经常被发现铁蛋白水平低（如铁元素储存低）[120,123]。非贫血性铁元素缺乏，根据评判铁元素储存耗尽标准的不同（铁蛋白），在女性运动员中的比例为7%～57%，在男性运动员中的比例为4%～31%[77]。不良的铁元素储存，即便没有贫血，仍可能导致不佳的训练适应和运动表现有关系，可能与氧运输不良及ATP合成降低有关[45]。年轻运动员铁元素缺乏的风险比年轻非运动员人群要高，这是多种因素共同作用的结果，包括红细胞溶血率更高，消化道失血更多，汗液中的铁元素流失更多及女性运动员月经失血[77]。

年轻运动员有关的研究显示，男性有摄入超过推荐量的铁元素的趋势，而女性摄入的铁元素具有更高的波动性[62]。如果无法从食物中摄入充足的铁元素，那么铁元素缺乏、运动表现降低和免疫功能下降的风险无疑会升高。摄入富含铁元素的食物是最佳的策略，因为食物同时提供营养素和能量，这两者对确保正常的生长发育，支撑体力活动是至关重要的[20]。通过营养补剂补充铁元素看上去是一个简单易行的策略，但可能会导致胃肠不适和其他健康问题。因此，每日摄入铁元素营养补剂是否是降低铁元素缺乏的有效策略，但这点尚有待调查。有证据表明，每周进行一次和每日进行铁元素补剂补充是一样有效的，同时没有产生其他相关联的负面问题[129]。对运动员来说，在自行决定前寻求具有资质的医疗从业人员的建议，是更好的策略。

6）钙：青春期青少年和儿童对钙的需求比成年人要高，因为此阶段人体骨骼需要发生显著生长。体力活动中，"压力"会发生在骨骼上，骨骼会应对这种运动相关的压力相应产生适应，骨骼强度需要提高，因此对钙的需求也因此增加[135,152]。骨骼对钙需求的增加也增加了对钙摄入的需求。儿童青少年推荐的每日钙摄入标准为1 300 mg/d，比成年人的每日摄入标准高300 mg/d。与体力活动不活跃的儿童青少年相比，充分的钙摄入和体力活动能够令体力活动活跃的儿童青少年青春期末的骨密度显著更高[12]。

7）维生素D：可以通过摄入添加维生素D的食物获得，如牛奶和橙汁，以及一些其他食物，如鸡蛋、牛肝脏、沙丁鱼、人造黄油、金枪鱼罐头、三文鱼罐头、旗鱼罐头和鳕鱼肝油罐头等。除了鸡蛋、牛奶和橙汁，而且这类食物并不总是会添加维生素D，儿童和青少年通常不会特定地摄入上述其他食物，因此人体内维生素D的状态保持基本上是阳光照射作用产生的（阳光中紫外线"B"光能将皮肤下的胆固醇转化为不活跃维生素D，然后经人体肾脏和肝脏生成活跃维生素D）。

维生素D对钙的吸收是至关重要的，所以年轻运动员尽管摄入了充足的钙，但绝大多数时间都在学校内或室内训练（如篮球、体操、花样滑冰等），可能仍会存在维生素D缺乏、骨骼发育不良的风险。一项针对女性体操运动员的研究显示，受试者中约有33%低于理想的血清维生素D水平[88]。维生素D水平不佳还与运动表现降低和骨骼肌损伤风险有关。有证据表明维生素D缺乏在运动员和舞蹈演员（平均年龄14.7岁）群体中有扩大的趋势，尤其是那些在室内进行训练的运动员[40]。提高维生素D水平，规律性晒太阳或进行补充剂补充，有助于血清维生素D水平不佳的运动员改善运动表现和运动损伤情况[84,150]。

（2）液体

儿童青少年应对运动相关的热压力的生理策略与成年人不同，主要有以下几个原因[10,15,50,130]：

■ 儿童和青少年**身体表面积**（body surface area，BSA）更大，因此在炎热天气里从外界吸收的热量和在寒冷天气里向外界流失的热量更多。

■ 儿童青少年体力活动中，单位体重产热更高。

■ 儿童青少年单位BSA的汗腺更少，汗腺分泌的汗液更少，蒸发散热能力较低。

身体表面积

BSA是人体表面所占的面积。最常用的推算公式是DuBois公式：

$$BSA=0.007\,184\times[\text{体重(kg)}]^{0.425}\times[\text{身高(cm)}]^{0.725}$$

12～13岁儿童的BSA一般为1.33 m^2，成年女性为1.4 m^2，成年男性为1.9 m^2。

更大的BSA与更大的出汗率有关（汗腺更多），因此散热功能更好。儿童相对较小的BSA令他们热疾病的风险更高。

由此，儿童和青少年相对更多地依靠热辐射和更大的外周血流量，而不是出汗来调节散热。规律性进行运动的青少年能适应因为运动而增加的散热需求，外周血管舒张和血流量更大[119]。

不管散热调节主要是通过出汗还是更大的外周血量，摄入正确成分的液体对年轻运动员避免热疾病是至关重要的[35]。此外，尽管发汗较少，但证据显示体力活动活跃的青少年在炎热环境下进行训练的体液流失明显更多[9]。中等强度的运动中，推荐年轻运动员摄入水，但是时间较长的高强度运动中，运动员可能需要从运动饮料或牛奶中额外补充碳水化合物和电解质[149]。

教练员和家长应该充分知晓脱水和热疾病相关的生理和心理迹象，可以额外注意热指数（见第七章）。自主脱水（如个体即便在能够有液体可摄入的情况下仍然没有摄入充足的液体以保持身体水合状态）的情况发生在年轻运动员中，由此要求和年轻运动员一起工作的从业人员观察他们的水摄入习惯和模式。建议年轻运动员提前准备最常用的运动饮料[14]。应该鼓励家长和教练参加有资质的营养师上的营养教育课，相对较短的时间（如两节90 min的课）就能显著提升营养相关的信息和准确性[69]。针对性的营养教育课能够有助于年轻运动员理解如何为生长、发育和运动表现优化营养策略[92]。

三、女性运动员

DRI清晰地表明男性和女性有不同的营养需求，应强调进行适宜的营养摄入来满足这些特殊需求。男性运动员在任何一个体育项目中都比女性运动员的肌肉组织含量更高。但是女性运动员的骨骼比男性运动员发展要快，对应这种早生长的模式，产生了特定的营养需求。女性运动员将脂肪作为一种能量底物“燃烧”的能力比男性运动员稍强一些，而男性运动员更多的肌肉组织意味着比女性运动员碳水化合物的储存能力更强，因此男性对爆发性的活动有更好的潜能，而女性更倾向耐力型。

女性一般在11～13岁经历人生的第一次月经周期，月经周期本身产生一系列特定的营养需求[37]，再加上其他性别差异，共同构成了女性运动员特殊的营养需求，只有满足营养需求才能满足女性运动员健康和运动表现的需求。因此，对通常以项目进行分类的营养指南的理解必须谨慎地进行分析解读，强调男性和女性运动员特定的需求[137]。尤其是需要考虑：女性运动员摄入的食物/饮料是否足以支撑激素的分泌以保持正常的月经周期；

在理解营养建议的时候要考虑女性运动员相对较小的身体形态和相对较少的肌肉。难美型项目中的女性运动员饮食模式中尤其存在会导致不良能量可用性的风险，进而增加了健康风险，并导致不良的训练效果。应为女性运动员提供营养教育，研究发现年轻女性运动员营养知识水平越高，饮食质量和饮食摄入情况更好[133]。

能量需求

摄入能量，不论性别和年龄，都基于总体重、代谢质量、生长阶段和运动强度与时间。不论何种运动项目，对女性运动员的调查报告常常显示能量摄入不足，因此女性运动员发展出饮食紊乱的风险较高[18]。此外，文献显示，高强度的运动会影响女性的生殖系统，闭经和月经稀发是常见的结果。增加能量摄入能够抵消能量消耗，可能足以扭转月经功能障碍和阻止骨量减少[151]。能量可用性（方框10.5）是判定女性运动员是否满足能量需求的一个重要因素。根据定义，能量可用性代表用以满足运动的能量需求以外支撑身体正常功能可用的能量。根据估算，女性运动员的能量可用性低于30 kcal/kg瘦体重就处于能量无法满足支撑关键身体功能的风险。此外，负能量平衡会造成激素水平下降，尤其是自主选择或没有指导的情况下造成的负能量平衡，可能会导致有氧和无氧类型项目的运动员的运动表现下降[29,54]。

方框 10.5　能量可用性计算方法

步骤1：估算饮食中摄入的能量。

步骤2：估算运动消耗的能量。

步骤3：从摄入的能量中减去运动消耗的能量，得到剩余能量值（kcal）。

步骤4：估算瘦体重（如总身体质量−脂肪质量）。

步骤5：计算能量可用性＝剩余能量值/瘦体重［kcal/（kg・d）］。

注：请参见www.femaleathletetriad.org以获取预测能量可用性的计算器。

进行高强度训练的女性运动员存在低能量可用性的风险，这会造成月经不规律或停经，由此导致骨骼发展不良（如骨密度低）（表10.1）[58,117]。

新近的证据表明，女性运动员的月经紊乱几乎都是由于缺乏足够的能量摄入造成的，要么是因为限制饮食摄入，要么是没有满足增加与训练相关的能量需求[67,86]。很大比例（39%）的女性运动员被发现能量可用性较低，其中54%表现出月经功能异常[64]。出现女性运动员三联征的运动员发生内分泌、肠胃、肾脏、神经性精神、骨骼肌肉和心血管疾病的风险增加[46]。

运动员如果有充足的能量摄入、维生素D和钙，负重类的体力活动（如跑步、跳跃和举重等）应该会增加骨密度，但如果发生慢性的低能量可用性，年轻的女性运动员可能会出现骨质稀少（如低骨密度）和（或）骨质疏松（如骨密度降低到发生骨折的阈值）[103]。ACSM推荐应该通过增加能量摄入和（或）降低能量消耗来恢复能量可用性以提高女性运动员的生殖功能和骨骼健康（图10.5）[103]。

也有证据表明，每日能量平衡的波动过大同样对年轻女性运动员月经功能和骨骼健康产生影响。一项精英青少年女性铁人三项运动员的案例研究发现：该运动员几乎一半的能量摄入发生在晚上6:00以后，这与日间早些时间段中体力活动活跃时候的低能量平衡有关，再加上低能量可用性低与低三碘原氨酸（T3，一种甲状腺激素）有关，T3低表明身体试图通过降低能量代谢率导致月经功能不良和骨骼健康不佳的征兆[146]。

1. 身体形态和饮食障碍

女性运动员比男性运动员更易采用不健康的降体重方法，包括不当使用泻药、减肥药、催吐和禁食[66]。这些方法和策略大多都是为了达到一个理想的身体外观和提高运动表现，但同时也具有巨大副作用并可能增加健康风险[79]。现在比较清楚的是，不规律或紊乱的饮食习惯如果持续存在就是饮食障碍的前兆，饮食障碍引起严重的能量摄入限制和病理性的体重降低，会威胁生命。饮食障碍与对身体形态的扭曲预期有很大关系（表10.2）[6,140]。

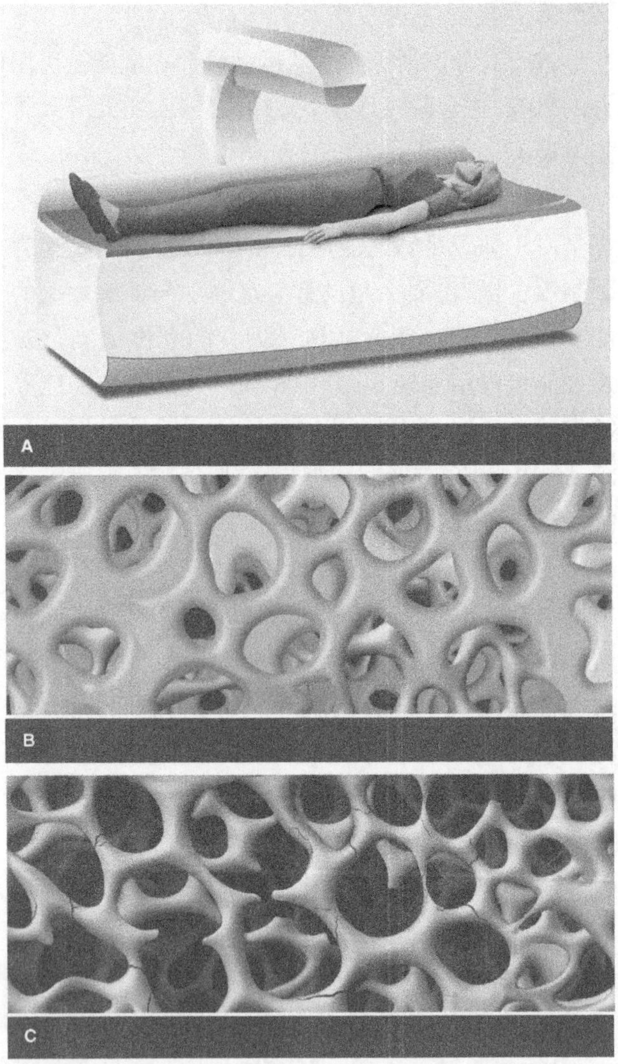

图10.5 正常和低骨密度。A. 当前评估骨密度的金标准是双能X线；B. 正常的骨密度。C.低骨密度，特征是骨质稀少、骨质疏松或骨软化

资料来源：Anatomical Chart Company. Understanding Osteoporosis Anatomical Chart. Philadelphia (PA): LWW (PE); 2003.

健康行业的从业者在对女性运动员的体重进行测量，或以体重衡量其运动水平时应谨慎。相比较减重目标而言，增重目标可能会适得其反，而减重行为可能会出现紊乱的进食行为，而后者可能造成运动员出现饮食失调的行为[33]。

2. 女性运动员三联征

女性运动员三联征是一种以低能量可用性、月经周期紊乱和低骨密度为特征的身体状态。应力性骨折、低骨密度和月经功能紊乱的症状被发现在相当大的女性运动员人群里中上升后，ACSM于1992年官方确认了这种症状[46]。女性运动员三联征通常起始于不足的能量摄入，导致与闭经相关的雌激素水平降低，并导致骨骼发展水平下降（方框10.6）[95]。

一项针对191名18～40岁参与体育运动的澳大利亚女性的调查，评估了这些对象有关女性运动员三联征的知识、态度和行为，尽管这些女性运动员三联征的流行率非常高，但是仅10%的对象能够说出女性运动员三联征包含的症状名称；45%的对象不知道闭经会对骨骼健康产生负面影响；25%的对象当经历闭经的时候无法采取正确的对策[99]。这些受调查的澳大利亚运动员中，很多以瘦体重为重要基础的运动员有月经功能障碍和应力性骨折史，却不知晓这两个问题都与能量摄入不足有关。此外，超过33%的对象认为不规律的月经对运动员来说是正常的。有趣的是，相当数量的有闭经和应力性骨折问题的受调查者并没有意识到这些问题都与能量摄入不足有关。这个研究显示对女性运

表10.2 女性运动员中出现的亚临床饮食紊乱的一般特征：神经性厌食、神经性贪食和暴饮暴食症

神经性厌食	神经性贪食	暴饮暴食症
■ 相对能量需求的严重的能量摄入限制，造成相对年龄、性别和发育阶段的低体重及低水平生理健康 ■ 对增加体重或变胖感到恐惧，尽管体重低于正常 ■ 对自身体重/体型错误认知，否认实际上低于正常体重的严重性	■ 非持续性地发生暴饮暴食状态，特征是2 h内摄入量极其大的食物 ■ 在暴饮暴食状态中失控 ■ 非持续性地发生不适宜的胃肠道清空行为，例如催吐和滥用泻药，以防止增加体重 ■ 暴饮暴食现象平均最少一周出现一次，持续3个月 ■ 对身体形态和体重过度关注	■ 与神经性贪食相似 ■ 快速极速进食直到产生不舒适的饱腹状态 ■ 尽管不饿仍然大量进食，并且因害怕尴尬而独自进食 ■ 因自己摄入了大量的食物而感到尴尬和厌恶

资料来源：American Psychiatric Association. Diagnostic and Statistical Manual of Mental Disorders: DSM-V. Arlington (VA): American Psychiatric Association; 2013.

方框 10.6　女性运动员三联征

女性运动员三联征是一种常见于体力活动活跃的女性或女性未成年的健康问题，涉及下列3个相互关联的因素：

■ 低能量可用性，可能与进食紊乱或饮食障碍有关；

■ 月经功能障碍（典型症状为闭经或月经稀发）；

■ 低骨密度。

如果不能通过早期干预来解决女性运动员三联征，可能会导致更严重的饮食紊乱，并可能使运动员容易提早出现骨质疏松。

动员和体力活动活跃的女性进行教育，传授能量消费不足支撑体力活动和正常生理功能的需求而有关的健康风险，是非常必要的[99]。

估算女性运动员三联征的流行率可能是非常困难的，因为此健康问题包含多个因素内容，并且对各个因素是否存在的判定标准的规范化也较差。但根据估计，约有4%左右的女性运动员满足所有三联征所包含的3个方面症状的标准，而一些运动项目的流行率较高[104]。女性运动员三联征流行率较高的运动项目中，美学方面的因素通常是比赛的内容之一，包括主观打分类项目（如舞蹈、体操、花样滑冰）及比赛服饰会勾勒或暴露身体形态的项目（如游泳和跳水）。三联征还常见于耐力型项目（长距离的跑步或自行车项目）和所谓的重竞技项目（如武术和摔跤）[103]。女性运动员三联征的流行率的一个直观显现，便是总体上存在饮食紊乱问题的女性运动员比例为5%～9%，一些研究发现特定群体的女性运动员中饮食紊乱的问题的流行率范围为28%～62%，而一些运动项目中女性运动员存在月经障碍的比例甚至高达78%[103]。一项有关高中女子运动员的研究发现54%的研究对象能量可用性较低，而这些能量可用性较低的运动员中低骨密度的发生率相比较高。越来越多的证据显示，降低女性运动员三联征发病率的有效策略是对家长、教练和运动员进行教育，告知他们为何这个问题如此普遍，以及哪些营养策略可以减少与三联征风险相关的能量赤字[126]。

降低女性运动员三联征的一般性医学建议如下[111]：

■ 根据女性运动员三联征包含的所有内容，筛查所有的青少年女性运动员，并将这种筛查作为入队检查之一。

■ 不论是否报告存在饮食紊乱或月经功能障碍，对所有出现应力性骨折的女性运动员进行双能X线检查，测量骨密度。

（1）能量消费不足：能量可用性是指饮食摄入，用来满足所有生理功能再加上因体力活动水平提高而增加的能量需求的总能量。对于健康个体来说平均45 kcal/（kg瘦体重・d）的能量消费是充足的，而＜30 kcal/（kg瘦体重・d）的能量消费则可能会因为对不充分的能量可用性的代偿而导致生殖功能的改变、骨骼发展不佳或骨密度降低。低能量可用性常见于耐力型项目，能量消耗超过了能量摄入。对美感或身体的瘦体重有要求的体育项目中（包括跳水、体操、花样游泳、花样滑冰等）女性运动员能量可用性的风险较高[95]。一项针对精英级别花样滑冰饮食态度、饮食紊乱风险以及食物摄入的研究显示，不论是否处于正常的体重范围内，38%的运动员认为自己超重，22%的运动员被其他人告知其超重。这就造成了每日能量摄入远低于预估的能量需求，月经功能障碍和不良骨骼健康的风险上升[52]。

（2）**月经功能障碍**：女性运动员的月经功能障碍表现为一系列的功能紊乱，包括闭经、月经稀发和排卵停止（方框10.7）。

月经功能障碍

当针对女性运动员这个群体时，月经功能障碍尤其特指闭经（月经周期停止）或月经稀发（月经周期不规律）。这两种问题都与能量摄入不足密切相关。而闭经或月经稀发所发生的低雌激素水平，则与低骨密度相关。

方框10.7 月经功能术语

月经周期：育龄妇女从初潮开始至更年期的周期性循环。在月经周期中，子宫内膜为妊娠做准备，但如果没有妊娠，子宫内膜就会脱落（月经）。月经周期平均为28天，范围为21～35天。

正常月经：月经周期正常和规律（正常月经的女性月经正常且规律循环）

闭经：至少3个连续的月经周期缺失。

■ 一名15岁女性，从未有过月经，这种为原发性闭经。

■ 已经至少经历过1次月经的女性，后缺失至少3次连续的月经周期，这种为继发性闭经。

月经稀发：育龄妇女月经频率较低。月经周期超过35天和（或）每年只有4～9个月经期可能被诊断为月经稀发。

无排卵：卵巢在3个月经周期内都没有排出卵子。通常，卵巢每隔25～28天释放1个卵子。

月经周期问题主要源于促性腺激素释放激素的释放受到抑制，导致黄体生成激素水平降低，促卵泡（激）素的分泌水平降低，这些都是正常的卵巢功能所必需的。这些情况导致的直接结果就是卵巢分泌的雌激素和孕激素减少，进而导致多种健康风险，包括降低了人体提升骨密度的能力[103]。人体的骨骼通过两种原代细胞的作用不断被重塑，一种是成骨细胞，组成骨骼，一种是破骨细胞，分解骨骼。雌激素能够抑制破骨细胞的活性，由此相对提高了成骨细胞的活跃度，最终产生更高的骨密度。

最初人们认为月经功能障碍是因为女性运动员体内脂肪过低的结果，但是这个理论被发现是不确切的。能量可用性已经被发现是正常卵巢功能的首要影响因素，低于30 kcal/(kg瘦体重・d)能量摄入的女性具有卵巢功能异常的风险[86]。皮质醇，一种低能量可用性产生的应激激素，是雌激素生成的抑制激素，同时它对骨组织和软组织（肌肉/脂肪组织）也有很强的分解代谢作用[95]。运动员及提供医疗保健服务的专业人士，应该明白让运动员重新回到良好的能量可用性状态，不会让运动员立即而是可能需要数月时间才能恢复正常的卵巢功能[83]。

（3）骨骼健康：体力活动活跃的女性需要良好健康状态的骨骼来缓冲体力活动带来的额外的重力和肌肉应力。然而，女性运动员三联征会扰乱骨骼健康，让运动员容易发生应力性骨折，即因骨骼脆性增加及早发性骨质疏松而产生的骨折[16]。另一方面，女性运动员如果有充足的能量可用性，骨骼发展将会出现积极的变化，比非运动员骨密度更高，出现骨质疏松的风险更低[95]。

与月经功能异常相关的骨骼质量减少与女性运动员之间具有临床相关性，因为这种状况会将女性运动员置于应力性骨折和骨质疏松增加的风险中。一项针对46名女性运动员的研究显示（其中31名运动员有多发性应力性骨折，15名没有出现过应力性骨折），将近一半的出现应力性骨折问题的运动员都存在月经不规律，发病率在每周训练总距离较高的耐力型项目中尤其高[80]。尽管摄入充足的碳水化合物和钙不会纠正与应力性骨折相关的生物力学因素，例如纵向足弓较高和双腿不等长等，但可以有助女性运动员恢复正常的月经功能[102]。

与月经功能障碍相关的骨骼问题的发病率是很高的。34.2%和33%的跑步运动员被发现分别存在腰椎和前臂骨质减少（如低骨密度）的问题，而这群运动员中，38%出现月经稀发，25%出现闭经，很大一部分人由于饮食紊乱而缺乏能量可用性[116]。低骨密度可以作为低能量可用性和（或）女性运动员三联征的主要诊断因素[82]。同时研究还发现，与通常难以提供充足的总能量的素食性相关的饮食高膳食纤维摄入和高植物蛋白消费，与出现月经稀发的年轻女性运动员的低骨密度有很大关联[17]。高膳食纤维饮食与较高的草酸和植酸摄入有关，后两者对二价矿物质有很强的结合力（如钙、锌、铁和镁），造成对食物中的钙的不良吸收[90,108]。

3. 每日能量消耗

（1）能量底物、维生素和矿物质

1）碳水化合物：碳水化合物是女性运动员饮食中的至关重要的内容，理由如下。① 碳水化合物对中枢神经系统/大脑来说是首要的能源物质；② 碳水化合物对肝脏和肌肉中的葡萄糖储存来说是首要的能量底物；③ 碳水化合物可以在体力活动中通过有氧和无氧两种方式代谢；④ 碳水化合物储存很容易通过体力活动改变[29]。女性运动员可能降低碳水化合物摄入，以此作为一种缺乏根据的降低身体脂肪和体重的策略，但现在一般建议碳水化合物应该占全部热量消费的50%～60%（表10.3）。

表 10.3　推荐的不同运动强度的碳水化合物摄入量

不同强度	建议运动	摄入量
低强度运动	低强度或以运动技术为主要内容的运动	每天每千克体重摄入3～5 g碳水化合物
中等强度运动	中等强度的运动计划，每天约1 h	每天每千克体重摄入5～7 g碳水化合物
高强度运动	耐力运动计划，每天1～3 h中等至高强度的运动	每天每千克体重摄入6～10 g碳水化合物
极高强度运动	极高强度的运动计划，每天4～5 h中等至高强度运动	每天每千克体重摄入8～12 g碳水化合物

数据来源：Burke LM. Chapter 4: Nutritional guidelines for female athletes. In: Mountjoy ML, editor. Handbook of Sports Medicine and Science, The Female Athlete. 1st ed. New York (NY): Wiley-Blackwell; 2015.

一系列的研究评估了多种项目的女性运动员的碳水化合物消费模式，发现碳水化合物摄入的差异较大。仅有少数研究中女性运动员群体碳水化合物摄入量每天每千克体重达到了一般训练5～7 g、耐力型项目7～10 g的推荐量[30]。在一项研究中，仅29%的女性运动员在训练中和（或）比赛中摄入了推荐量的碳水化合物[13]。

2）蛋白质：成年人（非运动员）的蛋白质摄入的推荐量为每天每千克体重8 g。运动员的推荐值则大约为此推荐值的2倍——1.2～2.0 g，取决于运动员具体的耐力运动的活动程度[29,85]。应该注意，对女性运动员没有特定的蛋白质需求数据，因此上述数据来源为多种混合性别或男性运动员的研究。除非有新的特定针对女性运动员的研究数据出现，女性运动员应该努力达成摄入已有的推荐范围的蛋白质的量。如何摄入蛋白质同样非常重要，目前的建议是最佳组织利用率的蛋白质摄入量是20～25 g/餐[26,29,109]。例如，一名年轻女性运动员体重50 kg（110 lb），每天需要50 × 1.5 g，即70 g蛋白质。以20 g每次的剂量摄入，那么该运动员需要每天4餐，平均每餐摄入17.5 g来满足需求。

3）脂肪：是一种浓缩的能量物质，理想状态下应占全部能量摄入的20%～35%，同时人体也需要脂肪提供重要的脂肪酸和脂溶性维生素（维生素A、维生素D、维生素E和维生素K）[29,121]。尽管脂肪摄入限制经常是为了更好体态而采用的低热量摄入饮食的内容之一，但运动员应该被鼓励摄入不低于20%总能量的膳食脂肪[29]。当前以提高脂类代谢为目的高脂/低碳水化合物饮食越来越引起兴趣，但有关这种饮食策略的研究没有能够显示出脂类代谢的确被提高，同时较为一致的证据显示低碳水化合物饮食可能会降低运动表现[29,60,148]。

（2）营养：饮食为人体带来能量和微量营养素，能量摄入不足会增加微量营养素同时摄入不足的可能性。下面有关维生素和矿物质的信息强调了微量营养素应该成为女性运动员重点关注的内容，包括钙、维生素D、铁和一些抗氧化物。

1）铁：铁元素水平不佳而运动员能够完全表现出应该有的能力水平，这是不可想象的。而且年轻女性运动员铁元素不足和缺铁性贫血的风险尤其高（见第六章）。铁元素水平不佳可能导致免疫系统受损、极端疲劳、耐力水平变差、注意力不佳、虚弱、呼吸短促和眩晕。一项评估年轻女子韵律体操运动员铁元素缺乏流行率的研究发现，几乎48.3%的研究对象的血液学指标显示铁元素缺乏[78]。另一项研究中包括缺铁风险非常高的年轻芭蕾舞舞者在内的女性运动员群体中也发现了相似的缺铁情况[21]。铁缺乏的女性运动员能量、蛋白质和脂肪摄入显著低于正常情况的运动员。铁缺乏（蛋白质摄入较低）和正常水平（蛋白质摄入较高）的运动员之间蛋白质摄入的差异尤其显著。调查发现，铁储存

（铁蛋白）较低的女性跑步运动员，以及另一些研究发现的贫血的女性运动员，可以通过补铁计划来提高有氧表现[4,96]。但如果没有出现缺铁情况下进行补铁可能会造成胃肠道和其他问题，包括钙、锌和镁吸收率降低等。考虑到与缺铁相关的真实的健康和运动表现风险，女性运动员应该每年对铁元素水平进行评估，将铁蛋白纳入评估方案中。

2）钙：摄入充足的钙对骨骼发育，保持骨密度处于高水平以抵抗骨折等是至关重要的。对因过敏或乳糖不耐受而对乳制品摄入格外小心的运动员来说，钙强化橙汁是非常好的替代品，后者每单位体积含有的钙和液体奶是一样的。但一定要明确的是，仅摄入钙并不会一定能保证骨骼健康，维生素、雌激素和充足的能量，以及体力活动带来的压力对骨骼来说都是必需的。

尽管对运动员饮食摄入数据进行评估是否摄入充分存在很多困难[62]，但需要引起注意的是，根据估算，青少年运动员的钙摄入可能仅为推荐摄入水平的50%[59,72]而且女性运动员的钙摄入不足比男性运动员更常见[93]。存在闭经问题的女性青少年运动员骨骼微结构相比月经正常的运动员和非运动员明显受损，因此所有女性青少年运动员，不论月经功能如何，都应该摄入充分的钙（方框10.8）[1]，这尤其重要。

方框10.8　食品中的钙的优质来源

- 牛奶，1杯，300 mg
- 羽衣甘蓝（烹饪后），1杯，245 mg
- 沙丁鱼（带骨），2 oz，或217 mg
- 鲑鱼罐头（带骨），2 oz，或232 mg
- 奶酪，1 oz，或224 mg
- 杏仁，1 oz，或76 mg
- 西兰花（烹饪后），1杯，62 mg

3）维生素D：女性运动员，尤其是进行室内项目的运动员，存在维生素D水平较低的风险。据评估，在世界范围内，血浆浓度以25.0 nmol/L为标准，32.8%的青少年女性运动员维生素D缺乏，以37.5 nmol/L为标准，维生素D缺乏的比例则为68.4%，以50 nmol/L为标准，维生素D缺乏的比例则为89.2%[56]。体内维生素D水平不佳会影响骨骼发展，同时也可能影响肌肉功能和运动表现（见第五章）。这个问题在进行室内活动的年轻女性运动员中尤为尖锐，因为骨密度在20岁左右达到顶峰。没有能够达到一个理想的骨密度，则可能预示着骨质疏松的早发生。维生素D水平还会因季节发生变化，冬季中血清维生素D最低。据报道，大约在经历了更高的阳光直射后9月份血清维生素D水平最高，而在经历了最低的阳光直射阶段后，3月份的血清维生素D水平最低，同时不论什么季节，室内项目的运动员血清维生素D水平都低于户外项目的运动员[94]。

鉴于所有人群缺乏维生素D情况的高发病率，阶段性对运动员维生素D水平进行评估是合理的。如果发现其水平较低，应由医疗专业人士根据不同的皮肤色素情况推荐接受适宜的阳光直射（例如，每周2次，10：00和15：00手臂和腿部接受阳光直射5～30 min）、食物和补充剂（如果必须）[155]。

四、老年运动员

老年运动员依旧具有良好的运动表现的例子非常多，以至于无法建议他们到了某个年龄就应该把运动鞋束之高阁了。世界大师运动员联盟列出了所有的田径项目中仍有很多60岁以上还在参加比赛的运动员，包括障碍赛、撑竿跳、马拉松和10 000 m。男子室外100 m 100岁年龄组的世界纪录保持者，俄罗斯的Philip Rabinowitz的成绩是30.86 s，60岁年龄组的纪录保持者，英国的Ron Taylor的成绩是令人惊讶的11.70 s！女性老年运动员同样非常出色，1994年俄罗斯的Yekaterina Podkopayeva在42岁获得室内1 500 m冠军，成绩为3:59:78，德国的Johanna Luther在80岁高龄时令人惊叹地以58:40:03完成了10 000 m。显然，年龄增长并不是意味着永远告别体育。然而，衰老过程的确带来了不可否认的变化，应该加以注意，从而让体育运动是一种健康的活动。下列为需要特别注意的与健康有关的内容[32,98,153]。

■ 与年龄有关的身体组成的变化及这种变化对REE的影响；

■ 从剧烈或长时间的运动中恢复的能力下降；

■ 骨量的逐渐减少；

■ 胃肠道功能的细微变化可能对营养元素的吸收产生影响；

■ 耐热性逐渐降低；

■ 肾小球滤过率逐渐降低，肾血流量逐渐降低；

■ 浓缩尿液的能力降低，尿频增加，可能潜在地降低液体摄入。

这些年龄相关的变化可能造成特定的运动表现的下降：

■ 有氧和无氧能力[105,147]（图 10.6）；

■ 练习的效率[156]；

■ 力量[112]；

■ 功率[81]。

图 10.6展示的是随着年龄增加的铁人三项竞技表现的变化。

尽管存在上述的变化，但是适宜的训练加上以最佳的方式满足营养需求，仍然能够显著减缓运动表现能力的下降[28]。研究已经显示出适宜的训练恢复的营养策略是减少伤病，提升训练效果的重要影响因素[22]。训练后的恢复营养策略包括摄入碳水化合物和蛋白质以恢复糖原，刺激肌肉合成以提升肌肉恢复。训练后摄入碳水化合物是肌肉糖原合成的最重要的决定因素，这点已经被广泛认可。此外，每日 5～6次、每次摄入约20 g的膳食蛋白质有助于当日的肌肉合成率[38,49]。一项针对蛋白质补充的研究综述发现，在抗阻训练过程中补充高水平的蛋白质并没有能够增加肌肉质量或力量[55]。

能量需求

成人阶段的特征之一是与代谢率降低有关的瘦体重下降，又被称为**肌萎缩**。除非另有其他原因，否则这种新陈代谢率的下降可能导致身体脂肪水平的逐渐升高，诱发成年人2型糖尿病、高血

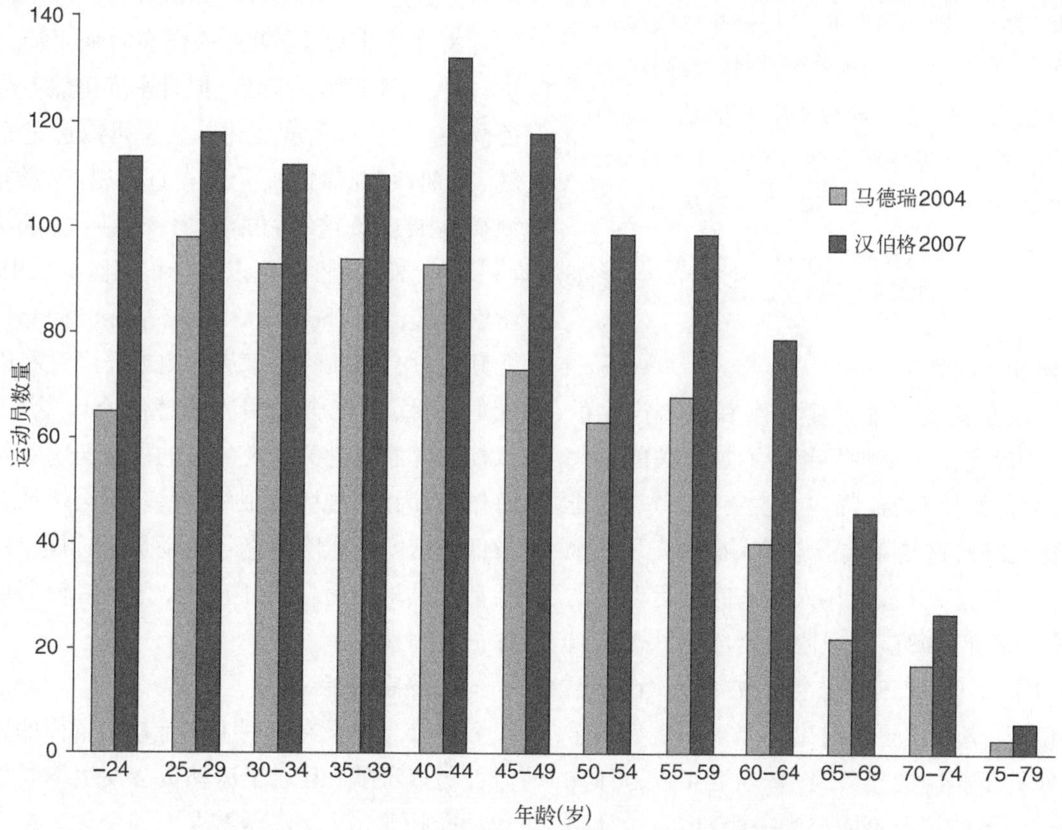

图 10.6　铁人三项世界锦标赛完赛率的年龄相关的下降

资料来源：Bernard T, Sultana F, Lepers R, Hausswirth C, Brisswalter J. Age-related decline in Olympic triathlon performance: effect of locomotion mode. Exp Aging Res. 2010: 36(1); 64–78.

压、心脏疾病和癌症。身体成分的变化与能量消耗的减少相关，20岁以后，男性大约每年降低约10 kcal，女性大约降低7 kcal[32]。保持瘦体重（肌肉）的体力活动活跃的个体能够避免肌萎缩的情况。因此，老年人能量代谢的减少因体适能情况的不同而不同。有趣的是，一项研究发现，老年男性运动员在一次为期14天的自行车远距离骑行活动中，几乎以其最大能量消耗率进行活动，但没有摄入充足的能量以完全满足人体组织的需求[122]。这种无法或不愿意摄入足够的能量可能至少部分导致了随着年龄增长而产生的瘦体重下降。推荐老年运动员避免摄入过高（＞35%总能量）或过低（＜20%总能量）的脂肪，两种极端都与无法达到适宜的能量摄入相关[29]。

肌萎缩

指与年龄相关的，50岁以后每年0.5%或1%的进行性骨骼肌质量丢失。这种现象同时还与身体脂肪增加相关。肌肉的丢失和身体脂肪比率的增加与无力感的逐渐增加有关，因为肌肉相对来说被要求运动更多的负重。这种无力感与运动减少有关，同样也会造成骨密度的降低，以及骨量减少和骨质疏松。规律性的运动配合良好的营养是降低肌萎缩的良好策略。

1. 液体和热应激

老年运动员更有可能发生脱水和脱水产生的问题，这些问题是由于多种与年龄增加有关的变化产生的，包括口渴感减弱、肾功能改变、应对热的排汗反应下降/变慢，这些降低了老年人摄入充足的水分以保持水合状态，导致老年人无法应对运动中的热应激[118]。老年人热应激风险的增加应该被严肃地考虑到，因为中暑和热衰竭会导致死亡。在高温高湿的环境下，老年人更容易出现严重的疾病甚至死亡。即便处于相同的年龄组，普通老年人群体和老年大师运动员的情况不能混为一谈，但不论体适能水平如何，仍然可能存在因年龄增长造成的散热能力下降。汗液的产生和降温能力中一个重要因素是提升流向皮肤的血流量的能力。在健康的老年运动员流向皮肤的血流比年轻运动员少[75,76]。此外，与年龄增长相关的较低的血流量似乎与水合状态无关。同时，尽管老年运动员汗腺数量可能与年轻运动员一样，但每个汗腺的泌汗相比年轻运动员更少[74]。汗液的产生有很大的基因决定的差异性，但研究显示老年运动员应对汗液分泌能力保持警惕。老年运动员及一起训练的同伴应该知道热衰竭和中暑的症状，应该知道绝大多数的热衰竭是因为对潮湿和高温环境的不良适应导致的。因此，在新环境中的头几天里，正常的训练强度和时长应该适当缩减以让运动员适应。

2. 骨密度

骨密度随着年龄的增长而逐渐降低，而女性在更年期后，由于对骨骼起到保护作用的雌激素下降，会经历一个骨密度的快速下降。骨密度降低有显著关系的因素还包括钙摄入不足、钙吸收不足、维生素D水平不佳，以及通过汗液丢失钙等。这也说明了为什么运动员在年轻时期需要达到一个较高水平的骨密度是非常重要的，这样在后来年龄大的阶段中，即便骨密度发生降低，但骨密度仍然不会低于骨骼阈值[101]。骨密度变化的速率可以通过充分补充钙，周期性/规律性接受阳光直射以产生维生素D，规律性通过负重练习给骨骼产生压力等方法进行调节。此外，女性还可以选择根据医嘱采用雌激素/激素替代治疗（hormone replacement therapy，HRT）。尤其是对有骨质疏松家族病史或已经被确诊低骨密度的女性，可能会采用激素替代治疗[142]。一些用以控制疼痛或骨关节炎的可的松类药物对骨骼有分解作用，因此，规律性服用这些药物会增加老年运动员低骨密度的风险。老年运动员通过规律性的体力活动持续地对骨骼产生应力，是保持较高骨密度的保护性因素。

3. 器官功能

尽管当前没有针对老年运动员群体的研究对这方面予以证实，但老年运动员会发生不同程度的肠胃功能障碍，以及营养需求上的变化。年龄对胃肠道的典型影响包括胃肠活动降低，对膳食中的钙、维生素B_6和维生素B_{12}的吸收降低，对液体和膳食纤维的需求增加以对抗胃肠活动的下降等[32,91]。对铁和锌的吸收情况也应该加以注意，但是老年个体似乎有更高的铁储备，能够抵消一部分日常的铁需求[34]。衰老与肾功能降低有很大关系，导致本应被保留的营养和液体的流失[118]。

4. 免疫功能

还应该对老年运动员的免疫功能予以关注。但是规律性的长期运动似乎可以降低与年龄增长相关的免疫系统变化[107]。维生素D对免疫系统非常重要，但是老年人通过阳光直射合成维生素D的能力下降，因此需要对老年人的维生素D水平予以关注[89,125]。维生素和矿物质补充在老年运动员中很常见，而且经常是为了促进免疫系统。然而，证明这种策略是有作用的研究非常有限，不过如果补充剂针对的是没有被良好吸收的营养元素，那么采用补充剂也是有理由的。建议老年运动员咨询他们的医生，以制定最好的策略，保证所需的营养元素。一些情况下，如以维生素 B_{12} 为例，定期注射可能是唯一的能够降低恶性贫血风险的策略[32]。良好的蛋白质水平是稳定的免疫系统的重要方面，但没有证据证明老年运动员的蛋白质摄入应该超过年轻运动员的推荐水平［约1.5 g/（kg・d）］。理想状态下，碳水化合物、蛋白质和脂肪应该均衡摄入，满足日常能量需求。衰老带来肾功能的下降，所以将蛋白质摄入增加到2.0 g/（kg・d）的水平可能会增加排泄含氮废物的需求，这毫无道理。当前，老年人的蛋白质摄入的推荐量为至少1.0～1.2 g/（kg・d），同时建议所有老年人都至少进行推荐量的体力活动，越长越好[47]。还有证据表明，计算日需蛋白质需求总量，并将所需蛋白质均匀分布在一天的膳食中（如30 g/餐）是降低肌萎缩风险的有效策略[109]。

五、总结

（一）年轻运动员

■ 年轻运动员一般来说摄入蛋白质充足，但没有摄入充足的碳水化合物。结果就是总能量摄入不足以支持正常的生长和发育，外加体力活动的能量需求。一般性的指南是应该规律性地按照生长对照图追踪年轻运动员的对应年龄的身高、体重和对应身高的体重（此图通常为儿科医生采用）。低于生长百分比的追踪结果可能是能量摄入不足、疾病或两者同时都有的征兆。

■ 准确评估体力活动活跃的年轻运动员的能量需求是困难的。当预估能量需求的时候，应该考虑所有儿童，尤其是处于生长突增时期的儿童，单位体重的能量需求比进行同样活动的成年人要高。一般来说，儿童青少年单位体重的能量需求比成年人高20%～25%。评估能量需求的时候，建议采用已经被证明在儿童青少年中已经证明可靠性的预估公式（如Schofield公式），但即便采用公式，适当的生长发育才是年轻运动员已经充分满足能量需求的最佳指征。

■ 能量底物的配比非常重要，但是家长和教练员应该明白充足的总能量摄入比饮食中的蛋白质、碳水化合物和脂肪的比例更加重要。脂肪摄入通常是注意的焦点，因为高脂食物非常容易获得，而脂肪同时又是能量非常浓缩的物质，容易造成超量的能量摄入。但年轻运动员应该注意避免过低的脂肪摄入，因为这会导致满足充分的能量摄入变得更加困难。一个比较好的目标是在确保蛋白质和碳水化合物需求的基础上，剩余的能量需求中脂肪提供的比例不超过35%。“重载”式的饮食摄入方式（例如，在一天的较晚时刻再摄入绝大部分的能量和蛋白质）是年轻运动员常见的问题，会损害生长发育及运动表现。

■ 年轻运动员有液体摄入不足的倾向，会导致他们出现脱水和热疾病的风险升高。自愿脱水或即便在有液体能够摄入的情况下也没有摄入充足的液体是年轻运动员中常见的问题。训练或比赛中的年轻运动员应该每10～20 min补充液体（根据具体的热指数），即使需要暂停比赛或训练。根据具体的运动时长和强度，摄入的液体中可能需要添加电解质或碳水化合物。

■ 能量限制饮食不应被年轻运动员采纳，这种饮食造成的负能量平衡，对想要达到理想的体重和身体组成会产生副作用，从而负面地影响生长和发育。与普遍的认知相左，相对于减少的脂肪，能量限制饮食更多地会造成瘦体重（如肌肉）的减少，抑制骨骼生长和发育，增加长期慢性疾病风险。纠正肥胖的策略（如降低相对脂肪质量）应该直接被具备资质的医疗专业人士监管。

■ 年轻运动员，尤其是女性年轻运动员非常难以满足摄入充分的铁元素。调查显示钙摄入的情况同样类似。因此，当想要改变饮食策略和（或）使用铁或钙补剂的时候，年轻运动员的父母应该咨询家庭医生及注册营养师之后再做决定。理想情况下，通过测量血红蛋白、血细胞比容和铁蛋白等方式对铁元素水平以年为周期进行规律的监测可以有助于确保当前采用的饮食能够满足铁元素的需求。

（二）女性运动员

■ 女性运动员应该充分明白与月经功能障碍相关的负面后果，以及能量摄入不足在月经功能障碍发展中扮演的角色[51]。确保女性运动员摄入充足的能量，消除其带来月经功能障碍的后果，是非常重要的。

■ 参与运动前生理检查应该成为所有项目所有运动员的标准流程。对女性运动员来说，筛查应该包括对女性运动员三联征及其后遗症（包括低骨密度和闭经）的评估[145]。

■ 女性运动员应该规律性地评估钙元素水平，如果水平不佳，则应该通过饮食摄入计划的改变（推荐进行）或由医师监控的营养补剂计划来进行校正。评估钙元素水平较为理想的方法是阶段性地进行双能X线扫描。此外，应该进行对饮食摄入的分析来判定食物是否能够提供充足的钙。

■ 铁元素水平应该每年进行评估，包括血红蛋白、血细胞比容和铁蛋白等。如果出现铁元素不足，应该立即修订膳食和（或）采用由医师监控的铁元素补充计划，并跟踪进行血液检测。

■ 女性运动员相比男性运动员发生饮食紊乱、骨密度不足和铁元素摄入不足的风险更高。此外，女性运动员还有痛经的风险。这些困难可通过摄入营养均衡、能量供应充足的膳食加以控制。要想达到这点，女性运动员应该明白降体重时的能量摄入不足，相对脂肪质量来说，更容易对瘦体重产生更大的分解代谢影响。强迫女性运动员摄入更少的食物来达到理想的身体形态，会改变身体组成，会将女性运动员置于未来更大的营养不良及相关疾病的风险中。

■ 女性运动员可能将节食视为一种提高运动表现的策略。然而，女性运动员能够感受到其饮食环境的高水平的控制，家庭、队友、教练和朋友都对运动员实际进行的饮食有显著的影响[73]。因此，营养方面的教育应该面对所有可能影响女性运动员饮食行为的个体。

（三）老年运动员

■ 老年运动员应该采取相应的步骤降低脱水的风险，应该发展出自己可以承受的液体摄入策略。对热应激的迹象保持警觉是非常重要的，因为老年运动员在同样的运动中相较年轻运动员出汗率较低。

■ 胃肠道功能可能需要额外的维生素和矿物质摄入，可能需要采用补充剂。老年运动员应该规律性地咨询医生，来判定对特定补充剂的需求，并仅以合理的处方剂量进行补充。需要特别关注的维生素和矿物质包括钙、铁、锌、维生素B_6和维生素B_{12}。

■ 胃肠道活动性降低，可能因此需要稍微增加纤维的摄入，但是摄入膳食纤维应该和液体摄入同时进行。新鲜水果和蔬菜及全谷物产品是获得额外的膳食纤维的好方法，此外这些食物还能提供所需的碳水化合物能量。

■ 经常生病可能是免疫功能下降的迹象，合理运动，良好饮食，良好休息是有用的策略。有频繁进食模式的老年运动员应该咨询医生。

■ 老年运动员适应新环境的时间变长，所以旅行后的若干天内减少运动的强度和频率是避免身体过热和疾病的合理且有用的方法。

■ 老年运动员会发生新陈代谢率的下降，这就使得不降低能量消费的情况下保持理想的身体组成和体重变得困难。同时，营养需求又要求摄入高营养密度的膳食（如较高的营养-热量比率）。避免过度训练对减少伤病和维持免疫系统的重要功能是非常重要的，尤其是从伤病愈合和从疾病中康复的时间随着衰老而延长。最后，充分的液体摄入对避免脱水和保持胃肠道活动至关重要，因为因衰老而增加的尿频可能会抑制老年运动员的液体摄入。

实际应用

作为评估年轻运动员、女性运动员和老年运动员的不同营养需求的方法之一，请问自己如下问题：

（1）成年男性和女性运动员是否面对同样的健康风险？如果不是，对两种人群应该分别注意什么？

（2）不同人群的DRI和（或）建议的膳食定量有何差异？

a. 青少年对钙的需求是否和成年人一样？你应该怎样在不损害其他营养物质的情况下帮助确保青少年更大的钙需求得以满足？

b. 成年女性对蛋白质的需求是否和成年男性一样？针对成年女性和男性如何最优化地满足蛋白质需求，同时不会脂肪摄入过量或碳水化合物摄入过少这个问题给出建议的时候，你要遵循什么策略？

c. 一个育龄女性的铁元素需求明显比相同年龄段的男性更高，你应该如何确保女性满足铁元素需求，同时不会造成能量摄入过量？你是否能提出一个合适的膳食（非补充剂）策略来满足素食男女运动员的铁元素需求？

（3）对体重有要求，尤其是主观打分的体育项目，如花样滑冰和体操，可能会造成运动员出现饮食紊乱。应该采用什么策略来消除饮食紊乱的风险？

本章问题

1. 在女性运动员中，闭经可能是一种迹象：
   a. 液体吸入不良
   b. 能量摄入不足
   c. 钙摄入偏低
   d. 蛋白质被用于满足能量需求
2. 对热应激应该高度关注的是：
   a. 年轻和年老运动员
   b. 男运动员
   c. 女运动员
   d. 爆发力项目和功率项目运动员
3. 因为儿童和青少年胃口较大，因此很容易满足年轻运动员的能量需求
   a. 正确　　b. 错误
4. 满足年轻运动员的钙需求非常重要，因为________%的骨量是在青少年时期获得的
   a. 10　　b. 25
   c. 50　　d. 75
5. 女生通常在________岁之前停止生长突增，而男生通常在________岁之前停止生长突增。
   a. 16, 19　　b. 13, 20
   c. 18, 18　　d. 15, 21
6. 女性运动员继发性闭经是指：
   a. 从来没有发生过月经
   b. 月经初潮较晚，但是不晚于16岁
   c. 月经不规律
   d. 运动员曾经经历过一个月经周期，但是连续3个月内没有再次出现过
7. 月经正常是指：
   a. 从没有过月经周期
   b. 月经周期不规律
   c. 月经有规律的周期
   d. 过去的一年中仅3或4次未发生月经
8. 在室内环境中训练或比赛的年轻运动员下列哪种营养元素有不良的风险？

a. 钙　　b. 维生素A

c. 维生素D　　d. β-胡萝卜素

9. 蛋白质摄入每餐超过30 g会造成血尿素氮，与脱水和低骨密度相关

a. 正确　　b. 错误

10. 下列哪种年轻运动员低骨密度风险较大?

a. 长距离跑步选手　　b. 足球运动员

c. 游泳运动员　　d. 网球运动员

答案：

1. b; 2. a; 3. b; 4. b; 5. a; 6. d; 7. c; 8. a; 9. d; 10. c

（杨圣韬　译）

参考文献二维码

第11章

爆发力、耐力及混合型运动项目的营养策略

本章目标

- 明确爆发力、耐力和混合型运动项目运动员之间能量代谢过程的差异。
- 解释爆发力项目运动员训练或比赛前、中、后能量摄入的最佳饮食策略。
- 解释耐力项目运动员训练或比赛前、中、后能量摄入的最佳饮食策略。
- 解释集体项目运动员训练或比赛前、中、后能量摄入的最佳饮食策略。
- 讨论爆发力、耐力及集体项目运动员中常见的饮食问题。
- 明确特定的爆发力、耐力及集体型运动项目比赛中可以摄入的食物和饮料。
- 了解不同肌肉类型及其能量利用特征。
- 分析营养良好和营养不良的运动员食用一水肌酸增补剂的不同潜在影响。
- 明确储存的糖原、脂肪和蛋白质的能量供应。
- 了解糖异生的主要原因，以及可用于从非糖物质的氨基酸和非氨基酸物质中生成葡萄糖。

案例研究

摄入大量蛋白质——无时无刻

刚大学毕业的乔纳森对父亲因心血管疾病和肾衰竭并发症而去世深感悲痛，他的父亲享年72岁，是一名成功的商人，也是一名前竞技举重运动员，房间里摆满了奖杯，他认真地思考如何才能缅怀他的父亲。乔纳森的父亲一直希望儿子参加举重运动，以锻炼肌肉且增强自信，但乔纳森是个对体育运动兴趣不大的“书虫”。他想如果知道自己从事举重运动并着眼于提高竞技水平，父亲一定会非常高兴。因此，乔纳森加入了举重俱乐部，购置了所有必要装备和服装，并认识了他的教练，教练对其执行举重训练计划和营养方案进行指导。乔纳森为了纪念他的父亲，极其致力于做好这件事。他的新膳食计划的重点是增加肌肉力量。因此，第一次训练课结束后，他立即去附近的健康食品店，购买了大罐浓缩乳清蛋白粉、乳清分离蛋白粉及几盒高蛋白棒。此外，他还去杂货店储备了牛肉、鸡肉、鱼等肉类食物。他被告知需要一直摄入大量蛋白质，这是他成为举重运动员的关键，而这也正是他想要做的。有人告诉他碳水化合物不利于增肌，因此他决定控制碳水化合物的摄入，仅偶尔吃烤土豆。

在执行举重和高蛋白摄入膳食计划几周后，乔纳森开始注意到一些变化。他的肌肉确实在增长，

且有些部位的肌肉群开始突显。尽管出现这些变化，但他感觉还是不如他所期待的那样好。最初的几周很糟糕，但他认为这是由于运动量增加而出现的常见问题。但他曾希望，到现在为止，他可以感觉更好，并充满活力。相反，他的嗅觉很糟糕，排尿频率比以往任何时候都高，尿液呈深黄色。更糟的是，他总是感到疲倦，好像需要故意摇晃自己的大脑才能集中注意力。因为仅阅读一页书的内容他的注意力就分散了，因此，他的"书虫"时代也成为过去。

再过几周后，他认为有些不对劲，因此，为了使身体健康，他强迫自己研究某些推荐的营养方案。然而结果令他感到惊讶。所有这些蛋白质都不是增加肌肉的最佳方式，并且过量的蛋白质量正迫使他排除大量含氮废物，从而增加了脱水风险（因此，尿液呈深黄色）。更糟的是，中枢神经系统以血糖（碳水化合物）作为主要能源物质，低碳水化合物的摄入使他难以维持正常的中枢神经系统（即大脑）的功能。而且，他了解到他所摄入的许多蛋白质中的饱和脂肪酸含量较高，从长远来看，这将与他父亲的死因相同。

他决定改正饮食方案，合理膳食，并全天有计划地摄入优质蛋白质。他的感觉几乎立即改变了，在力量房举重时他感到快乐，而不是痛苦。

案例研究（问题探讨）

通常认为只有蛋白质才能帮助运动员增加肌肉质量，这是举重等爆发性运动项目的必要部分，因此，爆发型项目运动员经常摄入高蛋白食物。

(1) 运动员（包括爆发型运动员）每天每千克体重蛋白质的最大摄入量是多少(g)？

(2) 为了塑造和维持肌肉组织，蛋白质和其他营养物质在膳食中应该如何正确分配？

(3) 高蛋白/低碳水化合物摄入会导致哪些常见的健康问题？

(4) 如果你站在一组爆发型运动员面前，为了帮助他们实现目标，你会给他们提供哪3个关键的营养信息？

一、引言

遵循合理的营养策略并将其很好地融入运动员的生活方式和运动项目的需求中，这是竞技运动员成功的关键因素。有趣的是，许多针对运动员的普通营养建议与大众降低慢性疾病风险的一般性建议几乎相似。在所有运动项目中，如果白天摄入营养物浓度低、补水不足、能量失衡，都会导致营养摄入不充分，从而对运动员的健康产生负面影响，增加损伤风险，并降低运动表现。而且，根据与专项训练和比赛需求相关的身体活动类型不同，需对营养推荐量进行微调，以确保运动员处于最佳状态。

为了确保满足这些特定的营养需求，需要了解能量代谢途径、运动员所需的身体成分及比赛期间的机会（即1/4休息时间、中场休息时间等），可充分利用这些机会补充所需的营养物质和液体。重要的是，对竞技运动员的研究表明，许多竞技运动员的饮食摄入不理想，无法提供能够获得更好运动表现所需要的营养物质和液体[18]。运动员经常摄入相同且单调的食物，这些食物无法为组织提供充足的营养成分，他们还经常试图采用导致能量利用率低的饮食方式以达到控制体重的目的，且补充液体的方式和量也不是最佳的。能量传递不足会导致血糖降低，从而引起**糖异生**，这会降低运动员从运动中获得的锻炼肌肉的好处。仅这些因素中的任何一项都会降低运动表现，但运动员通常无法满足所有这些营养物质（即能量、营养素、液体）的需求。其原因可能是由于计划不充分、对营养物质了解不全，以及运动员对市场出售的各种不同内容的产品感到困惑等。例如，运动员可购买的所有碳水化合物能量产品似乎都针对补充相同的营养需求，但其实他们在能量传递、碳水化合物含量和成分、游离糖含量和成分，以及渗透压方面极其不同[133]（表11.1）。

表 11.1 CHO 胶囊产品的重量、能量密度、能量含量、CHO 含量、游离糖含量、果糖含量和渗透压的参数描述

	平均值 ± 标准差	中位数	范围	评价
重量(g)	50 ± 22	45	29～120	31种产品中,有20种低于45 g,仅有2种产品超过100 g
能量密度(kcal/g)	2.34 ± 0.70	2.60	0.83～3.40	仅1种产品的能量密度＜1 kcal/g。绝大多数的产品的能量密度是2～3 kcal/g,但有相当数量(31种中有7种产品)的能量密度＞3 kcal/g
能量/粒(kcal)	105 ± 24	100	78～204	绝大多数产品的范围在100～120 kcal/粒。31种产品中的25种产品处于这个范围内,而这其中的大部分产品的范围是100～110 kcal/粒
总CHO/粒(g)	25.9 ± 6.2	24.6	18～51	绝大多数产品的总碳水化合物含量为20～30 g/粒。31种产品中的25种位于这个范围内,这其中大多数(14种)含量低于25 g/粒,仅3种产品的含量超过30 g/粒
游离糖含量(g/粒)	9.3 ± 7.0	7.9	0.6～26.8	仅1种产品的游离糖＜1 g/粒。需要注意的是,大多数产品(共15种)的游离糖含量为5～15 g/粒。4种产品的游离糖含量＞20 g/粒
游离糖含量(%总CHO)	35 ± 25	33	3～95	仅2种产品的游离糖含量＜10%总CHO。31种产品中有21种产品的游离糖含量＞20%总CHO,这些产品中又有近一半(共9种)的产品游离糖含量＞50%总CHO
果糖含量(%总CHO)	不明	不明	＞20	在31种产品中,仅有3种产品的营养标签中没有列出果糖。无法从成分标签中量化实际含量
渗透压(mmol/kg)	4 424 ± 2 883	4 722	303～10 135	仅一种产品的渗透压处于等渗的范围内。31种产品中的27种渗透压＞1 000 mmol/kg

资料来源:Reprinted with permission from Zhang X, O'Kennedy N, Morton JP. Extreme variation of nutritional composition and osmolality of commercially available carbohydrate energy gels. Int J Sport Nutr Exer Metab. 2015; 25: 504－509. doi: 10.1123/ijsnem.2014－2015.

糖异生

糖异生指由包括乳酸、甘油、生糖氨基酸等非糖物质生成葡萄糖的代谢过程。血糖是大脑的主要能源物质,糖异生的主要作用是维持血糖。由于没有蛋白质储存库,因此,生糖蛋白质由其他瘦组织(肌肉和器官)代谢中获得。

一些项目要求快速爆发性运动,一些项目则需要持续稳定并结合高强度间歇性的运动,而另一些项目则需要肌肉持续长时间而又缓慢地工作。不同方式的运动对肌肉和肌肉所需的能源物质都有独特的要求。分别需要耐力和爆发力为主的运动所依赖的代谢活动有明显的差异。本章回顾爆发力、耐力及混合型运动项目运动员的特殊营养需求。

从事体育活动的类型会影响细胞获取所需能量方式的要求。不同的运动项目对能量系统有不同的要求,但重要的是我们需要考虑到所有能量代谢系统在**爆发力项目**中均发挥作用,包括通过磷酸原分解、无氧糖酵解(碳水化合物)而获得能量来源的无氧代谢系统和通过碳水化合物和脂肪获得能量来源的有氧代谢系统。爆发性运动要求运动员具有快速起动、跳得高、投得远或相对力量大的能力。这些能力越强,则运动员越成功。爆发性项目运动员根据专项需求进行肌肉活动,对于在竞技比赛中获得成功至关重要。而且,训练方案必须结合适当的营养支持,否则所有的刻苦训练将无济于事。

单独使用氨基酸在运动员中非常流行,且氨基酸混合物是一大类针对健美运动员的补充剂[43,47]。从未有令人信服的研究表明自主摄入补充剂是一种有效提高运动表现的方法。此外,服用高剂量补

充剂也存在潜在的健康风险[23]。但是，大量有关运动员的研究显示，抗阻运动后摄入奶类蛋白补充剂可以有效提高肌肉**力量**，并能够使身体成分发生有利的变化[57,119]。肉、鱼、家禽、奶制品和豆类等是不错的蛋白质食物来源，还有谷物也可以提供优质蛋白质，并含有必需氨基酸。由于缺乏证据表明蛋白质补充剂的功效优于上述食物，且上述食物还含有运动员所需的铁、锌等其他营养物质。因此，运动员应首先采用摄入食物的营养方案来改善运动表现[66,81,116]。

爆发力项目

该术语适用于要求运动员产生高水平肌肉力量以达到快速而有力的收缩速度，这高度依赖于无氧代谢过程。**无氧运动**包括短跑、拳击、棒球和曲棍球等。

无氧运动

无氧运动包括高度但不完全依赖于无氧代谢过程的运动，这些运动通常强度高而持续时间或距离较短。如短跑、拳击、摔跤、举重和健美等。

力量

通常与爆发力同义，力量是运动员可以移动(即举起、推动等)物体的量度，它高度依赖于运动员的肌肉质量或肌肉重量比值。例如，与肌肉重量比值较低的运动员相比，肌肉重量比值较高的运动员应该能移动更重的物体。

二、能量需求

需要考虑的重要因素

- 不同的运动项目对能量代谢系统有不同的要求，但几乎所有能量代谢系统同时发挥作用，其区别在于参与程度。例如，长跑运动员可能10%依赖于无氧代谢系统，90%的供能依赖于有氧代谢系统。而100 m短跑运动员能量代谢系统的参与比例可能相反(毕竟短跑运动员仍需呼吸并将氧气带入系统)。
- 不同的能量代谢系统依赖于不同的能量来源，这有助于解释为什么以无氧活动为主的运动仅能维持相对较短的时间。有氧运动的主要能量来源是脂肪，而体内的脂肪储存量很高，因而进行有氧运动时能持续较长时间。但是，磷酸肌酸和糖原这些无氧运动能源物质的储备有限，随着高强度运动的持续进行，它们将迅速耗尽。

爆发型项目运动员利用多种能量供应途径，这些途径从磷酸、碳水化合物或脂肪中获取能量。提出营养建议时，必须了解产生**三磷酸腺苷**(adenosine triphosphate，ATP)所需的不同能量系统和能源物质[111]。爆发型运动依赖于快肌纤维之间的协调。快肌纤维(Ⅱ$_b$型)可以产生巨大的爆发力，并将碳水化合物作为糖原大量储备。但是，快肌纤维将脂肪作为甘油三酯储备的能力有限。不同能源物质的存储潜力有助于阐述每种独特肌纤维类型对能源物质的依赖性(表11.2)。从遗传角度来看，中间型快肌纤维(Ⅱa型)也能产生高水平爆发力，但是对于持续时间较长项目的运动员来说，长期进行耐力训练可能会让这类肌纤维的功能转化为Ⅰ型慢肌纤维[134]。因此，从事训练的类型是确定肌纤维行为的重要因素。爆发力运动员要求其肌纤维能产生高水平爆发力。如果大部分训练内容包括有氧(即耐力)运动，则Ⅱa型肌纤维会因对耐力适应性的提高而失去一些爆发力。有趣的是，有证据表明，如果停止有氧运动，中间型快肌纤维将很快恢复其遗传基线(爆发力较高而有氧能力较差)[120]。

三磷酸腺苷

缩写为ATP，由高能键组成的分子，可以在包括肌肉收缩在内的所有身体活动中迅速释放能量。

表11.2　肌纤维类型和能量利用特征

肌纤维类型	Ⅰ型肌纤维(红):收缩慢(抗疲劳能力强)	Ⅱa型肌纤维(红):中等快速收缩(抗疲劳能力中等)	Ⅱb型肌纤维(白):收缩快(抗疲劳能力低)
储存和利用糖原能力	低	中等	强
储存和利用脂肪能力	高	中等	低
储存和利用磷酸肌酸能力	中等	高	高
能量反应(氧化能力)中利用氧的能力	高	中等	低
输出功率能力(收缩速率)	低	高	非常高
供应肌纤维的血液(毛细血管)	高	中等	低

资料来源:Gleeson M. Chapter 3: Biochemistry of exercise. In: Maughan RJ, editor. Sports Nutrition: Volume XIX of the Encyclopaedia of Sports Medicine—An IOC Medical Commission Publication. London (England): Wiley/Blackwell; 2014. pp.36−38; Kenney LW, Wilmore J, Costill D. Physiology of Sport and Exercise. 6th ed. Champaign (IL): Human Kinetics; 2015. pp.40−41. Kenney LW, Wilmore J, and Costill D. Physiology of Sport and Exercise 6th Edition. Human Kinetics/Champaign. © 2015. pp.40−41.

持续时间短的高速运动(如100 m)要求能源物质在肌肉中已经处于准备就绪状态。肌肉对即用型能源**磷酸肌酸**(phosphocreatine, PCr)的储备量有限,从而限制了最大速度/爆发力运动的持续时间。对于营养良好的运动员,磷酸原系统在运动开始的5～8 s可以提供足够的能源。但这不能满足大多数运动,需要肌肉具有将储存的糖原快速转化成无氧代谢可用能源的能力。

磷酸肌酸

缩写为PCr,人体细胞中存在的一种高磷酸分子,是无氧磷酸原能量供应系统中的一部分。磷酸肌酸可快速补充ATP。

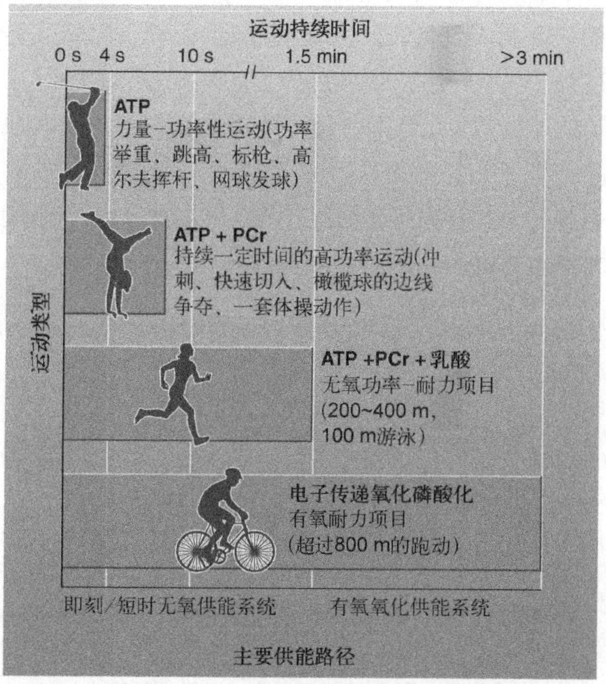

图11.1　不同活动的主要供能系统,从短促但高爆发性的活动到耐力运动。短时间的最大强度活性高度依赖于PCr(磷酸肌酸)以合成足够的ATP。当有限的PCr储备耗尽时,无氧糖酵解系统必须产生更多的能量,无氧糖酵解产生ATP的速率不如磷酸肌酸。实际上,PCr存储耗尽导致ATP生成速率降低,人体不得不"减速"。当PCr耗尽,血液和肌肉中的乳酸处于最高水平时,就会出现疲劳

资料来源:Premkumar K.The Massage Connection, Anatomy and Physiology. 2nd ed. Baltimore (MD): Lippincott Williams & Wilkins; 2004. Data from Hirvonen J,Nummela A, Rusko H, Rehunen S, Härkönen M. Fatigue and changes of ATP, creatine phosphate, and lactate during the 400 m sprint. Can J Sport Sci. 1992; 17(2): 141−144 and Hirvonen J, Rehunen S, Rusko H, Härkönen. Breakdown of high-energy phosphate compounds and lactate accumulation during short supramaximal exercise. Eur J Appl Physiol Occup Physiol. 1987; 56(3): 253−259.

磷酸原系统(即磷酸肌酸系统)每单位时间内产生的ATP多于无氧糖酵解系统。肌肉内能量供应下降可导致肌肉收缩速度减慢。从而,当磷酸肌酸系统不再提供必要的ATP时,短跑运动员的速度就会减慢(图11.1)。当磷酸肌酸耗尽且血液和肌肉内的乳酸处于最大水平时,就会产生力竭。大多数科学家认为最大无氧持续时间(即运动员可以在最大运动强度下持续的时间)是90 s,但在特定条件状态下的差异很大[51,52]。两个无氧供能系统(即磷酸原系统和糖酵解系统)的结合可以支持大约90 s的最大无氧活动,同时乳酸不断堆积,导致运动员产生疲

劳，并停止高强度运动。运动员无氧能力的强弱不同，导致停止高强度运动的个体差异较大，一般发生在90 s内，我们通常把这称为**无氧阈**。

随着运动时间的增加，功率生成减少，绝大部分能量供应来源于**有氧代谢**过程。有氧代谢使脂肪能够作为能量底物进行代谢，从而减少对糖原和磷酸肌酸的依赖，而这两种能源物质的储存量均有限。要求速度更快、力量更大的体育活动会导致单位时间内的能源利用率更高，且氧化分解能源物质需要更多的氧气，如果满足不了，则会导致依赖磷酸肌酸和糖原的无氧代谢以提供所需能量。但是，尽管对于较瘦的运动员来说，脂肪的存储几乎是无限的，但是磷酸肌酸和糖原的储存有限。训练有素的运动员可以更好地将氧气输送到细胞，从而相对更好地依赖于有氧或氧化代谢过程，而较少依赖于无氧代谢过程[99]。这使运动员在较快的肌肉工作中持续运动的时间更长，而不会过早地因乳酸堆积及磷酸肌酸和糖原的耗尽而导致疲劳。但是，为了更好地利用脂肪，必须补充碳水化合物。可用碳水化合物的耗尽会降低燃烧脂肪的能力，并导致肌肉疲劳。

无氧阈

无氧阈指乳酸堆积超过组织将其从工作肌中消除的能力时所对应的运动强度。此时，肌肉功能迅速下降，且必须停止活动，这通常发生在高强度活动开始后90 s左右。它也成为乳酸阈值或乳酸拐点。实际上，无氧阈通常表示为75%最大摄氧量（即75%$VO2_{max}$）或85%最大预测心率。

有氧代谢

有氧代谢是指随着氧气的吸入而发生的能量代谢过程，包括有氧糖酵解和脂肪代谢。有氧糖酵解代谢用于需要大量ATP的高强度运动，前提是运动员能为系统输送足够的氧气。脂肪代谢可以产生大量的ATP，用于持续时间较长的低强度运动，且不会产生乳酸等使系统受限的副产品。

总之，可以通过无氧（不需要氧气）和有氧（需要氧气）代谢而获得能量。无氧供能系统主要用于持续时间较短的高强度运动，而有氧供能系统通常用于强度较低但持续时间较长的运动（表11.3）。

（一）磷酸原系统（磷酸肌酸）

可以通过ATP中磷酸盐和磷酸肌酸的无氧分解释放能量，支持高强度运动长达8 s。由于可以立即利用高能磷酸盐，因此该系统称为磷酸原系统，它依赖于磷酸肌酸迅速提供高能磷酸分子以形成ATP，ATP是所有人体功能的最终能量来源。许多体育运动主要依赖于（并非完全）磷酸原系统，这些运动项目包括铅球、跳远、三级跳远、掷铁饼、跳马和短跑等。此外，其他结合间歇性快速爆发活动的运动（如足球、排球和曲棍球等）也依赖磷酸原系统。在其中一些运动中，重复进行高强度动作的能力通常

表11.3 能量代谢系统

系　统	特　征	持续时长
PCr系统	从储存的PCr中无氧产生ATP	不超过8 s的最大强度运动
无氧糖酵解系统（乳酸系统）	无氧分解糖原产生ATP。副产物是乳酸	极高强度的，超过运动员氧供应能力的活动。能够持续供应ATP的时间不超过2 min
有氧糖酵解系统	利用氧气，分解糖原产生大量ATP	需要大量ATP的高强度活动，但在运动员氧供应能力范围以内
有氧系统（有氧代谢）	利用氧气分解碳水化合物和脂肪	低强度的长时间的活动，能力提供的ATP总量大，不产生限制系统的副产品

决定胜负。例如，跳高运动员、跳远运动员和撑竿跳高运动员都需要进行2或3次最大努力，以期其中一次最佳运动表现能获胜。这些每一回合高强度工作的重复在极大程度上依赖于磷酸原系统。储存肌酸能力越强的运动员可能会在这些运动中有一定的优势。通过改善肌酸的储存，从而能再转化成磷酸肌酸，与第二、第三回合相比，运动员可能会保存更多第一回合产生的能量。

假设总能量和蛋白质摄入量足够，则运动员可以产生多次高强度爆发运动所需的肌酸。为了提高肌肉中ATP－磷酸肌酸的储存量，运动员必须进行符合该系统的训练（即持续时间不超过8 s的大强度重复性训练）。这种类型的训练本身不足以提高持续时间较短的高强度运动的表现。同时，仅消耗足够的能量和蛋白质也不足以提高持续时间较短的高强度运动的表现。但是，如果同时进行针对性的训练和补充适当的营养，则运动员可以在持续时间较短的高强度运动表现中获得非常实际的收获。即使肌酸储存量增加，磷酸肌酸也足以维持长达8 s的大强度运动（如果人们储备了超过8 s所需要的能量，那么我们可能会燃烧迅速产生大量能量所产生的高热量）。运动员进行持续时间约8 s的大强度运动时（如冲刺、跳马、跳跃等），必须休息2～4 min，且保证氧气充足，以使磷酸肌酸恢复到原来水平，然后再进行下一次大强度运动[39,49]。想象一下，一名100 m短跑运动员在比赛开始后的前8 s加速，但随后磷酸肌酸耗尽，无氧糖酵解系统开始供能。由于无氧糖酵解系统每单位时间内不能产生与磷酸肌酸一样多的ATP，因此，通常在比赛最后2 s减速最少的运动员获得100 m短跑的胜利。

从理论上说，组织中肌酸的储存量较高可以提高磷酸肌酸合成ATP的利用率，从而更有利于进行大强度运动。正是由于这个原因，一水肌酸补充剂在希望增加力量和延缓疲劳发生的运动员中备受欢迎。尽管这些补充剂会增加肌酸的储存量，但磷酸肌酸的上限仍需约8 s的能源物质。对于未能摄入足够能量和蛋白质的运动员，补充肌酸可能有助于最大程度利用磷酸肌酸[30]。但是，有证据表明，摄入足够的能量可能是确保在需要时储存和再合成足够磷酸肌酸的关键[61]。如表11.4所示，不同的能源物质具有不同的能量供应能力。如上所述，我们储备了大量的脂肪可作为能量来源，然而碳水化合物的储存却受限。尽管蛋白质作为一种能量来源有可能被分解，但这通常仅在碳水化合物耗尽时才会发生。

生糖氨基酸可以转化为碳水化合物（葡萄糖）（方框11.1），但是脂肪不能转化为碳水化合物。因此，对于运动员来说，在运动过程中维持碳水化合物的可利用性十分重要，以确保蛋白质（即肌肉）不会作为一种所需的能源物质被分解。表11.4所示的蛋白质是作为一种潜在能量来源，但绝不应将蛋白质视为运动员所需的能量来源。

表11.4　体重70 kg（154 lb），体脂含量15%的男性的平均能量储存

能量储存	质量（kg）	能量（kcal）	运动时间（min）[a]
肝糖原	0.08	307	16
肌糖原	0.40	1 530	80
血　糖[b]	0.01	38	2
脂　肪	10.5	92 800	4 856
蛋白质	12.0	48 725	2 550

数值是假设马拉松配速跑运动或以大约20 kcal/min的能耗进行的运动，某一能量底物单一进行供能。
a：假定的以该能量底物为单一能量来源，能够供应运动进行的时间。
b：血糖值包含了细胞以外一切葡萄糖的含量。不是所有的蛋白质都能用以供应能量，能够供应能量的蛋白质仅占总蛋白质含量非常小的部分。
资料来源：Gleeson M. Biochemistry of exercise. In: Maughan R, editor. Nutrition in Sport: Volume VII of The Encyclopedia of Sports Medicine, an IOC Medical Commission Publication. London (England): Wiley Blackwell; 2000. p. 29.

方框 11.1 生糖氨基酸

氨基酸来源于肌肉和器官等蛋白质组织，能转换为葡萄糖的氨基酸有：

- 丙氨酸
- α-氨基丁酸
- 苏氨酸
- 蛋氨酸
- 丝氨酸
- 酪氨酸
- 甘氨酸
- 赖氨酸

无氧代谢

无氧代谢指不需要氧气发生的能量过程，包括糖酵解系统和磷酸原系统。无氧糖酵解系统涉及通过糖原（储存的碳水化合物）无氧分解而产生能量的细胞代谢过程。磷酸原系统通过磷酸肌酸代谢而产生能量。

有氧运动

有氧运动包括主要但非完全依赖有氧代谢过程的运动，通常涉及强度相对较低的长时间或长距离运动，如长跑、长距离游泳、长距离自行车和竞走等。

（二）无氧代谢（糖酵解）系统

无氧代谢（糖酵解）系统为高强度运动供应能量，这时运动员无法为组织提供足够的氧气以进行工作的能力。高强度运动在很大程度上取决于肌糖原（葡萄糖的储存形式）的可用性。因此，在高强度运动期间，糖原的耗尽会导致快速疲劳并停止运动。在日常活动中，糖酵解系统仅为工作肌肉提供所需总能量的一小部分。肌肉运动的突然增加或持续的高强度运动依赖于糖酵解系统，因为它能迅速为组织提供能量，并填补从突然进行运动或剧烈运动到与有氧代谢能够满足能量需求所需要的时间。如果有人试图持续进行高强度运动（即无氧运动），则90 s后无氧能量来源将耗尽，且运动员将很快产生疲劳。

即使是以**有氧运动**为主的项目也可能依靠无氧能量供应途径来区分输赢。长跑运动员在比赛中主要依赖有氧供能系统，并存储了一些肌糖原，以便在比赛最后冲刺时，为糖酵解系统提供能量来源满足组织所需的ATP[19,75]在比赛最后阶段，冠军与其他名次运动员的主要区别在于储存肌糖原的能力不同。对于短跑运动员、短距离游泳运动员及曲棍球运动员来说，在比赛最后阶段为争取胜利而全力以赴时，无氧供能途径是其获胜的关键。碳水化合物的存储量是实现这一目标的关键，而最有效的存储方式是摄入碳水化合物食物或饮料[91]。

三、提高力量和速度的营养策略

根据运动项目的速度、最大摄氧量的不同，其依靠的能量代谢系统参与供能的比例也会发生变化[111]。如表11.5所示，速度要求更快的运动更依

表 11.5 均衡利用能量代谢系统满足功率项目的能量需求（kcal）

项目时间	% VO2max	无氧磷酸肌酸	无氧糖酵解	有氧
0.5～1 min如400 m、100 m游泳	约150	约10	约47～60	约30～43
1.5～2.0 min 如800 m、200 m游泳、500 m皮划艇	113～130	约5	约29～45	约50～66
3.0~5.0 min，如1 500 m跑、400 m游泳、1 000 m皮划艇	103～115	约2	约14～18	约70～84
5.0~8.0 min，例如3 000 m跑、2 000 m赛艇	98～102	<1	约10～12	约88～90

资料来源：Stellingwerff T, Maughan RJ, Burke LM. Nutrition for power sports: middle-distance running, track cycling, rowing, canoeing/kayaking, and swimming. J Sports Sci. 2011; 29(S1): S79－89.

赖于无氧供能系统，而持续时间较长的运动则更依赖于有氧供能系统。然而，所有代谢系统都是满足运动员能量需求的重要因素。

爆发型运动员主要利用磷酸肌酸和糖酵解无氧代谢系统进行力量和速度方面的运动。所有类型的肌纤维都储存糖原和脂质，但快肌纤维比慢肌纤维的糖原储存水平高16%～31%[100]。在运动过程中，虽然慢肌纤维中的糖原浓度首先开始降低，但糖原浓度在快肌纤维中的下降速度更快[45]。Ⅱa和Ⅱb型肌纤维中脂肪的储存量低是由于血液供应相对较少且氧化能力有限的结果。这使得在运动过程中难以为这些肌纤维提供能量底物，从而消除肌纤维中的代谢副产品（即乳酸）。这也有助于解释为什么高强度或爆发力运动很少超过90～120 s，以及为什么运动员需要2～5 min的恢复时间才能使肌肉磷酸肌酸恢复原来水平。

需要考虑的重要因素

冲刺是指短跑、自行车、游泳、皮划艇、赛艇、曲棍球、足球和橄榄球项目中短时间的最大强度运动。通常，冲刺被认为是持续时间不超过60 s的短时间最长用力活动，其运动强度远远大于VO_{2max}。

- 精英男子短跑运动员可以保持最大速度跑20～30 m；
- 精英女子短跑运动员可以保持最大速度跑15～20 m。
- 导致性别差异的原因是：
  - 结构因素（足着地、神经肌肉协调、空气阻力）；
  - 代谢因素（磷酸肌酸的可用性）。

与从事有氧运动并更依赖于有氧代谢系统的运动员相比，高强度无氧工作对快肌纤维的高度依赖，使爆发型运动员相对难以将脂肪作为能量底物[105]爆发型运动员也继续利用小部分脂肪，但由于动员的肌纤维类型，高强度无氧活动极大地有利于碳水化合物（糖原）而不是脂肪作为能量来源。当爆发型运动员停止密集的赛季训练但保持摄入高热量且相对高脂肪的饮食时，则能量失衡，从而不可避免地导致体脂增加。至少有部分原因可能是强调天然富含脂肪的肉类高蛋白饮食，从而脂肪摄入量经常超过推荐的摄入量所导致[132]。除了高脂肪饮食摄入过量将不利于保持体成分的竞争优势外，还有证据表明，许多爆发型运动员经常经历的体重反复可能使他们在退役后较易出现肥胖，从而导致患病率和死亡率的风险更高[55,112]。

需要考虑的重要因素

空气阻力会影响冲刺时的速度和能量利用率：

- 如果没有空气阻力，100 m精英运动员以10 m/s的速度进行冲刺时，其成绩将加快0.25～0.5 s[28]；
- 在10 s内完成100 m冲刺时，空气阻力占总能量消耗的16%[88]；
- 在墨西哥（空气阻力较小）进行100 m冲刺，成绩能加快0.07 s。

（一）爆发力/力量/速度型运动员的碳水化合物推荐量

糖原是无氧代谢的关键能量来源，高碳水化合物饮食可以改善糖原储存量，与高蛋白、低碳水化合物饮食相比，高碳水化合物饮食可以延缓疲劳发生时间[17]研究一致发现，低碳水化合物饮食提供3%～15%的碳水化合物总热量，从而降低高强度运动表现[21,68]。在进行超过75% VO_{2max}强度的运动时，由碳水化合物代谢提供大部分ATP。这些高强度活动要求摄入高碳水化合物饮食以避免糖原耗尽。即使是一次性高强度训练，依照运动的持续时间和强度不同，可以降低24%～40%糖原的储存量[62,117]。目前，碳水化合物的摄入指南建议，爆发力或力量型运动员每天进行大量（每天超过4～5 h）中等至高强度运动时，每天摄入8～12 g/kg碳水化合物。对于每天进行1～3 h中等至高强度运动时，建议每天摄入6～10 g/kg碳水化合物[118]对力量型运动员的调查研究显示，其碳水化合物的摄入量差异较大，且一致表明摄入量远低于推荐量。不考虑性别因素，举重和投掷运动员报告的碳水化合物摄入量为每天3～5 g/kg，健美运动员报告的碳水化合物摄入量为每天4～7 g/kg[105]。

（二）蛋白质推荐量

对于爆发力或速度型运动员来说，建议蛋白质摄入量为每天1.5～1.7 g/kg，约为一般健康非运动员（每天0.8 g/kg）所需摄入量的两倍[84]。ACSM建议所有运动员的蛋白质摄入量为每天1.2～2.0 g/kg[118]。现在，ACSM还建议每天有规律地间歇性摄入适量的（每餐0～0.3 g/kg）优质蛋白质，以促进蛋白质合成和肌肉恢复（例11.1）。蛋白质的最佳利用只在有足够的能量供应的情况下才会发生，从而确保间歇性摄入足够的热量以满足能量需求是一项重要的饮食策略[113]。综合考虑这些因素，意味着运动员应在全天的食物和小吃中摄取优质蛋白质，并特别注意运动后立即摄入蛋白质以促进肌肉蛋白质合成[85]。

调查研究表明，对于每天摄入量超过3 000 kcal的运动员来说，其蛋白质的摄入量等于或高于当前的推荐量，但他们经常无法正确分配蛋白质摄入量，从而影响肌肉蛋白质的最佳合成[105]。也有理由认为，蛋白质的摄入量超过推荐量，往往以碳水化合物的摄入量相对较少为代价，因而并不能增强肌肉蛋白质的合成和肌肉恢复，从而导致将更多的蛋白质作为能量来源，而不是促进合成代谢[69]。

例11.1 计算体重为110 kg的运动员白天的蛋白质分配。

计算总蛋白质需求量：

110 kg × 1.7 g/d=187 g/d。

计算每餐蛋白质摄入量：

0.3 g/餐 × 110 kg=33 g/餐。

计算推荐蛋白质的进餐次数：

187 g ÷ 33 g=5.7次（约等于6次）。

解释：该运动员每天需要摄入6次，每次33 g蛋白质，以满足每天187 g蛋白质需求。

（三）脂肪推荐量

碳水化合物应作为爆发型运动员的主要能源物质，但脂肪也是重要的能源物质，可用于中等至85%VO_{2max}的高强度运动[110]。一般脂肪的推荐摄入量为每天2 g/kg，如果摄入超过推荐量，可能会通过代替所需的碳水化合物和蛋白质，从而干扰肌肉糖原的恢复和肌肉组织的修复[31]。推荐的摄入量足以满足脂溶性维生素、必须脂肪酸的转运，以及激素的合成[111]。对爆发力或力量型运动员的调查研究表明，其脂肪摄入量超过当前的推荐量，且脂肪中的饱和脂肪酸通常含量较高[132]。研究者指出，可能是由于运动员试图摄入较多的蛋白质，从而导致肉类的摄入量过多而使脂肪摄入量过多[105]。运动员必须认识到，在满足总能量需求的情况下，一种能源物质的摄入量过多必然导致另一种能源物质的摄入量不足。

（四）增肌

数百年来，增肌一直是爆发型运动员的传统，包括6世纪希腊奥运会摔跤冠军克罗同的米洛，他以每天携带一头小牛在体育场进行渐进式抗阻训练而闻名，小牛随着时间不断增长，4年后，米洛吃掉了小牛，从而导致蛋白质摄入过多[60, 94]。现在爆发型运动员还研究了同时提高力量和爆发力的增肌策略。有许多用于增肌的技术，包括抗阻训练、摄入更多的能量及摄入声称可改善肌肉吸收的产品（通常是非法的）。有些策略行之有效，而另一些策略则行不通。因此，爆发力或力量型运动员应该谨慎对待如下策略。摄入某些物质似乎可以改善肌肉组织，但这通常是因为它弥补了饮食上的不足，通过遵循一些相对简单的饮食策略，我们可以更容易且更实惠地解决这些不足。通常认为摄入过多的蛋白质可促进肌肉生长，但由于会产生过多的氮排泄和相关的脱水现象，这种策略可能会适得其反。许多调查报告了蛋白质摄入的情况，男性的摄入量为1.9～4.3 g/kg，女性的摄入量为0.8～2.8 g/kg[50,107]。假设蛋白质的摄入在一整天中分配良好，有证据表明每天蛋白质的摄入量达2.2 g/kg可能有利于健美运动。众所周知，抗阻训练会刺激肌肉生长，肌肉发育的水平可能受人体生长激素、胰岛素、睾酮及其他同化激素的影响[10,33,46,131]。因为营养可能会影响这些物质的可用性，所以我们有理由相信特定的营养物质可能有利于肌肉生长。但是，我们也应承认如果营养物质的摄入量已经达到正常水平，则它们的摄入就不会影响人体对上述物质的产生。换句话说，在没有特定营养素缺乏的情况下，很难相信摄入更多的营养素会改变促进增肌激素的产生。再次强调的是，过量不如适量好。

四、提高耐力的营养策略

耐力运动员需持续进行20 min以上的运动。通常，耐力项目要求在长距离或长时间段内持续运动（如马拉松、越野滑雪、铁人三项等）。身体脱水或碳水化合物的耗尽可能会导致过早出现疲劳[98]。耐力运动员出现肠胃不适、低钠血症等其他问题也可能导致运动表现下降[56]。长距离比赛中最有可能发生肠胃不适，这通常是由于对摄入含有过高浓度电解质、能量底物或其他物质的液体的适应性较差所导致。低钠血症通常发生在持续时间超过4 h的运动员中，他们摄入过多的低浓度电解质的液体，如果大脑发生与之相关的水肿，可能会危及运动员生命[77]。耐力运动员的目标是建立可以提供足够液体和正确类型和浓度的能量的策略，并应用于实践，以维持肌肉长时间工作。

如本章前面所述，有氧代谢是耐力运动员最重要的能量系统，脂肪和糖原都是至关重要的能源物质。在有氧代谢供能途径中，氧气用于帮助将有机磷转移到新的ATP分子中。与无氧代谢不同，有氧代谢供能途径可以利用蛋白质、脂肪和碳水化合物作为能源，并将这些能量底物转化为乙酰辅酶A。葡萄糖被转化为丙酮酸（一种无氧能量分解过程），并且该丙酮酸可以在氧气的帮助下转化为乙酰辅酶A或乳酸。当然，如果乳酸积累过多，肌肉会出现疲劳并停止运动（进行完全无氧运动的问题）。但是，乳酸可以轻易地转化为丙酮酸，从而作为一种有氧运动的能源。有氧代谢发生在细胞的线粒体中，其中，大部分ATP由进入的乙酰辅酶A产生。脂肪可以通过β-氧化代谢途径转化为乙酰辅酶A。β-氧化代谢途径非常依赖氧气，这意味着脂肪只能通过有氧途径分解。

大多数耐力运动都以一定的强度进行，该强度大多以脂肪作为肌肉工作的能源（图11.2）。因为即使是最瘦的运动员，也几乎可以无穷尽地供应脂肪，因此，在进行运动之前和运动过程中提供脂肪不存在问题，也不是目标。然而，脂肪完全分解需要碳水化合物的参与，并由于碳水化合物的储存能力相对较低且容易耗尽，因此，耐力运动员的目标是找到一种方法提供足够的碳水化合物，以维持整个运动过程。在长时间运动中，最初约一半的能量源自碳水化合物，另一半则源自脂肪。但是，随着肌肉糖原浓度降低，血糖成为肌肉能量的重要来源。运动2 h或更早，取决于适应状况和运动强度，运动员需要摄入碳水化合物以维持血糖和碳水化合物的代谢[27]。无法维持血糖浓度将会导致神经疲劳，即使肌肉中仍有剩余能量，也会导致肌肉疲劳。运动员使吸入细胞的氧气达到稳定状态的能力取决于其有氧调节能力的好坏。与没有进行有氧训练的运动员相比，经常进行有氧训练的运动员能更快地达到稳态[108]。训练良好的运动员可能需要5 min才能为细胞提供足够的氧气，以持续稳定地进行有氧代谢。如图11.3所示，在运动开始后的

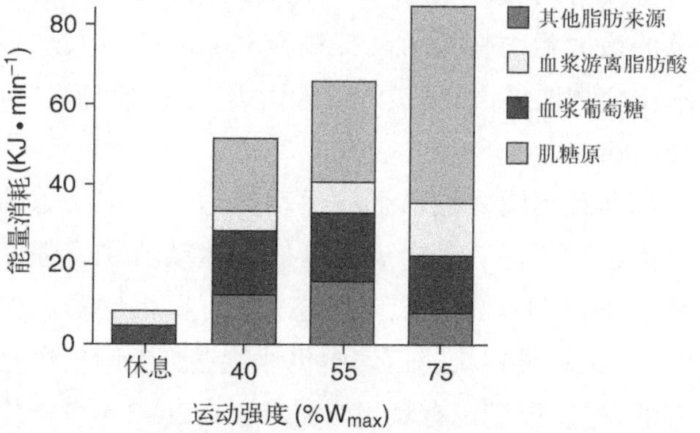

图11.2　能量利用随着运动时长的变化而变化。在20 min的强度逐渐升高的运动种，对碳水化合物和脂肪的利用发生变化，肌糖原用来满足能量需求的占比随着强度的增加而增加

资料来源：Van Loon LJC,Greenhaff PL, Constantin-Teodosiu D, Saris WH, Wagenmakers AJ. The effects of increasing exercise intensity on muscle fuel utilization in humans. J Physiol. 2001; 536: 301.

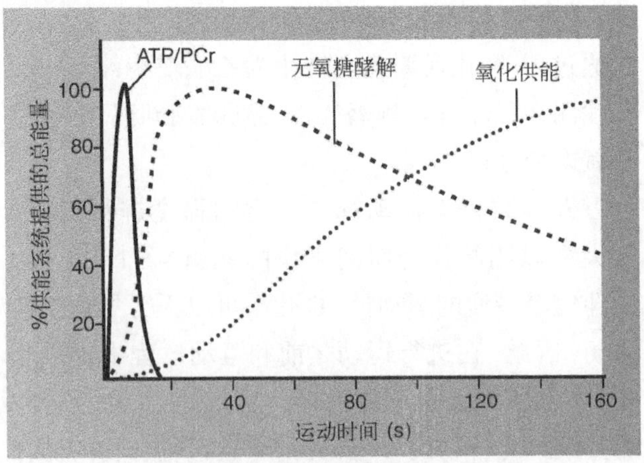

图11.3 在运动初始阶段，能量代谢的相对变化。运动一开始，3种能量系统同时启动，但是每种供能系统的贡献率随着运动的持续而发生变化。在运动的初始阶段，无氧磷酸肌酸供能系统提供了绝大多数的ATP，其后是无氧糖酵解系统，之后是有氧供能系统

资料来源：Bandy WD. Therapeutic Exercise for Physical Therapy Assistants. 3rd ed. Philadelphia (PA): LWW (PE); 2013.

前5 min，无氧和有氧代谢共同参与供能。快速达到稳态至关重要，因为它可以减少无氧供能的持续时间，无氧供能给碳水化合物（肌糖原和肝糖原）带来沉重的负担，且人体的储存量有限。

与爆发性运动员相比，耐力型运动员的有氧代谢能力更强（表11.6）。但是，由于脂肪的完全分解需要碳水化合物，且碳水化合物的储存量较低，因此，碳水化合物仍是限制耐力运动的能量来源。研究清楚地表明，摄入高脂饮食的运动员，其最大耐力持续时间为57 min；摄入正常的混合饮食，运动员的最大耐力持续时间提高至114 min；摄入高碳水化合物饮食，运动员的最大耐力持续时间提高至167 min[82]。

具有不同体能水平的运动员达到稳定状态的运动强度不同。一个训练良好的运动员在高强度运动下依旧能保持稳定状态，从而赢得比赛。例如，该运动员在快速运动中仍然能够为细胞提供足够的氧气，以满足有氧代谢需求。在2012年夏季伦敦奥运会上，马拉松比赛的获胜者以每英里4 min 50 s的速度跑了26.2 miles！这是一个非常快的速度，但运动员在比赛中主要以有氧代谢为主，如果其大部分能量来源于碳水化合物的无氧代谢，则该运动员无法完成比赛。无论运动员的有氧能力如何，超过该水平都会导致更多的肌肉依赖于无氧代谢，并随之增加对碳水化合物的依赖。由于碳水化合物的存储有限，因此很快被耗尽，运动员很快就出现力竭。

在训练中练习提供能源和液体的营养策略，从而使运动员在比赛中更容易适应。人体系统需要时间和重复才能适应你所做的任何事情，而且这种适应也会影响营养策略。

需要考虑的重要因素

碳水化合物耗尽将导致无氧和有氧运动停止。

■ 无氧代谢的主要能源物质是碳水化合物。爆发型运动员参与短时间且高强度运动时，其特征是以依赖碳水化合物的无氧代谢为主。因此，碳水化合物的耗尽会限制无氧运动的持续进行。

■ 有氧代谢的主要能源物质是脂肪和少量碳水化合物，耐力型运动员进行长时间的有氧运动时，依赖脂肪和碳水化合物。尽管在耐力运动中利用碳水化合物的比例较小，但有氧运动的持续时间长于无氧运动。因此，碳水化合物的耗尽会限制有氧运动的持续进行。

（一）能量需求

据估计，越野滑雪运动员在50 km比赛中约消耗0～4 000 kcal，在强化训练中可能消耗更多的能量（每天高达8 000 kcal）[36]。据报道，超级马拉松运动员的能量消耗量平均为每天5 530 kcal，每天平均每小时的能量消耗超过333 kcal[108]。据估计，一名25岁的女子马拉松运动员，体重125 lb，早上以0.17 mi/min的速度跑步10 mi，下午进行间歇性训练跑步8 miles，共需要3 000 kcal，加上1 331 kcal以满足静息时的能量消耗的需求，则每天的总能量需求超过4 300 kcal[73]（静息时的能量消耗指维持瘦体重及身体静止时保持正常身体功能所需的能量）。不能持续提供足够的能量来满足运动和REE的需要时，将导致体重和肌肉的丢失。

表11.6　若干项目经过良好训练的运动员的最大摄氧量[mL(kg·min)]

运动项目	男性	女性
越野滑雪	73.4 ± 6.7	68 ± 4.2
耐力跑	69.8 ± 6.3	无数据
5 km跑	64.0 ± 4.0	53.2 ± 5.5
自行车	64.0 ± 5.5	53.5 ± 3.6
铁人三项	61.9 ± 9.6	无数据
足球	58.3 ± 4.2	无数据
久坐不动人群	51.5 ± 4.40	34.8 ± 5.6

资料来源：

Crisp AH, Verlengia R, Gonsalves Sindorf MA, Germano MD, de Castro Cesar M, and Lopes CR. Time to exhaustion at VO2max velocity in basketball and soccer athletes. Journal of Exercise Physiology 2013;16(2): 82−85.

Marsland F, Mackintosh C, Holmberg H-C, Anson J, Waddington G,Lyons K, and Chapman D. Full course macro-kinematic analysis of a 10km classical cross-country skiing competition. PLoS ONE 2017; 12(8): e0182262. https://doi.org/10.1371/journal.pone.0182262.

Sandbakk Ø, and Holmberg H-C. A reappraisal of success factors for Olympic Cross-Country Skiing. International Journal of Sports Physiology and Performance 2014; 9: 117−121.

Nummela AT, Paavolainen LM, Sharwood KA, Lambert MI, Noakes TD, and Rusko HK. Neuromuscular factors determining 5 km running performance and running economy in well-trained athletes. European Journal of Applied Physiology 2006; 97: 1−8.

Galbraith A, Hopker J, Cardinale M, Cunniffe B, and Passfield L. A 1-year study of endurance runners: training, laboratory tests, and field tests. International Journal of Sports Physiology and Performance 2014; 9: 1019−1025.

Ramsbottom R, Nute MGL, and Williams C. Determinants of five kilometer running performance in active men and women. British Journal of Sports Medicine 1987; 21(2): 9−13.

Costa VP, de Matos DG, Pertence LC, Martins JAN, and de Lima JRP. Reproducibility of cycling time to exhaustion at VO2max in competitive cyclists. Journal of Exercise Physiology. 2011; 14(1): 28−34.

Vikmoen O, Ellefsen S, Trøen Ø, Hollan I, Hanestadhaugen M, Raastad T, and Rønnestad BR. Scandinavian Journal of Medicine & Science in Sports 2016; 26: 384−396.

Karlsen A, Racinais S, Jensen MV, Nørgaard SJ, Bonne T, and Nybo L. Heat acclimatization does not improve VO2max or cycling performance in a cool climate in trained cyclists. Scandinavian Journal of Medicine & Science in Sports 2015; 25 (suppl 1): 269−276.

Brisswalter J, Wu SSX, Sultana F, Bernard T, and Abbiss CR. Age difference in efficiency of locomotion and maximal power output in well-trained triathletes. European Journal of Applied Physiology 2014; 114: 2579−2586.

Unal M, Unal DO, Baltaci AK, Mogulkoc R, and Kayserilioglu A. Investigationof serum leptin levels in professional male football players and healthy sedentary males. Neuroendocrinology Letters 2005; 26(2):148−151.

Woorons X, Mollard P, Lamberto C, Letournel M, and Richalet J-P.Effect of acute hypoxia on maximal exercise in trained and sedentary women. Medicine & Science in Sports & Exercise 2005; 37(1):147−154.

（二）液体推荐量

在运动时，运动员不可避免地会因出汗而丢失体内水分。在温暖的环境中运动时，由于冷却系统及正常的排尿，每天可能会丢失超过10 L水（约11 qt）[2]。在炎热和潮湿的环境中运动时，失水量可能会超过3 L/h，但在凉爽且干燥的环境中运动时，失水量可能会低于0.5 L/h[97]。尽管运动员的汗液流失率较高，但大多数运动员仅补充了流失液体的50%，这不可避免地导致脱水和运动表现下降[48,89]。研究明确表明，即使轻微的脱水（占体重的2%）也会导致运动表现的明显下降[3,127]。因此，当运动员采取步骤以满足液体需求时，将有助于他们确保最佳的运动表现（请参见第7章，运动中脱水问题）。

（三）碳水化合物推荐量

因为与脂肪储存量相比，碳水化合物的储存量相对较低，所以运动员必须有意识地利用任何机会补充碳水化合物。在持续1 h或更长时间的运动中，具有高水平的碳水化合物（糖原）储存量和摄入碳水化合物是优化耐力水平的公认技术。有大量文献表明，在运动中摄入碳水化合物有助于维持血糖（葡萄糖）和胰岛素水平，从而促进工作肌摄取糖分[67]。例如，100 km超级马拉松的世界冠军得主，他大约跑了6.5 h。在比赛期间，他有必要每小时摄入58 g左右的碳水化合物，以避免糖原耗尽[108]。研究发现，与在运动时仅补充水的自行车运动员相比，摄入含碳水化合物饮料的自行车耐力运动员可以多持续运动1 h[27]。鼓励运动员每天摄入9～10 g/kg（35～40 kcal）的碳水化合物。对于150 lb的运动员来说，需要摄入600 g（2 400 kcal）碳水化合物。以总能量的百分比表示，该推荐量建议60%总能量应来自碳水化合物[24]。

在比赛中，碳水化合物的浓度是避免肠胃不适需要考虑的重要因素。已有研究发现，摄入含5.5%［每8 oz（1 oz=29.57 mL）液体中含13 g碳水化合物］浓度碳水化合物液体几乎不会产生肠胃不适，这与摄入白开水后缓解胃痛相似。然而，当运动员进行同样的运动，但摄入的浓度略高时（含6.9%浓度碳水化合物或每8 oz液体中含16 g碳水化合物），会使肠胃不适的发生率增加一倍[129]。这一研究建议，耐力型运动员应在赛中早期摄入适量的碳水化合物，并有规律地持续补充，以获取所需的量而不会引起肠胃不适。一项关于马拉松运动表现的研究也得出了类似的结果，该研究在三个独立的测试中发现，与含6.9%浓度碳水化合物相比，摄入含5.5%浓度碳水化合物液体能获得更好的运动表现[122]。因此，经典的营养范例过量不如适量好。虽然运动员对碳水化合物有很高的要求，但是过快地补充过多碳水化合物会导致运动表现下降。

碳水化合物的成分也可能影响耐力运动表现和肠胃不适。有一项研究比较在105 min的自行车运动中，含有葡萄糖、果糖和蔗糖的6%碳水化合物液体与仅含果糖液体的影响。其研究结果发现，仅含有果糖的饮料会导致肠胃不适的发生频率增加、血容量下降明显，皮质醇、血管紧张素Ⅰ抗体和促肾上腺皮质激素（所有这些都被认为是应激激素）上升更高，且运动表现降低[29]。通常建议进行持续时间超过2.5 h的耐力运动时，在运动中应摄入相对大量（每小时高达90 g）混合型碳水化合物（即葡萄糖、蔗糖和麦芽糖的组合），以避免糖原耗竭[56,118]。对于持续时间1～2.5 h的耐力运动，建议碳水化合物的摄入量为每小时30～60 g[118]。

运动开始后糖原的再合成也很重要，因为运动持续1 h或更长时间后，糖原储备会严重减少。糖原再合成的效率取决于以下几个因素[25]：

- 碳水化合物的摄入时间；
- 碳水化合物的摄入量；
- 碳水化合物的摄入类型；
- 运动时肌肉的受损程度（与健康肌肉相比，受损肌肉再合成糖原的速度较慢）。

含有碳水化合物的食物会迅速进入血液（即升糖指数高的食物），与低血糖指数食物相比，其在合成肝糖原和肌糖原的能力更强（尤其在运动后立即食用时）。一般建议在运动开始后每2 h补充200 kcal的碳水化合物，且在运动开始后应尽快补充第一次200 kcal[26]。

（四）蛋白质推荐量

虽然爆发力型或速度型运动员平均消耗更多的蛋白质，但实际上，耐力型运动员似乎比爆发型运动员需要更多的蛋白质[20,93]。耐力型运动员的需求量估计约为非运动员建议水平的两倍（1.5 vs. 0.8 g/kg）。除素食主义者外，大多数耐力运动员似乎仅从食物中摄取蛋白质[94,114]。一项关于蛋白质摄入量的总结性研究表明，男性和女性耐力运动员的蛋白质平均摄入量为1.8 g/kg[109]。补充高水平的蛋白质对于运动员来说较为普遍，但人们担心，长期摄入过多的蛋白质可能会导致进行性肾损害[1]。人们还担心蛋白质摄入过多会损害骨密度，增加运动员骨折的风险[37]。此外，过量的蛋白质也会增加脱水风险[35]。因此，无论在运动中如何努力，运动员都应谨慎、优化利用的方式获取足够的蛋白质以满足需要，但也应注意蛋白质的摄入量不得超过需求量。

（五）脂肪推荐量

文献中多次表明高脂饮食可以提高运动表现，但是有明确的数据显示，在耐力型运动员中，结合高碳水化合物饮食最能改善脂肪代谢。因此，耐力型运动员在摄入高碳水化合物与适度蛋白质饮食时，应摄入能够满足总能量需求的脂肪[118,126]。

（六）维生素推荐量

B族维生素（硫胺素、核黄素和烟酸）对于耐力运动尤为重要，但实际上，确保摄入足够（60%总能量）碳水化合物的耐力运动员可以满足从食物中获取B族维生素的需求[92]。尽管如此，许多耐力运动员仍服用维生素补充剂，但这些补充剂并不能为运动表现提供任何好处。此外，如果烟酸摄入过多，则会抑制脂肪代谢，且对糖原的依赖性更大，从而导致过早发生疲劳[74]。耐力运动员应考虑进行成本效益分析，以确定将补充剂的费用花在优质食物上是否更好[118]。

（七）矿物质

耐力运动表现主要取决于有氧代谢，因此，确保最佳的铁营养状况对于耐力运动表现至关重要[32]。鉴于铁营养状况在耐力运动中的重要性，且由于缺铁是在运动员和非运动员中最常见的营养不良问题，因此，耐力运动员应认真考虑定期每年进行铁营养状况（血红蛋白、血清铁蛋白、血细胞比容）的评估。素食运动员存在铁、锌和钙缺乏的风险更高，且所有这些对于有氧代谢或运动员的健康至关重要[118]。因此，对于素食运动员来说，定期客观地测量这些营养素可能更为重要。如果血液或骨密度检查显示营养不良，则医疗专业人员可以为运动员制定营养补充等适当的策略。

耐力运动员应注意营养摄入过量。研究发现，每天口服1 g维生素C的男性，耐力素质显著下降，这可能是通过阻止关键细胞对运动产生的良好适应而导致的[42]。此外，获取各类营养素和足够的能量对运动表现和健康都非常重要。显然，节制饮食方式是精英女子长跑运动员骨质疏松的一个重大因素，且限制能量的时间越长，与恢复肌肉质量和葡萄糖耐受性的恢复相关的问题就越大[6,7,38]。因此，尽管过量不如适量好，但摄入足够的量仍然很重要。许多耐力运动员未能摄入足够的营养或能量，因此，无法从训练中获得最大效益且降低损伤风险。对参加铁人三项、模拟冒险比赛和其他超长自行车比赛的运动员的研究均发现，参赛运动员存在严重营养不良的问题[6,135]。理想情况下，这些运动员应通过摄入合适的食物以获得需要的营养素。但是，如果无法满足，则通过医学测试补充低剂量目标营养素补充剂是一个合理的选择。极为明确的是膳食补充是最好的。

（八）建立能量和液体储备以支持耐力运动

实际上，所有对糖原储备量高和糖原储备量低的运动员的研究均表明，糖原储备量高的运动员运动表现总是更好。耐力运动员在比赛开始时的碳水化合物（糖原）储备量更高，则在比赛末期的可利用糖原就更多。仅此差异就足以确定获胜者[108]。此外，耐力运动员在开始运动时具有更好的水合状态，其运动表现优于水合状态较差的耐力运动员[98,118]。然而，如果没有认真计划在训练或比赛前、中、后需要摄入的食物，就不会达到最佳的摄入碳水化合物和液体的效果。

1. 训练或比赛前

在运动前24 h摄入800 kcal和1 200 kcal碳水化合物可改善运动表现[22,101]。目前，建议鼓励运动员在运动前额外增加碳水化合物摄入量（1～4 g/kg），以维持糖原可利用率[118]。理想情况下，在训练或比赛前摄入的食物应该是熟知且可以耐受的食物。比赛前摄入未曾食用过的食物、凝胶或运动饮料可能导致肠胃不适，从而影响运动表现。运动员最好将在训练期间练习实施比赛中的饮食策略，以确保身体很好地适应食物或饮料的类型及可能摄入的食物。比赛期间并不是运动员尝试任何营养策略的最佳时机。

（1）补水：任何程度的缺水都可能对运动表现产生负面影响，因此，确保耐力运动员在运动前达到良好的水合状态至关重要[103]。目前，建议在运动开始前的2～4 h内摄入5～10 mL/kg液体[98]。理想情况下，运动员应努力使尿液呈浅黄色，因为尿液颜色较深是脱水的迹象[44]。在过去，耐力运动员曾尝试食用含高钠成分的食物和饮料来增强液体潴留，还有一些人则尝试摄入甘油来增加血容量。尽管已发现摄入甘油可达到其目的，但WADA明确禁止使用甘油和其他可用于超级补水的物质，因此，这个方法是被禁止使用的[70]。

在运动中，液体的流失量大于液体的摄入和吸收速度。因此，如果运动员在运动开始时处于较差的水合状态，则不可能在运动过程中达到良好的水合状态。运动前摄入运动饮料是有用的，因为它们为运动员提供了最需要碳水化合物、液体和电解质：

■ 为了促进饮料的摄入，饮料应是美味可口的；

■ 为了维持训练强度，饮料中应含碳水化合物；

■ 为了刺激快速且充分的补水，饮料中应含氯化钠（盐）。

（2）糖原储存：通常可以在训练后的24 h内优化糖原储存，摄入高浓度碳水化合物并停止可能会消耗糖原的任何运动[15]。对于超长耐力比赛，运动员可以通过摄入4～5 d的高浓度碳水化合物并较少消耗糖原的运动，以最大程度储存糖原[14]。在接近训练或比赛之前的这段时间里，运动员可以通过摄入1～4 g/kg耐受良好的碳水化合物和饮料以确保肝糖原和肌糖原含量继续保持较高水平。理想情况下，这些食物的纤维和脂肪含量应相对较低，而蛋白质含量则应适度以促进胃排空[15,90]（如果运动员开始运动时胃里不存在固体，则运动表现最佳）。运动前摄入含碳水化合物的液体也可能有益于在比赛前易患肠胃不适的运动员[118]。运动前摄入少量蛋白质，结合碳水化合物和液体，可能对糖原合成和刺激肌肉蛋白质合成非常适用[119]。但是，关于运动前摄入的蛋白质是否能改善耐力表现这一问题，目前的研究尚未明确[123]。摄入脂肪对于确保足够的能量消耗十分重要，通常，建议的摄入量为总能量消耗的20%～35%。但是在进行运动之前摄入脂肪可能会延迟胃排空，从而限制摄入足够的碳水化合物和液体，并增加了肠胃不适的风险。相对较新的主张是，限制碳水化合物并用脂肪代替，可增强运动表现。然而，目前没有科学研究支持这种高脂饮食策略[118]。

2. 训练或比赛中

在10 km跑步和马拉松等比赛中，每隔一定距离会有补水站，运动员应充分利用每个补水站并摄入液体。由于水分不断流失，因此频繁地定期补充水分有助于维持人体的水量。由于大多数运动员的摄入量少于需求量，因此对确保运动过程中水合状态的方法进行了研究，并提出以下建议[12]：

■ 因为可触及性有助于促进更多的液体摄入，因此，应确保周围始终有液体；

■ 所有运动员都应拥有自己的水壶，运动或参加比赛时应随身携带；

■ 教练应设计使运动员经常饮水的方法；

■ 教练组应注意出汗率较高的运动员，以确保这些运动员比那些出汗率较低的运动员摄入更多的液体；

■ 通过将补充液体视为训练计划的一部分，以帮助运动员学会科学合理的日常补水。

为了解运动员在训练和比赛期间需要摄入多少液体，应记录液体的摄入量及运动员在运动前、后的体重。如果运动员在运动中摄入32 oz液体，且在运动结束后体重比运动前减轻2 lb，那么该运动员应学会在运动中多摄入32 oz液体［1 lb=16 oz］。在运动中摄入含碳水化合物的液体非常重要，正确设计的运动饮料有助于快速提供液体和碳水化合物。理想的运动饮料应具有以下特征：

■ 凉饮料的耐受性最好。

■ 6%～7%浓度的碳水化合物溶液可快速输送碳水化合物和液体。较高浓度的碳水化合物会通过延迟胃排空而减慢向肌肉的输送，并可能增加肠胃不适的风险。

■ 少量的钠有助于促进饮水的欲望，这样做有助于确保运动员保持更好的水合状态。钠还有助于更快地吸收水和碳水化合物，并维持血容量。维持血容量是运动员运动表现的重要预测指标。汗液中的钠大量流失而无法替代时会导致低钠血症，有证据表明，低钠血症发生在耐力和超耐力事件中[34]。这是一种罕见但严重的状况，可能导致癫痫发作、昏迷或死亡。

■ 运动饮料应有良好的口感。运动过程中可能会改变味觉，因此，无法保证您在晚餐时喜欢喝的液体同时在运动中也喜欢。确保运动员在运动中尝试不同口味的饮料，以确定最喜欢的口味。

■ 碳水化合物应含有葡萄糖和蔗糖。主要含有果糖的饮料会增加肠胃不适的风险。

■ 在耐力运动中，非碳酸类运动饮料优于碳酸类饮料。

摄入固态和液态碳水化合物产生相同的运动成绩，因此，某些项目的运动员可以选择摄入含碳水化合物的食物而不是含碳水化合物的饮料[65]。例如，长距离自行车运动员经常食用香蕉和碳水化合物凝胶以满足其碳水化合物需求。每小时摄入45～75 g碳水化合物(每小时从碳水化合物中吸收180～300 kcal)似乎有助于改善运动表现[102]。1 qt的含6%浓度碳水化合物的运动饮料可以满足这种碳水化合物含量。

3. 训练或比赛后

一旦运动结束，你可能认为自己已经完成了所有需要做的事情(沐浴除外)，但显然，训练或比赛结束后摄入更多的液体和碳水化合物非常重要。这将帮助你补充糖原储备，并为第二天的运动做好准备。如果你在运动后立即摄入升糖指数高的碳水化合物，并在下一顿饭之前持续摄入碳水化合物(零食)，则糖原补充效果最佳[26]。摄入蛋白质非常重要。越来越多的证据表明，随着耐力训练或一次性耐力运动，骨骼肌的分解增加。耐力运动后立即摄入食物的运动员，其骨骼肌的蛋白质合成较好[92]。耐力运动结束后对运动员至关重要，应对其认真制定计划。在此期间，应在几小时内以每小时每千克体重1.2 g的速率补充碳水化合物，并结合一些优质蛋白质，这对于运动恢复似乎有用[115]。从组织利用的角度来看，之前有大量证据表明补充蛋白质的数量和时机很重要。

4. 每日注意事项

运动前、中、后期间旨在提供碳水化合物和液体以支持运动，但其余时间也可以采取措施，以确保运动前、中、后期间策略的有效性。显然，在此期间摄入碳水化合物和液体并不能满足运动员正常情况和运动所需的所有营养素和矿物质。因此，必须在其他时间段摄入食物，以提供均衡的营养来保持健康。健康的运动员确实是运动表现更好的运动员。一个良好的基本策略是，鼓励摄入富含复杂碳水化合物、适量蛋白质、少量脂肪和糖的多种类食物。这种膳食搭配非常适合运动员，将有助于确保摄入所有必需的营养素。

运动员在比赛前不能进行改善营养不良和有助于提高运动表现的事情。如果你的铁摄入量一直较低，且出现铁缺乏性贫血，那么可能需要6个月的时间通过合理的饮食和铁补充剂，才能使铁水平达到不会对运动表现产生负面影响的程度。如果你营养不良，那么在运动前、中、后做任何事情都不会使你的身体达到最佳状态。因此，如果有机会，要明智地补充各类营养素，当然，还需多补充液体。

(九) 其他营养推荐

这里有一些营养原则。其中一个原则是需要摄入多种食物，以确保补充所有必需营养素。除此之外，通过摄入各种各样的食物，运动员可以避免接触在某些食物中更为普遍的任何潜在有毒物质。因此，摄入多种食物是赖以生存的良好营养法则。另一法则是，即使人们认为是“好”的食物，也有可能摄入过多。学会通过摄入多种食物以平衡膳食，将有助于确保正确的维持身体和充足的营养摄入。

五、爆发力和耐力结合型运动项目的营养策略

大多数集体项目(篮球、排球和足球等)是高强度和低强度运动的结合(**有氧和无氧结合型运动项目**)，从而使其不同于体操等纯爆发力项目或马拉松等纯耐力运动项目。因此，集体项目运动员必须具有本章前面所述的爆发力和耐力特征。不同的集体运动项目具有不同的代谢要求。例如，与足球相比，橄榄球更强调爆发力[54]。尽管存在这些差异，但集体运动项目的主要特征是强度较低的运动结合间歇性高强度的爆发性运动，这些间歇性运动会影响营养需求[40,53]。高强度的爆发性运动取决于磷酸原系统和无氧糖酵解系统，对碳水化合物的利用极其重要，低强度的有氧运动则对碳水化合物和脂肪的利用尤为重要[16]。因此，研究发现在足球、篮球等间歇性冲刺运动中摄入碳水化合物可以显著提高运动表现，这是完全合理的[11,64]。尽管在间歇性强度运动中摄入碳水化合物尤为重要，但对集体项目运

动员的调查显示，他们碳水化合物的平均每天摄入量不超过6 g，低于建议摄入量6～10 g[54]。值得关注的是，一般来说，比赛日的能量和碳水化合物的消耗量高于训练日，而集体项目运动员的消耗量却少于训练日[16]。

有氧和无氧结合型运动项目

包括主要同时依赖有氧和无氧代谢过程的运动项目，通常涉及从慢速移动到冲刺的间歇性运动，例如篮球、冰球、曲棍球和足球等。

（一）训练或比赛前

通常建议应在训练或比赛前3 h用餐，且充分摄入淀粉类、易消化的高碳水化合物食物。就餐时以及就餐与训练或运动之间的这段时间内摄入大量的液体也至关重要[13]。据报道，集体项目运动员更偏向摄入低脂蛋白质食物，以获得更多的饱腹感，但为了避免肠胃不适，在运动前不要食用高纤维食物。此外，还建议限制高脂食物以避免延迟胃排空[128]。集体项目运动员通常在训练或比赛开始前2～4 h就餐。

（二）训练或比赛中

摄入碳水化合物在集体运动项目中也至关重要。与摄入安慰剂（水）的实验结果相比，当受试者摄入含6%浓度碳水化合物-电解质饮料时，能以120%～130% VO_{2max}强度多完成7组1 min自行车冲刺，这相当于在篮球比赛的最后5～10 min大幅度提高了冲刺能力[104]。一项类似的研究发现，运动饮料（即碳水化合物-电解质饮料）有助于维持包括间歇性冲刺、跑步、慢跑的高强度运动[76]。一般建议是在比赛允许的任何时间内摄入碳水化合物-电解质运动饮料，并着重利用半场时间摄入碳水化合物和液体[54]。

（三）训练或比赛后

训练或比赛后是通过适当的营养策略来支持肌肉恢复的时期。理想情况下，运动员应立即摄入含有蛋白质的高碳水化合物食物或饮料，这种策略可促进糖原和蛋白质合成[8,95]。摄入液体以补充运动中所消耗的水分和糖原时，应提供的液体摄入量为24 oz/ lb（1.5 L/kg）[118]。因为参与糖原合成的酶（糖原合成酶）在运动结束后立即达到其峰值，如果运动员在运动后立即摄入碳水化合物，则会有效补充肌糖原储备。在运动后的2 h内，摄入升糖指数高的食物（即天然糖含量高的食物或快速且易消化成糖的食物）[92]。目标是在下一次就餐前，每小时摄入至少50 g碳水化合物（200 kcal）。通常，在运动或比赛后24 h内，碳水化合物的摄入量为每磅体重摄入4 g。

在饮食习惯普遍不同的情况下，这些指南的两个关键是液体和碳水化合物。从字面上看，运动员应该找到利用所有机会同时摄入液体和碳水化合物的方法。最近的研究发现往往与传统和普遍遵循的信念相矛盾，即含碳水化合物的饮料只对持续时间超过60 min的耐力（有氧）运动产生有利影响。运动表现的最佳预测指标是维持血容量和糖原或葡萄糖的水平。

六、总结

在不同运动项目中，即可增强水合状态又可改善系统碳水化合物维持的策略如下。

（一）爆发力或速度型运动项目

- 爆发力与速度型运动项目需要很高的肌肉重量比。获得更多肌肉质量的至关重要的策略是停止进行减少肌肉质量的事情。
- 与肌肉合成减少和肌肉减少相关的饮食因素是经常出现相对能量不足，因此，避免相对能量不足是爆发力和速度运动成功的关键。此外，相对能量不足还与糖原储备较低有关[71]。
- 每天45 kcal/kg瘦体重的能量可用性与能量平衡有关，而低于30 kcal/kg瘦体重的能量可利用性与身体功能受损有关。
- 对于运动员来说，在白天均衡地摄入适当水平的蛋白质以维持瘦体重（通常每天约1.7 g/kg）也非常重要[118]。理想情况下，当运动员没有严重的相对能量不足时，应摄入蛋白质，这有助于确保蛋白质被用于无氧代谢以构建或修复组织，而不是用于满足能量需求（人类拥有能量优先系统）。

■ 运动后，爆发力和速度型运动员应在早期恢复阶段（0～2 h）摄入约10 g优质蛋白质结合碳水化合物和液体，以刺激肌肉蛋白质的合成并促进补充消耗的糖原[83]。因为无氧糖酵解是爆发力或速度型运动员的重要代谢途径，所以他们应在白天均衡摄入大量的碳水化合物（通常每天10 g/kg）[118]。

（二）耐力型运动项目

■ 一般来说，由于在耐力型运动项目中受限的能源物质是糖原，因此，耐力型运动员应注意在运动前、中、后摄入碳水化合物含量相对较高的食物[56]。

■ 他们还应该制定维持血容量的策略，以确保维持出汗率，且向工作肌输送营养物质以及从工作肌中消除代谢副产物。

■ 脂肪、血液和组织是耐力（有氧）运动最主要的能量来源，即使是体型较瘦的运动员，其脂肪的储存量也相对较高。但是，碳水化合物的储存能力是有限的。由于脂肪完全分解需要碳水化合物，因此碳水化合物的有限储存能力可能会限制人体在运动过程中分解脂肪的能力。为了克服这一限制，运动员在运动开始前应保持警惕，以使体内碳水化合物的储存量保持在最高水平，并应在运动过程中，利用一切机会补充碳水化合物[125]。

■ 由于较高强度的运动会更快地耗尽糖原储备，因此理想情况下，运动员应尝试以与剧烈运动所占时间比例的速率补充碳水化合物。

■ 最佳碳水化合物由多种碳水化合物分子组成，以优化碳水化合物受体。例如，含蔗糖和游离葡萄糖的碳水化合物饮料优于仅含葡萄糖的碳水化合物饮料[121]。

■ 在耐力运动之前或过程中，无法提供足够的碳水化合物会大大降低运动表现。补充所消耗的糖原需要摄入相对较高的碳水化合物。理想情况下，耐力运动员应在运动后立即摄入蛋白质、碳水化合物和液体，然后在其他时间摄入相对较高的碳水化合物和适量蛋白质[9]。

（三）混合型运动项目

■ 评估爆发力与耐力结合型运动项目的研究发现，即使运动持续时间不超过1 h，摄入碳水化合物也有助于增强运动表现[5,130]。这是一个重要的发现，因为传统观念一直认为，对于持续时间不超过1 h的运动，水是合适的补水饮料。但是，含碳水化合物的运动饮料对于持续超过1 h的运动很重要。甚至在较短的间歇性高强度运动中，作为运动饮料一部分的碳水化合物也能提高运动表现。

■ 因为许多运动（篮球、足球和网球等）会给系统带来巨大的热量消耗，所以运动员应制定饮食策略（即摄入充足），以鼓励他们在长而艰苦的赛季中保持肌肉质量[78]。混合型运动项目通常在比赛中都有休息时间，包括中场休息时间。运动员应利用这些机会以补充碳水化合物和液体[72]。

实际应用

参考第8章提供的过程来预测运动的能量消耗，请完成以下操作：

（1）询问耐力运动员在非训练日，其食物摄入和运动如何？并分析这一天的能量消耗。

（2）然后询问耐力运动员他/她的典型训练计划是什么？包括时长及每小时训练的强度，并分析这一天的能量消耗。

（3）确定在训练日和非训练日所摄入的食物是否满足能量需求。如果不能，请尝试添加或减少食物和饮料，以了解满足能量需求的饮食。

（4）重复第一步至第三步，但现在是针对爆发型运动员。应该迅速清楚地知道，即使爆发型运动员的训练时长相对较短，但较高的训练强度也会迅速增加能量需求。

本章问题

1. 市售的运动凝胶在以下哪些方面有所不同？
   a. 分量大小、能量密度（kcal/g）、总能量（kcal）、总碳水化合物、游离糖和渗透压（mmol/kg）
   b. 分量大小、能量密度（kcal/g）和渗透压（mmol/kg）
   c. 分量大小和渗透压（mmol/kg）
   d. 气味
2. 尽管在爆发力运动中所有能量系统均参与供能，但主要依赖无氧代谢系统。
   a. 对　　b. 错
3. 有令人信服的证据表明，除了均衡饮食外，高剂量氨基酸补充剂还可以通过以下方法来改善爆发力和健美运动表现：
   a. 快速增加骨骼肌质量　　b. 改善反应时
   c. 改善肌酸合成　　d. 以上全部
   e. 以上都不是
4. 爆发型运动员的营养需求如此之高，以至于几乎不可能单独从食物中获取所有需要的营养。
   a. 对　　b. 错
5. 最快的100 m短跑运动员在前80 m的冲刺利用最多的能源物质是________。
   a. 糖原　　b. 血糖
   c. 磷酸肌酸　　d. 甘油三酯
6. 空气阻力约占10 s内完成100 m所消耗的总能量的约________%。
   a. 5　　b. 12
   c. 16　　d. 21
7. 典型的男子耐力运动员的饮食模式显示：
   a. 碳水化合物摄入过量而蛋白质摄入不足
   b. 碳水化合物摄入不足而脂肪摄入过量
   c. 碳水化合物和蛋白质均摄入过量
   d. 蛋白质和碳水化合物均摄入不足
8. 肌肉酶代谢能量的最佳组织温度范围是________°F。
   a. 约98.6　　b. 约102.2
   c. 约100.5　　d. 约104.0
9. 对于长时间的耐力运动，建议每小时碳水化合物的摄入量为：
   a. 10～20 g/h　　b. 30～60 g/h
   c. 60～90 g/h　　d. 90～111 g/h
10. 对于间歇性运动（即足球、篮球等），建议每小时碳水化合物的摄入量为：
   a. 10～20 g/h　　b. 30～60 g/h
   c. 60～90 g/h　　d. 90～111 g/h

本章问题答案

1. a；2. a；3. e；4. b；5.c；6. c；7. b；8. b；9. b；10. b

（龚　敏　译）

参考文献二维码

第12章

旅行、高海拔、高温、高湿对营养的影响

本章目标

- 认识到伴随旅行发生的跨时区从而出现的相关营养问题。
- 确认节律变化会影响膳食所需，随之调整会影响运动表现。
- 回顾运动员旅行到陌生地区应遵循的计划与策略。
- 了解最小化的减少时差影响的营养策略。
- 列出运动员旅行到跨过文化区域需要随身携带的物品。
- 确认可能诱发健康问题的食品安全隐患，除非遵循恰当的保护措施。
- 分析在高海拔和冷的环境下与运动表现相关的营养问题。
- 列出在高海拔和寒冷环境下可能发生的营养相关的健康问题（高原病）。
- 制定运动员在高海拔和冷的环境下运动时可遵守的满足安全的液体、能量和营养需要的策略。
- 认识到在高温和高湿环境下运动相关的营养问题以及如何改善这些问题。

案例研究

第一次参加国际马拉松比赛

约翰，经过几年的努力，最终获得参加雅典（希腊）马拉松的资格，使他能够和世界上最优秀的选手一起参赛。他迫不及待地想从他的家乡——加利福尼亚的圣地亚哥，登上飞机飞往这个最初的现代奥林匹克之都雅典，一个他从未到访过的城市。对于从马拉松城为起点（一个以马拉松命名的城市），以帕那辛纳克体育场为终点（一个公元前6世纪建立的赛马场，1896年作为首届现代奥林匹克之都重新修建的体育场），他感到异常兴奋。当他在马拉松赛前2天下午5点抵达雅典时，他非常兴奋和喜悦，因为他实现了愿望，并且沉浸在这座历史悠久的名城。他去酒店的餐厅就餐，发现菜单上都是不熟悉的菜肴。太棒了！他为可以尝试新的菜品而兴奋。他点了巴布尼亚（橄榄油清炒小的红色胭脂鱼），伴有涂着美味香料的烤土豆片，比他平时吃得更多的绿色蔬菜。味道好极了！餐后，他简单的逛了逛这个城市，在22:00决定睡觉。他不确定是因为肚子咕噜响还是由于时差（毕竟现在圣地亚哥是中午）导致他迟迟不能入眠。在整晚失眠后，他筋疲力尽地下了床，打算像往常一样在早上7点进行6英里的餐前跑步。跑步很困难，因为他感到非常疲惫。早晨他吃了一些煎鸡蛋，水果和羊乳酪，感到彻底的疲

劳。他回去继续睡觉，令他惊讶的是，他从10:00睡到了16:00。

当他醒来，他准备好跑马拉松的装备，计划次日8:00出发。在很长时间的休憩后，他感觉很好，并且与来自家乡的朋友共进晚餐。他的朋友知道雅典的普拉卡地区很棒的餐厅，约翰很兴奋能够与熟人一同前往。他们商量好早点开始晚餐，这样约翰可以为次日的马拉松比赛做好充分的准备。他们19:00离开酒店前往普拉卡，出租车10 min车程即可到达。这个地方很漂亮，可以俯瞰帕台农神殿，到处是餐厅和音乐。他们在一家传统希腊餐馆就餐，招牌菜是羊肉，餐厅主人还会自制松香味希腊葡萄酒。店主坚持让约翰小酌一杯，他也应许喝了一小杯。21:00他们返回酒店，约翰就为了明天的马拉松赛早早入睡了。他订好5:00的闹钟，为了有充足的时间去乘坐班车去马拉松起点和做好准备工作。

约翰并没有睡太多（他想也许是因为兴奋），早上疲惫地上了班车。比赛开始了（前20 km是一个上坡跑），到达终点，是约翰两年来最慢的时间，而且后半程伴随严重的消化问题。这并非他所期待和想要的。约翰这才意识到，他的许多队友提醒过他：旅行会带来疲惫，无论你多么有经验都可能会影响运动表现，尤其是那些需要跨越时区到不熟悉的国家饮用不熟悉的食物和饮料的运动员。

案例研究（问题探讨）

假如你要从现居地飞往一个不熟悉的国家或地区，至少跨越6个时区，思考下面的问题：

（1）你需要带哪些东西可以帮助你维持运动成绩和减少疾病带来的营养状况？

（2）你会在飞机上做什么来减少不良反应，从而迅速达到比赛状态，忽略不良体征的影响？

（3）当你抵达新的地方，你是如何安排你的饮食和睡眠来帮助你适应新的地方？

（4）哪些食物和酒水是需要避免来最小化减少不良的反应和健康风险？

（5）哪些食物是需要集中关注来迅速维持运动表现和健康的？

（6）哪些营养计划是需要在旅行前做好来确保你能够在现有水平能力下参赛？

一、引言

运动员常常需要外出参赛或者与一位新的教练一起到一个新的地方训练。如果没有良好的计划和合理的措施，旅行本身可能会带来一系列健康和营养相关问题。如果运动员前往的是一个更热，更冷或者海拔更高的地方，都需要有足够的时间提早到达目的地来适应新环境。如果目的地的饮食与自身相差较多，需要提前看看哪些食物自己较能接受。对食物过敏、不耐症或敏感的运动员应该做好应对工作，用当地语音打出来小卡片标注自己不能吃的食物，然后把这些信息告知大厨和服务员，尽可能降低接触到这些食物或相关成分的食物。在某种情况下，可以带一些零食来确保能量供应。本章节概述了外出参赛选手应该做的计划，以及长距离旅行去更热，更冷或不同海拔地区应该注意的事项。

二、旅行

运动员常外出参赛，饮食与平时差别较大。为克服旅途的劳累和不熟悉的菜品，提前做好准备才能保障运动员在最佳状态下参赛。如果认为一个健康的运动员可以快速地适应新的时区和新的食物那就错了，假使他们还能吃好睡好像在家乡一样那就大错特错了。他们不仅需要花时间适应新地方，还需要花时间适应新的温度和纬度。例如，在高温环境下可能花1～2周来进行必要的生理调整以达到最佳成绩[57]。不论是关于食物还是适应时间，有计划的旅行都可以大大提高运动员的成功率（图12.1）。

旅行伴随着应激，这种应激会影响身体功能，

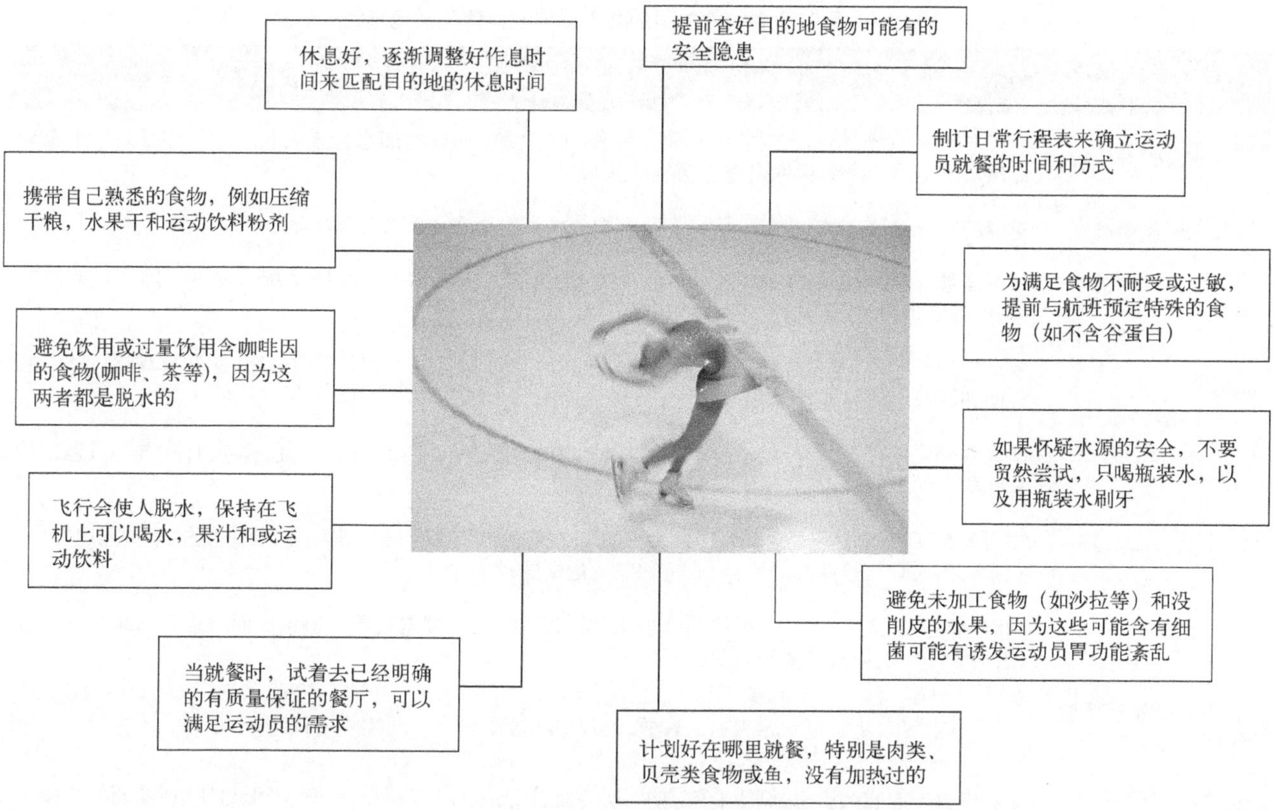

图 12.1　为旅行做计划对运动员取得良好成绩很重要

GI，胃肠道

对表现有潜在的不利影响。制订一个营养策略，帮助调整由此带来的节律变化睡眠和肠胃功能，策略包括可能改变那些会带来睡眠紊乱或嗜睡食物的比例[1,43,73,75,82,107]。有证据表明何时就餐，在飞行前中后就餐量均会对运动员的身体带来影响。总的来说，在旅行前中后建议低脂和少食[3,4,74]。同时，一些受**节律**影响的激素在白天的波动会影响心血管和其他系统。包括精氨酸抗利尿激素，促肾上腺皮质激素、内啡肽、胰岛素、褪黑素、生长激素、血清素、TRH、血管活性肠肽[16,19,37,44,45,49,71]（表 12.1）。

节律

节律是指以 24 h 为一个周期的身体、精神和行为的变化，主要是一个人所处环境的黑暗和白天的变化。节律影响生物的过程，包括睡眠、食欲、胃肠蠕动，还有身体最敏感的时机都是与一天的特定时间相关。在光照时间，气候和其他刺激均会导致节律发生变化。旅行，伴随着所有这些的变化，可能也会发生节律的变化，会影响生物的过程和负面影响运动员成绩。

时差会影响运动成绩，奥运会和体育管理机构会在比赛场地附近建立训练营，以便赛前调整昼夜节律，并以时差反应得以恢复[74]。特定的食谱可以帮助运动员重置昼夜节律。例如，低蛋白和高碳水化合物可提高细胞的色氨酸水平，从而提高 5-羟色胺带来更多的放松和有助于睡眠[46]。同时也建议运动员摄入富含更多的蛋白质和更低的碳水化合物来促进细胞摄取更多的络氨酸，从而提高肾上腺素的产生和身体的灵敏[54]。过度消耗能量，特别是通过高脂膳食，可能引起运动员花费更多的时间来适应环境，而恰当的通过控制能量摄入来维持能量的供应可能提高对环境的适应[2]。有研究证明，当从一个高碳水化合物低脂肪的饮食转到高脂肪低碳水化合物饮食，而总能量摄入不变时，可以改变人体的生物钟，通过唾液皮质醇和人体的血细胞数量来统计[69]。这些发现表明，如果典型饮食结构也发生变化，对新环境的适应可能变得更复杂。

表12.1 受节律影响的主要的激素影响心血管和其他系统

激素名称	影响
精氨酸血管升压素	也称对抗性激素，精氨酸血管升压素主要作用于肾脏，通过增加水分重吸收帮助机体维持水平衡和血液量。机体排出深黄色尿液表明机体脱水
促肾上腺皮质激素	垂体前叶分泌，它主要的作用是增加肾上腺分泌和释放皮质醇(压力激素)
内源性阿片肽类物质	一组多肽类物质称为“内啡肽”，参与止痛，是由脑下垂体和中枢神经系统分泌的。除了止痛的效果，内啡肽也会使人感觉良好
胰岛素	胰岛β细胞产生的肽类激素，通过使脂肪、肝脏和肌细胞摄入葡萄糖，参与能量底物(特别是血糖)的代谢和调节
褪黑素	由大脑松果体产生，参与调节睡眠和觉醒，同时也是抗氧化应激的物质。它参与节律的调节，包括睡觉和醒来的时间，以及血压的调节
血清素(5-羟色胺)	缩写为5-HT，由氨基酸-*L*-胰氨酸分泌的神经递质，在肠胃和红细胞以及中枢神经系统均发现。它参与使人有一种良好的感觉，放松和保持记忆的作用
生长激素	同时也称为人体生长激素，垂体前叶分泌，参与促进生长，细胞增殖和再生。同时也参与IGF-1的分泌，对骨骼肌生长和修复是必要的
促甲状腺激素释放激素	由下丘脑产生，刺激甲状腺激素的释放，而促甲状腺激素参与调控能量代谢
血管活性肠肽	小肠中发现的肽类激素，刺激心脏收缩、诱导血管舒张、增加糖原的分解、降低血压、帮助调节节律

资料来源：参考文献[1]、[4]、[16]、[19]、[37]、[43-45]、[49]、[71]、[73]、[75]、[97]、[107]。

(一) 旅行的一些常规法则

满足能量和化合物的需要对运动成绩至关重要，而这些是旅行的运动员最关心的问题。应考虑确保旅行的运动员在比赛前能吃到熟悉的食物和饮料，并能够适应比赛期间的食物(比赛期间没有时间去尝试新的食物/饮料)。在赛前准备一个清单以确保运动员所需物品随时可用。运动员也应该做好计划，以确保不会因为食物和饮料不充足而出现饥饿或口渴。

理想地说，运动员应该在旅行很久前开始做准备。这些准备包括学习目的地国家的菜品、文化和饮食习惯[67]。还包括抵达目的地后的就餐、零食和饮料的日常安排。运动员需要知道就餐时间和次数。在一些国家，通常是一日三餐(早中晚)，有些地方是一日六餐(早餐、早午餐、午餐、下午餐、晚餐、夜宵)。可以让运动员提前去目的国的餐厅熟悉当地传统食物，来帮助运动员知道自己的喜好和偏爱。如果目的国的人们坚持斋月，通常在日出和日落间禁食。如果不习惯这种饮食模式，运动员应当更早的计划和准备找到可以就餐的地方或找到一些能被周围坚持斋月的人们接受的食品。

运动员应当遵循以下旅行小贴士[67,88,93]：

■ 带一些可以接受的零食。包括营养便携的新鲜的水果、果汁、饼干、低脂大米、低脂能量棒。

■ 对隐藏的脂肪一定要小心。添加到食物中多余的脂肪，如奶油色的汤羹、面包类型的酥饼/千层酥饼、蛋黄酱拌的沙拉料理、三明治的调味酱。这些食物的可替代物包括清澈的肉汤而不是奶油色的汤、柠檬汁拌沙拉而不是蛋黄酱拌沙拉。烤的、水煮的、烧烤的会比煎的、炸的或腌制品更好。运动员必须通过看菜单知道食物是如何烹饪的。选择低脂食物和低脂沙拉永远是没有错的。

■ 运动员应该按照菜单点菜，确切的要求如何烹饪他们想要的食物。晚餐会有一些想吃的食物，也会有一些不想吃的。例如，烤鱼可能是按照要求烹饪的，但是会包含肉汁浸泡的土豆泥，裹着芝士的花椰菜，有冰激淋的苹果派。点餐时最好精确的描述自己的要求：烤鱼、简单的烤土豆、柠檬汁加花椰菜，新鲜水果做的甜品。

■ 如果是飞行前往目的地，运动员应该提前 24 h 提醒航空公司自己特殊的饮食要求。素食餐通常比常规餐低脂高碳水化合物。

■ 飞行旅行一个人通常会有脱水的经历。因此，乘客通常会有嗓子痛或上呼吸道疾病。作为一种预防措施，因为飞机上饮料供应有时会延迟，通常建议多喝水，以保持口腔和喉咙湿润，可以喝瓶装水或运动饮料。

■ 为避免飞机延误还有备用饮品，运动员应当自带一些饮料或水。注意，从家中携带或通过安检前购买的超过 100 mL（1 cup=240 mL）的液体和凝胶只能放在托运行李中。安检后买的饮品可以携带上飞机。

■ 跨时区的运动员应当努力使自己尽早适应当地的时间。例如，他们可以按照目的地人们吃晚饭的时间就餐而不是自己原来家乡的时间。更换时区是疲惫和容易迷失方向的，但是尽快做出调整可以帮助运动员在参赛国取得良好的成绩。理想地说，运动员应提前抵达参赛国。通常的原则是，每跨一个时区提前一天到达。

■ 因为世界的卫生/保健准则不同，去其他国家的运动员腹泻风险会增加，这会导致脱水。为减少腹泻和避免脱水，旅行的运动员应该尽量避免进食未加工或少许加工的食物。例如，吃炒熟的鸡蛋而不是蛋黄和蛋清还是液态的。当饮用水的安全不确定时，推荐饮用煮沸的水或自带杯子。当淋浴或沐浴水的安全不确定时，应小心避免误食[46]。

■ 运动员对特殊食物敏感、过敏或不耐受时，应该在出发前用目的地语言制作 3 × 5 in（7.5 × 12.6 cm）的卡片。这些卡片应当详细列出肠胃敏感的食物或配料，当在餐厅点餐时，应该把卡片递给服务员。可以参照方框 12.1，有谷蛋白不耐症的人。网上有许多很棒的可以翻译的软件。

方框 12.1　谷蛋白不耐受的人去挪威旅行携带的卡片样例

我对食用谷蛋白不耐受，食用任何含有谷蛋白的食物都使我不舒服。请确保为我提供的食物不包含以下物质。

■ 大麦；

■ 小麦；

■ 燕麦（燕麦本身不含谷蛋白，但燕麦常常和其他含谷蛋白的物质一起生产，可能会被谷蛋白污染。如果你为我提供燕麦，它们必须是不含谷蛋白的燕麦）；

■ 黑麦；

■ 麸质；

■ 小麦与黑麦的杂交麦。

谷蛋白可能也会以配料的形式出现在大麦芽、鸡汤、麦芽醋、一些沙拉拌菜、蔬菜汉堡（如果没有标注不含谷蛋白）酱中。谷蛋白可能也会隐藏在一些常见的应季食物和香料混合物中。

（二）最小化时差的影响

即使是随着赛季旅行的运动员也会受到**时差**的困扰，例如运动员感觉像是生病、食欲下降、睡眠质量下降[59]。时差主要有两种形式：几段连续旅程，引起饮食模式的诸多变化；一次跨时区较大的旅行，引起饮食和睡眠习惯的主要变化。跨时差旅行影响正常的节律，与失眠、注意力下降、敏感、抑郁、迷失方向、轻微头疼、食欲下降和肠胃紊乱相关[102]。空乘人员被报道跨时区 60%～70% 会发生失眠，大约 30% 的人员在旅行后的第三天会失眠[54]。旅行的方向也会影响倒时差的时间。

时差

也被称为“失去共时性”或“节律紊乱”，因节律变化导致生理变化。包括睡眠的减少，食欲的变化，极度疲劳等均会影响运动员的成绩。时差的严重程度与飞行方向相关（向西飞更易于调整）和跨越时区相关。

据估算，向东飞行比向西飞行花费大于2倍的时间来适应[104]。跨时区后会与运动表现相关。通常，由于睡眠不足导致运动能力比期望成绩下降约10%[54]。旅行目的地的变化会负面影响运动员的节律，就是指控制细胞产生酶和激素的生物钟[46]。

睡眠和节律对运动表现的综述如下[13,92]。

■ 睡眠不足对运动表现的影响是综合的。目前的研究表明，短时间大强度的运动是最不受影响的。然而，耐力运动能力在睡眠不足后会受负面影响。

■ 伴随着节律的去同步化，跨多个时区，如果运动员不习惯新的生物钟时间，可能会有影响。

■ 不论何种运动，相比于早晨，下午或傍晚的运动成绩与运动员平时较为接近。

■ 在早上时，技巧性运动相比力量性运动表现更好。在温度更高的环境可以中和这个效应。

■ 失眠是运动损伤的一个风险因素。

尽管这些因素看上去很小，运动员与对手之间的竞争也是非常激烈的，使得运动员有足够的时间恢复正常节律，对比赛获胜十分重要。同时，也需要考虑，失眠对运动成绩的影响因人而异，尽管大多数运动员觉得没休息好，他们需要更努力才能完成相同的任务量[25]。

根据之前的研究报道，许多运动成绩与节律变化负相关，专项研究表明会对足球、自行车和游泳[56,75,87]产生影响。节律的变化可能会影响以下情况。

■ 腿部肌肉力量[62]；

■ 背部肌肉力量和腿部屈肌力量[17]；

■ 跳跃高度和最大力量[91]；

■ 无氧能力（力量/速度）；

■ 有氧能力[86]。

对于更好地适应跨时区有如下一些建议[46,81,52,85]。

■ 在旅行前，运动员应该适当根据目的地时区日程来逐渐调整每晚入睡时间（调整幅度：1 h/d）。

■ 应适当根据目的地光照时间来调整目前的光照时间。

■ 每跨1个时区提前1天到达目的地。大于6个时区的旅行应提前至少1周抵达目的地。当由于财政或训练日程使得运动员不能有足够多的时间提前到达时，他们应该尽快适应当地的作息，在赛前做好足够的休息。

■ 休息20～30 min可以帮助运动员从时差的失眠中尽快恢复。

■ 抵达目的地后，有规律的饮食，这会帮助更好地适应新时区。

■ 当感到饥饿时，不要推迟就餐，可以准备一些零食。

■ 保证足够的饮水。飞机舱内会非常干燥，因此脱水会引起其他不适，包括头疼和中度的便秘。

■ 摄入足够的液体来保证机体的水合作用（水、运动饮料、果汁等）。如果目的地的水质不能保障，只饮用开水。

■ 食物质量也是一个重要问题：避免摄入烹调不熟的食物（如不熟的鸡蛋）。剥去使用当地水源清洗的水果和蔬菜的皮。

■ 飞行和抵达目的地后避免饮酒。除了饮酒引起的代谢负面效应，它也因为利尿剂的作用而引起水的丢失。在旅行或赛前，不推荐运动员摄入酒水。

■ 飞行后参与社交活动或运动可以帮助减少旅行带来的压力。

■ 运动员越早的按照目的地的日程安排饮食和睡觉，运动员会更快达到赛前状态。

■ 少食多餐（每3 h吃一次东西）可以作为一项策略帮助运动员更快地适应新环境。可以自带一些零食来保证食物充足，直到目的地可以找到新的零食资源。

（三）旅行目的地

对于美国运动员，美国和西欧的食物比较相似。美式早餐的麦片，杂货铺可以买到面包、甜甜圈、饼干。食物的制作尽管稍有不同，也是高度相似的。例如，咖啡在不同的国家叫法是不同的（土耳其和希腊称espresso，法国和美国称café latté）。如果习惯早上喝咖啡，运动员应该熟悉自己喜欢的咖啡的表达。

当出国旅行，即使水和食物都是相似的，运动员应该有以下物品[67]。

■ 适合目的国的电源转换器；

■ 一个杯子大小的加热器；
■ 耐储存的食物（表12.2）；
■ 粉末冲剂可以充20 qt的饮料；
■ 2 qt的瓶装水。

（四）食品安全的问题

不同国家需要考虑的食品安全问题不同，伴随运动员旅途的劳累和应激，可能会使运动员生病。引起疾病的原因可能是食物/水受到病毒、细菌、寄生虫和化学物品的污染（表12.3）。不同程度的溴化物或氟化物添加到水中，使水能够达到健康饮用标准的，可能会诱发胃肠紊乱。食品和饮品中常见的问题是引发腹泻，饮用不干净的食物和饮料也可能感染乙肝、伤寒发热、霍乱。降低食物和饮用水诱发的疾病策略有如下几种。

■ 蔬菜和水果：没有煮过的蔬菜和水果可能沾染用来施肥的粪便和污水，清洗蔬菜水果的水源可能也有污染。切开或削皮污染的蔬菜和水果可能会导致污染（细菌等）进入食物。理想的讲，蔬菜应该充分烹调来去除污染物，新鲜水果应使用纯净水来清洗，如果可能的话，蔬菜在切开、削皮和吃之前应该用肥皂清洗。

■ 肉、家禽、海鲜、奶制品：动物食品是细菌以及潜在的其他污染物质的常见载体。为降低食用这些污染物，所有的动物来源食品应该充分烹调来消除食物传播的疾病。许多菜肴都是未烹饪或半烹饪的食物（如寿司、其他海产品、鞑靼牛排），这些是要尽量避免的。鸡蛋是滋生细菌生长的媒介物，因此在制作食物时烹饪好（固体，没有液体蛋清或蛋黄）。请参阅表12.4安全的最低内部温度。

■ 环境温度和无菌：运动员应该凭借他的常识或好的逻辑来决定环境的食物是否干净，食物应当在温度可控的储存器中保存。街上店铺、路边小摊的食物如果看起来、闻起来不健康的可能诱发食物传播疾病，应避免食用。

■ 巴氏灭菌法：是一种应用在牛奶、果汁和罐头食物中的灭菌方法，使得细菌生长的酶变性。饮用未经高温消毒的牛奶和奶制品或果汁可能显著增加食物传染病的风险，因此应该完全被避免。只有少数国家，包括澳大利亚和美国，强制奶制品进行巴氏灭菌法，要求运动员一定寻找“Radura”标识（图12.2），它是食物巴氏灭菌的标识。

表12.2　旅行时货架稳定的食物样品

碳水化合物	蛋　白	脂　肪	调　味　品
速蒸米	鸡肉罐头	橄榄油	果酱
即食土豆泥	金枪鱼罐头	坚果	蜂蜜
意面	鲑鱼罐头		花生黄油
蒸粗麦粉	豆腐		芥末酱
奎奴亚藜	大豆或乳清蛋白粉		维吉麦
干早餐麦片（如格兰诺拉麦片）	粉末和液体膳食替代品		香料和药草
即食燕麦片	奶粉		盐和胡椒
干饼干、米饼、饼干	坚果		
全谷物玉米饼			
脱水蔬菜			
水果干（葡萄干等）			

资料来源：Adapted from Parker-Simmons S, Andrew K. Chapter 34: The traveling athlete. In: Maughan RJ, editor. The Encyclopaedia of Sports Medicine: An IOC Medical Commission Publication, Sports Nutrition. John Wiley & Sons, Ltd; 2014. pp.415-424.

表 12.3 常见的食物传染性疾病

微生物/疾病	来源	常见的涉及的食物	预防
沙门菌病	人类和动物的肠道	生鸡蛋或没做熟的鸡蛋、家禽、肉、鱼、敷料剂、派、冰激淋甜点、奶制品	动物食品应充分烹饪 预防交叉感染
弯曲菌病	动物肠道、水、土壤	不熟的肉、家禽、鱼、生乳制品	动物食品应充分烹饪 预防交叉感染
李斯特菌病（单核细胞增多性李斯特氏菌）	动物肠道、土壤	未加工的牛奶、未加工牛奶制作的芝士、卷心菜、没做熟的肉、禽类、热狗和熏鱼	好的卫生环境 使用巴氏灭菌的奶制品 肉制品和家禽应充分烹饪 预防
弧菌病	海水（特别是温暖的月份）	海产品没有烹饪好，包括牡蛎、虾、螃蟹和蛤	彻底烹饪海产品 预防交叉感染 冷冻保存食品（低于 40 ℉）
结肠炎（大肠杆菌 O157-H7）	人类和动物的肠道	没有烹饪好的肉类、家禽、牛肉、未加工的牛奶、芝士、未巴氏灭菌消毒的苹果汁和苹果酒	充分烹饪肉类 预防交叉感染 冷冻保存食品（低于 40 ℉）
志贺菌病（杆菌病、志贺菌物种）	人类和灵长类动物的肠道	沙拉、海产品、牛奶、奶制品、家禽、土豆沙拉、欧芹	好的卫生条件 避免手与食物接触 冷冻保存食品（低于 40 ℉）

表 12.4 安全的最低内部温度（使用温度计测量）

食物类型	内部温度
牛排、猪肉、牛肉、羊肉（烩羊排、烤羊排）	停留 3 min，145 ℉
碎肉	160 ℉
火腿，没烹饪前（新鲜或熏干）	停留 3 min，145 ℉
火腿，完全烹饪（再加热）	140 ℉
家禽（整只、部分或填充馅料的）	165 ℉
鸡蛋	蛋黄和蛋白都凝固
含有鸡蛋的菜	160 ℉
鱼类	145 ℉或肉是不透明的，叉子可以分离
虾、龙虾和螃蟹	肉不透明
蛤、牡蛎和贝类	烹饪中贝壳打开
扇贝	肉是奶白色或不透明的固态
剩菜和砂锅炖菜	165 ℉

资料来源：U.S. Department of Health and Human Services, U.S. Food and Drug Administration. Safe food handling: what you need to know. Available from: https://www.fda.gov/Food/FoodborneIllnessContaminants/BuyStoreServeSafeFood/ucm255180.htm.

图 12.2 国际巴氏灭菌标识

■ 水：除非水确认是供人饮用的干净和安全的，运动员应饮用瓶装水，使用瓶装水来刷牙和洗新鲜的水果。由于冰块主要来自当地自来水制作而成，可能也不干净，最好避免饮用含冰块的饮料。运动员同时也应避免被动接触的水，比如游泳或者淋浴。户外商店有可去除细菌和寄生虫的便携式水过滤器。当瓶装水没有储备时，饮用过滤的水是一个不错的选择。

■ 个人卫生：运动员应养成就餐前仔细用肥皂水洗手的习惯。如果不可行，可带一小瓶洗手消毒液，这样不论在哪吃东西前都能保证手是干净的。

■ 分享食物：在分享食物时，应避免被那些没有好好洗手的队友碰到或污染食物。例如，可以把分享的食物放在不同的碗中而不是在一个大的袋子中是一个更安全的策略。

■ 食物储存：当储备食物时，保持食物（如肉、奶制品）在超过40～140 ℉（4.4～60℃）可能变质。储备食物的地方应当干净，并只用来储备食物，而储存食物的包装纸应该清洁无破损。

需要考虑的重要因素

特殊的食物

据报道，被禁用类固醇（克仑特罗）污染的牛肉如果被运动员食用，会导致测试样品尿检阳性，包括环法自行车赛冠军——康塔德·阿尔伯特，被禁赛却坚称阳性测试是由于未知的被污染食物导致的[89]。在有些地区克仑特罗被加入牛、家禽和猪的饲料中来促进肌肉和脂肪的生长[84]。尽管许多国家这样做是违法的，但不是所有国家都有法律禁止它的使用，或充分的测试方案测出是否使用克仑特罗。职业足球运动员最近被警告，食用过多的肉可能导致尿检克仑特罗阳性。国家足联向运动员声明，当运动员去墨西哥或中国时应当意识到这个问题。请注意如果你决定食用肉类，请意识到可能存在风险[26]。

（五）就餐的地点

旅行就会不可避免地使运动员不能随时随地可以吃东西，这就需要在旅行前有充分的准备，保障运动员成绩不受饮食不当或就餐时间不当的影响。在那些情况下，即使最好的计划也不能为突然事件负责，旅行的运动员必须在点餐时有意向的提要求。

机场的餐馆有许多选择，但是食物经常含过高的脂肪和糖。如果可能的话，运动员应当选择那些没有油炸的或含有复杂的含淀粉的碳水化合物食物。例如，烤土豆比法氏薯条要好。一位饥饿的运动员可能会点一个双层肉饼的汉堡，但是如果点两个常规汉堡更好，因为可提供双倍的碳水化合物。意面、面包、水果和沙拉都是低脂的好的碳水化合物来源。运动员应该有意愿要求餐盘中的食物有肉、鱼、蔬菜和淀粉。例如，点煎鱼而不是高脂肪炸鱼，但是运动员如果不问就不会知道。

在交通枢纽的餐厅（机场、火车站和海港等）可能不太倾向满足顾客所提要求，因为他们知道顾客可能不会再光顾此店。尽管要求可能不被满足，运动员也应该准确表达他的需求。即使点一个烤土豆，也可以要求覆盖物在土豆旁边而不是土豆上面（参阅表12.5来自疾病预防控制中心的关于旅行中安全和危险的食物）

表 12.5　当去其他国家旅行应该吃什么？不应该吃什么？应该喝什么？不应该喝什么？

吃　什　么	不吃什么
热的和烹饪过的食物	室温下提供的食物
密封包装的食物	路边小摊的食物
做熟的鸡蛋	蛋黄是软的鸡蛋
安全水清洗的或者你自己削皮的蔬菜和水果	没加工或未煮熟的肉或鱼
巴氏灭菌消毒的奶制品	没有清洗或没有削皮的蔬菜和水果
	新鲜食材制成的调味品（例如沙司调味汁）
	沙拉
	有风味的冰或冰棒
	没有巴氏灭菌的奶制品
	丛林肉（猴子、蝙蝠或其他野生动物）
喝　什　么	**不喝什么**
瓶装的密封的水，苏打水或运动饮料（碳酸是安全的）	水龙头的水或井水
未污染的水（煮沸、过滤或加工的）	自动饮水器的水
瓶装水或未被污染的水制作的冰块	自来水或井水制作的冰块
热咖啡或茶	自来水或井水制作的饮料（例如混合果汁）
巴氏灭菌的牛奶	未经巴氏灭菌的牛奶

注：特别是抵达发展中国家时这些建议尤其重要。
资料来源：Centers for Disease Control and Prevention. Travelers' health. Available from:https://wwwnc.cdc.gov/travel/page/food-water-safety.

三、高海拔和冷环境

在高原环境进行身体活动可能需要许多挑战，会出现低氧、低气压和低温。每升高海平面150 m气温降低1℃，低气温通常也与低湿度相关[98]。可利用的氧气降低会导致自动的生理反应，包括心率增加、通气量和血压升高，为了维持给组织提供充分的氧气[39]。虽然人体可适应更高的海拔地区工作，但这种适应需要时间来实现。在低氧（高原）条件下，相比男性，女性有更好的运动表现[30,66]。运动员有时候为提高运输氧气的能力快速地从低海拔到**高海拔**。然而，如果没有恰当的准备，可能会诱发**高原反应**，如头疼、恶心、过早的疲劳，所有这些可以负面影响进餐的食物和液体，可能会导致组织丢失降低冷环境的耐受性[100]。参阅表12.6关于高海拔地区的主要营养问题。

在极冷的环境保持体液的平衡就如同在炎热和潮湿的环境保持体液平衡一样困难，同时尿流量增加和自发性脱水潜能都是导致脱水的因素。在高海拔（寒冷）地区保持饮用水没有结冰是困难的，维持适当的水合作用更困难。因此，冷环境暴露会增加脱水的风险。士兵在冷环境下由于脱水而丢失8%的体重是很常见的，原因有以下几个[28]。

高海拔

指的是显著高于运动员适应的海拔高度。通常，高海拔指2 500 m，非常高海拔指5 500 m，极高海拔高于5 500 m。高海拔的低氧气含量导致机体发生生理性适应，包括促进红细胞生成来提高氧气运输能力。

高原反应

指的是综合症候群，包括急性高原反应、高海拔脑水肿、高海拔肺水肿，尤其是当一个人在没有完全适应的海拔进行训练时会发生。

- 很难获得足够的饮用水；
- 失水过多（特别是穿的衣服过多或携带重的装备）；
- 呼吸道水分丢失增多；
- 冷环境诱发的多尿。

（一）高原训练

高原地区氧气较少，运动员需要在进行严格训练之前适应高原地区。海拔越高，可用氧气越少。根据定义，对不同海拔高度定义如下。

表12.6　上升到适当的高海拔（1 500～3 000 m）需要注意的主要营养问题

关于	问　题	建　议
食欲	迅速升高超过2 000 m与急性高原反应相关，伴随恶心产生的食欲下降	急性高原反应通常自身2～4 d可以调节，运动员应当尽可能保持活跃，尽最大可能保持食物和液体的摄入
液体	高海拔会发生利尿（促进尿液排出），导致有更高的脱水风险	运动前后称体重来测算丢失的水分（16 oz水分相当于1 lb），饮用足够的液体减少水分丢失。不要饮用过量
碳水化合物	在高海拔地区，碳水化合物利用速率更高，特别是增加糖原消耗和加速疲劳的风险	尽可能食用高碳水化合物的食物/饮料，包括运动前、中、后
铁	在高海拔地区，由于机体试着提高对环境中氧气的携带能力，增加了红细胞的产生。这个过程增加了对铁元素的需求，随着红细胞的增加，铁储备含量下降（铁蛋白）。注意：生成足够多的红细胞来提高携带运输氧气的能力是一个缓慢的过程，可能花费数周到数月来达到	日常食用铁元素含量较高的食物可以满足铁的需求。对于那些不能或不愿意服用高铁含量的食物（如红肉等），在进高海拔前或在高海拔时，通过服用含维生素C的铁补充剂可能有用。用铁锅做饭可能也会增加食物中的铁含量。但是，同时也需要确保铁的补充是被良好的监控的，避免铁中毒

资料来源：Cheuvront SN, Ely BR, Wilber RL. Chapter 35: Environment and exercise. In: Maughan RJ, editor. The Encyclopaedia of Sports Medi cine: An IOC Medical Commission Publication, Sports Nutrition. London (England): Wiley Blackwell; 2014. pp.425–438.

■ 高海拔：1 500～2 500 m（如美国华盛顿州华盛顿山海拔1 917 m）；

■ 极高海拔：2 500～5 500 m（如法国/意大利布兰山，海拔4 810 m）；

■ 极限海拔：5 500 m以上（如K6，巴基斯坦东部，海拔7 282 m）。

由于空气阻力/气压较低，在较高海拔地区对氧化代谢依赖程度较低的无氧运动实际上可能会提高运动能力。此外，在保持肌肉质量的前提下，高海拔对肌肉力量和最大肌力没有负面影响[30]。据估计，在墨西哥海拔2 250 m处，较低的空气阻力使其在100 m短跑中有0.07 s的优势[50,51]。然而，尽管空气阻力较低，但高海拔地区氧利用降低可能产生不利影响[29,70]。

海拔越高，氧气浓度越低，这就要求运动员采取渐进式在高海拔地区进行训练，以达到高效且无病的适应。由于每次呼吸时吸入肺部的氧气量较低，那些参与高原训练的运动员期望能有更快的呼吸和心率。只有达到更高的红细胞浓度并提高携氧能力，才能调节加快的呼吸和心率，但通常需要数周时间，较高的红细胞浓度维持正常的呼吸和心跳。一些营养素与新红细胞的产生有关，包括维持能量平衡，以及摄入足量的铁、叶酸和维生素B_{12}。大多数运动员发现摄入富含铁的健康饮食可以满足这些需求，但是很少或根本不摄入肉类的运动员可能会有降低他们制造足够的新红细胞能力的风险。这些运动员可能需要补充或改变饮食摄入以确保对高海拔有适当的适应性反应。维持能量平衡和充足的营养摄入也受到在高海拔地区常见的食欲减退的影响（图12.3）。

寒冷环境下的热量流失是通过对流和传导方式发生的，但体温可以通过几种方式来维持[55]。体温降低的程度通过周围静脉的血管收缩而减少[55]。虽然这可以减少热量流失，但也可能容易使人手指和脚趾冻伤。为了减少冻伤的风险，寒冷引起的血管舒张在最初暴露于寒冷环境下大约10 min后开始。这使得血管收缩和舒张交替进行，其不仅有助于维持核心温度，而且还能使手脚的温度波动以降低冻伤的风险[61]。

另一个维持核心体温的系统是颤抖，这是一种无意识的中枢神经系统诱发机制，当核心体温下降3～4℃时发生[38,39]。颤抖涉及快速肌肉收缩，导致总能量消耗大幅增加（比正常水平高2.5倍），这主要是由于较高的肌糖原（储存的碳水化合物）利用[96]。由于血浆儿茶酚胺、肾上腺素和去甲肾上腺素的增加冷应激也会增加肌糖原的利用[105]。这些维持核心体温的系统主要依赖于碳水化合物（糖原），当在高海拔和寒冷的环境下进行锻炼时，碳水化合物的补充被认为是非常重要的营养策略[27]。

图12.3　高海拔和寒冷环境的营养需求

需要考虑的重要因素

- 与低强度(有氧)活动相比,高海拔对高强度(无氧)活动的负面影响较小。
- 海拔越高,含氧量越低,对有氧运动的负面影响越大。

需要注意的是,与年龄增长相关的肌肉量减少使得老年人比年轻人更难适应高海拔和寒冷环境。这是由于较低的肌肉量产热也较低,包括运动和颤抖[106]。

女性对高海拔的适应似乎比男性慢一些,因为这与红细胞生成的增加有关,而且似乎女性膳食中补充铁元素比男性更能够增加红细胞的生成[36]。其他在海拔高度(4 300 m)评估性别差异的研究表明,经12天适应之后,男性和女性的交感神经活动是相似的[58]。研究还发现,高海拔低食症(减少食物摄入量)是人们对高海拔旅行的一种常见的初期反应(在本研究中,派克峰位于4 300 m),在男性和女性中都存在类似情况[36]。

许多经验丰富的运动员,包括滑雪者和登山者,他们在高海拔地区度过了相当长的时间,他们意识到在高海拔地区工作时可能会出现恶心、神志不清和易疲劳。适应这种相对低氧的环境需要时间,主要是通过产生更多的红细胞来提高向工作组织输送氧气的能力。高海拔暴露会增加氧化应激,据估计,大多数人在高海拔环境下习服10 d后可适应80%,习服45 d后可适应95%[40,63]。

在高海拔地区常见的症状包括呼吸急促、呼吸短促、排尿频率高、睡眠困难等。高海拔低气压降低了每一次呼吸的氧气浓度,迫使人们更频繁地呼吸,以吸入相同水平的氧气。无论呼吸模式有多快,高海拔与海平面相比,都不可能获得相同的氧气。因此,在高海拔地区进行体力劳动将更加困难,疲劳也会更快地发生。由于攀升速度过快、碳水化合物摄入不足或过度运动都会导致高原反应,包括头痛、呕吐、厌食、乏力和恶心[6]。

常见的高原疾病综合征包括以下几种[20,41](注:也有与药物相关的治疗,包括地塞米松,但在下面的治疗建议中未提及)。

- 急性高原病:一种相关的疾病,急性高原病通常发生在海拔超过2 000 m的地方,表现为恶心、运动和休息时呼吸困难、睡眠不佳、运动失调、头痛、精神状态改变、疲乏无力、因抗利尿激素产生过多而导致液体潴留、咳嗽[47,79]。急性高原病被认为是最不严重和最常见的症状。

治疗:包括停止攀升高度,休息和适应当前的高度/寒冷。

预防:缓慢攀升,最高600 m/d;避免过度运动;避免直接运输(如直升机、滑雪升降机)至海拔超过2 750 m的地方。

- 高海拔脑水肿:高海拔脑水肿的症状包括步态运动失调(走起路来像喝醉酒的人一样)、神志不清、精神状态改变、意识改变等可诱发深度昏迷。这些症状可以迅速发展并在几小时内导致死亡[35]。

治疗:立即下降到约1 000 m,并给予氧气(如有条件),如果下降延迟,应使用高压氧舱(如有条件)。

预防:缓慢攀升,最高600 m/d;避免过度运动;避免直接运输(如直升机、滑雪升降机)至海拔超过2 750 m的地方。

- 高海拔肺水肿:引发高海拔肺水肿(肺部积水)的原因还不是很清楚,但是它在低于2 400 m下极少发生。如没有立即处理此种情况,特别是立刻下降高度,可能导致死亡。症状来源于较低的氧气-二氧化碳交换率,症状包括极度疲劳、气过水声的呼吸声、休息时呼吸急促、胸廓紧密、咳嗽时有血痰、嘴唇或/和指甲发蓝发灰[21]。

治疗:立刻补氧,降低高度500～1 000 m。如果下降延误,使用高压氧舱。

预防:上升高度最高600 m/d;在低海拔睡眠,避免过度用力。

评估运动员在高海拔地区进行冒险比赛,发现4.5%在比赛开始有高原反应,14.1%在赛中有高原反应需要医疗救治,14.3%由于高原相关疾病撤销比赛[90]。研究发现最显著的营养相关变化主要发生在高于6 000 m的海拔高度。这包括饮食模式的变化(典型的吞咽障碍)与体重下降有关,以及与瘦体重减少有关的负氮平衡[34]。如前所述，高海拔发病应该下降到低海拔地区治疗，如果可能的话还应给予氧气。如果症状恶化应该重视，不要耽搁下降高度，因为症状可能会迅速发展成脑水肿或肺水肿，都是威胁生命的[31]。

身体成分对高原反应的风险有影响，肥胖个体更容易遭受急性病症[78]。然而，对于周期性的高海拔暴露，更倾向适应和减少急性高原病，与体成分无关[9]。其他方法，包括补充镁和银杏精华，也曾尝试减少急性高原疾病，但是都没有成功[7,22]。急性高原症状的副作用就是食欲缺乏，伴随着食物和液体摄入的减少。在寒冷环境下，对于高热量的需求和液体补充的困难，再加上高海拔的厌食症，使得对于维持体重和液体平衡的维持变成在高海拔工作最困难的事情。即使那些参与了组织良好的登山探险活动，定期暴露于高海拔的人如果不能摄入足够的能量，也会导致体重下降。一项评估喜马拉雅山徒步参与者的实验表明，在跋涉结束后参与者体重显著下降，在高海拔比低海拔能量摄入显著降低[53]。尽管对能量需求更高，但是在高海拔发现食物摄入降低10%～50%，降低量取决于上升高度（参见第八章关于预测能量需求的方法和策略）当人们在低压舱时，没有暴露在冷环境中也会发生此种情况[80]。在高海拔的个体必须清楚地意识到需要摄入更多的食物，比如强迫自己多吃，为获得生理需求必需的能量（方框 12.2）[11]。

在海拔5 000 m以上的地方，瘦体重会下降，这可能是因为低食症（通常能量摄入下降30%～50%）和能量消耗增加（攀登珠穆朗玛峰者相当于海平面的1.85～3.0倍）[103]。骨骼肌占了全身蛋白质转化率的很大比例，特别是稳态平衡，蛋白质增加和丢失几乎相同。在高海拔，低氧会诱导骨骼肌的丢失而不是恢复，这是因为食欲减少和能量代谢增加[10]。值得注意的是，能量摄入降低也会导致蛋白质摄入减少，这会影响肌肉的蛋白质含量。当能量摄入受限制时，蛋白质摄入相对较高（1.8 g/kg vs. 0.9 g/kg）对维持骨骼肌质量有帮助[68]。在高海拔地区，维持足够的能量摄入和蛋白质摄入是困难的，需要增加20%～30%的吸收和代谢所需要的热量，提供充分的支链氨基酸（特别是亮氨酸）对维持肌肉质量可能是一种有效的方法[103]。

在冷环境下和高温高湿环境下，流汗量是等同的，主要是由于穿着隔热的衣服。穿着冬季防寒服进行中到大强度运动会导致大约1 h丢失2 L的汗液[28]。为保障足够的水合反应的方法是，保证定量和高频率消耗时有足够的液体供应。这项策略不是很好实现，因为在冷环境高海拔，如果没有预先有很好的防护措施液体会冻结。另一个问题是，液体有

方框 12.2　高原条件下饮食及注意事项

1. 高原徒步中的饮食

■ 早餐：麦片或能量棒、果酱吐司饼干、燕麦片、百吉饼、热甜米饭、蒸粗麦粉、葡萄干、热可可、茶和苹果酒。

■ 午餐：饼干（小麦薄片、夹心、芝士）、饼干、百吉饼或面包卷、牛肉干、香肠、奶酪棒、坚果、糖果棒、干果、调味果汁饮料混合物、水果干、无花果条、硬糖、混合料。

■ 晚餐：可可、苹果酒、汤、热果冻和茶作为第一道菜；冷冻干燥保存的米饭、面条、蔬菜；即食米饭、馅料或土豆泥；甜点布丁或慕斯。

2. 高海拔如何影响烹饪

在海拔3 000 ft以上的地方，食物的准备可能会受到时间、温度或食谱而进行改变。原因是大气压力较低导致上面的空气层较薄。在海平面上，空气压在1 in^2的表面上，压力为14.7 lb；在5 000 ft处，压力为12.3 lb；在10 000 ft处，压力仅为10.2 lb，每1 000 ft减少约1/2 lb。这种压力的降低从两个方面影响食品的准备：

■ 水和其他液体蒸发得更快并且可以在较

低的温度下沸腾。

■ 面包和蛋糕中的发酵气体膨胀得更快。

随着大气压的降低，水可以在较低的温度下沸腾。在海平面，水在212 ℉可以沸腾。随着海拔每增加500 ft，水的沸点降低了1 ℉以下。例如，在7 500 ft的地方，水大约在198 ℉沸腾。因为水在较高海拔地区以较低的温度沸腾，通过煮沸或炖煮的食物会以较低的温度煮沸，所以烹饪时间需要更长。

高海拔地区也容易出现低湿度，这会导致食物中的水分在烹饪过程中蒸发得更快。因此烹饪时覆盖食物有助于保持水分。

3. 为什么必须增加烹饪时间

随着海拔高度的增加和大气压的降低，水的沸点将会降低。为了弥补水的沸点降低，必须增加烹饪时间。即使打开暖气不会帮助更快地烹饪食物。无论烹饪温度有多高，水都不能超过自己的沸点—除非使用高压锅。即使把火开大，水也会蒸发得更快，煮熟的东西也会干得更快。

4. 高海拔影响肉和家禽的烹调

肉禽制品由肌肉、结缔组织、脂肪、骨骼组成。肌肉是由75%的水（虽然不同的肉切口可能有或多或少的水）和20%的蛋白质，以及5%的脂肪、碳水化合物和矿物质组成。肉越瘦，水分含量越高（脂肪越少意味着蛋白质越多，从而水越多）。

由于水分含量如此之高，如果不采取特别预防措施，肉类和家禽在烹调时很容易干燥。在高海拔地区烹饪肉类和家禽可能需要调整时间和水分。这种情况尤其适用于文火炖肉或煨肉。根据肉块的密度和大小，在海拔5 000 ft的高温用湿热烹煮的肉类和家禽可能需要多花费四分之一的烹饪时间。在海平面高度使用烤箱烤制肉类和家禽依据时间、温度烹饪指南，因为烤箱温度不受海拔变化的影响。

5. 使用食品温度计

食品温度计是衡量食品是否达到安全内部温度的唯一方法。在高海拔环境中，肉禽很容易煮过头或烧焦砂锅。为了防止肉类和家禽过度烹饪（这会导致食物干柴、不美味）或防止烹饪不够（这可能导致食物中毒），请用食品温度计检查食物。

6. 食物温度计放置位置

肉类：当测量牛肉、猪肉、羊肉和烤牛仔、牛排或排骨，食物温度计应该放在肉最厚的地方，避免骨头和脂肪。当食物形状呈现不规则形时，如用烤牛肉时，要测量好几个地方的温度。

将所有生牛肉、猪肉、羊肉和牛仔骨、排骨和烤肉煮熟，然后将肉从热源中取出，用食品温度计测量的最低内部温度为145 ℉。为了安全和口感，在切割和食用肉之前至少等待3 min。出于个人喜好，消费者可以选择将肉烹调到更高的温度。

用食品温度计将所有生牛肉、猪肉、羊肉和小牛肉煮至内部温度160 ℉。

家禽：一整只火鸡、鸡肉或其他家禽在食品温度计测量内部温度最低在165 ℉下进行烹制。检查大腿和翅膀最里面的内部温度和鸡胸最厚的部分。由于个人喜好，消费者可选择将家禽烹煮至较高温度。

为了最佳的安全性，不要将馅料全部填满。如果馅料全部填满，那么馅料的中心必须达到165 ℉的最低安全温度。

如果烹饪家禽其他部分，将食品温度计插入到最厚的区域，避免骨头。如有必要，食品温度计可横向插入。当食物形状不规则时，应在几个地方测量温度。

资料来源：United States Department of Agriculture, Food Safety and Inspection Service. High altitude cooking and food safety. Available from: https://www.fsis.usda.gov/shared/PDF/High_Altitude_Cooking_and_Food_Safety.pdf.

高的密度，为满足足够量的需求运输起来很重。一个潜在的方法是，融化和纯净当地的冰雪，但是这个过程需要花费大量的时间和热能。这个方法大约需要超过6 h和2 L的气体来充分溶解冰雪来满足一个人的液体需求[28]。

（二）在寒冷高海拔地区满足能量和营养需要

在寒冷环境运动的最主要目标是维持核心身体温度，这也就需要更高的能量供应。在高海拔和冷环境下的能量消耗比在海平面高2.5～3.0倍。能量需求是相对较高的，因此在该环境下很难满足能量需求[101]。间隔性的提高进食次数，主要以高碳水化合物食物为主是重要的，因为相较于脂肪和蛋白质，碳水化合物代谢需要较低的氧气（表12.7）。不充足的碳水化合物也可能导致低血糖，这会负面影响中枢神经系统，导致神经紊乱和迷失方向。研究表明一些登山者更喜爱碳水化合物，可能会发展成不喜爱的脂肪[64]。同样研究表明，许多个体在高原地区仍然保持着原有的食物偏爱，并没有远离高脂肪食物，尽管由于味觉降低整体摄食量下降[77]。在高海拔地区常见的能量负平衡会导致肌肉和体重的下降，这样会使得力量和耐力以及机体产热维持核心温度的能力下降。在高海拔地区的运动员应当把摄入足够的能量作为最主要的目标，不论能量底物的分布如何。第二大目标是摄入足够的碳水化合物。这两种都不容易实现，因为用来准备/烹饪食物每增加1 500 m（5 000 ft）时间加倍，由于水在更低的温度沸腾。包装好的、高碳水化合物、适当的蛋白质的食物是大多数食物的合适选择，预留给当地有充足的水和准备时间来现场烹制食物。

1. 维生素和矿物质

在将要进入高海拔或寒冷环境之前，应该充分考虑维生素和矿物质的摄入。在进入高海拔地区之前，应该对铁含量进行评估并确定其状态良好，并且铁的储存含量处于正常水平（铁蛋白）。因为红细胞生成（制造新红细胞的过程）需要花费数周或数月的时间才会改善铁储备的状态，所以在攀爬的过程中补充铁元素几乎没有益处[8]。在高温和寒冷环境中，氧化应激可能更高，因此应考虑食用富含抗氧化剂的食品[5]。一项针对人类在高海拔地区氧化应激的研究发现，服用抗氧化剂混合物的人比服用单一抗氧化剂补充剂的人的氧化应激指标更低。如果服用补充剂，定期食用各种抗氧化剂，包括抗坏血酸、β-胡萝卜素、硒和维生素E等比每天摄入相同剂量单一抗氧化剂的效果更好[12]（关于维生素和矿物质的具体信息，请参阅第5章和第6章，有关补充剂和强化剂的信息，请参阅第13章）。

2. 液体

在寒冷的高海拔环境中很难有足够的液体以供人体需要，但是足够的液体是确保个体能在这种环境中生存的必需品。为了保证有充足的液体供应，每个人每天至少要有2 L的液体供应，理想的量是它的两倍（4 L）[33]，因为在这种环境下进行体育锻炼可能会导致每小时损失2 L的汗水。登山者已经制定了营地策略，使用直升机或动物运输大量的食物、水、燃料和其他材料运到尽可能最高的海拔。然

表 12.7　寒冷环境下运动需要注意的营养问题

因　素	问　题	建议采取的行动
液体	即使在寒冷环境，身体水分也会大量丢失，因为保暖隔热的衣物。如果衣服没有足够暖和，那么核心温度降低会导致利尿	运动员应当在运动前和运动后称体重，来决定运动中丢失的水分是否被及时补充。每下降1 lb，在运动中应补充16 oz的液体来保持运动前的体重（1 kg＝1 000 mL）
碳水化合物	低温（当散热大于产热，体温低于35℃），伴随颤抖和其他症状。能力代谢很大程度依赖于碳水化合物作为能量底物，颤抖主要是消耗糖原（储备在碳水化合物中）	运动员应当在运动前食用高碳水化合物的食物来确保有最大的糖原储备。在运动中也应当补充碳水化合物来维持血糖和保持神经功能，减少肌糖原的利用，为工作的肌肉提供能量

资料来源：Cheuvront SN, Ely BR, Wilber RL. Chapter 35: Environment and exercise. In: Maughan RJ, editor. The Encyclopaedia of Sports Medicine: An IOC Medical Commission Publication, Sports Nutrition. London (England): Wiley Blackwell; 2014. pp.425-438.

后，登山者带着足够的食物和液体从基地爬到更高海拔的地方，以满足从基地攀登的需要。理想情况下，基地应该提供新鲜的饮用水，因为使用冰雪作为水源会增加燃料、锅、炉子等的必需资源。也有报道称，在高海拔地区存在一种引起腹泻的肠道寄生虫——蓝氏贾第鞭毛虫[64]。因此，只有在紧急情况下使用当地的水源，最好是在有高质量的净化设备的情况下使用。

运动员应该在穿的隔热服里随身携带饮用水以避免液体结冰，也可以在睡觉的时候把液体放在睡袋里。有人提出，添加少量甘油有双重好处，既能改善液体潴留，又能降低水结冰的风险。这是由于甘油是一种与碳水化合物代谢相同的三碳分子，它也为合成液体增加了所需的碳水化合物能量来源[28]（注：耐力运动员在高温高湿环境中将甘油添加到水中已有多年的历史）。甘油的作用是增强保水能力，从而在运动前形成超水合状态，从而维持更长时间的持续出汗率来散去环境和代谢产生的热量。不过，甘油现在已经被WADA列入禁药名单，因此参加任何赛事的运动员都不应该使用甘油。

运动员在运动时消耗的液体往往比维持正常水合状态所需要的少。在高海拔地区，由于食欲和口渴的感觉都变得迟钝，这种自主脱水可能是一个更严重的问题[28]。为了避免这个问题，在高海拔地区的运动员无论是否感到口渴，都应按照固定的时间表饮水[60]。在较高的频率下饮用较少的水，相比于一次饮水过量，更可能会减少排尿的需要（有关水合作用的更多信息，请参阅第7章）。

四、高温高湿环境

在炎热的天气，环境附加给人体的热量，以及代谢产生的热量很难散去（人体只能把消耗总能量的30%左右转化为骨骼肌运动，剩余70%作为热量产生）。在湿度较大的天气，这个问题更加严峻，因为空气中水的成分过高导致汗液蒸发困难（主要是散热系统），排汗率必须增加（图12.4）。人体不能持续获得运动产生的热量，因此会有核心温度过高的危险。最终，产热量和环境的热量之间必须有一个平

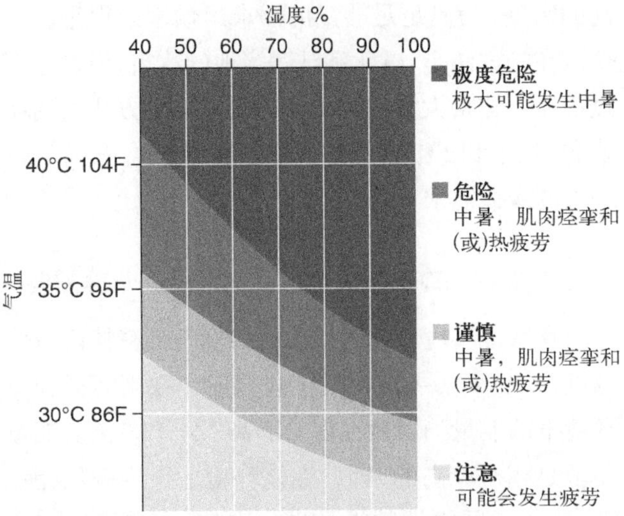

图12.4　在高温高湿环境下的运动风险。伴随着湿度增加，温度增加的危险增大。数据来源于美国国家气象局（网络）Service [Internet]. Available from:https://www.weather.gov/. Accessed May 16, 2018.

衡（表12.8）。

单位时间内能量燃烧量越高，那么越多的产热量和多余的热量便需要被散发[83]。因此，那些不能通过排汗来移除多余热量的运动员只要一个选择：通过减少单位时间内的能量消耗来降低产热量（也就是指减速）。众所周知，热应激会导致过早的疲劳（是指更短时间就产生疲劳）和运动强度下降（也就是单位时间燃烧更少的能量产生更少的热量），对热产生适应后提高运动成绩[14]。然而，就算是适应，在高温高湿环境仍然会有危险，包括**热疾病**，如中暑、热疲劳和晕厥（表12.9）。

不管何种运动形式，环境产生的热应激对运动成绩有负面影响，已有研究表明热应激对自行车、马拉松跑和足球有影响[23,32,65]。然而，充分适应热环境的运动员，特别是大于2周的，会提高运动成绩[72,83]。同时，值得注意的是，那些适应热环境的在冷环境下

热疾病

是指综合症候群，包括热疲劳、热痉挛、热休克，大多是由于长时间暴露于高温高湿环境，而运动员没有良好的适应环境导致的。营养因素，包括没有获得足够的补液、电解质和碳水化合物，会加剧产生热疾病诱发上述症状之一。

表 12.8　在高温高湿环境下运动需要考虑的营养问题

因素	问　　题	建议采取的行动
液体	高温环境，特别是伴随高湿环境，会增加排汗率。随着出汗，如不能补充水分会降低身体的水分和血浆总量，进而排汗率下降。由于环境和代谢热量不能被保留（必须被蒸发），较低的排汗率会不可避免的降低身体活动	每一位在高温高湿环境下运动的个体应当在运动前和运动后称体重，来判断运动中丢失的水分是否被及时补充。目标是使运动员知道在运动中应补充相应的水分避免体重（也就是体液）丢失。任何超过体重2%的体重丢失都与成绩下降相关，可能会导致运动员疾病
碳水化合物	在运动中维持血糖稳定对维持中枢神经系统功能和为工作的肌肉提供必需的能量。在剧烈运动时，在小于1 h内血糖可能会下降到低于正常水平。在一个有压力的高温高湿环境，血糖可能会下降更快	运动员训练时需饮用含6%～7%的碳水化合物溶液。频繁补充这样的液体可以帮助维持血糖稳定，并且胃肠耐受
电解质	高排汗率与氯化钠和钾的快速丢失相关，伴随较低血浆，较低输出量和较低排汗率	饮用运动饮料含有恰当浓度的电解质（通常钠含量为100～200 mg/240 mL）可以帮助因为排汗导致的电解质丢失。运动员在食物中摄入含盐的物质帮助维持血钠的稳定也是十分重要的

资料来源：Cheuvront SN, Ely BR, Wilber RL. Chapter 35: Environment and exercise. In: Maughan RJ, editor. The Encyclopaedia of Sports Medicine: An IOC Medical Commission Publication, Sports Nutrition. London (England): Wiley Blackwell; 2014. pp.425-438.

表 12.9　与热相关疾病的征兆及症状

与热相关的疾病	症　状	如　何　做
中暑	体温高（高于103 ℉） 皮肤发烫、发红、干燥或潮湿 脉搏加快加强 头痛 感觉头晕 恶心 感到困惑 失去意识（昏倒）	立即拨打911（为美国报警电话）——中暑是医学上紧急事件 把人转移到凉爽的地方 利用冷毛巾或冷水澡帮助降低体温 不要给人喝水
热衰竭	大量出汗 皮肤发冷、苍白、潮湿 脉搏加速微弱 恶心或呕吐 肌肉痉挛 感到疲倦或虚弱 感觉头晕 头痛 晕倒（昏倒）	把人转移到凉爽的地方 解开你的衣服 在身上放上凉爽的湿毛巾或洗个冷水澡 小口喝水 如果出现以下情况，请立即就医： 　你在呕吐 　你的症状越来越严重 　你的症状持续超过1 h
热痉挛	剧烈运动时大量出汗 肌肉疼痛或痉挛	停止运动并转移到凉爽的地方 喝水或运动饮料 肌肉抽筋消失后再进行更多的体力活动 如果出现以下情况，请立即就医： 　抽筋持续时间超过1 h 　你在采用低钠饮食 　你有心脏问题

资料来源：United States Department of Health and Human Services, Centers for Disease Control and Prevention. Warning Signs and Symp toms of Heat-Related Illness [Internet]. Available from: https://www.cdc.gov/disasters/extremeheat/warning.html. Accessed July, 2017.

并不会提高运动成绩[42]。在某种程度上，那些有热环境运动经验，且自身状况良好的运动员知道环境温度会对成绩产生影响，可能会提前适应运动强度产生较少的代谢热量。这个现象被发现在有经验的跑步者在温暖环境进行耐力运动时，他们在比赛启动时选择较慢配速，而那些适应能力较差或经验不足的跑者会选择在刚开始时配速很快，然后发现由于不能充分的散热必须要迅速减速[24]。这表明，从热环境运动中获得的适应性好处，其影响是重大的，这使得运动员恰当的调整训练/比赛方案。

五、总结

■ 当运动员旅行，当地的食物/零食不能满足运动员需要时，提前做准备是重要的。作为安全策略，关键物品（核心的食物、运动饮料粉末等）应该携带以备需要。

■ 为避免可能出现的食物不良反应，不鼓励运动员在到达比赛目的地，赛前尝试当地的美食。应当预留出充分的时间使得运动员适应新环境。一个总体原则是，每跨一个时区运动员应当提前1天到达，最多7天。要有充足的时间进行充分休息，尽快适应目的地的日程。

■ 运动员应允许1～2周时间来适应高原环境。为减少高原反应的发生，在适应期的训练应注意减小运动强度和训练量。

■ 尤其是长时间的以耐力运动为主的项目，由于低氧气利用率，运动员应当学会对速度做出充分的调整。运动员有时在高海拔居住，在较低海拔训练，来提高红细胞的生成。这为在较低的海拔比赛提供了优势，因为有更高的氧气携带能力。

■ 当在冷环境中训练时，运动员应注意保暖。如果防护不当，会导致身体颤抖体温下降，这个过程是糖原依赖的，可能会增加冻伤和其他疾病风险。

■ 运动员在高温环境下应该有充分的时间，通常是1～2周，来适应热环境。训练时间和强度应该适当调整，直到运动员适应。如果是为了比赛训练，那么运动员应当在一天中最凉爽的时间（特别是清晨）做更多的运动（也就是更高的持续时间和/或强度），试着在中午最热的时候做适量的运动来适应热环境。

■ 为避免热应激使身体紊乱，在高温环境下的比赛应当调整目标、期待和策略。

实际应用

使用在线地图和互联网，以及前面章节中使用的在线食物分析系统，如果你是一个参赛运动员，来看你是否会做一个食物和饮料的计划。

1. 对于高海拔/寒冷环境的赛事

（1）选择一个高海拔的比赛地点（如瓦勒迪泽尔、法国、颤杨、科罗拉多等）一项冬季的运动，如越野滑雪或高山滑雪。

（2）找到一个离比赛地点较近的酒店，谨记每跨越一个时区至少需要提前一天时间到达（例如，如果你之前没有适应过高海拔，那么当你跨越3个时区，你应当在比赛前提前3天到达，甚至更多的时间）。

（3）找到你可以购买/就餐的食物和饮料的饭店或零售店。

（4）分析附近餐馆（通过网上菜谱）和零售店的食物，留意价钱（你是否可以买得起？）营养成分（脂肪含量是否过高？碳水化合物的比例是否合适？等等），以及熟悉度（最好食用你熟悉的食物）。

1）列出餐厅食物，重点关注符合你营养需求和花销标准的食物。

2）注明哪些食物分别适合早餐、午餐和晚餐。

3）哪里你可以买到零食和饮料？附近是否有零售店可以买到你需要或喜欢的食物？餐厅可以打包食物吗？如果可以，列出购买清单。

(5) 使用熟悉的寒冷/高原环境的相关营养补剂，基于上面清单，列出你需要携带的食物/饮料/饮料粉剂等。你携带的量应当依据你为了适应当地时区所花的天数。

2. 对于海平面/高温高湿赛事

(1) 选择一个接近海平面的高温高湿环境的比赛地(如希腊雅典、巴西里约热内卢等)一项运动，如足球或马拉松。

(2) 使用上面描述的方法，但是需要考虑与高温高湿环境相关的营养补充剂来列出你的食物清单，你从哪里可以获得你需要的食物及你需要携带哪些食品。

本 章 习 题

1. 下列那个旅行食谱与提高细胞色氨酸水平相关，它可帮助提高5-羟色胺和提高放松感有助于睡眠？
   a. 高蛋白低碳水　　b. 高脂高蛋白
   c. 低蛋白高碳水　　d. 低脂，高蛋白和高碳水
2. 通过增加摄入酪氨酸，提高肾上腺素的产生和敏感度，运动员应当进行如下哪一种食谱？
   a. 高蛋白低碳水　　b. 高脂肪高蛋白
   c. 低蛋白低碳水　　d. 低脂，高蛋白和高碳水
3. 使运动员适应新环境花费时间更多的饮食是：
   a. 高蛋白、低碳水　　b. 高蛋白、高热量
   c. 低蛋白、高碳水　　d. 低脂肪、高蛋白、高碳水
4. 因为飞行会脱水，在飞行期间来维持嗓子和喉咙的湿润运动员应保持液体供应，特别是白酒和啤酒。
   a. 正确　　b. 错误
5. 对于跨多个时区的运动员，以下说法哪个是正确的？
   a. 试着按照原来的作息时间至少48 h来帮助身体适应
   b. 尽快按照当地作息，因为这样可以帮助身体适应新的时区
   c. 一抵达目的地就开始进行最少10 h的睡眠来帮助身体适应旅行
   d. 一抵达目的地就开始吃和饮用熟悉的食物和饮料来使得肠胃尽快适应
6. 每跨一个时区需要大约________天来适应新时区。
   a. 4　　b. 3
   c. 2　　d. 1
7. 伴随旅行带来的节律变化可能会负面影响以下：
   a. 大腿力量　　b. 跳跃
   c. 无氧能力　　d. 有氧能力
   e. 以上所有
8. 尽管在美国奶制品必须进行巴氏灭菌消毒，因为在西欧牛的细菌感染要远远低于美国，去西欧旅行没必要食用灭菌的奶制品。
   a. 正确　　b. 错误
9. 在动物饲养中可能会用到禁用固醇类药物，这会导致食用了此类肉制品后血检/尿检阳性。
   a. 正确　　b. 错误
10. 以下哪一项可能不会被高海拔的环境影响？
   a. 食欲增加　　b. 利尿
   c. 糖原消耗得更快　　d. 红细胞生成

本章问题答案

1. c; 2. a; 3. b; 4. b; 5. b; 6. d; 7. e; 8. b; 9. a; 10. a

(李灵杰　译)

参考文献二维码

第13章

膳食补充剂、食物及增补剂提高运动表现的预想与现实

本章目标

- 解释与竞争性吸收、细胞利用和排泄有关的营养摄入过多的一般性问题。
- 了解咖啡因潜在的增补效益，以及实现这些效益的最佳食用策略。
- 列出针对运动员使用增补剂的潜在危害。
- 了解如何为参加许可赛事的运动员获得违禁物质清单。
- 了解营养性和非营养性增补剂之间的区别。
- 描述摄入营养素补充剂与在运动（机械负荷）中被机体利用来提高运动表现的营养素之间的相互作用。
- 讨论为什么达到正常维生素D水平对优化运动表现很重要。
- 理解肠道健康是如何成为维持机体健康和运动表现不可或缺的重要组成，以及益生元、益生菌、合生元是怎样有助于获得健康微生物群。
- 列出滥用包括乳清蛋白、支链氨基酸，β-丙氨酸和肌酸在内的常见蛋白质相关补充剂获取感知益处的可能途径。

案例研究

约翰总是处在一切与运动有关的事情的最前沿。他有最新的运动鞋，穿着透气的运动服以便加快汗液蒸发和降温，还在运动员杂志上搜寻任何可以提高自身骑行表现的新事物。有一天他读到，在运动前1 h或2 h喝半升甜菜汁，可以显著提高运动至疲劳的时间。太好了！他一直对使用补充剂心存顾虑，因为报刊会不时地报道使用补充剂会有问题，但甜菜汁是食物。甜菜汁！还有什么比这更好的呢？他立即去当地的杂货店，购买了他的第一箱夸脱瓶装的有机甜菜汁。

第二天，他在大概运动前2 h喝下了半升甜菜汁，迫不及待地想看到变化，但是什么都没有改变。他像往常一样，在30 s内就达到了疲劳点，但是没关系，他有一整箱的甜菜汁，他不打算放弃。因此，在接下来的4天，他遵循同样的程序，但仍没有任何改善。他想或许自己已经是一名优秀的自行车选手了，可能需要摄入更多的甜菜汁才能看到明显的改善。因此他把食用量增加了1倍，在训练前喝掉一升的甜菜汁。他坚信这是他的“魔术子弹”，可以有助于他与其他的自行车队友不同。这种情况持续了一个月，甜菜汁的食用量和频率都在不断增加，但几箱下去，仍无济于事，运动表现毫无起色。他不仅运动表现没有得到改善，肌肉还变得更加酸痛，实际上他感到比以前更虚弱了。

最后，他决定做他一开始就该做的事情，和自行车俱乐部的运动营养师坐下来交谈。营养师用

了大约30 s，只问了几个问题就找出了原因。营养师问："你用抗生素漱口水吗？""怎么了，每天都这样！"约翰说。营养师回答说："这就是甜菜汁不起作用的原因。你口腔里的细菌能把饮食中的硝酸盐转化为亚硝酸盐，但是你用漱口水杀死了细菌，这种转化就不会发生，也就不会有任何益处了。"营养师指出，更糟糕的是，大量的甜菜汁取代了约翰本应该吃的其他食物，因此，机体就缺少合理的混合营养素来帮助肌肉恢复，减轻肌肉酸痛。约翰对自己接二连三的错误感到震惊，所以他决定不再坚持下去。他放弃用抗生素漱口水有一个月，开始在训练前喝半夸脱甜菜汁，他的运动表现开始有改善。后来他想，把事情做对可能比仅喝一些甜菜汁要复杂得多。

案例研究（问题探讨）

（1）使用甜菜汁来提高运动表现的最佳策略是什么？

（2）如果在运动前摄入半升甜菜汁，代替其他运动前也适合食用的食物是否会引起营养问题？

（3）口腔细菌是饮食中硝酸盐转化为亚硝酸盐的重要部分。你会做些什么来确保口腔细菌帮助这种转化？

（4）在这个案例研究中，过量使用甜菜汁可能造成其他重要食物被取代，导致营养失衡。人体所需营养素和食物之间的平衡有助于维持免疫系统，确保正常代谢，并保持激素和酶的最佳生成。那么为了确保身体健康，运动员一整天应该吃什么样的食物和饮料呢？

（5）显而易见的是，肠道菌群（居住在胃肠道的细菌）与这些功能密切相关，然而现代饮食并没有对微生物群起到有效支持。扪心自问：

1）你吃什么食物能帮助胃肠道里的细菌繁殖？

2）你吃什么食物能产生有助于胃肠道健康的活细菌？

3）你吃什么食物可以为胃肠道的细菌和一些有益健康的细菌提供食物？

4）你需要做哪些饮食改变来改善胃肠道微生物组？

一、引言

竞技运动员往往对找寻提高耐力及变得更快和更强的方法感兴趣。自古代奥运会以来，运动员尝试了许多新的训练方案，还热衷于以不同方式摄入不同的食物和饮料，以此来提高运动成绩（表13.1）。食物方案已经从奶酪和蔬菜发展到关注肉类和脂肪，这些都是为了更快地提高运动表现。最近一段时间，随着对人体代谢系统，维生素和矿物质等化学物质的进一步了解，运动员们不单单依赖从食物中获取营养物质，而是越来越多地转向以纯化的方式摄入。此外，随着对代谢途径了解的深入，就越能开发出通过特定途径产生特定效果的物质。有趣的是，对改善运动表现的真相了解得越多，科学家和专业人士就越意识到在提高运动表现方面，没有什么可以替代在正确的时间，以正确的剂量定期摄入有益健康的食物和饮料。另一个发现是，许多被宣传为提高运动表现的产品（即强化剂）都有问题，要么含有违禁物质，但未在标签上注明，要么一次摄入就会使机体组织营养素过量。我们越来越多地认识到，为了达到最佳营养，摄入太多并不是好事。例如，最近的一项研究表明，无论受试者的基线营养状况如何[117]，长期服用多种维生素并不能预防男性主要心血管疾病的发生。一项评估老年女性膳食补充剂使用情况的研究发现，服用复合维生素、维生素B_6、叶酸、铁、锌，或铜补充剂[103]的人死亡率更高。在向运动员推荐高剂量维生素补充剂或增补剂之前，这是一个需要考虑的重要因素。同样重要的是要考虑到"食物优先"的做法，由关注运动员健康的AND、加拿大营养师、国家运动训练者协会和ACSM[12,137]等专业组织推荐。

表13.1 运动营养的历史演变

时 期	内 容
第欧根尼斯·拉蒂乌斯(死于公元222年)	他写道,希腊运动员训练最初食用的是无花果干、湿润的新鲜奶酪和小麦。然后,转变为专注肉类
伊壁鸠鲁(公元2世纪)	他写道,奥运冠军们避免甜点和冷水,饮少量葡萄酒
菲罗斯特拉斯(生于公元170年)	评价说他那个年代运动员的饮食很糟糕,以白面包为主,撒上罂粟籽、鱼和猪肉
希腊罗马角斗士(公元前105年～公元404年)	食用某些葡萄酒、药茶和蘑菇来提高运动表现
参加柏林奥运会的美国人(1936年)	平均每天摄入125 g黄油的牛排(1 125 kcal)、3个鸡蛋、奶油甜点和1.5 L牛奶,可随意摄取面包、新鲜蔬菜和沙拉
亚特兰大奥运会(1996年)	运动员自助餐厅提供多种多样的菜单,包括新鲜蔬菜、蘸酱、水果、奶酪、面包、沙拉、意大利面、米饭、水果、汤、肉和海产品、熟蔬菜、甜点和饮料

资料来源:Grivetti LE, Applegate EA. From Olympia to Atlanta: a cultural-historical perspective on diet and athletic training. J Nutr. 1997; 127(5S): 860S-8S; Momaya A, Fawal M, Estes R. Performance-enhancing substances in sports: a review of the literature. Sports Med. 2015; 45(4): 517-531.

二、营养补充剂

1994年,美国的《**膳食补充剂健康与教育法**》(dietary supplement health and education act, DSHEA)将**膳食补充剂**定义为除所有膳食之外的一种食物产品[140]。DSHEA声称,膳食补充剂不能代表传统食物,或者被单独当作一餐,也不能被视为是部分或全部饮食的替代品。根据DSHEA的规定,膳食补充剂至少包含下述中的一种。

- 维生素;
- 矿物质;
- 草药或者其他植物性物质;
- 氨基酸;
- 通过增加总膳食摄入量来补充膳食的物质;
- 代谢产物;
- 浓缩物;
- 组成物;
- 提取物;
- 上述任何成分的混合物。

将DSHEA对于膳食补充剂的定义用于运动员时不尽如人意,因为它没有说明补充剂是否是对"健康"饮食的补充,还导致了下面的误解[97]。

除了日常饮食外,还需要有目的地摄入一些食物、食物成分、营养物质或非食物化合物来实现人体特定组织器官的健康和(或)改善运动表现。

膳食补充剂可以有多种形式,包括营养丰富的食物(如在美国,谷物富含叶酸);便于运动员在运动前、运动中或运动后食用的配方食品(如凝胶、运动棒、电解质/碳水化合物饮料);除食物外,以药丸/胶囊形式服用的单一营养素;上述这些形式的组合[97]。

膳食补充剂

它也被称为营养素补充剂,是一种高浓度的营养物质,以药丸、胶囊或粉末的形式口服(不敷在皮肤上等),提供高剂量的维生素、矿物质或相关成分(即植物营养素、代谢物、提取物)。FDA将膳食补充剂定义为"非药品、非香料、非防腐剂等食品添加剂或常规食品的产品"。

膳食补充剂健康和教育法

1994年美国联邦制定法律对膳食补充剂进行定义、管理。根据这项法律,FDA可以使膳食补充剂拥有良好的生产规范。

根据DSHEA法规,每位膳食补充剂的制造商都应该对产品的安全性负责(即没有政府监管),但膳食补充剂的制造商既不负责开展产品安全性测试,也不负责证实/提供膳食补充剂的实际功效是否与产品主张一致。因此，尽管针对运动员的膳食补充剂经常被宣称能改善运动员健康，提高运动成绩，但往往很少有证据表明事实如此。膳食补充剂可能通常含有人体必需的维生素、矿物质和氨基酸等物质，但它们也可能含有如育亨宾、麻黄、银杏和其他草药物质等在内的非必需营养素。

药物是用于治愈、治疗或预防疾病的。在向公众提供药物之前，它们必须经过严格的测试，以确定最佳剂量、有效性、药物-药物和药物-营养/食品之间的相互作用及安全性，供FDA批准。但是，膳食补充剂在进入市场之前不需要经过这些程序中的任何一项测试。如果想在膳食补充剂中添加新成分，一般程序是先由产品制造商收集该成分的相关信息，用来确定其安全性和有效性，然后在膳食补充剂面市前75天将该决定提交给FDA。75天之后，如果FDA没有驳回该决定，膳食补充剂中的新成分就可以供公众食用。

增补剂（方法）是指那些能提高运动表现的物质和（或）行为（即产生**增补效应**），它可以利用生理学、心理学、生物力学、药理学和营养学等多种手段实现增补效应。增补剂是具有增能作用（即改善运动表现）和能量分解作用的物质，因此，起到相反作用的物质和行为则称为**弱化剂（方法）**。

■ 生理增补剂（方法）：通常是由运动防护师或体能训练教练提供的一种训练，由于提高身体的生理机能（即健美运动员拥有更多的肌肉），提高运动表现。

■ 心理增补剂（方法）：通常是由运动心理学家提供的一种方法，可以改善运动员的精神状态（即放松技巧），从而改善运动成绩。

■ 生物力学增补剂（方法）：任何有助于提高运动表现的器材或穿戴设备（即包裹肌肉、流线型泳衣）。

■ 药理学增补剂（方法）：一种具有药物或激素作用（即咖啡因、合成类固醇）的物质，可以通过增强肌肉组织，加快血流速度和氧气运输或其他作用来改善运动表现。

■ 营养学增补剂：在特定时间，以特定量食用的一种补充剂、食品或饮料（即维生素D、甜菜汁、运动饮料、肌酸），可通过改善耐力和/或力量或肌肉恢复来增强运动表现。

增补剂（方法）

一种为了改善/提高运动表现而使用的物质/策略/方法。营养学增补剂是食物来源的物质和营养素（如甜菜汁），可以对新陈代谢和肌肉功能产生积极影响，从而提高运动表现。其他的增补剂（方法）包括药理手段（即药物）、生理学手段（即运动设备）或心理学手段（即改善注意集中性，注意广度的策略）。

增补效应

通过使用一种增补剂或通过运动和/或营养方案达到改善运动表现的效果（无须使用特定的增补物质就可以达到增补效应）。

弱化剂（方法）

任何可以削弱运动表现的物质或行为方法。例如，摄入干扰能量代谢的物质，就像过度训练也会对运动表现产生负面影响一样，都可以被定义为弱化剂（方法）。

除了日常饮食中摄入的食物和液体外，以膳食补充剂形式被摄入的营养型增能剂是本章介绍的重点。如前所述，增补剂指的是能提高运动表现的营养物或相关物质。改善运动表现说法的提出通常缺少证据，针对增补剂这一术语的使用常常是不规范的。营养型增补剂是指一种进入已知营养代谢途径的物质，或由一种或多种营养素组成的物质。例如，人们都知道在适当的时间摄入碳水化合物可以提高运动表现，从逻辑上讲，碳水化合物是一种营养型增补剂。肌酸是已知的一种食物成分，进入已知的代谢途径后可能改善短跑成绩，因此它也可以被视为一种营养型增补剂。非营养型增补剂，例如合成代谢类固醇，是指非食物来源，非营养素，并且没有已知营养特性的产品。

尽管具有增补剂特性的补充剂产品声称在美国可以无须FDA的证明进行生产[62]，但新成立的NIH膳食补充剂办公室拥有补充剂有效性和使用建议的

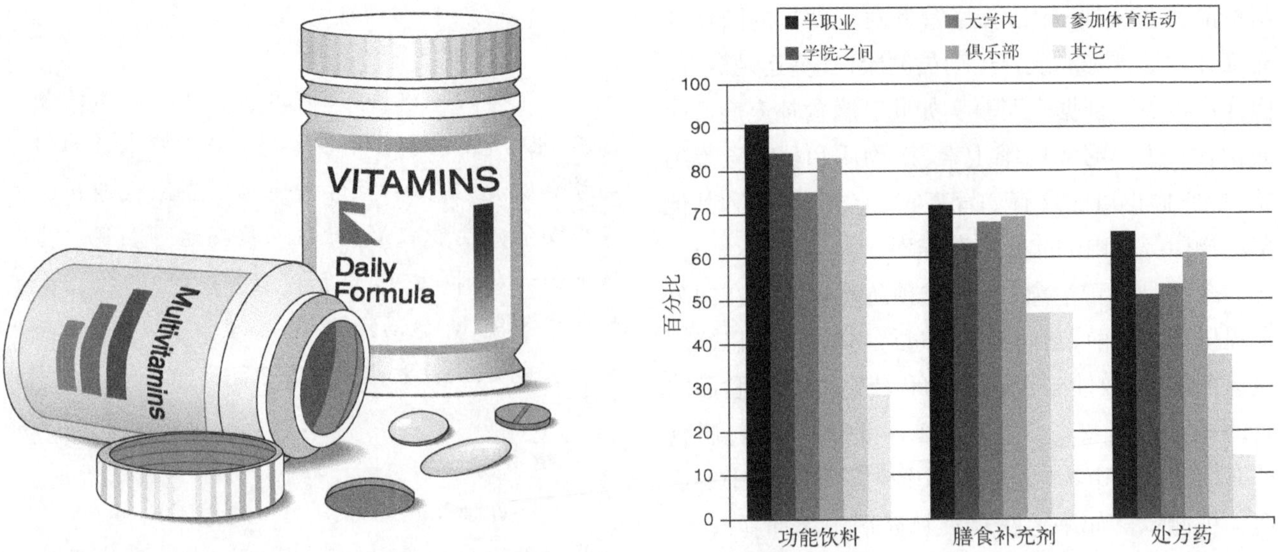

图13.1 美国补充剂的使用率

资料来源：Part A from LifeART image copyright 2018. Lippincott Williams & Wilkins. All rights reserved. Part B reprinted by permission from Hoyte CO, Albert D, Heard KJ. The use of energy drinks, dietary supplements, and prescription medications by United States college students to enhance athletic performance. J Community Health. 2013; 38: 575－580.

详细说明书（图13.1）。NIH办公室可以通过https://ods.od.NIH.gov/进行访问。表13.2包含一份由膳食补充剂办公室提供的说明书，说明书内容为宣传能够减肥的补充剂。

（一）运动员为什么使用补充剂?

可以根据食用频率和摄入量的不同来区分运动员补充剂。运动形式、训练水平、年龄（随年龄的增

表13.2 减肥膳食补充剂中的常见成分

成　分	可能的作用机制	有效性证据	安全性证据
苦橙（辛弗林）	作为一种温和的食欲抑制剂，可以增加能量消耗和脂肪分解	一些方法学质量差的小型临床试验研究结果表明：可能对静息代谢率和能量消耗有影响；不确定对减肥是否有影响	报道过一些安全隐患问题 不良反应：胸痛、焦虑、血压和心率升高
咖啡因（添加的咖啡因或来自瓜拉纳、可拉果、马黛茶或其他草药的咖啡因）	刺激中枢神经系统，增加产热和脂肪氧化	联合产品的短期临床试验研究结果表明：随着时间的推移，可能对体重或减缓体重增加产生适度影响	对于成人来说，每天服用剂量需低于400 mg/d，高剂量服用时则会出现重大安全问题。不良反应包括：神经质、紧张、呕吐和心动过速
钙	增加脂肪分解和脂肪堆积，减少脂肪吸收	几项大型临床试验研究发现：根据临床试验，对体重、体重减轻或预防体重增加没有影响	推荐摄入量（成人1 000～1 200 mg/d）。不良反应：便秘、肾结石以及当成人摄入超过2 000～2 500 mg时会干扰锌和铁的吸收
壳聚糖	在消化道中结合食物中的脂肪	大部分方法学质量不佳的小型临床试验研究发现：对体重的影响很小	少有安全性报道，可能会导致过敏反应。不良反应：肠胃气胀、便秘、消化不良、恶心和胃灼热
铬	增加肌肉的质量；促进脂肪的减少；减少食物的摄入、饥饿程度和对脂肪的渴望	方法学质量不同的多项临床试验研究发现：对体重和体脂的影响很小	推荐摄入量（成人25～45 μg/d）内无安全问题隐患。不良反应：头痛、大便潮湿、便秘、无力、眩晕、恶心、呕吐和荨麻疹（麻疹）

（续表）

成　分	可能的作用机制	有效性证据	安全性证据
彩叶毛喉素（弗斯可林）	促进脂肪分解，减少食欲	短期临床试验研究发现：对体重没有影响	未报告安全隐患 不良反应：未知
共轭亚油酸	促进脂肪组织中的细胞凋亡	几项临床试验研究发现：对体重和体脂的影响很小	很少有安全隐患的报道。不良反应：腹部不适和疼痛、便秘、腹泻、大便不成形、消化不良及（可能）对血脂水平有不良影响
麻黄（麻黄素）	刺激中枢神经系统，增加产热，减少食欲	几项方法学质量良好的短期临床试验，如许多麻黄与咖啡因的联合研究发现：对短期减肥效果有适度影响	报道过重大的安全隐患；禁止作为膳食补充剂的成分。不良反应：焦虑、情绪变化、恶心、呕吐、高血压、心悸、脑卒中、癫痫、心脏病发作和死亡
岩藻黄素	增加能量消耗和脂肪酸氧化，抑制脂肪细胞分化和脂质堆积	只在一项联合石榴籽油的人体实验中做过研究，发现：研究不足，难以得出明确结论	没有进行严谨的研究，所以无安全隐患的报告。不良反应：未知
藤黄果（羟基柠檬酸）	抑制脂肪生成，减少食物摄入	几项方法学质量不同的短期临床试验研究发现：对体重几乎没有影响	很少有安全问题的报告。不良反应：头痛，恶心，上呼吸道症状和胃肠道症状
葡甘露聚糖	增加饱腹感，延长胃排空时间	几项方法学质量不同的，主要集中在对血脂和血糖水平的影响上的临床试验研究发现：对体重几乎没有影响	片剂形式存在重大安全隐患，可能引起食道阻塞，但是其他形式很少有安全问题。不良反应：大便不成形、肠胃气胀、腹泻、便秘和腹部不适
绿咖啡豆提取物（小果咖啡、中果咖啡、大果咖啡）	抑制脂肪堆积，调节葡萄糖代谢	少数方法学质量差的临床研究发现：可能对体重有适度影响	没有进行严谨的研究，无安全隐患的报道。不良反应：头痛和尿路感染
绿茶和绿茶提取物	增加能量消耗和脂肪氧化，减少脂肪的生成和吸收	一些针对绿茶儿茶酚或不加咖啡因的多项方法学质量良好的临床试验研究发现：可能对体重变化有适度影响	当用作含咖啡因的饮料时，无安全隐患报道。绿茶提取物有一些安全隐患报道，不良反应：便秘、腹部不适、恶心、血压升高、肝损伤
瓜尔胶	在肠道中起膨胀剂的作用，延缓胃排空，增加饱腹感	几项方法学质量良好的临床试验研究表明：对体重无影响	目前可用的药物很少报道有安全性问题。不良反应：腹痛、肠胃气胀、腹泻、恶心和抽筋
蝴蝶亚（蝴蝶亚仙人掌）	抑制食欲，减少食物摄入	很少有发表关于人体的研究。一项研究结果表明：对能量摄入或体重没有影响	报道过一些安全隐患，增加心率和血压。不良反应：头痛、头晕、恶心和呕吐
丙酮酸盐	增加脂肪分解和能量消耗	少数方法学质量差的临床研究发现：可能对体重和体脂只有微弱影响	很少有安全性问题报道。不良反应：腹泻、腹胀和（可能）降低高密度脂蛋白水平
覆盆子酮	改变脂质代谢	仅有结合其他成分的研究。研究表明：研究不足，难以得出明确结论	没有进行过严谨的研究，无关于安全隐患的报道。不良反应：未知
白芸豆（菜豆）	充当"淀粉阻断剂"干扰碳水化合物的分解和吸收	几项方法学质量不同的临床试验研究结果：对体重和体脂可能有适度影响	几乎没有安全问题的报道。不良反应：头痛、大便软、肠胃气胀和便秘
育亨宾（育亨宾树皮提取物）	有超肾上腺素能作用	关于育亨宾减肥的研究很少。研究发现：对体重没有影响；研究不足，无法得出确切结论	报道过重大的安全隐患问题。不良反应：头痛、焦虑、躁动、高血压和心动过速

长而增加）、性别（男性更多）及对这项运动“正常”的理解等都会导致摄入的不同[97,98]。运动员服用营养素和其他补充剂的原因也有很多，其中包括[97]以下原因。

■ 潜在或当下的营养缺乏可能会影响运动表现和（或）健康；

■ 在不方便或无法食用普通食品和饮料的情况下，便于运动员在运动前、运动中和运动后补充营养和能量；

■ 通过改进训练、改善身体成分、降低肌肉酸痛和促进身体恢复和（或）降低受伤/患病风险，从而提高运动表现；

■ 通过赞助产品或免费食用产品，从而获得经济效益；

■ 通过模仿自己偶像运动员的补充剂用法；

■ 运动员们认为使用补充剂可以降低营养不足的风险。

运动员们都想赢得比赛。因此，他们会在法律范围内做一些自己认为可以给获胜添彩的事。在训练方面，运动员们是为了提高对运动的生理适应能力；在营养方面，他们希望最大化地提高训练效益，减少训练潜在的负面影响，如肌肉酸痛。针对运动员的补充剂营销重点在于，这些补充剂可以精准地提供运动员期望的东西：更健康，更快的速度，更多的力量，更好的耐力，更大的肌肉和更多的获胜机会[38,66]。

一篇对多项评估运动员膳食补充剂研究的综述发现，优秀运动员比非优秀运动员更有可能服用膳食补充剂[66]（图13.1）。研究发现，男性和女性的补充剂使用率相似，但女性更多的是服用铁，男性服用的则是蛋白质、肌酸和维生素E[66]。运动员服用膳食补充剂的常见原因包括[66,126]以下几种。

■ 补充剂对运动成绩有直接的有益影响；

■ 补充剂可以帮助运动员从运动中恢复；

■ 当饮食不能满足运动员的需求时，补充剂可以对其进行补充，维持运动员健康；

■ 满足定期训练造成的高营养需求；

■ 某位受人敬仰的成功运动员正在使用补充剂，而且运动员的成功至少有一部分被认为归功于膳食补充剂的使用。

（二）膳食补充剂有用吗?

有几篇综述表明，均衡饮食可以提供给运动员足够能量，在这种情况下，摄入维生素补充剂或增补剂并不能改善运动表现。但如果无法均衡饮食，可能需要摄入一些膳食补充剂[37,83,88,90,91]。

■ 孕妇和哺乳期妇女对包括铁和叶酸在内的多种营养素要求很高（请参阅RDA表），因此缺乏营养的风险也更高。育龄妇女服用叶酸可以降低婴儿患神经管缺陷（如脊柱裂或无脑）的风险。为了最大限度地降低这种风险，美国制定了一项用叶酸强化谷物的计划[147]。

■ 由于足击溶血，汗液、尿液及粪便中铁流失的增加，与非运动员相比，运动员缺铁的风险似乎更高（参阅第6章）。因此，运动员需要的铁摄入量可能要高于RDA。对于通过血清铁蛋白，血红蛋白和血细胞比容测定的铁缺乏症或缺铁性贫血的运动员，可能需要补充铁的摄入。然而，在没有缺铁的情况下，不应口服铁补充剂，并且只能在健康专业人士的直接督导下才能服用铁补充剂[97]。

■ 10%～30%的老年人内因子分泌不足，内因子是吸收维生素B_{12}所必需的。IOM建议50岁以上的人舌下含服维生素B_{12}补充剂，以降低维生素B_{12}缺乏症和相关的巨幼红细胞性贫血的风险[58]。

■ 动物食品是维生素B_{12}的天然来源，因此素食主义者（即那些不吃肉、鱼或奶制品的人）比杂食者和乳蛋素食者更易患维生素B_{12}缺乏症。补充含有维生素B_{12}的补充剂和（或）食用添加维生素B_{12}的早餐麦片可以降低患缺乏症的风险[58]。

■ 服用抗生素可能会减少肠道细菌，从而降低细菌产生的维生素K。维生素K对于正常凝血和骨骼健康是必不可少的。补充摄入维生素K和益生菌有助于肠道微生物菌群恢复正常状态，可以减少缺乏风险[79,105]。

■ 患有乳糖不耐受症并由此避开乳制品的人可能有维生素B_2（核黄素）、维生素D和钙缺乏的风险。因此，他们可能会受益于摄入含有这些营养素的补充剂[89,141]。

■ 钙的吸收及尿液和粪便中钙的流失波动性

很大，因此评估骨矿物质密度可能是确定长期钙摄入量是否充足的唯一有效方法。运动员应每天从食物和补充剂（如果需要达到此摄入量水平）中摄入约1 500 mg的钙。运动员摄入充足的维生素D，以确保钙的正常吸收（见第6章）。骨密度低会使运动员容易发生骨折，这是一个复杂的问题，其中包含能量摄入是否充足，是否维持良好的能量平衡，钙摄入量是否充足及维生素D状况是否良好多个方面[97]。

（三）运动员的膳食补充剂摄入

显而易见的是，有多种营养物质与运动表现直接或间接相关（表13.3）。理想情况下，这些营养物质最好通过均衡饮食来获取，但是很显然，现在许多运动员都在服用补充剂，希望能对自身运动成绩产生积极影响。研究发现，大部分的青少年精英运动员每天都食用膳食补充剂，其中一些运动员所在的体育组织会要求他们服用膳食补充剂。在这个青少年精英运动员群体中通常食用的补充剂包括肌酸、蛋白质和镁，他们认为这些补充剂是改善运动表现所必需的。如果不服用这些补充剂可能对健康有害，或者会导致疾病[33]。一项针对加拿大运动员的研究发现，在过去的6个月中，有87%的受评估运动员（N=440，包括63%的女性和37%的男性）至少服用了3种膳食补充剂，包括运动饮料、多种维生素和矿物质补充剂，高碳水化合物运动棒、蛋白粉和代餐产品[84]。

运动员维生素补充的一般建议包括[83,89,137]以下内容。

■ 很少有证据表明，进行体力活动的人饮食中维生素和矿物质摄入不足是很常见的。营养摄入不足风险最高的运动员是那些摄入受限的运动员（即素食运动员、限制饮食热量的运动员）。

表13.3　维生素和矿物质：与运动的关系

营养素	主要功能	缺乏症状
维生素B_1（硫胺素）	碳水化合物和氨基酸的代谢	虚弱、耐力差、肌肉减少、体重减轻
维生素B_2（核黄素）	参与生物氧化与能量代谢，ATP的生成中起电子传递作用	虚弱、畏光、神经系统功能改变、皮肤和黏膜改变（唇裂、口角炎、鼻唇沟发炎、舌头肿胀）
维生素B_3（烟酸）	生物氧化与能量代谢，ATP生成中的电子传递	易怒、腹泻、皮炎
维生素B_6（吡哆醇/吡哆醛/吡哆胺）	糖异生、蛋白质代谢（脱氨和转氨反应）	皮炎、舌头肿胀、抽搐
维生素B_{12}（氰钴胺）	红细胞/血红蛋白的形成	巨幼红细胞性贫血、神经系统症状
叶酸	红细胞/血红蛋白的形成，核酸的形成	巨幼红细胞性贫血、早期疲劳
维生素C（抗坏血酸）	抗氧化、蛋白质（结缔组织胶原蛋白）合成、提高铁吸收	食欲差（可能导致其他微量营养素缺乏）、早期疲劳、伤口愈合不良
维生素A（视黄醇）	抗氧化、保持抵抗能力、视力	食欲缺乏、免疫力低下、眼睛有问题
维生素E（α-生育酚）	抗氧化剂	神经和肌肉损伤
铬	葡萄糖代谢（胰岛素敏感性）	葡萄糖不耐受、血糖控制不良、早期疲劳
铁	血红蛋白合成、组织供氧	贫血、注意力不集中、免疫力差、早期疲劳
镁	能量代谢、神经传导、肌肉收缩	肌肉无力和痉挛、恶心、易怒
锌	免疫系统的健康、糖酵解、核酸合成、碳水化合物代谢、嗅觉和味觉	免疫力低下、食欲缺乏（可能导致其他微量营养素缺乏症）、皮疹、腹泻

关于这些维生素和矿物质的更多信息可以在第5章和第6章中找到。
资料来源：Lukaski H. Vitamin and mineral status: effects on physical performance. Nutrition. 2004; 20: 632-644.

■ 一些进行体力活动的人或运动员，包括芭蕾舞演员、体操运动员、长跑运动员和摔跤运动员，可能没有摄入足够的维生素和矿物质。因为他们为了满足运动所需的体重要求或满足运动/活动的审美要求，会减少能量消耗。

■ 从事体力活动的人应该食用各种各样的食物，满足自身对维生素、矿物质和植物营养素的需求，减少对膳食补充剂的需求。

■ 只有被生物检测证实为营养素缺乏的人，才有可能通过食用膳食补充剂获得某种自身缺乏营养素的益处。

■ 不了解自身饮食是否充足的运动员，应与具有专业资格证书执照或注册营养师进行交流，从而确定适宜的营养素需求量，而不是自行搭配膳食补充剂进行服用。

三、膳食补充剂和增补剂的潜在风险

一些作为增补剂销售的产品往往来历不明（包装上没有明确标明），含有未知的营养素，不含能进入已知营养途径的物质。更令人困惑的是，对许多市面上针对运动员的增补剂的成分进行分析发现，大量产品的有效成分比广告宣传的要少[20]。数项研究发现许多针对运动员的增补剂含有违禁物质，这些在标签上并未列出，具有潜在的风险和职业危害[41]。这也许是产品部分错误功效的原因所在。运动员认为他（她）只是服用了某种维生素复合物，令人难以置信的是，居然发现他（她）的肌肉开始变大。运动员将这种改变归因于维生素复合物，实际上可能是他们在不知不觉中服用了合成代谢类固醇。现行的兴奋剂规定很明确：如果运动员参加比赛时，对违禁药物进行尿检呈阳性，那么运动员必须为自己的饮食负责，不能声称自己不知道饮食中含有违禁物质[96]。鉴于40%～70%的运动员在使用补充剂，而其中10%～15%的补充剂含有违禁物质，运动员应对此重视起来[106]。监管和执法部门（确保运动员和公民膳食补充剂安全摄入的保护伞）职责的缺失使得这种现象尤为严重[111]。

运动员应注意过量食用补充剂及高剂量的不同补充剂可能引起的不良反应。虽然没有服用膳食补充剂的不良反应记录[57]，但优秀运动员广泛使用膳食补充剂对健康和运动表现没有明显好处，建议对运动员膳食补充剂的使用知识进行科普宣讲[78]。运动员使用膳食补充剂的剂量、数量和组合引起了人们对副作用潜在风险的关注[78]。

对运动员而言，很难辨别哪些膳食补充剂有提高运动表现的作用。提高之处可能是**安慰剂效应**：服用膳食补充剂的运动员相信它会有作用，实际上确实有作用，虽说对于这种改善没有生化基础。在其他情况下，改善可能是有的，因为它填补了运动员所摄入食物中通常缺失的物质。

安慰剂效应

在研究中，不含有活性成分的安慰剂与含有活性成分的药丸/胶囊/饮料很难区分。研究者需要在活性成分和安慰剂的观察效果之间做出明确的统计区分。安慰剂效应是指安慰剂起作用的现象，尽管它没有活性成分，但服用安慰剂的人相信或期待它是有用的。

例如，健美者通常能量摄入不足，迫使他们摄入高于理想比例的蛋白质用于满足能量需求，而不是增肌的需求。健美者摄入蛋白质补充剂提供能量，让更多比例蛋白质用于合成肌肉蛋白。蛋白质也许提供更多能量（即kcal），但没有发挥蛋白质的作用。建议摄入更多能量，更好地发挥蛋白质作用，以经济、同等有效的方式维持和/或增长肌肉[16]。当然，健美者寻求的肌肉适应，还必须有身体负荷和足够的能量或营养支持（图13.2）。简单地说，如果不结合机械负荷（即运动）和充足营养，就不可能出现提高运动能力的事情。

虽然运动员感觉摄入膳食补充剂/增补剂后吃得更少，但是文献清楚表明，这些膳食补充剂并不能代替健康饮食。充其量当运动员不能由均衡饮食维持良好的能量平衡的时候，这时膳食补充剂或增补剂将会起到一定作用。这样的产品几乎不存在，因此，运动员必须小心。因为这些产品价格高、好处

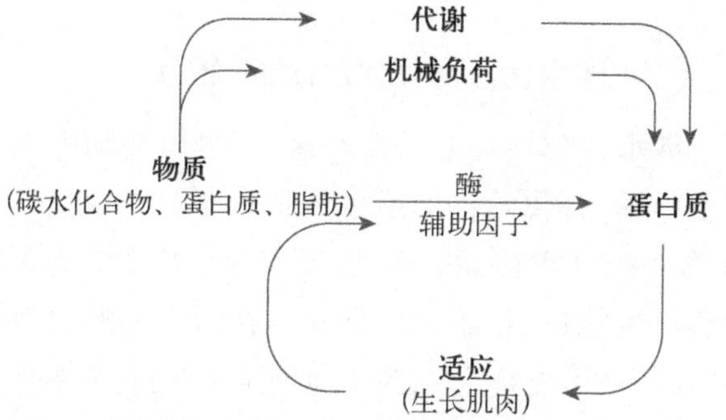

图13.2　身体活动(负荷)加上充足的营养摄入,对获得理想的身体/表现适应是很有必要的。仅仅摄入补剂不能获得什么

资料来源：Coyle EF, Workshop on the Role of Dietary Supplements for Physically Active People. Bethesda (MD): National Institute of Health, Office of Education; 1996. p.22. Office of Education; 1996. p.22.

少、潜在的副作用却是真实的。理想情况下,运动员应该采取实际措施,而不是专注于"魔术子弹"。没有什么比均衡摄入食物和饮品,提供充足能量和营养,促进生长和组织维持更好的办法了。

下面是一篇综述,针对被运动员们广泛使用的营养补充剂/增补剂,不包括一些补品,这些补品对运动员来说是可用的,但是这些补品还没有被大众所接受。这些物质包括黑巧克力中的表儿茶素、肉类中的烟酸(维生素B_3)、红酒中的抗氧化剂和肌肉保护剂白藜芦醇、细胞代谢调节因子磷脂酸,以及肌肉蛋白模拟物熊果酸。截至本书撰写时,尚没有足够的研究来清楚地辨别这些物质是否具有增强运动表现的作用。

四、运动员日常摄入的营养补充剂和增补剂

(一) 咖啡因

咖啡因是一种三甲基黄嘌呤,其中一种甲基黄嘌呤常见于咖啡、茶、可乐、巧克力和其他各种食品和饮料中(表13.4)。

咖啡因是一种刺激剂,对耐力运动员、超极限和短跑运动员有着明确的好处[97]。它是最受欢迎的食品和饮料成分之一,很大一部分成年人食用含咖啡因的产品[14]。对于运动员而言,这些产品包括含咖啡因的饮料,凝胶和口香糖,其中许多已经过测试,具有促力的功效[127]。虽然大部分研究对象都是耐力运动员,但是咖啡因产品也经常用于高强度运

表13.4　常用食物和饮料中的咖啡因成分

食物和饮料	一份	咖啡因含量(mg)
研磨咖啡	12 oz	50～100
黑茶	8 oz	30～80
绿茶	8 oz	35～60
草本茶	8 oz	0
可乐	20 oz	50～75
啤酒,多数品牌	12 oz	0
姜乐	12 oz	0
能量饮料	可变化	30～134$^+$
咖啡因零食	可变化	20～150
非处方咖啡因	1勺	200
咖啡因粉	1/16 tsp	200
柠檬酸咖啡因溶液	1/2 tsp	415

资料来源：Center for Science in the Public Interest. Available from: https://cspinet.org/.Accessed May 17, 2018.

动和团体运动中[15]。咖啡因有两个主要作用:①作为腺苷拮抗剂,它是中枢神经系统兴奋剂;②作为肌肉松弛剂,能够降低感知力、减少疼痛和降低疲劳[127,134]。普遍认为摄入3～13 mg/kg的咖啡因是比较安全的,但是,当运动员摄入高浓度咖啡因时,要谨慎避免服用其他刺激物或乙醇[15]。在运动开始前60 min时,运动员服用中等剂量(3～6 mg/kg)药丸状或粉状的咖啡因,发现它们是有效抗疲劳的增效剂。同时,作为含糖饮料的一部分,运动前、中摄入小剂量(少于3 mg/kg)咖啡因可以延缓疲劳[127]。在第一次运动后服用低剂量的咖啡因(100～300 mg),可以将后续运动表现提高3%～7%[133],而大剂量咖啡因(超过9 mg/kg)似乎没有增强耐力的作用,还可能导致消极的副作用,如焦虑、不安和恶心等[15]。

咖啡因也有减效作用,如运动员长期摄入等量的咖啡因,当他们适应这种剂量后,咖啡因效果会减弱。因此,在比赛前至少7天禁服咖啡因,可以增加潜在的增补效应[93]。并不是所有的运动员都对咖啡因有反应,不论咖啡因以何种方式摄入,一些运动员天生就无法对其潜在的增补效应产生反应[148]。

人们担心过量地摄入咖啡因，会导致不必要的副作用，如震颤、焦虑和心率加快等[134]。应该指出，全国大学生体育协会（National Collegiate Athletic Association，NCAA）禁服使尿液咖啡因含量过高的产品（超过15 μg/L），较短时间内摄入超过700～900 mg咖啡因（5～7勺咖啡）能达到这个浓度[127]。在NCAA赛事中，竞技运动员应该知道含咖啡因产品的标签中可能没有披露咖啡因或其他兴奋剂成分[137]。

咖啡因产生最佳效益的剂量为每千克体重含6 mg（图13.3），人们没有理由任意摄入高剂量咖啡因[45]。即使剂量较低（每千克体重含＜3 mg的咖啡因），似乎也能给特定的性能带来有益的好处[71]。据认为，低剂量咖啡因摄入可能有某些其他好处，如更少的副作用和更好的情绪状态[127]。

尽管咖啡因的使用通常与改善耐力运动至力竭的时间有关，但是关于咖啡因影响力量/无氧训练的信息很少。与安慰剂相比，摄入5 mg/kg咖啡因的运动员，举重量明显增加，卧推次数明显增多[35]。同样的研究还发现，摄入咖啡因的运动员在情绪状态评分问卷上比那些服用安慰剂的人更有活力，疲劳减轻。

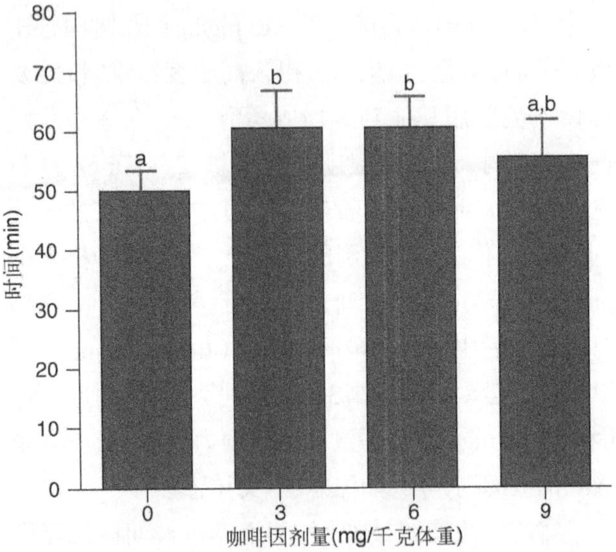

图13.3 在最大摄氧量的85%时，摄入零咖啡因0、3、6或9 mg/kg体重的咖啡因（剂量）对跑步时间的影响。数据±标准差（*n*=8）。不同字母的条形图差异显著，相同字母的条形图差异不显著

资料来源：Graham TE, Spriet LL. Metabolic, catecholamine and exercise performance responses to varying doses of caffeine. J Appl Physiol. 1995; 78: 867–874.

（二）碳水化合物（凝胶、饮料、食物）

碳水化合物是常量营养素，在身体活动中起着重要作用，提供给人们最多的膳食能源。在高强度的运动中，主要是无氧运动，碳水化合物能够为无氧代谢产生能量，供给肌肉燃料。在低强度的耐力训练中，脂肪可能是主要燃料，但是脂肪的完全燃烧需要碳水化合物[104]。然而，碳水化合物储量是有限的（100 g肝糖原；400～500 g肌糖原），因此它是机体活动时有限的能量底物，也就是说，碳水化合物可能比脂肪和蛋白质更快"用完"，碳水化合物用完后很难继续运动[143]。在近期的一篇综述评估补充碳水化合物对运动持续时间影响的61项研究中，有50项（82%）研究发现，碳水化合物对运动持续时间影响具有统计学意义[131]。

为确保碳水化合物在运动过程中不会耗尽，策略就是在运动前使糖原储备处于最高水平。这种策略通常称为**糖原负荷**，目的是在组织中尽可能储存较多的碳水化合物。传统或经典的碳水化合物负荷方案（被称为阿斯特兰方案，由阿斯特兰首先描述）是首先完全耗尽肌糖原，达到最大的肌糖原储备[50]。接下来一个阶段，避免进行使糖原耗尽的活动（如高强度运动），摄入高碳水饮食恢复糖原到最大水平。虽然在优化糖原储备方面很成功，但是由于依然存在糖原耗尽带来的潜在危险，如不规则心跳和血压突然下降，因此这个方案不再被推荐使用[7]。

> **糖原负荷**
>
> 这是一项赛前优化肌糖原储备的策略。通常，摄入相对较高的碳水化合物，减少消耗肌糖原的运动（即较高强度运动）。

谢尔曼/科斯蒂尔法是关于糖原负荷的推荐方法，它是一种比阿斯特兰方案更安全的方法，在优化糖原储备方面同样有效。该方法基于始终保持糖原储备水平，避免糖原耗尽的运动。使用谢尔曼和科斯蒂尔法方法，运动员应该做到[28]：

■ 每天规律地摄入55%～65%的碳水化合物，

备赛时稍微增加到60%～70%，代表碳水化合物的摄入量每天约为7～12 g/kg。

■ 比赛前4～7 d，应逐渐减少运动（特别是剧烈运动），避免消耗大量的肌糖原。在这个逐渐减少运动的阶段，保持高碳饮食。

研究发现，这种方法与阿斯特兰方案一样，能最大限度增加糖原储备，但它不存在糖原耗尽的可能。应注意，糖原储存以1∶3的比例增加水储存（即：每克糖原储存3 g水）。糖原负荷可以提高耐力，但也可能增加一些初始肌肉僵硬的问题，因此运动员应该认真考虑糖原负荷能不能给他们带来效益。在灵活性和高强度运动中，运动员的体重比很重要（如体操、花样滑冰和跳水），最大化糖原储备的方法可能不可取[50]。

运动员摄入碳水化合物的种类确有不同。在运动饮料和凝胶发现葡萄糖聚合物产品中包括有葡萄糖聚合物制剂（碳水化合物聚合物，易于消化吸收）和麦芽糊精（淀粉经部分水解制成的多糖，易于消化吸收），它们易消化成葡萄糖，有效促进糖原合成，就像意大利面食、面包、米饭和其他谷物中的淀粉一样[29,104]。

总之，以下策略可以优化糖原储备[19,102,137]：

■ 在赛事/运动前优化肌糖原储备，或运动后恢复肌糖原。

● 碳水化合物7～12 g/(kg · d)。

■ 在不到8 h的时间内，在下一次运动前恢复肌糖原，需要运动后快速恢复肌糖原。

● 运动后立即摄入1～1.2 g/kg的碳水化合物，每小时重复一次，直至恢复规律饮食。

● 有证据表明，运动后的恢复早期，每隔15～60 min吃一些碳水化合物作为零食是有益的。

■ 长时间运动前的赛前餐。

● 运动前1～4 h摄入1～4 g/kg碳水化合物。

■ 中等强度或间歇运动1 h或更长时间的耐力运动需要摄入碳水化合物。

■ 总能量摄入不足，碳水化合物的消耗过大，导致糖原储备减少。

● 运动时长1 h以内：摄入含有少量碳水化合物的运动饮料（6%～7%的碳水化合物）。也有证据表明，用碳水化合物饮料漱口也会有一些好处。

● 耐力运动超过90 min：摄入0.5～1.0 g/(kg · h)碳水化合物。

● 耐力运动超过4 h：摄入多种碳水化合物1.5～1.8 g/min（即摄入碳水化合物不止一种，如摄入蔗糖和葡萄糖的混合物比摄入同等热量的葡萄糖更能优化肠道碳水化合物受体）。

■ 日摄入量（在运动前、中、后摄入碳水化合物可以优化糖原供应）。

● 运动员进行低强度训练。

◆ 3～5 g/(kg · d)。

● 运动员进行中强度训练。

◆ 5～7 g/(kg · d)。

● 运动员进行1～3 h中等强度至高强度耐力训练。

◆ 7～12 g/(kg · d)。

● 运动员进行长时间的极限运动（超过4～5 h），如环法自行车赛。

◆ 至少10～12 g/(kg · d)。

（三）β-丙氨酸

运动导致肌肉能量底物减少，包括ATP、磷酸肌酸和糖原，以及导致代谢物堆积，包括ADP、H^+和镁（Mg^{2+}），造成自由基损伤细胞的潜在危害[4]。肌肽通过缓冲H^+缓解肌肉疲劳。肌肽由β-丙氨酸和组氨酸两个氨基酸组成，它随着β-丙氨酸摄入量增加而增强缓冲能力[10,132]。这种增强的缓冲能力能够改善高强度运动的表现[97]。β-丙氨酸的膳食来源主要来自进行无氧呼吸的动物肉，如家禽；或者在低氧环境中生活的动物肉，如鲸鱼。摄入超过标准剂量的β-丙氨酸（800 mg）可能会造成不愉快的反应，如皮疹或瞬间感觉异常（皮肤刺痛）。但是，服用低剂量β-丙氨酸的缓释片可以增强肌肽效应，使这些副作用能够得以控制[130,132]。连续10～12周，每天摄入3～6 g β-丙氨酸（每3～4 h摄入0.8～1.6 g）可增加50%～85%细胞缓冲能力[121,132]。有趣的是，与未训练的肌肉相比，有训练的肌肉服用β-丙氨酸后肌肽效应更加明显，但是，训练有素的运动员好像很难提高运动表现[5,8]。虽然运动员的运动表现差异很大，在30 s～10 min的连续或间歇运动中，常规摄入β-丙氨酸的运动员通常能感到有0.2%～0.3%的运动改善[97]。

（四）硝酸盐和其他一氧化氮刺激物

膳食硝酸盐补充剂和其他产品的补充剂，如柑橘类黄酮，能够增加血浆亚硝酸盐浓度或直接增加一氧化氮产生量。**一氧化氮**有很多功能，对运动员而言，这些功能都很重要，主要包括以下功能[59,107,128]。

- 血流和血压的调节（血管舒张）；
- 肌肉收缩；
- 葡萄糖稳态；
- 钙稳态；
- 线粒体呼吸和生物合成。

一氧化氮

一氧化氮（nitric oxide, NO）是一种改善氧气运输到细胞的强大血管扩张剂。改善的氧气运输能够降低心率和血压，因为心脏不用费力地运送所需氧气。青少年中有一个产生NO的强大的精氨酸途径。随着年龄增长，这种途径变得不再活跃，以及血压上升。但是，摄入高硝酸盐食物（如甜菜汁）使硝酸含量增加，氧运输改善和血压下降。

最初，人们认为NO只是在NO合酶催化的反应中，通过*L*-精氨酸的氧化产生的[100]。后来人们发现，也可以通过摄入食物，将硝酸盐还原为亚硝酸盐，再将亚硝酸盐还原为NO的方式获得NO[34]。在低氧供应环境下，这种途径尤其重要，如运动期间骨骼肌的高需氧量。人们还发现，摄入柑橘类黄酮补充剂，是一种抗氧化剂，也是产生NO的刺激剂，对运动表现有积极影响。对男性运动员进行双盲、随机研究，与使用安慰剂相比，摄入4周500 mg柑橘类黄酮补充剂后功率输出明显增加（功率自行车的时间试验）[107]。

特别是甜菜和绿叶蔬菜中的硝酸盐，会被口腔细菌还原成亚硝酸盐，导致血浆亚硝酸盐浓度升高。这种更高的血浆亚硝酸盐浓度是NO储存库[85]。因为甜菜汁和蔬菜汁比固体食物接触口腔细菌面积更大，因此它们是首选食物[63]。

有几项研究调查膳食硝酸盐补充剂是否对运动生理反应产生影响。其中一项研究发现，摄入3天硝酸钠补充剂［0.1 mmol/(kg・d)］降低了亚极量运动的静息血压和耗氧量[75]。其他研究发现，摄入甜菜汁降低了静息血压，减少5%的亚极量运动的耗氧量，延长16%的高强度运动的疲劳时间，有效提高了NO的生物利用率[2]。多么有意思，硝酸盐食物也会减少亚极量运动的耗氧量，提高运动耐力和运动表现[59,74]。其他研究发现，竞技自行车运动员在骑行4 km和16.1 km试验前，相同的摄氧量下快速地补充500 mL甜菜根汁会产生更大的功率输出，完成往返试验距离的时间少了2.7%[72,73,144]。如果同等剂量继续补充下去，这种效果至少持续15天。重要的是，没有硝酸盐的甜菜汁（安慰剂）没有作用，表明硝酸盐是甜菜汁重要的生物活性成分。谨慎地说，因为硝酸盐被口腔细菌转化为亚硝酸盐，使用抗菌漱口水也许会阻止NO的产生。评估19名健康志愿者的血压，在前7天处于对照阶段，后7天处于摄入氯己定基抗菌漱口水的试验阶段[63]，与对照阶段相比，抗菌漱口水的干预可显著降低90%口腔亚硝酸盐产量和25%血浆亚硝酸盐浓度，收缩压和舒张压显著增加。结果表明口腔细菌在血清亚硝酸浓度和血压生理控制上发挥着重要作用。

（五）肌酸

肌酸补充剂，特别是一水合肌酸，被发现在重复高强度、恢复期较短的运动中摄入可以改善运动表现[137,145]。此外，研究还发现，补充肌酸可增强机体对运动的适应性，增加肌肉质量和力量[97,118]。在短跑等高强度活动中，ATP快速消耗，磷酸肌酸可以作为维持ATP水平的储存库。肌酸由3种氨基酸合成和磷反应生成磷酸肌酸[112]。人们认为，肌酸会加强肌肉维持ATP的能力，从而延缓高强度运动中的肌肉疲劳[104]。也有证据表示，肌酸补充物会减少氧化应激和组织炎症标记物[32]。肌酸的合成主要在肝脏和精氨酸、甘氨酸和蛋氨酸代谢活跃的组织中，还可以从肉类中获取肌酸的前体[6]。然而，烹饪会减少饮食中肌酸前体的可利用性，还要考虑充分烹饪肉制品，减少细菌感染的重要性，因此肉制品能提供的肌酸量很少。因为从肉类中净摄取的肌酸前体很少，以及低蛋白质摄入量用于提供肌酸合成的必需氨基酸，纯素食主义者可能面临肌酸摄入较低的风险[13,137]。

目前肌酸是最受运动员喜爱的增补剂之一[27]。典型的肌酸负荷方案包括：初始负荷阶段摄入20 g/d，分成4个相等的日剂量5 g/次（5～7天），维持阶段摄入3～5 g/d（1周～6个月）[6]。最近研究发现，摄入0.1 g/kg体重的肌酸补充剂结合抗阻训练，有提高运动表现的潜力[27]。早期研究表明，每天服用肌酸补充剂，5天后可使肌肉组织肌酸达到饱和[49]。这一发现表明每月服用5天肌酸补充剂足以使肌肉组织肌酸达到饱和，时间不超过5天[95]。还一种观点认为，在摄入肌酸期间，额外摄入蛋白质和碳水化合物（约100 cal蛋白质+约100 cal碳水化合物）可能会改善细胞摄取肌酸的能力，因为这些额外的能量底物能产生更强的胰岛素反应[129]。

虽然没有证据证明摄入4年肌酸对健康产生负面影响（使用推荐摄入量），但是运动员应该认识到，对于一水肌酸补充的长期安全性从来没有在儿童、青少年或成年人身上进行过测试[122]。水潴留造成的急剧体重增加与肌酸补充有关（体重增加0.6～2 kg），这可能会对那些对体重敏感的运动项目的运动员带来麻烦，也有报道肌酸摄入会引起肠胃不适。通过5天的重复跳高试验来比较摄入一水肌酸与250 kcal的碳水化合物的情况，结果发现，摄入碳水化合物组的表现与使用一水肌酸组的表现一样，但是摄入肌酸组的体重没有增加[67]。肌酸补充与一过性肾功能障碍有关。研究发现，在准备足球比赛期间，一直口服肌酸补充剂的运动员患有肾功能障碍，他没有超过推荐的剂量。一旦停止口服肌酸补剂，肾功能就会恢复正常。建议高剂量（超过3～5 g/d）肌酸补充剂不应该用于那些先前患有肾脏疾病或有潜在肾功能障碍的患者身上（如糖尿病、高血压患者）[65]。因此，在摄入肌酸补剂之前，检测肾脏功能是合理的。

（六）碳酸氢钠/枸橼酸钠

在运动员比赛时碳酸氢钠或枸橼酸钠的补充可以增强细胞外缓冲能力，提高运动表现，否则受到酸-碱失衡的影响，尤其是和糖酵解有关的运动，包括持续1～7 min的重复高强度短跑和高强度运动[18,70]。研究人员发现，碳酸氢钠和枸橼酸钠不仅对于无氧运动，还包括重复冲刺，维持力量和爆发力的团队运动中产生的酸（乳酸）都有缓冲作用[24,101]。许多活动涉及无氧代谢过程，运动员似乎可以摄取这些缓冲液提高运动表现。

典型摄入方案是在运动前1～2 h摄入200～400 mg/kg的碳酸氢钠或枸橼酸钠[125]。然而，据报道称，摄入碳酸氢钠可能影响肠胃功能，如呕吐和腹泻等，但是也可能是同时摄入少量高碳零食造成的结果[17,24,137]。运动员在服用增补剂前应该小心碳酸氢钠引发的副作用。把枸橼酸钠作为替代品，似乎减少了肠胃不适，但是在赛前应该检测它的耐受性[97,119]。

（七）支链氨基酸

支链氨基酸（branched-chain amino acids，BCAA）包括缬氨酸、亮氨酸和异亮氨酸，能够直接被肌肉组织氧化产生能量[3]。乳制品中BCAA亮氨酸含量高、消化率高和吸收率好，使得乳制品相比其他来源的蛋白好处多[110]。BCAA似乎存在着能量平衡成分，提高耐力运动的BCAA代谢速度[1]。在耐力运动中BCAA的代谢增加，受到总能量摄入及蛋白质、脂肪和碳水化合物摄入的影响，进而影响血浆BCAA的浓度，使得BCAA的利用成为能量平衡的部分组成。理论上说，剧烈体力活动可加速分解肌肉组织，但摄入BCAA补充剂可以减少肌肉退化，改善去脂质量[68]。也有理论认为，补充BCAA可以使得更多的色氨酸穿过血-脑屏障，刺激产生5-羟色胺，导致中枢疲劳[40]。5-羟色胺能够促进睡眠，抑制食欲，引起生理疲劳。然而最近的一项研究表明，BCAA对中枢疲劳没有显著影响[116]，之前的研究发现摄入BCAA和碳水化合物混合物似乎可以缓解中枢疲劳[31]。

大量评估支链氨基酸对运动表现的影响结果显示好坏参半，同时摄入碳水化合物比单独服用支链氨基酸表现更佳。一些研究发现，单独摄入碳水化合物具有增补效益，结合支链氨基酸使用能提高运动表现[3]。支链氨基酸补充量通常为20～25 g（相当于80～100 kcal）。研究结果表明，与单独使用支链氨基酸相比，食用含有充足碳水化合物的优质蛋白质的运动员可能获得相同或更多好处。

（八）益生元/益生菌①

运动对健康促进的影响可能通过以下机制实现，包括免疫系统的积极影响、抗炎症作用、改善代谢作用[64]。最近研究表明，肠道**微生物群**在免疫和代谢方面发挥重要作用，破坏肠道微生物群可能引起慢性炎症，影响运动员表现[69]。结果显示，包括益生元和益生菌在内的肠道微生物调节疗法，受到运动员广泛喜爱（表13.5）。

微生物群

微生物群又称微生物丛，微生物是指栖息于肠道系统的微生物有机体，具有许多与人体健康有关的功能，包括免疫系统、激素生成、新陈代谢。摄入抗生素和/或不能滋养肠道菌的食物（即益生元），或不能提供像在活性酸奶和其他发酵类食物中存在的乳酸杆菌和双歧杆菌（即益生菌）的情况下，肠道微生物会被降解。

益生元和益生菌通过改变大肠细菌群落发挥作用。使益生元和益生菌发挥作用的微生物称为肠道微生物，在健康和疾病中发挥着重要作用。越来越多的证据表明，肠道微生物疗法通过影响免疫功能、减少肠黏膜通透性、减轻高强度运动相关的炎症反应让运动员受益[86]。除了运动特异性目标，益生元和益生菌还有其他好处，如减少失眠、注意力不集中、焦虑、抑郁和疲劳等和压力相关症状[22]。还有证据表明，使用随机双盲安慰剂方案，服用含有干酪乳杆菌的益生菌胶囊可能会降低呼吸道感染的发生率[42]。常见的益生菌食物包括酸奶、酸乳酒、酸菜、腌菜、豆豉、朝鲜泡菜、康布茶。定期食用这些食物可能很难，但是可以找到可供出售的益生菌胶囊。

（九）维生素D

维生素D影响身体多种系统功能，影响肌肉酸痛、肌肉恢复、钙稳态、骨密度，以及其他骨骼和骨骼外细胞过程，包括心肺功能[139]。随着对维生素D的日益了解，人们越来越对它在体育运动中发挥的多重作用产生浓厚兴趣（表13.6）。

最近研究发现，缺乏维生素D的运动员患各类骨折风险更高，也会增加机体炎症、疾病感染和肌肉功能降低的风险[76]。一项评估维生素D补剂的研究发现，维生素D_2和维生素D_3是安全的，能预防急性呼吸道感染[92]。对98名年轻运动员和舞者进行研究发现，有73%的被评估的运动员维生素D缺乏，室内运动员维生素D缺乏的发生率是户外运动员的

表13.5 益生元、益生菌和合生剂

术语	解释	功能
益生元	食物中不能消化但有助于有益细菌生长和激活的成分（即对菌群有益的食物）	益生元是一种膳食纤维，通过上消化道不能被消化，为结肠细菌提供底物。益生元天然地存在于很多食物中，包括洋蓟、洋葱、大蒜、芦笋和韭菜
益生菌	它是一种活菌，摄入足量可以给健康带来益处（即好的细菌）	常见的益生菌包括乳酸菌和双歧杆菌，它们自然存在于一系列食物中，包括酸奶（活性活菌）、开菲尔、康普茶、泡菜和纳豆
合生剂	益生元和益生菌的结合	合生剂为胃肠道提供有益细菌和底物（即食物），帮助细菌在结肠中存活。合生剂食物包括含切片油桃的活性酸奶；豆类和新鲜酸皮菜；酸乳酒和腰果；加了大蒜和酸奶油的青菜

① 特别感谢梅根·罗西博士为本节提供了关于益生元和益生菌信息，罗西博士是伦敦国王学院糖尿病和营养科学的研究助理，是肠道微生物群领域的专家。

表13.6　维生素D补充剂的形式

术语	来　源	内　容
维生素D_2	钙化醇（来自植物）	维生素D_2是由受紫外线照射的植物产生的。食物采摘后通过紫外灯照射，维生素D_2的含量可以提高。豆浆、杏仁奶和椰子奶通过紫外灯照射也能增加食物维生素D_2含量
维生素D_3	胆钙化醇（来自动物）	对人们而言，这是最有生物活性的维生素D形式，相比维生素D_2有更好的吸收率和利用率，是一种高级补充剂。在阳光照射下，皮下脂肪层的胆固醇可转化为维生素D_3

资料来源：Data from Lehmann U, Hirche F, Stangl GI, Hinz K, Westphal S, Dierkes J. Bioavailability of vitamin D(2) and D(3) in healthy volunteers, a randomized placebo-controlled trial. J Clin Endocrinol Metab. 2013; 98(11): 4339–45; Logan VF, Gray AR, Peddie MC, Harper MJ, Houghton LA. Long-term vitamin D_3 supplementation is more effective than vitamin D_2 in maintaining serum 25–hydroxyvitamin D status over the winter months. Br J Nutr. 2013; 109(6): 1082–1088.

近2倍[26]。有趣的是，在20世纪50年代，运动员就开始晒太阳产生维生素D，减少肌肉酸痛和促进肌肉恢复，以此提高运动表现[17]。肌肉酸痛的快速恢复和肌肉功能恢复促进了肌肉蛋白的合成，伴随维生素D状况得到良好改善[9,146]。应该注意的是，为获得相同维生素D益处，深肤色的运动员可能比浅肤色的运动员需要更多光照[紫外线B（ultraviolet B，UVB）]。据估计，为达到相同的维生素D水平，浅肤色的人需要比深肤色的人少40%的紫外线照射量，假设摄入相等食物量的话会使深肤色的运动员缺乏维生素D的风险更高[48]。

问题显而易见：生活在冬天、季节变化地区的运动员，他们体内几乎不产生维生素D，迫使他们依赖夏天获取的维生素D。膳食维生素D的含量较少，加上全年在室内训练和比赛，甚至夏天维生素D获取不足，使运动员处于骨折的高风险中[55,76]。美国医学研究所将维生素D状态进行分类：维生素含量＞50 nmol/L时，为维生素充足，维生素D含量30～50 nmol/L时，为维生素不足，维生素D含量＜30 nmol/L时，为维生素缺乏[139]。然而，对血清维生素D（25–羟基维生素D）处于充足、不足、缺乏浓度没有明确共识[77]。通常，80%～90%血清维生素D来自紫外线照射，而饮食仅占10%～20%。证据表明，当血清维生素D浓度低于40 nmol/L时，摄入维生素D补充剂可以改善运动表现。若要预防运动员骨折，需要血清维生素D超过40 ng/L，血清维生素D超过50 nmol/L没有其他好处[124]。维生素D补充剂的摄入剂量差别很大，从1 000到50 000 IU，一般为1 000～2 000 IU。欧洲食品安全局最近指出，补充维生素D最大合理剂量为4 000 IU[36]。日常补充量超过这一剂量应仔细监测维生素D浓度，避免中毒[51]。甚至在肌力下降的老年人中，连续两年每日提供1 000 IU剂量的维生素D_2，肌肉力量和大小也明显增加[120]。对维生素D补充组和非补充组的运动表现进行评估，发现补充组的成绩明显改善，特别是生活在北方气候的运动员[25]。然而，考虑到维生素D有潜在毒性，运动员应该在健康专业人士的指导下补充维生素D。

（十）绿茶

之前研究表明，无论是通过抗氧化食品或补充剂，抗氧化剂的使用可能会对运动有关的氧化应激和肌肉损伤具有保护作用[11,114]。也有研究表明，服用抗氧化剂的运动员不能很好地适应训练，使他们倾向更严重的氧化损伤[23,44,135]。下面研究说明，找到抗氧化剂提高表现的结果是多么难：研究8周随机、双盲、安慰剂对照交叉试验，比较短跑运动员服用绿茶提取物（每天980 mg多酚）和安慰剂的情况，结果发现摄入绿茶提取物减少了循环冲刺测试后的氧化应激[60]。这一发现与之前评估绿茶提取物的发现是一致的[61,109]。但这份研究同时发现，摄入绿茶提取物并没有减少肌肉损伤，改善短跑成绩。

（十一）改善免疫系统的补充剂

运动员摄入大量营养补充剂以期增强免疫功能，包括维生素C、维生素E、锌以及本章前面没有提及的其他物质，包括牛初乳、谷氨酰胺、紫锥菊和ω–3脂肪酸。下面章节将概述它们的潜在的作用和功效[97]。

1. 维生素C

维生素C（抗坏血酸）可以去除活性氧（ROS）

和参与免疫功能。有限的证据表明，补充维生素C有助于预防上呼吸道症状，但是没有证据支持每天补充200 mg以上的维生素C能够治疗或解决上呼吸道症状。

2. 维生素E

维生素E可以去除活性氧，参与免疫功能。没有证据证明补充维生素E有助于改善免疫功能，一些证据表明高剂量的维生素E可能增加氧化损伤和上呼吸道症状。

3. 锌

矿物质锌是免疫细胞的酶辅助因子，锌缺乏与免疫受损有关。有证据表明，运动员体内存在缺锌现象。有人声称，补锌可能会减少上呼吸道症状的发生率，但只有适量研究支持它对上呼吸道症状的治疗效果。对于一些慢性上呼吸道疾病，应该在症状出现后24 h内服用锌补充剂，以发挥锌补充剂的作用。潜在的副作用包括低味觉（低味觉感觉）、味觉障碍（味觉感觉改变）和恶心。

4. 牛初乳

这是牛分娩牛犊后第一次产奶，其中包含抗体、生长因子和其他免疫相关的化学物质。有限的证据支持服用牛初乳，而一些信息表明牛初乳有助于维持剧烈运动后的唾液抗菌蛋白（这些唾液抗菌蛋白通常在剧烈运动后减少）。为更好地了解牛初乳的用途需要更多的研究支持。

5. 谷氨酰胺

这种非必需氨基酸是免疫细胞的能量来源。经过长时间、大量的训练，谷氨酰胺供应减少。没有证据表明，运动前后食用谷氨酰胺有助于提高免疫功能。有限证据表明，在耐力比赛结束后，补充谷氨酰胺的运动员上呼吸道症状可能会减少。

6. 紫雏菊

有限的证据表明，紫雏菊是一种可以增强免疫功能的草药提取物。最近的研究表明，紫锥菊对疾病感染发生率或严重程度没有影响。

7. ω-3脂肪酸

ω-3脂肪酸存在于冷水鱼油和亚麻籽中，可能影响免疫功能。人们还声称运动后摄入ω-3脂肪酸有抗炎作用。没有证据证明ω-3脂肪酸可以减轻运动员的上呼吸道症状，有限的证据支持进行使肌肉损伤的离心运动后，ω-3脂肪酸能够减轻炎症反应。一些证据表明，摄入ω-3脂肪酸补剂能够改善健康老年人的认知功能，但在健康和运动表现方面，尚不清楚这种作用是否可以帮助更年轻、健康的运动员。

8. 能量饮料

自从30多年前推出能量饮料以来，它就深受人们喜爱。据报道，许多大学生摄入能量饮料的原因各式各样，如睡眠不足、提高学习警觉性、长时间驾驶、聚会饮酒和治疗宿醉等[87]。大学生运动员相信能量饮料可以提高运动表现，因此摄入含有高浓度咖啡因、糖、维生素、草药提取物和氨基酸的能量饮料[52]。儿童和青少年是能量饮料的营销目标，也是消费主力军[123,136]。能量饮料含有极高浓度的咖啡因，通常在30～134 mg/100 mL的范围内（FDA建议的咖啡因最高限量为20 mg/100 mL）。虽然能量饮料受到欢迎，但是人们仍对能量饮料的负面影响深切关注。一些小罐的能量子弹含有的咖啡因浓度是FDA推荐限值的12倍[54]。关于能量饮料的担忧有很多，包括以下[43,47,52–54]：

- 许多能量饮料含有成分（B族维生素、葡醛内酯、人参提取物、瓜拉那、麻黄、育亨宾树皮、银杏、可乐果、茶碱、草药、左旋肉碱），单独或联合食用对健康的影响尚不清楚。
- 有证据表明咖啡因具有增补效应，但增强表现的最佳功能剂量通常为3～6 mg/kg，大多数能量饮料的咖啡因浓度远远超过这个范围。
- 有报道声称，体育锻炼时饮用能量饮料会产生不良影响，包括心悸、焦虑、震颤和胃肠道紊乱。急性影响包括以下：
  - 内皮功能紊乱，可能存在影响心血管功能的炎症效应。
  - 去甲肾上腺素水平升高，血压升高，快速分解肝糖原引起血糖上升。肝糖原急剧减少让运动员在比赛中难以维持正常血糖水平，还伴有大脑敏锐度和肌肉功能的下降。
  - 曾有记载，运动中使用能量饮料使人猝死。
  - 异常的神经症状，如癫痫、可逆性脑血管收缩和脑出血。

- 胃肠道症状，如腹泻、恶心和呕吐。
- 急性肾衰竭和代谢性酸中毒。
- 较高的肥胖风险，组织摄取过多葡萄糖，更多的脂肪组织生成。
- 急性精神病，包括思维混乱、坐立不安、神经过敏、睡眠困难，以及冒险行为的发生率更高。
- 有报道称，同时饮用能量饮料与乙醇会致命。

儿童身体比成人小很多，因而同时使用标准容器饮用能量饮料，儿童饮用的剂量相对较大，产生上述不良影响也更大。因此，ACSM在能量饮料方面的立场是，无论出于什么原因，儿童或青少年都不应以任何理由或目的饮用能量饮料[52]。此外，需要注意的是，ACSM建议医务人员、运动防护师、运动医学医师和私人教练应该对他们的病人和客户宣讲能量饮料的使用及使用时潜在的不良影响[52]。目的是提供足够的基于科学的信息，说明能量饮料的不良影响，这样运动员和客户就可以在知情的情况下选择是否饮用能量饮料。

五、总结

制造商暗示，存在许多不胜枚举的产品，让运动员提高运动表现：

- 总而言之，运动员所能达到的最有效的成绩提高，似乎是来自从多样化和平衡的饮食中获得多种营养素，在一天中保持良好的能量平衡，特别是在运动过程中，并保持良好的水合状态。
- 某些补充剂，如维生素D和碳水化合物，可以满足运动员因受运动性质影响而难以获得的营养（如远离光照的室内运动），或通过饮食限制保持低体重的那些传统做法。
- 一些补充剂对某些运动员可能是有益的，比如使用肌酸的力量运动员。但是运动员应该把花在肌酸上的钱更经济地用在能够帮助维持能量平衡的高质量食物上（图13.4）。
- 重要的是，任何购买日常消耗品的人都希望产品标签上能有准确的成分列表，以及每份食物中每种成分的含量。
- 并非所有的补充剂都是如此，但有证据表明，有相当一部分补充剂含有WADA所指的违禁物质，而这些并未列在标签上，蛋白粉被发现有铅的污染，其浓度对健康不利[94,96]。
- 其他研究发现蛋白粉和饮料中有过量的重金属（砷、铅、汞）[96]。
- 伊朗的男性健美者服用污染的膳食补充剂被发现患有肝炎[138]。
- 运动员在决定服用增补剂或补充剂时应谨慎小心，虽然风险很小，但依然存在。

	有充足证据表明有效的物质	有适量证据表明有效的物质	无效或违禁物质
耐力	咖啡因 碳水化合物凝胶/饮料 β-丙氨酸 甜菜汁 碳酸氢钠/枸橼酸钠 抗氧化剂	牛磺酸 活性樱桃 左旋肉碱	麻黄素 甲基己胺 草药补充剂 瓜氨酸苹果酸 精氨酸 辛弗林
力量/体积	肌酸 蛋白质	亮氨酸 支链氨基酸	ZMA* 任何“合成代谢”的东西 睾酮 增强剂 草药补剂 牛初乳
健康	益生菌 电解质 维生素D	维生素C 多种维生素 氨基葡萄糖 槲皮素 谷氨酰胺 鱼油 胶原蛋白	镁 草药补充剂

图13.4　不同补充剂的有效程度

* ZMA是指含有锌、镁和维生素B_6的补充剂。

资料来源：From Close GL, Hamilton DL, Philp A, Burke LM, Morton JP. New strategies in sport nutrition to increase exercise performance. Free Radic Biol Med. 2016; 98: 144-158.)

■ 运动员不应依赖出售补充剂的个人或公司来真实地了解补充剂用处。他们应该与有资格认证的健康专业人士进行交流，确定补充剂的摄入是否会产生任何不良影响。

■ 运动员应客观评价服用的补充剂是否达到预期设想，以及是否存在可以归因于补充剂的不良影响（如肠胃不适）。

■ 回顾本章学过的增补剂中，其中最好的是基于食物和阳光的增补剂，包括维生素D、碳水化合物、食物益生菌和天然硝酸盐（即甜菜汁）等。运动员在服用其他补充剂之前应该首先考虑这些。

■ 从均衡的饮食加上定期地日晒中获得的益处，可能会较好地消除运动员期待从其他方面提高成绩的想法。

实际应用

使用前面章节描述的步骤，通过访问在线USDA美国农业部食品成分数据库，创建一个包含从每天食品和饮料中摄入的钙、铁和叶酸的电子表格（https://ndb.nal.usda.gov/ndb/search/list）。

（1）如果摄入这些营养素都很少，请改变你的饮食，看看你需要什么食物，确保摄入足量的营养素。

（2）现在，你能在网上找到一种经典的针对运动员的复合维生素补充剂，并将标签列出的每一种营养素/含量分别添加到包含三大营养素的电子表格中。

（3）在你的每日摄入量加入推荐摄入量，并再次分析这些营养素。

（4）查找NIH网站，找出每日摄入这些营养素可能存在的问题和好处（https://ods.od.nih.gov/）。

本章问题

1. 运动员通常服用膳食补充剂是因为他们相信这种补充剂
   a. 将提高运动成绩
   b. 将满足大量训练的营养需要
   c. 将帮助他们像服用补充剂的运动员一样获得成功
   d. 以上一切
   e. a和b
2. 增补剂是指一种________的物质
   a. 能够提高灵活性
   b. 能够提高运动表现
   c. 有助于满足体力活动的能量需求
   d. 有助于运动员睡眠
3. 营养增补剂
   a. 一定是一种已知的维生素
   b. 一定是一种天然的物质，而且通常与食物结合
   c. 一定是一种改善能量代谢的蛋白质
   d. 一定是一种能提高血液容量和增加排汗率的矿物质
4. 在针对运动员的广告中，很多增补剂和维生素含有未列入标签的违禁物质
   a. 正确　　b. 错误
5. 安慰剂效应是指
   a. 从物质中获得益处，意外地改善了细胞能量代谢
   b. 从没有生物益处的物质中获得表现提高，源于运动员认为这种物质会所有帮助
   c. 运动成绩的提高是由于经常食用增补剂，而不是定期或不定期的食用
   d. 当摄入其中一种物质没有益处时，摄入两种不同的物质会有效
6. 增加蛋白质摄入产生的益处可能是由于蛋白质改善了能量平衡，而不是任何其他蛋白质特异性合成代谢功能的结果
   a. 正确　　b. 错误
7. 在运动员中，哪一项不是咖啡因已知的主要

效应？

a. 它刺激中枢神经系统

b. 它增加肌肉质量

c. 它降低了运动过程中的感知力

d. 它降低了疼痛和疲劳感

8. 达到最佳成绩的咖啡因摄入量是

a. 3 mg/kg　　b. 3 g/kg

c. 6 mg/kg　　d. 15 mg/kg

9. 在准备一场运动赛事前，规律地摄入________碳水化合物对优化肌糖原储存是有用的。

a. 7～12 g/（kg·d）

b. 3～4 g/（kg·d）

c. 15～20 mg/（kg·d）

d. 15～20 g/（kg·d）

10. 甜菜根汁被证实能改善____的可利用性。

a. 一氧化氮合酶　　b. 一氧化氮

c. *L*-精氨酸　　d. 红细胞浓度

本章问题答案

1. d；2. b；3. b；4. a；5. b；6. a；7. b；8. c；9. a；10. b

（左　群　徐　畅　译）

参考文献二维码

第 14 章

与运动员健康、疾病和损伤有关的营养问题

本章目标

- 了解营养、体育锻炼和疾病风险之间的关系。
- 列出体育锻炼影响营养需求的一般方式。
- 理解为什么要将体育锻炼与营养/能量消耗动态地联系起来。
- 明确美国疾病控制与预防中心(Centers for Disease Control，CDC)、WHO和ACSM对儿童和成人的运动建议。
- 认识到良好的营养和规律的体育锻炼对减少特定疾病的作用。
- 评估缺乏运动和营养不良对常见慢性健康疾病(包括心脏病、糖尿病、癌症和骨骼健康)不良风险的影响。
- 明确美国人当前饮食指南的要点。
- 讨论低热量减肥饮食对肥胖症的流行和相关健康问题的影响。
- 解释不同类型的膳食脂肪的基础以及对应的心脏病风险。
- 区分运动员群体中常见的饮食紊乱现象。

案例研究

在高中和大学阶段，约翰都是一位了不起的橄榄球运动员。人们会看着他打球，并讨论他如何能突然改变方向，并能快速地向前和向后移动。这使他成为一个理想的后卫，能够突然移动至对方持球队员身边进行一次利落的拦截。每一个了解橄榄球的人都会注意到他，甚至那些只是随意旁观的人也会说，“那个人是谁?”他所在大学的球队进入了季后赛，很大程度上归于他出色的阻断对手进攻的能力。他具有敏锐的观察力和直觉，在最后一个赛季甚至多次截杀对方四分卫。职业队认为他是一个很有前途的新人。约翰不仅是一个运动员，他还是一个成绩优异的学术型运动员。有些人认为这对他来说很容易，但他们不知道他在学习上和力量房里花了多少时间，才确保自己始终保持学术成绩和身体状态处于顶尖水平。

在成功地结束最后一个大学赛季后，他以丰厚的薪水被招募加入了他所心仪的职业队。现在他是一名职业球员了，致力于打造一支载入史册的成功球队。他与防守教练的第一次交流很有趣。教练担心约翰比同一个位置的其他球员都要轻10 lb，并告诉他如果想取得成功，他需要增加一些“重量”，10 lb的重量会使他作为防守型后卫的生存能力大有不同。约翰觉得这很奇怪，因为他的体重在4年内都稳定在180 lb。他是以现在的体重被职业队招募并签下合同，但现在他们又希望自己达到190 lb。好吧，他想，防守教练肯定知道怎样是最好的，因此他寻找了一些方法来增加体重。

简单——他在早餐和晚餐时会比平时多吃(主要是蛋白质),以增加肌肉的重量,并花更多的时间在健身房锻炼。他变得越来越壮,但主要在他的腹部,肌肉却没有变化。他有生以来第一次听到教练对他大喊大叫:"你不能快点吗?"他的一位队友建议他服用一些维生素E,有人认为维生素E有助于减轻他的肌肉酸痛,并且在一周内可能会感觉很好。但是维生素E没有见效,他仍然感到肌肉酸痛和过早疲劳。他并不想以这样的状态开始自己的职业生涯。这时候只有一件事要做——和防守教练谈谈。约翰在讨论时说,他更倾向保持他之前的体重,如果在这个赛季中他表现不好,那么他会很乐意增加体重。防守教练无言以对,但还是说了一句"好的"。他确信约翰在整个赛季的表现会很差,但是他认为这也许是约翰需要学习的重要一课。最后约翰进入了首发阵容,战绩累累,有人说他可能是当年的新秀,也没人再去讨论他的体重。

案例研究(问题探讨)

(1) 一个已经很健康的运动员增加肌肉重量的潜在困难是什么?

(2) 有证据表明补充摄入维生素E有助于减轻肌肉酸痛吗?

(3) 从营养学角度来说,运动员尝试增加肌肉质量时,只能通过增加蛋白质摄入这一种方法吗?

有时很多体育运动的传统做法会妨碍运动员同时获得好的健康和表现。有些运动传统的坏处显而易见。例如,在大赛之前要求一个年轻的体操女运动员必须减掉很多体重,这显然是不好的,但保持矮小身材一直是体操项目的一个传统。许多运动员都遵循在吃早餐前训练这一传统。这种做法会导致运动员可利用的能量少和(或)在低血糖状态下训练,大大削弱运动的益处。想想下面列出的不同运动项目中的一些传统做法,看看你是否能找出一些可能会干扰良好营养习惯并对运动表现产生负面影响的做法。如果男女都参加这项运动,请说明你是否认为男女运动有不同的营养需求,以及这些营养差异是否对运动成绩有影响。

- 排球(男性和女性);
- 美式橄榄球(仅男性);
- 篮球(男性和女性);
- 足球(男性和女性);
- 长跑(男性和女性);
- 短跑(男性和女性);
- 举重(男性和女性);
- 健美(男性和女性);
- 艺术体操(仅女性);
- 竞技体操(男性和女性)。

一、引言

体育锻炼对机体健康有很多潜在的益处,前提是要正确地进行体育锻炼,同时还要提供合理的膳食营养。体育锻炼的好处包括:

- 延长寿命;
- 提高肌肉力量;
- 降低心血管疾病风险;
- 降低2型糖尿病的风险;
- 强健骨骼;
- 降低患某些癌症的风险;
- 改善免疫系统;
- 改善心理健康;
- 维持健康体重。

对于参与体育运动的任何人来说,需满足因为运动而增加的能量消耗和营养需求。虽然看起来很简单,但确保细胞需求得到满足可能要比看起来更复杂。能量需求必须"实时"被满足,而不是随机满足,并且还要考虑**能量底物**、碳水化合物、蛋白质和脂肪的摄入。如果一个运动员需要1.2～2.0 g/kg的蛋白质,那么就要考虑如何规划好一天内消耗的蛋白质总量和蛋白质的最佳分配摄入量。运动后立即摄入碳水化合物、蛋白质和液体是优化**肌肉蛋白质合成**和改善肌肉恢复的有效手段，但这需要计划和确保在运动员最需要的时候提供适当的这些食物和饮料。

能量底物

一种可以通过自身代谢，提供给细胞能量的营养物质。在人类营养中，能量底物包括碳水化合物(4 cal/g)，蛋白质(4 cal/g)和脂肪(9 cal/g)。乙醇也能提供能量(7 cal/g)，但它会干扰B族维生素的代谢，从而干扰正常的能量代谢，因此通常不被认为是能量底物。

肌肉蛋白质合成

肌肉蛋白质合成是对运动的最佳适应性反应，即通过运动增加肌肉质量，最终改善运动表现。在适当的时间提供适当数量、适当种类的营养素，可以增加肌肉蛋白质的合成。

体育运动和营养之间存在明显的相互作用。运动的人懂得这些基本原则，可以更好地维持其身体健康状态。体育锻炼会对以下几个方面有影响。

■ 能量需求：体育锻炼会增加能量消耗，必须通过食用更多食物来满足能量的消耗，否则能量失衡可能会导致肌肉丢失，骨密度降低及脂肪量相对增加。瘦体重的减少(对能量供应不足的生存适应现象)和脂肪质量的增加可能会导致重量级或形体类运动员(即摔跤、体操、花样滑冰)能量摄入进一步减少，引发饮食紊乱和多种健康风险问题[36,93,104]。

■ 能量底物需求：体育活动会增加碳水化合物的利用，对起到维持、修复和增加肌肉组织作用的蛋白质要求也更高。在适当的时间摄入适当数量的碳水化合物和蛋白质食物有助于满足这些需求。

■ 维生素需求：体育锻炼改变了对某些维生素的需求量，尤其是与能量代谢有关的B族维生素。如果摄入的食物品质优良，那么它们通常既含有能量底物也含有这些B族维生素。例如，简单的碳水化合物蔗糖(食用糖)可以提供能量，但不含任何能量代谢所需的B族维生素。然而，从大米、土豆、面包等获得的淀粉类碳水化合物就含有供能量所需的维生素。

■ 矿物质需求：体育锻炼会导致一些矿物质通过汗液和尿液大量流失，高强度的体育锻炼可能还会干扰有些矿物质的存留。有一些方法可以很好地保证运动员的矿物质充足。例如，在体育锻炼期间摄入含电解质的运动饮料有助于弥补汗液中矿物质的流失。男性和女性运动员缺铁和缺铁性贫血的风险都很高，这表明运动员对铁的需求更高。理想情况下，任何进行规律体育活动的人都应该每年定期评估铁的状况，从而确定摄入的食物是否满足机体对铁的需求。

■ 体液需求：体育活动在消耗能量的过程中会产生很多的代谢热，这些热是必须被散发掉的。这种散热的主要机制是汗液的产生，汗液的体积可能超出人类正常体液交换的能力。因此，运动员应在水合状态良好的情况下开始运动。学会尽早喝水(在出现口渴之前)及少量多次，并在运动后饮用足够的水，防止体重减轻。**脱水**、**水合不足**和**正常水合**描述了水合的不同状态。

脱水

表示体内水分不足，通常由于补液不足导致无法与通过汗液和尿液流失的液体和电解质相匹配，或导致体内大量水分和电解质流失(包括腹泻和呕吐)的情况。

水合不足

常与脱水同义，指体内水分不足的状态。

正常水合

指正常的身体含水量，细胞内和细胞外都有正常的含水量。

运动员如果从多种食物中可以获得充足能量，那么就不需要再额外补充维生素和矿物质[143]。尽管有越来越多的证据表明，高剂量地使用补充剂可能会产生很多问题，但运动员仍将推荐的营养摄入量作为最低剂量[97]。曾经认为不管摄入多少剂量的水溶性维生素都是无害的（毕竟可以通过尿液排出过多的维生素），但现在有发现**维生素毒性**的证据。例如，过多摄入或缺乏维生素B_6都有可能导致外周神经病变，手指和脚趾感觉丧失；而过多地摄入维生素C（> 2 000 mg/d）可能导致腹泻，甚至可能会增加患肾结石的风险[66,140,144,159]（注：成年人推荐的维生素B_6摄入量为1.3 mg/d，允许的摄入量上限为100 mg/d，补充剂通常含有100 mg或者更多的维生素B_6。结合从食物中摄入的维生素B_6，食用补充剂的人可能会超过维生素B_6的摄入量上限。成年人推荐的维生素C摄入量为75～90 mg/d，补充剂通常含有1 000 mg甚至更多的维生素C。再结合从食物中摄入的维生素C，服用补充剂的人很有可能超过2 000 mg的摄入量上限）。过量摄入铁可能导致更高的患癌风险，因为大量摄入的铁未被吸收并刺激胃肠道，增加结肠癌风险[101,160]。此外，长期服用铁补充剂的人可能会因为铁和锌的竞争性吸收导致锌的吸收减少，缺锌的风险增加[126]。对于营养的摄入做到足量就好。但也必须考虑到，日常对某一种营养素的需求应通过一天中的多次饮食来满足，而不是一次性给足剂量。例如，对水溶性维生素叶酸的研究发现，单次摄入高剂量的叶酸可能会加速癌前病变的进展，增加结直肠癌、前列腺癌和其他癌症的风险（图14.1）[44,72,78,86,149]。这也正是优质的

图14.1　一次性提供组织所需的所有营养是不合理的

> **维生素毒性**
>
> 指维生素的摄入水平超过细胞承载能力，可能会导致出现中毒的症状。维生素的种类不同，中毒的症状也会不同。DRI提供了一个可以耐受的维生素摄入量上限，在此上限内补充维生素，可以避免维生素中毒的风险。

食物和饮料比营养补充剂更适合给机体组织提供营养的原因[87]。

尽管增加体育锻炼可能会给如何最好地满足营养需求带来更大的挑战，但是每个权威的卫生组织都声明，规律地参加体育活动或运动是保持终身健康的一个重要部分。尽早开始锻炼也同等重要。WHO、CDL、“运动是良医”和ACSM的一项全球健康计划都为儿童、青少年和成年人推荐了运动方案，以改善心肺功能，骨骼健康，心血管和代谢健康。这些运动建议包括以下几种[5,152,165,166]。

■ 儿童和青少年每天应至少累计进行60 min的中等强度到高强度的体育活动；

■ 进行超过60 min的体育锻炼可带来更多的健康益处；

■ 日常大部分的体育锻炼应为有氧运动。除此之外，每周还应至少进行3次包括增强肌肉和骨骼在内的高强度运动。

对于高强度运动来说，可以在玩游戏、跑步、转弯或跳跃时进行骨骼负重锻炼。通常建议每天累计进行60 min的运动（不需要持续进行；如每天进行两次30 min的运动）。鼓励残疾人士与健康管理者合作，找到能够鼓励残疾人士进行日常体育锻炼的方法。对于当下不运动的人群，建议逐步增加活动量，实现每天运动60 min的目标。这样做的好处显而易见。

■ 形成健康的**肌肉骨骼**组织（即骨骼、肌肉和关节）；

■ 形成健康的心血管系统（即心脏和肺）；

■ 形成神经肌肉感觉（即协调和动作控制），帮助避免**神经肌肉疾病**；

肌肉骨骼

指使身体运动的骨骼肌，骨骼以及相关的肌腱、韧带、关节和结缔组织。

神经肌肉疾病

指影响机体任何可以控制部位(即手臂和腿)神经肌肉功能的疾病。神经肌肉疾病通常是遗传性的，也可能是由于营养不良影响免疫系统的结果。

需要考虑的重要因素

- 体育锻炼对减少慢性病的重要性是显而易见的。据估计，在全世界范围内，由于缺乏运动而导致的慢性病发病率增加：
  - 冠心病带来的全球疾病负担；
  - 2型糖尿病；
  - 乳腺癌和结肠癌病例。
- 不运动是全球过早死亡的第四大原因，每年约有330万人死亡。另一方面，规律地进行体育锻炼：
  - 将死亡率和乳腺癌复发风险降低约50%；
  - 降低患阿尔茨海默病的风险；
  - 降低肌肉力量较高的成年人的全因、心血管和癌症特异性死亡率的风险；
  - 提高儿童和成人的学习成绩。
- 尽管这些健康问题是由于身体不活动：
  - 在美国，超过一半以上的成年人(56%)没有按照2008年《美国运动指南》中关于充分运动的建议去锻炼；
  - 美国的青少年和成人每天久坐时间长达8 h以上，多达36%的成年人完全没有闲暇时间去运动。

资料来源：American College of Sports Medicine. Exercise is med icine: Fact sheet. Available from: https://www.exerciseismedi cine.org/assets/page_documents/EIM%20Fact%20Sheet%20 2014_update%20March%202018.pdf.

- 保持健康的体重；
- 减少焦虑和抑郁；
- 减少不健康行为，如吸烟、吸毒和酗酒，提高学习成绩。

二、2015～2020年美国人饮食指南

仅靠运动不能控制慢性病的发病率，因为患病风险与营养、遗传也有密切关系。理想情况下，应综合考虑体育活动和营养这两个相关因素。尽管传染病的流行率有所下降，但与生活方式有关的非传染性疾病(包括运动和营养类疾病)的流行率却急剧上升(方框14.1)。

《饮食指南》[153]提出了以下5项基本建议。

■ 在整个生命周期中遵循健康的饮食模式。所有食物和饮料的选择都很重要。选择适当能量水平的健康饮食方式，以维持健康的体重，保证营养充足并降低患慢性病的风险。

■ 关注营养素的种类、密度和数量。为了满足热量限制内的营养需求，尽可能在推荐食用量内选择种类丰富和营养密度高的食物。

■ 限制糖分和饱和脂肪中的热量，减少钠的摄入量。食用低糖、低饱和脂肪和低钠的食物。少吃这些含量较高的食品和饮料，从而实现健康的饮食模式。

■ 选择更健康的食物和饮料。在所有食品中选择营养丰富的食品和饮料，用来代替不太健康的饮食。选择时要综合考虑文化和个人喜好，方便调整并坚持健康的饮食模式。

■ 鼓励所有人实行健康饮食模式。在全国范围内，从家庭到学校到单位再到社区，每个人都在建立和支持健康饮食模式中发挥了重要作用。

以下是与高强度体育活动和营养成分有关的常见疾病，以及可以降低患病风险的运动和营养方案。

三、肥胖及相关疾病

肥胖影响了7 800万的成年人和1 250万的儿童。据推测，如果肥胖率的增加继续保持目前速度，

方框 14.1　美国国内与营养和体育活动相关的健康状况

1. 超重与肥胖

- 25年来，美国有超过一半的成年人都超重或肥胖。
- 肥胖在40岁及以上人群和非裔美国成年人中最为普遍，在高收入人群中不常见。
- 自21世纪初以来，大约一半的美国各年龄段成年人都患有腹部肥胖症。患病率随年龄的增加而增长，并随性别，种族/民族变化。
- 在2009～2012年，有65%的成年女性和73%的成年男性超重或肥胖。
- 在2009～2012年，年龄在2～19岁的年轻人中有近1/3超重或肥胖。

2. 心血管疾病及其风险因素

- 冠心病；
- 脑卒中；
- 高血压；
- 高胆固醇；
- 2010年，心血管疾病影响了约8 400万的20岁及以上的成年人（占总人口的35%）；
- 在2007～2010年，约有50%体重正常的年轻人和近3/4超重或肥胖的人具有至少一种心脏代谢的风险因素（如高血压、血脂异常、吸烟或糖尿病）；
- 腹部肥胖的成年人中高血压、血脂异常和糖尿病的比率更高；
- 在2009～2012年，年龄在18岁及以上成年人中有约56%处于高血压前期（27%）或患高血压（29%）；
- 在2009～2012年，非裔美国人（41%）和65岁及以上的成年人（69%）高血压的比率最高；
- 在2009～2012年，8～17岁的儿童中有10%处于临界高血压（8%）或患高血压（2%）；
- 在2009～2012年，20岁及以上的成年人里有1亿人（53%）的总胆固醇水平＞200 mg/dL，将近3 100万人的胆固醇水平＞240 mg/dL；
- 在2011～2012年，8～17岁的儿童中有8%的总胆固醇水平＞200 mg/dL。

3. 糖尿病

- 2012年，男性糖尿病（1型加2型）患病率为14%，20岁及以上女性糖尿病患病率为11%（成人中90%以上的糖尿病是2型）；
- 在患有2型糖尿病的儿童中，约80%为肥胖儿童。

4. 癌症

- 乳腺癌；
- 乳腺癌是美国癌症死亡的第三大主要原因；
- 2012年，约有300万妇女有乳腺癌病史；
- 结直肠癌；
- 结直肠癌是美国癌症死亡的第二大主要原因；
- 2012年，约有120万成年男女患有结直肠癌。

5. 骨骼健康

- 女性患骨质疏松症（15%）和低骨量（51%）的比例要高于男性（男性患病比例分别约为4%和35%）；
- 在2005～2010年，50岁及以上的成年人中约有1 000万（10%）患骨质疏松症，4 300万（44%）患低骨量症。

资料来源：United States Department of Health and Human Services and United States Department of Agriculture. 2015–2020 Dietary Guidelines for Americans. 8th ed. December 2015. Available from: http://health.gov/dietaryguidelines/2015/guidelines/. Accessed May 21, 2018.

到了2030年，将有44%的美国人肥胖。2013年，美国有11.2万人因肥胖死亡，肥胖儿童在未满55岁之前死亡的可能性是非肥胖儿童的两倍。与肥胖有关的慢性疾病风险包括有心脏病、呼吸系统疾病、肝病、高血压、骨关节炎、癌症和2型糖尿病[48]。如果减少肥胖发生率就可以降低以上疾病的患病风险(图14.2，表14.1)。

代谢综合征

是指可以增加心血管疾病风险的一组代谢紊乱症候群。具有以下2种或3种情况的人被认为患有代谢综合征：腹部肥胖、高甘油三酯水平、高密度脂蛋白胆固醇水平偏低、高血压、高空腹血糖。通过合理的营养方案和运动来降低脂肪量是降低代谢综合征风险的标准方案。

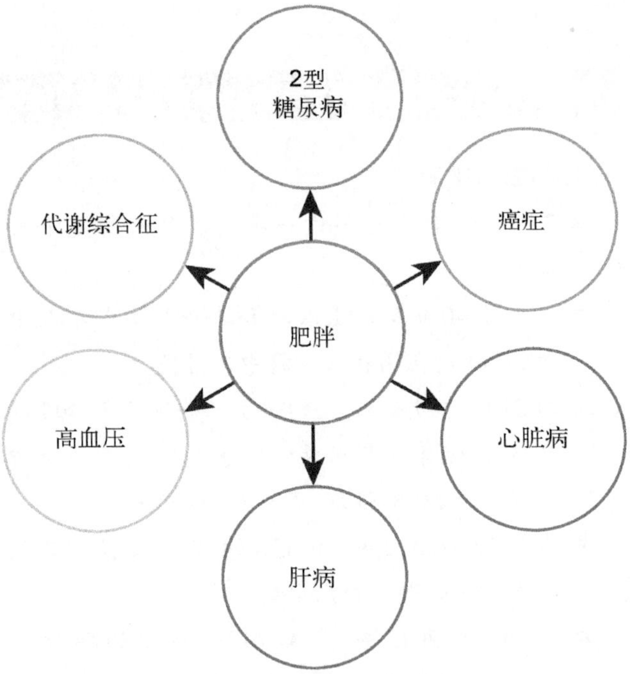

图14.2 肥胖及相关的慢性疾病

表14.1 与肥胖密切相关的常见疾病

疾 病	与肥胖的关系
心脏病	也被称为心血管疾病，这种疾病与血脂升高(包括胆固醇)、高血压、肥胖、吸烟、糖尿病和体力活动不足有关[90]。还有证据表明，经常食用坚果可以降低心脏病发作的风险[90]。据估计，大多数心脏病可以通过减少肥胖、戒烟和节制饮酒来预防[165,166]
2型糖尿病	2型糖尿病是最常见的糖尿病类型，它由高血糖、胰岛素抵抗和功能性胰岛素不足引起。糖尿病的并发症包括心脏病、脑卒中及四肢和眼睛的血液循环不良。2型糖尿病通常与肥胖和身体活动不足有关。2型糖尿病的患病率与肥胖的患病率同步上升。食用精制的碳水化合物会导致高血糖症，加重糖尿病；蛋白质含量高/精制碳水化合物少的饮食似乎可以缓解症状[12,84,106]
代谢综合征	**代谢综合征**常伴有促炎状态，其有4个主要组成部分，包括内脏肥胖(即躯干储存的大量脂肪)、血脂异常(高血脂伴随低水平的高密度脂蛋白胆固醇，极低密度脂蛋白胆固醇和甘油三酯升高)、高血糖和高血压。代谢综合征患者的2型糖尿病发病风险增加。所有的这些因素都与肥胖和体力活动不足有关[1,57]
肝病	肥胖与患非酒精性脂肪肝的风险增加有关，多达85%的肥胖个体患有非酒精性脂肪肝[38,52]。过度喂养实验动物可能会导致非酒精性脂肪肝，而维持能量平衡的能量摄入量可以减少肥胖，这似乎是降低非酒精性脂肪肝风险的有效方法[35]
高血压	肥胖与高血压密切相关，同时伴随着与高心输出量、高血容量和外周阻力相关的心肌增大(左心室)和肾脏损伤。钠(盐)潴留是肥胖性高血压患者的一个共同特征[74]。最近的研究表明，肥胖患者体内瘦素水平升高也可能导致高血压
癌症	据估计，与肥胖相关的癌症风险很高，其中20%的癌症直接归因于肥胖。与肥胖相关的癌症风险在子宫内膜癌、食管癌、结直肠癌、乳腺癌、前列腺癌和肾癌中尤其高。这些癌症与胰岛素、IGF-1、性激素(主要是睾酮、雌激素和黄体酮)和脂肪因子(由脂肪细胞产生的细胞信号蛋白)的过量生成有关[32]
骨关节炎	骨关节炎是一种关节退化性的关节疾病，它的主要症状为关节疼痛和僵硬。肥胖与骨关节炎之间有着明显的联系，肥胖既影响着负重关节，也影响了非负重关节[155]。研究发现，体重/肥胖降低10%(尤其与进行规律运动结合使用)，可以显著改善疼痛和身体功能[19]

（一）导致肥胖的因素

肥胖是多种因素共同作用的结果，包括[151,154]：

■ 能量的摄入大于能量的消耗。多余的能量以脂肪的形式储存起来，导致肥胖。

■ 不运动：人类机体在生存过程中会选择利用或丢弃某些物质，对于耗能大的组织来说，这种特性尤为明显。不运动会降低机体对肌肉的需求，那么机体就会相应地减少肌肉这种耗能较大的组织。因此，代谢过程中用来消耗能量的组织减少，脂肪的储存量就会增加。

■ 环境：许多环境使人们难以维持日常生活中正常的活动，从而降低了活动量和能量代谢。我们生活的环境往往过分强调营养密度低的不健康食品，如高甜味饮料和甜点，而忽视了营养密度高的健康食品，如新鲜水果和蔬菜。

■ 遗传背景：肥胖可能具有家族遗传性，如果父母一方或双方都肥胖，则孩子肥胖的概率会更大。在某种程度上，有肥胖的父母也可能增加肥胖的风险，因为孩子会适应肥胖父母所创造的饮食环境。

■ 既往疾病史：某些疾病与肥胖有关，包括甲状腺功能减退，库欣综合征和多囊卵巢综合征。改善疾病状态可能有助于解决相关的肥胖问题。

■ 药物治疗：为控制或解决健康状况而服用的某些药物可能使个体容易肥胖。例如，经常用于抗过敏的糖皮质类激素可能会减少瘦体重，从而减少代谢能量的组织。尽管与服药前相比能量代谢能力间的差异很小，但随着时间的推移，可能会使人容易发胖。

■ 吸烟：香烟中的成瘾物质尼古丁可以提高能量的消耗率。在没有找到可以增加能量消耗的方法（即体育锻炼）之前，停止吸烟可能会使人容易肥胖。但是，肥胖导致的死亡风险远低于吸烟导致的死亡风险，这表明，吸烟者绝对应该戒烟，并且也应该找到一种定期锻炼身体的方法。

■ 年龄：衰老与瘦体重的减少和脂肪的增加有关，其大大增加了肥胖的风险。女性的更年期也与脂肪量增加有关。这些与年龄有关的身体成分变化，被称为肌肉减少症。它可以通过规律运动结合合理（维持能量平衡）饮食被很好地解决。也有数据表明，一天当中的每一餐都相对平均地分配摄入少量的蛋白质，可能会改善老年人维持肌肉质量的能力。

■ 妊娠：体重增加是正常妊娠的必要部分，因为多余的组织有助于满足生长期胎儿的能量需求，以及分娩后与哺乳相关的能量需求。然而，许多女性发现妊娠后很难恢复到妊娠前的体重。这种现象可能是由于多种原因造成的，但由于需要抚养孩子，母亲们很少有时间进行体育锻炼是其中一个重要原因。

■ 睡眠质量差：在所有年龄段中，睡眠不足与高肥胖风险都有关。这可能是由于瘦素（降低饥饿感）和胃饥饿素（增加饥饿感）之间的相互作用，但也可能与对食物喜好的改变有关。睡眠不足与大量摄入高热量、高甜度食物有关，而这些食物又与肥胖有关。

能量平衡和运动这两个因素，由于大多数人都可以直接控制，可能显得相对简单。但是，想要控制以上5个影响因素以防止或解决肥胖状况时，必须考虑其复杂性。

1. 体重和BMI

体重和BMI经常被用来衡量一个人是否肥胖或肥胖程度的变化（体重减轻或加重）。肥胖是指身体脂肪过多，而不是体重过大[61]。BMI是在适当群体中衡量肥胖发生率的指标，但它不能区分脂肪质量和瘦体重质量，因此它不能很好地衡量个体的肥胖。体重是一个很差的衡量指标，因为它没有考虑到底是体重的哪个组成部分（肌肉量？脂肪质量？）在变化。低热量的减肥饮食可能会导致体重下降，但现在的研究表明，低热量饮食减少的体重中大部分是瘦体重质量，而不是脂肪质量。尽管体重减轻了，但是体内存在的大量脂肪（即较高的体脂百分比）往往暗示着肥胖的严重性。

2. 高瘦体重和低脂肪质量

与非运动员相比，运动员的瘦体重比例通常更大，而脂肪质量的比例更小。BMI往往会把拥有较大瘦体重（即运动员BMI＞30）且自身不肥胖的运动员定义为肥胖[95]。BMI对检测多余体脂的敏感性低，因此有超过1/4的儿童和青少年（这些人BMI正常，但是体脂过高）不能被定义为肥胖[68]。

3. 能量平衡

能量输入、能量输出（即能量平衡）的概念通常以24 h为单位进行评估，但数据表明，这种评估不能实时地体现能量平衡的偏差。能量平衡偏差可能引发影响肥胖的内分泌反应[14,15,93]。例如，在早晨锻炼前没有能量摄入的运动员会引起严重的能量负平衡和低血糖（即身体消耗的能量明显多于提供的能量），导致皮质醇分泌增加，从而分解肌肉和骨骼组织（即瘦体重下降）。即使该运动员在当天晚上消耗的总能量表明每日的能量摄入似乎满足了能量需求，下次进食时也同样会出现高胰岛素反应，从而导致摄入更多的脂肪[15,34,39]。正是出于这个原因，流行的低卡饮食法减肥的效果不佳，还会增加健康风险[36]。

4. 进食频率少

研究发现，减少进食频率可能不利于控制肥胖，这可能是因为与频繁的进食模式相比，进食频率减少会导致更大的能量平衡偏差。例如，已经发现由于食欲刺激胃饥饿素上调，饮食频率少的人比饮食频率频繁的人摄入的总能量更多[130]。餐后胰岛素的释放通常会抑制胃饥饿素，但如果两餐之间的间隔较长会导致低血糖，那么在下次进餐时会出现高胰岛素反应，胃饥饿素也不会被抑制，从而导致持续的食欲旺盛[7,131]。

5. 体力活动与控制能量消耗

当进行能保证一定能量利用率的体力活动时，如果增加体力活动但不能同时满足与体力活动匹配的额外能量/营养需求，那么该活动则不能降低肥胖风险。有证据表明，运动计划与控制能量消耗相结合是一种更成功的减体脂和减肥方法。因为，与单纯控制饮食或单独运动相比，它不用严格限制受试者的能量摄入，而是维持其能量平衡[92,121]。

（二）减肥的基本策略

1. 限制富含饱和脂肪和反式脂肪的食物

减肥的一个基本策略是限制长期食用富含饱和脂肪和反式脂肪（包括加工肉类、脂肪量高的红肉和油炸食品）的食物，这些食物会增加每餐的能量摄入。尽管减少脂肪的总摄入量被认为是降低肥胖风险的一个理想策略，但研究表明，每餐摄入脂肪的类型和数量可能在预测肥胖中发挥更重要的作用[123,163]。从某种程度上说，这是因为脂肪摄入量较低通常与精制碳水化合物（如白面包和白米）摄入量较高有关，这些碳水化合物往往会产生高胰岛素血症和较高的脂肪储存。

通过对许多女性进行研究发现，摄入更多的不健康脂肪（即饱和脂肪和反式脂肪）会导致更高的肥胖风险，但摄入更多的健康脂肪（即单不饱和脂肪和多不饱和脂肪）则不会[43]。除了肥胖之外，食用肉的种类对癌症风险也有直接影响。经常食用红肉和加工肉（如培根、香肠）会增加患糖尿病、心脏病和结肠癌的风险[10,18,106]。

2. 限制高糖饮料

限制食用高糖（包括苏打水和果汁）的饮料。含糖饮料的摄入量与高肥胖风险相关，因为它们往往导致高胰岛素血症、更多的脂肪生成量及更大的总能量摄入量[63,122,142,156]。研究还发现，食用人工增甜的苏打水和肥胖之间存在着显著关联[122]。如果可能的话，食用新鲜的完整水果要比果汁更好[94]。然而，通常以糖作为主要能量来源的运动饮料及正确饮用这些运动饮料（即在体育活动期间定期少量饮用）是可以的，而且以这种方式饮用不太会加重肥胖风险。正确使用含糖运动饮料可以帮助运动员在一天之内达到更好的能量平衡，从而降低肥胖风险[34,39,93,147]。

3. 增加日常体力活动

增加规律的日常体育锻炼。根据CDC的数据，人们每周至少应该进行150 min的体育锻炼[150]。CDC指出，花在体力活动上的时间越多（甚至超过300 min/周），对健康的好处就越大。CDC推荐以下3种体育锻炼指南中的一个：

■ 每周进行2 h 30 min（150 min）的中等强度有氧运动（即快走）；每周进行2 d或以上的肌肉强化运动，锻炼所有主要的肌肉群（腿、臀部、背部、腹部、胸部、肩部和手臂）。每周进行1 h 15 min（75 min）的高强度有氧运动（即慢跑或跑步），每周进行2 d或以上的肌肉强化运动，锻炼所有主要的肌肉群（腿、臀部、背部、腹部、胸部、肩部和手臂）。

■ 进行相同运动量的中等强度和高强度有氧运动，每周进行2 d或以上的肌肉强化运动，锻炼所有主要的肌肉群（腿、臀部、背部、腹部、胸部、肩部和手臂）。

4. 改善睡眠时间和质量

睡眠不足会导致炎症增加，肥胖和心血管疾病的风险增加[91]。研究发现，改善睡眠时间和（或）睡眠质量会显著改善身体成分（即降低体脂），对与能量平衡相关的其他因素产生积极影响[22]。对第一次全国健康和营养检查调查的分析发现，平均每晚睡眠少于7 h的人比平均睡眠至少7 h的人更容易肥胖。睡眠不足可能会导致渴望甜食和额外的能量摄入，但能量消耗不会相应地增加[50]。睡眠时间短似乎特别影响较年轻的群体，与较年长的人群相比，睡眠不足更容易导致其体重增加（图14.3）[107]。

5. 参加减压的活动

压力会影响饮食行为，导致过度饮食或进食不足，也增加了对糖分和脂肪含量高的高能量食物的偏爱[146]。研究发现，包括非宗教冥想在内的基于正念的减压方式可以显著减轻压力。因此，这些减压方法可以用来降低肥胖风险[56]。

6. 定期评估体脂水平/体重

找到一种定期评估体重与体内脂肪含量的方法，用来确定体重的减少究竟是归于脂肪量还是瘦体重（关于身体成分的评估信息，请参阅第8章）重点是，人们需要明白在保持瘦体重的同时降低脂肪质量并不是一件容易的事，而是要建立一种与能量消耗动态匹配的饮食方式，以维持全天合理的能量平衡[32,93,143]。

7. 改善进餐频率和饮食习惯

避免不吃饭，饮食应与能量消耗动态匹配，以维持全天合理的能量平衡。例如，不吃早餐会增加肥胖风险。成年后不吃早餐的受试者腰围和BMI显著升高，在儿童时期和成年后都不吃早餐的受试者腰围和BMI更高，同时伴随更多的心血管代谢危险因素[67,130]。关于评估进食频率方面的研究结果存在分歧，这可能是由于，随意地增加进食频率不一定能维持理想状态下的能量平衡。相反，饮食频率应该按照以下用途进行设计：能最大限度地减少能量平衡不足和过剩，减少皮质醇的生成，避免瘦体重的减少和脂肪质量的增加[14,34,39,147]。

8. 遵循地中海式饮食

传统的地中海式饮食富含橄榄油、水果、蔬菜、坚果和鱼。研究发现，食用地中海式饮食的个体肥胖、心脏病和2型糖尿病的风险通常较低[21]。

9. 改善微生物菌群

肠道**微生物菌群**（即结肠内细菌菌落的集合）参与包括调节能量平衡在内的多种代谢功能。此

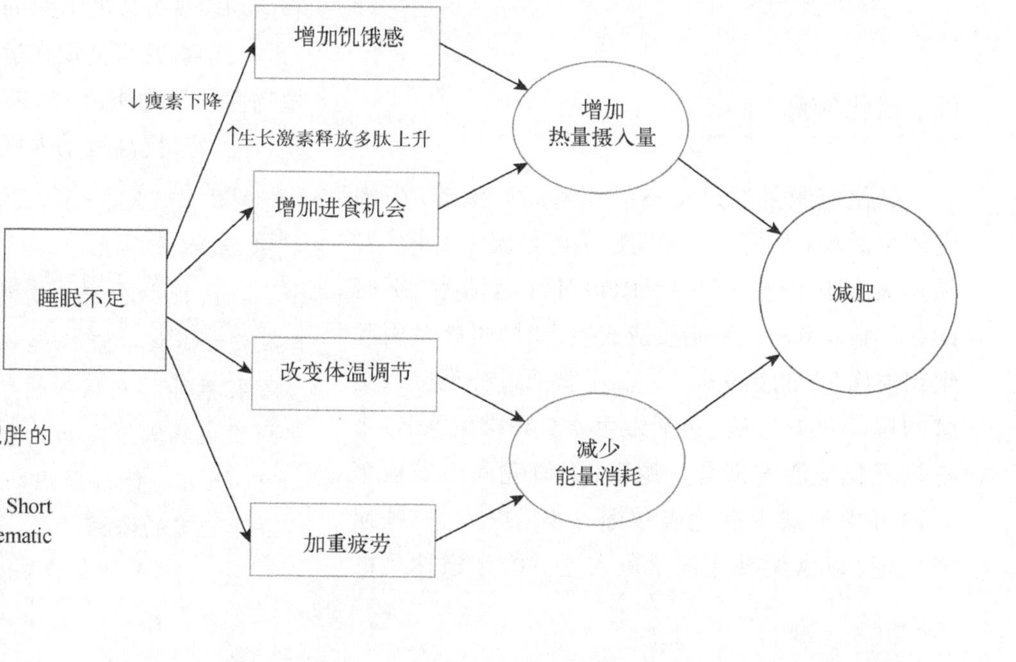

图14.3　睡眠不足容易导致肥胖的可能机制

资料来源：From Patel SR, Hu FB. Short sleep duration and weight gain: a systematic review. Obesity. 2008; 16: 643-653.

外，饮食结构和热量摄入量似乎能快速调节肠道微生物的组成及功能[145]。微生物菌群可以增强机体从食物中获取能量的能力，促进脂肪储存的调节，从而增加肥胖风险[11,79]。肥胖风险增加是由于体内脂肪增加，肝脏甘油三酯增加，空腹血糖升高和组织胰岛素抵抗增加所致。在一项对小鼠的研究中观察到，小鼠从富含多糖的低脂植物性饮食转变为典型的富含脂肪和糖的西方饮食后，可以在一天内改变其**微生物群落**，并改变代谢途径，从而增加脂肪的储存量[148]。越来越清楚的是，某些属于肠道微生物菌群的细菌菌株可以对代谢健康和肥胖风险产生积极影响[108]。这些研究和其他研究共同表明，食用富含新鲜水果和蔬菜、含肉类脂肪低的地中海式饮食有助于降低肥胖风险，其中至少有部分原因是肠道微生物菌群发生了有益改变[31]。

微生物菌群

身体任何特定区域的微生物。肠道菌群是指肠道内的微生物。这些肠道微生物参与新陈代谢和免疫功能的调节，并受所摄入食物的高度影响。肠道菌群失调（称为营养不良状态）与肠易激综合征、炎症性肠病、肥胖和2型糖尿病有关。

微生物群落

与微生物菌群同义。

四、氧化应激

氧化应激是通过ROS的积累而产生的，高强度体力活动（尤其是在伴随疲劳的情况下）往往容易诱发氧化应激[113]。当ROS对细胞结构、细胞DNA、细胞蛋白质和脂质造成损伤时，可能会引起组织损伤（参阅第9章）[59]。尽管通过补充摄入更多的抗氧化维生素（包括维生素C和维生素E）来抵抗氧化应激看似合乎逻辑，但研究尚未发现该方法可用于减少氧化应激标志物[53,103]。一些研究发现，以常用补充剂量摄入这些维生素达到的效果与预期结果恰恰相反，它们会增加氧化应激，从而导致运动表现下降[54]。运动诱导的氧化应激似乎会通过产生更多的抗氧化防御机制，从而引发机体适应性反应。这种适应性反应会增加机体内源性抗氧化防御能力，但是，补充抗氧化维生素补充剂可能会减弱这种自然的反应，从而减少锻炼者从中应获得的潜在益处[116]。一项对铁人三项运动员分别进行1～2个月维生素E（800 IU）与安慰剂补充的研究发现，在铁人三项比赛后，补充维生素E的运动员氧化应激和炎症反应更严重[103]。这些数据有力地表明，运动诱导的氧化应激会对机体带来潜在危害，运动员如果想对此做出正常的适应性反应，应依靠于能够满足能量需求的优质健康饮食[87]。除非由于食物过敏，不耐受或敏感导致机体出现维生素缺乏，否则服用抗氧化维生素补充剂可能会适得其反[87]。

五、植物营养素与健康

植物营养素是植物中天然存在的化学物质，通常是指非营养素（即非维生素或矿物质）的物质。植物营养素不是人类生存所必需的，因此不建议在饮食中摄入这些化学物质。植物产生植物营养素进行自我保护，并且有证据表明，这些相同的植物营养素还可以通过减少细胞炎症和氧化应激来保护细胞，促进人类健康[114]。黄酮类化合物因其在健康和运动表现方面的潜力而备受关注（表14.2）。

目前有几家公司在运动饮料和能量棒中添加了植物性化学物质，但尚未对其进行研究来确定它们是否能通过提高运动表现，改善精神敏锐度，降低受

植物营养素

植物中非维生素的化学成分，可以通过抗氧化和其他功能来起到保护细胞的作用。尽管没有推荐补充摄入植物营养素，但它们不仅在降低疾病风险方面的重要性正日益得到人们认可，还给为什么食用新鲜水果和蔬菜很重要提供了一定的依据。

表 14.2　膳食类黄酮的食物来源

类黄酮	食物来源
花青素和花色苷	红色、蓝色和紫色的浆果；红色和紫色的葡萄；红酒
黄烷-3-醇	单体：茶、包括白茶、绿茶和乌龙茶；可可制品、葡萄、浆果和苹果 二聚体和聚合物：苹果、浆果、可可制品、红葡萄 茶黄素：红茶
黄酮醇(包括槲皮素)	洋葱、葱、羽衣甘蓝、花椰菜、苹果、浆果、茶
黄酮类	欧芹、百里香、芹菜、辣椒
黄烷酮	柑橘类水果和果汁
异黄酮	大豆、豆类食品、豆类

资料来源：Linus Pauling Institute. Resveratrol. Available from: http://lpi.oregonstate.edu/mic/dietary-factors/phytochemicals/resveratrol. Accessed January 2, 2017.

伤风险或增强伤后恢复而使运动员受益。一些植物性化学物质已经在接受测试，从而确定它们对运动员的运动表现和健康效益等方面的潜在作用。这些植物性化学物质包括花青素、姜黄素、绿茶提取物和表没食子儿茶素没食子酸酯(绿茶提取物中的一种化学物质)、多酚和黄酮醇。

(一) 花青素

蓝莓的蓝色和其他深蓝或深红色浆果的颜色是由花青素类黄酮化合物形成的。一项对富含花青素野生蓝莓的研究发现，食用蓝莓6周后可显著减少氧化诱导的DNA损伤[115]。在食用草莓花青素的研究中也观察到了类似的发现，草莓花青素可通过改善人体的血脂水平和氧化应激来降低心血管疾病的风险[3]。在一项对运动员的研究中发现，在6周的实验干预后，花青素补充剂组与对照组相比身体成分没有变化，但是VO_{2max}显著提高[167]。其他研究表明，运动员在运动后食用花青素含量高的水果(如石榴汁或酸樱桃汁)，肌肉力量可能提高也可能会下降[25,55]。一项耐力运动员通过黑加仑粉服用花青素的研究发现，花青素可以显著增加每搏输出量和心输出量，并改善乳酸清除率，这两者都可能影响运动成绩[162]。

(二) 姜黄素

姜黄素是一种来源于香料姜黄的多酚类物质，历史上曾在世界各地被用于医药领域。研究表明，姜黄素可以降低患口腔癌、胃肠道癌、肝癌和结肠癌的风险，还可以降低与2型糖尿病发病相关的氧化应激和炎症[23,37,64,117,124,141]。在运动员中，姜黄素已经被发现可以降低与运动后延迟性肌肉酸痛相关的疼痛，也有证据表明姜黄素可以改善运动后肌肉的恢复[102]。

(三) 绿茶提取物

绿茶是由茶树制成的，茶中富含多酚儿茶素和咖啡因，可能具有抗癌、抗炎、氧化和保护心脏的作用。一项关于健康人群在休息和运动期间饮用绿茶提取物的研究发现，绿茶提取物可通过改善氧化应激生物标志物来增加脂肪代谢[134]。在对受过训练和未经训练的男性进行的一项研究中也发现了类似的结果，他们在两次运动前都服用了纤维素安慰剂或绿茶。结果表明，绿茶可以显著改善静息时和运动后的脂肪氧化速率[49]。在一项评估绿茶对足球运动员氧化应激和肌肉损伤的研究中发现，绿茶可以减少氧化应激，但对降低运动员的肌肉损伤无益[58]。

(四) 槲皮素

槲皮素是一种多酚(类黄酮)抗氧化剂，似乎具有抗炎和抗氧化的特性[9]。但是，多项评估槲皮素对耐力性能影响的研究表明，槲皮素补充剂的作用很小，对受过训练和未受过训练的人均无生能功效[109]。一项评估实验室小鼠在剧烈运动后氧化损伤和炎症的研究发现，槲皮素可以有效降低肌肉和肝脏的炎症标志物[139]。这些和其他数据都表明，槲皮素具有降低组织炎症和改善外周组织循环的潜力，这可能对改善耐力性能有一点好处，建议运动员应将槲皮素和其他抗氧化多酚作为日常饮食中的一部分(含槲皮素的食品参阅表14.2)。目前仅有有限数据表明，定期补充槲皮素会给运动员带来额外的有益效果[109]。

（五）白藜芦醇

白藜芦醇存在于红酒、葡萄皮和种子、花生、蓝莓、覆盆子、桑葚、越橘和番泻叶中。白藜芦醇是在红酒中被发现的，所以一些人认为喝红酒可以降低心血管疾病的风险。一项研究发现，受试者每天食用含8 mg白藜芦醇，不含酒精的红葡萄，可以降低炎症、动脉粥样硬化和心血管疾病的风险[30,132]。然而，没有其他证据表明红酒中的白藜芦醇也有类似的功效[81]。一项早期评估白藜芦醇对耐力运动影响的动物研究发现，白藜芦醇可以改善有氧运动能力和脂肪代谢，同时增加了胰岛素敏感性[75]。但是，在评估对男性马拉松运动员炎症和延迟性肌肉酸痛影响的研究中发现，食用白藜芦醇没有任何益处[76]。

六、食物安全、食物过敏、食物不耐受和食物敏感

食物安全、食物过敏、食物不耐受和食物敏感对于运动员的健康和表现至关重要。联邦政府在寻找食物致敏成分方面取得了一定进展（2004年颁布食物过敏原标签和消费者保护法；2006年1月1日生效），但是该法律尚未影响餐厅菜单上的食品。此外，这项法律也不能解决常见的食物不耐症和食物过敏问题。随着肥胖症的流行，营养菜单标识立法受到人们的广泛关注，它要求餐厅在每一份菜单上都列出能量值和营养信息。当前的食品标签几乎只涉及菜单上菜品的能量，而忽略了可能有助于食物不耐症、食物过敏和食物过敏群体的同等重要的其他因素。更糟糕的是，许多州要求食品服务人员获得某种形式的食品卫生和安全规范认证，但这些认证也不能解决食品过敏、食品不耐受和食品敏感等重要领域的问题[2,110]。那些服务人员对与影响健康相关领域的问题知之甚少，使得顾客面临风险。

（一）食物安全

现有的涉及食品准备、储存和提供等方面的食品安全和卫生法律，可以保障消费者的食品安全。根据对疾病流行率和死亡率的统计学分析发现，美国每年大约出现940万～7 600万起食源性疾病，其中55 961～325 000人住院治疗，1 251～5 000人死亡[88,125]。每年患有食源性疾病并康复的人数超过一百万，据估计，有相当数量的病例从未报告过。食源性疾病的病因除了来自商业餐馆的食物，也包括私人家庭和社交聚餐上的饮食，因为没有法律对他们的食物安全和卫生管理进行强制要求。考虑到运动员彼此之间一起生活和训练，存在通过共享食物和饮料将疾病从一名运动员转移到另一名运动员的可能性，这是避免疾病传染需要考虑的重要因素。避免受污染食品转移和预防食源性疾病的一般建议策略是：

- 运动员应该避免分享瓶装饮料（如水、运动饮料）。为达到这一点，运动员应该在瓶子上清晰写下他们的名字。
- 病原体（细菌、病毒等）可经感染人士的食物而发生转移。因此，人们应该避免分享食物，阻止病原体转移。另外，应该鼓励运动员勤洗手，减少病原体通过食物和其他途径（如设备）传播。

（二）食物过敏

据估计，2.5%的美国人患有**食物过敏**，其中非裔美国人、男性和儿童的过敏风险更高[83]。食物过敏是由于摄入特定抗原并由IgE介导的过敏反应。食物过敏的症状通常立即出现，在摄入后2 min～2 h发生，涉及胃肠道、呼吸系统、眼睛和皮肤[128]。过敏反应的严重程度无法预测，甚至危及生命。最常见的食物过敏与食用花生、坚果、蛋、牛奶、小麦、大豆、鱼和甲壳类贝类有关，这些食物中含有的特有蛋白质是常见致病物质[128]。运动员应该完全了解所有含有致敏成分的食物，并避免食用。如果运动员不确定食物的成分，他们应该谨慎行事，避免食用这些食物。明确变应原的运动员在接受其他运动员提供的食物和饮料时也应极其谨慎，因为不能完全保证所提供的食物和饮料中不含潜在的变应原。在极少数情况下，运动员可能会有与食物相关、运动诱发的过敏反应[118]。在这种情况下，过敏反应只在食物和运动共同进行时发生，只进食不运

动，过敏反应不会发生。此时，运动员应在运动前至少4 h内避免食用会发生过敏的食物；如果过敏发生，应立即使用可自行注射的肾上腺素笔（可自行注射的肾上腺素剂量）。然而，即使再小心谨慎，过敏反应仍有可能发生。因此，有已知过敏反应的运动员应采取以下措施：

（1）运动队的医护人员（运动防护师、医生）在初次接触运动员时应询问其是否有过敏反应，如果有，应询问其过敏性质和严重程度。

（2）如果对常见食物过敏，那么应在运动队会议、比赛、旅行等场合提供食物替代品，并且要知道即使是被动接触食物也可能导致过敏反应。

（3）如果运动员出现过敏反应，应该有一个合适的应对方案。如运动员是否知道有可用的药物（通常是肾上腺素笔或抗组胺药），以及药物的存放地点。

（4）如果运动员出现过敏反应（喉咙紧绷、舌头肿胀和意识丧失），应立即服用药物并在救护车到达前采取应急措施（拨打急救电话等），还需告知救护人员是否已对其使用药物。

（三）食物不耐受

食物不耐受一般是由于消化物质（如酶或胆汁盐）的不足或缺乏，胃肠道通常会迅速出现令人痛苦的症状，如胀气、肿胀和腹泻等。例如，患乳糖不耐症人群约占总人口的10%，当乳糖酶的产生量不足以充分分解乳制品中的乳糖时，乳糖不耐受就会发生。一些运动员可能会因食用碳水化合物而导致食物不耐症，这些碳水化合物不好吸收，但可迅速发酵，它们被称为"可发酵的低聚糖、二糖、单糖和多元醇"（fermentable oligo-, di-, and monosaccharides and polyols，FODMAP），限制食物不耐症患者对FODMAP的摄入量可能有助于控制症状。通常在食品标签上列出的FODMAP食品包括：果糖、果聚糖、乳糖、山梨醇和木糖醇（有关FODMAP饮食方法的更多信息请参阅 https://www.aboutibs.org/low-FODMAP-diet/effects-of-fodmaps-on-gut.html）。

乳糜泻疾病

乳糜泻疾病是一种由于接触麸质而引起小肠炎症，影响营养物质吸收的自身免疫性疾病[29]。营养物质吸收不良可能会造成缺铁性贫血、钙吸收不良引起的骨密度降低[47]。维生素D、维生素B_{12}、叶酸和矿物质锌等其他营养素也有可能出现缺乏[85]。只需要接触极少的麸质就能引发反应。对于大多数乳糜泻患者来说，仅20%的麸质（相当于大餐盘上的两个面包屑）就足以引起与乳糜泻相关的胃肠道症状，如腹痛、腹胀、恶心、呕吐及便秘交替和腹泻。包括肌痛、关节痛、骨密度低、月经不调和皮炎在内的其他症状也与乳糜泻有关[85]。患有乳糜泻的运动员必须完全戒断麸质。由于运动员食用的许多碳水化合物食品中含有麸质（面包、能量棒等），因此运动员必须找到无麸质的替代品，以提供满足能量需求的必需碳水化合物，如水果、蔬菜、豆类、藜麦、小米、土豆、玉米、大米、笋瓜和南瓜。现在有许多无麸质食品可供食用，但患有乳糜泻的运动员还应寻求营养师的指导，确保能量和营养需求都能得到满足。需要注意的是，虽然无麸质饮食开始流行，即使没有乳糜泻或麸质过敏的运动员也在使用。但是并无证据表明，乳糜泻患者或者非乳糜泻性麸质不耐受的运动员采用无麸质饮食会提高运动表现[158]。

（四）食物敏感

食物敏感指的是免疫系统中非免疫球蛋白介导的炎症反应（图14.4）。最近，无麸质饮食风靡一时，这在很大程度上是由于非乳糜泻性疾病对麸质的敏感性增加，如若处理不当，可能导致肠激综合征、慢性疲劳和自身免疫疾病[41,157]。如果没有乳糜泻疾病或非乳糜泻性麸质的话，热衷于无麸质饮食法，将不必要地减少了碳水化合物食物的广泛摄入[82]。食物敏感症的患病率尚未估计，但它现在被认为是人们患慢性胃肠道疾病的主要原因[77]。食物敏感症是由粒细胞和T细胞释放细胞因子和介质引起的。释放的介质（包括前列腺素、组胺、细胞因子和5-羟色胺）通过产生组织炎症、平滑肌收缩、黏液分泌和激活疼痛受体，影响肠胃功能。食物过敏的机制很复杂，需要高明的医生花费时间和诊断技巧来研究。食物过敏症有很多种，加上食用24 h后，炎症反应才会出现（不像过敏或不耐受在食用后不久就

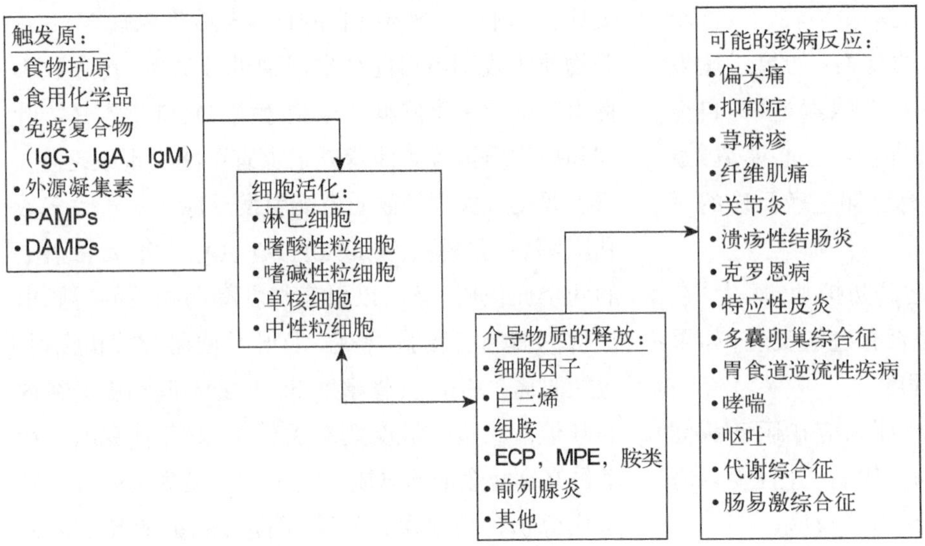

图14.4 食物过敏炎症反应

资料来源：Adapted from Oxford Biomedical Technologies, Inc. How food sensitivities cause inflammation. Available from: http:// nowleap.com/how-food-sensitivities-cause inflammation©2016 All Rights Reserved.

会有反应），所以很难找到引起过敏的食物。因此，如果没有进行食品敏感性测试和在注册营养师或健康专业人员监督下个性化的饮食筛查，那么食物敏感症状的食物来源仍无法确定。

一个健康的肠道微生物群对帮助潜在炎症因子的迁移或代谢是很有必要的。例如麸质，它在成为炎症因子前被肠道排出[27,70]。除了腹胀、腹泻的胃肠道症状外，其他常见的非乳糜泻性麸质敏感症状还包括：注意力广度问题、免疫力下降、皮疹、关节和肌肉疼痛，以及慢性疲劳。

食物过敏

指身体的免疫系统对食物或食源性物质产生的过度反应。食物过敏的症状可能从轻微（即轻微皮疹）到严重（即呼吸障碍、心率改变、血压突然下降）。每个人食物过敏的原因差异较大，但他们通常是由于接触其中一种食物/食物种类造成的：鸡蛋、牛奶、花生、坚果、鱼、贝类、小麦和大豆。

食物不耐受

通常是因为特定消化酶的缺失或不足导致人们难以消化某种食物。例如，乳糖不耐受是因为乳糖酶不足（消化乳糖的酶）。未消化的乳糖导致腹胀和腹泻。食物不耐受不是食物过敏。

食物敏感

指对特定食物或食物成分的非过敏性（即非免疫球蛋白）和非食物不耐受性的炎症反应。许多临床结果表明，随着时间的推移，这些反应可能影响肠道、免疫系统和神经系统功能。

七、饮食紊乱及进食障碍

需要考虑的重要因素

- 饮食紊乱和进食障碍影响了许多运动员，尤其当他们参加审美/外观评分中主观成分占比较高的运动（即你是如何展现一项技能，而不仅仅是完成）[20,89,93,143]。饮食紊乱/进食障碍都是心理障碍，所以不要试图自己解决这些问题。这些复杂的疾病需要训练有素的健康专业人士（通常是受过进食障碍治疗培训的精神病医生或心理学家）来解决。
- 运动员通常过分重视外表而不是表现，因此对运动员说话时要小心，否则可能加剧饮食问题[133]。举个例子，想象你看见一名运动员，问候道："你今天看起来真不错！"说者无意，听者有心，要是这位运动员刚刚在卫生间清空（呕吐）怎么办呢？你的言论可能会让他认为是刚刚在卫生间所做的事使自己看上去“很不错”。与其专注外表，不如试着关注更重要的事，例如：“很高兴见到你！”和“我听说你在生物学方面做得很好！”

饮食紊乱

特点是克制饮食行为，常常忽略饥饿的生理信号，通常因为过度在意体重，进食可能会增加体重。

进食障碍

几种心理状况之一，包括神经性厌食和神经性贪食和暴食症，与曲解体型、自卑和过度关注食物有关。

当运动员参加外观或体重占重要部分，且常常是主观评分的运动（即摔跤、体操、花样滑冰、跳水）时，这些运动员很可能诱发饮食紊乱，进一步发展成包括神经性厌食和神经性贪食在内的进食障碍[62,137]。研究发现，运动员进食障碍的患病率几乎是非运动员的4倍（18% vs. 5%），在外形和体型很重要的项目运动员中尤为明显[20,136]。患病流程通常如下：

正常饮食→饮食紊乱→进食障碍

正常饮食者有着灵活的饮食习惯，吃各种各样的食物不会有负罪感，饿了不会控制食欲[46]。**饮食紊乱**的特点是克制饮食行为，常常忽略饥饿的生理信号，这通常是因为过度在意体重以及进食可能会增加体重[111]。情绪调节更加困难和对体型不满意是女性运动员饮食失调的重要预测指标[127]。**进食障碍**是一种与曲解体型、自卑和过度强调食物有关的心理状况[51]。从饮食紊乱向可诊断的进食障碍的发展时可能与缺乏能量有关。能量摄入不足使瘦体重比脂肪含量损失更多，脂肪含量相对较高，导致体型更大。较低的脂肪密度使相同体重的运动员看起来更肥大[36]。如图14.5所示，适应较低水平的代谢能量组织（即适应性生热）会导致能量摄入的逐渐降低，进而减少瘦组织，最终导致进食障碍。

对一个健康的人看起来应该是什么样的文化期望上的改变，潜在地会鼓励形体表现类项目的运动员克制饮食，试图实现无法达到的目标[112,119]。参加形体表现类项目的女性运动员经常出现女性运动员三联征，症状包括以下组成（图14.6）[4,13]。

（1）可利用能量低；

（2）低骨密度；

（3）月经异常。

越来越清楚的是，在进食障碍中常见的能量利用低可能直接导致了骨密度降低和与月经失调有关的雌激素水平降低[45]。然而撇开进食障碍来说，能量利用低也可能是由于在运动中没有充分动用足够的能量[93]。同样明显的是，男性运动员也会出现一系列与能量利用低相关的问题，报道称其为运动中相对能量缺乏（有关运动中相对能量缺乏的补充资料，请参阅第8章）。为了确定运动员是否患有女性

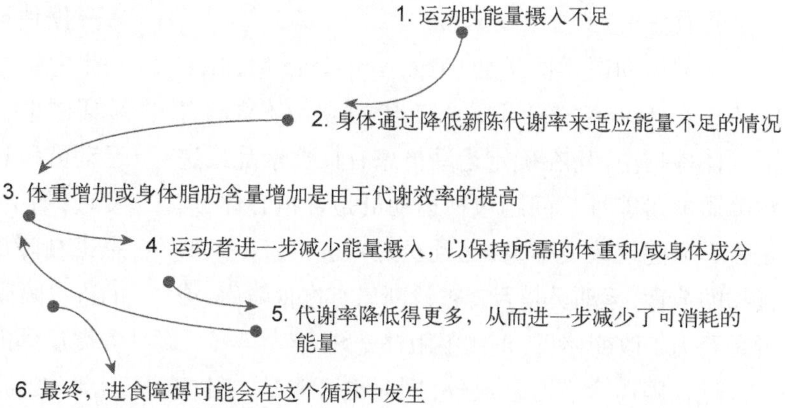

图14.5　能量不足与饮食紊乱之间的可能关系

资料来源：Benardot D, Thompson W. Energy from food for physical activity: enough and on time. ACSM Health Fit J. 1999; 3(4): 14-18.

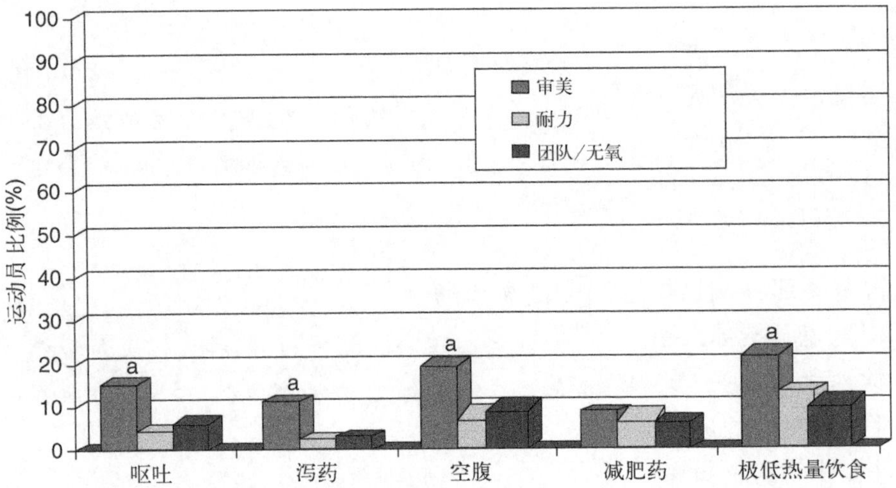

(a) 用CHI²分析，审美类运动与耐力和团队/无氧运动之间存在显著差异（$P<0.05$）。

图14.6 "审美类"项目的运动员具有更高比率的致病性体重控制实践

VLCD，极低热量饮食。

资料来源：Beals KA, Manore MM. Disorders of the female athlete triad among collegiate athletes. Int J Sport Nutr Exerc Metab. 2002; 12(3): 281–293.

运动员三联征，应在预体检（即运动员参加运动前进行的检查）前提出一系列问题。预体检中的推荐的筛查问题有[33]：

（1）您是否有过月经？

（2）您第一次月经时多大？

（3）您最近一次月经是什么时候？

（4）在过去的12个月里，您有几次月经？

（5）您目前有服用任何雌性激素吗（雌激素、孕激素、避孕药）？

（6）您担心您的体重吗？

（7）您是否正在尝试或是否有人建议您减肥或增重吗？

（8）您有节食或避免某些种类的食物或食物组合吗？

（9）您曾经有过进食障碍吗？

（10）您曾经有过应力性骨折吗？

（11）您曾经被告知骨密度丢失了吗（骨质减少还是骨质疏松）？

美国运动医学医学会（The American Medical Society for Sports Medicine，AMSSM）和ACSM制订了预体检指南，旨在确定运动员患有饮食紊乱或进食障碍的可能性。问题包括运动员是否担心体重，是否有人建议改变体重，运动员是否进行避免某些食物的节食，运动员是否曾被诊断患有进食障碍，或者是否为了改变体重，正在服用补充剂[17]。

进食障碍含有心理成分，同时也可能是一种应对策略用来处理难以直接解决的深层次问题。例如，一个年轻女孩在成长为女性时，可能会难以应对她日益受到的关注。遭受过性虐待的少女会通过显著降低能量摄入的饮食紊乱来抚慰心灵创伤[24,71,112]。进食障碍的形成也可能有遗传因素，某些个体进食障碍的形成有遗传倾向[73]。

在患进食障碍的运动员中发现，导致运动员患病原因有以下几种[135]。

- 长期节食或体重波动（37%）；
- 新教练（30%）；
- 受伤或疾病（23%）；
- 对体重的随意评论（19%）；
- 离开家再加上学习或工作失败（10%）；
- 恋爱问题（10%）；
- 家人生病或受伤（7%）；
- 其他重要人员的死亡（4%）；
- 性虐待（4%）。

据估计，美国有1 000万女性和100万男性在其一生中将患有进食障碍[65]。男性和女性运动员进食障碍的患病率似乎都高于普通人群。通过对1 620名运动员和1 696名非运动员进行问卷调查和临床访谈发现，有13.5%的运动员患进食障碍，而非运动员中患进食障碍的人数明显更少（4.6%）[138]。女运动员的进食障碍患病率高于男运动员，而且还发现参加审美类运动的女运动员进食障碍患病率显著高于耐力运动（42% vs. 24%）、技术类运动（42% vs. 17%）和球类运动(42% vs. 16%)。早期控制体重的行为(即年轻时节食)是预测男性和女性日后饮食紊乱的一个指标[80]。进食障碍意味着健康存在高风险,被诊断患神经性厌食的女性早逝风险高6～13倍[8]。

(一) 进食障碍的类型及危害

进食障碍是一种复杂的、潜在危及生命的心理状况,需要一个经过进食障碍工作培训的健康卫生专业团队(通常由医生、精神病专家、心理专家和营养师组成)来诊断和(或)治疗该疾病[69]。

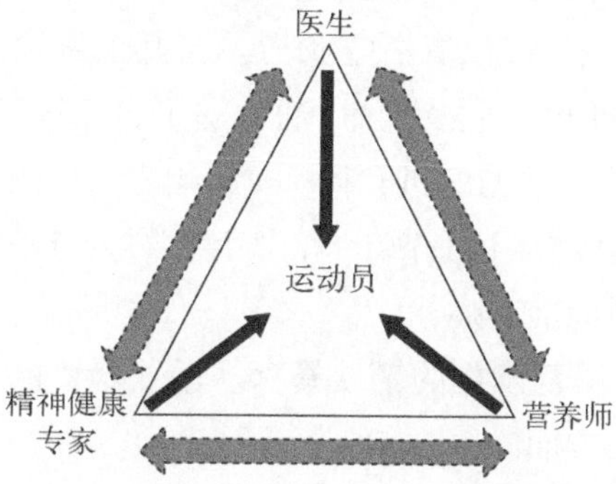

没有受过正式培训的人不应该尝试解决进食障碍,他们任何善意的行动都可能适得其反。以下是对运动员中每一种常见进食障碍基本标准和常见症状的总结。提供这些信息的目的是帮助你了解疾病的复杂性,如果你怀疑你认识的人或一起工作的人可能患有进食障碍,请把他们带到有资质的健康专业人士处接受治疗。

运动员中主要的进食障碍包括:神经性厌食、神经性贪食、暴食症、特异性喂养和进食障碍(other specified feeding or eating disorder, OSFED)。美国精神病学协会在《精神疾病诊断和统计手册(第5版)》(*the 5th edition of Diagnostic and Statistical Mannal of Mental Disorder*, *DSM-5*)中公布这些都是潜在危及生命的疾病[6]。如果按年龄和性别进行匹配,与无进食障碍者相比,神经性厌食的死亡率高5.35倍,神经性贪食高1.50倍,特异性喂养和进食障碍者高1.70倍[42]。

1. 神经性厌食

神经性厌食是一种极其严重且潜在危及生命的进食障碍,特征为有意节食和体重明显降低(方框14.2)[98]。神经性厌食诊断标准包括以下内容。

- 拒绝将体重保持在正常身高和年龄范围内(低于理想体重15%以上);

方框 14.2 神经性厌食的常见体征和症状

以下是神经性厌食的常见体征和症状

- 皮肤干燥
- 恶冷和体温过低
- 手脚发青
- 便秘
- 肿胀
- 青春期延迟
- 原发性闭经(从未经历过月经)或继发性闭经(经历过月经期,但月经停止3个月或3个月以上)
- 神经压迫
- 昏厥和直立性低血压(改变体位血压突然下降,如从坐到站)
- 胎毛(生理上增加体毛维持身体热量)
- 脱发
- 早饱
- 虚弱、疲劳
- 身材矮小症
- 骨减少(低骨密度)
- 性不成熟(乳房萎缩等)
- 压痕性水肿(通常由于蛋白质和电解质状态不良)
- 心脏杂音和心律失常心脏杂音

资料来源:Harrington BC, Haxton C, Jimerson DC. Initial evaluation, diagnosis, and treatment of anorexia nervosa and bulimia nervosa. Am Fam Physician. 2015; 91(1): 46-52.

■ 担心体重增加，严重限制能量摄入来减少体重；

■ 用严重的身体意象失调来衡量自我价值，否认疾病的严重性；

■ 月经初潮后，月经周期不调或闭经（大于3个周期）。

2. 神经性贪食

这种进食障碍，也被称为贪食症，指人们偷偷进食大量食物，然后再清空（呕吐、滥用泻药、利尿剂、灌肠等），以消除暴饮暴食摄入的热量[100]。在极端情况下，进食少量食物后也会清空。据报道，在狂欢盛筵时，一天可能会摄入10 000～20 000 kcal食物，而且通常是偷吃饼干、糖果、薯片和冰激淋等不准吃的食物[26]。神经性厌食的典型原因是过于专注体型、体重以及自卑。目前神经性贪食的诊断标准（DSM-5）是在3个月内每周出现1次放纵饮食。以前的诊断标准是在3个月内每周出现两次暴饮暴食，这一变化导致神经性厌食的诊断数量增加[164]。一些进食障碍患者常伴随着焦虑症和抑郁症，这可能与其存在自杀企图有关[28,120]。在神经性贪食患者中，23%的死亡是由于自杀或心律失常[8,28]。神经性贪食的常见警示标志包括以下内容[100]。

■ 暴饮暴食的证据，包括短期内大量食物消失或发现食物包装和容器，表明摄入大量的食物；

■ 清空行为的证据，包括饭后频繁上厕所、呕吐的迹象和（或）气味、发现泻药或利尿剂的包装；

■ 过度、严格的运动规则——不管天气、疲劳、生病或受伤，强迫性"燃烧"摄入的热量；

■ 脸颊或下巴区域异常肿胀；

■ 自我呕吐导致手背和指关节的老茧（图14.7），牙齿变色或变污（图14.7）；

■ 制定生活日程表或仪式，为暴饮暴食和清空留出时间；

■ 退出平时的社交活动；

■ 一般来说，正在减肥、节食和控制食物的行为和态度成为主要关注问题；

■ 受伤后继续运动，过劳性损伤。

3. 暴食症

暴食症的特点是经常食用大量的食物，常常到达不适的程度。与神经性贪食不同的是，暴食症在大吃大喝之后，没有清空肠胃。与其他进食障碍一样，暴食症也会危及生命，通常源于自杀风险增加。暴食症是最常见的进食障碍，影响着3.5%的女性，2%的男性和多达1.6%的青少年[65,99]。与暴食症相关的诊断标准和症状[6]：

（1）反复发作的暴饮暴食。暴饮暴食的特点包括以下两方面。

- 在不连续时间段（如在任何2 h内）内摄入的食物量绝对比在相似环境和时间段下的大多数人要多；
- 在发病期间，缺乏对摄入食物量的控制（如一个人不能停止进食或无法控制进食量）。

（2）暴饮暴食的发作与以下3个（或更多）有关。

- 吃得比平常快很多；
- 吃到感到不适为止；
- 不饿的时候吃很多食物；
- 为自己吃太多东西感到尴尬，所以独自吃饭；
- 对自己感到厌恶、沮丧，或暴食后非常内疚。

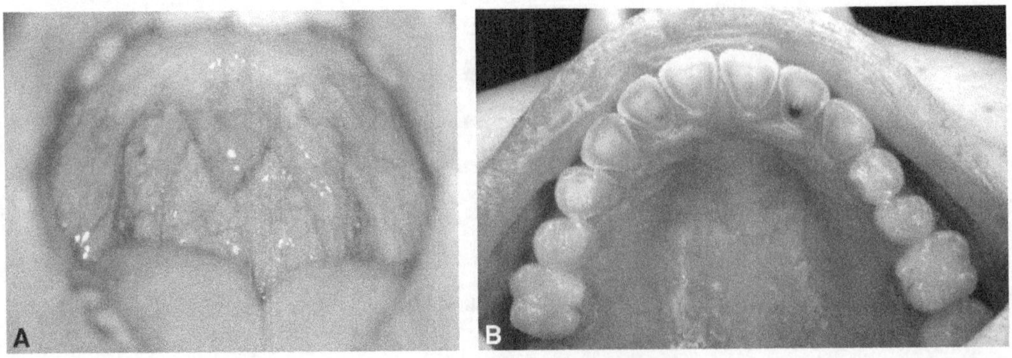

图14.7　清空型饮食障碍的口腔表现

清空的迹象包括：A：咽部和食道因慢性呕吐而受到刺激和炎症；B：牙齿舌面糜烂、牙釉质丢失、牙周病和广泛龋齿

资料来源：From Wilkins EM. Clinical Practice of the Dental Hygienist. 12th ed. Philadelphia (PA): LWW (PE); 2016.

（3）对暴饮暴食存在明显苦恼。

（4）暴饮暴食平均3个月内每周至少发生1次。

暴食症与神经性贪食中被反复使用的不适当的补偿行为（如呕吐清空）无关，且并不只在神经性贪食或神经性厌食过程中发生。

4. 特异性喂养和进食障碍

特异性喂养和进食障碍的评判标准与神经性厌食相似，不同之处在于特异性喂养和进食障碍患者的月经规律，体重正常。它是最普遍的进食障碍，约60%的进食障碍患者被诊断为特异性喂养和进食障碍[40]。特异性喂养和进食障碍的主要诊断标准为，个体不符合神经性厌食或神经性贪食的标准，仅在食用少量食物后，会进行不适当的补偿性行为。例如，在吃了两块饼干或一些日常食物后催吐，或在不吞咽的情况下咀嚼并吐出大量食物。这种疾病通常发生在15～30岁的年轻女性和3%～5%居住在西方国家的女性身上。特异性喂养和进食障碍的诊断标准包括以下内容[99]。

■ 非典型神经性厌食（会控制饮食，但体重不低于正常水平）。

■ 神经性贪食（有大量的清空行为倾向，但频率低）。

■ 特异性喂养和进食障碍（会暴饮暴食，但频率低于神经性贪食）。

■ 清空障碍（可能会清空，但没有神经性贪食典型的暴饮暴食现象）。

■ 夜食综合征（表现为夜间饮食过量）。

八、总结

■ 如果合理的体育活动与适当营养/能量摄入相匹配，那么体育锻炼就能促进健康。有充分的证据表明，体育活动可以改善健康，降低疾病风险，延长寿命。还有证据表明，经常进行规律运动、营养充足的人患有重大慢性病（包括心血管疾病、肥胖症、糖尿病和骨质疏松症）的风险较低。

■ 为了满足能量需求，能量消耗越大，摄入的能量就越多。但不能随便提供所需的能量，能量消耗和能量摄入之间应该存在一个动态关系，这样白天的能量平衡（即一天内的能量平衡）就不会发生太大变化。

■ 体力活动者对能量要求越高，对维生素和矿物质的要求就越高。但是，摄入的维生素和矿物质补充剂的能量不足以满足人体需要，而优质食物（如新鲜水果和蔬菜、全谷物、鱼类和肉类）可以满足能量、维生素/矿物质的需求。毕竟，如果不能满足维生素代谢所需的能量，那么参与能量代谢的维生素又有什么好处呢？运动员满足营养需求的最好方法是食用食物，而不是服用补充剂。

■ 维生素补充剂通常都含有高倍数RDA的任意给定营养素。例如，尽管维生素C的RDA为60 mg左右，但维生素C补充剂通常含有1 000～2 000 mg。很少有证据表明长期过量摄入维生素对运动有益，而越来越多的证据表明，许多维生素补充剂会适得其反。请记住一个简单的原则：多多不一定益善（如果少量对您有好处，并不意味着越多就越好）。

■ 越来越多的证据表明，采用“减肥饮食”并且未能摄入足够能量来支持年龄、性别和体育锻炼综合需求的运动员，可能会形成更高的体脂百分比，面临更大的进食障碍和健康风险。

■ 体力活动者的首要任务应该是维持体内水分充足。缺水会妨碍体力活动，减少体力活动带来的益处（生理功能的改变），还可能导致危及生命的热应激风险。

■ 除游泳外，体育锻炼会给骨骼施加适当压力（正常重力的几倍），产生有益的适应能力：骨密度增加、晚期骨质疏松风险降低。然而，体育锻炼也会增加能量需求，不能实时满足能量需求会增加皮质醇的产生，导致骨密度降低。

■ 现如今在美国和其他许多工业化国家，肥胖已经成为流行病，因此降低肥胖风险成为一个重要目标。有助于降低肥胖风险的营养学因素包括：维持合理的能量平衡；限制高糖饮料摄入；增加日常体育锻炼；确保至少7 h的高质量睡眠；定期评估身体成分，以便在体脂水平上升或瘦体重下降时尽早干预；制订一个足够频次的饮食计划避免饥饿；食用地中海饮食的典型食物（新鲜水果、坚果、蔬菜、鱼和橄榄油），通过过度食用未经过度加工的植物性食物，确保肠道菌群健康。

■ 运动常常会诱导氧化应激，但有充分证据表明，食用满足能量需求的高质量、健康饮食，并结合定期的体育活动可对氧化应激产生积极的适应性反应。还有证据表明，食用抗氧化维生素可能会抑制期望的运动适应性反应，从而增加氧化应激。

■ 人们越来越认识到，植物营养素（即具有非维生素或矿物质营养特性的植物性化学物质）是健康饮食的重要组成部分。植物营养素来源于植物（即水果和蔬菜），包括白藜芦醇、姜黄素、花青素和槲皮素等物质。当作为均衡健康饮食的一部分食用时，这些物质都有利于健康。

■ 在计划吃什么时，食物过敏是重要的考虑因素。同时也必须考虑食物不耐受、食物感和食物安全的问题，如果没有正确的计划和处理方式，这些都可能对健康和运动表现产生负面影响。

■ 参与体重控制和形体类项目的运动员患饮食紊乱和（或）进食障碍的风险极高，这些严重的疾病应由受过训练的医学专家解决。不同类型的进食障碍，如神经性厌食、神经性贪食、暴食症，这些都被认为是心理障碍。

实际应用

越来越多的研究发现，尽管植物营养素并不像维生素那样对维持人类生命有直接的必要性，但它们对于保护细胞和增强人类健康非常重要。植物营养素的一种分类方法是按颜色分类，因为许多植物营养素与食物的颜色有关（例如，蓝莓的红/紫色是由于植物营养素的花青素）。为了确定您是否摄入大量植物营养素，请执行以下操作：

（1）写下你近3天食用的所有水果、蔬菜及其颜色。

（2）找到与每种颜色相关的植物营养素。

（3）确认你的饮食中是否缺少颜色，看看你能吃哪些含有这些颜色的水果和蔬菜。

本章问题

1. 如果运动员每天的蛋白质需求量为1.5 g/kg，那么这种蛋白质的摄入方式（即一餐、三餐、六餐）没有区别。
   a. 正确　b. 错误
2. 对儿童来说，体育活动结合良好营养有助于发展：
   a. 健康体重
   b. 健康的心血管系统
   c. 较低的焦虑和抑郁的风险
   d. 更好的学习成绩
   e. 以上所有的
   f. 只有a、b、c
3. 在世界范围内，缺乏运动和2型糖尿病的流行率是：
   a. 2%　b. 7%
   c. 10%　d. 90%
4. 有多少比例的美国成年人不符合体育锻炼的建议？
   a. 10%　b. 23%
   c. 56%　d. 72%
5. 女性患骨质疏松症的比例很高，这可能由于青春期骨密度获取不足。
   a. 正确　b. 错误
6. 以下哪一项不是《美国人饮食指南》的建议？
   a. 摄入更多的蛋白质，但只能从低脂肪来源中摄取
   b. 限制糖和盐的摄入
   c. 多吃各种营养丰富的食物
   d. 限制饱和脂肪的摄入
7. 下列情况中，哪些与肥胖有关？
   a. 非酒精性脂肪肝　b. 高血压

c. 结肠癌　　d. 2 型糖尿病
e. 以上所有内容　　f. b,c,d

8. 肥胖是指：
a. 体重大　　b. 高体脂
c. 腹部脂肪高　　d. 下半身脂肪高

9. 评估 24 h 能量平衡是一种确定身体脂肪水平是否增加的好方法。
a. 正确　　b. 错误

10. 植物营养素的举例包括以下所有，除了：
a. 黄酮醇　　b. 钴胺素
c. 花青素　　d. 异黄酮

本章问题答案

1. b；2. e；3. b；4. c；5. a；6. a；7. f；8. b；9. b；10. b

（左　群　章　媛　译）

参考文献二维码

第15章

最佳的饮食计划

本章目标

- 讨论能量代谢系统，以及不同运动对这些系统的不同能量需求。
- 辨别不同类型的肌纤维，它们有何不同，以及不同的运动如何对应不同类型的肌纤维的使用。
- 识别合成和分解激素，以及它们如何在正常的代谢反应中使用。
- 展示了对人类不同能量储备的理解，以及运动员如何在不同类型的体育活动中利用这些储备。
- 确定成功塑造肌肉质量所必需的因素。
- 确定特定力量运动的营养相关因素。
- 认识到特定耐力运动的营养相关因素。
- 解释不同运动项目的运动员如何需要不同的饮食计划来满足他们的能量需求。

案例研究

乔安妮是一个聪明、正直的15岁高中游泳运动员，具有很大的潜力。她的高中教练建议她的父母让乔安妮加入当地(非学校)的游泳俱乐部，让她脱颖而出。他们和乔安妮同意试一试。第一次游泳训练在早上5:30上学前进行，然后开车回家吃点东西，快速换装，然后从8:30～15:00上学。接下来是下午5点结束的校队游泳训练，然后从18:00～19:00快速开车到游泳俱乐部进行最后的训练，再开车10 min回家。19:30吃晚饭，22:00做作业，每周重复5天。周末，周六的训练从10:00～14:00，周日没有训练。这听起来很难，但是乔安妮很喜欢！她爱她的教练，她在当地的游泳俱乐部结交了一些很棒的游泳伙伴，这些女孩来自其他学校，如果没有这个俱乐部，她就不会遇到她们。几个星期后，乔安妮显然开始拖拖拉拉了，更糟的是，她的代数成绩从A+变成了C。

她的父母拿到成绩单后什么也没说，因为他们确信这是因为乔安妮换的新代数老师，而不是乔安妮的原因。他们没有对乔安妮说什么，而她的爸爸在10:00左右到学校和校长谈论了新的代数老师。这个时候乔安妮正在上代数课，当他走进学校，走向校长办公室时，经过了乔安妮的教室。他往窗户里看，看到了一些他无法相信的事情。当她的代数老师讲课时，乔安妮疲惫地坐在书桌前，头上下摆动着。乔安妮努力睁大眼睛，但就是睁不开。当乔安妮的父亲清楚地意识到发生了什么事时，带给了他沉重的打击。乔安妮的运动量是之前的三倍，消耗了她的碳水化合物储备，但她的饮食模式没有改变，以满足她的糖原恢复和稳定的血糖(对大脑功能很重要)。她仍然试图用以往的三餐来满足她的所有需求，现在很明显，这种策略不起作用。

所以，乔安妮的爸爸继续来到校长办公室，但他现在有了一个全新的讨论焦点：他想问校长，乔安妮是否可以带一些零食到学校来，这样她可以在上午和学校游泳训练之前吃。校长完全理解，值得赞扬的是，她同意吃点心是个好主意。乔安妮只好想办法在课间吃零食，以免打扰其他同学/老师。乔安妮开始吃零食，仅仅一个星期，她的整个举止就从疲惫变成了充满活力。更妙的是，她期中成绩单又恢复了全优成绩，包括代数。人类的能量储存一次只能接收这么多的能量，尤其是碳水化合物，如果没有了就会造成负面后果。

案例研究（问题探讨）

维持一天中适当的能量平衡（能量供应）和大量营养素的合理分布，对于确保维持正常的血糖和碳水化合物储存是很重要的。不能维持正常的血糖会导致糖异生，通常肌肉组织会被分解，为肝脏提供可以转化为葡萄糖的氨基酸，从而提高注意力，减少精神疲劳。精神疲劳会导致肌肉疲劳，即使肌肉有足够的能量继续工作[72,141]。

（1）创建一个电子表格来评估你每天每小时的能量平衡，通过评估每天每小时消耗的食物和饮料的能量摄入来预测每小时的能量消耗（遵循前面章节中描述的程序）。每 1 h 结束时的能量消耗来设定下 1 h 的能量平衡。为此，您将需要以下内容：

1）用你 24 h 的 REE 的估计值，除以 24，你就得到了每小时的 REE。使用 Mifflin 等[150]修正的 Harris-Benedict 方程：

男性 REE=10× 重量（kg）+6.25× 身高（cm）−5× 年龄（岁）+5

女性 REE=10× 重量（kg）+6.25× 身高（cm）−5× 年龄（岁）−161

2）如果你从午夜睡到 6：00（6 h），每 1 h 都代表你预测的 REE。如果你在 6：00～7：00 做了一次极轻的体力活动，这 1 h 就是你的 REE × 2。每天每小时都遵循这个步骤进行计算。

饮食和活动分析	
活动因素量表	
1	休息，躺着，睡觉。
1.5	正常的日常活动，静坐，典型的日间活动。
2.0	非常轻：上半身多运动。相当于系鞋带、打字、刷牙。
2.5	非常轻$^+$：比 2.0 更努力，但少于 3.0。
3.0	轻松：上下身体运动，相当于做家务。
3.5	轻松$^+$：比 3.0 更努力，心率更快，但工作没有困难。
4.0	中等：快走等，心率加快，轻微出汗，但舒适。
4.5	中等$^+$：工作强度大于 4.0，心率明显加快，呼吸加快。
5.0	中高等：明显呼吸更快更深，心跳更快，必须偶尔深呼吸才能进行交谈。
5.5	中高等$^+$：工作强度超过 5.0，必须更经常地深呼吸才能进行交谈。
6.0	重度：你仍然可以说话，但是呼吸太困难太深以至于你不想说话，大量出汗，心率非常高。
6.5	重度$^+$：工作强度超过 6.0，你能说话，但很困难，不能长时间这样做。
7.0	力竭：这种强度不能持续太久，因为你正处于崩溃的边缘，喘着气，心跳加速。

（2）对于一天中能量平衡变化较大，超过 ±400 cal 的时段，在一天的不同时段补充食物和饮料，来评估并纠正严重的能量平衡不足和过剩[74,216]。

（3）如果你能控制自己的饮食习惯和食物/饮料的供应，试着按照正确的饮食习惯进食，看看感觉如何。

一、引言

特定的体育活动对能量/代谢系统有不同的要求。力量和速度运动通常要求运动员具有快速移动、跳高或移动重物的爆发力。运动员完成特定运动任务的能力越强，成功概率越大。运动员进行力量和速度训练必须有适当的营养支持。**团体运动**的运动员需要力量和耐力的结合才能在比赛中表现出色。例如，足球运动员不仅要有在整个比赛中慢跑的耐力（耐力），而且还需要有必要时快速冲刺得到一个球的能力。篮球运动员不仅要有在球场上奔跑的能力，还要有爆发力来盖帽、冲刺和跳起抢篮板。耐力运动员必须有高水平的氧化能力，来利用能量储备如脂肪，并尽量减少使用人体储存的有限的碳水化合物。因为长时间的耐力赛，成功的运动员有优化糖原储存和水合状态的预防策略和在比赛中避免脱水，维持血容量，确保持续的降温能力，保持碳水化合物储存使更快地完成氧化脂肪并在必要时加快速度的能力（如当超越竞争对手时）（表15.1）。本章回顾了每种运动的特定营养需求，包括评估运动员准备的基本要素的实用指南，并提供了应考虑的运动特定营养问题。

> **团队运动**
>
> 团队运动，或走走停停的运动，需要快速爆发的速度（冲刺），中间穿插着较慢的、主要是有氧运动或暂时停止活动的时间。团队运动包括篮球、足球和曲棍球，但类似的能量需求也出现在网球和其他有走走停停运动的运动中。

二、能量代谢系统

简言之，能源系统的工作方式如下[126,147]。

短时间的高强度运动对ATP有很高的需求，这是由于肌肉在单位时间内努力工作需要大量能量。在这些高强度活动开始时，磷酸肌酸代谢系统成为主要的能量来源。虽然磷酸肌酸系统在单位时间内能提供最大的ATP产量，但只有足够的预制磷酸肌酸可提供长达约8 s的能量，在这段时间的肌肉必须依靠其他能源，而这些能源在单位时间内无法产生大量ATP。结果是运动员必须放慢速度（减少运动强度），因为ATP的产生水平降低。

磷酸肌酸系统紧随其后的是厌氧糖酵解系统，该系统具有在单位时间内产生ATP的第二大能力。这个系统依靠碳水化合物/糖原作为底物，在肌肉无法充分清除积聚的**乳酸**之前，可以提供至多10～30 s的能量（取决于能量产生情况）。在乳酸积累的时候，肌肉会感到乏力和疲劳。

厌氧糖酵解系统之后是有氧糖酵解系统，其在单位时间内产生ATP的能力排名第三，同时也依赖底物碳水化合物/糖原。虽然单位时间内产生的ATP少于无氧糖酵解，能量潜能较低，但该系统有能力为工作肌肉提供更长时间的能量。有氧糖酵解可以产生ATP，持续约1～2 min，取决于肌肉力量的产生，然后肌肉就会失去力量，感到疲劳。

表15.1 能量代谢系统

系统	特征	持续时间
磷酸肌酸系统	从储存的磷酸肌酸中无氧产生ATP	用于持续时间不超过8 s的最大强度活动
厌氧糖酵解系统	由糖原无氧分解产生ATP。这个系统的副产品是乳酸	用于极高强度的活动，超过运动员的能力带来足够的氧气。可以用这个系统持续生产ATP不超过30 s
有氧系统（有氧代谢）	由碳水化合物和脂肪分解产生ATP ■ 脂肪的有氧代谢称为β-氧化 ■ 葡萄糖的有氧代谢称为有氧糖酵解 ■ 糖原的有氧代谢称为糖异生 注：碳水化合物有氧代谢的通用术语是有氧糖酵解	脂肪的有氧代谢（β-氧化），用于较低强度的长时间活动，可以产生大量ATP，但不产生限制系统的副产品。碳水化合物的有氧代谢（有氧糖酵解和糖原分解），用于需要大量ATP的高强度活动，但必须在运动员的能力范围内为系统带来足够的氧气。该系统可以产生ATP长达2 min

乳酸

在正常的能量代谢过程中，丙酮酸不断地产生乳酸。它可以被重新转化成丙酮酸并用来产生ATP能量。当能量需求超过组织的氧化能力时，乳酸在组织中积累，并释放到血液中，以避免组织中过量的酸积累。然而，血液乳酸只会累积到影响血液pH时，此时组织乳酸会累积，导致组织（肌肉）功能停止。

肌肉纤维

肌肉有不同类型的纤维，它们具有不同的能量代谢潜能。Ⅰ型纤维（慢肌力）是需氧的，能很好地利用氧气和燃烧脂肪来产生ATP，有很高的耐力。Ⅱa型纤维在其遗传基础上是高度厌氧的，但可以通过训练来提高氧化能力。Ⅱb型纤维主要是厌氧纤维，可以在短时间内产生大量ATP，但耐力较低。

有氧糖酵解系统之后是有氧能量系统（也称为β-氧化，因为脂肪酸分子中的两个碳原子一次被氧化代谢）。虽然这个系统在单位时间内产生最少的ATP（因为具有最低的功率潜能），但它有能力在最长时间（通常超过2 h）维持ATP的产生。这个系统主要依靠脂肪作为能量来源，但也能代谢包括血糖在内的其他能量基质。这种有氧能量系统使用三羧酸循环（柠檬酸循环）和电子传输系统来产生ATP。

重要的是要考虑到，在正常情况下，所有的能量系统同时运作，但肌肉所需的能量会影响哪一个能量系统成为ATP产生的主导系统。

（一）肌纤维：将化学能转化为机械能的物质

力量和速度活动高度依赖于快肌纤维，主要是无氧的**肌肉纤维**，也称为Ⅱb型纤维，这些纤维主要储存糖原，但也有少量脂肪（甘油三酯）。糖原可以作为无氧底物（无氧）快速代谢，只要糖原不耗尽，这些纤维就能产生高水平的能量。中等快速收缩的肌肉纤维，Ⅱa型，也产生巨大的力量，但是这些肌肉纤维可以被训练成更像Ⅰ型慢收缩纤维，这是耐力运动员使用的纤维特征[114]。因此，所进行的训练类型很重要，因为它可以影响Ⅱa型肌纤维的行为[190]（图15.1，表15.2）。

因为肌肉纤维，尤其是Ⅱa型纤维，能适应个人经常进行的各种活动，所以训练的类型应该与运动员所参与的体育活动类型密切相关[114]。例如，纯力量运动员要求所有的纤维能产生高功率充分参与权力的纤维，但是如果运动员经历了显著的有氧耐力训练，Ⅱa纤维将适应越来越耗氧能力，失去一些厌氧潜力（图15.1）。对于力量运动员来说，在训练方案中加入耐力训练的重要组成部分，作为降低体脂水平策略的一部分，这并不罕见。然而，由于纤维在运动训练中表现出一定程度的平静，这样做可能会损害总力量能力[114]。

特征	红肌Ⅰ型	白肌Ⅱ型
收缩速度	慢速收缩	快速收缩
肌红蛋白含量	高	低
ATP生成	有氧糖酵解 氧化磷酸化	无氧糖酵解
线粒体数量	很多	少
肌糖原含量	低	高
琥珀酸脱氢酶	高	低
烟酰胺腺嘌呤二核苷酸还原酶		
糖酵解酶	低	高

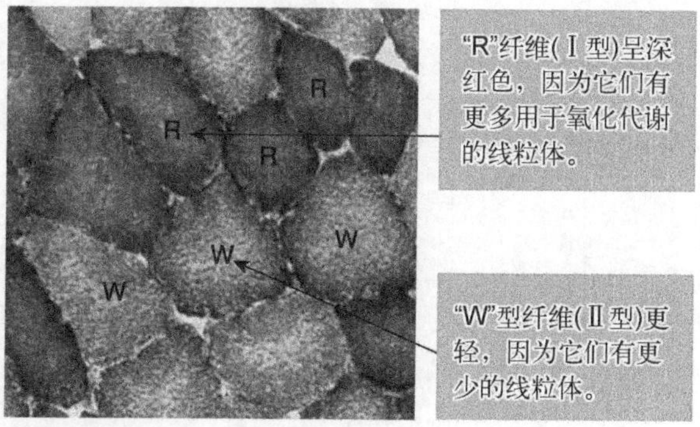

图15.1　不同肌纤维类型的特征。

Ⅰ型纤维称为耐力纤维；Ⅱ型纤维是指力量纤维；Ⅱa型中间纤维（图所示）比Ⅰ型纤维功率大，但比Ⅱ型纤维功率小。ATP：三磷酸腺苷；NADH：烟酰胺腺嘌呤二核苷酸还原酶

资料来源：Dudek RW. High-Yield Histopathology. 2nd ed. Philadelphia [PA]: LWW [PE]; 2011.

表15.2 肌纤维类型

纤维类型	特征
Ⅰ型	也称慢肌纤维，这些纤维有许多线粒体和高水平的氧化酶，可以进行氧（即氧化）代谢。收缩速度慢。这些肌肉中储存的高水平甘油三酯（脂肪）使肌肉在达到疲劳之前长时间收缩。然而，这些肌肉纤维中储存的低水平的糖原（碳水化合物）降低了能量潜力，但高水平的血液供应可以补充能量和抵抗疲劳。这些纤维主要用于有氧、耐力类活动，包括马拉松长跑、铁人三项和骑自行车
$Ⅱ_a$型	也被称为中间快收缩纤维，在他们的遗传基础上表现为快收缩纤维（$Ⅱ_b$型），高糖原（碳水化合物）储存和低甘油三酯（脂肪）储存。收缩速度快。它们可以在无氧的情况下产生高水平的能量，但随着糖原储备的消耗，疲劳速度相对较快[114]。这种纤维的一个有趣的特点是，耐力训练有助于使这些纤维具有更强的氧化能力，增加氧化酶和甘油三酯的储存。然而，停止有氧训练会使这些纤维恢复到它们的基因基线，主要是动力纤维
$Ⅱ_b$型	也被称为纯快速收缩纤维，他们产生高水平的无氧力量与快速肌肉收缩。储存在这些纤维中的主要底物是糖原，当糖原消耗殆尽时，肌肉纤维就会变得疲劳。相对较低的血供水平也会导致底物不足和早期疲劳，最适合短跑、举重、足球线员和跳高/撑竿跳等项目
平滑肌	平滑肌也被称为不随意肌，因为它能够在没有意识控制的情况下收缩。大多数血管和内脏器官的壁，包括心脏，都是由平滑肌组成的。虽然心脏控制自己的活动，但它也受到其他因素的影响，包括激素和运动对神经的影响

注：所列出的特征是那些通常能被观察到的。然而，越来越清楚的是，运动训练可以对每一种纤维类型的主要特征产生影响。例如，长期纯力量训练将在一定程度上改变Ⅰ型纤维的力量潜能，而长期纯耐力训练将在一定程度上改变Ⅱb型纤维的耐力潜能。

资料来源：Billeter R, Weber H, Lutz H, Howald H, Eppenberger HM, Jenny E. Myosin types in human skeletal muscle fibers. Histochemistry. 1980; 65(3): 249–259.

Kenney WL, Murray R. Exercise physiology. In: Maughan R, editor. Sports Nutrition: The Encyclopaedia of Sports Medicine, an IOC Medical Commission Publication. London: Wiley Blackwell; 2014. pp.20–58.

Schiaffino S, Reggiani C. Fiber types in mammalian skeletal muscles. Physiol Rev. 2011; 91(4): 1447–1531.

Tesch PA, Karlsson J. Muscle fiber types and size in trained and untrained muscles of elite athletes. J Appl Physiol. 1985; 59(6): 1716–1720.

短时间的运动，如100米短跑和体操跳马，需要立即可用的燃料，这些燃料可以被肌肉迅速利用。这种底物，磷酸肌酸系统，可以快速地为肌肉提供大量的ATP能量，但磷酸肌酸的可用存储是有限的（图15.2显示了我们如何获得ATP能量）。

三、能量代谢系统中的能量与力量

营养良好的运动员，在突发的高强度活动中，通过磷酸肌酸产生ATP的时间被限制在5～8 s。对于大多数活动来说，这能量远远不够，甚至奥运会100

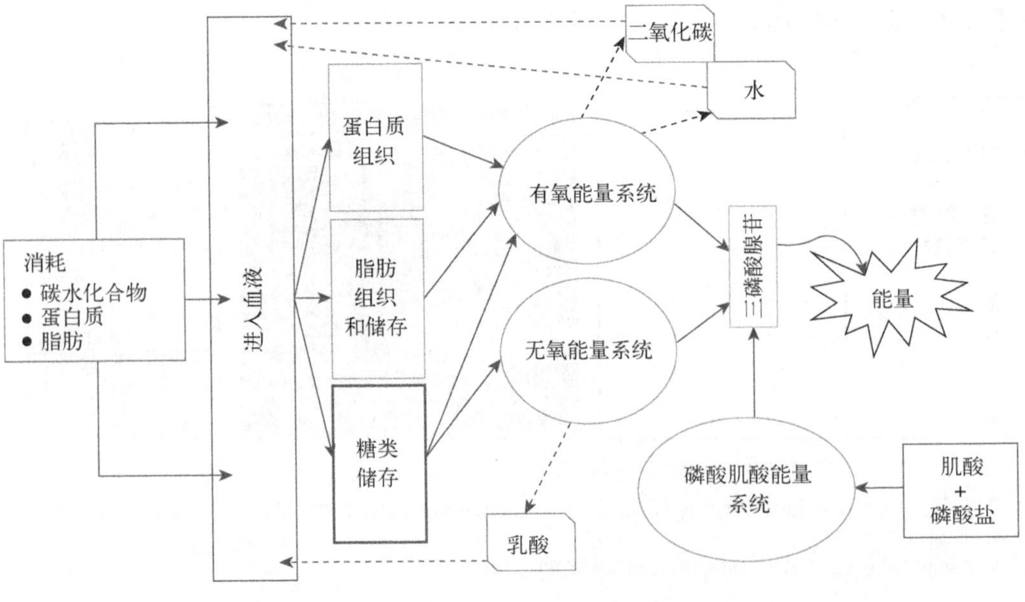

图15.2 来自大量营养物质和磷酸肌酸的ATP能量

米短跑的时间也有约10 s[106,107]。因此，肌肉以无氧方式获取额外所需能量，主要来源于肌肉中储存的糖原。值得注意的是，与从事类似活动的成年人相比，儿童似乎具有磷酸肌酸优势，因为与成人肌肉相比，儿童肌肉中形成了更大比例的氧化ATP，使儿童能够降低磷酸肌酸的总利用率，因此，以更高的磷酸肌酸浓度开始后续活动[123]。然而，无氧代谢会导致乳酸的积累，这限制了运动员在主要无氧状态下进行剧烈运动的时间。大多数科学家认为，对于以最大强度[85]工作的人，其厌氧阈值(即血乳酸增加速率超过血乳酸去除速率的点)约为1.5 min。此时，运动员需要降低运动强度或完全停止运动(表15.3)。

表15.3　脂肪、血糖、有氧和无氧糖酵解，磷酸肌酸代谢率

系　统	最多产生的ATP [mmol/(kg·s)]	达到最大的ATP产量的时间
磷酸肌酸(厌氧)	9.0	瞬时
糖酵解(厌氧)	4.5	5～10 s
糖酵解(有氧)	2.8	1 min以上
血糖(有氧)	1.0	1.5 h
脂肪(有氧)	1.0	2 h以上

资料来源：Maughan RJ, editor. Olympic Encyclopaedia of Sports Medicine—An IOC Medical Commission Publication, Nutrition in Sport. London (England): Wiley Blackwell; 2000.

有氧代谢是指有氧气参与的代谢，由于它不产生乳酸，能比无氧代谢过程持续时间长得多，前提是有代谢所需的底物和营养物质可供使用。在单位时间内，以有氧方式产生的ATP能量比以无氧方式产生的ATP能量更少，因此，与以无氧方式为主的运动相比，以有氧方式为主的运动产生的能量更少/运动强度更低。然而，有氧代谢比无氧代谢有更多的底物，允许更长时间的运动。

需要考虑的重要因素

- 在单位时间内用力运动并消耗更多代谢底物的运动员需要更多的氧气来消耗这些代谢底物。
- 当单位时间内消耗的能量超过了运动员为新陈代谢活跃的细胞提供足够氧气的能力时就会燃烧，不需要氧气的代谢底物(即无氧氧化)。
- 随着厌氧代谢水平的提高，产生的乳酸量增加。
- 如果达到了清除细胞乳酸的阈值，乳酸就会累积，因此必须降低运动强度以减少乳酸的产生，或停止运动。

训练良好的运动员能更好地将氧气输送给运动中的肌肉，使他们能以更快的速度维持氧化代谢，在达到疲劳之前跑得更快，跑得更长。想象一下精英级马拉松运动员的速度，他们现在以每英里约4 min 30 s或更少的平均速度完成26.2 miles的马拉松距离，这主要是通过有氧代谢完成的。

拥有合适的可用代谢底物是至关重要的，因为可用代谢底物不足会抑制能量代谢。脂肪储存很少是一个问题，因为即使是最瘦的运动员也有充足的脂肪储存，可以用来提供有氧能量。然而，如果不能储存足够的碳水化合物，就会产生酮(不完全代谢的脂肪)，这种酸性物质会导致过早的肌肉疲劳[176,220,224]。脂肪，碳水化合物的储存是有限的，因此，一个适当的饮食计划，以确保足够的碳水化合物可用性对有计划的体育运动是有必要的。

酮

在人体中，酮是3种水溶性分子，包括乙酰乙酸酯、β-羟基丁酸酯和丙酮，是肝脏由于缺乏碳水化合物而产生的糖异生作用(从非碳水化合物中产生葡萄糖)的结果。因此，血酮水平升高是碳水化合物含量较低的一个良好指标。最常见的酮症发生在禁食/饥饿、生酮(碳水化合物限制)饮食、糖尿病控制不良和长时间高强度消耗碳水化合物的运动期间。丙酮是最常见的酮，因为它是其他两种酮(乙酸乙酯和β-羟基丁酸)自发代谢的产物。酮类物质闻起来像洗甲水(丙酮)，可以从人的呼吸中检测到。

蛋白质也是一种潜在的代谢底物来源，但由于我们没有为蛋白质储存库用于代谢提供能量。因此，为能量代谢的蛋白质来自瘦体重的分解代谢[51]。因为运动的主要目的是提高瘦体重，运动员应该有一个策略，优化氧气利用和最大化碳水化合物的储存，以限制蛋白质的分解代谢作为能量的来源。

储存在ATP和磷酸肌酸（**能量储存**）中的能量提供了足够的能量，可以在无氧时产生，最多持续8s。这种磷化体系依赖于磷酸肌酸快速提供高能磷酸分子来形成ATP。肌酸一水化物的补充背后理论是，更多的肌酸组织可利用，使得磷酸肌酸能更有效地生成，然后可以形成ATP（参阅第13章）。更强的聚合酶链反应能力使得ATP产生更多，从而可以进行更强的无氧氧化。

能源储存

能量储存由磷酸肌酸、肌糖原、肝糖原、血糖、脂肪和肌肉/器官组织（蛋白质）组成。其中，我们以脂肪的形式储存最潜在的能量，其次是蛋白质（肌肉/器官，不打算作为代谢底物燃烧）、肌肉糖原、肝糖原和血糖。

许多运动项目高度依赖磷酸肌酸系统，包括铅球、跳远、三级跳远、铁饼、体操跳马和短跑。此外，其他快速爆发活动的运动，如足球、排球和曲棍球，也依赖于这一能量系统。在这些运动中，反复进行高强度动作的能力可能决定获胜者。跳远、跳高运动员和撑竿跳都需要通过两次或三次的试跳，并以其中一次最好成绩赢得比赛，而后延伸到篮球队想在最后一节比赛中跳得能像第一节比赛中那么高的能力。

减少对蛋白质的利用以满足运动员的能量需求，从而减少用于合成肌酸的蛋白质。但如果为了保证多次高强度运动的快速爆发所需的肌酸合成，需要消耗足够的蛋白质和能量[128,154]。为了改善ATP-磷酸肌酸在肌肉中的储存，运动员必须在这个系统上进行训练（例如，以8 s的最大强度进行训练，并在训练过程中重复多次）[143]。这种训练本身并不足以提高短时间、高强度的表现。仅消耗足够的能量和蛋白质，也不足以改善短时间、高强度的表现。然而，当适当的训练和营养策略相结合时，运动员可以在短时间、高强度的表现中受益。

值得注意的是，即使有较高的肌酸储存，最大预合成磷酸肌酸也只能维持8 s的高强度体力活动[106,107]。运动员之间的磷酸肌酸再生有很大的差异，但进行最长8 s的最大运动的运动员通常需要2～4 min用于磷酸肌酸再生，然后再进行下一场最大强度运动[10,216]。在这里，适当的营养管理很重要，因为有足够的代谢底物和训练的运动员能够更有效地重组磷酸肌酸，也可以更有效地转移到无氧糖酵解。100米短跑选手在比赛的前8 s加速，但在这8 s内，当磷酸肌酸反应很低时，厌氧糖酵解会合成大量所需的ATP。然而，由于厌氧糖酵解在单位时间内产生的ATP不如磷酸肌酸那么多，100 m短跑的冠军通常是在比赛最后两秒减速最少的人（表15.4）。

表15.4 一个70 kg（154 lb）相对瘦弱（10%体脂）的男性运动员的能量储存

能量来源	重量（kg）[lb]	能量（kJ）[kcal]	理论上最大运动持续时间（min）[a]
肝糖原	(0.08)[0.176]	(1,280)[305.8]	16
肌糖原	(0.40)[0.88]	(6,400)[1,529]	80
血糖	(0.01)[0.022]	(160)[38]	2
脂肪	(7.0)[15.4]	(260,000)[62,114]	3 250
蛋白质[b]	(13.0)[28.66]	(220,000)[52,558]	2 750

a：最大运动时间是理论上的，并且假定只使用指定的能量来源。
b：虽然蛋白质是一种能源，但它并不是主要的能源。在运动中可以使用的蛋白质只占总蛋白质的很小一部分（<1%）。
资料来源：Gleeson M. Biochemistry of exercise. In: Maughan RJ, editor. Sports Nutrition — The Encyclopedia of Sports Medicine: An IOC Medical Commission Publication. London: Wiley Blackwell; 2014.

在剧烈运动中，主要的能量转化为肌糖原储存（葡萄糖/碳水化合物的储存形式）。当储存的糖原消耗殆尽时，进行高强度运动的运动员会迅速疲劳，运动即停止[103,166]。虽然无氧代谢通常只提供肌肉总能量的一小部分，但它很重要，因为它可以快速提供能量，有助于填补运动开始磷酸肌酸产能与有氧代谢产生足够ATP之间的能量缺口。高强度（即无氧）活动的维持受到糖原储存的限制，糖原通常在高强度活动1.5 min内消耗殆尽。纯粹的高强度运动经常被故意限制在1.5 min内，因为人们意识到不能持续进行长时间的高强度运动。例如，体操的自由体操和奥运拳击比赛的常规动作最多为1.5 min。高有氧/低无氧运动消耗肌糖原的时间更长。在持续约168 min的75 km自行车计时试验中，发现骑自行车的人的肌糖原[160]减少了77%。有研究发现，在以最大强度运动30 s的人中，磷酸肌酸代谢的ATP再合成速率在运动的最初几秒最高，但在20 s后几乎为零。乙二醇分解的ATP再合成速率在大约5 s后达到峰值，并维持15 s，但在运动的最后10 s下降[145]。

有些运动主要是有氧运动，严重依赖脂肪代谢，但在比赛中也可能有一些依赖无氧糖酵解。长跑运动员在保持一定肌肉糖原的情况下完成了大部分距离，仍然有足够的糖原能量储备来完成比赛冲刺阶段（无氧），使他或她在比赛结束的关键时刻超过其他运动员[75]。在短距离跑步比赛，短距离游泳比赛和曲棍球球员在比赛结束时全速滑行以赢取胜利中，无氧途径是主要的代谢途径，储存足够的肌糖原对运动员继续高强度运动很重要。

力量运动员通过无氧糖酵解利用高磷酸肌酸和糖原，这一事实有助于解释力量运动员应该摄入的食物类型。与耐力运动员使用的主要是高脂肪储存的慢肌纤维相比，快速收缩肌肉纤维中脂肪的储存有限，这清楚地表明脂肪的新陈代谢相对有限。研究发现，相对较高的碳水化合物摄取量可促进碳水化合物（即糖原）的储存[214]。因此，尽管力量运动员通常注重高蛋白饮食，但他们使用的能量代谢系统表明，他们可以考虑摄入相对较高的碳水化合物饮食[108,214]。应该明确的是，力量运动员在呼吸时将氧气带入系统，支持了脂肪的氧化代谢。然而，他们所做的高强度运动则更多地依赖于无氧代谢（表15.5）。

表15.5 不同运动项目中不同能量系统的贡献百分比

运动项目	磷酸肌酸和无氧糖酵解（%）	无氧糖酵解和有氧糖酵解（%）	有氧（脂肪的氧化）（%）
长距离跑	10	20	70
划船	20	30	50
足球	50	20	30
篮球	60	20	20
网球	70	20	10
排球	80	5	15
体操	80	15	5
短跑	90	10	0

力量运动员的季节运动模式可以帮助他们代谢多余摄入的能量，但是在淡季去维持体重很困难[33]。还有证据表明，力量运动员经常经历的体重循环增加了他们退役后肥胖的风险，而体重波动与频繁的疾病发生和寿命减少有关[110,206]。

（一）建立瘦（肌肉）质量

力量运动员寻求一些营养策略来扩大肌肉质量，因为单位重量更多的肌肉增加了提高力量重量比和力量产生的潜力。增加肌肉质量的方法有很多，包括阻力训练，在锻炼日的不同时间点消耗更多的能量和蛋白质，以及摄入声称能增强肌肉发育的产品[56,109,153,170]。其中一些策略已经被证明很有效，而另一些则不然。运动员和与他们一起工作的人在开始一种昂贵的，未经证实的，旨在增强肌肉发育、肌肉力量或两者兼用的补充剂的养生法之前，应该仔细评估他们的饮食是否合理。

一般建议竞技力量运动员的蛋白质摄入量约为1.7 g/kg[108,214]。然而，调查显示，一些力量运动员的蛋白质摄入量往往大于3 g/kg[16,87;217]。超过个体合成代谢最大值的蛋白质消耗量，特别是在一天中分布不均匀的情况下，不太可能增加蛋白质质量，而只会被用来满足能量需求或作为脂肪储存[175]。不管这些多余的蛋白质是被储存起来还是被代谢成能量，排泄与蛋白质相关的氮的需求都会增加，迫使尿液输出更多，从而导致脱水。事实上，许多运动员声称他们是通过高蛋白摄入来减肥的，但这可能是由于大量的身体水分流失，而不是由于脂肪流失，这也可能是由于碳水化合物供应不足导致酮类增加，导致脂肪不完全燃烧，恶心和食欲下降[167]。运动员也可能会错误地分配他们摄入的蛋白质，大部分蛋白质是在晚餐时摄入的（也就是一天结束的时候）。越来越明显的证据表明，如果蛋白质在一天中均匀分布，任何一餐中不超过30 g，则利用蛋白质来改善肌肉蛋白质合成是最好的[214]。例15.1显示了一个计算蛋白质摄入量和进食频率的简单指南。

例 15.1 计算蛋白质摄入频率

170 lb的男性运动员每天需要蛋白质1.5 g/kg[a]

（1）以kg计算体重（170/2.2 =77.3 kg）；

（2）计算总蛋白质需要量（77.3 × 1.5 =116 g蛋白质）；

（3）计算食用蛋白质的次数：（116 g/25[b]=4.64）；

（4）该运动员每天应摄入约25 g的蛋白质，平均分布4～5次（如早餐、午餐、下午茶、晚餐、夜宵）。

a：目前建议的蛋白质摄取量为1.2～2.0 g/（kg · d）。

b：每餐蛋白质摄取量为20～25 g时，肌肉蛋白质的合成达到最大值。这个例子是25克/餐。

（二）控制肌肉发育的营养素

肌肉的发育与良好的抗阻训练、持续的能量和营养平衡、正常水平的人体生长激素、胰岛素、睾酮和其他**合成代谢激素**，包括IGF-1结合在一起是最好的[34,64,91,230]。**分解代谢激素**是参与组织分解的激素，包括皮质醇、甲状腺激素和肾上腺素。

我们有充分的理由相信，一个处于良好能量和营养平衡状态的运动员已经产生了适量的合成代谢激素，因此任意增加蛋白质的摄入量不太可能促进肌肉蛋白质的合成[175]（记住：过犹不及。）。

人们已经对每种氨基酸进行了广泛的测试，以确定它们的摄入是否会改变运动员体内生长激素的产生。值得注意的是，氨基酸混合物是健美运动员使用的最大种类的补充剂[54]。研究表明，增加氨基酸的消耗（通过补充）鸟氨酸可能在某些情况下增加人体生长激素的产量，但有更多的证据表明，没有显著增加人体生长激素。甚至有更多的证据表明，单独或以不同的组合方式服用氨基酸精氨酸、赖氨酸、鸟氨酸和酪氨酸并没有显著增人体生长激素[40,41,70,71,132,171,207]。也有证据表明，广泛服用含所有20种氨基酸的补充剂对人体生长激素或睾酮的产生都没有影响[80]。营养补充剂公司经常利用研究来宣称特定的氨基酸能刺激人体生长激素并增加肌肉质量[18]。然而，他们往往没有引用其他证明补充这些氨基酸对力量或耐力没有显著影响的研究[97]。

> **合成代谢激素**
>
> 与肌肉等组织的形成有关的激素，包括人体生长激素、合成代谢类固醇如睾酮、IGF-1和胰岛素。
>
> **分解代谢激素**
>
> 参与分解组织的激素，通常为组织提供能量，如皮质醇、胰高血糖素、甲状腺激素和肾上腺素。

有证据表明，普通运动员的蛋白质摄入量大约是非运动员的两倍[0.8 g/(kg · d)]。这样更高的需求是因为运动员需要支持更多的肌肉，承受更多与运动相关的肌肉损伤，并且在尿液中有相对较小但重要的蛋白质损失[16,214]。虽然运动员的蛋白质需求量高于非运动员，但运动员的总蛋白质摄入量往往高于推荐摄入量[175]。一个例外是素食运动员，他们往往能满足给非运动员推荐的蛋白质水平，但通常摄入低于给运动员推荐的蛋白质摄入量[82]。

当每顿饭或每天摄入过量的蛋白质时，有几个与过量蛋白质摄入相关的担忧。过量的蛋白质摄入导致一部分蛋白质被用来满足能量需求或作为脂肪储存。无论哪种情况，必须从氨基酸分子中去除氮，由此产生的氮-静脉废物导致尿量增加和尿钙流失，从而增加脱水的风险，并可能与骨密度降低有关[142,172,212]。也有一些有限的证据表明，长期过量摄入蛋白质可能增加肾脏疾病的风险[79]。由于肾脏疾病往往是逐渐发生的，而且其存在往往是未知的，Friedman[79]建议人们在追求高蛋白摄入之前应检查正常肾功能。然而，大多数限制蛋白质摄入的建议通常是基于这样一个事实：肾衰竭患者可以从减少蛋白质摄入中获益。然而，几乎没有证据表明，在肾脏功能正常和健康的个体中，长期摄入高达2.8 g/(kg・d)的高蛋白与肾脏疾病增加有关[36,175]。

运动员经常服用多种维生素和多种矿物质补充剂，他们相信这能增强运动能力，但在需要力量的运动中，这些补充剂能提高成绩的证据还很缺乏[144,198,212]。尽管缺乏科学证据支持服用补充剂量的维生素，也有一些证据表明维生素会抑制运动员的表现，但力量运动员普遍认为，一些维生素可以增强力量[89]。在一组接受调查的奥林匹克运动员（N=372）中，膳食补充剂的消耗量为52%～92%，其中83%的速度和力量运动员使用膳食补充剂[99]。这项研究的作者建议，因为补充剂的纯度不能保证，运动员应该寻求专业的营养咨询，以避免潜在的不安全的使用膳食补充剂。

（三）能量和力量总结

能量和力量是运动员进行快速、短时间、高强度活动的关键因素。虽然对参加长时间运动的运动员也很重要，但它们不是最重要的问题。建立和维持肌肉质量的一个关键营养元素是获得足够的能量。虽然摄入大量的蛋白质可以帮助满足能量需求，额外的碳水化合物摄入更便宜、更有效。力量运动员比耐力运动员更依赖碳水化合物，因为他们使用的肌肉纤维不具备有效燃烧脂肪的能力。力量运动员常常错误地认为蛋白质是他们成功的关键，但高蛋白的摄入可能会限制其他必要营养物质的摄入，包括碳水化合物，这是在无氧高强度运动中优化糖原存储所必需的。同样，人们还没有发现膳食补充剂的摄入可以提高运动员的运动能力，因为他们摄入了足够的膳食，但是他们的摄入可能会使运动员相信，他们不需要如此勤奋地摄入好食物[137]。一些针对运动员的补充剂含有标签上没有列出的禁用物质，这一事实使问题更加复杂[146]。补充维生素、矿物质、蛋白质产品和脂肪类似物并不能有效地提高力量运动员的力量、肌肉质量或运动表现。虽然服用这些产品的风险很可能较低，但没有数据表明在生产商规定的剂量和时间内食用这些产品是否安全。更明智的做法是均衡和多样化的饮食，包括高碳水化合物［5.0～8.0 g/(kg・d)］、适量蛋白质［1.2～1.7 g/(kg・d)］和足够的脂肪以满足能量需求（小于总能量消耗的30%）。如果摄入的食物来自各种各样的食物，这种摄入可以使人体得到所需的矿物质和维生素。因为碳水化合物代谢完全（即不产生含氮废物；只有二氧化碳和水），食用高质量碳水化合物食物的安全性是毫无疑问的（表15.6显示了不同**力量运动**的能量来源）。

表15.6 不同力量运动的能量来源

比赛时间(min)	比赛举例	最大摄氧量	能量系统贡献百分数(%)		
			磷酸肌酸	糖原(无氧)	有氧代谢(氧化)
0.5～1	400 m跑步；自行车个人计时赛(500 m或1 km)；100 m游泳	约150	约10	47～60	30～43
1.5～2	800 m跑步；200 m游泳；500 m赛艇/皮划艇	113～130	约5	29～45	50～66
3～5	1 500 m跑步；自行车追逐赛；400 m游泳；1 000 m赛艇/皮划艇	103～115	约2	14～28	70～84
5～8	3 000 m跑步；2 000 m划船	98～102	<1	10～12	88～90

注：需要注意的是，持续时间越长，有氧代谢就越高；持续时间越短，无氧代谢就越高。
资料来源：Stellingwerff T, Maughan RJ, Burke LM. Nutrition for power sports: middle-distance running, track cycling, rowing, canoeing/kayaking, and swimming. J Sports Sci. 2011; 29(S1): S79-89.

> **力量运动**
>
> 力量运动被认为是在相对较短的时间内需要大量能量的运动，包括短跑、体操和举重等项目。

四、能量代谢系统与耐力

耐力运动员需要进行20 min或更长时间的连续运动，许多**耐力项目**需要长距离或时间段的连续运动（马拉松、越野滑雪、铁人三项等）。为运动员提供足够的能量和液体，以确保他们不会因为运动而精疲力竭，也不会因为持续的能量代谢而过热。如果不能提供足够的能量，就会导致早期疲劳和运动表现不佳。服用补充剂的运动员可能会有一种错误的感觉，认为营养需求得到了满足，但如果因服用补充剂而减少了从食物中摄入的能量，那么这是适得其反的。也有证据表明，某些常见补充剂的过量摄入可能会造成运动表现上的障碍。在一项评估大鼠和人类的研究中，已经发现维生素C的补充摄入量［人体1 g/d；大鼠0.24 mg/(cm^2·d)］显著阻碍了训练诱导细胞对耐力活动的适应[89]。因此，耐力运动员的目标是建立一个可行的策略，即在训练/比赛开始前提供足够的营养物质：能量和液体，以最佳的糖原储存和脱水状态开始训练/比赛，从而使肌肉能够长时间持续地以最高的强度运动。对于耐力运动员来说，计划一个合适的便于快速获得液体、碳水化合物和蛋白质[214]的恢复策略也是一个重要的目标。

> **耐力项目**
>
> 耐力项目是指在单位时间内所需能量相对较低，但需要长时间进行的运动，包括长跑、游泳、长距离自行车和铁人三项。

大多数耐力活动发生在使脂肪为肌肉工作提供高比例代谢底物的强度。因为即使是最瘦的运动员，体内也有充足的脂肪，所以在运动前和运动中补充脂肪不是一个问题，也不应该成为一个目标[45]。然而，碳水化合物参与的完全燃烧脂肪，因为碳水化合物的储存能力相对较低，容易耗尽，耐力运动员的目标是找到一种方法来提供足够的碳水化合物之前训练/比赛优化糖原商店和在运动中有含碳水化合物的饮料消费来维持血糖和缓冲糖原利用率[214]。这样的碳水化合物策略将有助于减少过早疲劳的风险。最终，耐力运动员必须消耗足够的总能量，其中很大一部分是碳水化合物，以使肌肉在长时间内工作，并且必须有一种策略来支持在体育活动中碳水化合物的需求，以帮助维持脂肪的完全氧化。

有氧代谢是耐力运动员最重要的能量系统。在这条能量通道中，氧被用来帮助磷转化为新的ATP分子。与厌氧代谢不同的是，这种能量途径可以利用蛋白质、脂肪和碳水化合物作为代谢底物，将这些能量底物转化为乙酰辅酶A，即代谢过程中的中间化合物[52]。葡萄糖被转化为丙酮酸（一种厌氧释放能量的过程），丙酮酸可以在氧气的帮助下转化为乙酰辅酶A或能量储存产物乳酸。过量的乳酸产生导致肌肉疲劳，导致活动停止。然而，乳酸可以被转化为丙酮酸，作为一种需氧代谢底物。有氧代谢发生在细胞的线粒体中，其中绝大多数ATP是由进入的乙酰辅酶A产生的。脂肪可以通过β-氧化代谢途径转化为乙酰辅酶A[147]。这一途径依赖氧，这意味着脂肪只能在有氧条件下燃烧。

运动员在细胞内获得稳定摄氧量的能力取决于运动员有氧条件的好坏。参与不同运动的男性和女性的最大摄氧量参阅第11章，表11.6。经常进行有氧训练的运动员比不进行有氧训练的运动员更容易达到稳定状态。对于一个身体状况良好的人来说，需要5 min的时间才能有足够的氧气进入系统，以支持稳定的有氧代谢。前5 min的运动是有氧和无氧代谢的结合。因此，达到快速稳定的状态很重要，因为这减少了运动员通过无氧途径获取能量的时间。这给最有限的代谢底物——碳水化合物带来了沉重的负担。从理论上讲，一旦运动员的摄氧量达到了与给定强度的耗氧量相匹配的水平，只要身体的碳水化合物水平和液体没有达到临界状态，运动就可以持续下去。例如，一个处于稳定状态的长跑运动员可以继续跑下去，前提是他补充了运动中使用的碳水化合物和液体。因此，在运动中定期摄入碳水化合物和液体可以增强耐力。有氧运动的运动员比力量运动的运动员有更强的耗氧能力。因为即使是最瘦的运动员也有大量的能量以脂肪的形式储存，这种燃烧脂肪的能力大大提高了耐力。然而，由于脂肪的完全燃烧需要碳水化合物，而运动员的碳水化合物储存量相对较低，因此碳水化合物仍然是耐力训练的限制性能量来源。研究发现，高脂肪、低碳水化合物饮食的运动员比低脂肪、高碳水化合物饮食的运动员成绩更差[45,49]，清楚地证明了这一观点。

不同训练水平的运动员在不同的运动强度下都有可能达到稳定的状态。一个状态良好的运动员有能力在高运动强度下保持稳定状态，从而轻松赢得比赛。在1996年佐治亚州亚特兰大奥运会上，马拉松冠军以5 min/mile的平均速度跑了26 miles。在2012年伦敦奥运会上，速度甚至更快，约为每英里4.83 min/mile（表15.7）。然而，一个有氧能力差的运动员可能只能以10 min/mile的速度跑，并保持稳定的状态。每个人都有自己的节奏来维持稳定的状态。超过这个速度会导致更多的肌肉工作依赖无氧代谢，同时增加对碳水化合物代谢的依赖。由于碳水化合物代谢底物的储存有限，糖原消耗更快，人会变得精疲力竭。

包括马拉松、铁人三项、公路自行车和长距离游泳在内的耐力项目，不仅需要高水平的有氧健身，而且还需要在比赛的关键时刻有一段时间的无氧力量来爆发速度。奥运会男子马拉松比赛的获胜时间逐渐缩短（请注意，奥运会马拉松比赛的速度差异可能是由于马拉松赛道难度的不同造成的）。

耐力运动的主要能量系统是氧化（有氧），它代表了最大的工作强度，允许足够的氧气被带入系统并输送到细胞。尽管耐力运动员不能像短跑运动员那样跑得那么快，但他们可以进行更长距离的运动，因为氧化系统提供的能量中乳酸含量有限，而且使用的代谢底物（脂肪）供应充足。影响最大摄氧量的因素包括以下内容[19]。

- 肺扩散能力（即从肺部空气中“抓取”氧气并将其转移给红细胞的能力）；
- 心输出量（即心脏向全身泵血并向各组织输送氧气的能力）；
- 携氧能力（即正常、健康红细胞的浓度）；
- 骨骼肌（即肌肉从血液中获取氧气并将氧气输送到线粒体进行氧化代谢的能力）。

训练可以增加向细胞输送氧的能力，主要是由于最大心输出量的增加[68]。研究评估血乳酸浓度发现，与未受过训练的受试者相比，在工作强度相同的情况下，训练有素的运动员更能耐受高水平的血乳酸，这可能是因为更大的血容量（对训练的常见适应），可以改善乳酸稀释和较小的pH影响[12,100]（较大的血容量是有氧健身的适应性好处）。即使是瘦弱的运动员也能以脂肪的形式储存足够的能量，提高氧向组织的输送能促进脂肪代谢，同时降低对无氧代谢底物的需求。然而，考虑到脂肪需要碳水化合物来完成脂肪代谢和避免产生酮，这一点仍然很重要。因此，即使是具有高脂肪代谢能力的运动员，如果在主要的氧化代谢期间不能储存/供应足够的碳水化合物，也可能会受到损害。研究发现，高脂肪饮食的运动员的最长耐力时间为57 min；食用正常混合饮食的人的耐力时间增加到114 min左右；高碳水化合物饮食组的最大耐力时间增加到约167 min[199]。

五、所有运动项目运动员的一般营养问题及其策略

无论从事何种运动，运动员都必须注意一些问题，这些问题可能会损害他们从训练中提高能力。这些问题包括过度训练、过度劳伤、缺乏液体摄入和缺乏能量。

（一）过度训练

过度训练是一种与压力有关的情况，对正常有益的训练适应有负面影响，损害正常的心理健康，并造成免疫系统问题，使疾病发生的频率增加[3]。一些公认的警告信号包括以下内容。

- 肌肉酸痛加剧；
- 延迟肌肉恢复；
- 无法在之前的训练负荷下完成任务；

表15.7 从1896年第一届现代奥运会到现在的男子和女子马拉松比赛的冠军

年 份	男子马拉松	成 绩	女子马拉松	成 绩
1896	Spiridon Lewis	2:58:50		
1900	Michel Theéato	2:59:45		
1904	Thomas Hicks	3:28:53		
1906	William Sherring	2:51:23.6		
1908	John Hayes	2:55:18.4		
1912	Kenneth McArthur	2:36:54.8		
1920	Hannes Kolehmainen	2:32:35.8		
1924	Albin Stenroos	2:41:22.6		
1932	Juan Carlos Zabala	2:31:36.0		
1936	Kee-Chung Sohn	2:29:19.2		
1948	Delfo Cabrera	2:34:51.6		
1952	Emil Zátopek	2:23:02.2		
1956	Alain Mimoun	2:25:03.2		
1960	Abebe Bikila	2:15:16.2		
1964	Abebe Bikila	2:12:11.2		
1968	Mamo Wolde	2:20:26.4		
1972	Frank Shorter	2:12:19.8		
1976	Waldemar Cierpinski	2:09:55		
1980	Waldemar Cierpinski	2:11:03		
1984	Carlos Lopes	2:09:21	Joan Benoit	2:24:52
1988	Gelindo Bordin	2:10:32	Rosa Mota	2:25:40
1992	Hwang Yeong-Jo	2:13:23	Valentina Yegorova	2:32:41
1996	Josia Thugwane	2:12:36	Fatuma Roba	2:26:05
2000	Gazehegne Abera	2:10:11	Naoko Takahashi	2:23:14
2004	Stefano Baldini	2:10:55	Mizuki Noguchi	2:26:20
2008	*Samuel Wanjiru*[a]	2:06:32	Constantina Tomescu	2:26:44
2012	Stephen Kiprotich	2:08:01	*Tiki Gelana*[a]	2:23:07
2016	Eliud Kipchoge	2:08:44	Jemina Sumgong	2:24:04

注：第一次女子奥运会马拉松比赛是在1984年。*a*：赛跑选手（斜体）为奥运会纪录。

- 睡眠不好；
- 活力下降；
- 淋巴结肿胀；
- 疾病发生频率高；
- 食欲缺乏[42]。

许多迹象都是由于训练的强度超过了身体的恢复能力。过度训练通常会导致运动员表现不佳，因为这增加了运动员生病或受伤的风险。据估计，在所有进行高强度训练的运动员中，有10%～20%的人会出现这种情况，耐力运动员也经常出现这种情况。重要的是，缺乏碳水化合物和液体的摄入在过度训练综合征的运动员中很常见[148]。根据欧洲运动科学学院和ACSM的联合共识声明，过度训练综合征可以通过合理的训练计划有效消除，该计划允许适当的休息和适当的营养和水合作用[148]。

（二）过度劳伤

当运动员重复进行同样的体力活动时，就会出现过度劳伤，造成骨头和肌肉的重复性压力，其速度超过了组织的修复能力[131]。由跑鞋摩擦引起的水泡，一种轻度的过度劳伤，以及不断重复撞击对骨骼造成的重复压力，可能会导致更严重的过度劳伤，如应力性骨折。耐力运动员需要花费很多时间进行训练，包括重复动作，这使得过度劳伤成为这个群体关注的问题[222]。肌肉组织分解是体力活动的一个正常和自然的部分，但训练有素的运动员如果习惯了活动的持续时间和强度，遵循适当的营养策略（例如，在训练后食用优质蛋白质、碳水化合物和饮料）[65]，就应该会肌肉恢复得很好而没有过度损伤。营养良好的运动员能够更好地修复在正常训练和比赛中发生的轻微组织损伤。

（三）液体摄入量不足

体力活动导致不可避免的排汗，从而通过身体水分流失来驱散与运动相关的能量代谢产生的热量。广泛的汗液流失的范围，根据耐力运动，环境温度和湿度，观察到的这个范围为4.9～12.7 L的流失，2.1～10.5 L的摄取[8]。有证据表明，无论是年轻运动员还是成年运动员，在开始训练时，补水不良的情况都很普遍，这会影响到训练可能，并且应该从训练中带来的潜在益处[9]。尽管运动员的排汗率很高，但大多数运动员即使在有充足的水分可补充[95]的条件下，也只能弥补体内水分流失的一小部分。由此导致的脱水，如果伴有体重下降＞2%，则与运动表现变差有关[6,218]。重要的是，用口渴来指导何时补充水分是不合适的，因为在口渴感觉出现之前，身体就已经流失了大量的水分，对运动表现有潜在的负面影响。

（四）能量可利用性不足

耐力运动员的能量需求非常高，据估计越野滑雪运动员在50 km比赛中代谢约4 000 cal，在高强度训练中代谢的能量甚至更多[69]。一般建议耐力运动员每日训练时间为1.5 h或以上时，应至少消耗45 kcal/（kg · d）的能量[67]。据估计，25岁体重125 lb的女性马拉松运动员上午跑10 miles，下午跑8 miles，需要大约4 331 kcal才能满足活动和REE[156]的综合需求。能量不足的运动员患病和受伤的风险增加[154]。长时间的耐力训练对能量储存有很高的要求，如果没有良好的计划，耐力运动员因能量不足而受伤的风险很高[76]。较高的受伤风险包括各种各样的问题，如较高的应力性骨折和肌肉恢复不良的风险。能量不足的运动员也会导致心理、代谢、内分泌和免疫问题的高风险。重要的是，一个耐力运动员在没有足够的能量来支持训练的情况下，是很难从耐力训练中受益的。女性耐力运动员如果没有足够的能量，就有较高的月经失调的风险，这也与骨骼不健康有关[158,191]。

六、训练前、训练中、训练后的营养策略

（一）在比赛或训练前

我们知道当耐力运动员比赛时，碳水化合物的可获得性是限制运动表现的能量底物[98]。不论血糖指数如何，运动前碳水化合物的摄入都与运动成绩的提高有关，一般建议在训练或比赛前2～3 h摄入800～1 200 kcal。理想情况下，运动前加餐还应提供足够的液体，使运动开始时处于良好的水合

状态，并应含有适量的蛋白质和相对较低的脂肪和纤维，以确保有效的胃排空[214]。也有初步数据表明，在运动前摄入其他食物或食物成分可能有助于提高运动表现：咖啡因，浓度约为10～15 μg/mL，可能会减轻疲劳感，让运动持续更长时间；硝酸盐（通常从甜菜根汁中获得）可以增加一氧化氮的可用性，从而降低运动中的氧气消耗，从而提高运动表现[11,44,117,165,210]。

运动/比赛前补充水分对确保有效的糖原储存也很重要，糖原储存在水中，并在充足的水分状态下开始运动/比赛。也有证据表明，在大热天锻炼前饮用冷液体或冰浆可能是一种有效的预冷核心温度的策略，可以提高耐力表现[205,209]。运动员只在口渴时才补充液体是很常见的，所以在运动/比赛前应有计划地鼓励补充液体，直到尿液颜色清澈[96]。运动前饮用运动饮料是有益的，因为它们提供了运动员需要的两种东西：碳水化合物和液体。ACSM关于液体的研究表明[189]：

■ 摄入的液体应该加调味和甜味，以鼓励液体摄入；

■ 为了帮助保持训练强度，液体中应含有碳水化合物；

■ 为了促进快速和完全的补水，饮料中应含有氯化钠（盐）。

符合这些标准的运动饮料在向运动员输送碳水化合物和液体方面特别有用。

（二）在比赛或训练中

在有组织的10 km赛跑和马拉松比赛中，每隔5 km处提供一个液体站，并应该鼓励运动员充分利用每个液体站并摄入液体。然而，为了确保运动员能够承受在这个时间段内的液体消耗，他们应该在训练期间熟悉在相同的时间段内摄入液体。这将有助于运动员适应所摄入的液体，也将提高对更多液体摄入的耐受性，以更好地抵消排汗损失。我们提出以下建议[38]。

■ 液体应易于获得；

■ 运动员应该有自己的饮水瓶，并且在训练和比赛中都要随身携带；

■ 训练中应该安排成能够鼓励运动员经常摄入液体的方式，并尽可能模仿比赛期间的液体摄入量。

运动员和教练应该知道，出汗率可以远远超过液体消耗/吸收速率，所以通过频繁摄入液体减少这种差异是一个重要的策略。令人担忧的是，一些运动员可能摄入过多的液体，导致体重增加（即摄入的液体多于流失的液体）。虽然这种情况很少发生，但过度饮水是低钠血症（即血钠低于125 mmol/L）的潜在原因，低钠血症可导致腹胀、呕吐、意识混乱、呼吸窘迫，并可能因脑水肿而死亡[5,104,189]。低钠血症的其他原因包括汗液中过量的钠流失和饮用不含有足够钠的饮料[214]。

（三）比赛或训练后

运动后立即摄入碳水化合物是有用的，因为它最大化了糖原合成酶的可用性，并优化糖原的再合成和储存[21]。即使仅仅推迟2 h摄入碳水化合物也会减少糖原的合成[115]。也有强有力的证据表明，随着耐力训练和（或）单次耐力训练的进行，骨骼肌的损伤会增加，并且在耐力运动后立即进食的运动员可以改善肌肉蛋白的合成和恢复[184]。运动后1 h提供优质蛋白质和碳水化合物的组合，比运动后3 h提供相同食物时，肌肉蛋白质合成量增加3倍[134]。

七、高强度运动时的营养问题

下面的运动提供了营养如何影响力量和速度的例子。体育项目的例子并不全面。但是，各种体育运动为大家提供了如何将科学应用于参与不同活动的运动员的思路。

（一）棒球

因为棒球比赛经常在炎热潮湿的环境中进行，所以保持良好的水合状态对棒球运动员来说是非常重要的。不良的水合作用会增加受伤的风险，减少注意力时间和反应时间，导致过早疲劳，并降低协调性[102,155]。适应性也是一个因素，因为研究发现，在正常的棒球运动强度下，适应程度高的球员比不健康的球员更能维持体温，因为他们能提高排汗率和降温能力[231]。维持投球臂血液流动的能力是影响投球表现的一个因素，这也与水合状态有关。研究发现，血流量在40个投球时增加，但之后稳定下降，到第100个投球时，流向投球臂的血流量低于基线值30%[20]。投球臂血液的减少可能与水合状态有关。综上所述，这些研究建议棒球运动员应该努力使用第7章中描述的策略来维持水合状态。

棒球运动员在赛季中的任何一周或一个月里都要打很多场比赛，如果他们没有得到足够的休息、水分和能量，就容易过度劳伤。特别是投手，可能会有过度劳伤的高风险[225,229]。在整个赛季中观察到的投掷力量的减少可能是由于过度劳伤和腿部力量的减少，两者都会影响投掷运动[138]。捕手花更多力气，承受更多的设备重量，所以他们可能比其他球员需要更多的运动饮料。在进攻时，他们应该充分利用休息时间来补充水分，以满足碳水化合物和水合作用的需要。肌肉力量的减弱都可能与水合不良和能量供应不良有关[102,154]。棒球需要力量和速度，高度依赖聚合酶链反应和碳水化合物作为肌肉代谢底物。虽然磷酸肌酸是由三个氨基酸合成的，需要足够的蛋白质消耗，但人类有一个能量优先系统，要求确保消耗的蛋白质可以用来制造所需的物质，而不是用于满足能量需求。简单地说，过分关注蛋白质摄入而不能满足总能量需求的棒球运动员可能会影响运动表现。由于正常血糖维持的时间通常只有1～3 h，而棒球比赛通常持续约3 h，棒球运动员应在击球间隙饮用含碳水化合物的运动饮料。摄入的热量应该与出汗率有关，目标是将赛后体重波动控制在赛前体重的2%以内[214]。不能维持血糖会导致注意力不集中，反应时间增加，精神和肌肉疲劳。

（二）健身

为了达到更大的肌肉量，健美运动员会对每个肌肉群上施加高水平的重复压力（通常通过自由重量和肌肉阻力设备），高强度的重复很少超过每组30 s，也不会超过1.5 min[202]。在为比赛做准备的过程中，健美运动员们将这种艰苦的肌肉训练与消耗额外的能量结合起来，通常是由高蛋白食物和营养补充剂组成，以增大肌肉量。因为一次训练可能导致肌肉糖原存储下降高达40%，糖原消耗可能导致训练受损[129]。虽然健美运动员的蛋白质需求量在建议范围的上限［约1.7 g/（kg・d）］，但典型的蛋白质摄入量远远高于这个水平，以牺牲碳水化合物为代价，应该在4～7 g/（kg・d）的范围[202]。还要注意的是，研究发现，在健身杂志上宣传有益营养的产品中，42%是没有科学依据的，32%的产品含有误导性信息[18]。健美运动员可能限制液体和盐来表现更健美的外表，但限制液体是很危险的，尤其是在年轻的健美运动员，那些倾向发展成低血钾（低钾，致使运动员的疲劳，虚弱和抽筋），低血磷酸盐（低磷，致使运动员的肌肉功能障碍和弱点和易怒），横纹肌溶解（指肌肉受损，伴有肌肉疼痛和无力）和四肢弛缓性瘫痪（指影响四肢的肌肉无力）并伴有体液限制[37]。据报道，大多数健美运动员所遵循的方案会导致糖原消耗相关的严重脱水[127,201]。也有证据表明，通常在比赛前一段时间限制能量（kcal）会导致瘦体重的减少，这表明能量限制过度了[105]。健美运动员有重复的增重和减重模式，试图在减少身体脂肪的同时增加肌肉。在比赛季节，典型的交替减重（约6.8 kg；15 lb）和增重（约6.2 kg；14 lb）。这种节食模式会导致对食物的专注增加，并在比赛后暴饮暴食，产生心理压力。重要的是，健身者应该意识到，重复的体重调整模式可能会增加患饮食失调的风险。一个更合适的策略是遵循一种模式，通过动态匹配摄入和消耗能量来维持能量平衡，并提供足够的碳水化合物和蛋白质来满足糖原和肌肉蛋白的需求。这将同时优化肌肉组织，并尽量避免增加脂肪组织[24]。

（三）跳水

跳水需要力量、身体控制和灵活性的结合，这些都需要保持良好的能量和水合作用[28]。跳水运动员的训练方案类似于体操，强调陆地适应，注重翻滚和入水。饮食限制是通常被跳水运动员用来达到理想的肌肉和瘦体质的一种策略[136]。强有力的证据表明，普遍的饮食限制策略对健康和运动表现都有负面影响，如免疫系统受损、头晕和虚弱、骨密度低等疾病风险更大[17,63,73,161]。此外，有证据表明，限制饮食会增加体脂率并会有更大的月经紊乱风险[63,208]。在训练前或比赛前，跳水运动员应该在运动前1～4 h有计划地吃一顿碳水化合物含量相对较高、脂肪含量相对较低的膳食和(或)零食[214]。这种摄入可以帮助潜水员在正常肌肉、肝糖原和血糖的情况下进行训练或比赛，从而减少精神错乱和肌肉过早疲劳的风险。训练远远超过了跳水运动员在比赛中所需要的能量和水分[28]。因此，跳水运动员应该计划在训练中多次摄入少量碳水化合物，以确保血糖和肌肉碳水化合物的正常供应[47]。在赛后和训练期间，跳水运动员应摄入足够的液体、电解质和能量来恢复糖原的储存，并加强肌肉恢复和肌肉蛋白质的合成[151]。理想情况下，跳水运动员应该在训练/比赛结束后立即摄入食物和饮料，以达到最佳效果[28]。有证据表明，特别是在比赛后，人们通常会饮酒[232]。然而，饮酒会干扰营养和水合作用的恢复，还会对训练和比赛产生负面的多重影响[195]。因此，应避免饮酒。

(四) 美式足球

美式足球是一种高度无氧的运动，比赛时间很少超过15 s，每次比赛之后都有一段时间的休息/恢复。足球运动员每年都在变大变强，他们的形象相对其他男性运动员更积极[169]。球员需要携带额外的重型装备，这就增加了能量需求。因为在这种活动中主要的代谢底物是聚合酶链反应和肌糖原，传统的“牛排和土豆”赛前餐(过度强调蛋白质而忽视碳水化合物)是否能优化糖原的存储是值得怀疑的。对运动员(包括足球运动员)的研究发现，膳食补充剂摄入是常见的，虽然没有明确的迹象表明这种补充剂对健康有负面影响，但也没有数据证实补充剂可以提高成绩[198]。对大学足球运动员的研究发现，维生素和矿物质补充剂的比例在23%～50%[119,196]。

足球走走停停的特性也与身体大量失水有关，它会影响人们注意力的集中和运动表现。血浆容量的维持与运动员的表现密切相关，这应该鼓励足球运动员饮用合适的运动饮料来维持耐力和运动表现[60]。最近一项针对全国大学生体育协会一级足球运动员的评估表明，应大力提高足球队的水合意识，以避免可能发生的严重健康后果(包括水合相关死亡)，特别是在高体重运动员(即前锋)中[120]。

目前足球运动员的体重高于过去的球员，这本身并不一定是件好事。研究发现，高体脂率和高BMI的足球前锋下肢受伤的概率更高，高体脂水平的球员比低体脂水平的球员受伤的相对风险高出2.5倍[90,122]。这些发现表明，体重本身并不是衡量足球运动员的正确标准。相反，任何体重的增加都应该伴随着相对增大的瘦体重，以减少受伤的风险。这只能通过适当的训练和饮食之间的动态相互作用，均衡分配的能量和蛋白质，避免相对的能量不足来实现[154]。最近的一项研究发现，在相对较好的能量平衡状态下摄入蛋白质的球员具有较高的瘦体重和较低的脂肪量，摄入适当水平的蛋白质[1.2～2.0 g/(kg・d)]，而没有处于负能量平衡状态的运动员有更高的瘦体重和更低的脂肪量[81]。

(五) 体操

艺术体操运动员体型小，保持身材和极低体重的压力很大[83]。因此，体操运动员被认为是饮食失调的高风险人群，这可能会增加健康状况不佳和运动成绩较差的风险[26,63,118]。即使是在男子体操比赛中，也有人建议，如果一个体操运动员想要取得成功，控制能量摄入以达到较低的体重是一个适当和理想的方法[139]。虽然在体操中降低体重可以降低关节创伤的风险，但通过不恰当的方式达到更低的体重会使体操运动员面临更高的骨骼损伤风险[113,154]。

与其他主要的无氧运动员一样，体操运动员严重依赖$Ⅱ_b$型(纯快收缩)和$Ⅱ_a$型(中快收缩)肌纤维[35]。因此，体操活动严重依赖磷酸肌酸和碳水化合物(包括血糖、肌肉和肝糖原)来维持活动。这种依赖表明，体操运动员的饮食应提供充足的碳水化合物，以优化糖原存储，并分配能量和蛋白质，以确保肌肉蛋白质合成和肌肉恢复。许多研究评估了优秀体操运动员的营养摄入量。总的来说，这些研究表明总能量、铁和钙的摄入不足[25-27]。钙的缺乏，加上几乎所有的体操训练都是在室内进行的，增加了缺乏维生素D的风险，这表明体操运动员可能是应力性骨折的高风险人群。铁摄入量不足与贫血有关，这是闭经发生的一个危险因素[135]。体操运动员月经初潮的推迟通常会超过15岁，这可能对骨骼健康有影响[83]。原发性（从未经历过月经；月经延迟）或继发性闭经（过去3个月没有月经）可能的主要原因包括以下内容[154]。

■ 相对能量不足，铁状态差；

■ 身体压力大；

■ 心理压力大；

■ 皮质醇水平高，干扰雌激素的产生（通常是相对能量不足的结果；低血糖）。

竞技体操运动员通常在16～18岁达到竞争的顶峰[83]。作为青少年，他们有满足生长发育和体育运动的身体需要的综合营养需求。如果没有适当的计划，很难满足这些高营养需求。理想情况下，这应该与培训机构合作，以确保食品和饮料的供应。

（六）曲棍球

对所有人来说，曲棍球是一项高速、全力的运动。频繁换人可以让冰球选手在高强度的比赛中持续表现良好，很少有选手在被换人之前在冰上超过1.5 min。这种高强度的运动高度依赖磷酸肌酸和碳水化合物（糖原和葡萄糖）。尽管曲棍球运动员的营养知识似乎很贫乏，但有良好的迹象表明曲棍球运动员和球队管理层愿意做出适当的营养改变[50,179]。

一项对瑞典优秀曲棍球运动员的研究发现，随着碳水化合物负荷的增加，滑冰成绩（速度、滑距离、换挡次数、换挡时间）得到改善[1]。同时还发现，在一场比赛中，约60%的股四头肌糖原被代谢[112]。可以想象，连续的比赛日和（或）连续的训练日（在曲棍球中都很常见）可能导致糖原消耗和表现下降。虽然数据表明运动员通常食用高蛋白饮食，但对糖原的严重依赖表明曲棍球运动员应该食用相对较高的碳水化合物饮食[112]。因为高蛋白饮食通常也是高脂肪饮食，适当改变成高碳水化合物饮食的运动员应该意识到，较低的能量浓度可能导致总能量摄入不足[211]。转而食用低脂肪高碳水化合物的食物，同时保持相同的进食频率，可能会导致负能量平衡，这可能会增加健康风险，也会对表现不利[23,111]。

曲棍球中常见的高强度活动会导致高出汗率，这表明球员应该制定策略，在比赛期间如何维持水合状态，并应在一个良好的水合状态下进行比赛。研究发现，在曲棍球运动员中体重下降1%是常见的，这表明经常饮用运动饮料是必要的策略[168]。

（七）力量/速度田径项目

田径比赛包括一些高强度、短时间的项目，这些项目主要是无氧的。其中包括短跑、短距离跨栏、跳远（跳远、跳高和撑竿跳高）和投掷（标枪、铅球和铁饼）。所有这些事件都高度依赖磷酸肌酸和糖原（碳水化合物）来满足能量需求[130]。一项评估不同碳水化合物摄入水平的研究发现，高碳水化合物摄入量（约占总热量的75%）比低碳水化合物摄入量（<45%的总热量）[159]产生更好的短跑成绩。现在已经确定，短跑成绩是由骨骼肌糖原的含量调节的，而糖原的含量很大程度上受碳水化合物的摄入影响。较高的碳水化合物摄入量（约占70%总热量）导致更高的糖原储存水平[14,58,200,214]。

在运动前1 h摄入碳水化合物（25 g）和咖啡因（100 mg）可以提高间歇短跑的运动表现[57]。这项研究发现，在运动的最后阶段，血糖水平会升高，这一发现对于需要几轮尝试（如跳远、撑竿跳高）才能决定获胜者的竞技田赛项目来说可能很重要。

纯短跑运动员应该仔细考虑碳水化合物的超量补偿（即通过避免高强度活动减少糖原的利用来最大化糖原的储存，以及通过高碳水化合物的摄入来增加糖原的形成）是否必要，因为糖原是与水一起储存的（1 g糖原兑3～4 g水）[162]。如果糖原的储存水平超过了一场比赛的需求，可能会增加不必要的（水）重量，从而使短跑选手处于不利地位。短跑运动员应该保持相对高的碳水化合物摄入量，但要决定是否需要遵循碳水化合物超量补偿策略。

（八）游泳（100～400 m）

游泳运动员花大量的时间在水中训练，练习克服阻力的技术。游泳者的典型能量消耗范围为：男性每天3 600～4 800 kcal，女性每天1 900～2 600 kcal[192]。在比赛中，较短的距离（短跑）从磷酸肌酸和糖原中获得所需的大部分能量（表15.5）。研究发现，游泳运动员之间的能量摄入差异很大，男性游泳运动员比女性游泳运动员更容易满足能量需求[30,121]。这一发现表明，很大一部分游泳运动员的饮食习惯不能很好地支持训练和比赛的需要。

对碳水化合物的需求量估计为3～10 g/kg，取决于训练需求[193]。蛋白质需求量为1.2～1.6 g/(kg・d)，似乎是可以满足的，但许多游泳者往往不能最佳时间摄入蛋白质以优化肌肉恢复和肌肉蛋白质合成[4,48]。理想情况下，高质量的蛋白质应在一天中4～5顿饭/零食中平均摄入20～25 g[48]。

游泳运动员的竞技训练往往在很小的时候就开始了，其中很多人在初中和高中就开始了。训练通常在清晨上学前和放学后。这种计划，特别是对于正在经历快速生长的青少年游泳运动员来说，需要高能量。

必须为确保正常生长发育和降低额外的健康风险而规划的摄入量。年轻运动员群体的相对能量不足既可能对成绩产生负面影响（即成绩下降、受伤风险增加、协调性降低），也可能对健康产生长期影响（即女性运动员骨骼健康状况不佳、生长发育不佳、月经功能不佳）[154,192]。

超过2 min的冲刺训练至少需要4 min来恢复磷酸肌酸。没有适当的恢复期，游泳运动员将被迫进行较短时间、较低强度的训练，这可能会对比赛产生负面影响[120,177,192]。

奇怪的是，游泳运动员可能会因为在水的环境中训练而遭受不良的水合作用，但已经发现，不良的水合作用在游泳运动员中确实很普遍[182]。虽然脱水的程度是轻微的，游泳者应该采取步骤维持正常的水合作用，在训练和比赛中随时准备运动饮料。

（九）摔跤

对摔跤教练员进行营养知识评估的调查表明，有很大比例的教练员在指导年轻运动员营养知识方面缺乏足够的知识基础[203]。ACSM关于摔跤运动员减肥的看法[163]：

尽管越来越多的证据告诫这种行为，但减肥（快速减肥）在摔跤运动员中仍然很普遍。减肥有严重的不良后果，可能会影响竞争表现、身体健康和正常的生长发育。为了加强教育经验，减少参与者的健康风险，ACSM建议采取措施，教育教练和摔跤手正确的营养和体重控制行为，减少“减肥”，并制定限制减肥的规则。

这种减肥策略的总体目标是在比赛前一晚的称重中获得某个级别的资格，并在第二天的称重和比赛之间增加尽可能多的体重。遗憾的是，有证据表明，摔跤的体重略低于比赛级别可能成功率更高[228]。也有很好的证据表明，在短时间内增加体重对成功很重要。在一项评估摔跤手相对体重增加的研究中，体重较重的摔跤手成功的概率为57%[227]。

摔跤运动员经常练习的减肥技巧在很多方面都受到关注。有证据表明，营养不良可能会改变摔跤运动员生长激素的分泌，如果这种情况持续几个赛季，可能会导致生长障碍[185]。在另一项研究中，饮食限制将蛋白质营养降低到平均0.9 g/(kg・d)（低于建议水平），也降低了肌肉性能[186]。这些数据得到了证实，研究结果表明，能量限制减肥显著降低了摔跤运动员的无氧能力。那些高碳水化合物补充饮食的人倾向恢复他们的表现，而那些低碳水化合物摄入量的人则没有[178]。除了体重的快速减轻会导致明显的生理变化外，有充分的证据表明，大学摔跤运动员的快速体重减轻会导致短期记忆障碍，这一事实可能会影响学生运动员的学业成绩[53]。

“增加体重”对表现和健康都是一种危害。有充足的证据表明，与增重相关的循环是危险的，会导致糖原消耗、肌肉质量降低、稀土元素含量降低和体脂增加[110]。如果这种情况经常发生，那么REE的减少很可能会使饮食限制更难达到理想的体重，从而导致摔跤手需要采取更严厉（也更危险）的措施来达到理想的体重结果。摔跤运动员和教练应该遵循一个合理的模型来达到理想的体重，如威斯康星州校际运动协会所提供的，以避免健康和运动表现上的问题[164]。这为摔跤运动员制定合理的体重目标，提供营养教育信息，以帮助他们合理地达到理想的体重，并了解不适当的减肥方法的影响。这些达到理想体重指南的基本理念是在一个赛季中，对可能发生的最大体重变化量设置一个上限。此外，还增加了一个监测系统，以确保在赛季的任何时候都不会发生突然而剧烈的体重变化。

八、与具有高耐力成分的一些运动有关的营养问题

下面的运动提供了营养如何影响耐力活动的例子。体育项目例子并不全面。但是，各种体育运动为大家提供了如何将科学应用于参与不同活动的运动员的思路。

（一）长跑

10 000 m（6.2 miles）或更长距离的长跑高度依赖有氧代谢，只有2%～7%的总能量来自无氧代谢[202]。尽管对糖原的依赖相对较低，但事实上长跑运动员比力量运动员持续活动的时间长得多，对糖原的需求很高。简而言之，虽然糖原的利用比例相对较低，但由于活动时间较长，糖原的使用量较高[116]。因此，跑步前高的肌肉和肝糖原储存以及跑步过程中碳水化合物的释放是跑者需要考虑的重要因素。

胃肠道问题在长距离跑步者中发生的频率很高，通常是由于摄入高渗性、高浓度碳水化合物（＞8%碳水化合物溶液）、电解质（钠含量＞200 mg/250 mL）或共同导致的[174]。对于每个跑者来说，了解他们在跑步过程中摄入的饮料的耐受性是很重要的，因为较高的碳水化合物浓度通常与更好的表现有关，但也可能与更高水平的胃肠不适有关。这些症状包括恶心、腹部绞痛、呕吐和腹泻[181]。

更严重的问题包括由于肠道受损导致的粪便失血[116]。长跑运动员长时间的反复运动训练可能增加应力性骨折的风险[173]。应力性骨折在女性跑步者中比男性跑步者更常见，特别是在女性跑步者闭经的情况下[219]。有一个明确的闭经和降低骨质密度之间的关系，所以闭经的跑者应该寻求医生的建议来确定是否采取合理的方法，包括通过改变步幅和改变跑步道表面来跑得“更柔和”，以减少应力骨折的风险[154,180,219]。一项关于跑步者应力性骨折的研究发现，女性和有应力性骨折病史是未来发生骨折的预测因素[226]。足够的能量与钙和维生素D的摄入对保证正常的骨骼发育很重要。虽然维生素D很可能是足够的，特别是对于那些在白天训练并有充足阳光照射的跑者来说，跑者必须有目的性地摄入能够提供足够能量和钙的饮食[223]。能量摄入不足是一个危险信号，说明营养摄入可能也很低（食物是营养和能量的载体），那么跑者患病和成绩下降的风险都很高[154]。非经期的女性跑者脂肪摄入量较低，而脂肪摄入量较高则与更充足的总能量消耗相关[62]。这些研究结果表明，高碳水化合物的饮食有利于最佳运动表现，但可能会使人们更难摄入所需的大量能量，因为碳水化合物比高脂肪食物的热量密度更低。

对长跑运动员的调查证实，总能量摄入量低于推荐水平，这表明跑步者必须在运动前、运动中和运动后努力摄入推荐的能量[22]。跑者应该学会在不同的环境条件下通过训练前和训练后的负重来管理水合状态。这一策略将帮助他们了解他们满足体液需求的程度[214]。对长跑运动员的研究表明，平均减重幅度在3%左右，个人减重幅度为0.8%～5.0%[61]。对跑者的调查发现，尽管知道水合作用很重要，但很大一部分跑者（41%～54.4%）的水合习惯很差，特别是在训练中，35.4%的跑者饮用运动饮料，而近4%的人在训练中从不饮用任何液体[84]。研究强烈表明，7%的含电解质碳水化合物溶液是有效的液体和能量替代饮料[152,214]。长跑运动员无论是否口渴，都应养成经常补充水分的习惯，以保持身体的水分状态。运动饮料中碳水化合物含量的计算方法见方框15.1。

（二）铁人三项

奥运会的铁人三项包括1.5 km的游泳、40 km的自行车和10 km的长跑。夏威夷（科纳）最著名的铁人三项比赛包括3.86 km的游泳、180.25 km的自行车跑和42.20 km长跑。一项对铁人三项运动员的调查发现，他们每周的平均训练距离为：游

方框15.1 如何计算运动饮料中碳水化合物的百分比

1. 将每份的分量从液盎司(oz)或毫升(mL)转换为克(g)。
   a. 液盎司:将总盎司除以0.035 26得到克
      例:16 oz/0.035 26=453.77 g
   b. 毫升:将毫升的量除以1
      例:500 mL/1=500 g
2. 计算一份食物中碳水化合物的百分比,用碳水化合物含量除以100 g,然后乘以100。
   a. 每100 mL(或100 g)含有6 g碳水化合物的饮料=6/100=0.06
   b. 0.06×100 =6%碳水化合物溶液

泳8.8 km(5.47 miles);骑270 km(167.77 miles),跑58.2 km(36.16 miles)[93]。有趣的是,这似乎是一种高水平的过度训练,因为一项研究发现,当铁人三项运动员在比赛前减少训练的总时间时,表现会有显著的提高[15]。这种改善可能是由于糖原储存的改善与减少高强度运动和相对高碳水化合物摄入相关[214]。

不同的运动活动可能会影响运动员摄入不同的食物和不同的补充剂,从而导致不同的营养获得[86]。在一项运动员调查中发现,铁人三项运动员的钙摄入量低于参加排球和篮球等团体项目的运动员,而女性铁人三项运动员的钙摄入量更低(92人)。摄入足够的钙是降低应力性骨折风险的重要组成部分。

维持正常的水合作用对维持排汗率和血容量很重要。有迹象表明,铁人三项运动员可能没有摄入足够的水分,这将影响成绩并增加热应激的风险。一项研究发现,比赛前后体重显著下降,而尿液渗透压显著增加,这都是水合不足的迹象。铁人三项运动员似乎很难在比赛中保持良好的水合作用,体重下降通常超过4%[187]。特别是在温暖的气候下比赛时,铁人三项运动员应该养成良好的饮水习惯,以减少脱水的风险。值得注意的是,当铁人三项运动员在炎热的环境中比赛或训练时,消耗冰浆有助于降低核心温度,从而提高成绩[205,209]。

大多数奥运会的铁人三项运动员似乎摄入了足够的碳水化合物,以满足赛前的指导原则,但在比赛中碳水化合物的摄入量因人而异,很大一部分运动员不能满足推荐的碳水化合物摄入量[59]。这是很重要的,因为铁人三项运动员对碳水化合物的需求大于其储存能力[183]。因此,对于铁人三项运动员来说,在比赛中有一个摄入足够碳水化合物的策略是很重要的,应在1.0～1.5 g/(kg・h)[214]范围内。鼓励铁人三项运动员摄入更多液体和碳水化合物的营养干预已经取得了成功,铁人三项运动员摄入的能量水平比干预前更接近需求,这和成绩的提高有关[78]。

(三)长距离游泳

长距离游泳运动员必须花大量的时间在水中训练,以实现在时间和成绩上小的改进[192]。游泳的运动表现是基于游泳运动员在水中运动时创造向前推进力的能力,这是一个相对瘦弱的体格更适合的任务[177]。达到这个水平的耐力和身体组成需要避免相对的能量不足[149]。理想情况下,需要的能量应该在训练前、训练中和训练后提供,以优化训练效益。男性和女性游泳者的能量摄入分别高达4 800 kcal/d和2 600 kcal/d[192]。

与其他运动员相比,游泳运动员的上肢力量往往更高,但骨密度更低[29,133]。这可能有三个原因,包括能量供应不足,在室内游泳池长时间不暴露在阳光下训练导致维生素D水平低下,以及游泳者在水里训练,因水基本上是一个没有重力的环境,导致骨骼受到较少的生理压力[140]。后一个原因表明,至少有一部分游泳运动员的训练,特别是正在经历青春期生长突增和骨骼发育大变化的青少年游泳运动员，应该同时对上半身和下半身施加阻力。

长距离游泳者的训练量将消耗肌肉糖原存储，这表明需要大量的碳水化合物替代策略[193]。如在训练中摄入含有碳水化合物的液体可以同时满足碳水化合物和液体的需求[48]。

（四）自行车

环法自行车赛对参赛运动员的耐力有极大的要求，在仅休息一天的情况下，用3周多的时间就能完成4 000 km。这是运动员在超过7d[188]的比赛中所消耗的能量的最高值。摄入模式表明是一种高碳水化合物饮食（62%碳水化合物；15%的蛋白质；23%脂肪）：在两餐之间摄入的能量约占总能量的50%，约30%的能量是含碳水化合物的运动饮料[39]。

精英自行车手的哮喘患病率似乎是一般人群的两倍[221]。因此，谨慎的做法是，在建议食物和饮料的摄入之前，应仔细询问过敏情况，以免引发过敏反应。

骑自行车的人可以很容易地把液体和食物放在车架上或放在运动衫的口袋里，而且因为骑车时不像跑步时那样剧烈运动，骑自行车的人可以摄入一些固体食物而不会感到胃肠不适。骑自行车的人在长途骑行时应该充分利用这一点，随身携带运动饮料和一些饼干、香蕉、凝胶状碳水化合物或面包。但无论摄入什么，都应该知道其耐受性良好。虽然对碳水化合物的需求是最高的，但许多自行车手认为高蛋白的食物对表现是有益的。然而，没有迹象表明在骑行过程中摄入蛋白质食物能提高性能，而且由于这些食物减少了碳水化合物食物的摄入，它们可能会降低运动表现[94]。

九、以确保营养准备对普通运动员的评估策略

对运动员健康状况的评估通常包括健康/病史、身体成分、食物摄入和能量平衡。

（一）健康/疾病史

健康/疾病史通常通过深入的运动员访谈获得，包括讨论以下内容。

■ 提供处方和非处方（非处方）药物使用信息的疾病史；

■ 饮酒状况；

■ 典型的就餐环境（如大学食堂，在公寓为自己做饭）；

■ 慢性疾病状态（如糖尿病、闭经）；

■ 相关的急性疾病（如骨折、肌肉拉伤）；

■ 过敏（食物和非食物）、食物不耐受和食物敏感；

■ 理解可能食欲发生变化；

■ 运动员是否自发的，或者被安排了一种可能会面临营养风险的特殊饮食；

■ 疾病状态的家族史（如心血管疾病、肾脏疾病）；

■ 既往血液检查结果显示正常或异常值（如用于诊断贫血的血清铁检查）；

■ 根据病史结果（如运动员因为不吃东西而被认为有患贫血的风险）建议进行的生物检测（如血检、尿检）。

（二）身体成分的评估

身体成分评估是一种多组分分析，包括以下内容。

■ 测量身高、体重、体脂百分比、瘦质量百分比。

■ 将这些数值与特定运动的标准进行比较。

■ 通过趋势分析来评估身体成分值的变化情况。注意：重要的是使用同样经过验证的测量方法。

■ 通过z分数分析，以评估运动员身体组成值与其所在的团队值的差异。

（三）食物摄入和能量平衡评估

食物摄取及能量平衡评估包括以下内容。

■ 计算机化的食物摄入分析，包括微量营养素和大量营养素摄入量的评估，并与特定年龄/性别的DRI相比较；

■ 了解食物回避/食物偏好模式；

■ 评估可能影响营养需求的任何可能的疾病状态和与药物摄入相关的临床状况；

■ 预测能量平衡值，以评估典型训练日和非训

练日的日内相对能量可用性和24 h能量平衡；

■ 了解可能影响宏观和微量营养素摄入的文化、宗教和（或）文化相关的食物摄入模式；

■ 在某些情况下，通过评估尿液比重来测量水合状态。

运动员健康史、营养状况、身体成分问卷样本见附录H，饮食摄入分析和饮食计划三个样本见附录表A–L.5。请注意，使用NutriTiming来创建附录B中的食品计划，它采用了美国农业部营养数据库和Harris–Benedict方程来预测REE。

十、总结

■ 不同的活动类型影响新陈代谢的能量类型，但这种差异不一定会影响应摄入的食物/饮料的类型和频率。尽管高强度活动（如短跑）是高度依赖于糖原作为代谢底物来源，低强度耐力活动（如马拉松）是高度依赖脂肪作为代谢底物来源，糖原的储存是这两种活动的限制底物。因此，所有类型的运动员都应该定期摄入膳食中的碳水化合物，以确保最佳的糖原存储[214]。

■ 因为力量运动员严重依赖糖原储存来为活动提供能量，持续数小时的训练需要定期摄入碳水化合物，以避免糖原消耗和成绩下降。

■ 尽管耐力运动员严重依赖脂肪储备来为活动提供代谢底物，但在长时间的训练和比赛中，糖原仍然会被使用。因此，在训练和比赛中需要定期摄入碳水化合物，以避免糖原消耗和性能下降。

■ 不同类型的肌纤维具有不同的功率电位，Ⅱ型纤维产生的功率大于Ⅰ型纤维。Ⅱa型中间纤维的行为更像力量纤维，而不是耐力纤维，但长期运动可以改变这些纤维的表现。例如，一个进行更多耐力活动的运动员会改变他们的Ⅱa型纤维，产生更多的线粒体和氧化能力，所以他们开始看起来更像Ⅰ型纤维。

■ 训练良好的运动员有更好的肌肉输送和使用氧气的能力，使他们运动表现更好，在达到疲劳之前有更长的时间。因为即使是最瘦的运动员也有充足的脂肪储备，可以用来作为代谢底物，但所有运动员的糖原储备相对有限，将脂肪作为代谢底物的能力越大（氧气利用率越高），糖原消耗的可能性就越小。

■ 运动中碳水化合物不足会增加糖异生作用产生的酮（即非碳水化合物来源产生的碳水化合物）。

■ 磷酸肌酸是瞬时ATP的来源，其存储在约8 s的高强度运动中就耗尽了。假设肌酸有足够的可用性（可能是摄入足够的能量/蛋白质），消耗的磷酸肌酸储存可以在休息2～4 min后再生。

■ 摄入更多的蛋白质本身并不能增加肌肉质量。增加肌肉质量是多种因素共同作用的，需要合理的持续的能量和营养平衡，阻力训练，以及利用肌肉蛋白质合成潜力的适当的和高质量的食物摄入。

■ 尽管运动员的推荐蛋白质摄入量大约是非运动员的两倍，但大多数运动员似乎仅从食物中就摄入了足够的蛋白质。一个例外是素食运动员不能持续获得足够的蛋白质。

■ 合成代谢激素参与组织构建，包括睾酮、胰岛素、人体生长激素和IGF–1。

■ 分解代谢激素参与组织分解，包括皮质醇、甲状腺激素和肾上腺素。

■ 没有足够的证据表明膳食补剂对提高运动成绩有帮助。理想情况下，运动员应该采取“食物优先”的方式来满足营养需求。

■ 保持良好的水合状态对所有运动员都很重要，无论是哪种运动。体育运动的适应之一是增加血容量，如果运动员遵循水合方案，以保持细胞外（血液）和细胞内（组织）环境之间的血容量和液体平衡，就能更好地维持水合状态。体重哪怕只下降2%，也会对运动员的运动表现产生重大影响，这是因为人体流失的水分多于补充的水分。

■ 过度训练与多种可能降低运动表现的问题有关，包括严重的肌肉酸痛和肌肉延迟性恢复。运动员在训练中应该有足够的饮食来满足能量/营养需求，并有足够的休息来恢复。

■ 训练/比赛时的最佳营养/水合作用不能在运动前的饭食中进行。运动员需要一个统一的日常计划，有足够的能量、蛋白质、碳水化合物、液体和营养物质，以确保营养对运动员的运动表现是积极的因素。

■ 过度饮水导致体重增加会增加低钠血症的风险，低钠血症可导致腹胀、呼吸困难和脑水肿，可能有致命后果。

■ 在进行正常的日常活动时，血糖通常在3 h内保持正常范围。然而，体力活动增加了大脑和肌肉组织利用血糖的速度，大大缩短了血糖保持在正常范围内的时间。因此，运动员应该有一个碳水化合物的摄入策略，特别是通过摄入含碳水化合物的饮料，在体育活动中帮助维持正常的血糖。

■ 运动员接收的许多有关营养的信息，都来自针对运动员的杂志广告和报道中的虚假营养声明。这些杂志中提出的“证据”有相当一部分是假的。

■ 饮酒会对运动表现产生负面影响，即使是一次饮酒（即1杯啤酒、1杯葡萄酒）也会对反应时间产生数日的影响。如果运动员饮酒，他们应该意识到这样做的后果。

■ 运动员缺铁的风险很高，原因多种多样，包括红细胞分解速度加快、饮食摄入不足、尿铁和粪便中失铁增加。缺乏铁或缺铁性贫血的运动员是不可能达到其最佳能力的。

■ 在“体重”项目（如摔跤）或外貌是得分因素的项目（如花样滑冰、体操）中，运动员有可能遵循影响成绩的饮食模式。在运动中，相对的能量不足会导致许多表现和健康问题，这些问题可能会过早地导致运动员的失败和过早地退出运动。

■ 在室内训练的运动员（如篮球、体操、花样滑冰）有缺乏维生素D的风险，因为他们不能从太阳获得足够的紫外线辐射。维生素D缺乏对健康和工作表现有多种负面影响，包括骨密度低、患病频率增加和肌肉恢复差。

■ 赛前评估（包括健康/病史）很重要，应每年对所有运动员进行评估，以确定健康和营养风险。

■ 身体成分评估是营养评估的一个重要组成部分，以确保运动员的饮食方式达到身体成分的目标。然而，必须小心使用身体成分的结果才能产生积极的结果。举个例子，如果一名运动员被告知身体脂肪含量过高，而他的低热量饮食却不能提供足够的能量，那么他的风险就会比他被告知瘦体重含量过低更大。

实际应用

两个23岁的年轻人，相同的性别、身高、体重和身体组成。在过去的5年里，A每隔一天跑大约5英里（8 km）的距离，还参加了几次半程马拉松比赛。B是一个很有天赋的网球运动员，他已经打了5年的网球比赛了。两人都很健康。现在想象一下，A和B在一次聚会上相遇，A邀请B去晨跑。他们同意了，然后去晨跑。大约1 mile后，A正在和B进行对话，但B开始呼吸急促，不停地喘气，无法参与对话。此外，A比B跑得更快更容易，后者正努力跟上。请解释发生了什么：

（1）训练后的代谢系统是否存在差异，这是否是造成跑步舒适度差异的原因？

（2）训练的差异是如何影响肌肉纤维的，这种差异是否有助于解释为什么A和B对晨跑的反应不同？

（3）谁（A或B）可能更有效地燃烧脂肪作为能量基质，这一差异如何影响疲劳时间？

（4）如果情况反过来，B要求A参加像网球这样走走停停的活动，那么A会不会更容易疲劳呢？如果是这样的话，代谢方面的解释是什么？

（5）如果你对A和B都提出饮食建议，这些建议会有所不同吗？如果是的话，它们在哪些方面会有所不同？

本章问题

1. 下列哪一种能量代谢系统用于需要大量ATP的高强度活动，但又在运动员的能力范围内为系统带来足够的氧气？

   a. 磷酸肌酸系统　　b. 无氧糖酵解

   c. 有氧糖酵解　　d. 有氧代谢

   e. c和d

2. 下列肌肉纤维，储存高水平的糖原，并主要保持无氧，而不考虑其他条件？

   a. Ⅰ型　　b. Ⅱ$_a$型

   c. Ⅱ$_b$型　　d. Ⅲ型

3. 磷酸肌酸有足够的能量为运动员提供高达________s的突发高强度活动。

   a. 3　　b. 8

   c. 20　　d. 60

4. 有氧糖酵解达到最大ATP产量的时间约为：

   a. 0～1 s（瞬时）　　b. 5～10 s

   c. 60 s以上　　d. 20 min以上

5. 训练良好的运动员有更好的氧气输送给运动中的肌肉，使他们能以更快的速度维持氧化代谢，并在达到疲劳之前跑得更快。

   a. 对　　b. 错

6. 一个体重154 lb的相对瘦削的男运动员会储存约________cal为脂肪。

   a. 500　　b. 1 000

   c. 50 000　　d. 90 000

7. 有氧β-氧化对长跑总能量需求的贡献率约为：

   a. 30%　　b. 50%

   c. 70%　　d. 90%

8. 有氧β-氧化在体操运动中所占总能量需求的百分比约为：

   a. 5%　　b. 20%

   c. 40%　　d. 60%

9. 下列激素中，哪一种对肌肉的发育不是合成代谢的？

   a. 胰岛素　　b. 肌酸

   c. 生长激素　　d. 睾酮

10. 在比赛季节，健美运动员的饮食模式导致体重的减少和增加，增加了对食物的关注，这可能会导致比赛后暴饮暴食和心理压力。

    a. 对　　b. 错

本章问题答案

1. c；2. c；3. b；4. c；5. a；6. d；7. c；8. a；9. b；10. a

（章　政　译）

参考文献二维码

附录A

为健康的个人和群体使用的DRI

使用方式	针对个人	针对群体
规划	RDA：以这个摄入量为目标	EAR：与测量人群摄入量的变异性相结合，为特定人群的平均摄入量设定目标
	AI：以这个摄入量为目标	
	UL：用作限制摄入量的指南；长期大量摄入可能会增加不良反应的风险	
评估[a]	EAR：用于检查摄入不足的可能性；真实状态的评估需要临床、生化和（或）人体测量数据 UL：用于检查过度摄入的可能性；真实状态的评估需要临床、生化和（或）人体测量数据	EAR：用于评估一个群体内摄入不足的普遍现象

RDA：膳食营养素推荐供给量，即足以满足群体中几乎所有（97%～98%）健康个体营养需求的日均膳食摄入量。
EAR：平均需要量，一种营养摄取值，估计可满足一个群体内一半健康个体的需要量。
AI：适宜摄入量，一组（或多组）健康人群根据观察或实验确定的营养摄入近似值——在RDA无法确定时使用。
UL：可耐受最高摄入量，是指每日营养素摄取的最高水平，对一般人群中几乎所有人都不会产生不良健康影响的风险。当摄入量超过UL时，不良反应的风险增加。

a：需要统计上有效的通常摄入量的近似。

资料来源：Institute of Medicine, Food and Nutrition Board. Washington, DC: National Academy Press; 1998.

Barr SI. Introduction to Dietary Reference Intakes. Applied Physiology Nutrition and Metabolism. 2006; 31: 61－65. doi:10.1139/H05-019.

The Institute of Medicine full reference:

Institute of Medicine (US) Food and Nutrition Board. Dietary Reference Intakes: A Risk Assessment Model for Establishing Upper Intake Levels for Nutrients. Washington (DC): National Academies Press (US); 1998. What are Dietary Reference Intakes? Available from: https://www.ncbi.nlm.nih.gov/books/NBK45182/.

附录 B

DRI：推荐膳食营养素供给量和充足的膳食元素摄取量

美国国家科学院医学研究所食品与营养委员会

生命阶段分组		钙 mg/d	铬 μg/d	铜 μg/d	氟 mg/d	碘 μg/d	铁 mg/d	镁 mg/d	锰 mg/d	钼 μg/d	磷 mg/d	硒 μg/d	锌 mg/d	钾 g/d	钠 g/d	氯 g/d
婴儿	0～6个月	200*	0.2*	200*	0.01*	110*	0.27*	30*	0.003*	2*	100*	15*	2*	0.4*	0.12*	0.18*
	6～12个月	260*	5.5*	220*	0.5*	130*	**11**	75*	0.6*	3*	275*	20*	**3**	0.7*	0.37*	0.57*
儿童	1～3岁	**700**	11*	**340**	0.7*	90*	**7**	**80**	1.2*	**17**	**460**	**20**	**3**	3.0*	1.0*	1.5*
	4～8岁	**1 000**	15*	**440**	1.0*	90*	**10**	**130**	1.5*	**22**	**500**	**30**	**5**	3.8*	1.2*	1.9*
男性	9～13岁	**1 300**	25*	**700**	2.0*	120	**8**	**240**	1.9*	**34**	**1 250**	**40**	**8**	4.5*	1.5*	2.3*
	14～18岁	**1 300**	35*	**890**	3.0*	150	**11**	**410**	2.2*	**43**	**1 250**	**55**	**11**	4.7*	1.5*	2.3*
	19～30岁	**1 000**	35*	**900**	4.0*	150	**8**	**400**	2.3*	**45**	**700**	**55**	**11**	4.7*	1.5*	2.3*
	31～50岁	**1 000**	35*	**900**	4.0*	150	**8**	**420**	2.3*	**45**	**700**	**55**	**11**	4.7*	1.5*	2.3*
	51～70岁	**1 000**	30*	**900**	4.0*	150	**8**	**420**	2.3*	**45**	**700**	**55**	**11**	4.7*	1.3*	2.0*
	＞70岁	**1 200**	30*	**900**	4.0*	150	**8**	**420**	2.3*	**45**	**700**	**55**	**11**	4.7*	1.2*	1.8*
女性	9～13岁	**1 300**	21*	**700**	2.0*	120	**8**	**240**	1.6*	**34**	**1 250**	**40**	**8**	4.5*	1.5*	2.3*
	14～18岁	**1 300**	24*	**890**	3.0*	150	**15**	**360**	1.6*	**43**	**700**	**55**	**9**	4.7*	1.5*	2.3*
	19～30岁	**1 000**	25*	**900**	3.0*	150	**18**	**310**	1.8*	**45**	**700**	**55**	**8**	4.7*	1.5*	2.3*
	31～50岁	**1 000**	25*	**900**	3.0*	150	**18**	**320**	1.8*	**45**	**700**	**55**	**8**	4.7*	1.5*	2.3*
	51～70岁	**1 200**	20*	**900**	3.0*	150	**8**	**320**	1.8*	**45**	**700**	**55**	**8**	4.7*	1.3*	2.0*
	＞70岁	**1 200**	20*	**900**	3.0*	150	**8**	**320**	1.8*	**45**	**700**	**55**	**8**	4.7*	1.2*	1.8*

（续表）

生命阶段分组		钙 mg/d	铬 μg/d	铜 μg/d	氟 mg/d	碘 μg/d	铁 mg/d	镁 mg/d	锰 mg/d	钼 μg/d	磷 mg/d	硒 μg/d	锌 mg/d	钾 g/d	钠 g/d	氯 g/d
妊娠	14～18岁	**1 300**	29*	**1 000**	3.0*	220	**27**	**400**	2.0*	**50**	**1 250**	**60**	**12**	4.7*	1.5*	2.3*
	19～30岁	**1 000**	30*	**1 000**	3.0*	220	**27**	**350**	2.0*	**50**	**700**	**60**	**11**	4.7*	1.5*	2.3*
	31～50岁	**1 000**	30*	**1 000**	3.0*	220	**27**	**360**	2.0*	**50**	**700**	**60**	**11**	4.7*	1.5*	2.3*
泌乳期	14～18岁	1 300	44*	**1 300**	3.0*	**290**	**10**	**360**	2.6*	**50**	**1 250**	**70**	**13**	5.1*	1.5*	2.3*
	19～30岁	1 000	45*	**1 300**	3.0*	**290**	**9**	**310**	2.6*	**50**	**700**	**70**	**12**	5.1*	1.5*	2.3*
	31～50岁	1 000	45*	**1 300**	3.0*	**290**	**9**	**320**	2.6*	**50**	**700**	**70**	**12**	5.1*	1.5*	2.3*

注：该表（取自DRI报告，请参阅www.nap.edu）以**粗体**显示RDA，以普通类型显示AI，后面是星号（*）。RDA足以满足群体中几乎所有（97%～98%）健康个体的营养需求。它是从EAR计算的。如果没有足够的科学证据来建立营养平均需要量，从而计算一个RDA，建立一个AI。对于健康的母乳喂养婴儿，AI是平均摄入量。其他生命阶段和性别群体的AI被认为涵盖了该群体中所有健康个体的需求，但由于缺乏数据或数据的不确定性，无法有把握地具体说明这一摄入所涵盖的个人的百分比。

AI：适宜摄入量；EAR：平均需要量；RDA：膳食营养素推荐供给量。

资料来源：Dietary Reference Intakes for Calcium, Phosphorous, Magnesium, Vitamin D, and Fluoride (1997); Dietary Reference Intakes for Thiamin, Riboflavin, Niacin, Vitamin B_6, Folate, Vitamin B_{12}, Pantothenic Acid, Biotin, and Choline (1998); Dietary Reference Intakes for Vitamin C, Vitamin E, Selenium, and Carotenoids (2000); and Dietary Reference Intakes for Vitamin A, Vitamin K, Arsenic, Boron, Chromium, Copper, Iodine, Iron, Manganese, Molybdenum, Nickel, Silicon, Vanadium, and Zinc (2001); Dietary Reference Intakes for Water, Potassium, Sodium, Chloride, and Sulfate (2005); and Dietary Reference Intakes for Calcium and Vitamin D (2011) . These reports may be accessed via www.nap.edu. Institute of Medicine. Dietary Reference Intakes for Calcium, Phosphorus, Magnesium, Vitamin D, and Fluoride. 1997. Washington DC: The National Academies Press.

(This report may be accessed from the National Academies Press via www.nap.edu)

Institute of Medicine. Dietary Reference Intakes for Thiamin, Riboflavin, Niacin, Vitamin B6, Folate, Vitamin B_{12}, Pantothenic Acid, Biotin, and Choline. 1998. Washington, DC: The National Academies Press. (This report may be accessed from the National Academies Press via www.nap.edu)

Institute of Medicine. Dietary Reference Intakes for Vitamin C, Vitamin E, Selenium, and Carotenoids. 2000. Washington, DC: The National Academies Press. (This report may be accessed from the National Academies Press via www.nap.edu) Institute of Medicine. Dietary Reference Intakes for Vitamin A, Vitamin K, Arsenic, Boron, Chromium, Copper, Iodine, Iron, Manganese, Molybdenum, Nickel, Silicon, Vanadium, and Zinc. 2001. Washington, DC: The National Academies Press. (This report may be accessed from the National Academies Press via www.nap.edu)

Institute of Medicine, Dietary Reference Intakes for Water, Potassium, Sodium, Chloride, and Sulfate. 2005. Washington, DC: The National Academies Press. (This report may be accessed from the National Academies Press via www.nap.edu) Institute of Medicine. Dietary Reference Intakes for Calcium and Vitamin D. 2011. National Academies Press. (This report may be accessed from the National Academies Press via www.nap.edu)

附录 C

DRI：膳食元素的可耐受最高摄入量

人生阶段分组		砷[a]	硼 mg/d	钙 mg/d	铬	铜 μg/d	氟化物 mg/d	碘 μg/d	铁 mg/d	镁 mg/d[b]	锰 mg/d	钼 μg/d	镍 mg/d	磷 g/d	硒 μg/d	硅[c]	钒 mg/d[d]	锌 mg/d	钠 g/d	氯 g/d
婴儿	0～6个月	ND[e]	ND	1 000	ND	ND	0.7	ND	40	ND	ND	ND	ND	ND	45	ND	ND	4	ND	ND
	6～12个月	ND	ND	1 500	ND	ND	0.9	ND	40	ND	ND	ND	ND	ND	60	ND	ND	5	ND	ND
儿童	1～3岁	ND	3	2 500	ND	1 000	1.3	200	40	65	2	300	0.2	3	90	ND	ND	7	1.5	2.3
	4～8岁	ND	6	2 500	ND	3 000	2.2	300	40	110	3	600	0.3	3	150	ND	ND	12	1.9	2.9
男性	9～13岁	ND	11	3 000	ND	5 000	10	600	40	350	6	1 100	0.6	4	280	ND	ND	23	2.2	3.4
	14～18岁	ND	17	3 000	ND	8 000	10	900	45	350	9	1 700	1.0	4	400	ND	ND	34	2.3	3.6
	19～30岁	ND	20	2 500	ND	10 000	10	1 100	45	350	11	2 000	1.0	4	400	ND	1.8	40	2.3	3.6
	31～50岁	ND	20	2 500	ND	10 000	10	1 100	45	350	11	2 000	1.0	4	400	ND	1.8	40	2.3	3.6
	51～70岁	ND	20	2 500	ND	10 000	10	1 100	45	350	11	2 000	1.0	4	400	ND	1.8	40	2.3	3.6
	＞70岁	ND	20	2 500	ND	10 000	10	1 100	45	350	11	2 000	1.0	3	400	ND	1.8	40	2.3	3.6
女性	9～13岁	ND	11	3 000	ND	5 000	10	600	40	350	9	1 100	0.6	4	280	ND	ND	23	2.2	3.4
	14～18岁	ND	17	3 000	ND	8 000	10	900	45	350	11	1 700	1.0	4	400	ND	ND	34	2.3	3.6
	19～30岁	ND	20	2 500	ND	10 000	10	1 100	45	350	11	2 000	1.0	4	400	ND	1.8	40	2.3	3.6
	31～50岁	ND	20	2 500	ND	10 000	10	1 100	45	350	11	2 000	1.0	4	400	ND	1.8	40	2.3	3.6
	51～70岁	ND	20	2 500	ND	10 000	10	1 100	45	350	11	2 000	1.0	4	400	ND	1.8	40	2.3	3.6
	＞70岁	ND	20	2 500	ND	10 000	10	1 100	45	350	11	2 000	1.0	3	400	ND	1.8	40	2.3	3.6

（续表）

人生阶段分组		砷[a]	硼 mg/d	钙 mg/d	铬	铜 μg/d	氟化物 mg/d	碘 μg/d	铁 mg/d	镁 mg/d[b]	锰 mg/d	钼 μg/d	镍 mg/d	磷 g/d	硒 μg/d	硅[c]	钒 mg/d[d]	锌 mg/d	钠 g/d	氯 g/d
妊娠	14～18岁	ND	17	3 000	ND	8 000	10	900	45	350	9	1 700	1.0	3.5	400	ND	ND	34	2.3	3.6
	19～30岁	ND	20	2 500	ND	10 000	10	1 100	45	350	11	2 000	1.0	3.5	400	ND	ND	40	2.3	3.6
	31～50岁	ND	20	2 500	ND	10 000	10	1 100	45	350	11	2 000	1.0	3.5	400	ND	ND	40	2.3	3.6
泌乳期	14～18岁	ND	17	3 000	ND	8 000	10	900	45	350	9	1 700	1.0	4	400	ND	ND	34	2.3	3.6
	19～30岁	ND	20	2 500	ND	10 000	10	1 100	45	350	11	2 000	1.0	4	400	ND	ND	40	2.3	3.6
	31～50岁	ND	20	2 500	ND	10 000	10	1 100	45	350	11	2 000	1.0	4	400	ND	ND	40	2.3	3.6

美国国家科学院医学研究所食品与营养委员会。

UL是可能对一般人群中几乎所有人都不会产生有害健康影响的每日营养素摄入量的最高水平。除非另有说明，UL表示从食物、水和补充剂中摄入的总量。由于缺乏适当的数据，无法建立维生素K、硫胺素、核黄素、维生素B_{12}、泛酸、生物素和类胡萝卜素的UL。在没有UL的情况下，在摄入超过推荐摄入量的食物时要格外小心。一般人群应该被建议不要经常超过UL值。UL不适用于在医疗监督下接受该营养素治疗的个人，或有改变其对该营养素敏感性的易感条件的个人。

a：虽然UL没有确定砷，但没有理由在食物或补充剂中添加砷。
b：镁的UL仅代表从药物制剂中摄取的镁，不包括从食物和水的摄取。
c：虽然钙硅还没有被证明对人体造成不良影响，但没有理由在补充剂中添加硅。
d：虽然没有证据表明食品中的钒会对人体造成不良影响，但没有理由在食品中添加钒，使用钒补充剂时应谨慎。UL是基于实验动物的不良反应，该数据可以用于为成人设置UL，而不是为儿童和青少年。
e：ND=无法确定，因为缺乏该年龄组的不良影响的数据，并且担心缺乏处理过量剂量的能力。摄取来源应只从食物中摄取，以防止摄入量过高。

资料来源：Dietary Reference Intakes for Calcium, Phosphorous, Magnesium, Vitamin D, and Fluoride (1997); Dietary Reference Intakes for Thiamin, Ribo- flavin, Niacin, Vitamin B6, Folate, Vitamin B12, Pantothenic Acid, Biotin, and Choline (1998); Dietary Reference Intakes for Vitamin C, Vitamin E, Selenium, and Carotenoids (2000); Dietary Reference Intakes for Vitamin A, Vitamin K, Arsenic, Boron, Chromium, Copper, Iodine, Iron, Manganese, Molybdenum, Nickel, Silicon, Vanadium, and Zinc (2001); Dietary Reference Intakes for Water, Potassium, Sodium, Chloride, and Sulfate (2005); and Dietary Reference Intakes for Calcium and Vitamin D (2011). These reports may be accessed via www.nap.edu.

Institute of Medicine. Dietary Reference Intakes for Calcium, Phosphorus, Magnesium, Vitamin D, and Fluoride. 1997. Washington DC: The National Academies Press. (This report may be accessed from the National Academies Press via www.nap.edu)

Institute of Medicine. Dietary Reference Intakes for Thiamin, Riboflavin, Niacin, Vitamin B6, Folate, Vitamin B12, Pantothenic Acid, Biotin, and Choline. 1998. Washington, DC: The National Academies Press. (This report may be accessed from the National Academies Press via www.nap.edu)

Institute of Medicine. Dietary Reference Intakes for Vitamin C, Vitamin E, Selenium, and Carotenoids. 2000. Washington, DC: The National Academies Press. (This report may be accessed from the National Academies Press via www.nap.edu)

Institute of Medicine. Dietary Reference Intakes for Vitamin A, Vitamin K, Arsenic, Boron, Chromium, Copper, Iodine, Iron, Manganese, Molybdenum, Nickel, Silicon, Vanadium, and Zinc. 2001. Washington, DC: The National Academies Press. (This report may be accessed from the National Academies Press via www.nap.edu)

Institute of Medicine, Dietary Reference Intakes for Water, Potassium, Sodium, Chloride, and Sulfate. 2005. Washington, DC: The National Academies Press. (This report may be accessed from the National Academies Press via www.nap.edu)

Institute of Medicine. Dietary Reference Intakes for Calcium and Vitamin D. 2011. National Academies Press. (This report may be accessed from the National Academies Press via www.nap.edu)

附录 D

DRI：维生素的推荐膳食营养素供给量和适当摄入量

人生阶段分组		维生素A μg/d[a]	维生素C mg/d	维生素D mg/d[b,c]	维生素E g/d[d]	维生素K μg/d	硫胺素 mg/d	核黄素 mg/d	烟酸 mg/d[e]	维生素 B_6 mg/d	叶酸 μg/d[f]	维生素 B_{12} μg/d	泛酸 mg/d	生物素 μg/d	胆碱 mg/d[g]
婴儿	0～6个月	400*	40*	104	4*	20*	0.2*	0.3*	2*	0.1*	65*	0.4*	1.7*	5*	125*
	6～12个月	500*	50*	10	5*	25*	0.3*	0.4*	4*	0.3*	80*	0.5*	1.8*	6*	150*
儿童	1～3岁	300	15	15	8	30*	0.5	0.5	6	0.5	150	0.9	2*	8*	220*
	4～8岁	400	25	15	7	55*	0.6	0.6	8	0.6	200	1.2	3*	12*	250*
男性	9～13岁	600	45	15	11	60*	0.9	0.9	12	1.0	300	1.8	4*	20*	375*
	14～18岁	900	75	15	15	75*	1.2	1.3	16	1.3	400	2.4	5*	25*	550*
	19～30岁	900	90	15	15	120*	1.2	1.3	16	1.3	400	2.4	5*	30*	550*
	31～50岁	900	90	15	15	120*	1.2	1.3	16	1.3	400	2.4	5*	30*	550*
	51～70岁	900	90	15	15	120*	1.2	1.3	16	1.7	400	**2.4**[h]	5*	30*	550*
	＞70岁	900	90	20	15	120*	1.2	1.3	16	1.7	400	**2.4**[h]	5*	30*	550*
女性	9～13岁	600	45	15	11	60*	0.9	0.9	12	1.0	300	1.8	4*	20*	375*
	14～18岁	700	65	15	15	75*	1.0	1.0	14	1.2	400[i]	2.4	5*	25*	400*
	19～30岁	700	75	15	15	90*	1.1	1.1	14	1.3	400[i]	2.4	5*	30*	425*
	31～50岁	700	75	15	15	90*	1.1	1.1	14	1.3	400[i]	2.4	5*	30*	425*
	51～70岁	700	75	15	15	90*	1.1	1.1	14	1.5	400	**2.4**[h]	5*	30*	425*
	＞70岁	700	75	20	15	90*	1.1	1.1	14	1.5	400	**2.4**[h]	5*	30*	425*

（续表）

人生阶段分组		维生素A μg/d[a]	维生素C mg/d	维生素D mg/d[b,c]	维生素E g/d[d]	维生素K μg/d	硫胺素 mg/d	核黄素 mg/d	烟酸 mg/d[e]	维生素B_6 mg/d	叶酸 μg/d[f]	维生素B_{12} μg/d	泛酸 mg/d	生物素 μg/d	胆碱 mg/d[g]
妊娠	14～18岁	750	80	15	15	75*	1.4	1.4	18	1.9	600[j]	2.6	6*	30*	450*
	19～30岁	770	85	15	15	90*	1.4	1.4	18	1.9	600	2.6	6*	30*	450*
	31～50岁	770	85	15	15	90*	1.4	1.4	18	1.9	600	2.6	6*	30*	450*
泌乳期	14～18岁	1 200	115	19	19	75*	1.4	1.6	17	2.0	500	2.8	7*	35*	550*
	19～30岁	1 300	120	19	19	90*	1.4	1.6	17	2.0	500	2.8	7*	35*	550*
	31～50岁	1 300	120	19	19	90*	1.4	1.6	17	2.0	500	2.8	7*	35*	550*

美国国家科学院医学研究所食品与营养委员会。

这个表（取自DRI报告，请参阅www.nap.edu）以粗体显示RDA，以普通类型显示AI，后面是星号（*）。RDA足以满足群体中几乎所有（97%～98%）健康个体的营养需求。它是从EAR计算的。如果没有足够的科学证据来建立EAR，从而计算一个RDA，建立一个AI。对于健康的母乳喂养婴儿，AI是平均摄入量。其他生命阶段和性别群体的AI被认为涵盖了该群体中所有健康个体的需求，但由于缺乏数据或数据的不确定性，无法有把握地具体说明这一摄入所涵盖的个人的百分比。

a：维生素A（视黄醇）。1 维生素A活性当量=1 μg维生素A（视黄醇），12 μg β-胡萝卜素，24 μg α-胡萝卜素，或24 μg β-隐黄质。采用维生素A活性当量表示膳食中维生素A原类胡萝卜素的维生素A活性时，所得数值仅为RE数据的一半，而预先形成的维生素A的RAE和RE是相同的。

b：维生素D_3。1 μg维生素D_3=40 U维生素D。

c：假设有最低限度的阳光。

d：α-生育酚。α-生育酚包括RRR-α-生育酚，这是天然存在于食物中的唯一一种形式，以及存在于强化食品和补充剂中的α-生育酚的2r立体异构体形式（RRR-α-生育酚、RSR-α-生育酚、RRS-α-生育酚和RSS-α-生育酚）。它不包括在强化食品和补充剂中也存在的2S -立体异构体的α-生育酚（SRR-α-生育酚、SSR-α-生育酚、SRS-α-生育酚和SSS-α-生育酚）。

e：烟酸。1 mg烟酸=60 mg色氨酸；0～6个月=预成型烟酸（非NE）。

f：膳食叶酸当量。1膳食叶酸当量=1 μg的食物叶酸=0.6 μg从强化食物或作为食物的补充物中摄取=0.5 μg在空腹时摄取的补充物。

g：虽然胆碱已被设定为AI值，但几乎没有数据来评估在生命周期的所有阶段是否都需要膳食供应胆碱，可能在某些阶段可以通过内源性合成来满足胆碱的需求。

h：由于10%～30%的老年人可能无法从食物中吸收维生素B_{12}，所以50岁以上的人最好主要通过食用强化维生素B_{12}的食物或含有维生素B_{12}的补充剂来达到RDA。

i：鉴于叶酸摄入与胎儿神经管缺陷有关的证据，建议所有有能力妊娠的妇女除了从不同的饮食中摄取叶酸外，还要从补充剂或强化食物中摄取400 μg。

j：假设妇女将继续从补品或强化食品中摄入400 μg，直到她们确定妊娠并进入产前护理，这通常发生在月经期结束后，也就是神经管形成的关键时期。

AI：适宜摄入量；DFE：膳食叶酸当量；EAR：平均需要量；NE：烟酸当量；RAE：维生素A（视黄醇）活性当量；RDA：建议推荐量；RE：维生素A（视黄醇）当量。

资料来源：Dietary Reference Intakes for Calcium, Phosphorous, Magnesium, Vitamin D, and Fluoride (1997); Dietary Reference Intakes for Thiamin, Riboflavin, Niacin, Vitamin B_6, Folate, Vitamin B_{12}, Pantothenic Acid, Biotin, and Choline (1998); Dietary Reference Intakes for Vitamin C, Vitamin E, Selenium, and Carotenoids (2000); Dietary Reference Intakes for Vitamin A, Vitamin K, Arsenic, Boron, Chromium, Copper, Iodine, Iron, Manganese, Molybdenum, Nickel, Silicon, Vanadium, and Zinc (2001); Dietary Reference Intakes for Water, Potassium, Sodium, Chloride, and Sulfate (2005); and Dietary Reference Intakes for Calcium and Vitamin D (2011). These reports may be accessed via www.nap.edu.

Institute of Medicine. Dietary Reference Intakes for Vitamin A, Vitamin K, Arsenic, Boron, Chromium, Copper, Iodine, Iron, Manganese, Molybdenum, Nickel, Silicon, Vanadium, and Zinc. 2001. Washington DC, The National Academies Press. (This report may be accessed from the National Academies Press via www.nap.edu)

Institute of Medicine. Dietary Reference Intakes for Calcium and Vitamin D. 2001. Washington DC, The National Academies Press. (This report may be accessed from the National Academies Press via www.nap.edu)

Institute of Medicine. Dietary Reference Intakes for Thiamin, Riboflavin, Niacin, Vitamin B6, Folate, Vitamin B12, Pantothenic Acid, Biotin, and Choline. 1998. Washington DC, The National Academies Press. (This report may be accessed from the National Academies Press via www.nap.edu)

Institute of Medicine. Dietary Reference Intakes for Vitamin C, Vitamin E, Selenium, and Carotenoids. 2000. Washington DC, The National Academies Press. (This report may be accessed from the National Academies Press via www.nap.edu)

附录 E

DRI：维生素的可耐受最高摄入量

美国国家科学院医学研究所食品与营养委员会

人生阶段分组		维生素A μg/d[a]	维生素C mg/d	维生素D μg/d	维生素E[b,c] mg/d	维生素K	硫胺素	核黄素	烟酸 mg/d[c]	维生素B_6 mg/d	叶酸 μg/dc	维生素B_{12}	泛酸	生物素	胆碱 g/d	类胡萝卜素[d]
婴儿	0～6个月	600	ND[e]	25	ND	ND	ND	ND	ND	ND	ND	ND	ND	ND	ND	ND
	6～12个月	600	ND	38	ND	ND	ND	ND	ND	ND	ND	ND	ND	ND	ND	ND
儿童	1～3岁	600	400	63	200	ND	ND	ND	10	30	300	ND	ND	ND	1.0	ND
	4～8岁	900	650	75	300	ND	ND	ND	15	40	400	ND	ND	ND	1.0	ND
男性	9～13岁	1 700	1 200	100	600	ND	ND	ND	20	60	600	ND	ND	ND	2.0	ND
	14～18岁	2 800	1 800	100	800	ND	ND	ND	30	80	800	ND	ND	ND	3.0	ND
	19～30岁	3 000	2 000	100	1 000	ND	ND	ND	35	100	1 000	ND	ND	ND	3.5	ND
	31～50岁	3 000	2 000	100	1 000	ND	ND	ND	35	100	1 000	ND	ND	ND	3.5	ND
	51～70岁	3 000	2 000	100	1 000	ND	ND	ND	35	100	1 000	ND	ND	ND	3.5	ND
	＞70岁	3 000	2 000	100	1 000	ND	ND	ND	35	100	1 000	ND	ND	ND	3.5	ND
女性	9～13岁	1 700	1 200	100	600	ND	ND	ND	20	60	600	ND	ND	ND	2.0	ND
	14～18岁	2 800	1 800	100	800	ND	ND	ND	30	80	800	ND	ND	ND	3.0	ND
	19～30岁	3 000	2 000	100	1 000	ND	ND	ND	35	100	1 000	ND	ND	ND	3.5	ND
	31～50岁	3 000	2 000	100	1 000	ND	ND	ND	35	100	1 000	ND	ND	ND	3.5	ND
	51～70岁	3 000	2 000	100	1 000	ND	ND	ND	35	100	1 000	ND	ND	ND	3.5	ND
	＞70岁	3 000	2 000	100	1 000	ND	ND	ND	35	100	1 000	ND	ND	ND	3.5	ND

（续表）

人生阶段分组		维生素A μg/d[a]	维生素C mg/d	维生素D μg/d	维生素E[b,c] mg/d	维生素K	硫胺素	核黄素	烟酸 mg/d[c]	维生素B_6 mg/d	叶酸 μg/dc	维生素B_{12}	泛酸	生物素	胆碱 g/d	类胡萝卜素[d]
妊娠	14～18岁	2 800	1 800	100	800	ND	ND	ND	30	80	800	ND	ND	ND	3.0	ND
	19～30岁	3 000	2 000	100	1 000	ND	ND	ND	35	100	1 000	ND	ND	ND	3.5	ND
	31～50岁	3 000	2 000	100	1 000	ND	ND	ND	35	100	1 000	ND	ND	ND	3.5	ND
泌乳期	14～18岁	2 800	1 800	100	800	ND	ND	ND	30	80	800	ND	ND	ND	3.0	ND
	19～30岁	3 000	2 000	100	1 000	ND	ND	ND	35	100	1 000	ND	ND	ND	3.5	ND
	31～50岁	3 000	2 000	100	1 000	ND	ND	ND	35	100	1 000	ND	ND	ND	3.5	ND

UL是可能对一般人群中几乎所有人都不会产生有害健康影响的每日营养素摄入量的最高水平。除非另有说明，UL表示从食物、水和补充剂中摄入的总量。由于缺乏适当的数据，无法建立维生素K、硫胺素、核黄素、维生素B_{12}、泛酸、生物素和类胡萝卜素的UL。在没有UL的情况下，在摄入超过推荐摄入量的食物时要格外小心。一般人群应该被建议不要经常超过UL值。UL不适用于在医疗监督下接受该营养素治疗的个人，或有改变其对该营养素敏感性的易感条件的个人。

a：只代表预先形成的维生素A。
b：以α-生育酚计；适用于任何形式的补充α-生育酚。
c：维生素E、烟酸和烟酸的UL适用于从补充剂、强化食品或两者的组合中获得的合成形式。
d：ND=由于缺乏该年龄组不良反应的数据以及对缺乏处理过量药物能力的担忧，因此无法确定，摄入来源应仅来自食物，以防止摄入过量。

AI：适宜摄入量；DFE：膳食叶酸当量；EAR：平均需要量；NE：烟酸当量；RAE：维生素A（视黄醇）活性当量；RDA：建议推荐量；RE：维生素A（视黄醇）当量。

来源：Dietary Reference Intakes for Calcium, Phosphorous, Magnesium, Vitamin D, and Fluoride (1997); Dietary Reference Intakes for Thiamin, Riboflavin, Niacin, Vitamin B_6, Folate, Vitamin B_{12}, Pantothenic Acid, Biotin, and Choline (1998); Dietary Reference Intakes for Vitamin C, Vitamin E, Selenium, and Carotenoids (2000); Dietary Reference Intakes for Vitamin A, Vitamin K, Arsenic, Boron, Chromium, Copper, Iodine, Iron, Manganese, Molybdenum, Nickel, Silicon, Vanadium, and Zinc (2001); and Dietary Reference Intakes for Calcium and Vitamin D (2011). These reports may be accessed via www.nap.edu.

Institute of Medicine. Dietary Reference Intakes for Vitamin A, Vitamin K, Arsenic, Boron, Chromium, Copper, Iodine, Iron, Manganese, Molybdenum, Nickel, Silicon, Vanadium, and Zinc. 2001. Washington DC, The National Academies Press. (This report may be accessed from the National Academies Press via www.nap.edu)

Institute of Medicine. Dietary Reference Intakes for Calcium and Vitamin D. 2001. Washington DC, The National Academies Press. (This report may be accessed from the National Academies Press via www.nap.edu)

Institute of Medicine. Dietary Reference Intakes for Thiamin, Riboflavin, Niacin, Vitamin B_6, Folate, Vitamin B_{12}, Pantothenic Acid, Biotin, and Choline. 1998. Washington DC, The National Academies Press. (This report may be accessed from the National Academies Press via www.nap.edu)

Institute of Medicine. Dietary Reference Intakes for Vitamin C, Vitamin E, Selenium, and Carotenoids. 2000. Washington DC, The National Academies Press. (This report may be accessed from the National Academies Press via www.nap.edu)

附录F

DRI：总水量和宏量营养素的推荐膳食营养素供给量和适当摄入量

美国国家科学院医学研究所食品与营养委员会

人生阶段分组		总水量[a] L/d	碳水化合物 g/d	总纤维 mg/d	脂肪 g/d	亚油酸 g/d	α-亚麻酸 g/d	蛋白质[b] g/d
婴儿	0～6个月	0.7*	60*	ND	31	4.4*	0.5*	9.1
	6～12个月	0.8*	95*	ND	30	4.6*	0.5*	**11.0**
儿童	1～3岁	1.3*	**130**	19*	ND	7*	0.7*	**13**
	4～8岁	1.7*	**130**	25*	ND	10*	0.9*	**19**
男性	9～13岁	2.4*	**130**	31*	ND	12*	1.2*	**34**
	14～18岁	3.3*	**130**	38*	ND	16*	1.6*	**52**
	19～30岁	3.7*	**130**	38*	ND	17*	1.6*	**56**
	31～50岁	3.7*	**130**	38*	ND	17*	1.6*	**56**
	51～70岁	3.7*	**130**	30*	ND	14*	1.6*	**56**
	＞70岁	3.7*	**130**	30*	ND	14*	1.6*	**56**
女性	9～13岁	2.1*	**130**	26*	ND	10*	1.0*	**34**
	14～18岁	2.3*	**130**	26*	ND	11*	1.1*	**46**
	19～30岁	2.7*	**130**	25*	ND	12*	1.1*	**46**
	31～50岁	2.7*	**130**	25*	ND	12*	1.1*	**46**
	51～70岁	2.7*	**130**	21*	ND	11*	1.1*	**46**
	＞70岁	2.7*	**130**	21*	ND	11*	1.1*	**46**
妊娠	14～18岁	3.0*	**175**	28*	ND	13*	1.4*	**71**
	19～30岁	3.0*	**175**	28*	ND	13*	1.4*	**71**
	31～50岁	3.0*	**175**	28*	ND	13*	1.4*	**71**

（续表）

人生阶段分组		总水量[a] L/d	碳水化合物 g/d	总纤维 mg/d	脂肪 g/d	亚油酸 g/d	α-亚麻酸 g/d	蛋白质[b] g/d
泌乳期	14～18岁	3.8*	**210**	29*	ND	13*	1.3*	**71**
	19～30岁	3.8*	**210**	29*	ND	13*	1.3*	**71**
	31～50岁	3.8*	**210**	29*	ND	13*	1.3*	**71**

这个表（取自DRI报告，请参阅www.nap.edu）以粗体显示RDA，以普通类型显示AI，后面是星号（*）。RDA足以满足群体中几乎所有（97%～98%）健康个体的营养需求。它是从EAR计算的。如果没有足够的科学证据来建立EAR，从而计算一个RDA，建立一个AI。对于健康的母乳喂养婴儿，AI是平均摄入量。其他生命阶段和性别群体的AI被认为涵盖了该群体中所有健康个体的需求，但由于缺乏数据或数据的不确定性，无法有把握地具体说明这一摄入所涵盖的个人的百分比。

a：总水包括食物、饮料和饮用水中所含的所有水。
b：以每千克体重含克蛋白质为参考，如成人0.8 g/kg为参考。

AI：适宜摄入量；EAR：平均需要量；ND：不确定；RDA：建议推荐量。

资料来源：Dietary Reference Intakes for Energy, Carbohydrate, Fiber, Fat, Fatty Acids, Cholesterol, Protein, and Amino Acids (2002/2005) and Dietary Reference Intakes for Water, Potassium, Sodium, Chloride, and Sulfate (2005). The report may be accessed via www.nap.edu.

Institute of Medicine. Dietary Reference Intakes for Energy, Carbohydrate, Fiber, Fat, Fatty Acids, Cholesterol, Protein, and Amino Acids. 2005. Washington, DC: The National Academies Press. (This report may be accessed from the National Academies Press via www.nap.edu)

Institute of Medicine. 2005. Dietary Reference Intakes for Water, Potassium, Sodium, Chloride, and Sulfate. Washington, DC: The National Academies Press. (This report may be accessed from the National Academies Press via www.nap.edu)

附录 G

DRI：人体可接受的宏量营养素胆固醇，脂肪酸和添加糖的推荐摄入量范围

美国国家科学院医学研究所食品与营养委员会

宏量营养素	范围（能量百分比）		
	儿童，1～3岁	儿童，4～18岁	成　人
脂肪	30～40	25～35	20～35
n-6多不饱和脂肪酸[a]（亚油酸）	5～10	5～10	5～10
n-3多不饱和脂肪酸	0.6～1.2	0.6～1.2	0.6～1.2
碳水化合物	45～65	45～65	45～65
蛋白质	5～20	10～30	10～35

a：大约10%的脂肪酸来自链较长的*n*-3脂肪酸或*n*-6脂肪酸。

资料来源：Dietary Reference Intakes for Energy, Carbohydrate, Fiber, Fat, Fatty Acids, Cholesterol, Protein, and Amino Acids (2002/2005). The report may be accessed via www.nap.edu.

DRI：宏量营养素人体可接受的范围

美国国家科学院医学研究所食品与营养委员会

宏量营养素	推　　荐
膳食胆固醇	在食用营养充足的食物的同时，尽量降低
反式脂肪酸	在食用营养充足的食物的同时，尽量降低
饱和脂肪酸	在食用营养充足的食物的同时，尽量降低
添加糖[a]	限制不超过总能量的25%

a：这并不是推荐的摄入量。为了实现健康的饮食，并没有确定每人每天应该摄入的添加糖。

来源：Dietary Reference Intakes for Energy, Carbohydrate, Fiber, Fat, Fatty Acids, Cholesterol, Protein, and Amino Acids (2002/2005). The report may be accessed via www.nap.edu.

Institute of Medicine. Dietary Reference Intakes for Energy, Carbohydrate, Fiber, Fat, Fatty Acids, Cholesterol, Protein, and Amino Acids. 2005. Washington, DC: The National Academies Press. This report may be accessed from the National Academies Press via www.nap.edu.

附录H

样本营养评估的原则及其组成部分

营养评估目标：确定所摄入的食物和饮料是否满足被评估者的需要。个人需求可能会因年龄、性别、当前健康状况、有无损伤、强度、持续时间和体育活动类型而有所不同。为了确定食品和饮料是否能满足需要，营养评估方案通常包括下列组成部分，这些部分经常加以修改，来解决被评估人群的具体关注事项（即青年女性；资深耐力运动员）

<table>
<tr><th>条目</th><th colspan="4">范例</th></tr>
<tr><td rowspan="6">个人信息
目的：获取运动员的基本信息，包括姓名、运动项目、出生日期等，以确保日后有效的接触和分类，以便与适当的标准措施（年龄、性别、运动项目等）进行比较。注释应该包括特殊的项目，例如残疾人、特殊需求和其他帮助将评估放到适当角度的项目</td><td colspan="4">个人信息</td></tr>
<tr><td>姓名</td><td colspan="2">性别</td><td>出生日期</td></tr>
<tr><td>团队</td><td colspan="2">位置</td><td>运动年限</td></tr>
<tr><td>地址</td><td colspan="2">城市/邮政编码</td><td>运动员电话和电子邮件</td></tr>
<tr><td>其他重要联系人名称</td><td colspan="2">关系（注：未成年人需要父母）
母亲______ 父亲______
配偶______ 其他______</td><td>其他重要的电话和邮件</td></tr>
<tr><td colspan="4">备注：</td></tr>
</table>

<table>
<tr><th>条目</th><th colspan="4">范例</th></tr>
<tr><td rowspan="12">运动员病史
目的：确定运动员是否由于能量/营养摄入不足或不适当而处于高受伤风险。这部分应包括当前和过去的伤病、住院、潜在遗传疾病的家族史、诊断出的疾病/疾病、药物治疗（处方药和自行处方）、特殊饮食（处方药和自行处方）以及对运动员准备情况的自我感知</td><td colspan="4">运动员病史</td></tr>
<tr><td>是</td><td>否</td><td>受伤</td><td>备注（严重程度、频率等，重点是潜在的营养相关性）</td></tr>
<tr><td></td><td></td><td>脑震荡或头部受伤</td><td></td></tr>
<tr><td></td><td></td><td>鼻骨折</td><td></td></tr>
<tr><td></td><td></td><td>涉及神经、骨骼或脊髓的颈部损伤</td><td></td></tr>
<tr><td></td><td></td><td>肩关节脱位、分离或其他肩关节损伤</td><td></td></tr>
<tr><td></td><td></td><td>肘部受伤</td><td></td></tr>
<tr><td></td><td></td><td>手腕受伤</td><td></td></tr>
<tr><td></td><td></td><td>手/手指受伤</td><td></td></tr>
<tr><td></td><td></td><td>背部受伤需要治疗</td><td></td></tr>
<tr><td></td><td></td><td>臀部受伤</td><td></td></tr>
<tr><td></td><td></td><td>膝盖受伤</td><td></td></tr>
</table>

（续表）

条目	范例			
运动员病史 目的：确定运动员是否由于能量/营养摄入不足或不适当而处于高受伤风险。这部分应包括当前和过去的伤病、住院、潜在遗传疾病的家族史、诊断出的疾病/疾病、药物治疗（处方药和自行处方）、特殊饮食（处方药和自行处方）以及对运动员准备情况的自我感知	**运动员病史**			
	是	**否**	**受　伤**	**备注（严重程度、频率等，重点是潜在的营养相关性）**
			脚踝受伤	
			足受伤	
			其他骨头骨折，或应力性骨折	
			其他显著的肌肉骨骼损伤	
	注：（包括日期、重复受伤和住院）			
疾病家族史 目的：使某些运动员已被适当的有资格的健康专业人员评估，以确保目前没有风险。如果正在接受治疗，要确保营养建议不会与治疗计划冲突	**疾病家族史**			
	是	**否**	**家　族　史**	**备　注**
			心杂音	
			胸痛（运动或不运动）	
			昏倒或接近昏倒，昏倒	
			高血压	
			不规则的心跳	
			不明原因的呼吸短促或哮喘	
			在50岁前突然死亡	
			其他心脏病史	
当前疾病/状况 目的：使某些运动员为上述任何一种情况而接受治疗。如果没有，我们的目标是，如果对上述任何一种情况的反应是“是”，就把运动员推荐给有适当资格的健康专业人士。如果正在治疗，一个目标是确保没有营养建议可能与治疗计划冲突（见家族史）	**当前疾病/状况**			
	是	**否**	**运动员当前的疾病或状况**	**备　注**
			贫血（请注明类型）	
			哮喘、过敏、花粉热（请在注释中详细说明）	
			血凝块/出血失调	
			乳房肿块或分泌物（女性）	
			化学依赖（请在注释中注明类型）	
			抑郁或复发性焦虑	
			糖尿病	
			进食障碍	
			癫痫和癫痫发作	
			经常腹泻或便秘（详见注释）	
			热病或慢性抽筋	

（续表）

<table>
<tr><th>条　目</th><th colspan="4">范　例</th></tr>
<tr><td rowspan="12">当前疾病/状况
目的：使某些运动员为上述任何一种情况而接受治疗。如果没有，我们的目标是，如果对上述任何一种情况的反应是“是”，就把运动员推荐给有适当资格的健康专业人士。如果正在治疗，一个目标是确保没有营养建议可能与治疗计划冲突（见家族史）</td><td colspan="4">当前疾病/状况</td></tr>
<tr><td>是</td><td>否</td><td>运动员当前的疾病或状况</td><td>备　注</td></tr>
<tr><td></td><td></td><td>肾脏或膀胱问题</td><td></td></tr>
<tr><td></td><td></td><td>肝脏疾病</td><td></td></tr>
<tr><td></td><td></td><td>偏头痛</td><td></td></tr>
<tr><td></td><td></td><td>单核细胞增多症</td><td></td></tr>
<tr><td></td><td></td><td>皮肤问题</td><td></td></tr>
<tr><td></td><td></td><td>睾丸或其他生殖器问题</td><td></td></tr>
<tr><td></td><td></td><td>甲状腺疾病</td><td></td></tr>
<tr><td></td><td></td><td>溃疡、胃病溃疡性结肠炎、克罗恩病异常出血或瘀伤</td><td></td></tr>
<tr><td></td><td></td><td>最近体重减轻超过10 lb</td><td></td></tr>
<tr><td></td><td></td><td>其他（见注释）</td><td></td></tr>
<tr><td rowspan="9">药物
目的：确保不推荐食用可能干扰药物服用的食物</td><td colspan="4">药　物</td></tr>
<tr><td colspan="3">列出目前正在服用的药物</td><td>处方请指明</td></tr>
<tr><td colspan="3"></td><td></td></tr>
<tr><td colspan="3"></td><td></td></tr>
<tr><td colspan="3"></td><td></td></tr>
<tr><td colspan="3"></td><td></td></tr>
<tr><td colspan="3"></td><td></td></tr>
<tr><td colspan="3"></td><td></td></tr>
<tr><td colspan="3"></td><td></td></tr>
<tr><td rowspan="7">针对女性
目的：多种营养因素，包括每日能量摄入的充足程度、日内能量平衡和铁的状态可能在月经功能中起作用</td><td colspan="4">针对女性运动员</td></tr>
<tr><td colspan="3">状　况</td><td>备　注</td></tr>
<tr><td colspan="3">最后一次月经是什么时候？</td><td></td></tr>
<tr><td colspan="3">周期之间通常的时间长度？</td><td></td></tr>
<tr><td colspan="3">巴氏涂片检查异常或相关发现？</td><td></td></tr>
<tr><td colspan="3">过去6个月的周期数？</td><td></td></tr>
<tr><td colspan="3">最长时间（月）没有月经？</td><td></td></tr>
</table>

（续表）

<table>
<tr><th>条　目</th><th colspan="4">范　　例</th></tr>
<tr><td rowspan="30">**水化问题**
目的：本节关注与水合作用相关的问题，包括与脱水、热痉挛和低钠血症相关的因素</td><td colspan="4">**脱水相关问题**</td></tr>
<tr><td>**是**</td><td>**否**</td><td>**风险和迹象**</td><td>**备　注**</td></tr>
<tr><td></td><td></td><td>频繁呕吐</td><td></td></tr>
<tr><td></td><td></td><td>频繁的腹泻</td><td></td></tr>
<tr><td></td><td></td><td>液体补充不足（运动后体重下降幅度大）</td><td></td></tr>
<tr><td></td><td></td><td>导致出汗率高（桑拿等）</td><td></td></tr>
<tr><td></td><td></td><td>泻药使用</td><td></td></tr>
<tr><td></td><td></td><td>利尿剂使用</td><td></td></tr>
<tr><td></td><td></td><td>高蛋白饮食少吃水果和蔬菜</td><td></td></tr>
<tr><td></td><td></td><td>最近发热</td><td></td></tr>
<tr><td colspan="4">**肌肉抽筋相关问题**</td></tr>
<tr><td>**是**</td><td>**否**</td><td>**风险和迹象**</td><td>**备　注**</td></tr>
<tr><td></td><td></td><td>热痉挛的历史</td><td></td></tr>
<tr><td></td><td></td><td>避免吃咸的食物或在食物上放盐</td><td></td></tr>
<tr><td></td><td></td><td>出汗早且多</td><td></td></tr>
<tr><td></td><td></td><td>可怜的水化的习惯</td><td></td></tr>
<tr><td></td><td></td><td>汗水刺痛眼睛，尝起来很咸</td><td></td></tr>
<tr><td></td><td></td><td>皮肤上可见盐</td><td></td></tr>
<tr><td></td><td></td><td>对湿热的适应能力差</td><td></td></tr>
<tr><td></td><td></td><td>囊性纤维化家族史（失盐情况）</td><td></td></tr>
<tr><td colspan="4">**与低钠血症相关的问题**</td></tr>
<tr><td>**是**</td><td>**否**</td><td>**风险和迹象**</td><td>**备　注**</td></tr>
<tr><td></td><td></td><td>在练习结束时容易混淆</td><td></td></tr>
<tr><td></td><td></td><td>练习后经常头痛</td><td></td></tr>
<tr><td></td><td></td><td>频繁发生肌肉痉挛</td><td></td></tr>
<tr><td></td><td></td><td>恶心和呕吐</td><td></td></tr>
<tr><td></td><td></td><td>腹部、手指等肿胀</td><td></td></tr>
<tr><td></td><td></td><td>实际上不喝含盐饮料吗</td><td></td></tr>
<tr><td></td><td></td><td>练习前服用非甾体抗炎药</td><td></td></tr>
</table>

（续表）

<table>
<tr><th>条 目</th><th colspan="3">范 例</th></tr>
<tr><td rowspan="16">食物过敏、对食物的摄入和食物过敏
目的：不同的人对不同的食物有不同的反应。该量表旨在确定有严重症状的运动员，可能需要额外的检查和咨询适当的牙科保健专业人员</td><td colspan="3">食物过敏、不耐受和过敏</td></tr>
<tr><td colspan="3">0=没有
1=偶尔(小于2倍/周,症状轻微)
2=频繁(2次或2次以上,症状轻微)
3=偶尔(症状严重时<2倍/周)
4=频繁(2次或2次以上,有严重症状)
[较高的数字表明潜在的过敏、不耐受和(或)敏感]</td></tr>
<tr><td>次 数</td><td>问 题</td><td>可能对食物(如果被识别出)</td></tr>
<tr><td></td><td>体质(疲劳、乏力、疲倦、焦躁不安、白天嗜睡、夜间失眠、感觉糟糕、癫痫发作)</td><td></td></tr>
<tr><td></td><td>情绪(抑郁、焦虑、情绪波动、烦躁、健忘、脑雾)</td><td></td></tr>
<tr><td></td><td>头/耳(头痛、偏头痛、耳感染、耳鸣、耳痒、耳流、声音敏感)</td><td></td></tr>
<tr><td></td><td>皮肤(瑕疵、痤疮、皮疹/荨麻疹、湿疹、潮红、皮肤发痒)</td><td></td></tr>
<tr><td></td><td>鼻/鼻窦(后滴鼻、鼻窦疼痛、流鼻涕、鼻塞、打喷嚏)</td><td></td></tr>
<tr><td></td><td>口腔/喉咙(喉咙痛、喉咙/舌头肿、经常清喉咙、口腔溃疡、吞咽困难)</td><td></td></tr>
<tr><td></td><td>肺(气喘、胸闷、干咳、湿咳、气短)</td><td></td></tr>
<tr><td></td><td>眼睛(红肿、流泪、发痒、黑眼圈、对光敏感)</td><td></td></tr>
<tr><td></td><td>泌尿生殖系统(尿频高、尿痛、膀胱痛、尿床)</td><td></td></tr>
<tr><td></td><td>肌肉骨骼(关节痛、关节痛、关节僵硬、肌肉痛、肌肉僵硬、不随意肌滴答、肌肉痉挛、肌肉抽筋)</td><td></td></tr>
<tr><td></td><td>心血管疾病(心律不齐、高血压)</td><td></td></tr>
<tr><td></td><td>消化(胃灼热/反流、胃痛、胃痉挛、腹泻、腹胀、恶心、嗳气、呕吐)</td><td></td></tr>
<tr><td></td><td>体重管理(体重波动、食物过敏、水潴留、暴食、排毒)</td><td></td></tr>
</table>

（续表）

条目	范例
饮食摄入量分析 目的：确定被评估者摄取的能量和营养是否充足。有不同的策略来获取食物/饮料摄入信息，以分析食物摄入的充分性。24 h回顾（即记录24 h内消费的所有食品/饮料，并估计24 h的能量消耗）是一种常见的策略。在本例中，每小时对食物/饮料摄入量和能量消耗进行评估，以便能够预测全天和这天内能量和营养摄入量分析。活动因子量表是MET值量表的一个例子，它表示静止能量消耗的倍数，可以通过任意几个预测方程（即Harris－Benedict）或通过设备（即心率监测仪）进行预测。食品和饮料的摄入量通常是通过一个商业计算机软件包来评估的，该软件包会自动比较营养摄入与特定年龄/性别的推荐膳食摄入量	**饮食和活动分析**

活动因素量表

1	休息：躺着，睡觉。
1.5	正常的日常活动：静坐，典型的日间活动。
2.0	非常轻：上半身多运动。相当于系鞋带、打字、刷牙。
2.5	非常轻$^{+}$：比2.0更努力，但少于3.0。
3.0	轻松：上下身体运动。相当于做家务。
3.5	轻松$^{+}$：比3.0更努力，心率更快，但工作没有困难。
4.0	中等：快走等。心率加快，轻微出汗，但舒适。
4.5	中等$^{+}$：工作强度大于4.0，心率明显加快，呼吸加快。
5.0	中高等：明显呼吸更快更深，心跳更快，必须偶尔深呼吸才能进行交谈。
5.5	中高等+：工作强度超过5.0。必须更经常地深呼吸才能进行交谈。
6.0	重度：你仍然可以说话，但是呼吸太困难太深以至于你不想说话。大量出汗。心率非常高。
6.5	重度+：工作强度超过6.0。你能说话，但很困难。不能长时间这样做。
7.0	力竭：这种强度不能持续太久，因为你正处于崩溃的边缘，喘着气，心跳加速。

举　例

开始时间	结束时间	活动因子	活动描述	食物和饮料描述	食物/饮料量
12 : 00	7 : 00	1.0	睡觉		
7 : 00	8 : 00	1.5	没什么特别的	全麦华夫饼干	2块华夫饼
				枫糖浆	2汤匙
				1%牛奶	1杯
				橙汁（鲜榨）	1.5杯
				咖啡	2杯
				咖啡加1%的牛奶	2汤匙
10 : 00	11 : 00	5.0	慢跑30 min	佳得乐	16 oz
12 : 00	1 : 00	1.5	没什么特别的	牛肉三明治配白面包	1份
				蛋黄酱	1茶匙
				苹果派	1份

（续表）

条　目 / 范　例

饮食摄入量分析

目的：确定被评估者摄取的能量和营养是否充足。有不同的策略来获取食物/饮料摄入信息，以分析食物摄入的充分性。24 h回顾（即记录24 h内消费的所有食品/饮料，并估计24 h的能量消耗）是一种常见的策略。在本例中，每小时对食物/饮料摄入量和能量消耗进行评估，以便能够预测全天和这天内能量和营养摄入量分析。活动因子量表是MET值量表的一个例子，它表示静止能量消耗的倍数，可以通过任意几个预测方程（即Harris－Benedict）或通过设备（即心率监测仪）进行预测。食品和饮料的摄入量通常是通过一个商业计算机软件包来评估的，该软件包会自动比较营养摄入与特定年龄/性别的推荐膳食摄入量

举　例

开始时间	结束时间	活动因子	活动描述	食物和饮料描述	食物/饮料量
5 : 00	6 : 00	4.0	快走1 h	水	16 oz
7 : 00	8 : 00	1.5	没什么特别的	乳酪牛肉千层面	大份
				蔬菜沙拉，配莴苣、番茄和黄瓜	中等沙拉碗
				蓝奶酪沙拉酱	2汤匙
				红酒	1玻璃杯
10 : 00	11 : 00	1.5	没什么特别的	爆米花（空气炸锅；没有黄油）	100卡/包

举例结束

运动员食物/活动的开始数据录入

开始时间	结束时间	活动因子	活动描述	食物和饮料描述	食物/饮料量

根据需要继续使用这种格式来记录一整天的食物摄入量和活动量

身体成分评估

目的：评估运动员的肌肉和脂肪量是否适合他们所参与的运动。评估人体成分有许多不同的方法。无论采用何种策略，确定运动员的身体构成如何变化，有助于确定饮食和运动策略是否能产生理想的结果，这一点至关重要。理想情况下，本例中提供的值应该是电子表格的一部分，以便随着时间的推移很容易阻止变更

身体成分的参数

人体测量数据

身高（cm）____________　身高（ft）____________

体重（kg）____________　体重（lb）____________

腰围（cm）____________　累积腰围（ft）____________

体重身高比：____________

BMI：____________　BMI类别：____________

身体成分

身体成分法（皮褶厚度法，生物电阻测量法，双能X线吸收测量法等）____________

评估日期：____________/____________/____________

体脂百分比：____________　瘦体重百分比：____________

从之前测量身体脂肪百分比变化百分比：____________

从之前的测量在精益质量百分比变化百分比：____________

（续表）

<table>
<tr><th>条　目</th><th colspan="2">范　　例</th></tr>
<tr><td rowspan="2">饮食策略
目的：了解运动员所遵循的饮食计划是否会对达到运动员的表现目标产生反作用。以下问题的目的是确定被评估的运动员是否遵循一种特定的饮食，以及这种饮食是由健康专家指定的还是自己选择的。了解膳食处方的来源是很重要的，以确保了解推荐的基础</td><td colspan="2">遵循指定的饮食方案？</td></tr>
<tr><td>你认为自己：你有特殊的饮食习惯吗？</td><td>________超重
________体重不足
________理想体重
________无谷蛋白 ________指定的吗？
________自我选择的
________生酮的 ________指定的吗？
________自我选择的
________高蛋白 ________指定的吗？
________自我选择的
________其他饮食 ________指定的吗？
________自我选择的
请描述“其他饮食”：________
对于任何指定饮食，请注明来源（例如，医生、营养师、教练、体育教练等）：
________</td></tr>
<tr><td>运动员签名
目的：如果由于运动员提供的信息不准确而导致建议出现问题，这可能会带来潜在的责任，因此获得运动员的签名（如果是未成年人，则是家长签名）以证明所提供信息的准确性是很重要的</td><td colspan="2">运动员
姓名：________
签名：________
日期：________

健康史和营养评估管理人
姓名：________
签名：________
日期：________</td></tr>
</table>

附录 I

不同食物类别内的钙含量（由高到低）

牛奶、豆奶和杏仁奶	分量	钙（mg）	热量（cal）	营养/热量比率
杏仁奶、加糖、即食	1杯	451	91	4.96
杏仁奶、巧克力味、即食	1杯	451	120	3.76
纯酸奶、低脂	6 oz	311	107	2.91
牛奶、低脂（1.0%）	1杯	305	102	2.99
克菲尔、1%乳脂、不加糖	1杯	300	120	2.50
豆奶、纯的	1杯	299	100	2.99
脱脂牛奶（无脂肪）	1杯	298	83	3.59
牛奶、低脂（2.0%）	1杯	293	122	2.40
巴氏杀菌处理的美国奶酪	1片（1 oz）	293	102	2.87
牛奶、全脂乳脂（3.7%）	1杯	290	156	1.86
牛奶、巧克力味（低脂）	1杯	290	178	1.63
白脱牛奶、低脂	1杯	284	98	2.90
白脱牛奶、全脂奶	1杯	282	152	1.86
白脱牛奶、巧克力味（全脂牛奶）	1杯	280	208	1.35
瑞士奶酪	1 oz	224	108	2.07
切达奶酪	1 oz	191	115	1.66
冷冻酸奶（除巧克力外的各种口味）	1杯	174	221	0.79
马苏里拉奶酪（全脂牛奶）	1 oz	141	84	1.68
农家奶酪（有奶油的，大粒和小粒）	0.5杯（4 oz）	94	111	0.85
帕尔玛奶酪（碎）	1汤匙	43	21	2.05
酸奶油，发酵	1汤匙	13	23	0.57
	平均钙含量	**252.71**		**2.296**

（续表）

鱼	分　量	钙(mg)	热量(cal)	营养/热量比率
亚特兰大沙丁鱼(油浸、沥干)	3 oz	321	175	1.83
粉红三文鱼(罐装、沥干)	3 oz	241	117	2.06
鲭鱼(罐装、沥干)	3 oz	202	131	1.54
鲈鱼,淡水(煮熟、干热)	3 oz	88	124	0.71
鳟鱼,淡水(煮熟、干热)	3 oz	47	162	0.29
大西洋鳕鱼(罐装、沥干)	3 oz	18	89	0.20
三文鱼,大西洋野生(煮熟、干热)	3 oz	13	155	0.08
金枪鱼,白色(罐装、沥干)	3 oz	12	109	0.11
	平均钙含量	**117.75**		**0.854**

豆　类	分　量	钙(mg)	热量(cal)	营养/热量比率
白豆、罐头	1杯	191	299	0.64
大豆(熟的、煮的、沥干的)	1杯	175	298	0.59
斑豆、罐装	1杯	152	275	0.55
烤豆、罐头	1杯	127	266	0.48
海军豆罐头	1杯	123	296	0.42
鹰嘴豆、罐头	1杯	108	335	0.32
天贝	0.5杯	92	160	0.58
青豆(煮的、沥干)	1杯	54	209	0.26
黑豆、罐头	1杯	46	227	0.20
豆腐、硬的	3 oz	27	53	0.51
豆腐、软的	3 oz	26	47	0.55
	平均钙含量	**101.91**		**0.463**

谷　类	分　量	钙(mg)	热量(cal)	营养/热量比率
面包、白小麦	1片	192	67	2.87
玉米面包(含2%的牛奶)	2 oz	139	149	0.93
烤燕麦粥	杯	112	105	1.07
烤玉米麦片	1杯	100	115	0.87
面包、全麦	1片	52	81	0.64
格兰诺拉麦片粥(自制)	0.5杯	48	298	0.16
藜麦(熟的)	1杯	31	222	0.14

（续表）

谷类	分量	钙(mg)	热量(cal)	营养/热量比率
面包、杂粮	1片	27	69	0.39
燕麦麦片(即时)	1包	21	150	0.14
大米、棕色(煮的)	1杯	20	216	0.09
卷饼	6 in	15	41	0.37
意大利面(煮的)	1杯	10	220	0.05
苋菜片麦片	1杯	6	134	0.04
大米、白色(煮的)	1杯	3	169	0.02
	平均钙含量	**55.43**		**0.555**

水果	分量	钙(mg)	热量(cal)	营养/热量比率
橙汁、加钙(来自浓缩物)	1杯	349	117	2.98
橙汁(生、新鲜)	1个大的	74	86	0.86
奇异果(生、新鲜)	1杯(切片)	61	110	0.55
葡萄汁(瓶装)	1杯	28	152	0.18
橙汁(生、新鲜)	1杯	27	112	0.24
草莓(生、新鲜的)	1杯(对半切)	24	48	0.50
苹果汁(新鲜)	1杯	20	114	0.18
芒果(原料、新鲜)	1杯(切片)	18	99	0.18
金冠苹果(生、鲜)	1个大的	16	153	0.10
葡萄,红或绿(生、鲜)	1杯	15	104	0.14
香蕉(生、鲜)	1杯(切片)	9	134	0.07
蓝莓(生、新鲜)	1杯	9	84	0.11
	平均钙含量	**54.17**		**0.509**

蔬菜	分量	钙(mg)	热量(cal)	营养/热量比率
菠菜,煮熟(煮熟、沥干)	1杯	245	41	5.98
大白菜(煮过、沥干)	1杯	158	20	7.90
羽衣甘蓝,煮熟(煮熟、沥干)	1杯	94	36	2.61
煮熟的秋葵(煮熟、沥干)	1杯	62	18	3.44
夏季南瓜(所有品种、煮熟、沥干)	1杯	49	36	1.36
卷心菜,熟的(煮熟、沥干)	0.5杯	36	17	2.12
西兰花,花簇(生的、新鲜)	1杯	34	20	1.70

（续表）

蔬　　菜	分　　量	钙(mg)	热量(cal)	营养/热量比率
西兰花，熟的(煮熟、沥干)	0.5杯	31	27	1.15
菠菜(生的、新鲜)	1杯	30	7	4.29
羽衣甘蓝(生的、新鲜)	1杯	24	8	3.00
白菜(生的、新鲜)	0.5杯	16	8	2.00
芝麻菜(生的、新鲜)	0.5杯	16	3	5.33
生菜，卷心(生的、新鲜)	1杯	13	10	1.30
生菜，绿叶(生的、新鲜)	1杯	13	5	2.60
烤土豆(新鲜、不带皮)	1个	8	145	0.06
洋葱(生的、新鲜)	1 oz	7	11	0.64
甜玉米，白(煮熟、沥干)	1个	2	86	0.02
	平均钙含量	**49.29**		**2.676**
坚果和种子	**分　　量**	**钙(mg)**	**热量(cal)**	**营养/热量比率**
杏仁(干烤)	1 oz(22颗)	75	167	0.45
榛子(焯水)	1 oz	32	176	0.24
巴西坚果(干)	5颗	40	165	0.24
核桃(切碎)	0.25杯	29	191	0.15
澳洲坚果(干烤)	1 oz(10颗)	20	201	0.10
美洲山核桃(干烤)	1 oz	20	199	0.10
花生(干烤)	1 oz	16	164	0.10
葵花子(烤)	1 oz	16	173	0.09
南瓜子(烤)	1 oz	15	125	0.12
栗子(烤)	1 oz	5	67	0.07
	平均钙含量	**27.80**		**0.167**
肉类(牛肉、鸡肉、羊肉、猪肉)	**分　　量**	**钙(mg)**	**热量(cal)**	**营养/热量比率**
鸡腿/大腿、只含肉(烤)	1杯(切丁)	21	287	0.07
鸡胸肉、只含肉(烤)	1杯(切丁)	21	242	0.09
牛肉、绞碎、85%精瘦(烤)	3 oz	15	213	0.07
羊腿、中间片(烤)	3 oz	12	183	0.07
猪排(烤)	1根	10	265	0.04
牛肉、上等肋排、瘦肉(烤)	3 oz	9	343	0.03

(续表)

肉类(牛肉、鸡肉、羊肉、猪肉)	分　量	钙(mg)	热量(cal)	营养/热量比率
火腿(烤)	3 oz	8	170	0.05
牛肉、夹肉、瘦肉(烤)	3 oz	7	137	0.05
培根(煎)	2片	2	103	0.02
	平均钙含量	**11.67**		**0.053**

不建议定期食用含钙食物

快　餐	分　量	钙(mg)	热量(cal)	营养/热量比率
香草奶昔	11 oz	457	351	1.30
加奶酪和辣椒的墨西哥卷沙拉	1.5杯	254	290	0.88
加奶酪的普通比萨(14 in)	1片	201	185	1.09
早餐饼干加鸡蛋和咸肉	1片	189	485	0.39
冰淇淋、香草、软冰淇淋、带蛋筒	1个甜筒	155	196	0.79
汉堡、一份肉饼、加调味品	1个	149	438	0.34
汉堡、双份肉饼、加调味品	1个	131	942	0.14
加牛肉、奶酪、生菜的墨西哥卷饼(软玉米饼)	1个	125	210	0.60
冰淇淋、香草	0.5杯	84	137	0.61
冰淇淋、草莓	3.5 oz	70	111	0.63
冰淇淋、巧克力	3.5 oz	63	125	0.50
冰淇淋、三明治	1个	60	166	0.36
油炸马铃薯条	10条	14	203	0.07
炸鸡条	3条	14	315	0.04
鸡肉、鸡翅、仅肉(炸)	1个翅膀(去骨)	10	159	0.06
	平均钙含量	**131.73**		**0.520**

该表表示了人们通常食用的食物中的钙含量,其值来自美国农业部的营养数据库。它并不是一个全面的列表,但提供的是一种更好地了解哪些食物最有助于满足钙的需求的方法。所提供的营养素/热量比率,是为了更清楚地了解钙质的浓度与食物所含热量的比率。较高的比率表明,在提供的热量中,钙的浓度较高。

请注意,钙的生物利用度可能因食物而异,这取决于可能增强或减少钙吸收的因素。

附录 J

不同食物类别内的铁含量(由高到低)

豆　类	分　量	铁(mg)	热量(cal)	营养/热量比率
大豆(成熟、煮熟、沥干)	1杯	8.84	298	0.030
白豆、罐装	1杯	7.83	299	0.026
海军豆、罐装	1杯	4.85	296	0.016
青豆(煮、沥干)	1杯	4.17	209	0.020
黑豆、罐头	1杯	3.61	227	0.016
斑豆、罐头	1杯	3.21	275	0.012
鹰嘴豆、罐头	1杯	2.58	335	0.008
天贝	0.5杯	2.24	160	0.014
豆腐、硬	3 oz	0.88	53	0.017
烤豆、罐装	1杯	0.73	266	0.003
豆腐、软	3 oz	0.70	47	0.015
	平均铁含量	**3.60**		**0.016**
谷　类	**分　量**	**铁(mg)**	**热量(cal)**	**营养/热量比**
烤燕麦麦片	1杯	9.29	105	0.088
烤玉米麦片	1杯	8.99	115	0.078
藜麦(煮熟)	1杯	2.76	222	0.012
格兰诺拉麦片(自制)	0.5杯	2.58	298	0.009
意大利面(熟)	1杯	1.79	220	0.008
麦片(即食)	1包	1.72	150	0.011
玉米面包(含2%牛奶)	2 oz	1.40	149	0.009
面包、白小麦	1片	1.37	67	0.020
米饭、棕色(煮熟)	1杯	0.82	216	0.004

（续表）

谷　类	分　量	铁(mg)	热量(cal)	营养/热量比
面包、全麦	1 片	0.79	81	0.010
紫红花麦片	1 杯	0.67	134	0.005
面包、杂粮	1 片	0.65	69	0.009
米、白（熟）	1 杯	0.24	169	0.001
玉米粉圆饼包装	6 in	0.23	41	0.006
	平均铁含量	**2.38**		**0.001 9**
肉类（牛肉、鸡肉、羊肉、猪肉）	**分　量**	**铁(mg)**	**热量(cal)**	**营养/热量比**
牛肉、夹肉、瘦肉（烤）	3 oz	2.57	137	0.019
牛肉、绞碎、85%精瘦（烤）	3 oz	2.21	213	0.010
羊腿、中间片（烤）	3 oz	2.02	183	0.011
鸡腿/大腿、只含肉（烤）	1 杯（切丁）	1.86	287	0.006
牛肉、上等肋排、瘦肉（烤）	3 oz	1.77	343	0.005
鸡胸肉、只含肉（烤）	1 杯（切丁）	1.48	242	0.006
猪排（烤）	1 根	1.17	265	0.004
火腿（烤）	3 oz	1.16	170	0.007
培根（煎）	2 片	0.21	103	0.002
	平均铁含量	**1.61**		**0.008**
鱼	**分　量**	**铁(mg)**	**热量(cal)**	**营养/热量比**
亚特兰大沙丁鱼（油浸、沥干）	3 oz	2.45	175	0.014
鲭鱼（罐装、沥干）	3 oz	1.71	131	0.013
鳟鱼，淡水（煮熟、干热）	3 oz	1.63	162	0.010
鲈鱼，淡水（煮熟、干热）	3 oz	1.62	124	0.013
三文鱼，大西洋野生（煮熟、干热）	3 oz	0.88	155	0.006
金枪鱼，白色（罐装、沥干）	3 oz	0.82	109	0.008
粉红三文鱼（罐装、沥干）	3 oz	0.65	117	0.006
大西洋鳕鱼（罐装、沥干）	3 oz	0.42	89	0.005
	平均铁含量	**1.27**		**0.009**
坚果和种子	**分　量**	**铁(mg)**	**热量(cal)**	**营养/热量比**
葵花子（烤）	1 oz	1.91	173	0.011
杏仁（干烤）	1 oz（22 颗）	1.04	167	0.006

（续表）

坚果和种子	分　量	铁(mg)	热量(cal)	营养/热量比
南瓜子(烤)	1 oz	0.93	125	0.007
榛子(焯水)	1 oz	0.92	176	0.005
核桃(切碎)	0.25杯	0.85	191	0.004
美洲山核桃(干烤)	1 oz	0.78	199	0.004
澳洲坚果(干烤)	1 oz(10颗)	0.74	201	0.004
巴西坚果(干)	5颗	0.61	165	0.004
花生(干烤)	1 oz	0.44	164	0.003
栗子(烤)	1 oz	0.42	67	0.006
	平均铁含量	**0.86**		**0.005**

蔬　菜	分　量	铁(mg)	热量(cal)	营养/热量比
菠菜,煮熟(煮熟、沥干)	1杯	6.43	41	0.157
大白菜(煮过、沥干)	1杯	1.77	20	0.089
羽衣甘蓝,煮熟(煮熟、沥干)	1杯	1.17	36	0.033
菠菜(生的、新鲜)	1杯	0.81	7	0.116
夏季南瓜(所有品种、煮熟、沥干)	1杯	0.65	36	0.018
西兰花,花簇(生的、新鲜)	1杯	0.62	20	0.031
烤土豆(新鲜、不带皮)	1个	0.55	145	0.004
西兰花,熟的(煮熟、沥干)	0.5杯	0.52	27	0.019
甜玉米,白(煮熟、沥干)	1个	0.49	86	0.006
生菜,绿叶(生的、新鲜)	1杯	0.31	5	0.062
生菜,卷心(生的、新鲜)	1杯	0.30	10	0.030
羽衣甘蓝(生的、新鲜)	1杯	0.24	8	0.030
煮熟的秋葵(煮熟、沥干)	1杯	0.22	18	0.012
白菜(生的、新鲜)	0.5杯	0.20	8	0.025
芝麻菜(生的、新鲜)	0.5杯	0.15	3	0.050
卷心菜,熟的(煮熟、沥干)	0.5杯	0.13	17	0.008
洋葱(生的、新鲜)	1 oz	0.06	11	0.005
	平均铁含量	**0.86**		**0.041**

水　果	分　量	铁(mg)	热量(cal)	营养/热量比
葡萄汁(瓶装)	1杯	0.63	152	0.004
草莓(生、新鲜的)	1杯(对半切)	0.62	48	0.013

（续表）

水　　果	分　　量	铁(mg)	热量(cal)	营养/热量比
奇异果(生、新鲜)	1杯(切片)	0.56	110	0.005
葡萄,红或绿(生、鲜)	1杯	0.54	104	0.005
橙汁(生、新鲜)	1杯	0.50	112	0.004
蓝莓(生、新鲜)	1杯	0.41	84	0.005
香蕉(生、鲜)	1杯(切片)	0.39	134	0.003
橙汁,加钙(来自浓缩物)	1杯	0.32	117	0.003
苹果汁(新鲜)	1杯	0.30	114	0.003
金冠苹果(生、鲜)	1个大的	0.29	153	0.002
芒果(原料、新鲜)	1杯(切片)	0.26	99	0.003
橙汁(生、新鲜)	1个大的	0.18	86	0.002
	平均铁含量	**0.42**		**0.004**

牛奶、豆奶和杏仁奶	分　　量	铁(mg)	热量(cal)	营养/热量比
杏仁奶、巧克力味、即食	1杯	1.27	120	0.011
豆奶、纯的	1杯	1.07	100	0.011
冷冻酸奶(除巧克力外的各种口味)	1杯	0.80	221	0.004
杏仁奶、加糖、即食	1杯	0.72	91	0.008
牛奶、巧克力味(低脂)	1杯	0.68	178	0.004
牛奶、全脂乳脂(3.7%)	1杯	0.60	156	0.004
白脱牛奶、巧克力味(全脂牛奶)	1杯	0.60	208	0.003
巴氏杀菌处理的美国奶酪	1片(1 oz)	0.18	102	0.002
纯酸奶、低脂	6 oz	0.14	107	0.001
白脱牛奶、低脂	1杯	0.12	98	0.001
马苏里拉奶酪(全脂牛奶)	1 oz	0.12	84	0.001
农家奶酪(有奶油的、大粒和小粒)	0.5杯(4 oz)	0.08	111	0.001
牛奶、低脂(1.0%)	1杯	0.07	102	0.001
脱脂牛奶(无脂肪)	1杯	0.07	83	0.001
白脱牛奶、全脂奶	1杯	0.07	152	0.000
瑞士奶酪	1 oz	0.06	108	0.001
牛奶、低脂(2.0%)	1杯	0.05	122	0.000
切达奶酪	1 oz	0.05	115	0.000
帕尔玛奶酪(碎)	1汤匙	0.02	21	0.001

（续表）

牛奶、豆奶和杏仁奶	分　量	铁(mg)	热量(cal)	营养/热量比
酸奶油、发酵	1汤匙	0.02	23	0.001
克非尔、1%乳脂、不加糖	1杯	0.01	120	0.000
	平均铁含量	**0.08**		**0.003**

不建议定期食用含铁食物

快　餐	分　量	铁(mg)	热量(cal)	营养/热量比
早餐饼干加鸡蛋和咸肉	1片	3.74	485	0.008
汉堡、一份肉饼、加调味品	1个	2.96	438	0.007
加奶酪和辣椒的墨西哥卷沙拉	1.5杯	2.66	290	0.009
加奶酪的普通比萨(14 in)	1片	2.65	185	0.014
加牛肉、奶酪、生菜的墨西哥卷饼(软玉米饼)	1个	1.70	210	0.008
油炸马铃薯条	10条	0.99	203	0.005
炸鸡条	3条	0.67	315	0.002
鸡肉、鸡翅、仅肉(炸)	1个翅膀(去骨)	0.63	159	0.004
冰淇淋、巧克力	3.5 oz	0.54	125	0.004
冰淇淋、香草、软冰淇淋、带蛋筒	1个甜筒	0.42	196	0.002
香草奶昔	11 oz	0.31	351	0.001
冰淇淋、三明治	1个	0.18	166	0.001
冰淇淋、草莓	3.5 oz	0.12	111	0.001
冰淇淋、香草	0.5杯	0.06	137	0.000
	平均铁含量	**1.26**		**0.005**

该表显示了人们通常食用的食物中的铁含量，其值来自美国农业部的营养数据库。它并不是一个全面的清单，但提供的是一种更好地了解哪些食物最有助于满足铁的需求的方法。提供营养/cal比率，是为了更好地了解含铁量与食物所含热量的比率。较高的比例表明，在提供的食物中，铁的含量较高。

请注意，不同食物的铁生物利用度可能不同，这取决于可能增强或减少铁吸收的因素。

附录 K

消化与吸收

胃肠道区域	行　动	营养物质消化	营养物质吸收	潜在的运动员问题
口腔 （正常 pH=6.7～7.4） ■ 唾液腺 ■ 牙齿 ■ 牙龈 ■ 舌头	■ 消化酶：唾液淀粉酶启动碳水化合物的消化过程 ■ 唾液：由水和少量糖蛋白（黏蛋白）组成，起到滋润和润滑食物的作用，使食物更容易通过食道进入胃	■ 碳水化合物 • 对于更复杂的碳水化合物，开始在口腔内进行消化 • 对于较简单的碳水化合物（如双糖），口腔消化足以产生单糖和某种程度的舌下吸收	舌下吸收： ■ 单糖（葡萄糖、果糖、半乳糖） ■ 维生素 B_{12} ■ 维生素 D_2 ■ 其他营养素以酸性和（或）微乳状形式可能被亚级吸收（例如，作为维生素A棕榈酸酯的维生素A；葡萄糖酸锌）	■ 正常口腔pH接近7.0（中性），但由于简单碳水化合物被消化，口腔酸性值可能小于5.5。这种酸性水平可能会导致牙釉质破坏和龋齿。由于运动员通常将糖作为正常水合协议的一部分，他们可能面临更高的龋齿风险 ■ 限制摄入但能量消耗高的运动员可能会导致B族维生素缺乏 ■ 口腔组织发炎，使进食某些食物时感到不适，从而加剧食物/饮料的摄入量不足 ■ 运动员使用抗生素漱口水时，饮食中的硝酸盐转化为亚硝酸盐的过程可能会受到干扰。亚硝酸盐是生成一氧化氮的前体，一氧化氮是一种血管扩张剂，可增强氧气对工作组织的输送
食道（正常 pH=7） ■ 食管下括约肌	■ 负责将经过口腔加工的食物运输到胃中	■ 通过唾液淀粉酶从口腔开始的碳水化合物消化在食道中继续进行	■ 食道内不发生营养吸收	■ 举重运动员和（或）一些力道运动的运动员可能会对下腹部施加足够的压力，引起裂孔疝，此时胃的一部分穿过隔膜裂孔，造成对食管下段的压力。这种压力可能使食管下括约肌肌肉不能完全闭合，导致胃反流和食管炎症。食道炎可能导致食物摄入量减少或避免进食与食管疼痛相关的食物。它还可能导致抗酸剂的消耗，这可能会干扰对二价矿物质（如锌、铁、钙、镁）的吸收，所有这些都需要酸性的十二指肠近端来吸收

（续表）

胃肠道区域	行　动	营养物质消化	营养物质吸收	潜在的运动员问题
胃（正常pH=2） ■ 幽门瓣	■ 产生蛋白质消化酶胃蛋白酶（胃蛋白酶） ■ 壁细胞产生盐酸（HCl），以显著降低胃pH至～2 ■ 壁细胞也产生内在因子，这是必要的吸收维生素B_{12}回肠（小肠） ■ 搅拌食物，以改善酸和消化酶暴露 ■ 胃的幽门瓣将嘴和胃处理过的食物释放到小肠	■ 主要通过胃蛋白酶参与蛋白质消化，尽管酸性环境有助于所有食物的消化过程 ■ 盐酸是一种初级酸，参与降低胃pH，对破坏细菌和病毒并阻止它们进入胃系统很重要	■ 胃几乎不吸收营养物质	■ 胃排空速率（即食物排出胃的速率）是影响运动员成绩的一个因素，因为运动时胃里有食物会让运动员感到不舒服 ● 高渗性食物（如单糖）比低渗性食物（如复合碳水化合物）更能降低胃排空率 ● 众所周知，游离葡萄糖本身会延迟胃排空 ● 脂肪会导致胃排空延迟 ■ 为了减少这一问题，建议运动员在运动前（即90 min内）立即食用脂肪含量相对较低的食物，同时避免摄入大量单糖。在运动前90 min完成相对较少的膳食，纤维含量相对较低，淀粉含量高，瘦肉蛋白含量适中，似乎可以降低胃排空延迟的风险
小肠 （正常pH=7） ■ 十二指肠 ● 胰腺 ● 肝脏 ● 胆囊 ■ 空肠 ■ 回肠	■ 碳水化合物、蛋白质和脂肪的消化过程在小肠内完成 ■ 胰腺通过胰管/胆管提供消化酶和胰液 ■ 胰液是高碱性的（高碳酸氢盐），可以中和进入小肠的酸性胃内容物的pH ■ 肝脏提供胆汁，胆汁储存在胆囊中，可作为膳食脂肪的乳化剂。胆汁本质上是将消化的脂肪球转化为可溶于水的物质，可以作为乳糜微粒被血液吸收	■ 来自胰腺的消化酶，包括胰蛋白酶（胰蛋白酶和胰凝乳蛋白酶）消化蛋白质，胰脂肪酶消化脂质，胰淀粉酶消化多糖。这些消化酶通过十二指肠的胰胆总管进入小肠 ■ 胆汁被进入十二指肠的膳食脂肪刺激后进入十二指肠。这些脂肪会引发缩胆囊素的产生，使胆囊重新租约胆汁 ■ 蔗糖酶、乳糖酶和麦芽酶将相关的酶分解为单糖 ■ 多肽酶是一种以小蛋白质/核酸（即多肽）为靶点的充血性酶，在小肠中产生蔗糖酶、乳糖酶和麦芽酸酶将相关的酶解为单核细胞	■ 大部分的营养吸收都是在小肠中进行的 ■ 大部分矿物质在十二指肠近端（十二指肠最靠近胃幽门的部分）仍呈酸性（即在胆胰管进入十二指肠之前） ■ 碳水化合物、蛋白质和脂肪在小肠中被吸收，因为它们被消化成最小的分子形式（如氨基酸、单糖、脂肪酸） ■ 维生素B_{12}通过胃产生的内源性因子在回肠被吸收 ■ 消化和吸收在很大程度上依赖于水分。因此，水进入小肠（从消耗的水和血液），并被小肠吸收	■ 运动员食用高渗性食物（如单糖含量高的食物），但没有足够的液体，可能会出现腹泻，因为这些分子通过水从血液注入小肠 ● 向小肠输水可能会导致血容量降低，从而对排汗率和每搏量产生负面影响，这两种情况都会对性能产生负面影响 ■ 有些食物是用商业湿润剂配制的（例如，保留液体以保持食物湿润的物质）。山梨醇（一种糖醇）就是一个例子，它对水有很高的亲和力。对于敏感的运动员来说，这种体液分泌能力可能与腹泻有关，或者如果大量摄入的话 ■ 食物不耐受和过敏可能会对小肠的吸收能力产生负面影响，对性能产生负面影响。运动员应采取措施确定食物的耐受性和（或）敏感性，以避免可能引发小肠问题的食物
大肠 ■ 升结肠 ■ 横结肠 ■ 降结肠 ■ 直肠 ■ 肛门	■ 其主要作用是吸附水分和电解质，形成粪便 ■ 直肠/肛门具有储存和排出粪便的功能	■ 大肠不进行营养消化	■ 除水分和电解质的重新吸收外，其他营养素在大肠中不被吸收	■ 便秘，虽然很少发生在身体活跃的人，但主要是由于太少的液体和（或）膳食纤维。它会造成足够的不适，会对运动成绩产生负面影响

附录L

案例研究：一个跑步者难以实现她的目标

背景	女马拉松运动员（157.48 cm，26岁，120 lb）培训建立一个符合条件的时间为即将到来的5个月后的比赛。她是一个在大学田径队伍1万米运动员，在过去3年一直训练到精英的马拉松运动员，获得了参加奥运的机会。她从周一到周五全天工作。虽然在她从1万米到马拉松的第一年里，她的马拉松成绩有所提高，但过去的两年却令人沮丧，没有提高的很及时。她距离进入马拉松选手精英组的资格时间只差5 min，但她还没能找到办法达到这个时间。重要的是，她现在正在寻求帮助，因为她觉得自己的恢复能力下降了，而且她受到了一些轻伤的困扰，这使她无法按照自己想要的方式训	
评估	**程　序**	**结　果**
健康史	询问过去的健康、受伤、住院、特殊饮食、自我感觉（如合适的体重、良好的身体组成）和主观症状（如正常的排便习惯、精力/疲惫感）的标准程序	■ 除了周日，她每天都坐火车，这表明她周日大部分时间都在沙发上休息和看电视。她太累了，不想做其他的事情 ■ 训练后肌肉严重酸痛 ■ 月经周期不规律（每3～5个月）；有时正常周期 ■ 稳定体重（认为她的体重太高） ■ 偶尔（训练周结束时每周1～2次）使用非甾体类抗炎药物来减轻训练相关的疼痛/酸痛（潜在的低钠血症风险） ■ 没有住院，但偶尔经历右膝关节疼痛（频率增加）。上个月去看了骨科医生，没有发现任何严重的医疗问题；被告知是由于过度训练 ■ 说她有正常的排便习惯，大便形成正常。很少有腹泻。不记得呕吐过 ■ 尿液颜色表显示，她的尿液呈典型的中度深色，提示轻度脱水 ■ 在训练周的第5天和第6天出现腹胀（腹部和手指）（潜在的低钠血症风险） ■ 皮肤干净，牙齿好，经常微笑 ■ 没有任何规定的或自己选择的特殊饮食 ■ 无家族或个人病史（心血管疾病、糖尿病等） ■ 没有摄入膳食补充剂，除了在训练前30 min吃含乳清蛋白（25 g）的8盎司橙汁 ■ 不要因为感觉有问题就不吃东西，也不要因为感觉有好就经常吃东西
身体成分	使用系统：8模式6电流生物电阻抗分析	■ 体脂率=25.3%（对于长跑运动员来说高得惊人） ■ 躯干脂肪比跑步者的体重、身高、年龄预期的要高，而腿和手臂脂肪水平似乎在正常范围内 ■ 全身骨骼肌质量略低于跑步者体重、身高、年龄的百分之百 ■ 右臂和左臂肌肉组织几乎一样 ■ 左右腿肌肉组织有很大区别，右腿比左腿肌肉多2.2 lb（请与骨科医生讨论，如果较高的右腿肌肉质量可能导致过度依赖右腿发电，导致报告的右膝疼痛） ■ 全身水、细胞内和细胞外液都在正常范围内
饮食分析	连续四天（包括至少2天的训练日和2天周末）使用一天内的能量平衡数据采集和分析程序	■ 实际分析结果如下： • 分析了每天消耗的食物和活动清单（图A.1） 清单包括每种食物的能量（cal）值和每餐消耗的能量的小计；每日消耗的能源总量；以及预测的能量消耗高于正常的日常活动和睡眠 • 使用两种查看数据的方法分析能量平衡：连续（图A.2）和离散（图A.3）。包括分析在一个合成代谢状态花费的时间（即以上0 cal能量平衡），在异化的状态（即低于0 cal能量平衡）和在严重的能量平衡盈余或赤字时花费的时间，这与不希望的内分泌和（或）身体成分的变化 ◆ 连续法以一天结束时的能量平衡作为第二天开始时的能量平衡。由于能量平衡是连续的（也就是说，它不会在午夜结束），这是一个在多天评估期间评估能量平衡的更现实的方法

（续表）

评估	程　序	结　果
饮食分析	连续四天（包括至少2天的训练日和2天周末）使用一天内的能量平衡数据采集和分析程序	◆ 用方法去评估单独每一天，把每天当作一个独立的评估期。这种形式的评估有助于了解评估期间的某一天是否比其他日子更好或更差，从而帮助确定哪些是对的，哪些是错的。一个特别好的一天可以作为一个模式，来管理饮食和锻炼，以确保在一天之内良好的能量平衡 ● 列出能量底物、维生素和矿物质的推荐膳食摄入量（图A.4）。该评估还标记了评估为高（H）或低（L）的营养摄入。由于营养摄入的日差异通常很大，该评估对4天评估期间的营养摄入进行了平均 ● 4天分析中的平均蛋白质摄入量分布（图A.5）。这一分析有助于确定蛋白质在一天中是否分布均匀，摄入的量是否耐受。分析还可以用于确定蛋白被消耗时，运动员在一场严重的能量平衡赤字，结果将是一个更有可能使用的蛋白质来满足能源需求，而不是anabolically用于组织修复，组织建设，形成激素等
推荐	■ 双能X线骨密度仪扫描全身骨密度（骨密度）评估 ■ 进行铁状态评估（血红蛋白、血细胞比容、铁蛋白）的血液测试 ● 对血清维生素D进行血液测试	■ 全身骨密度比青少年标准低0.6个标准差。这并没有达到骨量减少的阈值（<−1.0），但这仍是一个问题，因为在骨骼上施加重力的跑步者骨密度值应该高于标准 ■ 一项区域分析显示，骨骼的任何部分（如腰椎、腿、手臂、肋骨、股骨颈）均未达到骨质减少的阈值 ■ 铁的血液检测显示血红蛋白正常（16 g/dL），红细胞压容正常（48%），但铁蛋白低于正常（21 ng/mL），表明跑步者可能存在铁不足状态 ■ 由于充足的维生素d与改善肌肉恢复、减少肌肉酸痛和正常骨密度有关，尽管跑步者在训练中经常暴露在阳光下，这项测试还是进行了。她的血清维生素D状态在正常范围（52 ng/mL）
根据调查结果提出的建议	■ 4天的平均能量平衡表明，持续的能量摄入不足导致长时间处于能量缺乏状态，并且在一天结束时出现明显的能量平衡不足。这些结果与高皮质醇有关，与骨量和瘦量的分解代谢有关；雌激素水平低，与月经不规律、骨密度低有关；和高体脂率，这是肌肉蛋白合成不良和高瘦肉分解代谢的结果。这名跑步者的体脂含量相对较高，不正常的月经周期，骨密度低于预测值 ■ 将4天的能量平衡评估的几天，表明周末（非工作）天将使跑步者处于更好的能量平衡状态，这表明这些天可以作为跑步者在工作日中尝试模仿的模式。这将需要饮食计划，以确保她可以继续训练，同时计划更好的食物供应 ■ 从这些数据中可以看出，能量平衡严重不足的时间最有可能是在午餐前和晚餐前，这表明在上午10点左右和晚上早些时候更有计划地吃点零食是合适的。建议她吃200 cal的零食，包括蛋白质和碳水化合物（例如，奶酪和饼干；酸奶和水果） ■ 营养摄入评估显示，跑步者在以下方面摄入不足 ● 纤维：这可以通过食用更多的全麦、新鲜水果和蔬菜来解决。工作日的习惯是早餐只喝咖啡，这就给我们提供了一个很好的机会再加一份全麦麦片和新鲜水果，以获得更多的纤维和能量 ● 维生素D：饮食摄取量低，但血液检测显示血清维生素D数值不错，这表明没有必要通过饮食改变来增强维生素D ● 维生素E：维生素E缺乏症状在人类中很少见，但对于一个在跑步过程中经历严重氧化代谢的运动员来说，这意味着应该从饮食中获得足够的维生素E。这很容易通过食用更多的添加了优质植物油的蔬菜来实现，比如橄榄油。这也有助于更好地满足她的能量需求和纤维摄入量 ● 铁：饮食中的铁摄入量不足，这可以通过她的低血清铁蛋白来证明。鼓励她定期食用富含铁的食物（例如豆类、强化早餐麦片、煮熟的深绿色蔬菜、红肉）。铁状态应在30～60 d重新评估，以确定铁状态是否已稳定，正在好转，或正在恶化。任何铁状况恶化的迹象都需要转诊给医生考虑补铁 ● 钾：钾是细胞内的主要电解质，对体液平衡具有重要意义。虽然她的身体成分测试表明细胞内和细胞外液体平衡良好，但低钾摄入仍然是一个令人担忧的问题。早期的建议是多吃新鲜水果和蔬菜，这有助于解决钾的低消耗量 ■ 尿色深，暗示脱水是一个健康和表现的问题。运动员应该测量运动前和运动后的体重，以确定所减重量的比例。任何重量超过体重的2%都强烈暗示，摄入的液体量不足以满足汗液的流失，应增加。增加液体消耗最容易通过在训练中稍微增加摄入量和频率来实现 ■ 左腿和右腿之间的肌肉质量差异是一个可能导致受伤的问题，应该向运动教练和（或）力量和教练咨询，为跑步者提供增加较弱腿肌肉的策略	
追踪调查	这位运动员应该在3～4周重新评估，以确定她是否采纳建议的进行改变，并开始建立身体脂肪百分比和骨骼肌质量的趋势线。在这个时候，除了重新评估膳食摄入量，还应该重新评估铁的状况。饮食监测应该继续，看看运动员是否已经进行建议的改变，以提高营养摄入和纠正能量平衡不足。在随访前应与跑步者的骨科医生召开会议，以便就如何满足任何可能的药物–营养相互作用和（或）与当前损伤护理相关的任何其他可能的营养因素达成一致意见	

第一天食物及活动(星期四)

时间	活　动	食 物 举 例	分 量	热量
6 am		用自来水冲泡的咖啡(14 209)	12.0 oz	4
		奶油、液体、一半加一半(1 049)	1.0 oz	39
		糖、颗粒(19 335)	1.0 份	8
			6 am～7 am 小计：	**50**
7 am	晨跑4.0(中等) 60 min 219 cal			
8 am		V8 SPLASH冰沙、草莓香蕉(14 087)	1份8 oz	91
			8 am～9 am 小计：	**91**
12 pm		快餐、烤鸡柳三明治、生菜、番茄和酱(21 490)	1.0个	419
		苹果、生的、鲜的、金黄色的、带皮的(9 501)	1.0大个	213
		用自来水冲泡的咖啡(14 209)	12.0 oz	4
		咖啡、速溶的、普通的、粉末的、一半的咖啡因(14 203)	1.0汤匙	4
		糖、颗粒(19 335)	1.0 份	8
			12 pm～1 pm 小计：	**556**
4 pm	热身3.0(轻),30 min 123 cal	乳清蛋白粉分离物(14 058)	0.99 勺	102
		冷冻橙汁、包括浓缩橙汁(9 209)	1.0 杯	122
			4 pm～5 pm 小计：	**224**
5 pm	训练跑步4.0(中等) 60 min 219 cal	百事桂格、佳得乐、G性能O2、即饮(14 460)	8.0 oz	63
			5 pm～6 pm 小计：	**63**
6 pm	训练跑步4.0(中等) 30 min 150 cal	百事桂格、佳得乐、G性能O2、即饮(14 460)	4.0 oz	32
			6 pm～7 pm 小计：	**32**
8 pm		快餐、沙拉、蔬菜、不加调料、拌面食和海鲜(21 055)	1.5杯	379
		色拉酱、意大利酱、商业化、低脂(4 021)	1.0汤匙	15
			8 pm～9 pm 小计：	**395**
			日总计	**1 411**

第二天食物和活动(星期五)

时间	活 动	食 物 举 例	分 量	热量
6 am		用自来水冲泡的咖啡(14 209)	12.0 oz	4
		奶油、液体、一半加一半(1 049)	1.0 oz	39
		糖、颗粒(19 335)	1.0 份	8
			6 am～7 am 小计:	**50**
7 am	晨跑4.0(中等) 60 min 219 cal			
8 am		V8 SPLASH冰沙、草莓香蕉(14 087)	1份8 oz	91
			8 am～9 am 小计:	**91**
12 pm		餐厅、意大利、肉烤宽面条(36 041)	8.0 oz	420
		生的、新鲜、脐橙(9 202只)	1.0个	69
		用自来水冲泡的咖啡(14 209)	12.0 oz	4
		咖啡、速溶的、普通的、粉末的、一半的咖啡因(14 203)	1.0汤匙	4
		糖、颗粒(19 335)	1.0 份	8
			12 pm～1 pm 小计:	**503**
4 pm	热身3.0(轻),30 min 123 cal	乳清蛋白粉分离物(14 058)	0.99勺	102
		冷冻橙汁、包括浓缩橙汁(9 209)	1.0 杯	122
			4 pm～5 pm 小计:	**224**
5 pm	训练跑步4.0(中等) 60 min 219 cal	百事桂格、佳得乐、G性能O2、即饮(14 460)	8.0 oz	63
			5 pm～6 pm 小计	**63**
6 pm	训练跑步4.0(中等) 30 min 150 cal	百事桂格、佳得乐、G性能O2、即饮(14 460)	4.0 oz	32
			6 pm～7 pm 小计:	**32**
8 pm		烤鸡胸肉(90 105 041)	1杯(切片)	**242**
		煮熟、煮熟、沥干、加盐的西兰花(11 742)	0.5杯(切碎)	**27**
		白米、长粒、蒸、浓缩、熟(20 047)	1.0杯	**194**
		曲奇饼干、花生酱馅、巧克力包覆(28 290)	1.9块	**70**
			8 pm～9 pm 小计:	**543**
9 pm		冰淇淋、香草味(19 095)	1份0.5杯	137
			9 pm～10 pm 小计:	**137**
			日总计	**1 633**

第三天食物及活动（星期六～非工作日）

时间	活　动	食 物 举 例	分 量	热量
6 am		用自来水冲泡的咖啡（14 209）	12.0 oz	4
		奶油、液体、一半加一半（1 049）	1.0 oz	39
		糖、颗粒（19 335）	1.0 份	8
		麦片、格兰诺拉麦片、自制（8 037）	1.0 杯	597
		希腊原味脱脂酸奶（1 256）	1.0 杯	100
			6 am～7 am 小计：	**747**
7 am	晨跑 4.0（中等） 60 min 219 cal			
8 am		V8 SPLASH 冰沙、草莓香蕉（14 087）	1 份 8 oz	91
			8 am～9 am 小计：	**91**
12 pm		餐厅、家庭式、意大利面和肉丸（36 038）	1.5 杯	342
		生鲜梨（9 252 只）	1.0 杯（切片）	80
		用自来水冲泡的咖啡（14 209）	12.0 oz	4
		糖、颗粒（19 335）	1.0 汤匙	8
			12 pm～1 pm 小计：	**433**
4 pm	热身 3.0（轻），30 min 123 cal	乳清蛋白粉分离物（14 058）	0.99 勺	102
		冷冻橙汁、包括浓缩橙汁（9 209）	1.0 杯	122
			4 pm～5 pm 小计：	**224**
5 pm	训练跑步 4.0（中等） 60 min 219 cal	百事桂格、佳得乐、G 性能 O2、即饮（14 460）	8.0 oz	63
			5 pm～6 pm 小计：	**63**
6 pm	训练跑步 4.0（中等） 30 min 150 cal	百事桂格、佳得乐、G 性能 O2、即饮（14 460）	4.0 oz	32
			6 pm～7 pm 小计：	**32**
8 pm		牛肉、夹肉、手臂烤肉、瘦肉和修剪到 1/8 in 脂肪、精选、红烧（13 814）	4.0 oz	335
		烤土豆、肉、加盐（11 829）	1.0 个土豆	145
		奶油、酸、培养（1 056）	1.0 oz	23
		菠菜、煮、煮、沥干、加盐（11 854）	1.0 杯	41
		水果鸡尾酒（桃子、菠萝、梨、葡萄、樱桃）、罐装、水袋、固体及液体（9 096）	1.0 杯	76
			8 pm～9 pm 小计：	**620**
			日总计	**2 147**

第四天饮食及活动（星期日～非训练日/非工作日）

时间	活动	食物举例	分量	热量
6 am		用自来水冲泡的咖啡（14 209）	12.0 oz	4
		奶油、液体、一半加一半（1 049）	1.0 oz	39
		糖、颗粒（19 335）	1.0 份	8
		全蛋、煮熟、炒蛋（1 132）	2.0大个	182
		烤杂粮面包（包括全麦面包）（18 036）	2片常规大小	138
		黄油、普通的、棒状的、小块的、咸的（1 001）	2.0*1片（1 in^2）	72
			6 am～7 am小计：	**442**
8 am		V8 SPLASH冰沙、草莓香蕉（14 087）	1份8 oz	91
			8 am～9 am小计：	**91**
12 pm		快餐、烤鸡柳三明治、生菜、番茄和酱（21 490）	1.0个	419
		苹果、生的、鲜的、金黄色的、带皮的（9 501）	1.0大个	123
		用自来水冲泡的咖啡（14 209）	12.0 oz	4
		咖啡、速溶的、普通的、粉末的、一半的咖啡因（14 203）	1.0汤匙	4
		糖、颗粒（19 335）	1.0份	8
			12 pm～1 pm小计：	**556**
8 pm		鱼、鲑鱼、奇努克鱼、煮熟、干热（15 210）	3.0 oz	196
		甜玉米、白玉米、煮、沥干、加盐（11 902）	1个（中等大小）	100
		卷心菜、中国菜、煮、沥干、加盐（11 754）	1,0杯（切碎）	20
		面包卷、晚餐、普通、商业准备（包括褐色和服务）（18 342）	1个（2 in^2）	78
			8 pm～9 pm小计：	**394**
9 pm		冰冻酸奶、巧克力、软食（19 393）	0.5杯（4 oz）	115
			9 pm～10 pm小计：	**115**
			日总计	**1 598**

能量平衡

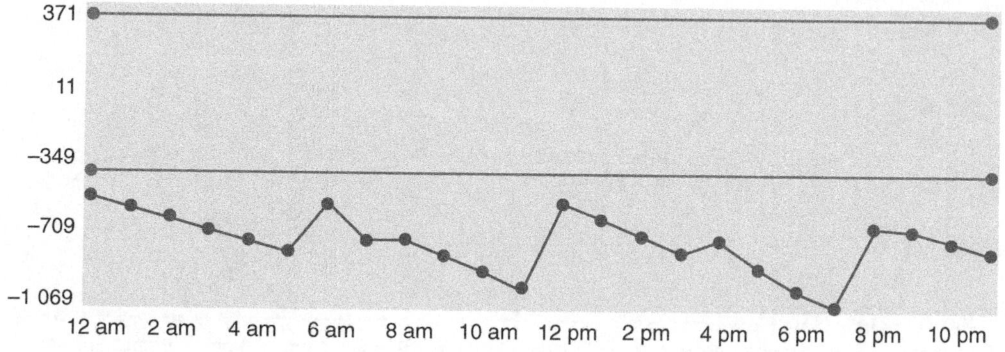

热量输出

因子	时间(h)	cal
1.0	8	438
1.5	12	985
2.6	1	113
3.4	3	503
	总计	2 038

24 h cal平衡

开始的能量平衡	−470
热量摄入	1 713
热量输出	2 038
24 h热量网	−325
结束时能量平衡	−795
kcal/kg-总计	31.4
kcal/kg-活跃	4.4

高值和低值

最佳小时数(+ −400 kcal)	0
小时数过多(>400 kcal)	0
小时数过少(<−400 kcal)	24
盈余与赤字之比	0.00
合成代谢小时数(>0 kcal)	0
分解代谢小时数(<0 kcal)	24
合成代谢和分解代谢的比率	0.00
最高的能量	−470
最低的能量	−1 070

4天平均能量平衡分析

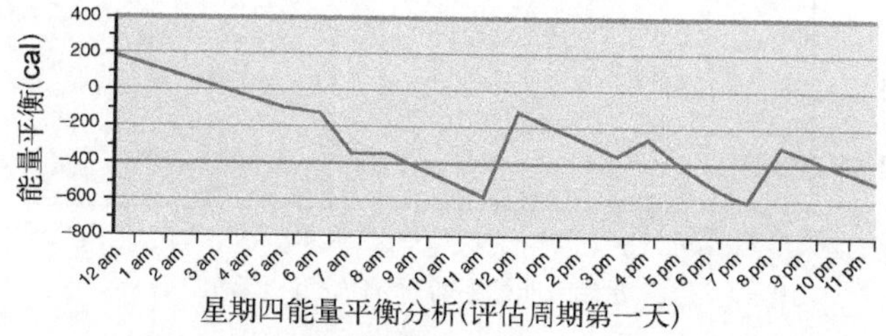

星期四能量平衡分析(评估周期第一天)

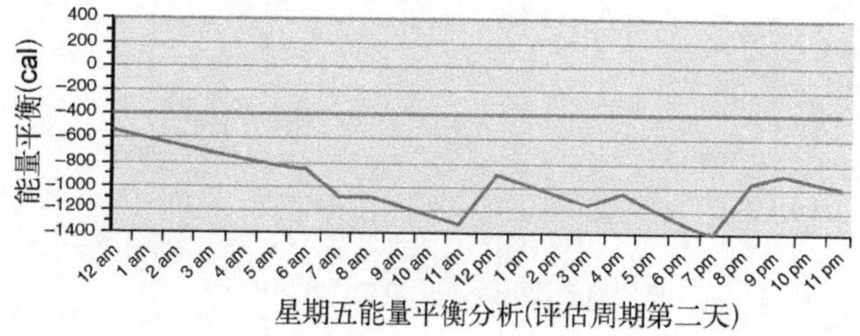

星期五能量平衡分析(评估周期第二天)

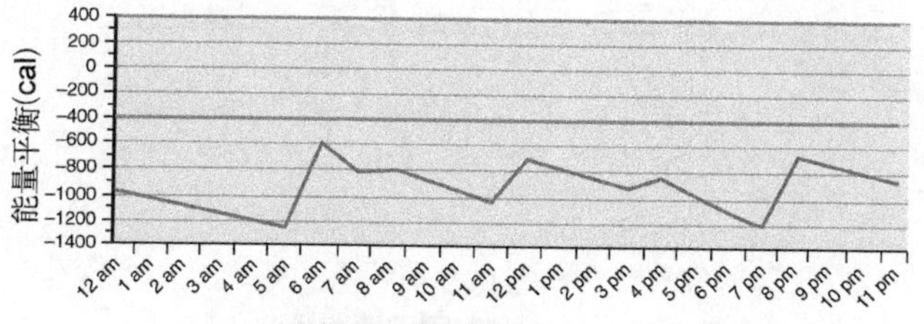

星期三能量平衡分析
(评估周期第三天；非工作日)

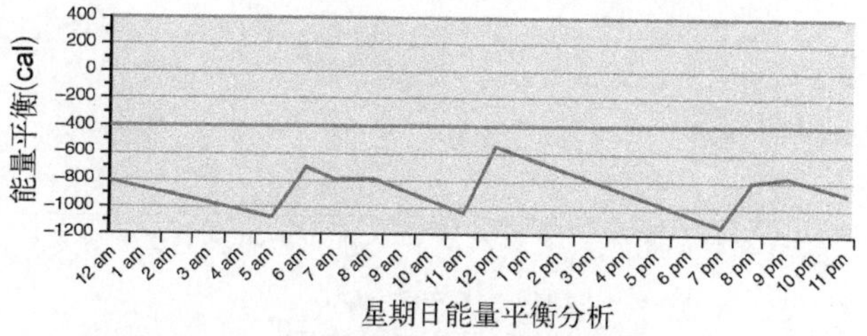

星期日能量平衡分析
(评估周期第四天；非训练/工作日)

图A-L.2 持续分析能量平衡评估(即一天的结束能量平衡为第二天的开始能量平衡)

能量平衡

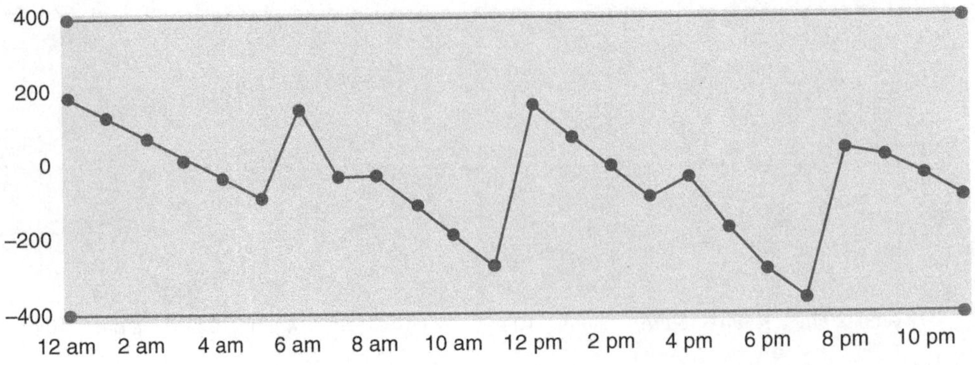

热量输出

因子	时间(h)	cal
1.0	8	438
1.5	12	985
2.6	1	113
3.4	3	503
	总计	2 038

24 h cal 平衡

开始的能量平衡	241
热量摄入	1 713
热量输出	2 038
24 h热量网	−325
结束时能量平衡	−85
kcal/kg-总计	31.4
kcal/kg-活跃	4.4

高值和低值

最佳小时数(+−400 kcal)	0
小时数过多(>400 kcal)	0
小时数过少(<−400 kcal)	24
盈余与赤字之比	0.00
合成代谢小时数(>0 kcal)	0
分解代谢小时数(<0 kcal)	24
合成代谢和分解代谢的比率	0.00
最高的能量	−470
最低的能量	−1 070

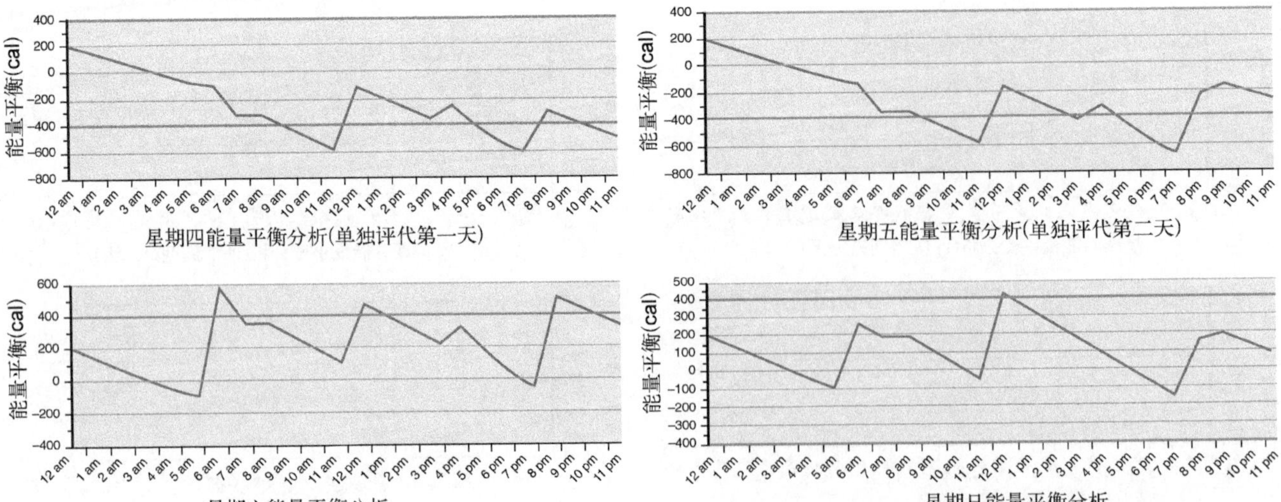

图A-L.3 能量平衡评估，将每天作为单独的一天，而不是4天的连续评估期

图A-L.4　四天平均营养素摄入量分析

营养物质	数量	参考	%参考	范围	高/低
开始的能量平衡	−470				
热量摄入	1 713				
热量输出	2 038				
结束时能量平衡	−795				
蛋白质(g)	99.63				
蛋白质(kcal)	398				
蛋白质(%)	23.18	22.5	103.0	10.1～34.9	
蛋白质(g/kg)	1.83	1.4	130.6	0.8～2.0	
碳水化合物(g)	207.89				
碳水化合物(kcal)	832				
碳水化合物(%)	48.38	55.0	88.0	45.1～64.9	
碳水化合物(g/kg)	3.82				
纤维总计(g)	16.47	27.5	59.9	25.0～30.0	L
糖(g)	98.91				
糖(kcal)	396				
糖(%)	23.02	12.5	184.1	0.0～25.0	
糖(g/kg)	1.82				
脂肪(g)	54.33				
脂肪(kcal)	489				
脂肪(%)	28.44	27.5	103.4	20.1～34.9	
脂肪(g/kg)	1.00				
胆固醇(mg)	285.63	150.0	190.4	0.0～300.0	
饱和脂肪酸(g)	18.304				
饱和脂肪酸(kcal)	165				
饱和脂肪酸(%)	9.58	5.0	191.7	0.0～10.0	
饱和脂肪酸(g/kg)	0.34				
单一不饱和脂肪酸(g)	18.123				
单一不饱和脂肪酸(kcal)	163				
单一不饱和脂肪酸(%)	9.49	17.5	54.2	15.1～20.0	L
单一不饱和脂肪酸(g/kg)	0.33				
多元不饱和脂肪酸(g)	11.618				

（续表）

营养物质	数量	参考	%参考	范围	高/低
多不饱和脂肪酸(kcal)	105				
多不饱和脂肪(%)	6.08	12.5	48.7	10.0～15.0	L
多不饱和脂肪(g/kg)	0.21				
ω-3脂肪总计(g)	0.592				
ω-6脂肪总计(g)	0.996				
水(g)	2 112.38				
维生素A(IU)	11 589.26				
维生素A(RAE)	861.23	700.0	123.0	525.0～875.0	
维生素A(视黄醇)(μg)	396.60				
α-胡萝卜素(μg)	39.37				
β-胡萝卜素(μg)	4 539.69				
维生素D(μg)	0.93	15.0	6.2	11.3～18.8	L
维生素E(mg)	9.84	15.0	65.6	11.3～18.8	L
维生素K(μg)	298.67	90.0	331.9	67.5～112.5	H
维生素B_1(mg)	1.538	1.1	139.9	0.8～1.4	H
维生素B_2(mg)	2.096	1.1	190.6	0.8～1.4	H
维生素B_3(mg)	31.555	14.0	225.4	10.5～17.5	H
维生素B_6(mg)	2.352	1.3	180.9	1.0～1.6	H
维生素B_{12}(μg)	4.66	2.4	194.2	1.8～3.0	H
胆碱(mg)	365.03	425.0	85.9	318.8～531.3	
叶酸(μg)	137.53				
叶酸(饮食叶酸等效)	519.13	400.0	129.8	300.0～500.0	H
叶酸-总含量(μg)	459.24				
叶酸-食物(μg)	289.28				
泛酸(mg)	7.221	5.0	144.4	3.8～6.3	H
维生素C(mg)	204.35	75.0	272.5	56.3～93.8	H
钙(mg)	873.14	1 000.0	87.3	750.0～1 250.0	
铜(μg)	1.334	900.0	0.1	675.0～1 125.0	L
铁(mg)	12.28	18.0	68.2	13.5～22.5	L
镁(mg)	367.45	320.0	114.8	240.0～400.0	
锰(mg)	15.782	1.8	876.8	1.4～2.3	H

（续表）

营养物质	数量	参考	%参考	范围	高/低
磷(mg)	1 278.70	700.0	182.7	525.0～875.0	H
钾(mg)	3 244.17	4 700.0	69.0	3 525.0～5 875.0	L
硒(mg)	121.76	55.0	221.4	41.3～68.8	H
钠(mg)	2 374.46	1 500.0	158.3	1 125.0～1 875.0	H
锌(mg)	10.76	8.0	134.5	6.0～10.0	H
β-玉米黄质(μg)	135.20				
叶黄素-玉米黄质(μg)	5 872.28				
番茄红素(μg)	3 202.04				
乙醇(g)	0.00				
乙醇(kcal)	0.00				
咖啡因(mg)	297.78				
灰分(g)	26.95				

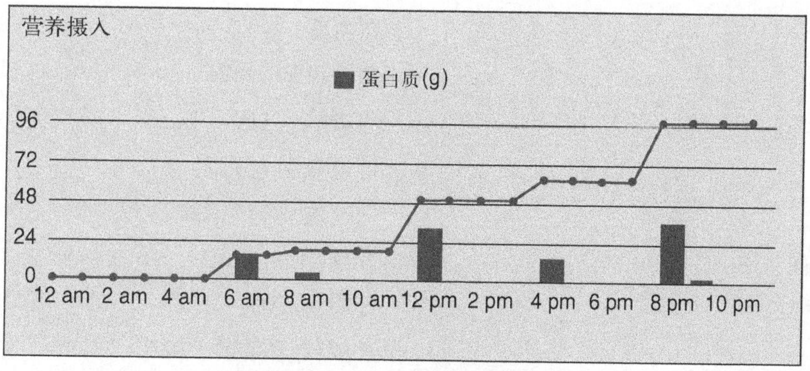

图A-L.5 4 d平均蛋白质摄入量

索　引